에듀윌과 함께 시작하면,
당신도 합격할 수 있습니다!

대학 진학 후 진로를 고민하다 1년 만에
서울시 행정직 9급, 7급에 모두 합격한 대학생

직장생활과 병행하며 7개월간 공부해
국가공무원 세무직에 당당히 합격한 51세 직장인까지

누구나 합격할 수 있습니다.
시작하겠다는 '다짐' 하나면 충분합니다.

마지막 페이지를 덮으면,

에듀윌과 함께
공무원 합격이 시작됩니다.

70개월 베스트셀러 1위
에듀윌 공무원 교재

기초부터 확실하게 기본 이론

기본서
국어 독해

기본서
국어 문법

기본서
영어 독해(생활영어·어휘 포함)

기본서
영어 문법

기본서
한국사

기본서
행정법총론

기본서
행정학

다양한 출제 유형 대비 문제집

유형별 문제집
국어

유형별 문제집
영어 독해·생활영어

유형별 문제집
영어 문법·어휘

단원별 기출&예상 문제집
한국사

단원별 기출&예상 문제집
행정법총론

단원별 기출문제집
행정학

* YES24 수험서 자격증 공무원 베스트셀러 1위 (2017년 3월, 2018년 4월~6월, 8월, 2019년 4월, 6월~12월, 2020년 1월~12월, 2021년 1월~12월, 2022년 1월~12월, 2023년 1월~12월, 2024년 1월~7월, 9월~10월 월별 베스트, 매월 1위 교재는 다름)
* YES24 국내도서 해당분야 월별, 주별 베스트 기준

출제경향 파악 기출문제집

9급공무원 기출문제집
영어

9급공무원 기출문제집
한국사

9급공무원 기출문제집
행정학

9급공무원 기출문제집
행정법총론

7급 대비 PSAT 교재

민간경력자
PSAT 기출문제집

실전 대비 모의고사

기출 품은 모의고사
국어

더 많은
공무원 교재

* 교재 이미지는 변경될 수 있습니다.

eduwill

1초 합격예측
모바일 성적분석표

1초 안에 '클릭' 한 번으로 성적을 확인하실 수 있습니다!

활용 GUIDE

실시간 성적분석 방법!

STEP 1
QR 코드 스캔

▶

STEP 2
모바일 OMR 입력

▶

STEP 3
자동채점 & 성적분석표 확인

STEP 1

QR 코드 스캔

- 교재의 QR 코드를 모바일로 스캔 후 에듀윌 회원 로그인
- QR 코드 하단의 바로가기 주소로도 접속 가능

STEP 2

모바일 OMR 입력

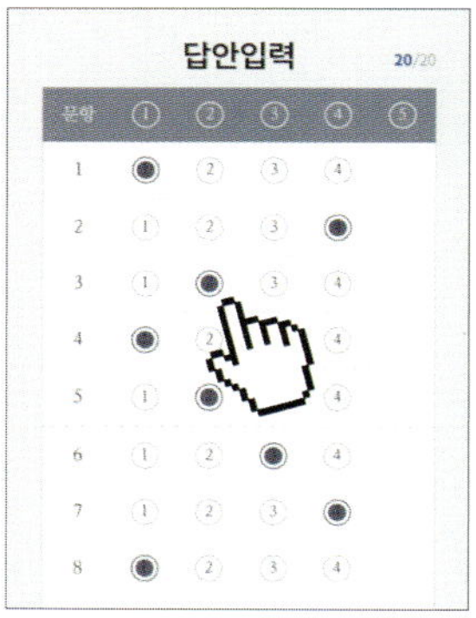

- 회차 확인 후 '응시하기' 클릭
- 모바일 OMR에 답안 입력
- 문제풀이 시간까지 측정 가능

STEP 3

자동채점 & 성적분석표 확인

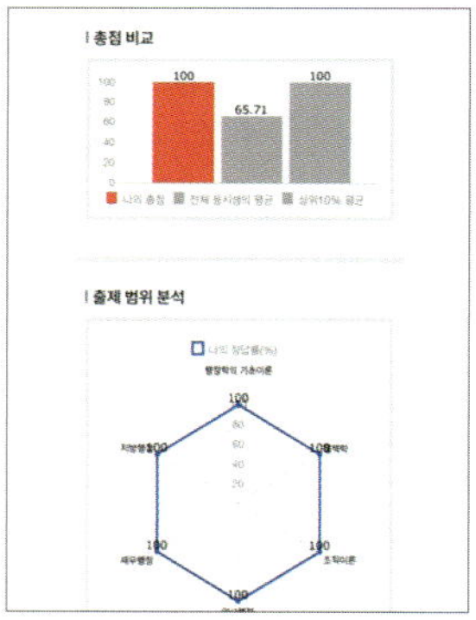

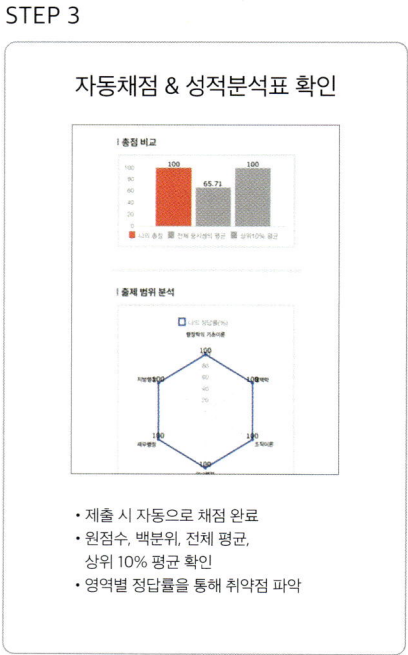

- 제출 시 자동으로 채점 완료
- 원점수, 백분위, 전체 평균, 상위 10% 평균 확인
- 영역별 정답률을 통해 취약점 파악

※ 본 서비스는 에듀윌 공무원 교재(연도별, 회차별 문항이 수록된 교재)를 구입하는 분에게 제공됨.

공무원,
에듀윌을 선택해야 하는 이유

합격자 수 수직 상승

2,100%

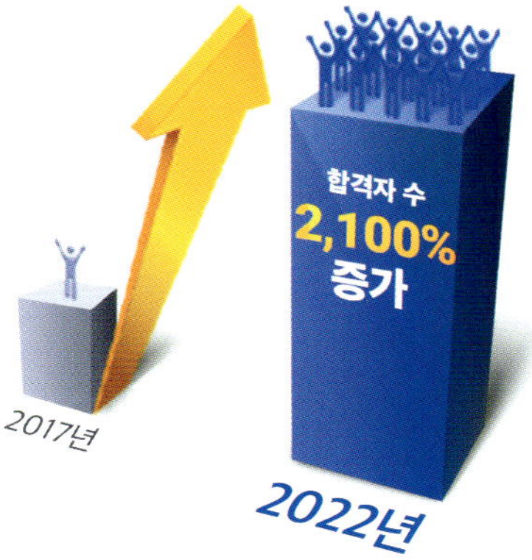

명품 강의 만족도

99%

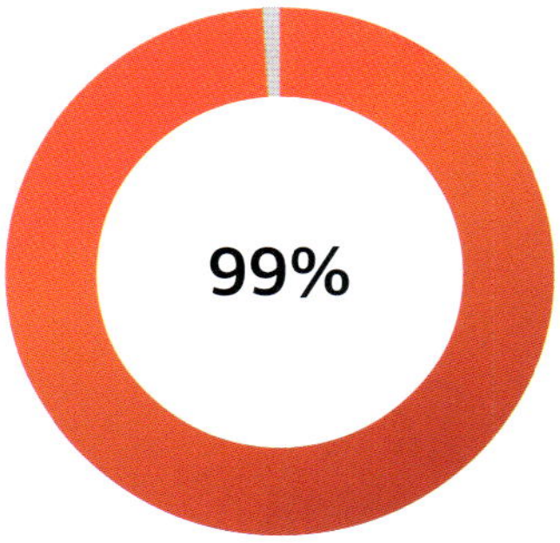

공무원

베스트셀러 1위

70개월(5년 10개월)

5년 연속 공무원 교육

1위

* 2017/2022 에듀윌 공무원 과정 최종 환급자 수 기준 * 9급공무원 대표 교수진 2023년 7월 ~ 2024년 4월 강의 만족도 평균(배영표, 헤더진, 한유진, 이광호, 김용철)

* YES24 수험서 자격증 공무원 베스트셀러 1위 (2017년 3월, 2018년 4월~6월, 8월, 2019년 4월, 6월~12월, 2020년 1월~12월, 2021년 1월~12월, 2022년 1월~12월, 2023년 1월~12월, 2024년 1월~7월, 9월~10월 월별 베스트, 매월 1위 교재는 다름)

* 2023, 2022, 2021 대한민국 브랜드만족도 7·9급공무원 교육 1위 (한경비즈니스) / 2020, 2019 한국브랜드만족지수 7·9급공무원 교육 1위 (주간동아, G밸리뉴스)

eduwill

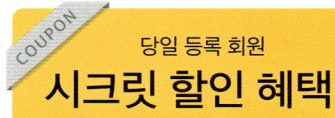

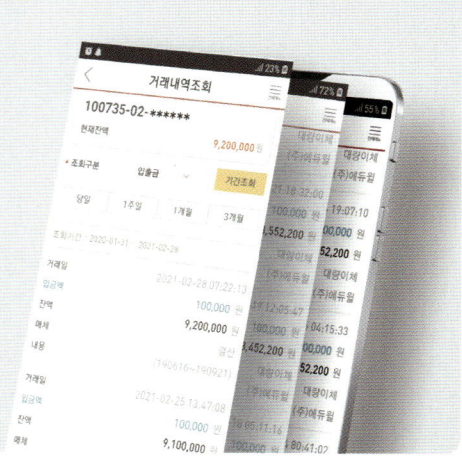

에듀윌이
너를
지지할게

ENERGY

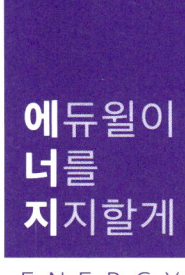

세상을 움직이려면
먼저 나 자신을 움직여야 한다.

– 소크라테스(Socrates)

2026 신경향

에듀윌 9급공무원 유형별 문제집

국어

eduwill

저자의 말

유형별 문제풀이는
모의고사를 건너기 위한 다리

국어 과목은 출제 영역에 맞게 달리 연습하셔야 합니다.

1. 문법

기본이론, 심화이론 등 이론 수업에서 배운 지식을 먼저 잘 정리하고, 정리한 지식을 바탕으로 실제 문법 지문을 읽어내는 연습을 해 보시기 바랍니다. 2026년 시험은 개정된 시험이고 문법도 결국 독해입니다. 따라서 단순히 지식적으로 알고 문제에 적용해 보는 연습이 아닌, 알고 있는 지식을 바탕으로 독해를 잘 해낼 수 있도록 하는 연습이 중요합니다. 실제 이 교재에는 문법, 독해를 연습해 볼 수 있는 문제가 많이 준비되어 있습니다. 이 교재를 통해 문법, 독해 문제 풀이 연습을 열심히 해 보시기 바랍니다.

2. 비문학

기본이론, 심화이론 등 이론 수업에서 배운 비문학 유형별 접근법을 먼저 정리하고, 정리한 접근법을 바탕으로 유형에 맞게 적용하며 읽고 문제를 푸는 연습을 해야 합니다. 2025년 시험에서 비문학은 최소 11문제 이상 출제되었고 이 기조는 2026년 시험에서도 계속될 것으로 예상됩니다. 결국 비문학을 잘하는 수험생이 높은 국어 점수를 받을 수 밖에 없습니다. 실제 이 교재에는 유형별로 비문학 문제 풀이를 연습해 볼 수 있게 많은 문제가 준비되어 있습니다. 이 교재를 통해 유형별 비문학 문제 풀이 연습을 열심히 해 보시기 바랍니다.

3. 논리형

기본이론, 심화이론 등 이론 수업에서 배운 논리형 지식을 먼저 잘 정리하고, 정리한 지식을 문제에 적용해 보는 연습을 해야 합니다. 논리형은 2025년 개정된 시험부터 새롭게 출제된 유형으로, 수험생 모두에게 낯설 수밖에 없습니다. 지식도 중요하고 그 지식을 문제에 적용하는 연습도 정말 중요한 유형입니다. 이 교재에는 논리형 문제 풀이 연습을 해 볼 수 있게 많은 문제가 준비되어 있습니다. 이 교재를 통해 논리형 문제 풀이 연습을 열심히 해 보시기 바랍니다.

편저자 배영표

출제 경향 & 학습 전략

어떻게 출제되나요?

* 2025 국가직/지방직 9급 기준

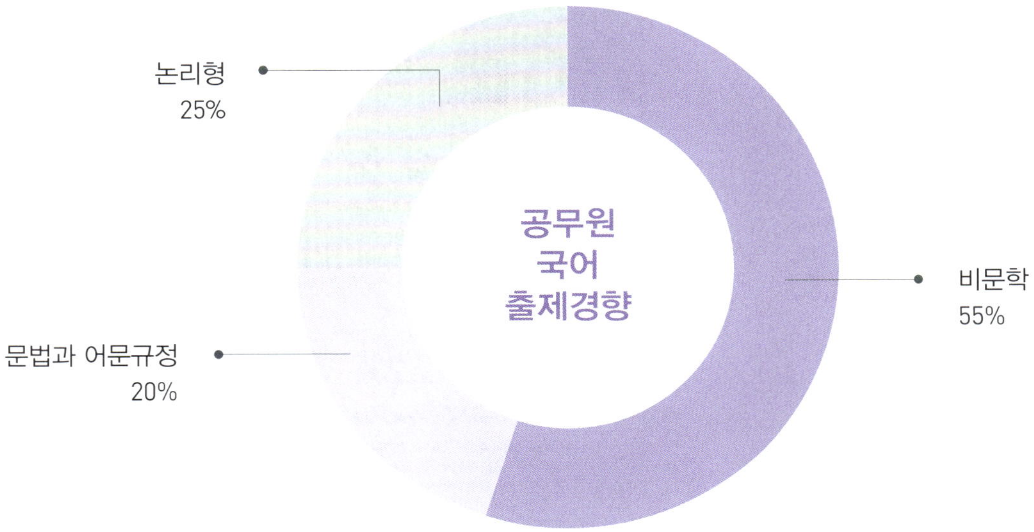

- ✓ **문법** | 문법 지식을 바탕으로 문법 지문을 읽어내는 문제가 출제됩니다. 즉, 문법도 독해가 되었습니다.
- ✓ **비문학** | 이전 공무원 문제 스타일과 비슷하나 비중이 매우 높아졌습니다.
- ✓ **논리형** | 25년 시험부터 새롭게 출제되는 유형으로, 논리학적 지식을 문제에 적용할 수 있어야 합니다.

어떻게 학습해야 되나요?

POINT 1 국어 시험은 독해 싸움이다!

출제기조가 전환된 2025년부터 독해의 비중이 높아졌습니다.
문법 문제도 독해 문제 형태로 출제되므로, 단순 암기보다는
빠르게 문제를 읽고 푸는 연습이 중요합니다.

POINT 2 논리형 문제를 익히는 연습을 해야 한다!

논리형 문제는 조금만 어렵게 출제되어도 수험생들이 느끼는 체감 난도는 매우 어려울 수 있습니다.
조금은 어렵게 출제될 수 있다는 생각으로 논리 이론, 문제 풀이 등을 연습하는 것이 좋습니다.

에듀윌 유형별 문제집의

전략적 구성

문제편

1 신경향 대비 접근법

신경향 대비 유형 특징과 풀이 전략을 소개합니다.

2 대표 기출문제

해당 유형에 속하는 대표 기출문제를 수록하였습니다. 펜터치 해설과 상세한 설명을 통해 문제를 어떻게 풀어야 하는지 알 수 있습니다.

3 신경향 문제 수록

신경향 문제를 충분히 수록하여 변화된 출제기조에 익숙해질 수 있도록 구성하였습니다.

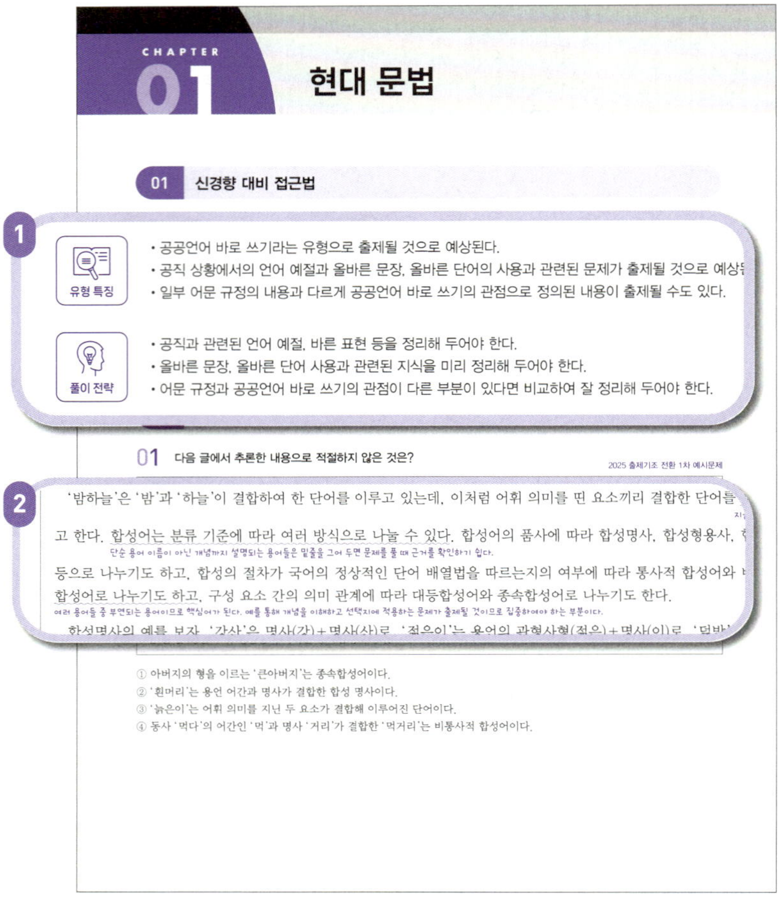

CHAPTER 01 현대 문법

01 신경향 대비 접근법

1

유형 특징
- 공공언어 바로 쓰기라는 유형으로 출제될 것으로 예상된다.
- 공직 상황에서의 언어 예절과 올바른 문장, 올바른 단어의 사용과 관련된 문제가 출제될 것으로 예상되
- 일부 어문 규정의 내용과 다르게 공공언어 바로 쓰기의 관점으로 정의된 내용이 출제될 수도 있다.

풀이 전략
- 공직과 관련된 언어 예절, 바른 표현 등을 정리해 두어야 한다.
- 올바른 문장, 올바른 단어 사용과 관련된 지식을 미리 정리해 두어야 한다.
- 어문 규정과 공공언어 바로 쓰기의 관점이 다른 부분이 있다면 비교하여 잘 정리해 두어야 한다.

01 다음 글에서 추론한 내용으로 적절하지 않은 것은? 2025 출제기조 전환 1차 예시문제

2

'밤하늘'은 '밤'과 '하늘'이 결합하여 한 단어를 이루고 있는데, 이처럼 어휘 의미를 띤 요소끼리 결합한 단어를

고 한다. 합성어는 분류 기준에 따라 여러 방식으로 나눌 수 있다. 합성어의 품사에 따라 합성명사, 합성형용사,

단순 용어 이름이 아닌 개념까지 설명되는 용어들은 밑줄을 그어 두면 문제를 풀 때 근거를 확인하기 쉽다.

등으로 나누기도 하고, 합성의 절차가 국어의 정상적인 단어 배열법을 따르는지의 여부에 따라 통사적 합성어와

합성어로 나누기도 하고, 구성 요소 간의 의미 관계에 따라 대등합성어와 종속합성어로 나누기도 한다.

여러 용어들 중 부연되는 용어이므로 핵심어가 된다. 예를 통해 개념을 이해하고 선택지에 적용하는 문제가 출제될 것이므로 집중하여야 하는 부분이다.

① 아버지의 형을 이르는 '큰아버지'는 종속합성어이다.
② '흰머리'는 용언 어간과 명사가 결합한 합성 명사이다.
③ '늙은이'는 어휘 의미를 지닌 두 요소가 결합해 이루어진 단어이다.
④ 동사 '먹다'의 어간인 '먹'과 명사 '거리'가 결합한 '먹거리'는 비통사적 합성어이다.

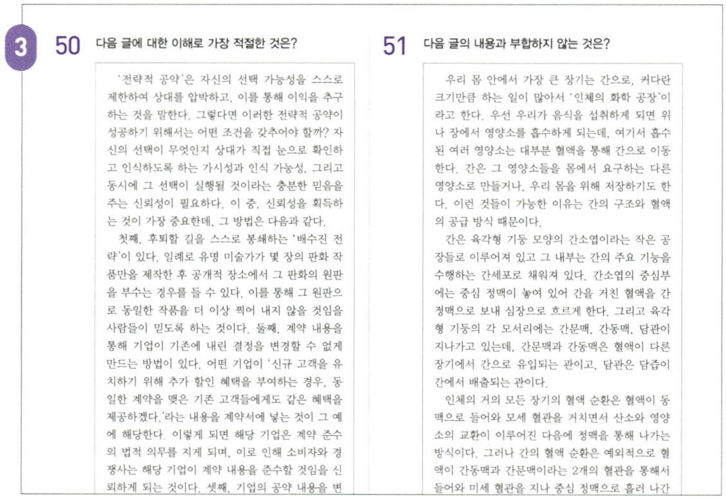

3

50 다음 글에 대한 이해로 가장 적절한 것은?

'전략적 공약'은 자신의 선택 가능성을 스스로 제한하여 상대를 압박하고, 이를 통해 이익을 추구하는 것을 말한다. 그렇다면 이러한 전략적 공약이 성공하기 위해서는 어떤 조건을 갖추어야 할까? 자신의 선택이 무엇인지 상대가 직접 눈으로 확인하고 인식하도록 하는 가시성과 인식 가능성, 그리고 동시에 그 선택이 실행될 것이라는 충분한 믿음을 주는 신뢰성이 필요하다. 이 중, 신뢰성을 획득하는 것이 가장 중요한데, 그 방법은 다음과 같다.

첫째, 후퇴할 길을 스스로 봉쇄하는 '배수진 전략'이 있다. 일례로 유명 미술가가 몇 장의 판화 작품만을 제작한 후 공개적 장소에서 그 판화의 원판을 부수는 경우를 들 수 있다. 이를 통해 그 원판으로 동일한 작품을 더 이상 찍어 내지 않을 것임을 사람들이 믿도록 하는 것이다. 둘째, 계약 내용을 통해 기업이 기존에 내린 결정을 변경할 수 없게 만드는 방법이 있다. 어떤 기업이 '신규 고객을 유치하기 위해 추가 할인 혜택을 부여하는 경우, 동일한 계약을 맺은 기존 고객들에게도 같은 혜택을 제공하겠다.'라는 내용을 계약서에 넣는 것이 그 예에 해당한다. 이렇게 되면 해당 기업은 계약 준수의 법적 의무를 지게 되며, 이로 인해 소비자와 경쟁사는 해당 기업이 계약 내용을 준수할 것임을 신뢰하게 되는 것이다. 셋째, 기업의 공약 내용을 변

51 다음 글의 내용과 부합하지 않는 것은?

우리 몸 안에서 가장 큰 장기는 간으로, 커다란 크기만큼 하는 일이 많아서 '인체의 화학 공장'이라고 한다. 우선 우리가 음식을 섭취하게 되면 위나 장에서 영양소를 흡수하게 되는데, 여기서 흡수된 여러 영양소는 대부분 혈액을 통해 간으로 이동한다. 간은 그 영양소들을 몸에서 요구하는 다른 영양소로 만들거나, 우리 몸을 위해 저장하기도 한다. 이런 것들이 가능한 이유는 간의 구조와 혈액의 공급 방식 때문이다.

간은 육각형 기둥 모양의 간소엽이라는 작은 공장들로 이루어져 있고 그 내부는 간의 주요 기능을 수행하는 간세포로 채워져 있다. 간소엽의 중심부에는 중심 정맥이 놓여 있어 간을 거친 혈액을 간정맥으로 보내 심장으로 흐르게 한다. 그리고 육각형 기둥의 각 모서리에는 간문맥, 간동맥, 담관이 지나가고 있는데, 간문맥과 간동맥은 혈액이 다른 장기에서 간으로 유입되는 관이고, 담관은 담즙이 간에서 배출되는 관이다.

인체의 거의 모든 장기의 혈액 순환은 혈액이 동맥으로 들어와 모세 혈관을 거치면서 산소와 영양소의 교환이 이루어진 다음에 정맥을 통해 나가는 방식이다. 그러나 간의 혈액 순환은 예외적으로 혈액이 간동맥과 간문맥이라는 2개의 혈관을 통해서 들어와 미세 혈관을 지나 중심 정맥으로 흘러 나간

해설편

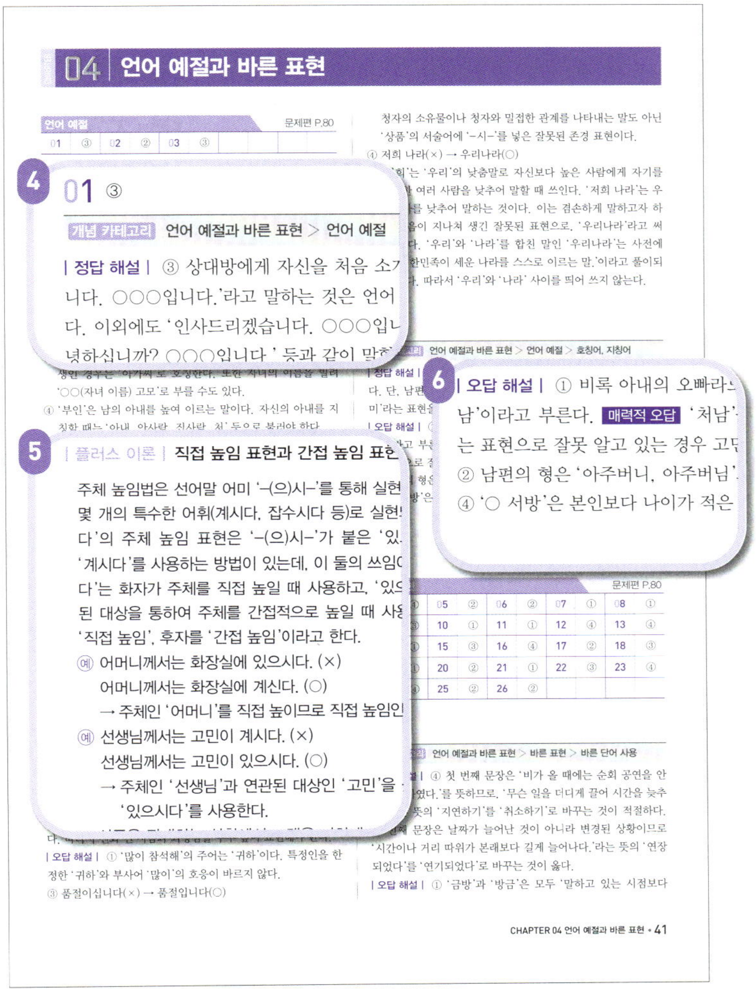
04 언어 예절과 바른 표현

언어 예절 문제편 P.80

01	③	02	②	03	③

청자의 소유물이나 청자와 밀접한 관계를 나타내는 말도 아닌 '상품'의 서술어에 '-시-'를 넣은 잘못된 존경 표현이다.

④ 저희 나라(×) → 우리나라(○)

01 ③

개념 카테고리 언어 예절과 바른 표현 > 언어 예절

| 정답 해설 | ③ 상대방에게 자신을 처음 소개 ... 니다. ○○○입니다.'라고 말하는 것은 언어 ... 다. 이외에도 '인사드리겠습니다. ○○○입니 ... 녕하십니까? ○○○입니다.' 등과 같이 말하

'○○(자녀 이름) 고모'로 부를 수도 있다.

④ '부인'은 남의 아내를 높여 이르는 말이다. 자신의 아내를 지칭할 때는 '아내, 안사람, 집사람, 처' 등으로 불러야 한다.

| 플러스 이론 | 직접 높임 표현과 간접 높임 표현

주체 높임법은 선어말 어미 '-(으)시-'를 통해 실현 ... 몇 개의 특수한 어휘(계시다, 잡수시다 등)로 실현 ... 다'의 주체 높임 표현은 '-(으)시-'가 붙은 '있으... '계시다'를 사용하는 방법이 있는데, 이 둘의 쓰임이 ... 다'는 화자가 주체를 직접 높일 때 사용하고, '있으 ... 된 대상을 통하여 주체를 간접적으로 높일 때 사용 ... '직접 높임', 후자를 '간접 높임'이라고 한다.

예 어머니께서는 화장실에 있으시다. (×)
어머니께서는 화장실에 계신다. (○)
→ 주체인 '어머니'를 직접 높이므로 직접 높임인 ...

예 선생님께서는 고민이 계시다. (×)
선생님께서는 고민이 있으시다. (○)
→ 주체인 '선생님'과 연관된 대상인 '고민'을 ... '있으시다'를 사용한다.

| 오답 해설 | ① '많이 참석해'의 주어는 '귀하'이다. 특정인을 한정한 '귀하'와 부사어 '많이'의 호응이 바르지 않다.

③ 품절이십니다(×) → 품절입니다(○)

| 오답 해설 | ① 비록 아내의 오빠라도 ... 남'이라고 부른다. 매력적 오답 '처남' ... 는 표현으로 잘못 알고 있는 경우 고단 ... ② 남편의 형은 '아주버니, 아주버님' ... ④ '○ 서방'은 본인보다 나이가 적은 ...

문제편 P.80

05	②	06	②	07	①	08	①
10	①	11	①	12	④	13	④
15	③	16	④	17	②	18	③
20	②	21	①	22	③	23	④
25	②	26	②				

언어 예절과 바른 표현 > 바른 표현 > 바른 단어 사용

④ 첫 번째 문장은 '비가 올 때에는 순회 공연을 안 ...었다.'를 뜻하므로, '무슨 일을 더디게 끌어 시간을 늦추 ...뜻의 '지연하기'를 '취소하기'로 바꾸는 것이 적절하다. ... 문장은 날짜가 늘어난 것이 아니라 변경된 상황이므로 '시간이나 거리 따위가 본래보다 길게 늘어나다.'라는 뜻의 '연장되었다'를 '연기되었다'로 바꾸는 것이 옳다.

| 오답 해설 | ① '금방'과 '방금'은 모두 '말하고 있는 시점보다

CHAPTER 04 언어 예절과 바른 표현 • 41

4 개념 카테고리

카테고리를 제시하여 더 자세하게 알고 싶은 개념을 기본서와 연계하여 학습할 수 있도록 하였습니다.

5 플러스 이론

문제와 관련하여 알아두면 좋을 이론을 정리하여 플러스 이론으로 수록하였습니다.

6 매력적 오답

선택 비중이 높았던 오답 선택지를 짚어 주어 함정 문제의 유형을 파악하고 함정을 피해 확실하게 정답을 고를 수 있도록 구성하였습니다.

에듀윌 단원별 기출문제집의

추가 혜택

1 최신기출 해설특강

2025 국가직 9급, 2025 지방직 9급 시험 해설특강으로 최신 경향을 파악하세요.

수강경로

① 에듀윌 도서몰(book.eduwill.net) 접속
② 동영상강의실
③ 공무원 → [최신기출 해설특강] 9급공무원 국어(국가직/지방직) 또는
우측 QR코드를 통해 바로 접속

2 OMR 카드(PDF)

실전처럼 마킹 연습을 할 수 있는 OMR 카드를 제공합니다.

수강경로

① 에듀윌 도서몰(book.eduwill.net) 접속
② 도서자료실
③ 부가학습자료
④ 공무원 국어 검색 또는 우측 QR코드를 통해 바로 접속

이 책의

차례

PART

I

문법과 어문 규정

CHAPTER 01

현대 문법

01 신경향 대비 접근법

유형 특징

- 공공언어 바로 쓰기라는 유형으로 출제될 것으로 예상된다.
- 공직 상황에서의 언어 예절과 올바른 문장, 올바른 단어의 사용과 관련된 문제가 출제될 것으로 예상된다.
- 일부 어문 규정의 내용과 다르게 공공언어 바로 쓰기의 관점으로 정의된 내용이 출제될 수도 있다.

풀이 전략

- 공직과 관련된 언어 예절, 바른 표현 등을 정리해 두어야 한다.
- 올바른 문장, 올바른 단어 사용과 관련된 지식을 미리 정리해 두어야 한다.
- 어문 규정과 공공언어 바로 쓰기의 관점이 다른 부분이 있다면 비교하여 잘 정리해 두어야 한다.

02 대표 기출문제

01 다음 글에서 추론한 내용으로 적절하지 않은 것은?

2025 출제기조 전환 1차 예시문제

'밤하늘'은 '밤'과 '하늘'이 결합하여 한 단어를 이루고 있는데, 이처럼 어휘 의미를 띤 요소끼리 결합한 단어를 합성어라고 한다. 합성어는 분류 기준에 따라 여러 방식으로 나눌 수 있다. 합성어의 품사에 따라 합성명사, 합성형용사, 합성부사 등으로 나누기도 하고, 합성의 절차가 국어의 정상적인 단어 배열법을 따르는지의 여부에 따라 통사적 합성어와 비통사적 합성어로 나누기도 하고, 구성 요소 간의 의미 관계에 따라 대등합성어와 종속합성어로 나누기도 한다.

합성명사의 예를 보자. '강산'은 명사(강) + 명사(산)로, '젊은이'는 용언의 관형사형(젊은) + 명사(이)로, '덮밥'은 용언 어간(덮) + 명사(밥)로 구성되어 있다. 명사끼리의 결합, 용언의 관형사형과 명사의 결합은 국어 문장 구성에서 흔히 나타나는 단어 배열법으로, 이들을 통사적 합성어라고 한다. 반면 용언 어간과 명사의 결합은 국어 문장 구성에 없는 단어 배열법인데 이런 유형은 비통사적 합성어에 속한다. '강산'은 두 성분 관계가 대등한 관계를 이루는 대등합성어인데, '젊은이'나 '덮밥'은 앞 성분이 뒤 성분을 수식하는 종속합성어이다.

① 아버지의 형을 이르는 '큰아버지'는 종속합성어이다.
② '흰머리'는 용언 어간과 명사가 결합한 합성 명사이다.
③ '늙은이'는 어휘 의미를 지닌 두 요소가 결합해 이루어진 단어이다.
④ 동사 '먹다'의 어간인 '먹'과 명사 '거리'가 결합한 '먹거리'는 비통사적 합성어이다.

01 다음 글에서 추론한 내용으로 적절하지 않은 것은?

2025 출제기조 전환 1차 예시문제

'밤하늘'은 '밤'과 '하늘'이 결합하여 한 단어를 이루고 있는데, 이처럼 어휘 의미를 띤 요소끼리 결합한 단어를 합성어라고 한다. 합성어는 분류 기준에 따라 여러 방식으로 나눌 수 있다. 합성어의 품사에 따라 합성명사, 합성형용사, 합성부사 등으로 나누기도 하고, 합성의 절차가 국어의 정상적인 단어 배열법을 따르는지의 여부에 따라 통사적 합성어와 비통사적 합성어로 나누기도 하고, 구성 요소 간의 의미 관계에 따라 대등합성어와 종속합성어로 나누기도 한다.

지문의 핵심어

단순 용어 이름이 아닌 개념까지 설명되는 용어들은 밑줄을 그어 두면 문제를 풀 때 근거를 확인하기 쉽다.

합성명사의 예를 보자. '강산'은 명사(강)+명사(산)로, '젊은이'는 용언의 관형사형(젊은)+명사(이)로, '덮밥'은 용언 어간(덮)+명사(밥)로 구성되어 있다. 명사끼리의 결합, 용언의 관형사형과 명사의 결합은 국어 문장 구성에서 흔히 나타나는 단어 배열법으로, 이들을 통사적 합성어라고 한다. 반면 용언 어간과 명사의 결합은 국어 문장 구성에 없는 단어 배열법인데 이런 유형은 비통사적 합성어에 속한다. '강산'은 두 성분 관계가 대등한 관계를 이루는 대등합성어인데, '젊은이'나 '덮밥'은 앞 성분이 뒤 성분을 수식하는 종속합성어이다.

여러 용어들 중 부연되는 용어이므로 핵심어가 된다. 예를 통해 개념을 이해하고 선택지에 적용하는 문제가 출제될 것이므로 집중하여야 하는 부분이다.

개념까지 설명되는 용어이므로 핵심어이다.

❶ 아버지의 형을 이르는 '큰아버지'는 종속합성어이다. (○)

➜ 둘째 문단에서 앞 성분이 뒤 성분을 수식하는 경우가 종속합성어라고 언급하고 있다. 따라서 '큰아버지'는 '큰'이 '아버지'를 수식하는 경우에 해당하므로 종속합성어이다.

❷ '흰머리'는 용언 어간과 명사가 결합한 합성 명사이다. (×)

➜ '흰머리'는 '흰+머리'의 구성이다. 이때 '흰'은 용언 '희다'의 관형사형이 된다. 따라서 용언의 어간이 아니다.

❸ '늙은이'는 어휘 의미를 지닌 두 요소가 결합해 이루어진 단어이다. (○)

➜ 제시된 글에서 합성 명사의 예로 '젊은이'를 들고 있다. 따라서 '늙은이' 역시 합성어에 해당한다는 것을 알 수 있다. 그리고 첫째 문단을 보면 어휘 의미를 띤 요소끼리 결합한 단어를 합성어라고 한다고 언급하고 있다. 따라서 '늙은이'는 어휘 의미를 지닌 두 요소가 결합해 이루어진 단어라는 것을 알 수 있다.

❹ 동사 '먹다'의 어간인 '먹'과 명사 '거리'가 결합한 '먹거리'는 비통사적 합성어이다. (○)

➜ 둘째 문단을 보면 용언 어간과 명사의 결합은 국어 문장 구성에 없는 단어 배열법이고 이를 비통사적 합성어라고 언급하고 있다. 따라서 동사 '먹다'의 어간인 '먹'과 명사 '거리'가 결합한 '먹거리'는 비통사적 합성어에 해당한다.

정답 | ②

02 다음 중 ㉠에 해당하는 사례로 적절한 것은?

2025 지방직 9급

하나의 단어는 하나의 품사에 속하는 것이 일반적이지만 어떤 단어는 두 가지 이상의 품사에 속할 수 있다. 예를 들어 '밝다'의 경우 '날이 밝았다.'에서는 '밤이 지나고 환해지며 새날이 오다'라는 의미의 동사이지만, '햇살이 밝은 날'에서는 '불빛 따위가 환하다'라는 의미의 형용사이다. 이렇듯 하나의 단어가 둘 이상의 품사로 사용되는 것을 품사 통용이라고 한다. 품사 통용은 동음이의 현상과 구별된다. 즉 품사 통용은 서로 관련된 두 의미가 같은 형태로 나타난 것인 반면, ㉠동음이의 현상은 먹는 '배'와 타는 '배'가 구별되는 것과 같이 서로 무관한 두 의미가 우연히 같은 형태로 나타난 것이다.

① 그는 여러 문화를 비교적 관점에서 연구했다. / 삼촌은 교통이 비교적 편리한 곳에 산다.
② 내가 언니보다 키가 더 크다. / 이번 여름에는 비가 많이 와서 마당의 풀이 잘 큰다.
③ 오늘이 드디어 기다리던 시험일이다. / 친구는 국립 박물관에 오늘 갈 것이라 한다.
④ 나는 어제 산 모자를 쓰고 나갔다. / 형님은 시를 쓰고 누님은 그림을 그렸다.

02 다음 중 ㉠에 해당하는 사례로 적절한 것은?

2025 지방직 9급

> 문법 문제는 지문이 예들과 유사한 예로 선택지를 구성하여 비교해 보게 출제되는 경우가 많으므로 집중하여 살펴봐야 한다.
>
> 하나의 단어는 하나의 품사에 속하는 것이 일반적이지만 어떤 단어는 두 가지 이상의 품사에 속할 수 있다. 예를 들어 '밝다'의 경우 '날이 밝았다.'에서는 '밤이 지나고 환해지며 새날이 오다'라는 의미의 동사이지만, '햇살이 밝은 날'에서는 '불빛 따위가 환하다'라는 의미의 형용사이다. 이렇듯 하나의 단어가 둘 이상의 품사로 사용되는 것을 품사 통용이라고 한다. 품사 통용은 동음이의 현상과 구별된다. 즉 품사 통용은 서로 관련된 두 의미가 같은 형태로 나타난 것인 반면, ㉠동음이의 현상은 먹는 '배'와 타는 '배'가 구별되는 것과 같이 서로 무관한 두 의미가 우연히 같은 형태로 나타난 것이다.
>
> 일반적인 특징을 언급하고 그와 대비하여 일반적이지 않은 특징을 언급하고 있으므로 이 글의 핵심은 일반적이지 않은 특징과 관련됨을 알 수 있다.
>
> 일반적이지 않은 특징과 관련된 용어를 제시하고 있다.
>
> 앞서 언급한 내용과 구별되는 용어를 제시하고 있는 부분
>
> 문제와 직접 관련된 용어를 정의하고 예를 드는 부분

❶ 그는 여러 문화를 비교적 관점에서 연구했다. / 삼촌은 교통이 비교적 편리한 곳에 산다. (×)

➜ 하나의 단어가 두 가지 이상의 품사에 속할 때 이를 '품사의 통용'이라고 한다. '비교적'의 경우 첫 번째는 '관형사'로, 두 번째는 '부사'로 사용되었다.

❷ 내가 언니보다 키가 더 크다. / 이번 여름에는 비가 많이 와서 마당의 풀이 잘 큰다. (×)

➜ '크다'의 경우 첫 번째는 '형용사'로, 두 번째는 '동사'로 사용되었다.

❸ 오늘이 드디어 기다리던 시험일이다. / 친구는 국립 박물관에 오늘 갈 것이라 한다. (×)

➜ '오늘'의 경우 첫 번째는 '명사'로, 두 번째는 '부사'로 사용되었다.

❹ 나는 어제 산 모자를 쓰고 나갔다. / 형님은 시를 쓰고 누님은 그림을 그렸다. (○)

➜ 동음이의어는 '소리는 같으나 뜻이 다른 단어'를 이르는 말이다. 선택지 ④의 첫 번째 '쓰다'는 '모자 따위를 머리에 얹어 덮다'의 의미를 갖는 단어이고, 두 번째 '쓰다'는 '머릿속의 생각을 종이 혹은 이와 유사한 대상 따위에 글로 나타내다'의 의미를 갖는 단어이다. 두 단어는 소리가 같지만 뜻이 전혀 다른 동음이의어에 해당한다.

정답 | ④

언어와 국어

01 〈보기 1〉의 사례와 〈보기 2〉의 언어 특성이 잘못 짝지어진 것은? 2019 서울시 9급

보기 1

(가) '방송(放送)'은 '석방'에서 '보도'로 의미가 변하였다.

(나) '밥'이라는 의미의 말소리 [밥]을 내 마음대로 [법]으로 바꾸면 다른 사람들은 '밥'이라는 의미로 이해할 수 없다.

(다) '종이가 찢어졌어.'라는 말을 배운 아이는 '책이 찢어졌어.'라는 새로운 문장을 만들어 낸다.

(라) '오늘'이라는 의미를 가진 말을 한국어에서는 '오늘[오늘]', 영어에서는 'today[투데이]'라고 한다.

보기 2

㉠ 규칙성　　㉡ 역사성
㉢ 창조성　　㉣ 사회성

① (가) – ㉡　　② (나) – ㉣
③ (다) – ㉢　　④ (라) – ㉠

02 밑줄 친 부분의 예로 가장 적절한 것은? 2016 지방직 9급

> 생각은 큰 그릇이고 말은 생각 속에 들어가는 작은 그릇이어서 생각에는 말 외에도 다른 것이 더 있다. 그러나 아무리 생각이 말보다 범위가 넓고 큰 것이라고 하여도 그것을 말로 바꾸어 놓지 않으면 그 생각의 위대함이나 오묘함이 다른 사람에게 전달되지 않는다. 그 때문에 생각이 형님이요, 말이 동생이라고 할지라도 생각은 동생의 신세를 지지 않을 수가 없게 되어 있다.

① '사과'는 언제부터 '사과'라고 부르기 시작했는지 알 수 없어.
② 동일한 사물을 두고 영국에서는 [tri:], 한국에서는 [namu]라 표현해.
③ 이 소설은 정말 감동적이야. 내가 받은 감동은 말로는 설명이 안 돼.
④ 시간의 흐름을 초, 분, 시간 단위로 나눠 사용해 온 것은 인간의 사회적 약속이야.

03 국어의 특징으로 옳지 않은 것은? 2018. 3월 서울시 9급

① 조사와 어미가 발달한 교착어적 특성을 보여 준다.
② '값'과 같이 음절 말에서 두 개의 자음이 발음될 수 있다.
③ 담화 중심의 언어로서 주어, 목적어 등이 흔히 생략된다.
④ 가족 관계를 나타내는 친족어가 발달해 있다.

04 밑줄 친 표현에서 주로 나타나는 언어적 기능은?

2016 사회복지직 9급

> 나흘 전 감자 쪼간만 하더라도, 나는 저에게 조금도 잘못한 것은 없다.
>
> 계집애가 나물을 캐러 가면 갔지 남 울타리 엮는데 쌩이질을 하는 것은 다 뭐냐. 그것도 발소리를 죽여 가지고 등 뒤로 살며시 와서
>
> "<u>얘! 너 혼자만 일하니?</u>"
>
> 하고 긴치 않은 수작을 하는 것이었다.
>
> 어제까지도 저와 나는 이야기도 잘 않고 서로 만나도 본척만척하고 이렇게 점잖게 지내던 터이련만, 오늘로 갑작스레 대견해졌음은 웬일인가. 항차 망아지만한 계집애가 남 일하는 놈 보구…….
>
> "그럼 혼자 하지 떼루 하디?"
>
> – 김유정, 「동백꽃」 중에서 –

① 미학적 기능 ② 지령적 기능
③ 친교적 기능 ④ 표현적 기능

05 다음 설명 중 옳지 않은 것은?

2016 서울시 9급

① 하늘, 바람, 심지어, 어차피, 주전자와 같은 단어들은 한자로 적을 수 없는 고유어이다.
② 학교, 공장, 도로, 자전거, 자동차와 같은 단어들은 모두 한자로도 적을 수 있는 한자어이다.
③ 고무, 담배, 가방, 빵, 냄비와 같은 단어들은 외국에서 들어온 말이지만 우리말처럼 되어 버린 귀화어이다.
④ 눈깔, 아가리, 주둥아리, 모가지, 대가리와 같이 사람의 신체 부위를 점잖지 못하게 낮추어 부르는 단어들은 비어(卑語)에 속한다.

06 다음에서 설명하는 언어의 성격으로 알맞은 것은?

> 한국인들이 보편적으로 인식하는 개 짖는 소리 '멍멍'은 일본인들에게 '왕왕'으로 인식된다. 이는 음성과 의미 사이에 어떠한 필연적인 관계도 맺고 있지 않음을 보여 주는 것이라 할 수 있다.

① 언어의 분절성
② 언어의 창조성
③ 언어의 자의성
④ 언어의 역사성

07 다음 중 국어의 특질로 적절하지 않은 것은?

① 국어는 문장 성분의 이동이 비교적 자유로운 편이다.
② 국어는 '주어 – 목적어 – 서술어'의 어순을 갖는다.
③ 국어는 체언도 '조 + 쌀 = 좁쌀'처럼 활용하는 경우가 있다.
④ 국어는 어두에 특정 자음이 오는 것을 피하기도 한다.

08 음운의 개념에 대한 설명으로 가장 옳지 않은 것은?

2019. 2월 서울시 9급

① 소리의 강약이나 고저 등은 분절되지 않으므로 음운이라고 할 수 없다.
② 음운은 의미를 구별해 주는 최소의 단위이므로 최소 대립쌍을 통해 한 언어의 음운 목록을 확인할 수 있다.
③ 음운은 몇 개의 변이음으로 구성되어 있어서 실제로 들리는 소리가 다른 경우에도 하나의 음운으로 인정할 수 있다.
④ 음운은 실제적인 소리라기보다는 관념적이고 추상적인 기호라고 보아야 한다.

09 〈보기〉의 ㉠~㉣에 대한 설명으로 가장 적절하지 않은 것은?

2022 법원직 9급

보기

음운의 변동은 한 음운이 다른 음운으로 바뀌는 교체, 한 음운이 없어지는 탈락, 새로운 음운이 생기는 첨가, 두 음운이 하나의 음운으로 합쳐지는 축약으로 구분된다. 한 단어가 발음될 때 이 네 가지 변동 중 둘 이상이 나타나는 경우도 있고 하나의 음운이 두 번 이상의 음운 변동을 겪기도 한다.

㉠ 꽃잎[꼰닙] ㉡ 맏며느리[만며느리]
㉢ 닫혔다[다쳗따] ㉣ 넓죽하다[넙쭈카다]

① ㉠~㉣은 모두 음운이 교체되는 현상이 일어난다.
② ㉠과 ㉡에서는 공통적으로 음운의 첨가가 일어난다.
③ ㉢에서는 두 개의 음운이 하나로 축약되는 현상이 일어난다.
④ ㉣에서는 음운의 탈락과 축약이 일어난다.

10 다음은 된소리되기와 관련한 수업의 일부이다. [A]에 들어갈 말로 적절하지 않은 것은?

2023 대학수학능력시험 언어와 매체

선생님: 오늘은 표준 발음을 대상으로 용언의 활용에서 나타나는 된소리되기를 알아봅시다. '(신발을) 신고[신:꼬]'처럼 용언의 활용에서는 마지막 소리가 'ㄴ, ㅁ'인 어간 뒤에 처음 소리가 'ㄱ, ㄷ, ㅅ, ㅈ'인 어미가 결합하면 어미의 처음 소리가 된소리로 바뀌어요.
학생: 아, 그렇군요. 그런데 선생님, 국어에서 'ㄱ, ㄷ, ㅅ, ㅈ'이 'ㄴ, ㅁ' 뒤에 이어지면 항상 된소리로 바뀌나요?
선생님: 항상 그런 것은 아니에요. 표준 발음에서는 용언 어간에 피·사동 접사가 결합하거나 어미끼리 결합하거나 체언과 조사가 결합하는 경우에는 된소리되기가 일어나지 않아요. 그리고 '먼지[먼지]'처럼 하나의 형태소 안에서 'ㄴ, ㅁ' 뒤에 'ㄱ, ㄷ, ㅅ, ㅈ'이 있는 경우에도 된소리되기가 일어나지 않아요. 그럼 다음 ⓐ~ⓔ의 밑줄 친 말에서 'ㄴ'이나 'ㅁ' 뒤의 소리가 된소리로 바뀌지 않는 이유를 설명해 볼까요?

ⓐ 피로를 <u>푼다[푼다]</u> ⓑ 더운 <u>여름도[여름도]</u>
ⓒ 대문을 <u>잠가[잠가]</u> ⓓ 품에 <u>안겨라[안겨라]</u>
ⓔ 학교가 <u>큰지[큰지]</u>

학생: 그 이유는 [A] 때문입니다.
선생님: 네, 맞아요.

① ⓐ의 'ㄴ'과 'ㄷ'이 모두 어미에 속해 있는 소리이기
② ⓑ의 'ㅁ'과 'ㄷ'이 체언과 조사가 결합하면서 이어진 소리이기
③ ⓒ의 'ㅁ'과 'ㄱ'이 모두 하나의 형태소 안에 속해 있는 소리이기
④ ⓓ의 'ㄴ'과 'ㄱ'이 어미끼리 결합하면서 이어진 소리이기
⑤ ⓔ의 'ㄴ'과 'ㅈ'이 어간과 어미가 결합하면서 이어진 소리가 아니기

11 국어의 주요한 음운 변동을 다음과 같이 유형화할 때, '부엌일'에 일어나는 음운 변동 유형으로 옳은 것은?

2019 국가직 9급

변동 전		변동 후
㉠ XaY	→	XbY(교체)
㉡ XY	→	XaY(첨가)
㉢ XabY	→	XcY(축약)
㉣ XaY	→	XY(탈락)

① ㉠, ㉡　② ㉠, ㉣
③ ㉡, ㉢　④ ㉡, ㉣

12 ㉠~㉣에 해당하는 예를 바르게 연결한 것은?

2019 국가직 7급

경음화는 장애음 중 평음이 일정한 환경에서 경음으로 바뀌는 현상이다. 한국어의 대표적인 경음화 유형은 다음과 같다.

㉠ 'ㄱ, ㄷ, ㅂ' 뒤에 연결되는 평음은 경음으로 발음된다.

㉡ 비음으로 끝나는 용언 어간에 연결되는 어미의 첫소리는 경음으로 발음된다.

㉢ 관형사형 어미 '-(으)ㄹ' 뒤에 연결되는 평음은 경음으로 발음된다.

㉣ 한자어에서 'ㄹ' 뒤에 연결되는 'ㄷ, ㅅ, ㅈ'은 경음으로 발음된다.

	㉠	㉡	㉢	㉣
①	잡고	담고	갈 곳	하늘소
②	받고	앉더라	발전	물동이
③	놓습니다	삶더라	열 군데	절정
④	먹고	껴안더라	어찌할 바	결석

13 다음에 대한 설명으로 적절한 것은?

2019 지방직 9급

㉠ 가을일[가을릴]　㉡ 텃마당[턴마당]
㉢ 입학생[이팍쌩]　㉣ 흙먼지[흥먼지]

① ㉠: 한 가지 유형의 음운 변동이 나타난다.
② ㉡: 인접한 음의 영향을 받아 조음 위치가 같아지는 동화 현상이 나타난다.
③ ㉢: 음운 변동 전의 음운 개수와 음운 변동 후의 음운 개수가 서로 다르다.
④ ㉣: 음절 끝에 'ㄱ, ㄴ, ㄷ, ㄹ, ㅁ, ㅂ, ㅇ' 이외의 자음이 오면 이 7개의 자음 중 하나로 바뀌는 규칙이 적용된다.

14 〈보기〉의 ㉠~㉣에 대한 다음 설명 중 적절하지 않은 것은?

2019 법원직 9급

보기

㉠ 부엌+일 → [부엉닐]
㉡ 콧+날 → [콘날]
㉢ 앉+고 → [안꼬]
㉣ 훑+는 → [훌른]

① ㉠, ㉡: '맞+불 → [맏뿔]'에서처럼 음절 끝에 올 수 있는 자음이 제한되어 있기 때문에 일어난 음운 변동이 있다.
② ㉠, ㉡, ㉣: '있+니 → [인니]'에서처럼 인접하는 자음과 조음 방법이 같아진 음운 변동이 있다.
③ ㉢: '앓+고 → [알코]'에서처럼 자음이 축약된 음운 변동이 있다.
④ ㉢, ㉣: '몫+도 → [목또]'에서처럼 음절 끝에 둘 이상의 자음이 오지 못하기 때문에 일어난 음운 변동이 있다.

15 〈보기〉의 음운 변동 사례 중 옳은 것은?

2019. 2월 서울시 7급

보기

교체, 탈락, 축약, 첨가의 음운 변동이 일어나는 경우 음운 개수의 변화가 나타나기도 한다. 먼저 ㉠'집일[짐닐]'은 첨가 및 교체가 일어나 음운의 개수가 늘었다. 그런데 ㉡'닭만[당만]'은 탈락만 일어나 음운의 개수가 줄었고, ㉢'뜻하다[뜨타다]'는 축약만 일어나 음운의 개수가 줄었다. 한편 ㉣'맡는[만는]'은 교체가 두 번 일어나 음운의 개수가 2개 증가하였다.

① ㉠ ② ㉡
③ ㉢ ④ ㉣

16 '깎다'의 활용형에 적용된 음운 변동에 대한 설명으로 옳은 것은?

2018 국가직 9급

- 교체: 한 음운이 다른 음운으로 바뀌는 현상
- 탈락: 한 음운이 없어지는 현상
- 첨가: 없던 음운이 생기는 현상
- 축약: 두 음운이 합쳐져서 또 다른 음운 하나로 바뀌는 현상
- 도치: 두 음운의 위치가 서로 바뀌는 현상

① '깎는'은 교체 현상에 의해 '깡는'으로 발음된다.
② '깎아'는 탈락 현상에 의해 '까까'로 발음된다.
③ '깎고'는 도치 현상에 의해 '깍꼬'로 발음된다.
④ '깎지'는 축약 현상과 첨가 현상에 의해 '깍찌'로 발음된다.

17 다음의 음운 현상이 일어난 사례는?

2018 교육행정직 9급

어간 '가-'에 어미 '-아서'가 결합하면 '가서'가 된다. 이러한 사례처럼 어간과 어미가 결합할 때, 동일한 모음이 연속되면 그중 하나가 탈락한다.

① 봄이 가고 여름이 온다.
② 집에 가니 벌써 밤이었다.
③ 우리만 먼저 가도 괜찮을까?
④ 학교에 가면 친구들을 만난다.

18 음운 현상은 변동의 양상에 따라 크게 다섯 가지로 구분된다. 다음 중 음운 현상의 유형이 나머지 셋과 가장 다른 하나는?

2017 서울시 9급

㉠ 대치 – 한 음소가 다른 음소로 바뀌는 음운 현상
㉡ 탈락 – 한 음소가 없어지는 음운 현상
㉢ 첨가 – 없던 음소가 새로 끼어드는 음운 현상
㉣ 축약 – 두 음소가 합쳐져 다른 음소로 바뀌는 음운 현상
㉤ 도치 – 두 음소가 서로 자리를 바꾸는 음운 현상

① 국+만 → [궁만] ② 물 + 난리 → [물랄리]
③ 입+고 → [입꼬] ④ 한 + 여름 → [한녀름]

19 〈학습 활동〉을 수행한 결과로 적절한 것은?

2022학년도 7월 고3 전국연합학력평가

〈학습 활동〉

[자료]의 단어들은 음운 변동 중 탈락이 일어난 예이다. 단어들을 [분류 과정]에 따라 분류할 때 ㉮, ㉯, ㉰에 들어갈 단어를 바르게 짝지은 것은?

[자료]

ⓐ 뜨-+-어서 → 떠서[떠서]
ⓑ 둥글-+-ㄴ → 둥근[둥근]
ⓒ 좋-+-아 → 좋아[조:아]

[분류 과정]

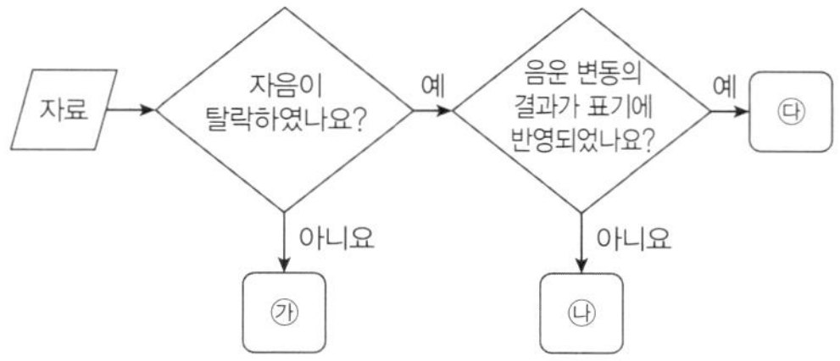

	㉮	㉯	㉰
①	ⓐ	ⓒ	ⓑ
②	ⓐ	ⓑ	ⓒ
③	ⓒ	ⓐ	ⓑ
④	ⓒ	ⓑ	ⓐ
⑤	ⓑ	ⓐ	ⓒ

20 국어의 음운 현상에는 아래의 네 가지 유형이 있다. 〈보기〉의 (가)와 (나)에 해당하는 음운 현상의 유형을 순서대로 고르면?

2015 서울시 9급

㉠ XAY → XBY(대치)
㉡ XAY → X∅Y(탈락)
㉢ X∅Y → XAY(첨가)
㉣ XABY → XCY(축약)

보기

솥+하고 → [솓하고] → [소타고]
(가) (나)

① ㉠, ㉡ ② ㉠, ㉣
③ ㉡, ㉢ ④ ㉡, ㉣

21 ㉠~㉣에 해당하는 예로 옳지 않은 것은?

2021 지방직(= 서울시) 7급

「표준 발음법」 제29항

합성어 및 파생어에서, 앞 단어나 접두사의 끝이 자음이고 뒤 단어나 접미사의 첫음절이 '이, 야, 여, 요, 유'인 경우에는, 'ㄴ' 음을 첨가하여 [니, 냐, 녀, 뇨, 뉴]로 발음한다.

(예) 색-연필[생년필]

• 다만, 다음과 같은 말들은 'ㄴ' 음을 첨가하여 발음하되, 표기대로 발음할 수 있다. ………… ㉠
(예) 야금-야금[야금냐금/야그먀금]

• [붙임 1] 'ㄹ' 받침 뒤에 첨가되는 'ㄴ' 음은 [ㄹ]로 발음한다. ………………………………… ㉡
(예) 서울-역[서울력]

• [붙임 2] 두 단어를 이어서 한 마디로 발음하는 경우에도 이에 준한다. ………………………… ㉢
(예) 잘 입다[잘립따]

• 다만, 다음과 같은 단어에서는 'ㄴ(ㄹ)' 음을 첨가하여 발음하지 않는다. …………………… ㉣
(예) 3·1절[사밀쩔]

① ㉠: 혼합약 ② ㉡: 휘발유
③ ㉢: 열여덟 ④ ㉣: 등용문

22 다음 〈보기〉의 밑줄 친 ㉠~㉤에 대한 표준 발음으로 옳은 것을 모두 고르면?

2017 국회직 8급

보기

• ㉠깃발이 바람에 날리다. – [기빨]
• ㉡불법적인 방법으로 돈을 벌고 있다. – [불법쩍]
• 나는 오늘 점심을 ㉢면류로 간단히 때웠다. – [멸류]
• ㉣도매금은 도매로 파는 가격을 말한다. – [도매금]
• 준법의 테두리 안에서 시위를 한다면 ㉤공권력 발동을 최대한 자제할 것이다. – [공:꿘녁]

① ㉠, ㉡, ㉢ ② ㉠, ㉡, ㉤
③ ㉠, ㉢, ㉤ ④ ㉡, ㉢, ㉣
⑤ ㉡, ㉣, ㉤

23 〈보기〉에서 밑줄 친 부분의 발음으로 옳지 않은 것은?

2018 서울시 9급

| 보기 |

손자: 할아버지. 여기 있는 ㉠밭을 우리가 다 매야 해요?
할아버지: 응. 이 ㉡밭만 매면 돼.
손자: 이 ㉢밭 모두요?
할아버지: 왜? ㉣밭이 너무 넓으니?

① ㉠: [바슬]　② ㉡: [반만]
③ ㉢: [받]　④ ㉣: [바치]

24 다음의 예를 통해서 도출해 낼 수 있는 개념으로 가장 적절한 것은?

• 밤 : 범 : 봄 – ㅏ, ㅓ, ㅗ
• 물 : 불 : 뿔 – ㅁ, ㅂ, ㅃ
• 달 : 탈 : 딸 – ㄷ, ㅌ, ㄸ

① 음절　② 음운
③ 단어　④ 형태소

25 현대 국어의 음운에 대한 설명으로 적절하지 않은 것은?

① 자음은 공기의 흐름이 방해를 받아 나는 소리이다.
② 모음은 기본적으로 성절성을 갖는다.
③ 'ㅣ' 모음과 반모음 'ㅣ(j)'가 결합한 모음은 존재하지 않는다.
④ 음성은 추상적 단위지만 음운은 구체적 단위로 볼 수 있다.

26 ㉠~㉤을 이해한 내용으로 적절하지 않은 것은?

2022학년도 대학수학능력시험 9월 모의평가

'음절'은 발음의 단위이다. 음절의 특징을 이해하는 것은 국어 발음의 특징과 여러 가지 음운 변동 현상을 이해하기 위한 기초가 된다. 한글은 소리를 나타내는 문자이기 때문에 한글의 표기와 발음이 동일하다고 생각하기 쉽다. 하지만 한글 표기법에는 소리를 그대로 적는다는 원칙도 있지만 ㉠의미를 효과적으로 전달하기 위해 하나의 의미는 하나의 형태로 고정하여 적는다는 원칙도 있어서, ㉡표기가 실제 발음을 그대로 드러내지 않는 경우가 많다. 그런데 표기된 글자가 실제 발음과 다르더라도, 우리는 실제 발음이 아니라 ㉢표기된 글자 하나하나를 '음절'이라고 인식하는 관습이 있다. 끝말잇기도 이러한 관습을 규칙으로 하여 이루어지는 놀이이다. 그러나 발음의 특징을 이해하기 위해서는 표기가 아니라 발음을 기준으로 음절을 인식해야 한다.

발음을 기준으로 할 때 우리말의 음절은 네 가지 유형으로 나뉜다. 어떤 음절이든 자음과 모음의 결합 방식에 따라 ㉣'모음', '자음+모음', '모음+자음', '자음+모음+자음' 중 한 가지 유형에 해당한다. 각 음절 유형은 표기 형태에 그대로 나타나는 경우도 있지만, '축하[추카]'와 같이 ㉤표기 형태가 음절 유형을 그대로 나타내지 않는 경우도 있다.

① ㉠에 따라 '싫증'은 싫다는 의미를 효과적으로 전달하기 위해 첫 글자의 형태를 고정하여 표기한 예이다.
② ㉡에 해당하는 예로 '북소리'와 '국물'을 들 수 있다.
③ ㉢에 따라 끝말잇기를 할 때, '나뭇잎' 뒤에 '잎새'를 연결할 수 있다.
④ ㉣의 구분에 따르면 '강'과 '복'은 같은 음절 유형에 해당하지만, '목'과 '몫'은 서로 다른 음절 유형에 해당한다.
⑤ ㉤에 해당하는 예로 '북어'를, 해당하지 않는 예로 '강변'을 들 수 있다.

27 국어의 자음에 대한 설명으로 적절하지 않은 것은?

① 모든 자음은 예사소리, 된소리, 거센소리의 대립이 있다.
② 모든 자음이 음절 말 위치에서 발음되는 것은 아니다.
③ 모든 모음은 비장애음이다.
④ 국어의 자음 중 유음은 오직 하나뿐이다.

28 현대 한국어의 연구개음에 대한 설명으로 옳은 것만을 모두 고르면?

> ㉠ 'ㅇ'은 연구개음이자 유음이다.
> ㉡ 'ㄲ'은 연구개음이자 강하고 단단한 느낌을 주는 자음이다.
> ㉢ 연구개음에는 예사소리, 된소리, 거센소리가 모두 존재한다.
> ㉣ 연구개음은 연구개에서 공기의 흐름을 막았다가 막은 자리를 터뜨리며 내는 소리이다.

① ㉠, ㉢ ② ㉠, ㉣
③ ㉡, ㉢ ④ ㉡, ㉣

29 자음 중에서 다음의 특징을 공통으로 갖는 것은?

> • 폐에서 나오는 공기를 일단 막았다가 터뜨리면서 나는 소리
> • 혀끝과 윗잇몸 사이에서 나는 소리

① ㄷ, ㄸ, ㅌ ② ㅂ, ㅃ, ㅍ
③ ㄱ, ㄲ, ㅋ ④ ㅈ, ㅉ, ㅊ

30 다음에 나타난 (가)와 (나)의 음운 현상을 바르게 묶은 것은?

> 굳히다 → [구티다] → [구치다]
> (가) (나)

① 첨가, 탈락
② 첨가, 교체
③ 축약, 교체
④ 축약, 첨가

31 다음 두 음운 현상에 대한 설명으로 적절하지 않은 것은?

> ㉠ 달님[달림], 칼날[칼랄]
> ㉡ 신라[실라], 권력[궐력]

① ㉠, ㉡의 두 음운 현상은 동화주와 피동화주가 같아진다.
② ㉠, ㉡의 두 음운 현상은 유음화로 볼 수 있다.
③ ㉠의 현상은 필수적 현상이고 ㉡은 수의적 현상이다.
④ ㉠, ㉡의 두 음운 현상은 동화의 방향에서 차이가 있다.

32 음운 변동의 원인을 다음 설명에서 찾기 어려운 것은?

> 음운 변동이 일어나는 원인은 발음을 좀 더 쉽게 하려는 조음 경제 법칙과 관련이 있다.

① 입는다 ② 굳이
③ 집배원 ④ 만형

33 괄호 안에 들어갈 적절한 말이 순서대로 짝지어진 것은?

> 동화 현상은 동화의 방향, 동화의 정도, 동화음과 피동화음의 거리에 따라 세분된다. 먼저 동화의 방향에 따라 순행 동화와 역행 동화로 구분된다. 다음으로 동화의 정도에 따라 완전 동화와 ( ) 로 나눌 수 있다. 마지막으로 거리에 따라 직접 동화와 ( )로 구분할 수 있다.

① 부분 동화, 상호 동화
② 간접 동화, 원격 동화
③ 부분 동화, 간접 동화
④ 불완전 동화, 상호 동화

34 (가)의 음운 변동 과정을 (나)에 적용하였을 때 (나)의 A, B, C, D에 들어갈 말로 옳지 않은 것은?

(가) ㄱ → ㅇ/ㅁ	국물 → 궁물
(나) A → B/C	피어 → D

① A – ㅓ
② B – ㅕ
③ C – ㅣ
④ D – 피어

35 사잇소리 현상에 대한 설명으로 옳지 않은 것은?

① 사잇소리 현상은 일정한 법칙을 찾기 힘들고 예외 현상이 많다.
② 앞뒤 형태소의 두 음운이 마주칠 때 원래 없던 음운이 덧붙여지는 현상이다.
③ 한자로 이루어진 합성어의 경우 사잇소리 현상이 나타나지 않으므로 사이시옷을 표기하지 않는다.
④ 두 단어를 하나의 마디로 이어서 발음할 때에도 사잇소리 현상과 같은 현상이 일어날 수 있다.

36 [A]에 들어갈 말로 적절한 것은?

2023학년도 대학수학능력시험 9월 모의평가

> 학생: 선생님, 표준 발음법 제18항을 보다가 궁금한 점이 생겼어요. 이 조항에서 'ㄱ, ㄷ, ㅂ' 옆의 괄호 안에 다른 받침들이 포함된 것은 무엇을 나타내나요?
>
> > 제18항 받침 'ㄱ(ㄲ, ㅋ, ㄳ, ㄺ), ㄷ(ㅅ, ㅆ, ㅈ, ㅊ, ㅌ, ㅎ), ㅂ(ㅍ, ㄼ, ㄿ, ㅄ)'은 'ㄴ, ㅁ' 앞에서 [ㅇ, ㄴ, ㅁ]으로 발음한다.
>
> 선생님: 좋은 질문이에요. 그건 받침이 'ㄱ, ㄷ, ㅂ'이 아니더라도, 음운 변동의 결과로 그 발음이 [ㄱ, ㄷ, ㅂ]으로 바뀌면 비음화 현상이 적용될 수 있다는 사실을 나타낸 거예요.
>
> 학생: 아, 그렇다면 [A] 비음화 현상이 적용된 거네요?
>
> 선생님: 네, 맞아요.

① '밖만[방만]'은 자음군 단순화가 적용된 후
② '폭넓다[퐁널따]'는 자음군 단순화가 적용된 후
③ '값만[감만]'은 음절의 끝소리 규칙이 적용된 후
④ '겉늙다[건늑따]'는 음절의 끝소리 규칙이 적용된 후
⑤ '호박잎[호방닙]'은 음절의 끝소리 규칙이 적용된 후

37 다음 글의 밑줄 친 부분과 관련이 없는 것은?

> 두 개의 형태소 또는 단어가 합쳐져서 합성 명사를 이룰 때, <u>앞말의 끝소리가 울림소리이고 뒷말의 첫소리가 안울림 예사소리이면, 뒤의 예사소리가 된소리로 변한다</u>. 이를 표시하기 위하여 합성어의 앞말이 모음으로 끝났을 때는 받침으로 사이시옷을 적는다.

① 촛불　② 뱃사공
③ 귓병　④ 깻잎

38 국어의 형태소에 대한 설명으로 가장 옳지 않은 것은?

2018. 3월 서울시 9급

① 조사는 앞말에 붙어서 나타난다는 점에서 '의존 형태소'이다.
② 동사의 어간은 스스로 실질적인 단어이므로 명사와 더불어 '자립 형태소'이다.
③ 명사는 실질적인 의미를 가지고 있다는 면에서 동사의 어간과 더불어 '실질 형태소'이다.
④ 어미는 조사와 마찬가지로 문법적 기능을 하므로, '문법 형태소'이다.

39 〈보기〉의 ㉠과 ㉡을 모두 충족하는 예로 가장 적절한 것은?

2023 법원직 9급

보기

파생어는 어근에 파생접사가 결합하여 만들어진다. 이때 접사가 어근의 앞에 결합하는 경우도 있고, ㉠접사가 어근의 뒤에 결합하는 경우도 있다. 또한 어근에 파생접사가 결합하여 새로운 단어가 형성될 때 ㉡어근의 품사가 바뀌는 경우도 있고, 바뀌지 않는 경우도 있다.

① 오늘따라 저녁노을이 유난히 새빨갛다.
② 아군의 사기를 높여야 승산이 있습니다.
③ 무엇보다 그 책은 쉽고 재미있게 읽힌다.
④ 나는 천천히 달리기가 더 어렵다.

40 단어 형성 원리에 대한 설명으로 가장 옳은 것은?

2018. 3월 서울시 9급

① 형용사 '기쁘다'에 동사 파생 접미사 '-하다'가 붙으면 동사 '기뻐하다'가 생성된다.
② '시누이'와 '선생님'은 접미 파생 명사들이다.
③ '빛나가다'와 '공부하다'는 합성 동사들이다.
④ '한여름'은 단일 명사이다.

41 〈보기〉의 ㉠~㉣에 대한 설명으로 적절하지 않은 것은?

2018 법원직 9급

보기

- 그는 ㉠슬픔에 젖어 말을 잇지 못했다.
- 간호사는 환자의 팔뚝에 붕대를 ㉡휘감았다.
- 그 사이 한 해가 저물고 ㉢새해가 왔다.
- 그의 집은 인근에서 ㉣알부자로 소문난 집이다.

① ㉠은 어근과 접미사의 결합으로 이루어진 파생어로 품사가 형용사에서 명사로 바뀌었다.
② ㉡은 접두사와 어근의 결합으로 만들어진 파생어이다.
③ ㉢은 어근과 어근의 결합인 '관형사+명사' 형태의 통사적 합성어이다.
④ ㉣은 어근과 어근의 결합인 '명사+명사' 형태의 통사적 합성어이다.

42 단어에 대한 설명으로 옳지 않은 것은?

2017 국가직(하) 9급

① '바다', '맑다'는 어근이 하나인 단일어이다.
② '회덮밥'은 파생어 '덮밥'에 새로운 어근 '회'가 결합된 합성어이다.
③ '결눈질'은 합성어 '곁눈'에 접미사 '-질'이 결합된 파생어이다.
④ '웃음'은 어근 '웃-'에 접미사 '-음'이 붙어 명사가 된 파생어이다.

43 ㉠과 ㉡에 해당하는 예로 적절한 것은?

2017 교육행정직 9급

> 파생어는 '어근 + 접사'로, 합성어는 '어근 + 어근'으로 이루어진 복합어이다. 파생어 중에는 ㉠접사와 결합하기 전의 어근의 품사와 파생어의 품사가 달라진 것도 있고, 달라지지 않은 것도 있다. 합성어 중에는 문장에서 나타나는 배열 방식으로 만들어진 통사적 합성어도 있고, ㉡문장에서 나타나지 않는 배열 방식으로 만들어진 비통사적 합성어도 있다.

	㉠	㉡
①	슬기롭다	접칼
②	선무당	늦잠
③	공부하다	힘들다
④	먹이	잘나가다

44 〈보기 1〉을 참고하여 〈보기 2〉를 ㉠과 ㉡으로 잘 분류한 것은?

2017 법원직 9급

보기 1

> 어근과 어근의 형식적 결합 방식에 따라 합성어를 나누어 볼 수 있다. 형식적 결합 방식이란 어근과 어근의 배열 방식이 국어의 정상적인 단어 배열 방식 즉 통사적 구성과 같고 다름을 고려한 것이다. 여기에는 합성어의 각 구성 성분들이 가지는 배열 방식이 국어의 정상적인 단어 배열법과 같은 ㉠'통사적 합성어'와 정상적인 배열 방식에 어긋나는 ㉡'비통사적 합성어'가 있다.

보기 2

a. 새해	b. 힘들다
c. 접칼	d. 부슬비
e. 돌아가다	f. 오르내리다

	㉠	㉡
①	a, e	b, c, d, f
②	a, b, e	c, d, f
③	a, c, d	b, e, f
④	b, e, f	a, c, d

45 〈보기〉의 '복합어'를 '분류 과정'에 따라 분류할 때, ㉠과 ㉡에 들어갈 말을 바르게 짝지은 것은?

2022학년도 10월 고3 전국연합학력평가

보기

[복합어]

> 헛수고, 어느새, 톱질, 마음껏, 꺾쇠, 지우개

[분류 과정]

<table>
<tr><td colspan="4">둘 이상의 어근으로만 구성되어 있나요?</td></tr>
<tr><td>예↓</td><td colspan="3">아니요↓</td></tr>
<tr><td>㉠</td><td colspan="3">접사가 어근의 앞에 붙어서 특정한 뜻을 더하거나 제한해 주나요?</td></tr>
<tr><td></td><td>예↓</td><td colspan="2">아니요↓</td></tr>
<tr><td></td><td></td><td colspan="2">접사가 어근의 뒤에 붙어서 어근의 품사를 바꾸어 주나요?</td></tr>
<tr><td></td><td></td><td>예↓</td><td>아니요↓</td></tr>
<tr><td></td><td></td><td>㉡</td><td></td></tr>
</table>

	㉠	㉡
①	어느새, 꺾쇠	마음껏, 지우개
②	헛수고, 어느새	지우개
③	톱질, 꺾쇠	헛수고, 마음껏
④	톱질, 마음껏, 꺾쇠	헛수고
⑤	어느새, 톱질, 꺾쇠	지우개

46 다음 중 단어의 짜임이 〈보기〉와 같은 것은?

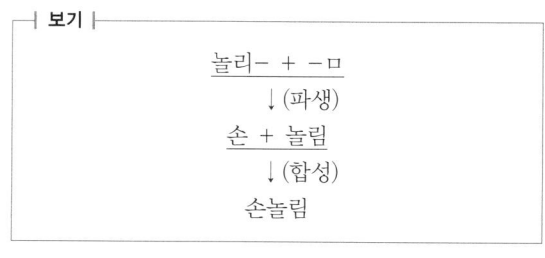

2016 서울시 9급

보기

> 놀리- + -ㅁ
> ↓(파생)
> 손 + 놀림
> ↓(합성)
> 손놀림

① 책꽂이 ② 헛소리

③ 가리개 ④ 흔들림

[47~48] 다음 글을 읽고 물음에 답하시오. [2문항]

> 선생님: 여러분, 현대 사회에서 인공위성이 다양하게 활용되고 있다는 것은 잘 알죠? 그런데 '인공위성'은 옛날에는 쓰이지 않았던 말입니다. '인공위성'이라는 말이 어떻게 쓰이게 되었는지 생각해 봅시다. 행성의 궤도를 도는 인공적 물체가 처음 만들어졌을 때, 그 물체를 가리키는 말이 필요해서 '인공위성'이라는 말이 생긴 거겠죠? 이 말은 어떻게 만들어졌을까요?
>
> 학생 1: '인공'과 '위성'을 합쳐 만든 것입니다.
>
> 선생님: 맞아요. 그래서 오늘은 '인공위성'이라는 말을 만든 것처럼 새 단어를 만드는 원리를 알아볼 텐데, 그중에서도 실생활에서 자주 사용되는 합성 명사가 어떻게 만들어지는지를 먼저 알아보려고 합니다. 합성 명사는 어떻게 만들어질까요?
>
> 학생 2: 선생님, 합성 명사는 명사와 명사가 합쳐진 말 아닌가요?
>
> 선생님: 네, 그런 경우가 많지요. 예를 들어 '논밭, 불고기'처럼 명사에 명사가 결합하는 경우가 있어요. 그 밖에 용언의 활용형이 명사와 결합한 '건널목, 노림수, 섞어찌개'와 같은 경우도 있고 '새색시'처럼 명사를 꾸며 주는 관형사가 앞에 오는 경우도 있어요.
>
> 학생 3: 그런데 선생님, 말씀하신 합성 명사들을 보니 뒤의 말이 모두 명사네요?
>
> 선생님: 그래요. 우리말에서 합성어의 품사는 뒤에 오는 말의 품사와 같은 것이 원칙이에요. 앞에서 말한 예들이 다 그래요. 그런데 이러한 일반적인 경우와는 달리 <u>㉠명사가 아닌 품사들로만 이루어진 합성 명사</u>도 있답니다.
>
> 학생 4: 아, 그렇군요. 그런데 선생님, 생각해 보니 요즘 자주 쓰는 말들은 그런 방식과는 다르게 만들어지는 것 같아요.
>
> 선생님: 맞아요. 여러분들이 자주 쓰는 '인강'이라는 말은 '인터넷'과 '강의'가 합쳐지면서 줄어든 말인데, 앞말과 뒷말의 첫 음절만 따서 만들어진 것이에요. 또한 컴퓨터를 잘 다루지 못하는 사람이라는 뜻의 '컴시인'은 '컴퓨터'와 '원시인'이 합쳐지면서 줄어든 말인데, 앞말의 첫 음절과 뒷말의 둘째, 셋째 음절을 따서 만들어진 것이에요.

47

〈보기〉의 ㄱ~ㅁ 중 윗글에서 설명한 단어 형성 방법의 사례에 해당하는 것만을 있는 대로 고른 것은?

2018학년도 대학수학능력시험 9월 모의평가

> **보기**
>
> ㄱ. '선생님'을 줄여서 '샘'이라는 말을 만들었다.
> ㄴ. '개-'와 '살구'를 결합하여 '개살구'라는 말을 만들었다.
> ㄷ. '사범'과 '대학'을 결합하여 '사대'라는 말을 만들었다.
> ㄹ. '점잖다'라는 형용사로부터 '점잔'이라는 말을 만들었다.
> ㅁ. '비빔'과 '냉면'을 결합하여 '비빔냉면'이라는 말을 만들었다.

① ㄱ, ㄹ　② ㄷ, ㅁ　③ ㄱ, ㄴ, ㄷ
④ ㄴ, ㄷ, ㅁ　⑤ ㄴ, ㄹ, ㅁ

48

밑줄 친 단어 중 ㉠의 예로 적절한 것은?

2018학년도 대학수학능력시험 9월 모의평가

① 자기 <u>잘못</u>은 자기가 책임져야 한다.
② 언니는 가구를 전부 <u>새것</u>으로 바꿨다.
③ 아이가 <u>요사이</u>에 몰라보게 훌쩍 컸다.
④ <u>오늘날</u>에는 교육에서 창의성이 중시된다.
⑤ 나는 <u>갈림길</u>에서 어디로 가야 할지 몰랐다.

49 ( ) 안에 들어갈 말로 적절한 것은? 2015 국가직 9급

> '개살구', '잠', '새파랗다' 등은 어휘 형태소인 '살구', '자-', '파랗-'에 '개-', '-ㅁ', '새-'와 같은 접사가 덧붙어서 파생된 단어들이다. 이처럼 직접 구성 요소 중 접사가 확인되는 단어들을 '파생어'라고 한다. 반면, (   ) 등은 각각 실질적 의미를 지닌 두 요소가 결합하여 한 단어가 된 경우인데, 이를 '파생어'와 구분하여 '합성어'라고 한다.

① 고추장, 놀이터, 손짓, 장군감
② 면도칼, 서릿발, 선둥이, 장난기
③ 깍두기, 선생님, 작은형, 핫바지
④ 김치찌개, 돌다리, 시나브로, 암탉

50 〈보기〉는 단어의 사전적 정의이다. 〈보기〉를 참고할 때 밑줄 친 부분이 문법적으로 가장 옳지 않은 것은? 2022 법원직 9급

보기

> -던「어미」
> 1) 앞말이 관형어 구실을 하게 하고, 과거의 어떤 상태를 나타내는 어미.
> 2) 앞말이 관형어 구실을 하게 하고 어떤 일이 과거에 완료되지 않고 중단되었다는 미완(未完)의 의미를 나타내는 어미.
>
> -던지「어미」
> 막연한 의문이 있는 채로 그것을 뒤 절의 사실과 관련시키는 데 쓰는 연결 어미.
>
> -든「어미」
> '-든지'의 준말.
>
> -든지「어미」
> 1) 나열된 동작이나 상태, 대상들 중에서 어느 것이든 선택될 수 있음을 나타내는 연결 어미.
> 2) 실제로 일어날 수 있는 여러 가지 중에서 어느 것이 일어나도 뒤 절의 내용이 성립하는 데 아무런 상관이 없음을 나타내는 연결 어미.

① 싫든 좋든 이 길로 가는 수밖에 없다.
② 밥을 먹던지 말던지 네 맘대로 해라.
③ 어제 같이 봤던 영화는 참 재밌었다.
④ 집에 가든지 학교에 가든지 해라.

51 〈보기〉의 밑줄 친 부분에 해당하는 예로 가장 옳은 것은? 2020 법원직 9급

보기

> 국어의 단어 형성 방식을 보면, 실질적인 의미를 갖는 어근들끼리 만나 새말을 만들기도 하지만, 특정한 뜻을 더하는 접사가 어근 앞에 붙어 새말을 만들기도 한다. 전자의 예로는 어근 '뛰다'가 어근 '놀다'를 만나 '뛰놀다'를 만드는 것을 들 수 있고, 후자의 예로는 '군'이 어근 '살' 앞에 붙어 '쓸데없는'의 뜻을 더하면서 '군살'을 만드는 것을 들 수 있다.

① '강'은 '마르다' 앞에 붙어 '심하게'의 뜻을 더하면서 '강마르다'를 만든다.
② '첫'은 '눈' 앞에 붙어 '처음의'의 뜻을 더하면서 '첫눈'을 만든다.
③ '새'는 '해' 앞에 붙어 '새로운'의 뜻을 더하면서 '새해'를 만든다.
④ '얕'은 '보다' 앞에 붙어 '얕게'의 뜻을 더하면서 '얕보다'를 만든다.

52 밑줄 친 부분이 ㉠의 예에 해당하는 것은? 2019 국가직 7급

> 어근의 앞이나 뒤에 파생 접사가 결합된 것을 파생어라 한다. 파생 접사는 그 위치에 따라 접두사와 접미사로 나누는데 접두사는 어근의 품사를 바꿀 수 없지만, ㉠접미사는 어근의 품사를 바꾸기도 한다.

① 황금을 보기를 돌같이 하라.
② 세 자매가 정답게 앉아 있다.
③ 옥수수 알이 크기에는 안 좋은 날씨이다.
④ 그곳은 낚시질하기에 가장 좋은 자리였다.

53 〈보기〉의 '학습 활동'을 수행한 결과로 적절하지 않은 것은?

2022학년도 10월 고3 전국연합학력평가

보기

[학습 활동] 용언의 어간에 어미가 결합하는 것을 활용이라고 한다. 용언의 활용에는 규칙 활용과 불규칙 활용이 있다. 다음 예문에서 밑줄 친 말의 기본형을 생각해 보면서 용언의 활용 양상을 설명해 보자.

[예문]

	ⓐ 규칙 활용의 예	ⓑ 불규칙 활용의 예
㉠	형은 교복을 입어 보았다.	꽃이 아름다워 보였다.
㉡	나는 언니에게 죽을 쑤어 주었다.	오빠는 나에게 밥을 퍼 주었다.
㉢	누나는 옷을 벽에 걸어 두었다.	삼촌은 눈길을 걸어 집에 갔다.
㉣	동생은 그릇을 씻어 쟁반에 놓았다.	이 다리는 섬과 육지를 이어 주는 역할을 한다.
㉤	우리는 짐을 쌓아 놓았다.	하늘이 파래 예뻤다.

① ㉠: ⓐ에서는 어간의 형태가 유지되었지만, ⓑ에서는 어간의 'ㅂ'이 달라졌다.
② ㉡: ⓐ에서는 어간의 형태가 유지되었지만, ⓑ에서는 어간의 'ㅜ'가 없어졌다.
③ ㉢: ⓐ에서는 어간의 형태가 유지되었지만, ⓑ에서는 어간의 'ㄷ'이 달라졌다.
④ ㉣: ⓐ에서는 어간의 형태가 유지되었지만, ⓑ에서는 어간의 'ㅅ'이 없어졌다.
⑤ ㉤: ⓐ에서는 어간과 어미의 형태가 유지되었지만, ⓑ에서는 어간의 'ㅎ'과 어미가 모두 없어졌다.

54 밑줄 친 부분이 ㉠, ㉡에 해당하는 예로 적절한 것은?

국어에서 동사나 형용사에 붙어 새로운 단어를 형성하는 접미사는 다양한 문법적 특징을 지니고 있다. 그 특징은 다음과 같다.

첫째로, 접미사는 동사나 형용사에 붙어 새로운 어간을 형성한다. 예를 들면, '녹다'의 어근 '녹-'에 접미사 '-이-'가 붙어 새로운 어간 '녹이-'가 형성된다. 이렇게 만들어진 '녹이다'의 어간 '녹이-'는 '녹다'의 어간 '녹-'과 구별된다. 둘째로, 접미사는 동사나 형용사의 어근에 붙어 품사를 바꾸기도 한다. 예를 들면, 명사 '먹이'나 '넓이'는 각각 동사와 형용사의 어근에 접미사 '-이'가 붙어 형성된 단어이다. 이때 '먹이'와 '넓이'의 '먹-'과 '넓-'은 서술어로 기능하지 못한다. 셋째로, ㉠접미사는 동사나 형용사에 붙어 사동의 의미를 더하기도 한다. 예를 들면, 동사 '익다'와 '먹다'의 어근에 각각 접미사 '-히-'와 '-이-'가 붙어 형성된 '익히다'와 '먹이다'는 '고기를 익히다.'와 '아이에게 밥을 먹이다.'에서와 같이 사동의 의미를 가진다. 넷째로, ㉡접미사는 타동사에 붙어 피동의 의미를 더하기도 한다. 예를 들면, '안다'의 어근 '안-'에 접미사 '-기-'가 붙어 형성된 '안기다'는 '아기가 엄마한테 안기다.'와 같이 피동의 의미를 가진다. 이때 피동을 나타내는 접미사는 '눕다', '식다'와 같은 자동사에는 결합하지 않는다.

① ㉠: 형이 동생을 울렸다.
 ㉡: 그는 지구본을 돌렸다.
② ㉠: 이제야 마음이 놓인다.
 ㉡: 우리는 용돈을 남겼다.
③ ㉠: 공책이 가방에 눌렸다.
 ㉡: 옷이 못에 걸려 찢겼다.
④ ㉠: 바위 뒤에 동생을 숨겼다.
 ㉡: 피곤해서 눈이 자꾸 감겼다.
⑤ ㉠: 나는 종이비행기를 하늘로 날렸다.
 ㉡: 그는 소년에게 중요한 임무를 맡겼다.

55 다음 중 <보기 1>을 바탕으로 <보기 2>에 대해 탐구한 것 중에서 올바른 것은? 2018 법원직 9급

보기 1

'-ㅁ/-음'에 대하여

• 명사형 어미: 동사의 어간 뒤에 붙어서 동사를 명사형이 되게 하는 역할을 한다. 동사의 명사형은 서술성이 있어 주어를 서술하며 품사가 변하지 않는다. 앞에 부사적 표현이 쓰일 수 있다.
• 접미사: 동사의 어간 뒤에 붙어서 동사를 명사로 파생시킨다. 파생된 명사는 서술성이 없으므로 앞에 부사적 표현이 쓰일 수 없고, 관형어가 올 수 있다.

보기 2

㉠ 그의 선조들은 불우한 삶을 살았다.
㉡ 겨울이어서 노면에 얼음이 자주 얼었다.
㉢ 영희는 깊은 잠[1]을 잠[2]으로써 피로를 풀었다.
㉣ 진행자가 크게 웃음으로써 분위기를 바꾸었다

① ㉠의 '삶'의 '-ㅁ'은 명사형 어미이다.
② ㉡의 '얼음'은 '얼다'라는 동사에서 파생된 명사이다.
③ ㉢의 '잠[1]'의 '-ㅁ'은 명사형 어미이고, '잠[2]'의 '-ㅁ'은 접미사이다.
④ ㉣의 '웃음'은 '크게'의 수식을 받으므로 '웃음'의 '-음'은 접미사이다.

56 밑줄 친 부분에 해당하는 것은? 2017 지방직(하) 9급

'-ㅁ/-음'은 'ㄹ'을 제외한 받침 있는 용언의 어간이나 어미 '-었-', '-겠-' 뒤에 붙어, 그 말이 명사 구실을 하게 하는 어미로 쓰이는 경우와, 어간 말음이 자음인 용언 어간 뒤에 붙어 명사를 만드는 접미사로 쓰이는 경우가 있다.

① 그는 수줍음이 많은 사람이다.
② 그는 죽음을 각오하고 일에 매달렸다.
③ 태산이 높음을 사람들은 알지 못한다.
④ 나라를 위해 젊음을 바친 사람이 애국자다.

57 다음 글을 바탕으로 <보기>의 ⓐ~ⓒ를 이해한 내용으로 적절하지 않은 것은?

공통된 성질을 가진 단어들을 모아 갈래 지어 놓은 것을 품사라고 한다. 국어의 품사는 단어의 형태, 기능, 의미를 기준으로 분류한다.

첫째, 단어는 형태 변화의 여부에 따라 형태가 변하지 않는 말인 불변어와, 활용하여 형태가 변하는 말인 가변어로 나뉜다. 둘째, 단어는 문장 속에서 해당 단어가 수행하는 기능에 따라 문장에서 주로 주어의 기능을 하는 체언, 문장의 주어를 서술하는 기능을 하는 용언, 다른 말을 수식하는 기능을 하는 수식언, 문장에 쓰인 단어들의 관계를 나타내는 기능을 하는 관계언, 다른 성분에 얽매이지 않고 독립적으로 쓰이는 독립언으로 나뉜다. 셋째, 단어는 개별 단어가 어떤 의미를 갖고 있느냐에 따라 대상의 이름을 나타내는 명사, 명사를 대신하여 그것을 가리키는 대명사, 대상의 수량이나 순서를 나타내는 수사, 사람이나 사물 따위의 움직임이나 작용을 나타내는 동사, 성질이나 상태를 나타내는 형용사, 주로 체언을 꾸며 주는 관형사, 주로 용언이나 문장을 꾸며 주는 부사, 앞말에 붙어 그 말과 다른 말과의 문법적 관계를 나타내거나 특별한 뜻을 더하는 조사, 말하는 이의 놀람이나 느낌, 부름, 응답 따위를 나타내는 감탄사로 나뉜다.

보기

ⓐ 아직까지는 그 사실을 아무도 모르고 있다.
ⓑ 할머니께서 온갖 재료로 만두를 곱게 빚으셨다.
ⓒ (대화 중) "들어가도 됩니까?" / "네, 어서 오십시오."

① ⓐ에서 '아무'는 문장에서 주어의 기능을 하는 체언이다.
② ⓑ에서 '온갖'은 문장에서 다른 말을 수식하는 수식언이다.
③ ⓒ에서 '네'는 말하는 이의 응답을 나타내는 감탄사이다.
④ ⓐ와 ⓑ에서 조사는 각각 3개씩이다.
⑤ ⓐ와 ⓑ에서 가변어는 각각 2개씩이다.

58 〈보기〉의 (가)는 두 언어 형태에 대한 설명이고, (나)는 그 두 언어 형태를 사용한 예이다. 빈칸에 들어갈 말이 같은 것끼리 묶인 것은?
2016 교육행정직 9급

보기

(가) ㉠ 은/는 '있다'에 '어떤 동작이나 상태 따위가 중단되고 다른 동작이나 상태로 바뀜'을 나타내는 '-다가'가 결합된 말이고, ㉡ 은/는 '조금 지난 뒤에'의 뜻을 나타내는 말이다. ㉢ 은/는 ㉣ (에)서 유래한 것으로 보이지만, 어원이 분명하지 않을 뿐만 아니라 '있다'의 뜻과도 멀어졌으므로 소리 나는 대로 적는다.

(나) • 커피는 ㉤ 밥 먹고 나서 마시자.
• 비가 내리니까 여기에 좀 더 ㉥ 출발하는 것이 어때?

① ㉠ - ㉢ - ㉤
② ㉠ - ㉣ - ㉥
③ ㉡ - ㉢ - ㉥
④ ㉡ - ㉣ - ㉥

59 ㉠~㉦에 대한 설명으로 옳은 것은?
2017 지방직 9급

㉠그쪽에서 물건 하나를 맡아 주었으면 해요. 그건 ㉡우리 할머니의 유품이에요. ㉢저는 할머니의 유지에 따라 당신에게 그것을 전해야 할 책임을 느껴요. ㉣할머니께서는 ㉤본인의 생각을 저에게 누차 말씀하신 바 있기 때문이죠. 부디 ㉥당신이 할머니가 품었던 호의를 거절하지 않기를 바랍니다. 아시다시피 할머니는 결코 말씀이 많으신 분은 아니었지요. ㉦당신께서 생전에 표현하지 못했던 심정이 거기에 절실히 아로새겨져 있을 거예요.

① ㉠과 ㉢은 1인칭 대명사이다.
② ㉡은 ㉢과 ㉣을 아우르는 말이다.
③ ㉣과 ㉦은 같은 사람을 가리키는 말이다.
④ ㉤과 ㉥은 같은 사람을 가리키는 말이다.

60 국어의 조사에 대한 설명으로 가장 옳지 않은 것은?
2018 서울시 7급

① '에서'는 '집에서 가져 왔다'의 경우에는 부사격 조사이지만 '우리 학교에서 우승을 차지했다'의 경우에는 주격 조사이다.
② '는'은 '그는 학교에 갔다'의 경우에는 주격 조사이지만 '일을 빨리는 한다'의 경우에는 보조사이다.
③ '가'는 '아이가 운동장에서 놀고 있다'의 경우에는 주격 조사이지만 '그것은 종이가 아니다'의 경우에는 보격 조사이다.
④ '과'는 '눈과 같이 하얗다'의 경우에는 부사격 조사이지만 '책과 연필이 있다'의 경우에는 접속 조사이다.

61 〈보기 1〉의 내용을 참고할 때, 〈보기 2〉에서 관형사를 모두 골라 바르게 묶은 것은?
2020 법원직 9급

보기 1

관형사는 체언 앞에서 그 체언의 뜻을 분명하게 제한하는 품사이다. 특히 관형사는 체언을 꾸며 주면서도 형태 변화를 하지 않는다는 특징을 가진다. 또한 관형사는 용언이 아니므로 어미를 가지지 않음은 물론 보조사를 포함한 어떤 조사와도 결합하지 않는다.

보기 2

㉠: 도대체 무슨 말을 하는 거야?
㉡: 모든 사람들이 너를 보고 있어.
㉢: 빠른 일처리가 무척 맘에 드는군.
㉣: 눈앞에 아름다운 풍경이 펼쳐졌다.

① ㉠, ㉡
② ㉠, ㉣
③ ㉡, ㉢
④ ㉢, ㉣

62 국어의 품사에 대한 설명으로 가장 옳지 않은 것은?

2018 서울시 7급

① 관형사는 체언만 수식할 수 있다.
② 명사가 다른 명사를 수식하는 경우도 있다.
③ 부사가 체언을 수식하는 경우는 없다.
④ 부사 뒤에 조사가 오는 경우도 있다.

63 밑줄 친 말의 품사가 같은 것으로만 묶은 것은?

2017 지방직 9급

> 개나리꽃이 ㉠흐드러지게 핀 교정에서 친구들과 ㉡찍은 사진은, 그때 느꼈던 ㉢설레는 행복감은 물론, 대기 중에 ㉣충만한 봄의 기운, 친구들과의 악의 ㉤없는 농지거리, 벌들의 잉잉거림까지 현장에 있는 것과 다름없이 느끼게 해 준다.

① ㉠, ㉢, ㉣ ② ㉠, ㉣, ㉤
③ ㉡, ㉢, ㉤ ④ ㉢, ㉣, ㉤

64 <보기>의 Ⓐ의 사례로 가장 적절하지 않은 것은?

2021 법원직 9급

> **보기**
>
> 하나의 단어는 보통 하나의 품사 부류에 속한다. 하지만 하나의 단어가 문장에서의 쓰임에 따라 여러 가지 품사의 역할을 할 때가 있다. 이런 단어는 사전에서도 두 가지 이상의 품사로 처리된다. 예를 들어 "마라톤을 좋아하는 사람 다섯이 대회에 참가했다."에서의 '다섯'은 수사이지만 "마라톤을 좋아하는 다섯 사람이 대회에 참가했다."에서의 '다섯'은 관형사이다. 이처럼 하나의 단어가 두 가지 이상의 품사로 처리되는 것을 Ⓐ품사의 통용이라고 한다.

① 나도 철수만큼 잘할 수 있다.
 각자 먹을 만큼 먹어라.
② 뉴스에서 내일의 날씨를 예보하고 있다.
 오늘은 이만하고 내일 다시 시작합시다.
③ 어느새 태양이 솟아 밝은 빛을 비춘다.
 벽지가 밝아 집 안이 환해 보인다.
④ 키가 큰 나무는 우리에게 그늘을 주었다.
 철수야, 키가 몰라보게 컸구나.

65 ㉠~㉣을 활용하여 사례의 밑줄 친 부분을 분석한 것으로 옳지 않은 것은?

2022 지방직(= 서울시) 7급

> 어간과 결합하는 어미는 다음과 같이 분류될 수 있다. 먼저 실현되는 위치에 따라 ㉠선어말 어미와 어말 어미로 나뉜다. 다음으로 어말 어미는 그 기능에 따라 ㉡연결 어미, ㉢종결 어미, ㉣전성 어미로 나뉜다.

사례	분석
① 형이 어머니를 잘 모시겠지만 조금은 걱정돼.	어간+㉠+㉡
② 많은 사람들이 오갔기 때문에 소독을 해야 해.	어간+㉠+㉣
③ 어머니께서 할머니께 전화를 드리셨을 텐데.	어간+㉠+㉠+㉡
④ 아버지께서 지난주에 편지를 보내셨을걸.	어간+㉠+㉠+㉢

66 〈보기〉의 ⓐ~ⓔ에 대한 이해로 적절한 것은?

2023학년도 대학수학능력시험 9월 모의평가

보기

국어의 어미는 용언 어간에 붙어 여러 가지 문법적인 기능을 수행한다. 어미는 선어말 어미와 어말 어미로 나누어진다. 선어말 어미는 용언 어간과 어말 어미 사이에 들어가는 것으로 시제나 높임과 같은 문법적 의미를 나타낸다. 선어말 어미는 하나 혹은 둘 이상이 쓰일 수도 있고 아예 쓰이지 않을 수도 있다. 한편 어말 어미에는 종결 어미, 연결 어미, 전성 어미가 있다. 어말 어미는 선어말 어미와 달리 하나만 붙고, 반드시 있어야 한다.

- 머무시는 동안 ⓐ즐거우셨길 바랍니다.
- 이 부분에서 물이 ⓑ샜을 가능성이 높다.
- ⓒ번거로우시겠지만 서류를 챙겨 주세요.
- 시원한 식혜를 먹고 갈증이 싹 ⓓ가셨겠구나.
- 항구에 ⓔ다다른 배는 새로운 항해를 준비했다.

① ⓐ: 선어말 어미 두 개와 연결 어미가 사용되었다.
② ⓑ: 선어말 어미 없이 전성 어미가 사용되었다.
③ ⓒ: 선어말 어미 세 개와 연결 어미가 사용되었다.
④ ⓓ: 선어말 어미 두 개와 종결 어미가 사용되었다.
⑤ ⓔ: 선어말 어미 한 개와 전성 어미가 사용되었다.

67 ㉠, ㉡의 사례로 옳은 것만을 짝지은 것은?

2021 국가직 9급

용언의 불규칙활용은 크게 ㉠어간만 불규칙하게 바뀌는 부류, ㉡어미만 불규칙하게 바뀌는 부류, 어간과 어미 둘 다 불규칙하게 바뀌는 부류로 나눌 수 있다.

	㉠	㉡
①	걸음이 빠름	꽃이 노람
②	잔치를 치름	공부를 함
③	라면이 불음	합격을 바람
④	우물물을 품	목적지에 이름

68 국어의 불규칙 활용에 대한 〈보기〉의 설명과 그 예를 가장 바르게 짝지은 것은?

2018 서울시 7급

보기

(가) 불규칙 용언 가운데는 어간의 일부가 탈락되는 경우가 있다.
(나) 불규칙 용언 가운데는 어간의 일부가 다른 것으로 바뀌는 경우가 있다.
(다) 불규칙 용언 가운데는 어미가 다른 것으로 바뀌는 경우가 있다.
(라) 불규칙 용언 가운데는 어간과 어미가 함께 바뀌는 경우가 있다.

① (가) – 짓다, 푸다, 눕다
② (나) – 깨닫다, 춥다, 씻다
③ (다) – 푸르다, 하다, 노르다
④ (라) – 좋다, 파랗다, 부옇다

[69~70] 다음 글을 읽고 물음에 답하시오. [2문항]

직접 구성 요소란 어떤 말을 직접 이루고 있는 두 부분으로 나누었을 때 나오는 두 요소이다. 예를 들어 '민물고기'에서는 '민물'과 '고기'가 직접 구성 요소가 된다. 이 분석은 '민물'에 대해서도 더 적용할 수 있고 이 단어가 합성어임을 알 수 있다.

직접 구성 요소 분석 시에는 특히 두 가지를 고려해야 한다. 첫째, 직접 구성 요소로 분석되는 말이 실제로 존재하는가 하는 점이다. 가령, '살얼음'은 '살-'과 '얼음'으로 분석해야 하는데, 만약 '살얼-'과 '-음'으로 분석하면 '살얼다'가 존재하지 않으므로 잘못된 분석이 된다. 둘째, 직접 구성 요소들과 그 전체 구성의 의미가 서로 통하는가 하는 점이다. '벽돌집'을 직접 구성 요소로 나누면 '벽돌'과 '집'이 분석된다. 이를 '벽'과 '돌집'으로 나누면 '벽돌로 만든 집'이라는 의미를 갖지 못한다.

긴 문장도 직접 구성 요소 분석을 통해 그 구조를 알 수 있다. 일반적으로 문장에는 주어와 서술어가 나타나므로, 문장의 직접 구성 요소는 주어와 서술어가 된다. 그런데 서술어는 홀로 나오기도 하지만 주어 이외의 필수 성분과 결합하여 나오는 경우도 있다. 따라서 "내 동생은 엄마의 칭찬을 많이 받았다."는 첫 분석 층위에서 주어 '내 동생은'과 '엄마의 칭찬을 많이 받았다'로 그 직접 구성 요소가 분석된다. 또 '엄마의 칭찬을 많이 받았다'는 한 층위 아래에서 '엄마의 칭찬을'과 '많이 받았다'로 나뉜다. 또한 '내 동생'의 직접 구성 요소는 '내'와 '동생'인데, 이처럼 꾸미는 말과 꾸밈을 받는 말이 인접하면 그 두 요소는 바로 위 층위의 말을 이루는 직접 구성 요소가 된다. 이렇게 직접 구성 요소를 분석해 보면 "언니가 찾던 책이 여기 있구나."에서 '언니가'는 관형사절 속에 포함된 주어일 뿐이며 문장 전체의 주어, 즉 가장 위 층위에 있는 직접 구성 요소는 '언니가 찾던 책이'임을 알 수 있다.

69

〈보기〉는 윗글을 바탕으로 진행된 학습 활동이다. ⓐ~ⓔ에 대한 이해로 적절한 것은?

| 보기 |

학생: '민물고기'에 있는 접두사 '민-'은 '민물고기'의 직접 구성 요소가 아니라, '민물'을 직접 구성 요소로 분석할 때 나오는 것이군요. 이제 왜 '민물고기'가 파생어가 아니라 합성어인지 알겠어요.

선생님: 직접 구성 요소 분석에 대해 잘 이해했구나. 그럼 아래의 단어들도 분석해 보자.

ⓐ 나들이옷　ⓑ 눈웃음　ⓒ 드높이다
ⓓ 집집이　ⓔ 놀이터

① ⓐ는 그 직접 구성 요소 중 하나가 합성어인 합성어이다.
② ⓑ는 그 직접 구성 요소 중 하나가 파생어인 합성어이다.
③ ⓒ는 그 직접 구성 요소 중 하나가 합성어인 파생어이다.
④ ⓓ는 그 직접 구성 요소 중 하나가 파생어인 파생어이다.
⑤ ⓔ는 그 직접 구성 요소 중 하나가 합성어인 파생어이다.

70

윗글의 관점에서 〈보기〉의 ㉠~㉤을 분석한 것으로 옳지 않은 것은?

| 보기 |

㉠ 지희는 목소리가 곱다.
㉡ 소포가 도착했다고 들었다.
㉢ 동수가 미애에게 선물을 주었다.
㉣ 그가 익명의 기부자임이 밝혀졌다.
㉤ 인생은 짧고 예술은 길다는 말은 명언이다.

① ㉠은 '지희는'과 '목소리가 곱다'로 분석되겠군.
② ㉡은 '소포가'와 '도착했다고 들었다'로 분석되겠군.
③ ㉢은 '동수가'와 '미애에게 선물을 주었다'로 분석되겠군.
④ ㉣은 '그가 익명의 기부자임이'와 '밝혀졌다'로 분석되겠군.
⑤ ㉤은 '인생은 짧고 예술은 길다는 말은'과 '명언이다'로 분석되겠군.

71 〈학습 활동〉을 수행한 결과로 적절한 것은?

2023학년도 대학수학능력시험 6월 모의평가

〈학습 활동〉

형태소는 자립성의 유무와 의미의 유형에 따라 다음과 같이 구분된다.

자립성의 유무 / 의미의 유형	자립 형태소	의존 형태소
실질 형태소	㉠	㉡
형식 형태소	╳	㉢

다음 문장의 형태소를 ㉠, ㉡, ㉢으로 분류한 후, 그 결과를 정리해 보자.

> 우리는 비를 맞고 바람에 맞서다가 드디어 길을 찾아냈다.

① '우리는'의 '우리'와 '드디어'는 ㉡에 속한다.
② '비를'과 '길을'에는 ㉠과 ㉡에 속하는 형태소만 있다.
③ '맞고'의 '맞-'과 '맞서다가'의 '맞-'은 모두 ㉢에 속한다.
④ '바람에'에는 ㉡과 ㉢에 속하는 형태소만 있다.
⑤ '찾아냈다'에는 ㉡과 ㉢에 속하는 형태소만 있다.

72 ㉠~㉢에 들어갈 말로 가장 적절한 것은?

> 하나의 형태소가 나타나는 환경에 따라 그 음상을 달리하는 것을 (㉠)(이)라고 하며 그 각각의 교체형을 (㉡)(이)라고 한다. 각각의 (㉡)들은 (㉢)을(를) 보인다.

	㉠	㉡	㉢
①	동화	변이음	삼지적 상관속
②	교체	이형태	상보적 분포
③	동화	변이음	상보적 분포
④	교체	이형태	삼지적 상관속

73 밑줄 친 말에 해당하는 예로만 묶인 것은?

> 합성어는 형성 절차가 통사적 구성과 같은지에 따라 통사적 합성어와 <u>비통사적 합성어</u>로 나누고 구성 요소들의 관계에 따라 종속 합성어와 대등 합성어로 구분하기도 한다.

① 쌀밥, 보슬비
② 들어가다, 덮밥
③ 높푸르다, 먹거리
④ 젊은이, 뛰놀다

74 다음은 도서관에서 주관한 실시간 인터넷 강연의 일부이다. ㉠~㉤에 대한 설명으로 적절하지 않은 것은?

안녕하세요? '다매체 시대, 듣기는 또 하나의 독서'라는 주제로 오늘 함께할 △△학회의 이□□입니다. 강연에 앞서 독서 실태에 대한 간단한 설문을 하나 해 볼게요. 지금 보내 드리는 ㉠링크를 누르시면 답할 수 있습니다. (뒤를 돌아 화면을 가리키며) 자, 결과가 나왔네요. 한 달 평균 3시간 이내로 독서한다고 답하신 분들이 많군요.

최근 '국민독서실태조사'에 따르면 성인의 종이책 독서율은 ㉡지난 10년 사이에 약 20%나 감소했습니다. 여러분은 원인이 무엇이라 생각하시나요? (채팅창의 답변을 확인하며) 네, 맞습니다. 스마트폰의 대중화가 대표적인 원인이라고 볼 수 있죠. 정보를 얻는 전통적 방식인 종이책은 읽는 데에 오랜 시간과 강한 몰입을 필요로 합니다. 그렇다고 해서 책을 읽지 않을 수는 없겠지요? ㉢독서가 정보 습득의 중요한 수단임은 두말할 나위가 없을 것입니다. 그렇다면 스마트폰의 휴대성 및 편의성을 영상 시청이나 게임 등에만 활용하지 말고, 독서의 기회를 확장하는 데 활용할 수는 없을까요? 최근 발표된 독서문화진흥 기본계획에는 스마트기기를 활용하여 일상 속의 독서 접근 기회를 확대하고, 책 읽는 즐거움을 확산하자는 내용이 담겨 있습니다. 이러한 흐름 속에서 전자책은 종이책에 비해 휴대와 보관이 편리한 독서 방식으로 자리 잡기도 했죠.

아, 방금 채팅창에 '너무 바빠요'라는 댓글이 올라왔네요. 그렇습니다. '국민독서실태조사'를 보면, 성인의 독서 저해 요인 중 '시간이 없어서'가 두 번째로 높아요. ㉣그래서 제가 기존의 종이책이나 전자책 이외에 다른 독서 방식을 하나 더 소개하려고 합니다. 여러분, 혹시 오디오북이라고 들어 보셨나요? 우리는 주로 활자를 보고 읽으면서 독서를 하지만, 이는 소리를 통해서도 가능해요. 신경과학자들은 단어를 읽거나 듣거나 상관없이 ㉤뇌의 인지와 감정 영역이 모두 유사하게 자극된다고 말합니다.

① ㉠: 연결 어미 '면'을 활용하여 앞 절의 내용이 '답'을 할 수 있는 조건임을 나타내고 있다.
② ㉡: 보조사 '나'를 활용하여 성인의 종이책 독서율의 감소 정도가 크다는 것을 부각하고 있다.
③ ㉢: 관용 표현 '두말할 나위가 없다'를 활용하여 독서가 중요하다는 점을 드러내고 있다.
④ ㉣: 접속 부사 '그래서'를 활용하여 강연 내용의 응집성을 높이고 있다.
⑤ ㉤: 피동 표현을 활용하여 '뇌의 인지와 감정 영역'이 행위의 주체라는 점을 드러내고 있다.

75 〈보기〉의 조건에 모두 부합하는 것은?

| 보기 |

- 주제 또는 대조의 의미를 더하는 보조사이다.
- 체언, 부사, 연결형 등에 두루 결합한다.
- 앞말의 음운에 따라 교체형을 가진다.

① 할아버지께서 작은형을 부르신다.
② 그 의자는 우리만 사용할 수 있다.
③ 어서 집에 가 보도록 해요.
④ 인생은 하룻밤의 꿈과 같다.

76 다음은 텔레비전 뉴스이다. ⓐ~ⓔ에 대한 설명으로 가장 적절한 것은?

> 진행자: 생활 속 유용한 경제 뉴스를 알려 드리는 시간이죠. 경제 뉴스 콕, 김 기자. ⓐ<u>요즘 화제가 되고 있는 제도에 대해 알려 주신다면서요?</u>
>
> 기자: 네. 한국○○공단에서 실시하는 '탄소 중립 실천 포인트 제도'를 소개해 드리겠습니다. ⓑ<u>일상 속 작은 노력으로 탄소 중립을 실천하고 포인트도 받을 수 있는 제도인데요</u>.
>
> 제도 실시 후 석 달 만에 가입자 십만 명을 돌파했습니다. 기후 위기를 심각하게 여기고 친환경 생활을 실천하려는 국민들이 그만큼 많았단 뜻이겠죠. ⓒ<u>자, 그럼 구체적으로 어떻게, 얼마나 받을 수 있는지 궁금하실 텐데요</u>. 일단 이 포인트를 받으려면 누리집에 가입해야 합니다.
>
> 누리집에 가입해서 각종 탄소 중립 활동을 실천하면 연간 최대 칠만 원까지 포인트를 받을 수 있습니다. 대형 마트에서 종이 영수증 대신 전자 영수증으로 받으면 백 원, 배달 음식 주문할 때 일회 용기 대신 다회 용기를 선택하면 천 원, 세제나 화장품 살 때 빈 통을 가져가 다시 채우면 이천 원, 무공해차를 대여하면 오천 원이 적립됩니다. ⓓ<u>한국○○공단 관계자의 말을 들어 보겠습니다</u>.
>
> 관계자: 정산 시스템 구축이 완료될 다음 달부터 월별로 정산해 지급할 예정입니다. 많은 국민이 동참할 수 있도록…
>
> 기자: 기존의 탄소 포인트 제도와 더불어 이 제도가 국민들의 탄소 줄이기 생활화에 이바지할 수 있을지 주목됩니다.
>
> 진행자: 그렇군요. ⓔ<u>많은 국민이 동참해야 효과가 있는 제도인 만큼 참여도를 높이는 게 중요하겠네요</u>. 오늘 준비한 소식은 여기까지입니다. 시청자 여러분, 고맙습니다.

① ⓐ: 보조 용언 '있다'를 사용해 제도가 지속적으로 진행됨을 표현하였다.

② ⓑ: 보조사 '도'를 사용해 제도의 장단점을 아우르고자 하는 의도를 표현하였다.

③ ⓒ: 감탄사 '자'를 사용해 시청자의 해당 누리집 가입을 재촉하려는 의도를 표현하였다.

④ ⓓ: 선어말 어미 '-겠-'을 사용해 제도 시행 관련 정보를 관계자가 언급할 것이라는 추측을 표현하였다.

⑤ ⓔ: 의존 명사 '만큼'을 사용해 많은 국민이 동참해야 효과가 있는 제도라는 점이 이어지는 내용의 근거임을 표현하였다.

77 〈보기〉의 설명에 해당하지 않는 것은?

> **보기**
>
> 목적격 조사 '을/를'이 결합되었다고 모두 목적어가 되는 것은 아니다. 조사 '에, 으로', 연결 어미 '-아/-어, -게, -지 ,-고', 받침 없는 일부 부사 등 뒤에 붙어 뜻을 강조하는 역할을 하는 보조사로 쓰이는 경우도 있다.

① 민수는 <u>정희만을</u> 사랑한다고 말했다.

② 철수가 웬일로 서둘러 <u>학교에를</u> 간다.

③ 정수는 장난을 쳐도 <u>밉지를</u> 않다.

④ 그는 일이 급해도 <u>서두르지를</u> 않았다.

78 〈보기 1〉의 ㉠~㉢에 해당하는 예만을 〈보기 2〉에서 고른 것은? 2022학년도 4월 고3 전국연합학력평가

보기 1

연결 어미 '-고'의 쓰임은 다양하다. 먼저 ㉠앞 절과 뒤 절의 사실을 대등하게 벌여 놓는 경우가 있다. 또한 ㉡앞뒤 절의 두 사실 간에 계기적인 관계가 있음을 나타내는 경우나, ㉢앞 절의 동작이 이루어진 그대로 지속되는 가운데 뒤 절의 동작이 일어남을 나타내는 경우도 있다.

보기 2

- 그들은 서로 손을 쥐고(ⓐ) 팔씨름을 했다.
- 어머니는 나를 업고(ⓑ) 병원으로 달려갔다.
- 나는 그가 정직하고(ⓒ) 성실하다는 것을 알고 있었다.
- 눈 깜짝할 사이에 다리가 벌에 쏘이고(ⓓ) 통통 부었다.
- 그 책은 내가 읽을 책이고(ⓔ) 이 책은 내가 읽은 책이다.

① ㉠: ⓐ, ⓒ ② ㉡: ⓑ, ⓔ ③ ㉡: ⓓ, ⓔ
④ ㉢: ⓐ, ⓑ ⑤ ㉢: ⓒ, ⓓ

79 다음 밑줄 친 예에 해당하지 않는 것은?

명사는 일반적으로 조사와 자유롭게 결합하지만 일부 명사들은 조사와 결합할 때 상당한 제약이 있어 하나 또는 몇몇의 조사만 취한다.

① 당신과 나는 불가분의 관계에 있다.
② 이번 일은 미증유의 사태이다.
③ 그는 매우 이기적인 사람이다.
④ 그는 규정에도 불구하고 임의로 처리했다.

80 다음은 ○○군 공식 누리집 화면의 일부이다. ㉠~㉢에 대한 설명으로 가장 적절한 것은?

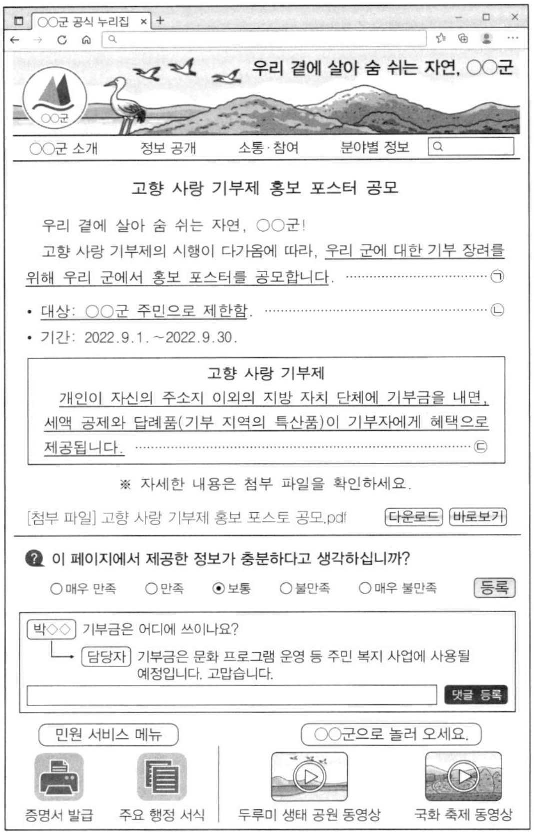

① ㉠은 격 조사 '에서'를 사용하여 포스터를 공모하는 주체가 단체임을 드러내고 있다.
② ㉠은 종결 어미 '-ㅂ니다'를 사용하여 ○○군 기부에 동참한 기부자를 공손하게 높이고 있다.
③ ㉡은 명사형 어미 '-ㅁ'을 사용하여 포스터에서 제외해야 할 내용 항목을 간결하게 드러내고 있다.
④ ㉢은 연결 어미 '-면'을 사용하여 기부 대상 지역에서 제공하는 혜택 중 하나를 선택하는 조건을 제시하고 있다.
⑤ ㉢은 피동 접사 '-되다'를 사용하여 혜택을 제공하는 주체를 명확하게 밝히고 있다.

81 다음은 지역 신문사의 웹 페이지 화면이다. ㉠~㉤에 대한 이해로 가장 적절한 것은?

> **○○군청, 못난이 배 소비 활성화를 위한 캠페인 개최**
>
> (최초 입력 2022.09.16. 09:37:53 / 수정 2022.09.16. 10:12:34)
>
> 김△△ 기자
>
> ㉠<u>○○군청에서 지역에 있는 배 재배 농가를 지원하기 위한 사업을 시작했다</u>. ○○군청은 사업의 일환으로 다음 달 1일부터 '○○군 배 소비 활성화 캠페인'을 개최한다고 밝혔다. 이 행사는 한 달간 진행되며, ○○군 소재 배 재배 농가의 70%가 참여할 예정이다.
>
> 올해는 태풍과 이상 기온 현상으로 ○○군에서 수확한 배 중 규격 외 배(이하 못난이 배)의 비율이 특히 높았다. ㉡<u>못난이 배는 크기나 모양이 기준에 도달하지 못하거나 흠집이 있어 상품성이 다소 떨어지는 배를 말한다</u>. 일반 상품과 비교하여 맛에는 큰 차이가 없음에도, ㉢<u>이것은 판매가 어려워 폐기되는 경우가 많았다</u>. 이러한 문제를 해결하기 위해 ○○군청에서는 일반 배뿐 아니라 못난이 배와 못난이 배로 만든 가공식품의 소비 활성화에 중점을 두고 캠페인을 벌이기로 하였다.
>
> 캠페인을 앞두고 ○○군 내 배 재배 농가에서는 기대감을 드러냈다. 배 재배 농민 최□□씨는 "좀 못나도 다 제 자식 같은 배입니다. ㉣<u>맛에는 전혀 차이가 없으니 안심하고 못난이 배도 많이 사 주세요</u>."라고 말했다. ㉤<u>○○군수는 배의 소비 활성화를 위해 온라인 판매처인 '○○ 온라인 알뜰 장터' 운영 지원을 시작할 예정이며</u>, 특히 이곳에서는 못난이 배를 일반 상품의 절반 가격에 구입할 수 있어 소비자에게도 이익이 될 것이라고 말했다. ○○군 배와 배 가공식품은 특산물 직판장과 온라인 판매처에서 구입할 수 있다.

① ㉠: 격 조사 '에서'를 활용해 배 재배 농가를 지원하는 사업의 주체가 '○○군청'임을 나타냈다.
② ㉡: 연결 어미 '-거나'를 활용해 못난이 배의 판정 기준과 흠집에 관한 내용이 인과적으로 연결됨을 나타냈다.
③ ㉢: 지시 대명사 '이것'을 활용해 앞에서 언급한 '일반 상품'을 가리키고 있음을 나타냈다.
④ ㉣: 보조사 '도'를 활용해 판매하는 상품이 못난이 배로 한정됨을 나타냈다.
⑤ ㉤: 관형사형 어미 '-ㄹ'을 활용해 ○○군수가 오래전부터 온라인 알뜰 장터의 운영을 지원해 왔음을 나타냈다.

82 용언 '있다, 없다'의 성격에 대한 설명으로 적절하지 않은 것은?

① '있다, 없다'는 '-는'과 결합할 수 있는데 이는 동사적 성격을 보여 주는 것이다.
② '있다'는 '없다'와 달리 평서형 종결 어미 '-는다'의 결합이 가능하다.
③ '있다, 없다'는 국어의 동사화 성향과 관련을 갖는다.
④ '있다'의 경우 '없다'와 달리 '존재사'로 보는 경우도 있다.

83 ㉠과 ㉡의 예로 옳은 것만을 짝지은 것은?

> 불규칙 용언은 그 활용형에 따라 ㉠어간이 불규칙적으로 바뀌는 것, ㉡어미가 불규칙적으로 바뀌는 것, 어간과 어미가 불규칙적으로 바뀌는 것으로 구분된다.

	㉠	㉡
①	돕다	푸르다
②	돕다	흐르다
③	깨닫다	하얗다
④	짓다	하얗다

[84~85] 다음 글을 읽고 물음에 답하시오. [2문항]

> 선어말 어미는 어말 어미 앞에 오는 어미이다. 선어말 어미는 ㉠쓰이지 않는 경우도 있고 ㉡하나가 오는 경우도 있으며 ㉢두 개 이상 연달아 나타나는 경우도 있다.
>
> 선어말 어미는 시제와 높임 등의 문법적 의미를 드러낸다. '선생님은 벌써 댁으로 떠나셨겠다.'의 '-시-'는 주체인 '선생님'을 높이고, '-었-'은 과거 시제를 나타내며, '-겠-'은 추측의 의미를 드러낸다. 선어말 어미가 연속해서 쓰일 때는 일반적으로 주체 높임, 시제, 추측이나 회상의 순으로 배열된다.
>
> 한편, 어말 어미 앞에 위치한다고 해서 모두 선어말 어미인 것은 아니다. 가령 '문이 바람에 닫혔다.'에서 '-히-'와 '-었-'은 모두 어말 어미 '-다' 앞에 오지만, '-었-'은 선어말 어미인 반면 '-히-'는 접사이다. 접사는 새로운 단어의 형성에 참여한다는 점에서 선어말 어미와 다르다. 선어말 어미가 결합한 '닫았다'는 '닫다'의 과거형이지만, 접사가 결합한 '닫히다'는 '닫다'의 피동사로서 새로운 의미를 가진다. '닫다'가 '닫히다'가 되면 필요로 하는 문장 성분이 달라진다는 점을 보아도 새로운 단어가 형성되었다는 것을 알 수 있다. 국어사전에도 '닫다'와 '닫히다'는 표제어로 올라 있으나 '닫았다'는 그렇지 않다. 또한 선어말 어미에 비하여 접사는 결합할 때 제약이 심하다. 가령 '(구멍을) 뚫다', '(종이를) 찢다'와 같은 용언에 '-었-'은 자유롭게 결합할 수 있는 반면 '-히-'는 결합할 수 없다.

84 윗글을 읽고 이해한 내용으로 적절하지 않은 것은?

2023학년도 9월 고2 전국연합학력평가

① '그 사건은 아직 끝난 것이 아니다.'에서 '끝난', '아니다'를 모두 ㉠의 예로 들 수 있군.
② '시골에 계시는 할머니께 편지를 드렸다.'에서 '계시는', '드렸다'를 모두 ㉡의 예로 들 수 있군.
③ '그녀는 학교 가는 길을 잘 알았다.'에서 '가는'을 ㉠의 예로, '알았다'를 ㉡의 예로 들 수 있군.
④ '여름이 지나고 이제 가을이 왔겠군.'에서 '지나고'를 ㉠의 예로, '왔겠군'을 ㉢의 예로 들 수 있군.
⑤ '그분께서 이 글을 쓰셨을 수도 있겠다.'에서 '있겠다'를 ㉡의 예로, '쓰셨을'을 ㉢의 예로 들 수 있군.

85 윗글을 바탕으로 〈보기〉의 ⓐ~ⓒ를 탐구한 내용으로 적절한 것은?

2023학년도 9월 고2 전국연합학력평가

> **보기**
>
> • 그는 쪽지를 ⓐ구겼지만 버리지는 못했다.
> • 그 물건은 어제부터 책상에 ⓑ놓여 있었다.
> • 우리 가족은 할머니 댁에서 김치를 ⓒ담갔다.

① ⓐ: 접사가 결합하여 피동의 의미를 나타낸다.
② ⓐ: 선어말 어미가 결합하여 추측의 의미를 드러낸다.
③ ⓑ: 선어말 어미가 결합하여 과거 시제를 나타낸다.
④ ⓑ: 접사가 결합하여 필요로 하는 문장 성분이 달라졌다.
⑤ ⓒ: 접사가 결합하여 사전에 오를 수 있는 단어가 형성되었다.

86 다음 〈보기〉의 ㉠~㉣ 중 주어가 다른 하나는?

2017 서울시 9급

| 보기 |

진찰의 첫 단계로 임상 심리 검사를 시작해 보니 환자의 증세가 참으로 특이하더군요. 도대체 이야기를 하지 않으려는 진술 거부증이 있었어요. 그리고 아까 말씀대로 터무니없이 불안해하거나 자기 생각을 거짓말로 슬슬 ㉠속여넘기려고 한단 말입니다. 그러면서 덮어놓고 자기의 머리가 이상해진 게 틀림없다고 고집이지 뭡니까. 아니 거짓말을 하거나 불안해하는 것도 모두 그렇게 자기의 머리가 이상해진 것을 확인시키려는 노력에서 ㉡그러는 것 같았어요. 하지만 우리도 물론 나중까지 환자의 이름이나 주소를 받아 놓지 않은 건 아니었지요. 한데 나중에 보호자 ㉢연락을 취해 보니 그것도 모두가 거짓말이었단 말입니다. 그런 주소에 그런 사람이 살고 있지 않다는 거예요. 환자에게 다시 진짜를 대보라고 했지만 어디 대답이 쉽습니까. 게다가 이 환자는 소지품 중에서 자신의 신분이 드러날 만한 것을 ㉣지니고 있지 않았어요.

① ㉠ ② ㉡
③ ㉢ ④ ㉣

87 다음의 ㉠에 해당하는 것은?

2018 교육행정직 9급

국어에는 ㉠자동사와 타동사의 기능을 모두 가지고 있는 동사가 있다. '눈물이 그치다 / 눈물을 그치다'의 '그치다'가 이러한 예이다.

① 밴다 ② 쌓이다
③ 움직이다 ④ 읽다

88 〈보기〉를 바탕으로 아래 ㉠~㉢을 분석한 내용으로 가장 적절하지 않은 것은?

2022 법원직 9급

| 보기 |

문장 성분은 문장의 주된 골격을 이루는 주성분, 주로 주성분의 내용을 수식하는 부속 성분, 다른 문장 성분과 관계를 맺지 않는 독립 성분으로 나누어진다. 주성분에는 주어, 서술어, 목적어, 보어가 있고, 부속 성분에는 부사어, 관형어가 있으며, 독립 성분에는 독립어가 있다.

㉠ 아이가 작은 침대에서 예쁘게 잔다.
㉡ 그는 친구의 딸을 며느리로 삼았다.
㉢ 앗, 영희가 뜨거운 물을 엎질렀구나!

① ㉠~㉢은 모두 관형어가 존재한다.
② ㉠~㉢의 주성분의 개수가 일치한다.
③ ㉠의 부속 성분의 개수는 ㉡, ㉢보다 많다.
④ ㉡은 ㉠과 달리 필수적 부사어가 존재한다.

89 다음 중 밑줄 친 부분에 대한 설명이 옳은 것은?

2016 서울시 9급

㉠ 철수 밥 먹는다.
㉡ 그 사람이 그런 심한 말을 하다니.
㉢ 오늘 내가 본 영화는 세계 10대 명화에 속한다고 한다.
㉣ 민한경 씨가 익명의 독지가였음이 밝혀졌다.

① ㉠에서 '철수', '밥'은 단어이자 어절로서 각각 주어, 부사어의 문법적 기능을 수행한다.
② ㉡에서 '그 사람이', '그런 심한 말을'은 각각 주어, 목적어 성분이 절로 실현된 것이다.
③ ㉢에서 '오늘 내가 본'은 관형어 기능을 하며 절로 실현되어 있다.
④ ㉣에서 '민한경 씨가 익명의 독지가였음이'는 목적어 성분으로서 명사절로 실현되어 있다.

[90~91] 다음 글을 읽고 물음에 답하시오. [2문항]

현대 국어에서 사동 표현은 주동문의 동사나 형용사 어근에 사동 접미사 '-이-, -히-, -리-, -기-, -우-, -구-, -추-'가 붙거나, '-게 하다'에 의해 만들어진다. 서술어가 형용사나 자동사인 주동문을 사동문으로 바꿀 때, 주동문의 주어가 사동문의 목적어가 되며 사동문의 주어가 새로 도입된다. 이는 주동문 (ㄱ)과 사동문 (ㄴ)을 살펴보면 알 수 있는데, 서술어의 자릿수에도 변화가 일어난다.

(ㄱ) 얼음이 녹는다.
(ㄴ) 아이들이 얼음을 녹인다.

한편 서술어가 타동사인 주동문을 사동문으로 바꿀 때, 주동문의 주어는 사동문의 부사어가 되고 주동문의 목적어는 그대로 사동문의 목적어가 되며 사동문의 주어가 새로 도입된다. 이는 주동문 (ㄷ)과 사동문 (ㄹ)을 살펴보면 알 수 있는데, 서술어의 자릿수에도 변화가 일어난다.

(ㄷ) 영희가 책을 읽었다.
(ㄹ) 선생님께서 영희에게 책을 읽히셨다.

한편 주동문의 동사나 형용사 어근에 사동 접미사가 붙은 사동사에 의한 사동을 단형 사동이라 하고, '-게 하다'에 의한 사동을 장형 사동이라 한다. 사동을 일으키는 주체가 사동 행위를 받는 대상의 행위에 함께 참여하는 의미를 표현하는 경우를 직접 사동이라 하고 그렇지 않은 경우를 간접 사동이라 하는데, 단형 사동은 맥락에 따라 직접 사동과 간접 사동의 두 가지 의미를 모두 표현할 수 있으나 장형 사동은 간접 사동의 해석만을 허용한다.

15세기 국어에서 사동 범주는 주동문의 동사나 형용사 어근에 사동 접미사 '-이-, -히-, -기-, -오-/-우-, -호-/-후-, -ᄋ-/-으-'가 붙어서 만들어지거나 현대 국어의 '-게 하다'에 해당하는 '-게 ᄒ다'에 의해 만들어졌다.

90 윗글을 바탕으로 〈보기〉의 ㉠~㉣을 탐구한 내용으로 적절하지 않은 것은? 2017학년도 10월 고3 전국연합학력평가

보기

㉠ 얼음 위에서 팽이가 돈다.
㉡ 지원이가 그 일을 맡았다.
㉢ 엄마가 아이에게 우유를 먹였다.
㉣ 엄마가 아이에게 우유를 먹게 하였다.

① ㉠을 '아이들이'를 주어로 삼는 단형 사동문으로 바꿀 때, ㉠의 주어는 목적어로 바뀔 것이다.
② ㉠을 '아이들이'를 주어로 삼는 단형 사동문으로 바꿀 때, 서술어의 자릿수가 한 자리에서 두 자리로 바뀔 것이다.
③ ㉡을 '선생님께서'를 주어로 삼는 단형 사동문으로 바꿀 때, ㉡의 주어는 부사어로 바뀔 것이다.
④ ㉡을 '선생님께서'를 주어로 삼는 단형 사동문으로 바꿀 때, 서술어의 자릿수가 두 자리에서 세 자리로 바뀔 것이다.
⑤ ㉣은 ㉢과 달리 직접 사동과 간접 사동의 의미 모두로 해석될 수 있을 것이다.

91 윗글을 바탕으로 〈보기〉의 ㉠~㉤을 이해한 내용으로 적절하지 않은 것은? 2017학년도 10월 고3 전국연합학력평가

| 보기 |

- [15세기 국어] ᄀᆞᄅᆞ매 ᄇᆡ 업거늘 ㉠얼우시고
  [현대 국어] 강에 배가 없으므로 (강물을) 얼리시고
- [15세기 국어] 묵수믈 ㉡일케 ᄒᆞ야뇨
  [현대 국어] 목숨을 잃게 하였는가
- [15세기 국어] 比丘란 노피 ㉢안치시고
  [현대 국어] 비구는 높이 앉히시고
- [15세기 국어] 나랏 小民을 ㉣사ᄅᆞ시리잇가
  [현대 국어] 나라의 백성들을 살리시겠습니까
- [15세기 국어] 투구 아니 ㉤밧기시면
  [현대 국어] 투구를 아니 벗기시면

① ㉠은 동일한 어근에 결합하는 사동 접미사가 15세기 국어와 현대 국어에서 다른 경우가 있음을 보여 주는군.
② ㉡은 현대 국어의 ‘-게 하다’에 해당하는 15세기 국어의 ‘-게 ᄒᆞ다’가 쓰인 모습을 보여 주는군.
③ ㉢은 15세기 국어에서 어근과 사동 접미사가 결합된 형태를 소리 나는 대로 적었다는 점에서 현대 국어와는 다른 양상을 보여 주는군.
④ ㉣은 현대 국어에서 쓰이지 않는 사동 접미사가 15세기 국어에서 쓰인 양상을 보여 주는군.
⑤ ㉤은 15세기 국어와 현대 국어에서 어근 형태가 달라짐에 따라 어근에 결합하는 사동 접미사가 달라진 양상을 보여 주는군.

92 〈보기〉는 이어진문장과 안은문장에 대해 정리한 것이다. 탐구의 결과로 가장 적절하지 않은 것은?

2022 법원직 9급

| 보기 |

- 이어진문장: 둘 이상의 홑문장이 대등하거나 종속적으로 이어진 문장
  ㄱ. 동생은 과일은 좋아하지만, 야채는 싫어한다.
  　동생은 야채는 싫어하지만, 과일은 좋아한다.
  ㄴ. 철수가 오면 그들은 출발할 것이다.
  　그들이 출발하면 철수가 올 것이다.
- 안은문장: 홑문장을 전체 문장의 한 성분으로 안고 있는 문장
  ㄷ. 언니는 그 아이가 학생임을 알았다.
  ㄹ. 책을 읽던 영수가 수지에게 다가왔다.

※ㄷ과 ㄹ의 밑줄 친 부분은 안긴문장임.

① 이어진문장은 두 문장이 ‘대조’나 ‘조건’의 의미 관계로 연결되기도 하는군.
② 이어진문장은 앞뒤 문장의 순서가 바뀌어도 동일한 의미를 나타내는군.
③ 안긴문장은 안은문장에서 명사처럼 쓰이거나 명사를 꾸미는 등 다양한 역할을 하는군.
④ 안긴문장과 안은문장의 주어는 같을 수도 있고 서로 다를 수도 있군.

93 밑줄 친 안긴문장과 같은 기능을 하는 안긴문장을 포함한 것은?

2017 교육행정직 9급

> <u>내가 바라던</u> 합격이 현실이 되었다.

① 내 마음이 바뀌기는 어렵다.
② 하늘이 눈이 부시게 푸르다.
③ 나는 그 사람이 잡은 손을 놓지 않았다.
④ 우리의 싸움은 내가 항복함으로써 끝났다.

94 ㉠~㉣의 문장 성분과 문장 구조에 대한 설명으로 적절한 것은?

2023 대학수학능력시험 언어와 매체

> ㉠ 나는 내 친구가 보낸 책을 제시간에 받기를 바란다.
> ㉡ 나는 테니스 배우기가 재미있다고 친구에게 말했다.
> ㉢ 이 식당은 우리 가족이 점심을 먹은 식당이 아니다.
> ㉣ 그녀는 아름다운 관광지를 신이 닳도록 돌아다녔다.

① ㉠에는 필수적 부사어가 생략된 안긴문장이 있고, ㉡에는 주어가 생략된 안긴문장이 있다.
② ㉠과 ㉡에는 모두, 주어 기능을 하는 명사절이 있다.
③ ㉠과 ㉢에는 모두, 주어가 생략된 안긴문장이 있다.
④ ㉢에는 보어 기능을 하는 안긴문장이 있고, ㉣에는 부사어 기능을 하는 안긴문장이 있다.
⑤ ㉢과 ㉣에는 모두, 목적어가 생략된 관형사절이 있다.

95 〈보기〉의 ㉠~㉢에 대한 설명으로 적절하지 않은 것은?

2022학년도 10월 고3 전국연합학력평가

> **보기**
> ㉠ 어머니는 아들이 비로소 대학생이 되었음을 실감했다.
> ㉡ 파수꾼이 경계 초소에서 본 동물은 늑대는 아니었다.
> ㉢ 감독이 그 선수를 야구부 주장으로 삼기로 결심했다.

① ㉠에는 안긴문장에 보어가 있고, ㉡에는 안은문장에 보어가 있다.
② ㉠은 안긴문장이 안은문장의 목적어로 사용되고, ㉢은 안긴문장이 안은문장의 부사어로 사용된다.
③ ㉡과 달리 ㉢의 안긴문장의 서술어는 부사어를 필수 성분으로 요구한다.
④ ㉢과 달리 ㉡의 안긴문장에는 목적어가 생략되어 있다.
⑤ ㉠~㉢은 모두 안긴문장의 주어와 안은문장의 주어가 다르다.

96 〈보기〉의 ㉠~㉤에 대한 설명으로 적절하지 않은 것은?

2023학년도 9월 고2 전국연합학력평가

> **보기**
> ㉠ 예쁜 아이가 활짝 웃는다.
> ㉡ 나는 어제 새 가방을 샀다.
> ㉢ 지금 이곳은 동화 속 세상처럼 아름답다.
> ㉣ 작년에는 날씨가 추웠으나 올해에는 따뜻하다.
> ㉤ 설령 눈이 올지라도 우리는 어김없이 밖에 나간다.

① ㉠에는 주어가 생략된 안긴문장이 있다.
② ㉡은 주어와 서술어의 관계가 한 번 나타나는 문장이다.
③ ㉢에는 하나의 문장 성분처럼 쓰이는 안긴문장이 있다.
④ ㉣은 두 개의 홑문장이 대등하게 연결된 이어진문장이다.
⑤ ㉤은 주어와 서술어의 관계가 두 번 이상 나타나는 문장이다.

97 다음 글의 괄호 안에 들어갈 문장으로 적절한 것은?

2019 국가직 9급

> 국어의 높임법에는 말하는 이가 듣는 이에 대하여 높이거나 낮추어 말하는 상대 높임법, 서술어의 주체를 높이는 주체 높임법, 서술어의 객체를 높이는 객체 높임법 등이 있다. 이러한 높임 표현은 한 문장에서 복합적으로 실현되기도 하는데, (   )의 경우 대화의 상대, 서술어의 주체, 서술어의 객체를 모두 높인 표현이다.

① 아버지께서 할머니를 모시고 댁에 들어가셨다.
② 제가 어머니께 그렇게 말씀을 드리면 될까요?
③ 어머니께서 아주머니께 이 김치를 드리라고 하셨습니다.
④ 주민 여러분께서는 잠시만 제 이야기에 귀를 기울여 주시기 바랍니다.

98 ㉠~㉣ 중 〈보기〉의 밑줄 친 부분에 해당하지 않는 것은?

2023 법원직 9급

> **보기**
>
> 높임 표현은 높임의 대상에 따라 주체 높임, 객체 높임, 상대 높임으로 나눌 수 있다. 이 중 <u>객체 높임</u>은 목적어나 부사어가 나타내는 대상, 즉 서술의 객체를 높이는 방법으로 주로 특수 어휘나 부사격 조사 '께'에 의해 실현된다.

> 지우: 민주야, 너 내일 뭐 할 거니?
> 민주: 응, 내일 할머니 생신이라서 할머니 ㉠<u>모시고</u> 영화관에 가기로 했어.
> 지우: 와, 오랜만에 할머니도 뵙고 좋겠다.
> 민주: 응, 그렇지. 오늘은 할머니께 편지도 써야 할 것 같아.
> 지우: ㉡<u>할머니께</u> 드릴 선물은 샀어?
> 민주: 응, 안 그래도 할머니가 허리가 아프셔서 엄마가 안마의자를 사서 ㉢<u>드린대</u>. 나는 용돈을 조금 보태기로 했어.
> 지우: 아, 할머니께서 ㉣<u>편찮으셨구나</u>.

① ㉠ ② ㉡ ③ ㉢ ④ ㉣

99 〈보기〉를 참고하여 문장에 실현되는 높임법을 분석할 때, 다음 중 옳지 않은 것은?

2019. 2월 서울시 7급

> **보기**
>
> 국어의 높임법에는 주체 높임법, 객체 높임법, 상대 높임법이 있다. 이처럼 다양한 높임법을 체계적으로 살펴보기 위해서 아래의 (예)와 같이 이들 높임법이 문장에 나타날 때와 그렇지 않을 때를 '+'와 '−'로 표시할 수 있을 것이다.
>
> (예) 영수가 동생에게 과자를 주었습니다.
> (−주체, −객체, +상대)

① 어머니께서 영희에게 과자를 주셨다.
(+주체, −객체, −상대)
② 영희가 할머니께 과자를 드렸다.
(−주체, +객체, +상대)
③ 어머니께서 영희에게 과자를 주셨습니다.
(+주체, −객체, +상대)
④ 어머니께서 할머니께 과자를 드리셨습니다.
(+주체, +객체, +상대)

100 "숙희야, 내가 선생님께 꽃다발을 드렸다."의 문장을 다음 규칙에 따라 옳게 표시한 것은?

2017 지방직 9급

> 우리말에는 주체 높임, 객체 높임, 상대 높임 등이 있다. 주체 높임과 객체 높임의 경우 높임은 +로, 높임이 아닌 것은 −로 표시하고 상대 높임의 경우 반말체를 −로, 해요체를 +로 표시한다.

① [주체−], [객체+], [상대−]
② [주체+], [객체−], [상대+]
③ [주체−], [객체+], [상대+]
④ [주체+], [객체−], [상대−]

101 (가)에 들어갈 문장으로 가장 적절한 것은?

2021 법원직 9급

교사: 능동문의 목적어가 피동문의 주어가 되는 것이니까 피동문에는 목적어가 없는 것이 원칙이야. 그건 너도 잘 알고 있지?
학생: 예, 선생님. 그런데 '원칙'이라고 하셨으면, 원칙의 예외가 되는 문장도 있다는 말씀이신가요?
교사: 응, 그래. 드물지만 피동문에 목적어가 나타날 때가 있어. 어떤 문장이 있을지 한번 말해 볼래?
학생: "[(가)]"와 같은 문장이 그 예에 해당하겠네요.

① 형이 동생에게 짐을 안겼다.
② 동생은 집 밖으로 짐을 옮겼다.
③ 동생이 버스 안에서 발을 밟혔다.
④ 그 사람이 동생에게 상해를 입혔다.

102 〈보기〉에 제시된 문장은 주동문과 사동문 그리고 능동문과 피동문이다. 다음 중 사동문과 피동문에 대한 설명으로 가장 옳지 않은 것은?

2019. 2월 서울시 7급

보기

(가) 내가 책을 읽었다.
(나) 선생님께서 나에게 책을 읽히셨다.
(다) 우리가 산을 봅니다.
(라) 산이 우리에게 보입니다.

① 사동문과 피동문의 서술어인 사동사와 피동사는 모두 파생어이다.
② 사동문과 피동문에는 행위의 주체에 해당되는 문장 성분이 필수적으로 제시된다.
③ 사동문과 피동문에 나타난 부사어는 각각 주동문의 주어와 능동문의 주어이다.
④ 주동문이 사동문으로 전환될 때나 능동문이 피동문으로 전환될 때 서술어의 자릿수에 변화가 나타난다.

103 다음 〈보기〉에 대한 이해로 적절하지 않은 것은?

2016 서울시 9급

보기

주동문	㉠ 아이가 밥을 먹었다.	㉢ 마당이 넓다.
	↓	↓
사동문	㉡ 어머니가 아이에게 밥을 먹게 하였다.	㉣ 인부들이 마당을 넓혔다.

① ㉡, ㉣을 보니, 사동문에는 두 가지 유형이 있군.
② ㉡, ㉣을 보니, 주동문의 주어는 사동문에서 다른 문장 성분으로 나타날 수 있군.
③ 〈보기〉를 보니, 동사만 사동화될 수 있군.
④ 〈보기〉를 보니, 주동문을 사동문으로 바꾸면 서술어의 자릿수가 변화할 수 있군.

104 〈보기〉의 ㉠~㉣에 들어갈 것을 바르게 연결한 것은?

2016 교육행정직 9급

보기

사동문은 사동주가 피사동주에게 어떤 행위를 하게 하는 것을 표현한 문장이다. 국어 사동문은 주어의 직접적 행위를 의미할 수도 있고, 주어의 간접적 행위를 의미할 수도 있다. (㉠)와 같이 주어의 직접적 행위와 간접적 행위를 모두 나타내는 경우도 있고, (㉡)와 같이 주어의 간접적 행위만을 나타내는 경우도 있다.

한편, 부정문은 (㉢)와 같이 단순 부정 혹은 의지 부정을 뜻하는 문장이 있고, (㉣)와 같이 능력 부정을 뜻하는 경우가 있다.

(가) 형은 동생에게 밥을 먹였다.
(나) 형은 동생에게 밥을 먹게 했다.
(다) 영호는 그림을 잘 그리지 않았다.
(라) 영호는 그림을 잘 그리지 못했다.

	㉠	㉡	㉢	㉣
①	(가)	(나)	(다)	(라)
②	(가)	(나)	(라)	(다)
③	(나)	(가)	(다)	(라)
④	(나)	(가)	(라)	(다)

105 다음 글의 ㉠~㉣에 대한 고쳐쓰기 방안으로 적절하지 않은 것은?

2020 지방직(= 서울시) 9급

> 현재 리셋 증후군이 인터넷 중독의 한 유형으로 ㉠꼽혀지고 있다. 리셋 증후군 환자들은 현실에서 잘못을 하더라도 버튼만 누르면 해결될 수 있다고 생각해서 아무런 죄의식이나 책임감 없이 행동한다. ㉡'리셋 증후군'이라는 말은 1990년 일본에서 처음 생겨났는데, 국내에선 1990년대 말부터 쓰이기 시작했다. 리셋 증후군 환자들은 현실과 가상을 구분하지 못하여 게임에서 실행했던 일을 현실에서 저지르고 뒤늦게 후회하는 경우가 많다. 특히, 이러한 특성을 지닌 청소년들은 무슨 일이든지 쉽게 포기하고 책임감 없는 행동을 하며, 마음에 들지 않는 사람이 있으면 ㉢막다른 골목으로 몰 듯 관계를 쉽게 끊기도 한다.
>
> 리셋 증후군은 행동 양상이 명확히 나타나지 않는 편이라 쉽게 판별하기 어렵고 진단도 쉽지 않다. ㉣이와 같이 예방을 위해 지속적으로 주위 사람들과 대화를 나누고, 현실과 인터넷 공간을 구분하는 능력을 길러야 한다.

① 불필요한 이중 피동 표현으로 어법에 맞게 ㉠을 '꼽고'로 수정한다.
② 글의 맥락상 자연스럽지 않으므로 ㉡은 첫 번째 문장 뒤로 옮긴다.
③ 앞뒤 문맥을 고려할 때 ㉢은 '칼로 무를 자르듯'으로 수정한다.
④ 앞 문장과의 연결을 고려하여 ㉣을 '그러므로'로 수정한다.

106 〈보기〉의 ⓐ~ⓒ에 대해 탐구한 내용으로 적절하지 않은 것은?

2022학년도 7월 고3 전국연합학력평가

> **보기**
>
> [탐구 과제] 직접 인용절을 가진 안은문장이 간접 인용절을 가진 안은문장으로 바뀌었을 때의 높임 표현, 지시 표현, 인용 조사 등의 변화 탐구하기
>
> [탐구 자료]

직접 인용절을 가진 안은문장		간접 인용절을 가진 안은문장	
그가 어제 나에게 "내일 서울에 갑니다."라고 말했다.	⇨	그가 어제 나에게 오늘 서울에 간다고 말했다.	ⓐ
희수가 민주에게 "힘든 일은 나에게 맡겨라."라고 말했다.	⇨	희수가 민주에게 힘든 일은 자기에게 맡기라고 말했다.	ⓑ
부산에 간 친구가 나에게 "이곳이 참 아름답구나."라고 말했다.	⇨	부산에 간 친구가 나에게 그곳이 참 아름답다고 말했다.	ⓒ

① ⓐ: '오늘'을 보니, 직접 인용절의 시간 부사가 간접 인용절에서는 바뀌어 나타났군.
② ⓐ: '간다고'를 보니, 직접 인용절에서 '그'가 '나'를 고려해 사용한 높임 표현이 간접 인용절에서는 바뀌어 나타나는군.
③ ⓑ: '맡기라고'를 보니, 직접 인용절이 명령문일 때 간접 인용절의 인용 조사는 '고'가 사용되었군.
④ ⓒ: '그곳이'를 보니, 직접 인용절의 발화자인 '친구'의 관점으로 지시 표현이 바뀌어 나타나는군.
⑤ ⓒ: '아름답다고'를 보니, 직접 인용절의 감탄형 종결 어미는 간접 인용절에서 평서형 종결 어미로 바뀌어 나타났군.

107 다음의 밑줄 친 의문문에 해당하는 것은?

> 의문문에는 일정한 설명을 요구하는 설명 의문문, 단순히 긍정이나 부정의 대답을 요구하는 판정 의문문, 굳이 대답을 요구하지 않고 서술이나 명령, 요청 등의 효과를 내는 수사 의문문이 있다.

① (밤늦게 들어온 딸에게) "오늘 왜 늦게 들어왔니?"
② (시험 시작을 앞두고) "시험 볼 준비가 다 되었니?"
③ (집에 온 딸에게 아빠가) "뭐 먹고 싶니?"
④ (신년 경영자 회의에서) "그렇게만 되면 얼마나 좋겠습니까?"

108 다음 중 밑줄 친 높임법이 모두 쓰인 문장으로 알맞은 것은?

> 높임법은 높임의 대상이 누구냐에 따라 상대 높임법, 주체 높임법, 객체 높임법으로 구분할 수 있다. 이 중 상대 높임법은 상대를 높이는 경우와 상대를 낮추는 경우 모두를 포함한다.

① 내가 어제 탄 월급으로 할아버지께 용돈을 드렸다.
② 아버지께서 아침 일찍부터 회사에 출근하셨다.
③ 어머니, 이번엔 정말 빨리 오셔야 합니다.
④ 아버지께서 할아버지께 옷을 드리셨어요?

109 다음 중 부정문에 대한 설명으로 옳지 않은 것은?

① '안' 부정문은 주체의 의지에 의한 행동의 부정으로 '의지 부정'이라고 한다.
② 이중 부정은 의미적으로 긍정을 의미하므로 긍정문으로 본다.
③ 명령문이나 청유문 등에는 '-지 말다'를 붙여서 부정문을 만든다.
④ 초점에 의한 중의성이 생길 수 있다.

110 다음 두 문장에 대한 설명으로 적절하지 않은 것은?

> ㉠ 사냥꾼이 토끼를 잡지 않았다.
> ㉡ 토끼가 사냥꾼에게 잡히지 않았다.

① ㉠은 능동문, ㉡은 피동문에 해당한다.
② ㉠은 '사냥꾼'이 ㉡은 '토끼'가 문장의 초점을 받는다.
③ ㉠과 ㉡의 두 문장은 의미가 같다.
④ ㉠의 주어, 목적어는 ㉡에서 각각 부사어, 주어로 나타난다.

111 〈보기〉의 ㉠~㉤에 해당하는 예로 적절한 것은?

2023학년도 대학수학능력시험 6월 모의평가

보기

피동문은 대응하는 능동문과 일정한 문법적 관련을 맺는다. 그중 피동문의 서술어는 능동문의 서술어에 피동의 문법 요소를 결부하여 만드는데, 국어에서는 ㉠동사 어근에 피동 접사 '-이-', '-히-', '-리-', '-기-'를 결합하는 방법(접-/접히-), ㉡접사 '-하-'를 접사 '-받-', '-되-', '-당하-' 등으로 교체하는 방법(사랑하-/사랑받-), ㉢동사 어간에 '-아지-/-어지-'를 결합하는 방법(주-/주어지-) 등이 쓰인다. 단, '날씨가 풀리다'에서처럼 ㉣자연적으로 발생하는 사태를 표현할 때에는 피동문에 대응하는 능동문을 상정하기 어려운 경우가 있다.

한편 '없어지다'나 '거긴 잘 가지지 않는다.'처럼 ㉤'-아지-/-어지-'는 형용사나 자동사에 변화의 의미를 더하는 데 쓰이기도 하는데 이런 용법일 때는 피동문을 이루지 않는다.

① ㉠: 아버지가 아이에게 두터운 점퍼를 입혔다.
② ㉡: 내 몫의 일거리는 형에게 건네받았다.
③ ㉢: 언론에 의해 사건의 전모가 자세히 밝혀졌다.
④ ㉣: 그 사람은 많은 사람들에게 존경받는다.
⑤ ㉤: 모두가 바라던 소원이 드디어 이루어졌다.

112 다음 글을 근거로 〈보기〉의 ㉠~㉣을 바르게 분류한 것은?

관형사형 어미는 용언의 어간에 붙어 용언이 관형사와 같은 기능을 수행하게 하는 어미이다. 현대 국어에서 관형사형 어미는 '-(으)ㄴ', '-는', '-(으)ㄹ' 등으로, 이들이 용언의 어간에 붙으면 관형절이 만들어진다. 일반적으로 관형절은 '관계 관형절'과 '동격 관형절'로 분류된다. 수식을 받는 체언이 관형절 속의 한 성분으로 쓰일 수 있으면 관계 관형절이고, 그렇지 않으면 동격 관형절이다. 한편 동격 관형절은 관형절이 만들어지는 과정에서 원래 문장의 종결 어미가 그대로 유지되는 관형절과, 그렇지 않은 관형절로 다시 나눌 수 있다.

보기

[탐구 자료]

• ㉠힘찬 함성이 운동장에 울려 퍼졌다.
• 누나는 ㉡자동차가 전복된 기억을 떠올렸다.
• 나는 ㉢형이 조사한 자료를 보고서에 인용했다.
• ㉣내가 그 일을 한다는 사실은 확실히 변함없다.

[탐구 과정]

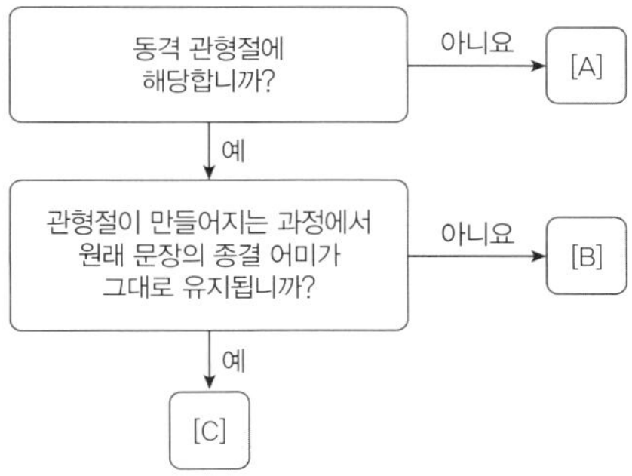

	[A]	[B]	[C]
①	㉠	㉡	㉢, ㉣
②	㉠	㉡, ㉢	㉣
③	㉢	㉠, ㉣	㉡
④	㉠, ㉢	㉡	㉣
⑤	㉠, ㉢	㉣	㉡

113 다음에 해당하는 사례로 적절하지 않은 것은?

2020 지방직(= 서울시) 9급

> '역전앞'과 마찬가지로 '피해(被害)를 당하다'에도 의미의 중복이 나타난다. '피해'의 '피(被)'에 이미 '당하다'라는 의미가 포함되어 있기 때문이다.

① 형부터 먼저 해라.
② 채훈이는 오로지 빵만 좋아한다.
③ 발언자마다 각각 다른 주장을 편다.
④ 그는 예의가 바를뿐더러 무척 부지런하다.

114 〈보기〉의 내용을 참고할 때, 밑줄 친 ⓐ에 해당하는 것이 아닌 것은?

2020 법원직 9급

> **보기**
>
> 상보 반의어는 양분적 대립 관계에 있기 때문에 두 단어가 상호 배타적인 영역을 갖는다. 즉, 상보 반의어는 한 단어의 긍정이 다른 단어의 부정을 함의하는 관계에 있다. 등급 반의어는 두 단어 사이에 등급성이 있다. 다시 말하면 두 단어 사이에 중간 상태가 있을 수 있으며 그렇기 때문에 한 쪽을 부정하는 것이 바로 다른 쪽을 의미하는 것이 아니다. ⓐ관계 반의어는 두 단어가 상대적 관계에 있으면서 의미상 대칭을 이루고 있다. '남편'과 '아내'를 예로 들면 두 단어 사이에서 x가 y의 남편이면 y가 x의 아내가 되는 상대적 관계가 있으며 두 단어는 어떤 기준을 사이에 두고 대칭관계를 이루고 있으므로 관계 반의어라고 할 수 있는 것이다.

① 사다 – 팔다
② 부모 – 자식
③ 동쪽 – 서쪽
④ 있다 – 없다

115 다음에 해당하는 사례로 적절하지 않은 것은?

2019 지방직 9급

> 대립 쌍을 이루는 단어들이 일정한 방향성을 이루고 있다.

① 성공(成功) : 실패(失敗)
② 시상(施賞) : 수상(受賞)
③ 판매(販賣) : 구매(購買)
④ 공격(攻擊) : 방어(防禦)

116 ㉠의 단어와 의미가 같은 것은?

2021 국가직 9급

> 친구에게 줄 선물을 예쁜 포장지에 ㉠싼다.

① 사람들이 안채를 겹겹이 싸고 있다.
② 사람들은 봇짐을 싸고 산길로 향한다.
③ 아이는 몇 권의 책을 싼 보퉁이를 들고 있다.
④ 내일 학교에 가려면 책가방을 미리 싸 두어라.

117 ㉠의 문맥적 의미와 가장 가까운 것은?

2021 법원직 9급

> 나사의 우주 탐사 설계사인 게리 마틴은 "이 화물의 운반이 화성 유인 비행에서 가장 큰 ㉠문제일 것이다."라고 말했다.
>
> –『뉴턴 코리아』, 2013년 7월 –

① 문제의 영화가 드디어 오늘 개봉된다.
② 그는 어디를 가나 문제를 일으키곤 했다.
③ 출산율 감소는 우리나라만의 문제가 아니다.
④ 연습을 반복하면 어려운 문제도 척척 풀게 된다.

[118~119] 다음 글을 읽고 물음에 답하시오. [2문항]

> 상하 관계에 있는 단어들을 상의어와 하의어라 하며 이들의 관계는 상대적으로 정해진다. 이를테면 '구기'는 '스포츠'와의 관계 속에서 하의어가 되지만, '축구'와의 관계 속에서는 상의어가 된다. 그런데 '구기'의 하의어에는 '축구' 외에 '야구', '농구' 등이 더 있다. 이때 상의어인 '구기'에 대해 하의어 '축구', '야구', '농구' 등은 같은 계층에 있어 이들을 상의어 '구기'의 공하의어라 하며, 이들 공하의어 사이에는 ㉠비양립 관계가 성립한다. 곧 어떤 구기가 '축구'이면서 동시에 '야구'나 '농구'일 수는 없다.
>
> 한편 상하 관계에서는 하의어들이 상의어의 의미를 이어받아 상의어를 의미적으로 함의한다. 일례로 어떤 새가 '장끼'이면 그 '장끼'는 상의어 '꿩'의 의미를 이어받으므로 '꿩'을 의미적으로 함의하는 것이다. 그러나 어떤 새가 '꿩'이라 해서 그것이 꼭 '장끼'여야 하는 것은 아니므로, 상의어는 하의어를 의미적으로 함의하지 못한다.
>
> 그런데 앞에서 살폈듯이 '구기'의 공하의어가 여러 개인 것과 달리, '꿩'의 공하의어는 성별로 구분했을 때 '장끼'와 '까투리' 둘뿐이다. '구기'의 공하의어인 '축구', '야구' 등과 마찬가지로 '장끼', '까투리'는 '꿩'의 공하의어로서 비양립 관계에 있다. 그러나 '장끼'와 '까투리'의 경우, '장끼'가 아닌 것은 곧 '까투리'이고 그 역도 성립한다는 점에서 ㉡상보적 반의 관계에 있다. 따라서 한 상의어가 같은 계층의 두 단어만을 공하의어로 포함하면, 그 공하의어들은 상보적 반의 관계에 있다고 할 수 있다.

118 윗글을 바탕으로 다음 자료를 탐구한 것으로 적절하지 않은 것은?

> 악기(樂器) [-끼] 명
> [음악] 음악을 연주하는 데 쓰는 기구를 통틀어 이르는 말. 연주법에 따라 일반적으로 현악기, 관악기, 타악기로 나눈다.
>
> 타-악기(打樂器)[타:-끼] 명
> [음악] 두드려서 소리를 내는 악기를 통틀어 이르는 말. 팀파니, 실로폰, 북이나 심벌즈 따위이다.

① '타악기'는 '실로폰'의 상의어로서 '실로폰'보다 포괄적인 의미를 갖겠군.
② '북'은 '타악기'의 하의어이므로 [두드림]을 의미 자질 중 하나로 갖겠군.
③ '기구'는 '악기'를 의미적으로 함의하고 '악기'는 '북'을 의미적으로 함의하겠군.
④ '타악기'와 '심벌즈'는 모두 '기구'의 하의어이지만, '기구'의 공하의어는 아니겠군.
⑤ '현악기'와 '관악기'는 '악기'의 공하의어이므로 모두 '악기'의 상의어 '기구'보다 의미 자질의 개수가 많겠군.

119 윗글을 바탕으로 할 때 ㉠과 ㉡을 모두 만족시키는 단어 쌍만을 〈보기〉에서 있는 대로 고른 것은?

> **보기**
>
> ⓐ여름에 고향을 출발한 그가 마침내 ⓑ북극에 도달했다는 소식에 나는 다급해졌다. 지구의 양극 중 ⓒ남극에는 내가 먼저 가야 했다. 남극 대륙은 ⓓ계절이 여름이어도 내 고향의 ⓔ겨울만큼 바람이 찼다. 남극 대륙에서 나를 위로해 준 것은 썰매를 끄는 ⓕ개들과 귀여운 몸짓을 하는 ⓖ펭귄들, 그리고 먹이를 찾아 날아다니는 ⓗ갈매기들뿐이었다.

① ⓑ - ⓒ
② ⓐ - ⓔ, ⓑ - ⓒ
③ ⓑ - ⓒ, ⓖ - ⓗ
④ ⓐ - ⓓ, ⓑ - ⓒ, ⓖ - ⓗ
⑤ ⓐ - ⓔ, ⓑ - ⓒ, ⓕ - ⓗ

120 다음에 제시된 단어의 의미에 맞게 쓴 문장으로 적절하지 않은 것은? 2021 지방직(= 서울시) 7급

단어	의미	문장
풀다	모르거나 복잡한 문제 따위를 알아내거나 해결하다.	㉠
	어려운 것을 알기 쉽게 바꾸다.	㉡
	긴장된 분위기나 표정 따위를 부드럽게 하다.	㉢
	금지되거나 제한된 것을 할 수 있도록 터 놓다.	㉣

① ㉠: 나는 형이 낸 수수께끼를 풀다가 결국 포기하고 말았다.
② ㉡: 선생님은 난해한 말을 알아들을 수 있게 풀어 설명하셨다.
③ ㉢: 막내도 잘못을 뉘우치니, 아버지도 그만 얼굴을 푸세요.
④ ㉣: 경찰을 풀어서 행방불명자를 백방으로 찾으려 하였다.

121 다음에 제시된 단어의 의미에 맞게 쓴 문장으로 적절하지 않은 것은? 2019 지방직 9급

단어	의미	문장
살다	경기나 놀이에서, 상대편에게 잡히지 않고 제 기능을 하다.	㉠
	어떤 직분이나 신분의 생활을 하다.	㉡
	마음이나 의식 속에 남아 있거나 생생하게 일어나다.	㉢
	움직이던 물체가 멈추지 않고 제 기능을 하다.	㉣

① ㉠: 장기에서 포는 죽고 차만 살아 있다.
② ㉡: 그는 벼슬을 살기 싫어 속세를 버렸다.
③ ㉢: 옷에 풀기가 아직 살아 있다.
④ ㉣: 그렇게 세게 부딪혔는데도 시계가 살아 있다.

122 〈보기〉는 '비치다'에 대한 사전의 뜻풀이이다. 다음 중 각 뜻에 대한 예문으로 적절한 것은? 2016 서울시 9급

보기

[1]【…에】
❶ 빛이 나서 환하게 되다.
❷ 빛을 받아 모양이 나타나 보이다.
❸ 물체의 그림자나 영상이 나타나 보이다.
❹ 뜻이나 마음이 밖으로 드러나 보이다.
❺ 투명하거나 얇은 것을 통하여 드러나 보이다.
[2]【…에/에게 …으로】
무엇으로 보이거나 인식되다.
[3]【…에/에게 …을】
❶ 얼굴이나 눈치 따위를 잠시 또는 약간 나타내다.
❷ 의향을 떠보려고 슬쩍 말을 꺼내거나 의사를 넌지시 깨우쳐 주다.

① [1] ❶: 창문을 종이로 가렸지만 그래도 안이 비친다.
② [1] ❸: 만년설이 쌓인 산이 호수에 비쳤다.
③ [2]: 동생에게 결혼 문제를 비쳤더니 그 자리에서 펄쩍 뛰었다.
④ [3] ❶: 글씨를 흘려서 쓰면 성의 없는 사람으로 비치기 쉽다.

123 밑줄 친 말의 문맥적 의미와 가장 가까운 것은? 2018 국가직 7급

나는 우리 회사의 장래를 너에게 걸었다.

① 이 작가는 이번 작품에 생애를 걸었다.
② 우리나라는 첨단 산업에 승부를 걸었다.
③ 마지막 전투에 주저 없이 목숨을 걸었다.
④ 그는 친구를 보호하기 위해 자신의 직위를 걸었다.

124 다음의 밑줄 친 부분이 〈보기〉의 ㉠과 가장 유사한 의미로 쓰인 것은? 2015 서울시 9급

| 보기 |

그는 집에 갈 때 자동차를 ㉠타지 않고 걸어서 간다.

① 그는 남들과는 다른 비범한 재능을 타고 태어났다.
② 그는 가야금을 발가락으로 탈 줄 아는 재주가 있다.
③ 그는 어릴 적부터 남들 앞에 서면 부끄럼을 잘 탔다.
④ 그는 감시가 소홀한 야밤을 타서 먼 곳으로 갔다.

125 글의 내용을 구체적으로 설명하기 위한 예로 적절하지 않은 것은? 2019 국가직 9급

하나의 개념에 두 개 이상의 단어가 필요한 것은 아니다. 따라서 동의어는 서로 경쟁을 통해 하나가 없어지거나 각기 다른 의미 영역을 확보하는 등의 다양한 양상을 보인다. 현실 언어에서 동의어로 공존하면서 경쟁을 계속하는 경우가 있으며, 한쪽은 살아남고 다른 쪽은 소멸하는 경우가 있다. 동의 충돌의 결과 의미 영역이 바뀌는 경우도 있다. 이는 의미 축소, 의미 확대, 의미 교체 등으로 구분된다.

① '가을걷이'와 '추수'는 공존하며 경쟁하고 있다.
② '말미'는 쓰지 않고 '휴가'라는 말을 사용하고 있다.
③ '얼굴'은 '형체'의 뜻에서 '안면'의 뜻으로 의미가 축소되었다.
④ '겨레'는 '친척'의 뜻에서 '민족'의 뜻으로 의미가 확대되었다.

126 다음 중 의미의 종류에 대한 설명으로 옳지 않은 것은?

① 중심적 의미: 가장 기본적이고 핵심적인 의미로 외연적 의미, 개념적 의미라고도 한다.
② 주변적 의미: 중심적 의미에서 확장되어 사용된 의미이다.
③ 사전적 의미: 가장 기본적이고 객관적인 의미로, 언어 전달의 중심된 요소를 다루는 의미이다.
④ 함축적 의미: 사전적 의미에 덧붙어 연상이나 관습 등에 의하여 형성되는 의미이다.

127 어휘의 의미에 대한 설명으로 적절하지 않은 것은?

① 하위어는 상위어를 함의한다.
② 진정한 의미에서 동의어는 없다는 견해가 있다.
③ 다의어는 둘 이상의 반의어를 가질 수 있다.
④ 동음이의어는 사전에서 하나의 표제어로 실린다.

128 ㉠과 ㉡을 모두 충족하는 단어만을 〈보기〉에서 있는 대로 고른 것은? 2021 대학수학능력시험 국어

우리는 단어의 구조를 통해 단어가 구성되는 방식을 파악할 수 있다. 『한불자전』(1880)에는 이전 시기의 문헌에서는 볼 수 없었던 '두길보기'와 '산돌이'가 등장한다. "양쪽 모두의 눈치를 보는 사람"으로 풀이된 '두길보기'의 '두길'은 ㉠관형사가 후행하는 명사를 수식하는 것으로 분석된다. "같은 장소를 일 년에 한 번만 지나가는 큰 호랑이"로 풀이된 '산돌이'는 ㉡단어의 구성 요소들이 의미상 목적어와 서술어의 관계로 이루어져 '산을 돌다'라는 의미를 나타내고 있다. 이와 같이 예전에도 오늘날처럼 다양한 방식으로 단어를 만들어 생각을 표현하고 있었던 셈이다.

| 보기 |

새해맞이, 두말없이, 숨은그림찾기, 한몫하다

① 새해맞이, 숨은그림찾기, 한몫하다
② 두말없이, 숨은그림찾기, 한몫하다
③ 두말없이, 숨은그림찾기
④ 새해맞이, 한몫하다
⑤ 새해맞이

129 다음 문장 중 중의성을 갖지 않는 문장은?

① 민수는 진영이와 민희를 만나러 갔다.
② 슬픈 곡예사의 운명은 어찌 될 것인가?
③ 선생님이 보고 싶은 학생이 많다.
④ 시간이 1시간밖에 남지 않았다.

130 다음 중 의미의 확대, 축소, 이동을 연결한 것으로 적절하지 않은 것은?

① 배[船] – 축소
② 다리[脚] – 확대
③ 어리다 – 이동
④ 인정 – 이동

131 다음 대화에서 밑줄 친 B의 발화에 대한 설명으로 가장 적절한 것은?

> A: 어제 시험 치르느라 힘들었지?
> B: 그냥 그렇지 뭐. 너는 시험 어땠어?
> A: 가채점을 해 보니 생각보다 잘한 것 같아. 너는?
> B: <u>그럭저럭. 그런데 출출하지 않냐? 갑자기 라면이 먹고 싶네</u>.

① B는 A보다 대화에 참여하려는 태도가 더 적극적이다.
② B는 A와 대화의 화제에 갖는 관심의 정도가 같다.
③ B는 A가 원하는 답변을 성실히 하고 있다.
④ B는 시험 얘기를 하기 싫다는 의도를 함축적으로 전달하고 있다.

132 〈보기〉의 [A]에 들어갈 말로 적절하지 않은 것은?

2022학년도 7월 고3 전국연합학력평가

> **보기**
>
> 선생님: 화자의 다양한 심리적 태도는 '보조적 연결 어미와 보조 용언'의 구성을 통해 나타낼 수 있습니다. ㉠~㉤의 '보조적 연결 어미와 보조 용언'에 대해 탐구해 봅시다.
>
> > 지혜: 쉬고 있는 걸 보니 안무를 다 ㉠<u>짰나 본데?</u>
> > 세희: 아니야, 잠시 쉬고 있어. 춤이 어려워서 친구들이 공연 중에 동작을 ㉡<u>잊을까 싶어</u> 걱정이야.
> > 지혜: 그렇구나. 동작은 너무 멋있던데?
> > 세희: 그렇게 말해줘서 고마워. 근데 구성까지 어려우니까 몇몇 친구들은 그만 ㉢<u>포기해 버리더라고</u>.
> > 지혜: 그럼 내가 내일 좀 ㉣<u>고쳐 줄까?</u>
> > 세희: 괜찮아. 고맙지만, 오늘까지 ㉤<u>마쳐야 해</u>.
>
> 학생: [A]

① ㉠에는 화자가 어떠한 행동에 대해 추측하고 있음이 나타나 있습니다.
② ㉡에는 화자가 뜻하는 행동을 하고자 하는 의도가 나타나 있습니다.
③ ㉢에는 어떠한 행동이 이루어진 결과에 대해 화자가 아쉬운 감정을 갖게 되었음이 나타나 있습니다.
④ ㉣에는 화자가 상대를 위해 무언가를 베푼다는 심리적 태도가 나타나 있습니다.
⑤ ㉤에는 화자가 어떠한 행동을 하는 것이 필요함을 나타내고 있습니다.

133 〈보기〉의 ㉠~㉧에 대한 이해로 적절한 것은?

2024학년도 대학수학능력시험 6월 모의평가

보기

(희철, 민수, 기영이 ◯◯서점 근처에서 만난 상황)

희철: 얘들아, 잘 지냈어? 3일 만에 보니 반갑다.

민수: 동해안으로 체험 학습 다녀왔다며? ㉠내일은 도서관에 가서 발표 준비하자. 기영인 어떻게 생각해?

기영: ㉡네 말대로 하는 게 좋겠다. 그럼 정수도 부를까?

희철: 그러자. ㉢저기 저 ◯◯서점에서 오전 10시에 만나서 다 같이 도서관으로 가자. ㉣정수한테 전할 때 서점 위치 링크도 보내 줘. 전에도 헤맸잖아.

민수: 이제 아냐. ㉤어제 나랑 저기서 만났는데 잘 ㉥왔어.

희철: 그렇구나. 어제 잘 ㉦왔었구나.

민수: 아, 기영아! ㉧우리는 회의 가야 돼. ㉨네가 ㉩우리 셋을 대표해서 정수에게 연락을 좀 해 줘.

① ㉠은 ㉤과 달리 발화 시점과 관계없이 언제인지가 정해진다.

② ㉢은 ㉡과 달리 지시 표현이 이전 발화를 직접 가리킨다.

③ ㉣은 ㉨과 달리 담화 참여자에 따라 지시 대상이 달라진다.

④ ㉥은 ㉦과 달리 화자가 있던 장소로의 이동을 나타낸다.

⑤ ㉧은 ㉩과 달리 담화에 참여한 모든 사람들을 가리킨다.

약점 체크와 약점 보완을 한 번에 정답과 해설 P.2

CHAPTER 02

어문 규정

01 신경향 대비 접근법

유형 특징

- 공공 언어 바로 쓰기라는 유형으로 출제될 것으로 예상된다.
- 한글 맞춤법, 문장 부호론 등 어문 규정의 대표 이론 등이 반영될 것으로 예상된다.
- 일부 어문 규정의 내용과 다르게 공공 언어 바로 쓰기의 관점으로 정의된 내용이 출제될 수도 있다.

풀이 전략

- 공공 언어 바로 쓰기에서 제시하고 있는 주요 내용을 미리 정리해 두어야 한다.
- 한글 맞춤법 등 어문 규정과 관련하여 내용을 정리해 두어야 한다.
- 어문 규정과 공공 언어 바로 쓰기의 관점이 다른 부분이 있다면 비교하여 잘 정리해 두어야 한다.

02 대표 기출문제

다음 글에서 추론한 내용으로 적절하지 않은 것은?

2025 국가직 9급

국어의 표준 발음법 규정에서는 이중모음의 발음과 관련한 여러 조항들을 찾을 수 있다. 이중모음은 기본적으로 글자 그대로 발음해야 하지만, 글자와 다르게 발음하는 원칙이 덧붙은 경우도 있다. 이중모음 'ㅢ'의 발음에는 세 가지 원칙이 적용된다. 첫째, 초성이 자음인 음절의 'ㅢ'는 단모음 [ㅣ]로 발음해야 한다. 둘째, 첫음절 이외의 음절에서 'ㅢ'는 이중모음 [ㅢ]로 발음하는 것이 원칙이나 단모음 [ㅣ]로도 발음할 수 있다. 셋째, 조사 '의'는 이중모음 [ㅢ]로 발음하는 것이 원칙이나 단모음 [ㅔ]로도 발음할 수 있다.

이 세 가지 원칙을 적용하여 발음하려 할 때 원칙 간에 충돌이 발생할 때가 있다. '무늬'의 경우, 첫째 원칙에 따르면 [무니]로 발음해야 하는데 둘째 원칙에 따르면 [무늬]도 가능하고 [무니]도 가능하게 된다. 이렇게 첫째와 둘째가 충돌할 때에는 첫째 원칙을 따른다. 하지만 물어본다는 뜻의 명사 '문의(問議)'처럼 앞 음절의 받침이 뒤 음절의 초성으로 오게 되는 경우에는 첫째 원칙이 적용되지 않고 둘째 원칙이 적용된다. '문의 손잡이'에서의 '문의' 역시 받침이 이동하여 발음되기는 하지만 조사 '의'가 포함되어 있다. 이처럼 둘째와 셋째가 충돌하는 상황에서는 셋째 원칙을 따른다.

① '꽃의 향기'에서 '꽃의'는 두 가지 발음이 가능하다.
② '거의 끝났다'에서 '거의'는 한 가지 발음만 가능하다.
③ '편의점에 간다'에서 '편의점'은 두 가지 발음이 가능하다.
④ '한 칸을 띄고 쓴다'에서 '띄고'는 한 가지 발음만 가능하다.

다음 글에서 추론한 내용으로 적절하지 않은 것은?

2025 국가직 9급

국어의 표준 발음법 규정에서는 이중모음의 발음과 관련한 여러 조항들을 찾을 수 있다. 이중모음은 기본적으로 글자
어문 규정 문제임을 제시
그대로 발음해야 하지만, 글자와 다르게 발음하는 원칙이 덧붙은 경우도 있다. 이중모음 'ㅢ'의 발음에는 세 가지 원칙이 적
선택지에 적용할 어문 규정 공식이므로 이 글의 핵심에 해당
용된다. 첫째, 초성이 자음인 음절의 'ㅢ'는 단모음 [ㅣ]로 발음해야 한다. 둘째, 첫음절 이외의 음절에서 'ㅢ'는 이중모음
핵심 공식이 세부적으로 제시되는 부분이므로 첫째, 둘째, 셋째 등의 표현에 동그라미 표시 등을 해 두면 선택지 단어에 공식을 적용할 때 가시성이 좋고 문제를 풀기에 수월할 수 있다.
[ㅢ]로 발음하는 것이 원칙이나 단모음 [ㅣ]로도 발음할 수 있다. 셋째, 조사 '의'는 이중모음 [ㅢ]로 발음하는 것이 원칙이나 단모음 [ㅔ]로도 발음할 수 있다. ▶ 'ㅢ' 발음 관련 공식

이 세 가지 원칙을 적용하여 발음하려 할 때 원칙 간에 충돌이 발생할 때가 있다. '무늬'의 경우, 첫째 원칙에 따르면 [무
예외적인 상황을 제시하는 부분이므로 선택지에 매력적인 오답으로 제시될 가능성이 높은 부분이다.
니]로 발음해야 하는데 둘째 원칙에 따르면 [무늬]도 가능하고 [무니]도 가능하게 된다. 이렇게 첫째와 둘째가 충돌할 때에는 첫째 원칙을 따른다. 하지만 물어본다는 뜻의 명사 '문의(問議)'처럼 앞 음절의 받침이 뒤 음절의 초성으로 오게 되는 경우에는 첫째 원칙이 적용되지 않고 둘째 원칙이 적용된다. '문의 손잡이'에서의 '문의' 역시 받침이 이동하여 발음되기는
예외적인 상황에서의 적용 공식
하지만 조사 '의'가 포함되어 있다. 이처럼 둘째와 셋째가 충돌하는 상황에서는 셋째 원칙을 따른다. ▶ 'ㅢ' 발음 관련 예외 상황
예외적인 상황에서의 적용 공식

❶ '꽃의 향기'에서 '꽃의'는 두 가지 발음이 가능하다. (○)

➡ '꽃의 향기'에서 '꽃의'는 두 가지 발음이 가능하다. 지문에서 '조사 '의'는 이중모음 [ㅢ]로 발음하는 것이 원칙이나 단모음 [ㅔ]로도 발음할 수 있다.'라고 언급하고 있다. '꽃의'의 '의'는 관형격 조사에 해당하므로 'ㅢ'로 발음할 수도 있고 'ㅔ'로 발음할 수도 있다. 따라서 '[꼬츼/꼬체]'로 발음될 수 있다.

❷ '거의 끝났다'에서 '거의'는 한 가지 발음만 가능하다. (×)

➡ '거의 끝났다'에서 '거의'는 한 가지 발음만 가능하다. 지문에서 '첫음절 이외의 음절에서 'ㅢ'는 이중모음 [ㅢ]로 발음하는 것이 원칙이나 단모음 [ㅣ]로도 발음할 수 있다.'라고 언급하고 있다. '거의'는 2음절에 위치한 'ㅢ'에 해당하므로 'ㅢ'로 발음할 수도 있고 'ㅣ'로 발음할 수도 있다. 따라서 '[거의/거이]'로 발음될 수 있다.

❸ '편의점에 간다'에서 '편의점'은 두 가지 발음이 가능하다. (○)

➡ '편의점에 간다'에서 '편의점'은 두 가지 발음이 가능하다. 지문에서 '첫음절 이외의 음절에서 'ㅢ'는 이중모음 [ㅢ]로 발음하는 것이 원칙이나 단모음 [ㅣ]로도 발음할 수 있다'라고 언급하고 있다. '편의점'의 '의'는 2음절에 위치한 'ㅢ'에 해당하므로 'ㅢ'로 발음할 수도 있고 'ㅣ'로 발음할 수도 있다. 따라서 '[펴늬점/펴니점]'으로 발음될 수 있다.

❹ '한 칸을 띄고 쓴다'에서 '띄고'는 한 가지 발음만 가능하다. (○)

➡ '한 칸을 띄고 쓴다'에서 '띄고'는 한 가지 발음만 가능하다. 지문에서 '초성이 자음인 음절의 'ㅢ'는 단모음 [ㅣ]로 발음해야 한다.' 라고 언급하고 있다. '띄고'는 'ㅢ'에 자음이 결합된 경우이므로 'ㅣ'로만 발음해야 한다. 따라서 '[띠고]'로 발음될 수 있다.

정답 | ②

01 다음 「한글 맞춤법」 제6항에 대한 설명으로 옳지 않은 것은?

2017 국가직(하) 9급

> 'ㄷ, ㅌ' 받침 뒤에 종속적 관계를 가진 '-이(-)'나 '-히-'가 올 적에는, 그 'ㄷ, ㅌ'이 'ㅈ, ㅊ'으로 소리나더라도 'ㄷ, ㅌ'으로 적는다.

① 예시로는 '해돋이, 같이'가 있다.
② 위 조항은 한글 맞춤법 총칙 중 '어법에 맞게 적는다'는 원리를 따른 것이다.
③ 종속적 관계란 체언, 어근, 용언 어간 등에 조사, 접사, 어미 등이 결합하는 관계를 말한다.
④ '잔디, 버티다'는 하나의 형태소에서 'ㄷ, ㅌ'과 'ㅣ'가 만난 것으로서 위 조항의 예에 해당된다.

02 다음 「한글 맞춤법」 규정의 예로 옳지 않은 것은?

2018 지방직 9급

> (가) 제19항 어간에 '-이'나 '-음/ㅁ'이 붙어서 명사로 된 것과 '-이'나 '-히'가 붙어서 부사로 된 것은 그 어간의 원형을 밝히어 적는다.
> (나) 제19항 [붙임] 어간에 '-이'나 '-음' 이외의 모음으로 시작된 접미사가 붙어서 다른 품사로 바뀐 것은 그 어간의 원형을 밝히어 적지 아니한다.
> (다) 제20항 명사 뒤에 '-이'가 붙어서 된 말은 그 명사의 원형을 밝히어 적는다.
> (라) 제20항 [붙임] '-이' 이외의 모음으로 시작된 접미사가 붙어서 된 말은 그 명사의 원형을 밝히어 적지 아니한다.

① (가): 미닫이, 졸음, 익히
② (나): 마개, 마감, 지붕
③ (다): 육손이, 집집이, 곰배팔이
④ (라): 끄트머리, 바가지, 이파리

03 〈보기〉의 자료를 읽고 탐구한 것으로 가장 옳지 않은 것은?

2020 법원직 9급

> **보기**
>
> 「한글 맞춤법」 규정
> 제23항 '-하다'나 '-거리다'가 붙는 어근에 '-이'가 붙어서 명사가 된 것은 그 원형을 밝히어 적는다.
> (예) 깔쭉이, 꿀꿀이 등
> [붙임] '-하다'나 '-거리다'가 붙을 수 없는 어근에 '-이'나 다른 모음으로 시작되는 접미사가 붙어서 명사가 된 것은 그 원형을 밝히어 적지 아니한다.
> (예) 개구리, 귀뚜라미 등
>
> **【해설】**
> 접미사 '-하다'나 '-거리다'가 붙는 어근이란, 곧 동사나 형용사로 파생될 수 있는 어근을 말한다. 예컨대 (눈을) '깜짝깜짝하다, 깜짝거리다, 깜짝이다, (눈)깜짝이'와 같이 나타나는 형식에 있어서, 실질 형태소인 어근 '깜짝-'의 형태를 고정시킴으로써, 그 의미가 쉽게 파악되도록 하는 것이다.

① '동그라미' 같은 말은 원형을 밝히어 적지 아니한 예에 추가할 수 있겠어.
② '삐죽거리다'는 말이 있으므로 '삐주기'가 아니라, '삐죽이'라고 적어야겠군.
③ '매미', '뻐꾸기'를 '맴이', '뻐꾹이'라고 적지 않는 것은 붙임 규정에 따른 것이군.
④ '-거리다'가 붙을 수 있는 어근에 접미사가 붙은 말로 '부스러기'를 들 수 있겠어.

04 〈보기〉는 한글 맞춤법의 일부이다. 〈보기〉를 참고하여 탐구한 내용으로 적절하지 않은 것은?

보기

제30항 사이시옷은 다음과 같은 경우에 받치어 적는다.

1. 순우리말로 된 합성어로서 앞말이 모음으로 끝난 경우
   (1) 뒷말의 첫소리가 된소리로 나는 것
   고랫재, 귓밥, 나룻배, 나뭇가지, 냇가
   (2) 뒷말의 첫소리 'ㄴ, ㅁ' 앞에서 'ㄴ' 소리가 덧나는 것
   멧나물, 아랫니, 텃마당, 아랫마을
   (3) 뒷말의 첫소리 모음 앞에서 'ㄴㄴ' 소리가 덧나는 것
   도리깻열, 뒷윷, 두렛일, 뒷일
2. 순우리말과 한자어로 된 합성어로서 앞말이 모음으로 끝난 경우
   (1) 뒷말의 첫소리가 된소리로 나는 것
   귓병, 머릿방, 뱃병, 봇둑
   (2) 뒷말의 첫소리 'ㄴ, ㅁ' 앞에서 'ㄴ' 소리가 덧나는 것
   곗날, 제삿날, 훗날, 툇마루
   (3) 뒷말의 첫소리 모음 앞에서 'ㄴㄴ' 소리가 덧나는 것
   가욋일, 사삿일, 예삿일, 훗일
3. 두 음절로 된 다음 한자어
   곳간, 셋방, 숫자, 찻간, 툇간, 횟수

제40항 어간의 끝음절 '하'의 'ㅏ'가 줄고 'ㅎ'이 다음 음절의 첫소리와 어울려 거센소리로 될 적에는 준 대로 적는다.
간편하게 → 간편케, 연구하도록 → 연구토록
[붙임 1] 'ㅎ'이 어간의 끝소리로 굳어진 것은 받침으로 적는다.
않다, 않고, 않지, 않든지 그렇다,
그렇고, 그렇지, 그렇든지
[붙임 2] 어간의 끝음절 '하'가 아주 줄 적에는 준 대로 적는다.
거북하지 → 거북지, 생각하다 못해 → 생각다 못해

① '생각건대'는 '생각하건대'의 '하'의 'ㅏ'가 줄고 'ㅎ'이 다음 음절의 첫소리와 어울려 거센소리가 되므로 '생각컨대'로 수정해야겠군.
② '훗대'는 두 음절의 한자어이므로 '훗대'가 아닌 '후대'로 수정해야겠군.
③ '뒷세상'은 순우리말과 한자어가 결합된 합성어로 뒷말의 첫소리가 된소리로 나는 경우이므로 '뒷세상'은 적절한 표기이군.
④ '어떻게'는 '어떠하게'에서 '하'의 'ㅏ'가 줄고 'ㅎ'이 어간의 끝소리로 굳어져 '어떻게'로 줄어진 경우로 적절한 표기이군.

05 다음은 사이시옷 규정의 일부이다. 이 조건에 부합하지 않는 것은? 2018 지방직 7급

- 순우리말로 된 합성어로서 앞말이 모음으로 끝난 경우
  [1] 뒷말의 첫소리가 된소리로 나는 것
  [2] 뒷말의 첫소리 'ㄴ, ㅁ' 앞에서 'ㄴ' 소리가 덧나는 것
  [3] 뒷말의 첫소리 모음 앞에서 'ㄴㄴ' 소리가 덧나는 것
- 순우리말과 한자어로 된 합성어로서 앞말이 모음으로 끝난 경우
  [1] 뒷말의 첫소리가 된소리로 나는 것
  [2] 뒷말의 첫소리 'ㄴ, ㅁ' 앞에서 'ㄴ' 소리가 덧나는 것
  [3] 뒷말의 첫소리 모음 앞에서 'ㄴㄴ' 소리가 덧나는 것

① 냇가　　② 윗옷
③ 훗날　　④ 예삿일

06 〈보기 1〉을 참고할 때, 〈보기 2〉에서 사이시옷을 적을 수 있는 것끼리 바르게 짝지은 것은? 2019 법원직 9급

보기 1

제30항 사이시옷은 다음과 같은 경우에 받치어 적는다.

1. 순우리말로 된 합성어로서 앞말이 모음으로 끝난 경우
   (1) 뒷말의 첫소리가 된소리로 나는 것
   (2) 뒷말의 첫소리 'ㄴ, ㅁ' 앞에서 'ㄴ' 소리가 덧나는 것
   (3) 뒷말의 첫소리 모음 앞에서 'ㄴㄴ' 소리가 덧나는 것
2. 순우리말과 한자어로 된 합성어로서 앞말이 모음으로 끝난 경우
   (1) 뒷말의 첫소리가 된소리로 나는 것
   (2) 뒷말의 첫소리 'ㄴ, ㅁ' 앞에서 'ㄴ' 소리가 덧나는 것
   (3) 뒷말의 첫소리 모음 앞에서 'ㄴㄴ' 소리가 덧나는 것
3. 두 음절로 된 다음 한자어: 곳간(庫間), 셋방(貰房), 숫자(數字), 찻간(車間), 툇간(退間), 횟수(回數)

보기 2

㉠ 대+잎	㉡ 아래+마을	㉢ 머리+말
㉣ 코+병	㉤ 위+층	㉥ 개(個)+수(數)

① ㉠, ㉡, ㉢
② ㉠, ㉡, ㉣
③ ㉡, ㉣, ㉤
④ ㉢, ㉤, ㉥

07 밑줄 친 부분의 활용형이 옳지 않은 것은? 2020 지방직(= 서울시) 9급

① 집에 오면 그는 항상 사랑채에 머물었다.
② 나는 고향 집에 한 사나흘 머무르면서 쉴 생각이다.
③ 일에 서툰 것은 연습이 부족한 까닭이다.
④ 그는 외국어가 서투르므로 해외 출장을 꺼린다.

08 밑줄 친 부분의 띄어쓰기가 옳지 않은 것은? 2018 국가직 9급

① 이처럼 좋은 걸 어떡해?
② 제 3장의 내용을 요약해 주세요.
③ 공사를 진행한 지 꽤 오래되었다.
④ 결혼 10년 차에 내 집을 장만했다.

09 밑줄 친 부분의 띄어쓰기가 옳은 것은? 2017 국가직 9급

① 한밤중에 전화가 왔다.
② 그는 일도 잘할 뿐더러 성격도 좋다.
③ 친구가 도착한 지 두 시간만에 떠났다.
④ 요즘 경기가 안 좋아서 장사가 잘 안 된다.

10 띄어쓰기가 옳지 않은 것은? 2017 국가직(하) 9급

① 조금 의심스러운 부분이 있어서 물어도 보았다.
② 매일같이 지각하던 김 선생이 직장을 그만두었다.
③ 이번 시험에서 우리 중 안 되어도 세 명은 합격할 듯하다.
④ 지난주에 발생한 사고를 어떻게 해결해야 할지 회의를 했다.

11 띄어쓰기가 옳은 것은? 2016 국가직 9급

① 그는 우리 시대의 스승이라기 보다는 자상한 어버이이다.
② 그는 황소 같이 일을 했다.
③ 하루 종일 밥은 커녕 물 한 모금도 마시지 못했다.
④ 내 모자는 그것하고 다르다.

12 띄어쓰기가 바른 것은? 2015 국가직 9급

① 그 사고는 여러 가지 규칙을 도외시 하였기 때문이야.
② 사실상 여자 대 남자의 대리전으로 밖에는 보이지 않아.
③ 반드시 거기에 가겠다면 내키는 대로 행동해서는 안 돼.
④ 금연을 한 만큼 네 건강이 어느 정도까지 회복될 지 궁금해.

13 다음 중 띄어쓰기가 옳은 것은? 2016 서울시 9급

① 대화를∨하면∨할수록∨타협점은∨커녕∨점점∨갈등만∨커지게∨되었다.
② 창문∨밖에∨소리가∨나서∨봤더니∨바람∨소리∨밖에∨들리지∨않았다.
③ 그∨만큼∨샀으면∨충분하니∨가져갈∨수∨있을만큼만∨상자에∨담으렴.
④ 나는∨나대로∨갈∨데가∨있으니∨너는∨네가∨가고∨싶은∨데로∨가거라.

14 〈보기〉를 참고할 때, 다음 중 붙여 쓸 수 없는 것은? 2018 법원직 9급

| 보기 |

㉠ 나는 그 책을 거의 다 <u>읽어 간다</u>.
㉡ 나는 영희에게 사과를 <u>깎아 주었다</u>.

용언은 그 쓰임에 따라 본용언과 보조 용언으로 나뉜다. 본용언은 ㉠의 '읽어'처럼 문장의 주어를 주되게 서술해 주는 말로 보조 용언의 도움을 받는다. 반면에 보조 용언은 ㉠의 '간다'처럼 본용언과 연결되어 그것의 뜻을 보충하는 역할을 하는 용언으로 자립성이 없어 단독으로 주어를 서술하지 못한다. 「한글 맞춤법」 규정 제47항에 따르면, 이와 같은 보조 용언은 띄어 씀을 원칙으로 하되 붙여 쓰는 것도 허용한다. 그런데 ㉡의 '주었다'처럼 단독으로 주어를 서술하는 것이 가능하면 본용언 뒤에 또 다른 본용언이 결합되어 있는 것으로 본다. 이 경우 두 본용언은 띄어 쓴다.

① 철수가 농구를 <u>하고 있다</u>.
② 그녀는 가족의 빨래를 <u>빨아 말렸다</u>.
③ 그는 부모님을 여읜 슬픔을 <u>이겨 냈다</u>.
④ 그녀는 하루 종일 어머니 일을 <u>도와 드렸다</u>.

15 다음의 「한글 맞춤법」 규정에 해당하지 않는 예로 묶인 것은?

「한글 맞춤법」 제30항 사이시옷은 다음과 같은 경우에 받치어 적는다.
1. 순우리말로 된 합성어로서 앞말이 모음으로 끝난 경우

① 댓가지, 귓밥 ② 멧나물, 아랫니
③ 뒷일, 베갯잇 ④ 찻잔, 텃세

16 밑줄 친 단어 중 〈보기〉의 규정이 적용된 것으로 옳지 않은 것은?

| 보기 |

「한글 맞춤법」 제7항 'ㄷ' 소리로 나는 받침 중에서 'ㄷ'으로 적을 근거가 없는 것은 'ㅅ'으로 적는다.

【해설】
원래부터 'ㄷ' 받침을 가지고 있는 경우, 본말에서 준말이 만들어지면서 'ㄷ' 받침을 갖게 된 경우, 'ㄹ' 소리와 연관되어 'ㄷ'으로 소리 나는 경우처럼 뚜렷한 근거가 있는 경우에는 'ㄷ'으로 적는다.

① 자칫하면 우리가 질 수도 있겠군.
② 나이도 먹을 만큼 먹었는데 참 숫접다.
③ 그녀는 시퍼렇게 녹이 슨 놋그릇을 깨끗하게 닦았다.
④ 어머니는 조그만 헝겊 조각까지도 반짇고리에 정성스레 모으셨다.

17 다음 「한글 맞춤법」 제19항에 대한 설명으로 옳지 않은 것은?

제19항 어간에 '–이'나 '–음/–ㅁ'이 붙어서 명사로 된 것과 '–이'나 '–히'가 붙어서 부사로 된 것은 그 어간의 원형을 밝히어 적는다.
다만, 어간에 '–이'나 '–음'이 붙어서 명사로 바뀐 것이라도 그 어간의 뜻과 멀어진 것은 원형을 밝히어 적지 아니한다.
[붙임] 어간에 '–이'나 '–음' 이외의 모음으로 시작된 접미사가 붙어서 다른 품사로 바뀐 것은 그 어간의 원형을 밝히어 적지 아니한다.

① '달맞이, 얼음'은 어간에 '–이'나 '–음'이 붙어서 명사로 된 것으로 어간의 원형을 밝혀 적어야 한다.
② '굽도리'에서 '도리'는 '돌다'에 '–이'가 결합한 말이지만 '돌다'의 의미가 유지되고 있지 않으므로 '굽돌이'가 아닌 '굽도리'로 적는다.
③ '목이 아픈 병'이라는 뜻의 '목거리'와 '목에 거는 물건'이라는 뜻의 '목걸이'는 모두 「한글 맞춤법」 총칙 중 '어법에 맞게 적는다'는 원리를 따른 것이다.
④ '우스개'는 [붙임]에 해당하는 예시이다.

문장 부호

해설편 | 33p

18 묶음표의 쓰임이 잘못된 것은? 2015 지방직 9급

① 나는 3.1 운동(1919) 당시 중학생이었다.
② 그녀의 나이(年歲)가 60세일 때 그 일이 터졌다.
③ 젊음[희망(希望)의 다른 이름]은 가장 아름다운 꽃이다.
④ 국가의 성립 요소 {국토 / 국민 / 주권}

19 다음 문장 부호의 표기가 옳지 않은 것은?

① 너는 중학생이냐, 고등학생이냐?
② 어, 벌써 끝났네.
③ 한밭(大田)은 대전의 옛 이름이다.
④ 〈한강〉은 사진 작품 이름이다.

20 문장 부호의 명칭으로 옳지 않은 것은?

① . – 마침표
② / – 빗금
③ : – 쌍점
④ 〈 〉 – 중괄호

21 〈보기〉를 참고하여 「로마자 표기법」을 적용할 때 가장 옳지 않은 것은? 2021 법원직 9급

| 보기 |

(1) 「로마자 표기법」의 주요 내용

㉮ 'ㄱ, ㄷ, ㅂ'은 모음 앞에서는 'g, d, b'로, 자음 앞이 나 어말에서는 'k, t, p'로 적는다.

㉯ 'ㄹ'은 모음 앞에서는 'r'로, 자음 앞이나 어말에서는 'l'로 적는다. 단, 'ㄹㄹ'은 'll'로 적는다. 예) 알약[알략] allyak

㉰ 자음동화, 구개음화, 거센소리되기는 변화가 일어난 대로 표기함.

(예) 왕십리는 [왕심니] Wangsimni
놓다[노타] nota

– 다만, 체언에서 'ㄱ, ㄷ, ㅂ' 뒤에 'ㅎ'이 따를 때에는 'ㅎ'을 밝혀 적는다.

(예) 묵호 Mukho

㉱ 된소리되기는 표기에 반영하지 않는다.

㉲ 고유명사는 첫 글자를 대문자로 적는다.

(2) 표기 일람

ㅏ	ㅓ	ㅗ	ㅜ	ㅡ	ㅣ	ㅐ	ㅔ	ㅚ	ㅟ	ㅑ	ㅕ	ㅛ
a	eo	o	u	eu	i	ae	e	oe	wi	ya	yeo	eo

ㅏ	ㅒ	ㅖ	ㅘ	ㅙ	ㅝ	ㅞ	ㅢ
yu	yae	ye	wa	wae	wo	we	ui

ㅏ	ㄲ	ㅋ	ㄷ	ㄸ	ㅌ	ㅂ	ㅃ	ㅍ	ㅈ	ㅉ	ㅊ	ㅅ
g, k	kk	k	d, t	tt	t	b, p	pp	p	j	jj	ch	s

ㅆ	ㅎ	ㄴ	ㅁ	ㅇ	ㄹ
ss	h	n	m	ng	r, l

① '해돋이'는 [해도지]로 구개음화가 되므로 그 발음대로 haedoji로 적어야 해.
② '속리산'은 [송니산]으로 발음되지만 고유명사이므로 Sokrisan으로 적어야 해.
③ '울산'은 [울싼]으로 된소리로 발음되지만 표기에는 반영하지 않고 Ulsan으로 적어야 해.
④ '집현전'은 [지편전]으로 거센소리로 발음되지만 체언이 므로 'ㅂ'과 'ㅎ'을 구분하여 Jiphyeonjeon으로 적어야 해.

22 「로마자 표기법」에 관한 다음 규정이 적용된 것은? 2018 국가직 9급

> 발음상 혼동의 우려가 있을 때에는 음절 사이에 붙임표(–)를 쓸 수 있다.

① 독도: Dok–do
② 반구대: Ban–gudae
③ 독립문: Dok–rip–mun
④ 인왕리: Inwang–ri

23 밑줄 친 외래어 표기가 옳은 것은? 2020 지방직(= 서울시) 7급

① 그 주제로 심포지엄을 열었다.
② 위험물 주위에 바리케이트를 쳤다.
③ 이 광고에 대한 컨셉트를 논의했다.
④ 인터넷을 통해 많은 컨텐츠가 제공되었다.

24 외래어 표기가 맞는 것을 〈보기〉에서 있는 대로 고른 것은? 2017 교육행정직 9급

| 보기 |

ㄱ. 카톨릭(Catholic)
ㄴ. 시뮬레이션(simulation)
ㄷ. 숏커트(short cut)
ㄹ. 카레(curry)
ㅁ. 챔피온(champion)
ㅂ. 캐리커쳐(caricature)

① ㄱ, ㅁ ② ㄴ, ㄹ
③ ㄱ, ㄹ, ㅂ ④ ㄴ, ㄷ, ㅁ

25 로마자 표기 규정에 맞지 않는 것은?

① 대관령 – Daegwallyeong
② 독도 – Dokddo
③ 오죽헌 – Ojukheon
④ 속리산 – Songnisan

26 다음 중 표기가 올바른 것은?

① 종로 – Jongro
② 법문 – beopmun
③ 같이 – gachi
④ 백마 – baekma

27 국어의 「로마자 표기법」에 대한 설명으로 적절하지 않은 것은?

① 비음 동화를 반영하여 '백마 Baengma'와 같이 적는다.
② 된소리되기를 표기에 반영하여 '샛별 saetbbyeol'과 같이 적는다.
③ 'ㄷ'이 'ㅎ'과 합하여 거센소리로 소리 나는 경우 이를 반영하여 '놓다 nota'와 같이 적는다.
④ 'ㄱ'은 모음 앞에서는 '구미 Gumi'와 같이 'g'로, 어말에서는 '합덕 Hapdeok'과 같이 'k'로 적는다.

28 다음 중 외래어 표기가 바르지 않은 것은?

① 네비게이션
② 액셀러레이터
③ 내레이션
④ 플래카드

29 밑줄 친 표현들 중 「외래어 표기법」에 따라 바르게 적은 것은?

① 내가 가장 좋아하는 동물은 <u>팬더</u>이다.
② 상처 부위를 <u>알콜</u>로 소독해야 합니다.
③ 오늘은 날씨가 춥다고 하니 <u>카디건</u>을 챙겨 가세요.
④ 정원에서 <u>바베큐</u> 파티를 할 예정이니 늦지 않게 참석하세요.

30 「외래어 표기법」에 옳은 것만으로 짝지어진 것은?

① 샷시, 바디로션
② 스탠다드, 엑세서리
③ 넌센스, 알콜
④ 센티미터, 타이태닉호

약점 체크와 약점 보완을 한 번에 정답과 해설 P.30

성공으로 가는
엘리베이터는 고장입니다.
당신은 계단을 이용해야만 합니다.
한 계단
한 계단씩

– 조 지라드(Joe Girard)

CHAPTER 03

고전 문법

01 신경향 대비 접근법

유형 특징

- 고전 문법 이론 중 대표적인 부분들 위주로 출제될 것으로 예상된다.
- 지문형으로 출제되며 지문 속에서 근거를 찾을 수 있게 출제될 것으로 예상된다.
- 과하게 높은 난도로 출제되지는 않을 것이다.

풀이 전략

- 고전 문법 이론 중 대표적인 부분들을 미리 잘 정리해 두어야 한다.
- 정리한 이론을 지문에 적용하며 글을 읽는 연습을 해 두어야 한다.
- 너무 지엽적이거나 난도 높은 내용의 정리는 지양해야 한다.

02 대표 기출문제

밑줄 친 부분에 대한 설명으로 적절한 것은?

2018 국가직 9급

> 말ᄊᆞᄆᆞᆯ ㉠ᄉᆞᆯᄫᆞ리 하ᄃᆡ 天命을 疑心ᄒᆞ실ᄊᆡ ᄭᅮ므로 ㉡뵈아시니
> 놀애ᄅᆞᆯ 브르리 ㉢하ᄃᆡ 天命을 모ᄅᆞ실ᄊᆡ ᄭᅮ므로 ㉣알외시니
>
> (말씀을 아뢸 사람이 많지만, 天命을 의심하시므로 꿈으로 재촉하시니
> 노래를 부를 사람이 많지만, 天命을 모르므로 꿈으로 알리시니)
>
> –「용비어천가」 13장 –

① ㉠에서 '이'는 주격을 나타내는 조사로 기능한다.
② ㉡에서 '–아시–'는 높임을 나타내는 선어말 어미로 기능한다.
③ ㉢에서 '–ᄃᆡ'는 이유를 나타내는 연결 어미로 기능한다.
④ ㉣에서 '–외–'는 사동을 나타내는 접미사로 기능한다.

밑줄 친 부분에 대한 설명으로 적절한 것은?

2018 국가직 9급

> 말ᄊᆞᄆᆞᆯ ㉠<u>ᄉᆞᆯᄫᆞ리</u> 하ᄃᆡ 天命을 疑心ᄒᆞ실ᄊᆡ ᄭᅮ므로 ㉡<u>뵈아시니</u>
> 놀애ᄅᆞᆯ 브르리 ㉢<u>하ᄃᆡ</u> 天命을 모ᄅᆞ실ᄊᆡ ᄭᅮ므로 ㉣<u>알외시니</u>
>
> (말씀을 아뢸 사람이 많지만, 天命을 의심하시므로 꿈으로 재촉하시니
> 노래를 부를 사람이 많지만, 天命을 모르므로 꿈으로 알리시니)
>
> 고전 문법 문제는 항상 현대어 해석과 비교하며 문제를 풀어야 한다.
>
> –「용비어천가」 13장 –

❶ ㉠에서 '이'는 주격을 나타내는 조사로 기능한다. (×)

➡ 'ᄉᆞᆯᄫᆞ리'는 'ᄉᆞᆲ–(어간)+–ᄋᆞᆯ(관형사형 어미)+이(의존 명사)+[zero 주격]'의 구성으로, 이때의 '이'는 사람을 의미하는 의존 명사이지 주격 조사가 아니다. ' ㅣ ' 모음으로 끝난 체언 뒤에는 zero 주격이 온다.

❷ ㉡에서 '–아시–'는 높임을 나타내는 선어말 어미로 기능한다. (×)

➡ 괄호 안의 현대어 풀이를 보면 '뵈아시니'는 '재촉하시니'의 옛말임을 알 수 있다. '뵈아시니'는 '뵈아–+–시–(높임 선어말 어미)+–니'의 구성으로, 높임을 나타내는 선어말 어미 '–시 –'가 쓰였다.

❸ ㉢에서 '–ᄃᆡ'는 이유를 나타내는 연결 어미로 기능한다. (×)

➡ 괄호 안의 현대어 풀이를 보면 '하ᄃᆡ'는 '많지만'의 옛말임을 알 수 있다. '하ᄃᆡ'는 '하–+–ᄃᆡ'의 구성으로, 이때 '–ᄃᆡ'는 '–지만'의 의미가 된다. 즉 '–ᄃᆡ'는 앞뒤 내용이 대립됨을 나타내는 어미로 쓰였다. 참고로 '하다'는 '많다'의 옛말이고, 'ᄒᆞ다'는 '하다'의 옛말이다.

❹ ㉣에서 '–외–'는 사동을 나타내는 접미사로 기능한다. (○)

➡ 괄호 안의 현대어 풀이를 보면 '알외시니'는 '알리시니'의 옛말임을 알 수 있다. '알외시니'는 '알–+–외–(이중 사동 접사)+–시–(높임 선어말 어미)+–니'의 구성으로, 이때의 '–외–'는 '–오–+–이–'로 구성된 이중 사동 접사이다.

정답 | ④

01 『훈민정음 해례본』에 나오는 한글의 제자 원리로 가장 옳은 것은? 2016 서울시 9급

① 초성은 발음 기관을 본떠 만들었는데 ‘ㄱ’은 혀가 윗잇몸에 닿는 모양을 본뜬 것이다.
② ‘ㄱ, ㄴ, ㅁ, ㅅ, ㅇ’ 5개의 기본 문자에 가획을 원리로 ‘ㅋ, ㄷ, ㅌ, ㄹ, ㅂ, ㅈ, ㅊ, ㅎ’ 총 8개의 문자를 만들었다.
③ 문자의 수는 초성 10자, 중성 10자, 종성 8자로 모두 28자이다.
④ 연서(連書)는 ‘ㅇ’을 이용한 것으로서 예로는 ‘ㅸ’이 있다.

02 〈보기 1〉을 바탕으로 〈보기 2〉의 ㉠~㉣을 이해한 것으로 가장 적절하지 않은 것은? 2021 법원직 9급

보기 1

[중세 국어 문장에서 목적어의 실현]
• 체언에 목적격 조사(을/를, ᄋᆞᆯ/ᄅᆞᆯ, ㄹ)가 붙어서 실현됨.
• 체언에 목적격 조사 없이 체언 단독으로 실현됨.
• 체언에 목적격 조사 없이 보조사가 붙어서 실현됨.
• 명사구나 명사절에 목적격 조사가 붙어서 실현됨.

보기 2

㉠ 내 <u>太子ᄅᆞᆯ</u> 셤기ᅀᆞ보ᄃᆡ (내가 태자를 섬기되)
㉡ 곶 됴코 <u>여름</u> 하ᄂᆞ니 (꽃 좋고 열매 많으니)
㉢ 됴ᄒᆞᆫ <u>고ᄌᆞ란</u> ᄑᆞ디 말오 (좋은 꽃일랑 팔지 말고)
㉣ 뎌 <u>부텻 像ᄋᆞᆯ</u> ᄆᆡᇰᄀᆞ라 (저 부처의 형상을 만들어)

① ㉠: 체언에 목적격 조사 ‘ᄅᆞᆯ’이 붙어서 목적어가 실현되었군.
② ㉡: 체언에 목적격 조사 없이 단독으로 목적어가 실현되었군.
③ ㉢: 체언에 보조사 ‘ᄋᆞ란’이 붙어서 목적어가 실현되었군.
④ ㉣: 명사구에 목적격 조사 ‘ᄋᆞᆯ’이 붙어 목적어가 실현되었군.

03 〈학습 활동〉을 수행한 결과로 적절하지 않은 것은? 2023 대학수학능력시험 언어와 매체

〈학습 활동〉

다음은 중세 국어의 문자 및 표기와 관련된 내용이다. [자료]에서 ⓐ~ⓔ를 확인할 수 있는 예를 모두 골라 묶어 보자.

ⓐ 乃냉終ᇢㄱ소리ᄂᆞᆫ 다시 첫소리ᄅᆞᆯ 쓰ᄂᆞ니라
[종성 글자는 따로 만들지 않고 다시 초성 글자를 사용한다]
ⓑ ㅇᄅᆞᆯ 입시울쏘리 아래 니ᅀᅥ 쓰면 입시울 가ᄇᆡ야ᄫᆞᆫ 소리 ᄃᆞ외ᄂᆞ니라
[ㅇ을 순음 글자 아래 이어 쓰면 순경음 글자가 된다]
ⓒ 첫소리ᄅᆞᆯ 어울워 ᄡᅮᇙ디면 ᄀᆞᆯᄫᅡ 쓰라 乃냉終ᇢㄱ소리도 ᄒᆞᆫ가지라
[초성 글자를 합하여 사용하려면 옆으로 나란히 쓰라 종성 글자도 마찬가지이다]
ⓓ ᆞ와 ㅡ와 ㅗ와 ㅜ와 ㅛ와 ㅠ와란 첫소리 아래 브텨 쓰고
[‘ᆞ, ㅡ, ㅗ, ㅜ, ㅛ, ㅠ’는 초성 글자 아래에 붙여 쓰고]
ⓔ ㅣ와 ㅏ와 ㅓ와 ㅑ와 ㅕ와란 올ᄒᆞᆫ녀긔 브텨 쓰라
[‘ㅣ, ㅏ, ㅓ, ㅑ, ㅕ’는 초성 글자 오른쪽에 붙여 쓰라]

[자료] ᄢᅵ니, 붇, 사ᄫᅵ, ᄉᆞᄀᆞᄫᆞᆯ, ᄣᅡᆨ, ᄒᆞᆰ

① ⓐ: 붇, ᄣᅡᆨ, ᄒᆞᆰ
② ⓑ: 사ᄫᅵ, ᄉᆞᄀᆞᄫᆞᆯ
③ ⓒ: ᄢᅵ니, ᄣᅡᆨ, ᄒᆞᆰ
④ ⓓ: 붇, ᄉᆞᄀᆞᄫᆞᆯ, ᄒᆞᆰ
⑤ ⓔ: ᄢᅵ니, 사ᄫᅵ, ᄣᅡᆨ

04 A, B, C에 들어갈 중세 국어의 형태를 가장 올바르게 짝지은 것은?

2022 법원직 9급

보기

현대 국어 관형격 조사 '의'에 해당하는 중세 국어 관형격 조사는 'ᄋᆡ/의', 'ㅅ'이 있다. 선행 체언이 무정물일 때는 'ㅅ'이 쓰이고, 유정물일 때는 모음조화에 따라 'ᄋᆡ/의'가 쓰인다. 다만 유정물이라도 종교적으로 높은 대상 등 존칭의 대상일 때는 'ㅅ'이 쓰인다.

- [A] 말ᄊᆞ 미 中國에 달아
(나라의 말이 중국과 달라)
- [B] ᄠᅳ 들 거스디 아니ᄒᆞ 노니
(사람의 뜻을 거스르지 않는데)
- 世尊 [C] 神力으로 ᄃᆞ 외의 ᄒᆞ 샨 사ᄅᆞ 미라
(세존*의 신통력으로 되게 하신 사람이다.)

*세존: 석가모니의 다른 이름. 세상에서 가장 존귀한 존재라는 뜻이다.

	A	B	C
①	나라ᄋᆡ	사ᄅᆞ미	의
②	나라의	사ᄅᆞᄆᆡ	ㅅ
③	나랏	사ᄅᆞ미	ㅅ
④	나랏	사ᄅᆞᄆᆡ	ㅅ

05 ⓐ에 들어갈 내용으로 가장 적절하지 못한 것은?

2019 법원직 9급

- 학습 목표: 중세 국어의 특징을 이해한다.
- 학습 자료

㉠孔子(공ᄌᆞ)ㅣ 曾子(증ᄌᆞ)ᄃᆞ려 닐러 ᄀᆞᄅᆞ샤ᄃᆡ 몸이며 얼굴이며 머리털이며 ㉡ᄉᆞᆯ호 父母(부모)ᄭᅴ ㉢받ᄌᆞ온 거시라 敢(감)히 헐워 샹ᄒᆡ오디 아니 홈이 효도ᄋᆡ 비르소미오 몸을 셰워 道(도)를 行(ᅘᆡᆼ)ᄒᆞ야 일홈을 後世(후세)예 베퍼 ㉣ᄡᅥ 父母(부모)를 현뎌케 홈이 효도ᄋᆡ ᄆᆞᄎᆞᆷ이니라.

－『소학언해』－

- 학습 자료의 활용 계획

ⓐ

① ㉠: 중세 국어 시기에도 주격 조사를 사용했다는 사례로 제시한다.
② ㉡: 중세 국어 시기에는 'ㅎ'으로 끝나는 체언을 사용했다는 사례로 제시한다.
③ ㉢: 중세 국어 시기에는 객체를 높이는 형태소로 '-ᄌᆞᆸ-'이 있었다는 사례로 제시한다.
④ ㉣: 중세 국어 시기에 어두에 두 개 자음을 하나의 자음처럼 발음했다는 사례로 제시한다.

[06~07] 다음 글을 읽고 물음에 답하시오. [2문항]

화자가 어떤 대상에 대하여 높임의 태도를 나타내는 문법 기능을 높임법이라 한다. 높임법은 높임이나 낮춤의 대상이 누구냐에 따라 주체 높임법, 객체 높임법, 상대 높임법으로 나누어진다.

주체 높임법은 화자가 문장의 주어인 서술의 주체에 대하여 높임의 태도를 나타내는 방법이다. 현대 국어에서는 선어말 어미 '-시-'를 통해 높임이 실현되는 것이 가장 일반적인 형태이지만, '주무시다'와 같은 특수한 어휘나 조사 '께서'에 의해 주체 높임법이 실현되기도 한다. 중세 국어의 경우에도 주로 '-시-'와 특수한 어휘가 사용된다는 점에서 현대 국어와 유사하다.

객체 높임법은 문장의 목적어나 부사어가 지시하는 대상, 곧 서술의 객체에 대하여 높임의 태도를 나타내는 방법이다. 현대 국어에서는 '드리다'와 같은 특수한 어휘나 조사 '께' 등을 통해 실현된다. 중세 국어의 경우에는 대표적으로 객체 높임 선어말 어미 '-숩-'을 통해 객체 높임이 실현되었으며, '-숩-'은 앞뒤의 음운적 환경에 따라 '-숩-, -줍-, -ᅀᆞᄫ-, -ᅀᆞᆸ-, -ᄌᆞᄫ-'으로 실현되기도 하였다. 또한 현대 국어와 같이 특수한 어휘들이 사용되어 객체 높임이 실현되기도 하였다.

상대 높임법은 화자가 청자인 상대방에 대하여 높이거나 낮추어 말하는 법을 일컫는다. 현대 국어에서 상대 높임법은 종결 표현에 의해 실현된다. 중세 국어의 경우에는 종결 표현이나 상대 높임 선어말 어미 '-이-, -잇-' 등을 통해 실현되었다.

06 윗글을 바탕으로 〈보기〉를 이해한 내용으로 적절하지 않은 것은?

2017학년도 4월 고3 전국연합학력평가

보기

- 仁義之兵(인의지병)을 遼左(요좌)ㅣ ㉠깃ᄉᆞᄫᆞ니
  [현대어 풀이] 인의의 군대를 요동 사람들이 기뻐하니
- 聖孫(성손)이 ㉡一怒(일노)ᄒᆞ시니 六百年(육백년) 天下(천하)ㅣ 洛陽(낙양)애 ㉢올ᄆᆞ니이다
  [현대어 풀이] 성손(무왕)이 한번 노하시니 육백 년의 천하가 낙양으로 옮아간 것입니다.
- 聖宗(성종)ᄋᆞᆯ ㉣뫼셔 九泉(구천)에 가려 하시니
  [현대어 풀이] 성스러운 어른을 모시고 저승에 가려 하시니
- 하ᄂᆞᆯ히 駙馬(부마) 달애샤 두 孔雀(공작)일 ㉤그리시니이다
  [현대어 풀이] 하늘이 부마를 달래시어 두 공작을 그리신 것입니다.

-「용비어천가(龍飛御天歌)」-

① ㉠은 현대 국어와는 달리, 선어말 어미 '-ᅀᆞᄫ-'을 사용하여 목적어가 지시하는 대상을 높이고 있다고 할 수 있다.
② ㉡은 현대 국어와 마찬가지로 선어말 어미 '-시-'를 사용하여 '聖孫(성손)'을 높이고 있다고 할 수 있다.
③ ㉢은 현대 국어와는 달리, 청자를 높이기 위해 '-이-'라는 선어말 어미가 사용되었다고 할 수 있다.
④ ㉣은 현대 국어와 마찬가지로 서술의 주체를 높이기 위해 특수한 어휘가 사용된 것이라고 할 수 있다.
⑤ ㉤은 선어말 어미 '-시-'와 '-이-'를 사용하여 각각 문장의 주체와 청자인 상대방을 모두 높이고 있다고 할 수 있다.

07 윗글과 〈보기 1〉을 바탕으로 〈보기 2〉에서 사용된 높임의 양상을 바르게 분석하여 제시한 것은?

2017학년도 4월 고3 전국연합학력평가

보기 1

주체 높임에는 서술의 주체를 직접 높이는 직접 높임과, 높여야 할 대상의 신체 부분, 개인적 소유물 등을 높임으로써 해당 인물을 높이는 간접 높임이 있다.

보기 2

아버지는 허리가 아프셔서 한영이가 아버지 대신 할아버지를 뵙고 왔습니다.

	주체 높임		객체 높임	상대 높임
	직접 높임	간접 높임		
①	×	○	○	높임
②	×	○	×	낮춤
③	○	×	○	높임
④	×	○	×	낮춤
⑤	○	×	○	낮춤

08 〈보기 1〉을 참고하여 〈보기 2〉의 ㉠~㉣에 대해 설명한 내용으로 가장 적절하지 않은 것은?

2022 법원직 9급

보기 1

중세 국어에서 의문문은 해당 의문문이 의문사에 대한 대답을 요구하는 설명의문문인지, 가부(可否)에 대한 대답을 요구하는 판정의문문인지, 의문문의 주어가 몇 인칭인지, 상대 높임 등급이 어떠한지 등에 따라 다양한 방법으로 실현되었다.

예를 들어, 체언에 의문보조사가 붙는 경우 설명의문문이면 의문보조사 '고'가, 판정의문문이면 의문보조사 '가'가 결합되었다. 청자가 주어가 되는 2인칭 주어 의문문에서는 어미 '-ㄴ다'가 사용되었으며, ᄒᆞ라체 상대 높임 등급에서 설명의문문은 '-뇨'가 사용되었다.

보기 2

- ㉠: 이 ᄯᆞ리 너희 죵가 (이 딸이 너희의 종인가?)
- ㉡: 얻논 藥이 므스것고 (얻는 약이 무엇인가?)
- ㉢: 네 信ᄒᆞᄂᆞ다 아니 ᄒᆞᄂᆞ다 (네가 믿느냐 아니 믿느냐?)
- ㉣: 究羅帝가 이제 어듸 잇ᄂᆞ뇨 (구라제가 이제 어디 있느냐?)

① ㉠은 판정의문문이므로 의문보조사 '가'가 사용되었다.
② ㉡은 설명의문문이므로 의문보조사 '고'가 사용되었다.
③ ㉢의 주어는 2인칭 청자이므로 어미 ' -ㄴ다'가 사용되었다.
④ ㉣은 판정의문문이므로 어미 '-뇨'가 사용되었다.

[09~10] 다음 글을 읽고 물음에 답하시오. [2문항]

〈자료〉

현대 국어의 '벼+씨 → 볍씨'에서 'ㅂ'이 생겨나는 이유는 'ㅄ>씨'의 변화와 관련이 있다. 15세기에는 'ㅄ'의 어두에 'ㅂ'이 있었는데, 당시 '벼+ㅄ → 벼ㅄ'가 만들어진 후 나중에 'ㅄ'의 어두에 있는 'ㅂ'이 앞 형태소의 받침 자리로 가서 붙어 '볍씨'와 같은 어형이 생성되었다. 'ㅄ>씨'에서 보듯이 훗날 단일어에서는 'ㅂ'이 탈락하였다. 그러나 ㉠복합어 속에서는 'ㅂ'이 탈락되지 않고 그대로 남아 있는 경우가 현대 국어에서 확인된다.

15세기 국어에는 체언 종성에 'ㅎ'을 가진 단어들이 존재했는데, 이를 'ㅎ' 종성 체언이라고 한다. 대표적인 'ㅎ' 종성 체언이었던 '숧'을 살펴보자. 'ㅎ' 종성 체언은 단독형으로 쓰일 때는 'ㅎ'이 실현되지 않았으나 '숧+이 → 술히'처럼 모음으로 시작하는 말 앞에서는 연음이 되어 나타났다. 현대 국어의 '살+고기 → 살코기'에서 'ㄱ'이 'ㅋ'으로 바뀌는 이유 역시 '숧>살'의 변화와 관련이 있다. 'ㅎ' 종성 체언은 'ㄱ, ㄷ, ㅂ'으로 시작하는 말과 결합할 때 'ㅎ' 종성이 뒤에 오는 'ㄱ, ㄷ, ㅂ'과 결합하여 'ㅋ, ㅌ, ㅍ'으로 축약되어 나타났다. 즉 '숧'이 '고기'와 결합한 말이 만들어질 때 'ㅎ'이 'ㄱ'과 결합하여 축약되었으므로 '살코기'와 같은 어형이 생성된 것이다. 현대 국어에서 단일어의 'ㅎ' 종성은 대체로 소멸하였으나 '살코기' 외에도 ㉡복합어 속에서 'ㅎ'이 탈락하지 않고 그대로 남아 있는 경우가 더 있다.

09 위 '자료'에 대한 이해로 적절하지 않은 것은?

① 15세기 국어에서 'ㅄ'의 어두에 있는 'ㅂ'은 실제로 발음이 되었을 것으로 추정되는군.
② 15세기 어두 자음군 중 맨 앞의 'ㅂ'은 단일어에서 훗날 탈락하였군.
③ 15세기 국어의 'ㅎ' 종성 체언은 모음으로 시작하는 말 앞에서는 'ㅎ'이 실현되지 않았겠군.
④ 현대 국어에는 어두에 두 개 이상의 서로 다른 자음이 오는 말이 존재하지 않는군.
⑤ 현대 국어의 '살코기'에서 'ㅋ'은 'ㅎ' 종성 체언의 흔적이 단어에 남아 있는 것이군.

10 ㉠, ㉡에 해당하는 예만을 〈보기〉에서 골라 바르게 묶은 것은?

| 보기 |

a. 휩쓸다: '휘-'와 '쓸다'가 결합한 말인데, '쓸다'는 옛말 'ᄡᅳᆯ다'에서 온 말이다.
b. 햅쌀: '해-'와 '쌀'이 결합한 말인데, '쌀'은 옛말 'ᄡᆞᆯ'에서 온 말이다.
c. 수꿩: '수-'와 '꿩'이 결합한 말인데, '수'는 옛말에서 'ㅎ'을 종성으로 가지고 있었다.
d. 안팎: '안'과 '밖'이 결합한 말인데, '안'은 옛말에서 'ㅎ'을 종성으로 가지고 있었다.
e. 들뜨다: '들다'와 '뜨다'가 결합한 말인데, '뜨다'는 옛말 'ᄠᅳ다'에서 온 말이다.

	㉠	㉡
①	a, b	c
②	a, e	c
③	a, b	d
④	b, e	d
⑤	a, b, e	c, d

11 〈보기 1〉을 바탕으로 〈보기 2〉를 탐구한 내용으로 가장 적절하지 않은 것은? 2023 법원직 9급

| 보기 1 |

㉠ 시제 선어말 어미 없이 과거 시제를 표현하는 경우가 있었음.
㉡ 서술어의 주체를 높이는 방법 중 하나로 선어말 어미를 사용하였음.
㉢ 현대 국어에서 두음 법칙의 적용을 받는 단어들이 두음 법칙의 적용을 받지 않았음.
㉣ 특정 부류의 모음이 같이 나타나는 모음조화 현상이 엄격히 지켜졌음.
㉤ 주어의 인칭에 따라 의문형 어미가 달리 나타나는 경우가 있었음.

| 보기 2 |

ⓐ 남ᄀᆡ 새 닢 나니이다
[나무에 새 잎이 났습니다.]
ⓑ 이 사ᄅᆞ미 내 닐온 ᄠᅳ들 아ᄂᆞ녀
[이 사람이 내가 이른 뜻을 아느냐?]
ⓒ 大王이 出슈ᄒᆞ샤ᄃᆡ 뉘 바ᄅᆞ래 드러가려 ᄒᆞᄂᆞ뇨
[대왕이 출령하시되 "누가 바다에 들어가려 하느냐?"]

① ⓐ의 '나니이다'에서 ㉠을 확인할 수 있군.
② ⓒ의 '出슈ᄒᆞ샤ᄃᆡ'에서 ㉡을 확인할 수 있군.
③ ⓑ의 '닐온'에서 ㉢을, 'ᄠᅳ들'에서 ㉣을 확인할 수 있군.
④ ⓑ의 '아ᄂᆞ녀'와 ⓒ의 'ᄒᆞᄂᆞ뇨'에서 ㉤을 확인할 수 있군.

12 우리말의 역사적 변천 과정에 대한 설명으로 옳지 않은 것은?

① 현대 국어에서 '수+닭'을 '수탉'으로 적는 것은 '수'의 고어가 '수ㅎ'이었기 때문이다.
② 현대 국어 '잠그다'는 중세 국어 'ᄌᆞᄆᆞ다'의 교체형이 굳어진 것이다.
③ '보라', '송골' 등의 고유어는 현대 국어까지 이어지고 있다.
④ 주격 조사 '가'는 근대 국어 시기에 와서 널리 쓰이게 되었다.

13 국어사에 대한 설명으로 옳지 않은 것은?

① 고구려어는 오늘날까지 자료가 전하는 유일한 부여계 언어이다.
② 백제어는 사용 계층의 이중성이 있다.
③ 신라어를 중심으로 한 언어적 통일이 이루어졌다.
④ 차자 표기는 통일 신라 시대에 처음으로 사용되었다.

14 국어의 역사적인 변화에 대한 설명으로 적절하지 않은 것은?

① 15세기 국어에서 'ㅐ, ㅔ, ㅚ, ㅟ'는 하향 이중 모음이었다.
② 중세 국어와 달리 근대에는 미래 시제 선어말 어미 '-겠-'이 쓰였다.
③ 15세기 국어의 방점은 소리의 길이를 표시했으며 현대 국어의 장음으로 이어졌다.
④ 'ㆍ'는 1933년 한글 맞춤법 통일안 이후에 표기에서 완전히 사라지게 되었다.

15 〈보기〉의 ㉠~㉤에 나타나는 중세 국어의 특징을 탐구한 내용으로 적절하지 않은 것은?

2023학년도 6월 고2 전국연합학력평가

| 보기 |

[중세 국어]

자내 날 ㉠향ᄒᆡ ᄆᆞᄋᆞ믈 엇디 가지며 나ᄂᆞᆫ 자내 향ᄒᆡ ᄆᆞᄋᆞ믈 엇디 가지던고 ᄆᆡ양 자내ᄃᆞ려 ㉡내 닐오ᄃᆡ ᄒᆞᆫᄃᆡ 누어셔 이 보소 ᄂᆞᆷ도 우리ᄀᆞ티 서ᄅᆞ 에엿ᄡᅴ 녀겨 ᄉᆞ랑ᄒᆞ리 ᄂᆞᆷ도 우리 ㉢ᄀᆞᄐᆞᆫ가 ᄒᆞ야 자내ᄃᆞ려 ㉣니ᄅᆞ더니 엇디 그런 이ᄅᆞᆯ ㉤ᄉᆡᆼ각디 아녀 나ᄅᆞᆯ ᄇᆞ리고 몬져 가시ᄂᆞᆫ고

– 이응태 부인이 쓴 언간에서 –

[현대어 풀이]

당신이 나를 향하여 마음을 어찌 가지며, 나는 당신을 향하여 마음을 어찌 가지던가? 늘 당신에게 내가 이르되, 함께 누워서, "이 보소, 남도 우리같이 서로 예쁘게 여겨서 사랑하리? 남도 우리 같은가?" 하여 당신에게 이르더니, 어찌 그런 일을 생각지 아니하여 나를 버리고 먼저 가시는가?

① ㉠에서 현대 국어에 쓰이지 않는 모음이 사용되었음을 알 수 있군.
② ㉡에서 주격 조사가 생략되었음을 알 수 있군.
③ ㉢에서 이어 적기가 사용되었음을 알 수 있군.
④ ㉣에서 두음 법칙이 적용되지 않았음을 알 수 있군.
⑤ ㉤에서 구개음화가 일어나지 않았음을 알 수 있군.

16 다음에 제시된 예로 설명할 수 없는 것은?

	15세기		현대 국어
㉠	더ᄫᅥ	>	더워
㉡	ᄆᆞᅀᆞᆷ	>	마음

① ㉠에서 'ㅸ'은 [w]로 변화되었음을 알 수 있다.
② ㉡에서 'ㅿ'은 그 음가가 소실되었음을 알 수 있다.
③ ㉡에서 비어두 음절의 'ㆍ'는 'ㅡ'로 변화되었음을 알 수 있다.
④ ㉠에서 모음 조화가 파괴되었음을 알 수 있다.

17 훈민정음에 대한 설명으로 옳지 않은 것은?

① 창제일은 오늘날 한글날과 관련이 있다.
② 문자 이름이기도 하고 책 이름이기도 하다.
③ 자주, 애민, 실용 정신을 창제 목적으로 하였다.
④ 명칭은 '백성을 가르치는 바른 소리'라는 의미이다.

18 〈보기〉의 ㉠에 해당하는 것은?

| 보기 |

훈민정음에서는 ㉠발음 기관의 모양을 본떠 만든 다섯 자를 기본으로 한 후, 각각 획을 더하여 총 17자를 만들었다.

① ㄱ, ㄴ, ㅁ, ㅅ, ㆁ
② ㄱ, ㄹ, ㅁ, ㅈ, ㆆ
③ ㄱ, ㆁ, ㅿ, ㅱ, ㆆ
④ ㄱ, ㄷ, ㅁ, ㅿ, ㆁ

19 〈보기〉의 중세 국어 용례에 대한 설명으로 옳지 않은 것은?

| 보기 |

부텻 은혜를 닙ᄉᆞᄫᅡ

① 존칭 체언에 결합하는 관형격 조사가 따로 있었다.
② 모음 조화가 지켜지지 않은 예외 현상이 있었다.
③ 객체를 높이는 선어말 어미가 따로 있었다.
④ 중세 국어에서는 구개음화가 일어나지 않았다.

[20~21] 다음 〈자료〉는 용언의 활용에 관하여 학생들이 수집한 학술 자료이다. 물음에 답하시오. [2문항]

〈자료〉

현대 국어 '좁다'와 '돕다'의 15세기 중엽의 국어에서의 활용형을 보면, '좁다'는 '좁고', '조바'처럼 자음과 모음으로 시작하는 어미 앞 모두에서 어간이 '좁-'으로 나타난다. 그러나 '돕다'는 자음으로 시작하는 어미 앞에서는 '돕고'처럼 어간이 '돕-'으로, 모음으로 시작하는 어미 앞에서는 '도ᄫᆞ'처럼 어간이 '도ᇦ-'으로 나타난다. 다음으로 현대 국어 '벗다'와 '젓다'의 15세기 중엽의 국어에서의 활용형을 보면, '벗다'는 '벗고', '버서'처럼 자음과 모음으로 시작하는 어미 앞 모두에서 어간이 '벗-'으로 나타난다. 그러나 '젓다'는 자음으로 시작하는 어미 앞에서는 '젓고'처럼 어간이 '젓-'으로, 모음으로 시작하는 어미 앞에서는 '저ᅀᅥ'처럼 어간이 '저ᇫ-'으로 나타난다. 당시 국어의 음절 끝에는 'ㄱ, ㄴ, ㄷ, ㄹ, ㅁ, ㅂ, ㅅ, ㆁ'의 8개의 소리가 올 수 있었기에 '돕고'의 'ㅂ'과 '젓고'의 'ㅅ'은 각각 'ㅸ'이 'ㅂ'으로 교체되고 'ㅿ'이 'ㅅ'으로 교체된 것을 표기한 것이다. 그리고 '도ᄫᆞ'와 '저ᅀᅥ'는 'ㅸ'과 'ㅿ'이 뒤 음절의 첫소리로 연음된 것을 표기한 것이다.

그런데 'ㅸ', 'ㅿ'은 15세기와 16세기를 지나면서 소실되었다. 먼저 'ㅸ'은 15세기 중엽을 넘어서면서 '도ᄫᆞ>도와', '더ᄫᅥ>더워'에서와 같이 'ㅏ' 또는 'ㅓ' 앞에서는 반모음 'ㅗ/ㅜ[w]'로 바뀌었고, '도ᄫᆞ시니>도오시니', '셔ᄫᅳᆯ>셔울'에서와 같이 'ㆍ' 또는 'ㅡ'가 이어진 경우에는 모음과 결합하여 'ㅗ' 또는 'ㅜ'로 바뀌었으나, 음절 끝에서는 이전과 다름없이 'ㅂ'으로 나타났다. 다음으로 'ㅿ'은 16세기 중엽에 '아ᅀᆞ>아ᄋᆞ', '저ᅀᅥ>저어'에서와 같이 사라졌으며, 음절 끝에서는 이전과 다름없이 'ㅅ'으로 나타났다. 이런 변화를 겪은 말 중에 '셔울', '도오시니', '아ᄋᆞ'는 18~19세기를 거쳐 '서울', '도우시니', '아우'로 바뀌어 오늘날에 이르렀다.

20 **위 자료에 대한 이해로 적절하지 않은 것은?**

① 현대 국어의 '도와', '저어'와 같은 활용형은 어간의 형태가 달라지는 불규칙 활용에 해당하는군.
② 15세기 국어의 '도ᄫᆞ'가 현대 국어에서 '도와'로 나타나는 것은 'ㅸ'이 어간 끝에서 'ㅂ'으로 바뀐 결과이군.
③ 15세기 국어의 '저ᅀᅥ'가 현대 국어에서 '저어'로 나타나는 것은 'ㅿ'의 소실로 어간의 끝 'ㅿ'이 없어진 결과이군.
④ 15세기 국어의 '돕고'와 현대 국어의 '돕고'는, 자음으로 시작하는 어미 앞에서 어간의 모양이 달라지지 않았군.
⑤ 15세기 국어의 '젓고'와 현대 국어의 '젓고'는, 자음으로 시작하는 어미 앞에서 어간의 모양이 달라지지 않았군.

21 **위 자료에 따라, 현대 국어 용언들의 15세기 중엽 이전과 17세기 초엽에서의 활용형을 바르게 추정한 것은?**

		15세기 중엽 이전			17세기 초엽		
		-게	-아/-어	-ᄋᆞᆫ/-은	-게	-아/어	-ᄋᆞᆫ/-은
①	(마음이) 곱다	곱게	고ᄫᆞ	고ᄫᆞᆫ	곱게	고와	고온
②	(선을) 긋다	긋게	그ᅀᅥ	그슨	긋게	그서	그슨
③	(자리에) 눕다	눕게	누ᄫᅥ	누ᄫᅳᆫ	눕게	누워	누은
④	(머리를) 빗다	비ᇫ게	비서	비슨	빗게	비서	비슨
⑤	(손을) 잡다	잡게	자ᄫᆞ	자ᄫᆞᆫ	잡게	자바	자ᄇᆞᆫ

22 다음 중세 국어의 흔적이 남아 있는 단어에 대한 설명으로 적절하지 않은 것은?

① ‘좁쌀, 휩쓸다’에는 중세 국어 ‘ㅄ’의 흔적이 남아 있다.
② ‘수컷, 수키와’에는 중세 국어의 ‘ㄱ’ 덧생김 체언의 흔적이 남아 있다.
③ ‘바느질’에서 ‘ㄹ’ 탈락은 공시적 관점에서 해석되지 않는다.
④ ‘섣달, 숟가락’에는 중세 국어 관형격 조사의 흔적이 남아 있다.

23 제시된 중세 국어 문장에 대한 설명으로 적절하지 않은 것은?

> ㉠ 엇논 藥이 므스것고
> ㉡ 부텻 은혜를 닙ᄉᆞ바

① ㉠은 설명 의문문으로 볼 수 있다.
② ㉡에서는 객체 높임법이 나타난다.
③ ㉠에서는 선어말 어미 ‘-오-’가 쓰였다.
④ ㉡에서 ‘ㅅ’은 유정의 평칭 체언에 결합했다.

24 〈보기 1〉을 참고하여 〈보기 2〉에서 밑줄 친 부분을 중심으로 ㉠~㉤을 이해한 내용으로 적절하지 않은 것은?

2023학년도 대학수학능력시험 6월 모의평가

보기 1

> 객체 높임은 일반적으로 주체가 목적어나 부사어로 지시되는 대상인 객체보다 지위가 낮을 때 어휘적 수단이나 문법적 수단으로써 객체를 높이 대우하는 것이다. 전자는 객체 높임의 동사(‘ᄉᆞᆲ-’, ‘아뢰-’ 등)를 쓰는 방법이고, 후자는 객체 높임의 조사(‘ᄭᅴ’, ‘께’)를 쓰는 방법과 객체 높임의 선어말 어미(‘-ᅀᆸ-’ 등)를 쓰는 방법이다. 중세 국어에서는 이 세 가지 방법을 다 썼으나 현대 국어에서는 객체 높임의 선어말 어미를 쓰지 않는다. 다음에서 중세 국어와 현대 국어를 비교해 보면 이를 확인할 수 있다.
>
> 이 말 다 **ᄉᆞᆲ**고 부텨**ᄭᅴ** 禮數ᄒᆞ**ᅀᆸ**고
> [이 말 다 아뢰고 부처께 절 올리고]

보기 2

> ㉠ 나도 이제 너희 스승니믈 <u>보ᅀᆸ고져</u> ᄒᆞ노니
> [나도 이제 너희 스승님을 뵙고자 하니]
> ㉡ 須達이 <u>舍利弗ᄭᅴ</u> 가 [수달이 사리불께 가서]
> ㉢ 내 이제 <u>世尊ᄭᅴ ᄉᆞᆲ노니</u> [내가 이제 세존께 아뢰니]
> ㉣ 여보, 당신이 <u>이모님께</u> 어머님 <u>모시고</u> 갔었어?
> ㉤ 선생님께서 그 아이에게 다친 덴 없는지 <u>여쭤</u> 보셨다.

① ㉠: 어휘적 수단으로 객체인 ‘너희 스승님’을 높이 대우하고 있다.
② ㉡: 문법적 수단으로 객체인 ‘舍利弗(사리불)’을 높이 대우하고 있다.
③ ㉢: 조사 ‘ᄭᅴ’와 동사 ‘ᄉᆞᆲ노니’는 같은 대상을 높이기 위해 쓰이고 있다.
④ ㉣: 조사 ‘께’와 동사 ‘모시고’는 서로 다른 대상을 높이기 위해 쓰이고 있다.
⑤ ㉤: 주체와 객체의 관계를 고려하면 동사 ‘여쭤’의 사용은 부적절하다.

25 〈보기〉를 바탕으로 중세 국어의 특징을 탐구한 내용으로 적절하지 않은 것은?

2023학년도 11월 고2 전국연합학력평가

보기

王왕이 드르시고 즉자히 南남堀굻애 가샤 뎌 仙션人신ᄋᆞᆯ **보샤** 禮롕數숭ᄒᆞ시고 니ᄅᆞ샤ᄃᆡ ᄯᆞᆯ ᄅᆞᆯ 두겨시다 듣고 婚혼姻인ᄋᆞᆯ 求꿓ᄒᆞ노이다 仙션人신이 **ᄉᆞᆯᄫᅩᄃᆡ** 내 ᄒᆞᆫ ᄯᆞᆯᄅᆞᆯ 뒤쇼ᄃᆡ 져머 **어리오** 아ᄒᆡ ᄢᅴ브터 深심山산애 이셔 **사ᄅᆞᄆᆡ** 이리 설우르고 플옷 **닙고** 나못 여름 먹ᄂᆞ니 王왕이 므슴 호려 져주시ᄂᆞ니잇고

[현대어 풀이]

왕이 들으시고 즉시 남굴에 가시어 저 선인을 보시어, 예수하시고 이르시되 "딸을 두고 계시다 듣고 혼인을 구합니다." 선인이 사뢰되 "내가 한 딸을 두고 있되, 어려서 어리석고, 아이 때부터 심산에 있어서 사람의 일이 서투르고, 풀을 입고 나무의 열매를 먹나니, 왕이 무엇을 하려고 따져 물으십니까?"

① 'ᄇᆞ샤'를 보니, 현대 국어와 달리 객체를 높이기 위해 선어말 어미 '-샤-'가 사용되었음을 알 수 있군.
② 'ᄉᆞᆯᄫᅩᄃᆡ'를 보니, 현대 국어와 달리 'ᆞ', 'ㅸ'이 표기에 사용되었음을 알 수 있군.
③ '어리오'를 보니, '어리다'가 현대 국어와 다른 의미로 쓰였음을 알 수 있군.
④ '사ᄅᆞᄆᆡ'를 보니, 현대 국어의 관형격 조사 '의'가 양성 모음 뒤에서 'ᄋᆡ'의 형태로 쓰였음을 알 수 있군.
⑤ '닙고'를 보니, 현대 국어와 달리 단어의 첫머리에서 두음 법칙이 적용되지 않았음을 알 수 있군.

26 제시된 중세 국어 문장에 대한 설명으로 적절하지 않은 것은?

불휘 기픈 남ᄀᆞᆫ ᄇᆞᄅᆞ매 아니 뮐ᄊᆡ 곶 됴코 여름 하ᄂᆞ니

① 중세 국어의 전형적인 종성 표기법인 8종성법을 보여 준다.
② 중세 국어의 전형적인 표기법인 이어 적기를 보여 준다.
③ 현대 국어와 형태가 같은 명사 파생 접미사가 사용되었다.
④ 모음으로 시작하는 조사와 결합할 때 'ㄱ'이 덧생기는 체언을 보여 준다.

27 다음 중세 국어 문장에 대한 설명으로 적절하지 않은 것은?

㉠ 夫人ᄋᆡ 나혼 고ᄌᆞᆯ 어듸 ᄇᆞ린다
㉡ 내 롱담ᄒᆞ다라

① ㉠에서는 관형격 조사가 사용되었다.
② ㉡에서는 선어말 어미 '-오-'가 사용되지 않았다.
③ ㉡ 문장에는 주격 조사가 사용되었다.
④ ㉡의 문장은 시제 선어말 어미가 사용되었다.

약점 체크와 약점 보완을 한 번에 정답과 해설 P.35

CHAPTER 04

언어 예절과 바른 표현

01 신경향 대비 접근법

유형 특징

- 공공언어 바로 쓰기라는 유형으로 출제될 것으로 예상된다.
- 공직 상황에서의 언어 예절과 올바른 문장, 올바른 단어의 사용과 관련된 문제가 출제될 것으로 예상된다.
- 일부 어문 규정의 내용과 다르게 공공언어 바로 쓰기의 관점으로 정의된 내용이 출제될 수도 있다.

풀이 전략

- 공직과 관련된 언어 예절, 바른 표현 등을 정리해 두어야 한다.
- 올바른 문장, 올바른 단어 사용과 관련된 지식을 미리 정리해 두어야 한다.
- 어문 규정과 공공언어 바로 쓰기의 관점이 다른 부분이 있다면 비교하여 잘 정리해 두어야 한다.

02 대표 기출문제

〈공공언어 바로 쓰기 원칙〉에 따라 수정한 것으로 적절하지 않은 것은?

2025 지방직 9급

〈공공언어 바로 쓰기 원칙〉

- 표현의 정확성
  - ㉠ 의미에 맞는 정확한 단어 쓰기.
  - ㉡ 부적절한 피·사동 표현에 유의함.
- 여러 뜻으로 해석되는 표현 삼가기
  - ㉢ 하나의 뜻으로 해석되는 문장을 사용함.
- 대등한 것끼리 접속
  - ㉣ '-고', '-(으)며', '와/과' 등으로 접속되는 말에는 구조가 같은 표현을 사용함.

① "납세자의 결정세액이 기납부세액보다 적은 경우 그 차이만큼 납세자에게 환급할 예정이다."를 ㉠에 따라 "납세자의 결정세액이 기납부세액보다 적은 경우 그 차이만큼 납세자에게 환수할 예정이다."로 수정한다.

② "경제 성장에 방해가 되는 요소를 배제시켜야 한다."를 ㉡에 따라 "경제 성장에 방해가 되는 요소를 배제해야 한다."로 수정한다.

③ "시의회는 관련 단체와 시민들을 초청하기로 결정하였다."를 ㉢에 따라 "시의회는 관련 단체와 협의하여 시민들을 초청하기로 결정하였다."로 수정한다.

④ "사업 전체 목표 수립과 세부 사업별 추진 전략을 제시한다."를 ㉣에 따라 "사업 전체 목표를 수립하고 세부 사업별 추진 전략을 제시한다."로 수정한다.

〈공공언어 바로 쓰기 원칙〉에 따라 수정한 것으로 적절하지 않은 것은?

공공언어 바로 쓰기 원칙을 미리 숙지해 둘 필요가 있다.

2025 지방직 9급

〈공공언어 바로 쓰기 원칙〉

• 표현의 정확성

㉠ 의미에 맞는 정확한 단어 쓰기.

㉡ 부적절한 피 · 사동 표현에 유의함.

• 여러 뜻으로 해석되는 표현 삼가기

㉢ 하나의 뜻으로 해석되는 문장을 사용함.

• 대등한 것끼리 접속

㉣ '－고', '－(으)며', '와/과' 등으로 접속되는 말에는 구조가 같은 표현을 사용함.

❶ "납세자의 결정세액이 기납부세액보다 적은 경우 그 차이만큼 납세자에게 환급할 예정이다."를 ㉠에 따라 "납세자의 결정세액이 기납부세액보다 적은 경우 그 차이만큼 납세자에게 환수할 예정이다."로 수정한다. (×)

➡ '환수'는 '도로 거두어들임'의 의미이다. 그런데 선택지에서 최종 결정된 세액이 이미 납부한 세엑에 비해 적은 경우라고 하였으므로 '환수'는 적절하지 않다. 오히려 더 많이 낸 세액만큼 돌려주는 것이 맞을 것이다. 따라서 '도로 돌려줌'의 의미를 갖는 '환급'이 더 적절한 표현이다.

❷ "경제 성장에 방해가 되는 요소를 배제시켜야 한다."를 ㉡에 따라 "경제 성장에 방해가 되는 요소를 배제해야 한다."로 수정한다. (○)

➡ '주체가 제3의 대상에게 동작이나 행동을 하게 하는 동사의 성질'을 사동이라고 한다. '시키'는 사동 접미사이다. 따라서 선택지의 문장은 사동문이 된다. 하지만 이 문장은 사동의 맥락이 아닌 주체가 스스로 동작이나 행동을 하는 주동의 맥락이다. 따라서 '시켜야 한다'가 아닌 주동의 표현인 '해야 한다'가 적절한 표현이다.

❸ "시의회는 관련 단체와 시민들을 초청하기로 결정하였다."를 ㉢에 따라 "시의회는 관련 단체와 협의하여 시민들을 초청하기로 결정하였다."로 수정한다. (○)

➡ 시의회와 관련 단체가 함께 시민들을 초청하기로 한 것인지 아니면 시의회 혼자 관련 단체 그리고 시민들을 초청하기로 한 것인지가 중의적이다. 따라서 '시의회는 관련 단체와 협의하여 시민들을 초청하기로 결정하였다'로 수정하면 중의성이 해소될 수 있다.

❹ "사업 전체 목표 수립과 세부 사업별 추진 전략을 제시한다."를 ㉣에 따라 "사업 전체 목표를 수립하고 세부 사업별 추진 전략을 제시한다."로 수정한다. (○)

➡ '와/과'는 앞과 뒤를 대등하게 연결해 주는 조사이다. 따라서 연결되는 앞부분과 뒷부분의 문장 구성 방식이 동일해야 더욱 적절한 문장이 된다. 따라서 '사업 전체 목표 수립과 세부 사업별 추진 전략을 제시한다'를 '~을 ~하고 ~을 ~한다', 즉 '사업 전체 목표를 수립하고 세부 사업별 추진 전략을 제시한다'로 수정하는 것은 적절하다.

정답 | ①

언어 예절

해설편 | 41p

01 언어 예절로 가장 적절한 것은? 2022 지방직(= 서울시) 9급

① 지금부터 회장님의 말씀이 계시겠습니다.
② (시누이에게) 고모, 오늘 참 예쁘게 차려 입으셨네요?
③ (처음 자신을 소개하면서) 처음 뵙겠습니다. 박혜정입니다.
④ (다른 사람에게 자기 아내를 가리키며) 이쪽은 제 부인입니다.

02 다음 중 올바른 우리말 표현은? 2015 지방직 9급

① (초청장 문안에서) 귀하를 이번 행사에 꼭 모시고자 하오니 많이 참석해 주시기 바랍니다.
② (전화 통화에서) 과장님은 지금 자리에 안 계십니다. 뭐라고 전해 드릴까요?
③ (직원이 고객에게) 주문하신 상품은 현재 품절이십니다.
④ (방송에 출연해서) 저희 나라가 이번에 우승한 것은 국민 여러분의 뜨거운 성원 덕택입니다.

03 다음 중 표준 언어 예절에 맞지 않는 것은?

① 아내의 오빠를 '처남'이라고 부를 수 있는 상황이 있다.
② 남편의 형은 '아주버니'라고 부를 수 있다.
③ 처부모에게 아내를 '○○ 엄마'라고 지칭할 수 없다.
④ 여동생의 남편이 본인보다 나이가 많을 경우 '○ 서방'이라고 부를 수 없다.

바른 표현

해설편 | 41p

04 밑줄 친 단어의 쓰임이 옳지 않은 것은? 2017 국가직(하) 9급

① <u>금방</u> 비가 올 것처럼 하늘이 어둡다.
할머니는 <u>방금</u> 전에 난 소리에 깜짝 놀라셨다.
② 그는 <u>근본</u>이 미천하여 남들의 업신여김을 받았다.
자발적 참여자를 <u>근간</u>으로 하여 조직이 결성되었다.
③ 친구들에게 그는 완전히 <u>타락한</u> 사람으로 알려졌다.
그는 역모 사건에 휘말려 <u>몰락한</u> 집안의 자손이었다.
④ 비가 올 때에는 순회 공연을 <u>지연하기</u>로 하였다.
시험 시작 날짜가 9월 5일에서 9월 7일로 <u>연장되었다</u>.

05 밑줄 친 부분의 의미 관계가 나머지 셋과 다른 것은? 2015 국가직 9급

① 세 시간이 흐르도록 <u>분분</u>했던 의견들이 마침내 하나로 <u>합치</u>하였다.
② 아무리 논리적 <u>사고</u>라 하더라도 거기에는 <u>비판</u>이 따르게 마련이다.
③ 사회적 지위가 높은 사람이 보여 주는 <u>겸손</u>은 가끔 <u>오만</u>으로 비칠 수도 있다.
④ <u>결미</u>에 제시된 결론이 <u>모두</u>에서 진술한 내용과 관련을 맺는다면 좀 더 긴밀한 구성이 될 것이다.

06 밑줄 친 말의 쓰임이 적절하지 않은 것은? 2016 지방직 9급

① 이 숲에서 <u>자생</u>하던 희귀 식물들의 개체 수가 줄었다.
② 상황이 급박하게 돌아가서 이것저것 따질 <u>개재</u>가 아니다.
③ 이번 아이디어 상품의 출시 여부에 따라 사업의 <u>성패</u>가 결정된다.
④ 현대 사회에서는 <u>유례</u>를 찾아볼 수 없을 만큼 정보가 넘쳐 난다.

07 밑줄 친 부분을 고유어로 바꿀 때 적절한 것은?

2018 국가직 7급

① 소기의 목적을 달성하기 위해 노력합시다.
→ 바라는

② 우리는 연 3%의 연체 이자를 납부합니다.
→ 에누리를

③ 부서의 현재 상황을 상신하여 주시기 바랍니다.
→ 헤아려

④ 오늘 경기가 취소되었으니 양지하시기 바랍니다.
→ 알려 주시기

08 가장 자연스러운 문장은?

2021 국가직 9급

① 날씨가 선선해지니 역시 책이 잘 읽힌다.

② 이렇게 어려운 책을 속독으로 읽는 것은 하늘의 별 따기이다.

③ 내가 이 일의 책임자가 되기보다는 직접 찾기로 의견을 모았다.

④ 그는 시화전을 홍보하는 일과 시화전의 진행에 아주 열성적이다.

09 문장 성분의 호응이 가장 자연스러운 것은?

2018 국가직 7급

① 세종이 한글을 만든 것은 모든 한자 사용을 없애고자 한 의도였다.

② 우리는 균형 있는 식단 마련과 쾌적한 실내 분위기를 조성하는 노력을 꾸준히 해 왔다.

③ 우리 팀에서는 가능한 한 많은 관중이 동원될 수 있도록 모든 홍보 방안을 고려해 왔다.

④ 아래에 제시된 두 가지 통계 자료를 살펴보면, 2000년대 이후 복지 정책에 상당히 큰 변화가 일어나고 있다.

10 문장쓰기 어법이 가장 옳은 것은?

2018 서울시 9급

① 한국 정부는 독도 영유권 문제에 대하여 일본에 강력히 항의하였다.

② 경쟁력 강화와 생산성의 향상을 위해 경영 혁신이 요구되어지고 있다.

③ 이것은 아직도 한국 사회가 무사안일주의를 벗어나지 못했다는 생각이 든다.

④ 냉정하게 전력을 평가해 봐도 한국이 자력으로 16강 티켓 가능성은 높은 편이다.

11 다음 문장 중 어법에 가장 맞는 것은?

2019. 2월 서울시 9급

① 금융 당국은 내년 금리가 올해보다 더 오를 것으로 내다보면서 대출 이자율이 2% 이상 오를 것으로 예측하였다.

② 작성 내용의 정정 또는 신청인의 서명이 없는 서류는 무효입니다.

③ 12월 중에 한 – 중 정상 회담이 다시 한 번 열릴 것으로 보여집니다.

④ 그의 목표는 세계 최고의 축구 선수가 되는 것이었고, 그래서 단 하루도 연습을 쉬지 않았다.

12 다음 중 어법에 어긋남이 없이 바른 문장은?

2019 법원직 9급

① 어느 땐가 절망 속에 헤매이던 시절이 있었다.

② 그곳엔 내노라하는 씨름꾼들이 다 모여 있었다.

③ 운명을 건 거사의 날, 칠흙같이 어두운 밤이었다.

④ 이번 여름은 후텁지근한 날이 많아 견디기 어렵다.

13 문장 성분의 호응이 자연스러운 것은? 2020 국가직 9급

① 내가 강조하고 싶은 점은 우리가 고유 언어를 가졌다.
② 좋은 사람과 대화하며 함께한 일은 즐거운 시간이었다.
③ 내 생각은 집을 사서 이사하는 것이 좋겠다고 결정했다.
④ 그는 내 생각이 옳지 않다고 여러 사람 앞에서 말을 하였다.

14 문장 성분의 호응이 가장 자연스러운 것은? 2018 지방직 7급

① 대화명을 규정에 맞게 변경하지 않는 사람은 관리자가 카페 이용을 제한해야 한다.
② 그 일이 벌어졌을 때 아마 마음속으로라도 박수를 보내는 사람은 얼마나 되었을까.
③ 월드컵에서 보여 준 에너지를 바탕으로 국민 대통합과 국가 경쟁력을 제고해야 한다.
④ 행복의 조건으로서 물질적 기반 이외에 자질의 연마, 인격, 원만한 인간관계 등이 필요하다는 것이다.

15 문장 성분 간의 호응이 가장 옳은 것은? 2018. 3월 서울시 9급

① 왜냐하면 한국이 빠른 속도로 경제적 발전을 이루었다는 것이다.
② 그 사람이 우리에게 중요한 까닭은 우리가 합격했다는 사실이다.
③ 내가 그분을 처음 뵌 것은 호텔에서 내 친구하고 만나 이야기하고 있을 때였다.
④ 학계에서는 국어 문법에 관심과 조명을 해 나가고 근대 국어에도 관심을 보이기 시작했다.

16 (가)~(라)의 고쳐 쓰기 방안으로 적절하지 않은 것은? 2021 지방직(= 서울시) 9급

> (가) 현재 우리 구청 조직도에는 기획실, 홍보실, 감사실, 행정국, 복지국, 안전국, 보건소가 있었다.
> (나) 오늘은 우리 시청이 지양하는 '누구나 행복한 ○○시'를 실현하기 위한 추진 방안을 논의합니다.
> (다) 지난달 수해로 인한 준비 기간이 짧았기 때문에 지역 축제는 예년보다 규모가 줄어들었다.
> (라) 공과금을 기한 내에 지정 금융 기관에 납부하지 않으면 연체료를 내야 한다.

① (가): '있었다'는 문맥상 시제 표현이 적절하지 않으므로 '있다'로 고쳐 쓴다.
② (나): '지양'은 어떤 목표로 뜻이 쏠리어 향한다는 의미인 '지향'으로 고쳐 쓴다.
③ (다): '지난달 수해로 인한'은 '준비 기간'을 수식하는 절이 아니므로 '지난달 수해로 인하여'로 고쳐 쓴다.
④ (라): '납부'는 맥락상 금융 기관이 돈이나 물품 따위를 받아 거두어들인다는 '수납'으로 고쳐 쓴다.

17 다음 글을 고쳐 쓰기 위한 방안으로 적절하지 않은 것은? 2017 국가직(하) 9급

> 산업 폐기물 처리장이 들어서게 될 지역 주민들도 그 시설의 필요성은 인정하고 있다. ㉠그리고 그런 시설이 자기 고장에 들어서는 것을 받아들이려는 사람은 많지 않다. ㉡그 필요성은 인정하지만, 내 고장에는 안 된다는 것이다. 이러한 태도는 공공의 이익을 외면하는 ㉢지역 이기주의에 다름 아니다. 잊지 말아야 할 사실은 폐기물 처리장 건설을 뒤로 미루면 그로 인한 피해가 결국 ㉣우리 모두에게 돌아온다. 나와 내 이웃이 공존할 수 있는 사회를 만들기 위해서는 지역 이기주의를 타파해야 한다.

① ㉠은 앞뒤 문장을 자연스럽게 연결하기 위해 '그러나'로 바꾼다.
② ㉡은 주제와 상관없는 내용이므로 문단의 통일성을 위해 삭제한다.
③ ㉢은 우리말답지 않은 표현으로 '지역 이기주의이다'로 순화한다.
④ ㉣은 주어와 호응하지 않으므로 '우리 모두에게 돌아온다는 것이다'로 고친다.

18 ㉠~㉣을 고친 내용으로 적절하지 않은 것은?

2016 국가직 9급

> 자본주의 체제에서 모든 계층의 사람이 똑같이 많이 벌고 잘살기를 바랄 수는 없다. 어느 정도의 소득 격차는 경쟁을 유발하는 동기가 될 수 있다는 것을 부인할 수 없다. ㉠따라서 우리와 같은 양극화 현상의 심화 추세를 그대로 방치한 채 자연 치유되도록 기다릴 수만은 없다. 그동안 단편적인 대책이 나오기는 했으나 ㉡떡 먹은 입 쓸어 치듯 개선은 되지 않고 오히려 악화되어 가고 있음이 역력히 드러나고 있다.
>
> 과거의 실패를 거울삼아 저소득층 소득 향상을 통한 근본적인 빈부 격차 개선책을 제시하여 빈자에게 희망을 불어넣어야 한다. 그렇다고 고소득자와 대기업을 욕하거나 ㉢경원되어서는 안 된다. 무엇보다 기업 투자와 내수 경기를 일으키는 일이 긴요하다. 그래야 일자리가 생기고 서민 소득도 늘어나게 된다. ㉣또한 자본의 원활한 흐름을 위해 고소득층의 해외 소비 활동도 촉진해야 한다. 그리고 세제 개혁을 통한 재분배 정책을 추진할 필요가 있다. 세제만큼 유효한 재분배 정책 수단도 없다. 동시에 장기적인 관점에서 각 부문의 양극화 개선을 위해 경제 체질과 구조 개선을 서두르지 않으면 안 된다.

① ㉠ – 문맥에 맞도록 '그러나'로 수정한다.
② ㉡ – 의미가 통하도록 '아랫돌 빼서 윗돌 괴듯'으로 수정한다.
③ ㉢ – 어법에 맞도록 '경원을 사서는'으로 수정한다.
④ ㉣ – 문단의 통일성에 어긋나므로 삭제한다.

19 어법에 어긋난 문장을 수정하고 설명한 예로 적절하지 않은 것은?

2019 지방직 9급

① 유사한 내용의 제안이 접수되었을 때에는 먼저 접수된 것이 우선한다.
→ '접수되었을 때에는'은 사건이나 행위가 완료된 상황을 나타내므로 '접수될 때에는'으로 바꾼다.
② 안내서 및 과업 지시서 교부는 참가 신청자에게만 교부한다.
→ '과업 지시서 교부'와 서술어 '교부하다'는 의미상 중복되며 호응하지 않으므로 앞의 '교부'를 삭제한다.
③ 해안선에서 200미터 이내의 수역을 제외된 상태에서 논의를 진행하겠습니다.
→ 목적어 '수역을'과 서술어 '제외되다'는 호응하지 않으므로 '제외된'은 '제외한'으로 바꾼다.
④ 관련 도서는 해당 부서에 비치하고 관계자에게 열람한다.
→ 서술어 '열람하다'는 부사어 '관계자에게'와 호응하지 않으므로 '열람하게 한다.'와 같이 바꾼다.

20 다음 글을 고쳐 쓰기 위한 생각으로 적절하지 않은 것은?

2016 지방직 9급

> 창의적 사고는 기존의 사고방식을 ㉠돌파하는 데서 출발한다. 기본적으로 기존의 이론과 법칙을 비판적으로 살펴보고 자신만의 독창적 아이디어를 만들어 내는 일이 중요하다. ㉡그러나 이러한 창의적 사고가 단순히 개인의 독특함에서만 비롯되는 것은 아니다. 더욱 중요한 것은 창의적 사고가 사회적 · 문화적 환경과 적절한 교육을 통해 ㉢길러진다. 따라서 ㉣자신의 창의성을 계발하기 위해 주변의 사물을 비판적이고 새로운 시각으로 보는 노력을 게을리해서는 안 된다.

① ㉠: 단어의 쓰임이 어색하므로 '탈피하는'으로 고친다.
② ㉡: 앞뒤 문장을 자연스럽게 잇지 못하므로 '또한'으로 고친다.
③ ㉢: 주술 호응이 되지 않으므로 '길러진다는 점이다'로 고친다.
④ ㉣: 주장을 포괄하지 못하므로 '환경과 교육의 중요성'을 강조하는 내용으로 고친다.

21 다음 밑줄 친 단어의 쓰임이 옳지 않은 것은?

① 범인의 발자국 소리가 들렸다.
② 놀러 오는 친구를 마중하러 나갔다.
③ 공사로 불편을 끼쳐 죄송합니다.
④ 사람들이 거의 모르는 경승지를 찾아다녔다.

22 다음 중 밑줄 친 단어의 사용이 올바른 것은?

① 예전에 없던 것을 지정할 때에는 항상 위험이 따른다.
② 마음의 상처를 치료하기 위해 고향을 찾았다.
③ 그의 생일에 맞춰 훈장이 수여되었다.
④ 할머니, 그동안 기체 미령하셨습니까?

23 다음 중 문법적으로 알맞은 문장은?

① 엄마가 아빠를 설득시켰지만, 아빠는 변하지 않았다.
② 창문이 저절로 열려졌다.
③ 철수의 말은 근거 없는 낭설이다.
④ 철수가 영희를 우연찮게 만났다.

24 문장 성분의 호응이 가장 자연스러운 것은?

① 청년은 모름지기 진취적이다.
② 올해 주식 시장이 크게 요동칠 전망입니다.
③ 나는 엄청난 슬픔으로 하여금 눈물을 흘렸다.
④ 가장 큰 문제는 타격이 제대로 이루어지지 않고 있다는 것입니다.

25 〈공공언어 바로 쓰기 원칙〉에 따라 〈공문서〉의 ㉠~㉣을 수정한 것으로 적절하지 않은 것은?

2025 출제기조 전환 1차 예시문제

> 〈공공언어 바로 쓰기 원칙〉
> • 중복되는 표현을 삼갈 것.
> • 대등한 것끼리 접속할 때는 구조가 같은 표현을 사용할 것.
> • 주어와 서술어를 호응시킬 것.
> • 필요한 문장 성분이 생략되지 않도록 할 것.

> 〈공문서〉
> **한국의약품정보원**
> 수신 국립국어원
> (경유)
> 제목 의약품 용어 표준화를 위한 자문회의 참석 ㉠안내 알림
> ------------------------------
> 1. ㉡표준적인 언어생활의 확립과 일상적인 국어 생활을 향상하기 위해 일하시는 귀원의 노고에 감사드립니다.
> 2. 본원은 국내 유일의 의약품 관련 비영리 재단법인으로서 의약품에 관한 ㉢표준 정보가 제공되고 있습니다.
> 3. 의약품의 표준 용어 체계를 구축하고 ㉣일반 국민도 알기 쉬운 표현으로 개선하여 안전한 의약품 사용 환경을 마련하기 위해 자문회의를 개최하니 귀원의 연구원이 참석해 주시기를 바랍니다.

① ㉠: 안내
② ㉡: 표준적인 언어생활을 확립하고 일상적인 국어 생활의 향상을 위해
③ ㉢: 표준 정보를 제공하고 있습니다.
④ ㉣: 의약품 용어를 일반 국민도 알기 쉬운 표현으로 개선하여

26 〈공공언어 바로 쓰기 원칙〉에 따라 수정한 것으로 적절하지 않은 것은?

2025 출제기조 전환 2차 예시문제

> 〈공공언어 바로 쓰기 원칙〉
> • 주어와 서술어의 호응
> – ㉠능동과 피동의 관계를 정확하게 사용함.
> • 여러 뜻으로 해석되는 표현 삼가기
> – ㉡중의적인 문장을 사용하지 않음.
> • 명료한 수식어구 사용
> – ㉢수식어와 피수식어의 관계를 분명하게 표현함.
> • 대등한 구조를 보여 주는 표현 사용
> – ㉣'–고', '와/과' 등으로 접속될 때에는 대등한 관계를 사용함.

① "이번 총선에서 국회의원 ○○○명을 선출되었다."를 ㉠에 따라 "이번 총선에서 국회의원 ○○○명이 선출되었다."로 수정한다.
② "시장은 시민의 안전에 관하여 건설업계 관계자들과 논의하였다."를 ㉡에 따라 "시장은 건설업계 관계자들과 시민의 안전에 관하여 논의하였다."로 수정한다.
③ "5킬로그램 정도의 금 보관함"을 ㉢에 따라 "금 5킬로그램 정도를 담은 보관함"으로 수정한다.
④ "음식물의 신선도 유지와 부패를 방지해야 한다."를 ㉣에 따라 "음식물의 신선도를 유지하고, 부패를 방지해야 한다."로 수정한다.

약점 체크와 약점 보완을 한 번에 정답과 해설 P.41

PART

II

비문학

CHAPTER 01

독해 비문학

01 신경향 대비 접근법

유형 특징

- 대표적으로 설명문, 논설문, 화법 상황 등을 읽고 주제를 생각해 보거나 선택지의 근거를 확인하게 하는 유형으로 출제될 것으로 예상된다.
- 주제, 근거 찾기 유형 이외에도 다양한 유형이 응용되어 출제될 것으로 예상된다.
- 형식논리학 이론을 바탕으로 하는 논리형 문제가 출제될 것으로 예상된다.

풀이 전략

- 유형별 독해, 문제 풀이 접근법을 익히고 그것에 맞게 문제 푸는 연습을 많이 해야 한다.
- 논리형 문제와 관련된 지식을 익히고 문제에 적용하는 연습을 최대한 많이 해야 한다.
- 특히 논리형 문제는 낯선 유형이므로 익숙해지도록 노력해야 한다.

02 대표 기출문제

[01~02] 다음 글을 읽고 물음에 답하시오.

2025 지방직 9급

천상계와 지상계로 나누어진 영웅 소설의 세계 구조에서 서사적으로 중요한 것은 지상계의 일이지만 인과론적 구도로는 천상계가 우위에 있다. 천상계의 의지나 그 대리자의 개입에 의해서 지상계의 서사가 결정되기 때문이다. 천상계는 지상에서 ㉠일어나는 모든 사건의 발생과 귀결을 지배하는 초월적 세계로서, 일시적으로 고난에 빠졌던 주인공이 세상에 창궐한 악을 물리치고 승리하도록 해 주는 근거로 작용한다. 지상의 혼란이나 세계 질서의 모순은 일시적인 것일 뿐 현실의 구체적 갈등에 뿌리를 둔 것이 아니어서 초월적 세계가 이미 설계한 바에 따라 쉽사리 해소된다. 이런 모습의 세계 구조를 '이원적 세계상'이라고 부른다.

반면에 판소리계 소설의 세계상은 대체로 일원적이고 경험적이다. 판소리계 소설에는 초월적 세계가 지배적 장치로 나타나는 경우가 극히 드물며, 현실의 경험적 인과 관계에 의해 서사가 전개된다. 예컨대 변학도의 횡포로 인한 춘향의 수난, 흥부의 가난과 고난, 심청과 심봉사의 불행, 유혹에 넘어간 토끼의 위기 탈출, 배비장의 욕망과 봉변, 장끼의 죽음 등은 초월적 세계의 의지나 그 대리자의 개입 없이 현실적 삶의 인과에 따라 이루어지는 것이다.

01 윗글을 이해한 내용으로 적절하지 않은 것은?

① 영웅 소설은 이원적 세계상을 잘 보여 주는 문학적 갈래이다.
② 판소리계 소설에서 서사의 인과 관계는 경험적 현실에 바탕을 둔 경우가 많다.
③ 천상계의 대리자가 지상계의 서사를 결정하는 작품에서는 이원적 세계상이 발견된다.
④ 영웅 소설에 비해 판소리계 소설에서는 초월적 세계가 현실의 문제를 해결하는 양상이 두드러진다.

02 윗글의 문맥상 ㉠의 의미와 가장 가까운 것은?

① 언니는 뽀얗게 일어나는 물보라에 손을 대었다.
② 그는 가까스로 일어나는 불꽃을 바라보고 있었다.
③ 아침 일찍 일어나는 습관을 들이는 것이 중요하다.
④ 싸움이 일어나는 동안 그는 숨어 있을 수밖에 없었다.

[01~02] 다음 글을 읽고 물음에 답하시오.

2025 지방직 9급

천상계와 지상계로 나누어진 영웅 소설의 세계 구조에서 서사적으로 중요한 것은 지상계의 일이지만 인과론적 구도로는
영웅 소설과 관련된 정보를 수식을 통해 제시하고 있다. 글을 읽을 때 서술을 통한 정보 제시뿐만 아니라 수식을 통한 정보의 제시도 유의할 필요가 있다.
천상계가 우위에 있다. 천상계의 의지나 그 대리자의 개입에 의해서 지상계의 서사가 결정되기 때문이다. 천상계는 지상에서
영웅 소설의 특징에 대해 정보를 제시하고 있는 부분
㉠일어나는 모든 사건의 발생과 귀결을 지배하는 초월적 세계로서, 일시적으로 고난에 빠졌던 주인공이 세상에 창궐한 악
어휘 문제와 관련된 부분이므로 글을 읽는 도중에 바로 문제를 풀어 시간 낭비를 막는 것이 좋다.
을 물리치고 승리하도록 해 주는 근거로 작용한다. 지상의 혼란이나 세계 질서의 모순은 일시적인 것일 뿐 현실의 구체적 갈등에 뿌리를 둔 것이 아니어서 초월적 세계가 이미 설계한 바에 따라 쉽사리 해소된다. 이런 모습의 세계 구조를 '이원적 세계상'이라고 부른다.
영웅 소설과 관련된 핵심어

영웅 소설과 대비되는 부분이며 판소리계 소설의 특징이 언급되는 부분
반면에 판소리계 소설의 세계상은 대체로 일원적이고 경험적이다. 판소리계 소설에는 초월적 세계가 지배적 장치로 나타
영웅 소설의 이원적 세계상과 대비되는 내용이 언급되는 부분이므로 공통점과 차이점 등을 집중하며 읽어야 한다.
나는 경우가 극히 드물며, 현실의 경험적 인과 관계에 의해 서사가 전개된다. 예컨대 변학도의 횡포로 인한 춘향의 수난, 흥부의 가난과 고난, 심청과 심봉사의 불행, 유혹에 넘어간 토끼의 위기 탈출, 배비장의 욕망과 봉변, 장끼의 죽음 등은 초월적 세계의 의지나 그 대리자의 개입 없이 현실적 삶의 인과에 따라 이루어지는 것이다.

01 윗글을 이해한 내용으로 적절하지 않은 것은?

❶ 영웅 소설은 이원적 세계상을 잘 보여 주는 문학적 갈래이다. (○)
➡ 천상계와 지상계로 나뉘어져 천상계의 의지나 그 대리자의 개입에 의해서 지상계의 서사가 결정되는 경우는 영웅 소설에 해당한다.

❷ 판소리계 소설에서 서사의 인과 관계는 경험적 현실에 바탕을 둔 경우가 많다. (○)
➡ 판소리계 소설에는 초월적 세계가 지배적 장치로 나타나는 경우가 극히 드물며, 현실의 경험적 인과 관계에 의해 서사가 전개된다.

❸ 천상계의 대리자가 지상계의 서사를 결정하는 작품에서는 이원적 세계상이 발견된다. (○)
➡ 천상계와 지상계로 나뉘어져 천상계의 의지나 그 대리자의 개입에 의해서 지상계의 서사가 결정되는 경우는 영웅 소설에 해당한다.

❹ 영웅 소설에 비해 판소리계 소설에서는 초월적 세계가 현실의 문제를 해결하는 양상이 두드러진다. (×)
➡ 초월적 세계가 현실의 문제를 해결하는 양상이 두드러진 경우는 판소리계 소설이 아닌 '영웅 소설'에 해당한다. 판소리계 소설은 초월적 세계의 의지나 그 대리자의 개입 없이 현실적 삶의 인과에 따라 이루어지는 것이 일반적이기 때문이다.

정답 | ④

02 윗글의 문맥상 ㉠의 의미와 가장 가까운 것은?

❶ 언니는 뽀얗게 일어나는 물보라에 손을 대었다. (×)
➡ '위로 솟거나 부풀어 오르다'의 의미이다.

❷ 그는 가까스로 일어나는 불꽃을 바라보고 있었다. (×)
➡ '약하거나 희미하던 것이 성하여지다'의 의미이다.

❸ 아침 일찍 일어나는 습관을 들이는 것이 중요하다. (×)
➡ '잠에서 깨어나다'의 의미이다.

❹ 싸움이 일어나는 동안 그는 숨어 있을 수밖에 없었다. (○)
➡ ㉠의 '일어나다'는 '어떤 일이 생기다'의 의미이다. 따라서 ④의 '일어나다'와 같은 의미이다.

정답 | ④

03 다음 진술이 모두 참일 때 반드시 참인 것은?

2025 지방직 9급

- 영희가 친구 혹은 선생님을 만났다면, 영희는 커피를 마셨다.
- 영희는 친구 혹은 선배를 만났다.
- 영희는 커피를 마신 적이 없다.

① 영희는 선배를 만났다.
② 영희는 친구를 만났다.
③ 영희는 선생님을 만났다.
④ 영희는 선배와 선생님을 모두 만났다.

03 다음 진술이 모두 참일 때 반드시 참인 것은?

문제들 중 종종 다음 진술이 모두 거짓일 때로 제시되는 경우가 있다. 주의하며 읽어야 한다.

2025 지방직 9급

- 영희가 친구 혹은 선생님을 만났다면, 영희는 커피를 마셨다.
- 영희는 친구 혹은 선배를 만났다.
- 영희는 커피를 마신 적이 없다.

논리 문제는 제시되는 정보를 기호화하여 푸는 것이 좋다. 배운 논리 이론을 바탕으로 기호화하는 연습이 중요하다.

❶ 영희는 선배를 만났다. (○)

➡ 문제의 정보들을 기호화하면 다음과 같다.

1. 영희가 친구 혹은 선생님을 만났다면, 영희는 커피를 마셨다.
   – (친구V선생님) → 커피 /(대우) ~커피 → (~친구∧~선생님)
2. 영희는 친구 혹은 선배를 만났다.
   – 친구V선배
3. 영희는 커피를 마신 적이 없다.
   – ~커피

따라서 1의 대우에 3의 '~커피'를 대입하면 '(~친구∧~선생님)'이 도출된다. 여기서 '~친구'를 2에 대입하면 '선배'가 남게 된다.
따라서 '영희는 선배를 만났다.'가 정답이 된다.
영희는 '~친구, ~선생님, 선배'이므로 친구와 선생님은 만나지 않았다.

❷ 영희는 친구를 만났다. (×)

❸ 영희는 선생님을 만났다. (×)

❹ 영희는 선배와 선생님을 모두 만났다. (×)

정답 | ①

04 다음 대화의 (가)에 들어갈 말로 적절한 것은?

2025 지방직 9급

> 갑: 공무원은 공직자이고 공직자는 그 직책만으로 국가나 사회에 영향을 미치는 공인이야. 모든 공무원은 공인이니까 공인으로서의 사명감을 가질 의무가 있어. 하지만 공무원이 아닌 사람이라면 그게 누구든 그런 사명감을 가질 의무는 없지.
> 을: 모든 사람이 죽는다고 죽는 것들이 모두 사람인 것은 아니잖아. 네가 "공무원이 아닌 모든 사람은 공인으로서의 사명감을 가질 의무가 없다."라는 주장을 하려면 "(가)."가 참이어야 해.

① 몇몇 공인은 공인으로서의 사명감을 가질 의무가 없다
② 모든 공무원은 공인으로서의 사명감을 가질 의무가 없다
③ 공인으로서의 사명감을 가질 의무가 있는 사람은 모두 공무원이다
④ 공인으로서의 사명감을 가질 의무가 없는 사람은 모두 공무원이 아니다

04 다음 대화의 (가)에 들어갈 말로 적절한 것은?

2025 지방직 9급

> 갑: 공무원은 공직자이고 공직자는 그 직책만으로 국가나 사회에 영향을 미치는 공인이야. 모든 공무원은 공인이니까 공인
> 전칭과 관련된 부분이므로 '조건문'으로 기호화해야 함을 알 수 있다.
> 으로서의 사명감을 가질 의무가 있어. 하지만 공무원이 아닌 사람이라면 그게 누구든 그런 사명감을 가질 의무는 없지.
> 을: 모든 사람이 죽는다고 죽는 것들이 모두 사람인 것은 아니잖아. 네가 "공무원이 아닌 모든 사람은 공인으로서의 사명감을
> 조건문과 그것에 대한 '이'는 논리적으로 연결될 수 없음을 언급하는 부분이다.
> 가질 의무가 없다."라는 주장을 하려면 "(가)."가 참이어야 해.

❶ 몇몇 공인은 공인으로서의 사명감을 가질 의무가 없다 (×)

❷ 모든 공무원은 공인으로서의 사명감을 가질 의무가 없다 (×)

❸ 공인으로서의 사명감을 가질 의무가 있는 사람은 모두 공무원이다 (○)

➡ 1. 모든 공무원은 공인이니까 공인으로서의 사명감을 가질 의무가 있어.
   – 공무원 → 사명감
2. 공무원이 아닌 사람이라면 그게 누구든 그런 사명감을 가질 의무는 없지.
   – ~공무원 → ~사명감

갑의 경우 1의 논리와 2의 논리를 관련하여 언급하고 있다. 하지만 1의 논리와 2의 논리는 '이'의 관계로 논리적 관련성을 갖기 어렵다. '조건문'과 관련된 논리적 관련성은 '역'이나 '이'가 아닌 '대우'를 통해 설명해야 한다. 조건문이 참이면 그 조건문에 대한 대우는 반드시 참이기 때문이다. 따라서 을이 지적하는 내용 역시 대우를 통한 논리적 관련이어야 한다. 따라서 을의 언급을 기호화하면 다음과 같다.

네가 "공무원이 아닌 모든 사람은 공인으로서의 사명감을 가질 의무가 없다."라는 주장을 하려면 (가)가 참이어야 해.
– 네가 '~공무원 → ~사명감'이라는 주장을 하려면 (가)가 참이어야 해.
– '~공무원 → ~사명감'의 대우가 참이어야 한다.

③을 기호화하면 '사명감 → 공무원'이 되므로 '~공무원 → ~사명감'의 대우라는 것을 알 수 있다. 따라서 '공인으로서의 사명감을 가질 의무가 있는 사람은 모두 공무원이다'가 정답이 된다.

❹ 공인으로서의 사명감을 가질 의무가 없는 사람은 모두 공무원이 아니다 (×)

정답 | ③

주제 찾기

해설편 | 46p

01 글쓴이의 견해에 부합하는 것은? 2022 국가직 9급

문화란 공동체의 구성원들이 공유하는 생각과 행동 양식의 총체라고 할 수 있다. 문화를 연구하는 사람들의 주된 관심사는 특정 생각과 행동 양식이 하나의 공동체 안에서 전파되는 기제이다.

이에 대한 견해 중 하나는 문화를 생각의 전염이라는 각도에서 바라보는 것이다. 예컨대, 리처드 도킨스는 '밈(meme)'이라는 개념을 통해 생각의 전염 과정을 설명하고자 했다. 그에 따르면 문화는 복수의 밈으로 이루어져 있는데, 유전자에 저장된 생명체의 주요 정보가 번식을 통해 복제되어 개체군 내에서 확산되듯이, 밈 역시 유전자와 마찬가지로 공동체 내에서 복제를 통해 확산된다.

그러나 문화 전파의 기제를 설명하는 이론으로는 밈 이론보다 의사소통 이론이 더 적절해 보인다. 일례로, 요크셔 지역에 내려오는 독특한 푸딩 요리법은 누군가가 푸딩 만드는 것을 지켜본 후 그것을 그대로 따라 하는 방식으로 전파되었다기보다는 요크셔 푸딩 요리법에 대한 부모와 친척, 친구들의 설명을 통해 입에서 입으로 전파되고 공유되었을 가능성이 크다.

생명체의 경우와 달리 문화는 완벽하게 동일한 형태로 전파되지 않는다. 전파된 문화와 그것을 수용한 결과는 큰 틀에서는 비슷하더라도 세부적으로는 다를 수밖에 없다. 다시 말해 요크셔 지방의 푸딩 요리법은 다른 지방의 푸딩 요리법과 변별되는 특색을 지니는 동시에 요크셔 지방 내부에서도 가정이나 개인에 따라 약간씩의 차이를 보인다. 이는 푸딩 요리법의 수신자가 발신자가 전해 준 정보에다 자신의 생각을 덧붙였기 때문인데, 복제의 관점에서 문화의 전파를 설명하는 이론으로는 이와 같은 현상을 설명하기 어렵다. 반면, 의사소통 이론으로는 설명 가능하다. 이에 따르면 사람들은 자신이 들은 이야기를 남에게 전달할 때 들은 이야기에다 자신의 생각을 더해서 그 이야기를 전달하기 때문이다.

① 문화의 전파 기제는 밈 이론보다는 의사소통 이론으로 설명하는 것이 적절하다.
② 의사소통 이론에 따르면 문화의 수용 과정에는 수용 주체의 주관이 개입하지 않는다.
③ 의사소통 이론에 따르면 특정 공동체의 문화는 다른 공동체로 복제를 통해 전파될 수 있다.
④ 요크셔 푸딩 요리법이 요크셔 지방의 가정이나 개인에 따라 세부적인 차이를 보이는 현상은 밈 이론에 의해 설명할 수 있다.

02 글쓴이의 견해에 부합하는 대응으로 가장 적절한 것은? 2021 지방직(= 서울시) 9급

정중하고 단호한 태도를 보이는 것과, 수동적이거나 공격적인 반응을 하는 것은 엄청난 차이가 있다. 수동적인 사람들은 마음속에 있는 자신의 생각을 표현하면 분란이 일어날까 봐 두려워한다. 그러나 자신의 의견을 말하지 않는 한 자신이 원하는 것을 얻을 수는 없다. 이와 반대로 공격적인 태도는 자신의 권리를 앞세워 생각해서 남을 희생시켜서라도 자신이 원하는 것을 얻으려는 것이다. 공격적인 사람은 사람들이 싫어하는 행동을 하곤 한다. 그러나 단호한 반응은 공격적인 반응과 다르다. 단호한 반응은 다른 사람의 권리를 침해하지 않으면서 자신의 권리를 존중하고 지키겠다는 것이다. 이것은 상대방을 배려하는 태도를 보여 준다. 상대방을 존중하면서도 얼마든지 자신의 의견을 내세울 수 있다. 단호한 주장은 명쾌하고 직접적이며 요점을 찌른다.

그럼 실제로 연습해 보자. 어느 흡연자가 당신의 차 안에서 담배를 피워도 되는지 묻는다. 당신은 담배 연기를 싫어하고 건강에 해롭다는 것도 잘 알고 있어 달갑지 않다. 어떻게 대응하는 것이 좋을까?

① 좀 그러긴 하지만, 괜찮아요. 창문 열고 피우세요.
② 안 되죠. 흡연이 얼마나 해로운데요. 좀 참아 보시겠어요.
③ 안 피우시면 좋겠어요. 연기가 해롭잖아요. 피우고 싶으시면 차를 세워 드릴게요.
④ 물어봐 줘서 고마워요. 피워도 그렇고 안 피워도 좀 그러네요. 생각해 보시고서 좋은 대로 결정하세요.

03 하버마스의 주장에 부합하는 사례로 가장 적절한 것은?

2021 국가직 9급

> 하버마스는 18세기부터 현대까지 미디어의 등장 배경과 발전 과정을 분석하면서, 공공 영역의 부상과 쇠퇴를 추적했다. 하버마스에게 공공 영역은 일반적 쟁점에 대한 토론과 의견을 형성하는 공공 토론의 민주적 장으로서 역할을 한다.
>
> 하버마스는 17세기와 18세기 유럽 도시의 살롱에서 당시의 공공 영역을 찾았다. 비록 소수의 사람들만이 살롱 토론 문화에 참여했으나, 공공 토론을 통해 정치적 문제를 해결하는 논리를 도입할 수 있었기 때문에 살롱이 초기 민주주의 발전에 중요한 역할을 했다고 그는 주장한다. 적어도 살롱 문화의 원칙에서 공개적 토론을 위한 공공 영역은 각각의 참석자들에게 동등한 자격을 부여했다.
>
> 그러나 하버마스에 따르면, 현대 사회에서 민주적 토론은 문화 산업의 발달과 함께 퇴보했다. 대중매체와 대중 오락의 보급은 공공 영역이 공허해지는 원인으로 작용했다. 상업적 이해관계는 공공의 이해관계에 우선하게 되었다. 공공 여론은 개방적이고 합리적 토론을 통해서가 아니라 광고에서처럼 조작과 통제를 통해 형성되고 있다.
>
> 미디어가 점차 상업화되면서 하버마스가 주장한 대로 공공 영역이 침식당하고 있다. 상업화된 미디어는 광고 수입에 기대어 높은 시청률과 수익을 보장하는 콘텐츠 제작만을 선호하게 되었다. 그 결과 공적 주제에 대한 시민들의 논의와 소통의 장이 줄어들어 결과적으로 공공 영역이 축소되었다. 많은 것을 약속한 미디어는 이제 민주주의 문제의 일부로 변해 버린 것이다.

① 살롱 문화에서 특정 사회 계층에 대한 비판적인 토론은 허용되지 않았다.
② 인터넷의 발달과 보급은 상업적 광고뿐만 아니라 공익 광고도 증가시켰다.
③ 글로벌 미디어가 발달하더라도 국제 사회의 공공 영역은 공허해지지 않는다.
④ 수익성 위주의 미디어 플랫폼과 콘텐츠가 더 많아지면서 민주적 토론이 감소되었다.

04 다음 글의 결론으로 가장 적절한 것은?

2021 지방직(= 서울시) 9급

> 인공지능(AI)은 비즈니스 패러다임을 획기적으로 바꾸고 있다. 인공지능은 생물학 분야에도 광범위하게 영향을 미칠 것이며, 애완동물이 인공지능(AI)으로 대체될 수도 있을 것이다. 인공지능(AI)은 스스로 수학도 풀고 글도 쓰고 바둑을 두며 사람을 이길 수도 있다. 어느 영화에서처럼 실제로 인간관계를 대신할 수도 있다. 인공지능(AI)은 배우면서 성장할 수도 있다. 인공지능(AI)이 사람보다 똑똑해질 수 있을지도 모른다.
>
> 인공지능(AI)이 사람보다 똑똑해질 수 있는지는 차치하고, 인공지능(AI)이 사람을 게으르게 만들 수도 있지 않을까? 이 게으름은 우리의 건강과 행복, 그리고 일상생활의 패턴을 바꿔 놓을 수도 있다.
>
> 인공지능(AI)이 앱을 통해 좀 더 편리한 삶을 제공하여 사람의 뇌를 어떻게 바꾸는지를 일상에서 보여 주는 대표적 사례가 바로 GPS다. 불과 몇 년 전만 해도 지도를 보고 스스로 거리를 가늠하고 도착 시간을 계산했던 운전자들은 이 내비게이션의 등장으로 어디에서 어떻게 가라는 기계 속 음성에 전적으로 의존하기 시작했다. 예전의 방식으로도 충분히 잘 찾아가던 길에서조차 습관적으로 내비게이션을 켠다. 이것이 없으면 자주 다니던 길도 제대로 찾지 못하고 멀쩡한 어른도 길을 잃는다.
>
> 이와 같이 기계에 의존해서 인간이 살아가는 사례는 오늘날 우리의 두뇌가 게을러진 것을 보여 주는 여러 사례 가운데 하나일 뿐이다. 삶을 더 편하게 해 준다며 지름길을 제시하는 도구들이 도리어 우리의 기억력과 창조력을 퇴보시키고 있다. 인간을 태만하고 나태하게 만들어 뇌의 가장 뛰어난 영역인 상상력을 활용하지 않도록 만드는 것이다.

① 인간의 인공지능(AI)에 대한 독립성은 지속적으로 증가하게 될 것이다.
② 인공지능(AI)으로 인해 인간의 두뇌가 게을러지는 부작용이 발생하게 될 것이다.
③ 인공지능(AI)은 인간을 능가하는 사고력을 가질 것이다.
④ 인공지능(AI)은 궁극적으로 상상력을 가지게 될 것이다.

05 다음 글의 주제로 가장 적절한 것은?

> 미술에서 '키네틱 아트'는 움직임을 의미하는 그리스어 키네티코스에서 유래한 말로 움직임을 중시하거나 그것을 주요 요소로 하는 예술 작품을 뜻한다. 키네틱 아트는 산업 혁명에서 비롯된 대량 생산과 기술의 발달로 인해 급격하게 기계 문명 사회로 변화하던 시기를 배경으로 출현하였다. '키네틱'이라는 단어가 조형 예술에 최초로 사용된 것은 1920년대의 일이다.
>
> 키네틱 아트 작가들은 기계의 움직임을 예술적 요소로 수용하여 작품 전체나 일부를 움직이게 함으로써 창작 의도를 표현하고자 했다. 이러한 움직임은 바람이나 빛과 같은 외부적인 자연의 힘이나 동력 장치와 같은 내부적인 힘에 의해 구현되었다. 또한 대상을 사실적으로 재현하는 것이 아니라 추상적 구조물처럼 보이도록 창작하였다.

① 키네틱 아트의 유래와 구체적인 표현 방법
② 키네틱 아트의 예술성과 그 합당성
③ 키네틱 아트의 구체적 정립 과정
④ 키네틱 아트가 지니는 우월성

06 다음 글의 주장으로 가장 적절한 것은?

2020 지방직(= 서울시) 9급

> 예술 작품의 복제 기술이 좋아지고 있음에도 불구하고 원본을 보러 가는 이유는 무엇인가? 예술 작품의 특성상 원본 고유의 예술적 속성을 복제본에서는 느낄 수 없다고 생각하는 경향이 강하기 때문이다. 사진은 원본인지 복제본인지 중요하지 않지만, 회화는 붓 자국 하나하나가 중요하기 때문에 복제본이 원본을 대체할 수 없다고 생각하는 사람들이 많다.
>
> 그러나 이러한 생각은 잘못이다. 회화와 달리 사진의 경우, 보통은 '그 작품'이라고 지칭되는 사례들이 여러 개 있을 수 있다. 20세기 위대한 사진작가 빌 브란트가 마음만 먹었다면, 런던에 전시한 인화본의 조도를 더 낮추는 방식으로 다른 곳에 전시한 것과 다른 예술적 속성을 갖게 할 수 있었을 것이다. 이것은 사진의 경우, 작가가 재현적 특질을 선택하고 변형할 수 있는 방법이 다양함을 의미한다.

① 복제본의 예술적 가치는 원본을 뛰어넘을 수 없다.
② 복제 기술 덕분에 예술의 매체적 특성이 비슷해졌다.
③ 복제본의 재현적 특질을 변형하는 방법은 제한적이다.
④ 복제본도 원본과는 다른 별개의 예술적 특성을 담보할 수 있다.

07 다음 글의 주장으로 가장 적절한 것은?

2020 지방직(= 서울시) 9급

> 우리에게 친숙한 동물들의 사소한 행동을 살펴보면 그들이 자신의 환경을 개조한다는 것을 알 수 있다. 가장 단순한 생명체는 먹이가 그들에게 헤엄쳐 오게 만들고, 고등동물은 먹이를 구하기 위해 땅을 파거나 포획 대상을 추적하기도 한다. 이처럼 동물들은 자신의 목적을 위해 행동함으로써 환경을 변형시킨다. 이러한 생존 방식을 흔히 환경에 적응하는 것으로 설명한다. 그러나 이러한 설명은 생명체들이 그들의 환경 개변(改變)에 능동적으로 행동한다는 중요한 사실을 놓치고 있다.
>
> 가장 고등한 동물인 인간도 다른 생명체와 마찬가지로 생존이나 적응을 넘어서 환경에 대해 적극성을 보인다. 이는 인간의 세 가지 충동－사는 것, 잘 사는 것, 더 잘 사는 것－으로 인하여 가능하다. 잘 살기 위한 노력은 순응적이기보다는 능동적인 모습으로 나타나게 된다. 인간도 생명체이다. 더 잘 살기 위해서는 환경에 순응할 수만은 없다.

① 인간은 환경에 적응해 왔다.
② 삶의 기술은 생존을 위한 것이다.
③ 생명체는 환경을 능동적으로 변형한다.
④ 인간은 잘 사는 것을 삶의 목표로 한다.

08 다음 글에 대한 이해로 가장 적절한 것은?

2019 지방직 9급

책은 벗입니다. 먼 곳에서 찾아온 반가운 벗입니다. 배움과 벗에 관한 이야기는 『논어』의 첫 구절에도 있습니다. '배우고 때때로 익히니 어찌 기쁘지 않으랴. 벗이 먼 곳에서 찾아오니 어찌 즐겁지 않으랴.'가 그런 뜻입니다.

그러나 오늘 우리의 현실은 그렇지 못합니다. 인생의 가장 빛나는 시절을 수험 공부로 보내야 하는 학생들에게 독서는 결코 반가운 벗이 아닙니다. 가능하면 빨리 헤어지고 싶은 불행한 만남일 뿐입니다. 밑줄 그어 암기해야 하는 독서는 진정한 의미의 독서가 못 됩니다.

독서는 모름지기 자신을 열고, 자신을 확장하고, 자신을 뛰어넘는 비약이어야 합니다. 그렇기 때문에 독서는 삼독(三讀)입니다. 먼저 글을 읽고 다음으로 그 글을 집필한 필자를 읽어야 합니다. 그 글이 제기하고 있는 문제뿐만 아니라 필자가 어떤 시대, 어떤 사회에 발 딛고 있는지를 읽어야 합니다. 그리고 최종적으로 그것을 읽고 있는 독자 자신을 읽어야 합니다. 그렇게 함으로써 자신의 처지와 우리 시대의 문맥을 깨달아야 합니다.

① 독서는 타인의 경험이나 생각 등을 자기화(自己化)하는 과정이다.
② 반가운 벗과의 독서야말로 진정한 독자로 거듭날 수 있는 첩경(捷徑)이다.
③ 시대와 불화(不和)한 독자일수록 독서를 통해 자신의 위치를 발견하기 쉽다.
④ 자신이 배운 것을 제때에 적용하기 위해서는 친밀한 교우(交友) 관계가 중요하다.

09 다음 글쓴이의 입장에 부합하는 것은?

2019 지방직 9급

효(孝)가 개인과 가족, 곧 일차적인 인간관계에서 일어나는 행위를 규정한 것이라면, 충(忠)은 가족이 아닌 사람들과의 관계, 곧 이차적인 인간관계에서 일어나는 사회적 행위를 규정한 것이었다. 그런데 언제부터인가 우리는 효를 순응적 가치관을 주입하는 봉건 가부장제 사회의 유습이라고 오해하는가 하면, 충과 효를 동일시하는 오류를 저지르는 경향이 많아졌다. 다음을 보자.

"부모에게 효도하고 형제를 사랑하는 사람은 윗사람의 명령을 거역하는 경우가 드물다. 또 윗사람의 명령을 어기지 않는 사람은 난동을 일으키는 경우도 드물다. 군자는 근본에 힘쓴다. 근본이 확립되면 도가 생기기 때문이다. 효도와 우애는 인(仁)의 근본이다."

위 구절에 담긴 입장을 기준으로 보면 효는 윗사람에 대한 절대 복종으로 연결된다. 곧 종족 윤리의 기본이 되는 연장자에 대한 예우는 물론이고 신분 사회의 엄격한 상하 관계까지 포괄적으로 인정하는 것이다. 하지만 이 구절만을 근거로 효를 복종의 윤리라고 보는 것은 성급한 판단이다. 왜냐하면 원래부터 효란 가족 윤리 또는 종족 윤리로서 사회 윤리였던 충보다 우선시되었을 뿐만 아니라, 유교의 기본 입장은 설사 부모의 명령이라 하더라도 옳고 그름을 가리지 않는 맹목적인 복종은 그 자체가 불효라고 보았기 때문이다.

유교에서는 부모와 자식의 관계가 자연에 의해서 결정된다고 한다. 이 때문에 부모와 자식의 관계는 인위적으로 끊을 수 없다고 본다. 이에 비해 임금과 신하의 관계는 공동의 목표를 위한 관계로서 의리에 의해서 맺어진 관계로 본다. 의리가 맞지 않는다면 언제라도 끊을 수 있다고 생각하는 것이다.

① 효는 봉건 가부장제 사회에서 비롯한 일차적 인간관계이다.
② 효는 부모와 자식 간의 관계이므로 조건 없는 신뢰에 기초한 덕목이다.
③ 윗사람에 대한 복종을 절대시하지 않는 것이 유교적 윤리의 한 바탕이다.
④ 충의 도리를 다함으로써 효의 도리에 도달할 수 있다는 것이 인의 이치다.

10 다음 글의 주장으로 가장 적절한 것은? 2019 국가직 7급

사람은 일곱 자의 몸뚱이를 지니고 있지만 마음과 이치를 제하고 나면 귀하다 할 만한 것은 없다. 온통 한 껍데기의 피고름이 큰 뼈 덩어리를 감싸고 있을 뿐이다. 배고프면 밥 먹고 목마르면 물 마신다. 옷을 입을 줄도 알고 음탕한 욕심을 채울 줄도 안다. 가난하고 천하게 살면서 부귀를 사모하고, 부귀하게 지내면서 권세를 탐한다. 성날 때는 싸우고 근심이 생기면 슬퍼한다. 궁하게 되면 못 하는 짓이 없고, 즐거우면 음란해진다. 무릇 백 가지 하는 바가 한결같이 본능에 따르니, 늙어 죽은 뒤에야 그만둘 따름이다. 그렇다면 이를 짐승이라 말하여도 괜찮을 것이다.

① 근심과 슬픔은 늙기 전까지 끊이지 않는다.
② 빈부 격차는 인간 삶의 지향성에 영향을 준다.
③ 마음으로 본능을 다스리는 삶의 자세가 필요하다.
④ 자연의 이치를 알고자 하는 욕구는 사람에게 본능적이다.

11 다음 글의 제목으로 가장 적절한 것은? 2019 지방직 9급

계몽주의 사상가들은 명백히 모순되는 두 개의 견해를 취했다. 그들은 인간의 위치를 자연계 안에서 해명하려고 애썼다. 역사의 법칙이란 것을 자연의 법칙과 동일한 것으로 여겼다. 다른 한편, 그들은 진보를 믿었다. 그렇다면 그들이 자연을 진보하는 것으로, 다시 말해 끊임없이 어떤 목적을 향해서 전진하는 것으로 받아들인 데에는 어떤 근거가 있었던가? 헤겔은 역사는 진보하는 것이고 자연은 진보하지 않는 것이라고 뚜렷이 구분했다. 반면, 다윈은 진화와 진보를 동일한 것으로 주장함으로써 모든 혼란을 정리한 듯했다. 자연도 역사와 마찬가지로 진보하는 것으로 본 것이다. 그러나 이것은 진화의 원천인 생물학적인 유전(biological inheritance)을 역사에서의 진보의 원천인 사회적인 획득(social acquisition)과 혼동함으로써 훨씬 더 심각한 오해에 이를 수 있는 길을 열어 놓았다. 오늘날 그 둘이 분명히 구별된다는 것은 익히 알려진 것이다.

① 자연의 진보에 대한 증거
② 인간 유전의 사회적 의미
③ 역사의 법칙과 자연의 법칙
④ 진보와 진화에 관한 견해들

12 다음 글의 중심 내용으로 가장 적절한 것은? 2018 국가직 9급

'언문'은 실용 범위에 제약이 있었는데, 이런 현실은 '언간'에도 적용된다. '언간' 사용의 제약은 무엇보다 이것을 주고받은 사람의 성별(性別)에서 뚜렷이 드러난다. 15세기 후반 이래로 숱한 언간이 현전하지만 남성 간에 주고받은 언간은 찾아보기 어렵다. 이는 남성 간에는 한문 간찰이 오간 때문이나 남성이 공적인 영역을 독점했던 당시의 현실을 감안하면 '언문'이 공식성을 인정받지 못했던 사실과 상통한다. 결국 조선 시대에는 언간의 발신자나 수신자 어느 한쪽으로 반드시 여성이 관여하는 특징을 보인다고 할 수 있다.

이러한 사용자의 성별 특징으로 인하여 종래 '언간'은 '내간'으로 일컬어지기도 하였다. 그러나 이러한 명칭 때문에 내간이 부녀자만을 상대로 하거나 부녀자끼리만 주고받은 편지로 오해되어서는 안 된다. 16, 17세기의 것만 하더라도 수신자는 왕이나 사대부를 비롯하여 한글 해독 능력이 있는 하층민에 이르기까지 거의 전 계층의 남성이 될 수 있었기 때문이다. 한문 간찰이 사대부 계층 이상 남성만의 전유물이었다면 언간은 특정 계층에 관계없이 남녀 모두의 공유물이었다고 할 수 있다.

① 조선 시대에는 언간의 발신자나 수신자 어느 한쪽으로 반드시 여성이 관여하는 특징을 보인다.
② 언간은 특정 계층과 성별에 관계없이 이용된 의사소통 수단이었다.
③ 사용자의 성별 특징으로 인해 '언간'은 '내간'으로 일컬어졌다.
④ '언문'과 마찬가지로 '언간'의 실용 범위에는 제약이 있었다.

13 다음 글의 제목으로 가장 적절한 것은?

최근 불안감을 느끼는 현대인들이 점점 많아져 사회 문제가 되고 있다. 경쟁이 심화된 성과 중심의 사회에서 사람들은 직장 내 다른 사람과 자신을 비교하면서 혹시 자신이 뒤처지고 있는 것은 아닌지 불안해한다. 심지어 사람들은 일어나지도 않을 일에 대해 불안감을 느끼기도 한다.

청소년도 예외는 아니다. 성장기에 있는 청소년들은 다양한 고민을 하게 되는데, 이것이 심해져 불안감을 느끼는 원인이 되곤 한다. 특히 학업에 대한 지나친 고민으로 생긴 과도한 불안은 학업에 집중하는 것을 방해하여 학업 수행에 부정적으로 작용한다.

하지만 불안이 나쁜 것만은 아니다. 적절한 수준의 불안은 긍정적으로 작용하기도 한다. 시험 기간에 느끼는 약간의 불안감은 성적이 향상되는 결과를 내는 경우도 있다. 그러므로 청소년들은 일어나지 않을 일에 대해 지나치게 고민할 것이 아니라 긍정적인 사고를 바탕으로 불안에 대처하는 자세가 필요하다.

① 현대 사회의 직장인들이 가지는 불안감
② 발생하지 않은 일에 대한 불안감과 그 이유
③ 사람들이 느끼는 불안감과 그 양면적 효과
④ 청소년기에 찾아오는 불안감의 종류와 그 구체적 대처법

14 다음 글의 제목으로 가장 적절한 것은?

도시에서 업무, 상업, 주거, 공업 등 각종 기능 지역이 그 나름의 질서를 가지고 배치되어 있는 것을 '도시 내부 구조'라고 한다. 그렇다면 이러한 도시 내부 구조는 어떻게 형성될까? 20세기 전반에 이를 설명하기 위해 '동심원 모델'과 '선형(扇形) 모델'이 제시되었다.

먼저 동심원 모델은 1920년대 시카고를 대상으로 도시 내부 구조를 모형화한 것으로, 도시가 도심을 중심으로 동심원을 이루며 커진다고 보았다. 즉 도심의 인접 지역에 인구가 유입되면 점차 이곳이 과밀화되고 여기에 거주하던 사람들이 도심 인접 지역 바깥으로 이동하게 된다. 한편 쾌적한 환경을 찾아 도심으로부터 벗어나려는 일부 거주자들이 더 외곽으로 이동하게 되면서 동심원의 형태를 띤 도시가 이루어졌다고 본 것이다. 하지만 동심원 모델은 시카고만의 특성을 반영한 모형이기 때문에 도시의 일반적인 구성 요소인 지형, 철도, 공업 지대의 위치 등이 반영되지 않아 다른 도시에 적용하기에는 한계가 있었다.

이에 지대(地代)*와 교통로에 따라 도시가 도심을 중심으로 부채꼴 모양처럼 형성된다고 본 선형 모델이 등장하게 된다. 이 모델은 도심에서 외곽으로 부챗살 모양의 간선 교통로가 생기게 되면 이를 중심으로 지대가 상승하여 고급 주거 지구가, 여기에 인접하여 중급 주거 지구가 형성된다고 보았다. 또한 철도나 수로(水路)와 같이 화물을 운반할 수 있는 대규모 교통시설이 입지하는 곳에는 경공업 지구가, 그 주변은 지대가 싼 저급 주거 지구가 형성된다고 보았다.

* **지대(地代)**: 지료(地料). 지상권자가 토지 사용의 대가로 토지 소유자에게 지급하는 금전이나 그 외의 물건.

① 도시의 입지 조건에 대한 고찰
② 동심원 모델의 등장과 그 한계
③ 지대가 주거 지구 형성에 미치는 영향
④ 도시 내부 구조의 형성 과정에 대한 이론적 접근

15 다음 글에서 글쓴이가 주장하는 바로 가장 적절한 것은?

최근 우리 지역에서 어린이 통학 버스에서 하차하던 어린이가 오토바이에 치여 다치는 사고가 일어났다. 이와 같은 사고가 발생한 원인은 무엇일까? 운전자에게도 잘못이 있겠지만 어린이 통학 버스에 주의를 기울이지 못한 오토바이 운전자의 잘못이 크다고 할 수 있다. 얼마 전『○○신문』에 보도된 어린이 통학 버스 관련 설문 조사 결과에 따르면, 조사 대상 중 65%에 이르는 사람들이 어린이 통학 버스에 특별히 주의를 기울이지 않는다고 응답을 했는데, 이로 보아 어린이 통학 버스 안전사고를 줄이기 위해서는 사람들의 안전 의식 수준이 높아져야 한다는 것을 알 수 있다.

2015년 1월부터 어린이 통학 버스의 안전 관리가 강화된 법이 시행되고 있다. 이 법에서는 어린이 통학 버스 운전자와 운영자에 대한 안전 교육의 의무화, 보호자 탑승 의무화 등을 규정하고 있다. 그리고 통학 버스 승하차 시 어린이의 안전을 위해 어린이 통학 버스가 정차한 차로와 옆 차로를 통행하는 자동차는 일시 정지해 안전을 확인한 후 서행해야 한다는 내용도 포함하고 있다. 이와 같이 법규가 마련되어 있음에도 어린이 통학 버스 안전사고가 줄지 않고 있는 이유는 무엇일까? 그 까닭은 많은 사람들이 어린이 통학 버스 안전사고에 주의를 기울여야 하는 법 규정을 지키지 않고 있기 때문이다.

어린이 통학 버스 안전사고에 대한 사람들의 의식 수준을 높이기 위해서는 안전 교육의 대상을 일반 운전자에게까지 확대하고 그 내용도 강화해야 한다. 그런데 이와 같은 교육이 마련되더라도 참여하는 사람이 적으면 교육의 효과를 기대할 수 없다. 따라서 교육에 적극적으로 참여하려는 태도가 필요하다. 그리고 일상에서도 어린이 통학 버스 안전사고에 대해 보다 많은 관심과 주의를 기울여야 한다. 어린이 통학 버스 안전사고는 주로 오전 8~10시, 오후 4~6시에 일어난다고 한다. 이에 유의하여 어린이 통학 버스를 만나면 어린이가 안전하게 승하차할 수 있도록 안전 확인 후 통과하기, 주변을 살펴서 안전을 확보해 주기, 같이 길 건너 주기 등을 실천해야 한다.

① 어린이 통학 버스 안전사고를 줄이기 위해서는 사람들의 관심이 필요하다.
② 어린이 통학 버스 안전사고를 줄이기 위해서는 강력한 법의 제정이 필요하다.
③ 어린이 통학 버스 안전사고를 줄이기 위해서는 오토바이 사용자의 안전 의식 수준이 높아져야 한다.
④ 어린이 통학 버스 안전사고를 줄이기 위해서는 법을 위반한 사람에 대한 처벌이 제도적으로 준비되어야 한다.

16 다음 글의 제목으로 가장 적절한 것은?

경연은 기본적으로 유교 경전을 교재로 하는 강독과 이와 관련한 토론으로 진행되었습니다. 강독의 순서에 따라 경연관이 먼저 경전을 읽고 나면 왕이 따라서 읽었고, 이어서 경연관이 경전의 뜻을 설명하고 나면 왕과 경연관들은 돌아가며 그 뜻에 대한 자신의 의견을 밝혔습니다. 이렇게 경전의 강독을 끝내고 나면, 왕과 경연관들은 강독한 경전의 내용과 관련한 국정 현안에 대해 논의를 하였습니다. 왕과 경연관들은 각자 그에 대한 의견을 개진하였고, 이 과정에서 제기되는 문제는 토론을 통해 해결하였다고 합니다. 결국 경연의 과정에서 왕은 유학에 대한 식견을 높일 수 있었고 신하와 활발하게 소통하며 국정 현안과 관련하여 합의된 해결책을 도출할 수도 있었던 것이죠.

이처럼 경연은 학문의 탐구를 정치의 기본으로 생각하는 유교 정치 문화의 산물이었습니다. 왕과 양반 관료들은 많은 시간을 경연에 할애함으로써 유교적인 이상 국가를 실현하기 위해 노력하였습니다. 경연에서 조선 시대 유교적 문치주의의 특징을 찾아볼 수 있는 것이죠.

① 조선 시대 유교적 통치의 허구성
② 경연을 통한 유교적 통치의 실현
③ 유교적 이상 국가의 조건
④ 국정 현안과 유교 경전 사이의 괴리

17 다음 글의 주제로 가장 적절한 것은?

좋은 컴퓨터란 자신이 사용하고자 하는 목적에 맞는 컴퓨터입니다. 자신에게 적당한 컴퓨터를 선택하여 그 기능을 100% 활용하는 것이 사용자에게 좋은 일입니다. 비싼 가격을 지불하고 여러 가지 기능이 첨가된 비싼 컴퓨터를 들여 놓고 제대로 사용하지 못하고 있다면 그건 낭비일 뿐입니다. 시간이 지나면서 자신에게 필요한 새로운 기능들을 첨가하고 늘려 나가는 것이 좋습니다.

그러므로 좋은 컴퓨터를 구입하기 위해서 컴퓨터 매장에서 상담을 하거나 아니면 컴퓨터를 잘 아는 주위 사람에게 부탁을 할 때 자신이 어떤 목적으로 컴퓨터를 구입하는지 정확하게 설명하는 것이 중요합니다. 컴퓨터는 돈에 맞춰서 얼마든지 만들 수 있기 때문입니다. 컴퓨터와 부품의 종류는 요지경 속이라서 신문 광고나 잡지 광고에 나오는 컴퓨터가 전부라고 생각하면 안 됩니다.

① 좋은 컴퓨터를 싸게 구입하는 요령
② 좋은 컴퓨터를 구입할 수 있는 적절한 시기
③ 좋은 컴퓨터를 구입하는 방법
④ 좋은 컴퓨터를 활용할 수 있는 방안

18 다음 글의 주장으로 가장 적절한 것은?

요즘은 안심하고 야외 활동을 즐기기가 어려워졌다. 초미세먼지로 인한 우리나라의 대기 오염이 부쩍 심각해졌기 때문이다. 공기의 질은 우리 삶의 질과 직결되어 있다. 그렇기 때문에 초미세먼지가 어떤 것이며 얼마나 위험한지를 알아야 한다. 또한 초미세먼지에 대응하는 방안을 알고 생활 속에서 그 방안을 실천할 수 있어야 한다.

초미세먼지란 입자의 크기가 매우 작은 먼지를 말한다. 입자가 큰 일반적인 먼지는 코나 기관지에서 걸러지지만 초미세먼지는 걸러지지 않는다. 초미세먼지는 호흡기의 가장 깊은 곳까지 침투해 혈관으로 들어간다. 그래서 인체에 영향을 미치는 초미세먼지는 유해성이 매우 크다. 초미세먼지는 각종 질병으로 인한 조기 사망률을 높인다.

우리나라의 초미세먼지는 중국에서 날아온 것들도 있지만 국내에서 발생한 것들도 많다. 화석 연료를 사용해 배출된 공장 매연이 초미세먼지의 주요한 국내 발생원이다. 현재 정부에서는 매연을 통한 오염 물질의 배출 총량을 규제하고 대체 에너지원 개발을 장려하는 등 초미세먼지를 줄이기 위한 노력을 하고 있다. 초미세먼지를 줄이기 위해서는 우리의 노력도 필요하다. 과도한 난방을 자제하고, 주정차 시 불필요하게 자동차 시동을 걸어 놓는 공회전을 줄이기 위한 캠페인 활동에 참여하는 것 등이 우리가 할 수 있는 일이다.

생활 속에서 초미세먼지에 적절히 대응하기 위해서는 매일 알려 주는 초미세먼지에 대한 기상 예보를 확인하는 것을 습관화해야 한다. 특히 초미세먼지가 나쁨 단계 이상일 때는 외출을 삼가고 부득이 외출할 때는 특수 마스크를 착용해야 한다. 그리고 초미세먼지로부터 우리 몸을 보호하기 위해 물을 충분히 마시고 항산화 식품을 자주 섭취하는 것이 좋다. 항산화 식품으로는 과일과 채소가 대표적이다. 자신의 건강도 지키고 깨끗한 공기도 만들기 위한 실천을 시작해 보자.

① 국가적 차원에서 초미세먼지 규제 방안을 마련해야 한다.
② 초미세먼지를 줄이기 위해 기업체들이 자체적으로 노력해야 한다.
③ 인체에 영향을 미치는 초미세먼지의 유해성에 대한 연구가 이루어져야 한다.
④ 일상생활에서 초미세먼지에 대한 대응 방안을 알아 두고 이를 실천해야 한다.

19 다음 글의 제목으로 가장 적절한 것은?

종이가 개발되기 전, 인류는 동물의 뼈나 양피지 등에 필요한 정보를 기록해 왔다. 하지만 담긴 정보량에 비해 부피가 방대하였고 그로 인해 보존과 가독에 어려움을 겪었다. 그런데 종이의 개발로 부피가 줄어들면서 종이로 된 책이 주된 기록 매체가 되었고 책의 보존성과 가독성, 휴대성 등을 더욱 높이기 위한 제책 기술의 발달이 요구되었다.

서양은 종이 책을 만들기 시작했을 때 제지 기술이 동양에 비해 미숙했고 질 나쁜 종이로 책을 제작해야 했기에 책의 내구성을 높이기 위한 기술이 필요했다. 그래서 표지에 가죽을 씌우거나 나무판을 덧대는 방법을 개발했는데 이를 양장(洋裝)이라 한다. 양장은 내지 묶기와 표지 제작을 따로 한 후에 합치는 방법이다. 내지는 실매기 방식을 활용해 실로 단단히 묶고, 표지는 판지에 천이나 가죽 등의 마감 재료를 접착하여 만든다. 표지와 내지를 결합할 때는 책등*과 결합되는 내지 부분에 접착제를 발라 책등에 붙인다. 또한 내지보다 두껍고 질긴 종이인 면지를 표지와 내지 사이에 접착제로 붙여 이어 줌으로써 책의 내구성을 높인다. 표지 부착 후에는 가열한 쇠막대로 앞뒤 표지의 책등 쪽 가까운 부분을 눌러 홈을 만들어 책의 펼침성이 좋도록 한다.

18세기 말에 유럽은 산업혁명으로 인쇄가 기계화되면서 대량 생산을 위한 기반이 갖추어지고, 경제의 발전으로 일부 계층에만 국한됐던 독서 인구가 확대되어 제책 기술도 대량 생산이 가능한 방식으로 발전해야 했다. 이를 위해 간편하게 철사를 사용해 매는 제책 기술이 개발되었는데 처음에는 '옆매기'라 불리는 기술을 사용하였다. 그러나 옆매기는 책장 넘김이 용이하지 않아 '가운데매기'라 불리는 중철(中綴)이 주된 방식으로 자리 잡았다. 중철은 인쇄지를 포개 놓고 책장이 접히는 한가운데 부분을 ㄷ 자형 철침을 이용해 매었는데, 보통 2개의 철침으로 표지와 내지를 고정하지만 표지나 내지가 한가운데서부터 떨어지는 경우가 잦아 철침을 4개로 박기도 하였다. 중철은 광고지, 팸플릿 등 오랜 보관이 필요 없거나 분량이 적은 인쇄물에 사용해 왔으며, 중철된 책은 쉽게 펼치거나 넘길 수 있고 두루마리처럼 말아서 간편하게 휴대할 수도 있다.

20세기 중반에는 화학 접착제가 개발되며 무선철(無線綴)이라는 제책 기술이 등장했다. 이름처럼 실이나 철사 없이 화학 접착제만으로 책을 묶는 방식이다. 이 방법은 자동화가 가능해 대량 생산에 더욱 적합했고, 생산 단가가 낮아지면서 판매 가격을 낮출 수 있어 책의 대중화에 기여했다. 그리고 1990년대에는 습기 경화형 우레탄 핫멜트가 개발되면서 개발 초보다 내구성이 더욱 강화된 책을 만들게 되었다. 무선철 기술은 지금도 계속 보완, 발전하고 있으며 그로 인해 오늘날 대부분의 책은 무선철 방식으로 제작되고 있다.

* 책등: 책을 매어 놓은 쪽의 표지 부분.

① 제책 기술의 필요성과 의의
② 동양과 서양의 제책 기술 차이
③ 제책 기술의 발달 과정과 배경
④ 접착제의 발달과 제책 기술의 경향

20 다음 글을 읽고 주제와 관련하여 제기할 수 있는 의문으로 가장 적절한 것은?

우리말을 가꾸기 위해서 무엇보다 중요한 것은 우리말에 대한 우리의 관심과 의식이다. 지도자의 위치에 있는 사람들이 외국어를 함부로 사용하는 모습, 외국어 투성이인 상품 이름이나 거리의 간판, 문법과 규범을 지키지 않은 번역투 문장 등을 손쉽게 접할 수 있는 데서 우리의 언어 현실을 알 수 있다. 이러한 모두는 우리말을 사랑하는 정신이 제대로 뿌리를 내리지 못하는 데서 비롯된 것이다.

① 언어는 의사소통의 도구 역할을 하지 않는가?
② 언어는 시대의 흐름에도 변하지 않는 것인가?
③ 외국어 사용의 확대와 우리말을 사랑하는 정신이 직접 관련이 있는가?
④ 우리말을 가꾸기 위해서는 우리말을 사랑하는 정신이 필요하지 않은가?

21 다음 글의 제목으로 가장 적절한 것은?

우리는 처음 만난 사람의 외모를 보고, 그를 어떤 방식으로 대우해야 할지를 결정할 때가 많다. 그가 여자인지 남자인지, 얼굴색이 흰지 검은지, 나이가 많은지 적은지 혹은 그의 스타일이 조금은 상류층의 모습을 띠고 있는지 아니면 너무나 흔해서 별 특징이 드러나 보이지 않는 외모를 하고 있는지 등을 통해 그들과 나의 차이를 재빨리 감지한다. 일단 감지가 되면 우리는 둘 사이의 지위 차이를 인식하고 우리가 알고 있는 방식으로 그를 대하게 된다. 한 개인이 특정 집단에 속한다는 것은 단순히 다른 집단의 사람과 다르다는 것뿐만 아니라, 그 집단이 다른 집단보다는 지위가 높거나 우월하다는 믿음을 갖게 한다. 모든 인간은 평등하다는 우리의 신념에도 불구하고 왜 인간들 사이의 이러한 위계화(位階化)를 당연한 것으로 받아들일까? 위계화란 특정 부류의 사람들은 자원과 권력을 소유하고 다른 부류의 사람들은 낮은 사회적 지위를 갖게 되는 사회적이며 문화적인 체계이다. 다음에서 우리는 이러한 불평등이 어떠한 방식으로 경험되고 조직화되는지를 살펴보기로 하자.

인간이 불평등을 경험하게 되는 방식은 여러 측면으로 나눌 수 있다. 산업 사회에서의 불평등은 계층과 계급의 차이를 통해서 정당화되는데, 이는 재산, 생산 수단의 소유 여부, 학력, 집안 배경 등의 요소들의 결합에 의해 사람들 사이의 위계를 만들어 낸다. 또한 모든 사회에서 인간은 태어날 때부터 얻게 되는 인종, 성, 종족 등의 생득적 특성과 나이를 통해 불평등을 경험한다. 이러한 특성들은 단순히 생물학적인 차이를 지칭하는 것이 아니라, 개인의 열등성과 우등성을 가늠하게 만드는 사회적 개념이 되곤 한다.

한편 불평등이 재생산되는 다양한 사회적 기제들이 때로는 관습이나 전통이라는 이름하에 특정 사회의 본질적인 문화적 특성으로 간주되고 당연시되는 경우가 많다. 불평등은 체계적으로 조직되고 개인에 의해 경험됨으로써 문화의 주요 부분이 되었고, 그 결과 같은 문화권 내의 구성원들 사이에 권력 차이와 그에 따른 폭력이나 비인간적인 행위들이 자연스럽게 수용될 때가 많다.

문화 인류학자들은 사회 집단의 차이와 불평등, 사회의 관습 또는 전통이라고 얘기되는 문화 현상에 대해 어떤 입장을 취해야 할지 고민을 한다. 문화 인류학자가 이러한 문화 현상은 고유한 역사적 산물이므로 나름대로 가치를 지닌다는 입장만을 반복하거나 단순히 관찰자로서의 입장에 안주한다면, 이러한 차별의 형태를 제거하는 데 도움을 줄 수 없다. 실제로 문화 인류학 연구는 기존의 권력 관계를 유지시켜 주는 다양한 문화적 이데올로기를 분석하고, 인간 간의 차이가 우등성과 열등성을 구분하는 지표가 아니라 동등한 다름일 뿐이라는 것을 일깨우는 데 기여해 왔다.

① 사회적 불평등의 발생 원인
② 문화 인류학의 역사
③ 우등성과 열등성의 구분 기준
④ 위계화의 개념과 구조

22 다음 글의 글쓴이의 의도로 가장 적절한 것은?

우리네 학교 교육은, 그러니까 시작하던 그때부터 우리말과 우리 삶을 떠나 있었습니다. 학교에 가서 교육을 받는다는 것은 언제나 우리말과 우리 삶을 버리고 떠나는 것이었으므로, 교육을 많이 받으면 받을수록 우리말과 우리 얼로부터 멀어지고 육신마저 집과 고향을 멀리 떠나게 마련이었습니다. 제 것을 버리고 무시하고 떠나게 만드는 것이야말로 우리 교육이 오래도록 걸어온 길이었기에, 학교 교육을 받은 시간의 길이와 내 것을 버리고 떠나간 마음과 공간의 거리가 늘 비례했습니다. 높은 학교까지 가서 많이 배운 사람은 반드시 고향을 버리고 멀리 떠나가 살아야 마땅한 것으로 여기다 보니 어쩌다가 그런 사람이 고향으로 돌아와 살고자 하면 모두들 업신여겼습니다. 쓸모없이 버려진 사람으로 보고 그의 공부가 헛되었다고 안타까워했습니다. 참으로 서글픈 교육의 역사입니다.

① 올바른 교육은 우리 삶과 일정한 거리를 유지해야 한다.
② 우리 교육이 우리 삶과 거리가 있다고 좋은 것만은 아니다.
③ 교육을 받고 제 고향에 돌아온 사람은 쓸모없이 버려진 사람이다.
④ 올바른 교육은 우리 자신의 삶에 바탕을 두어야 한다.

내용 일치/불일치

해설편 | 49p

23 다음 글에 대한 이해로 적절하지 않은 것은?

2021 국가직 9급

> 언어마다 고유의 표기 체계가 있는데, 이는 읽기 과정에 영향을 미친다. 알파벳 언어는 표기 체계에 따라 철자 읽기의 명료성 수준이 달라진다. 철자 읽기가 명료하다는 것은 한 글자에 대응되는 소리가 규칙적이어서 글자와 소리의 대응이 거의 일대일이라는 것을 의미한다. 그 예로 이탈리아어와 스페인어가 있다. 이 두 언어의 사용자는 의미를 전혀 모르는 새로운 단어를 발견하더라도 보자마자 정확한 발음을 할 수 있다. 이에 비해 영어는 철자 읽기의 명료성이 낮은 언어이다. 영어는 발음이 아예 나지 않는 묵음과 같은 예외도 많은 편이고 글자에 대응하는 소리도 매우 다양하다.
>
> 한편 알파벳 언어를 읽을 때 사용하는 뇌의 부위는 유사하지만 뇌의 부위에 의존하는 방식에는 차이가 있다. 영어와 이탈리아어를 읽는 사람은 동일하게 좌반구의 읽기 네트워크를 사용한다. 하지만 무의미한 단어를 읽을 때 영어를 읽는 사람은 암기된 단어의 인출과 연관된 뇌 부위에 더 의존하는 반면 이탈리아어를 읽는 사람은 음운 처리에 연관된 뇌 부위에 더 의존한다. 왜냐하면 무의미한 단어를 읽을 때 이탈리아어를 읽는 사람은 규칙적인 음운 처리 규칙을 적용하는 반면에, 영어를 읽는 사람은 암기해 둔 수많은 예외들을 떠올리기 때문이다.

① 알파벳 언어의 철자 읽기는 소리와 표기의 대응과 관련되는데, 각 소리가 지닌 특성은 철자 읽기의 명료성을 판단하는 기준이 된다.
② 영어 사용자는 무의미한 단어를 읽을 때 좌반구의 읽기 네트워크를 활용하면서 암기된 단어의 인출과 연관된 뇌 부위에 더욱 의존한다.
③ 이탈리아어는 소리와 글자의 대응이 규칙적이어서 낯선 단어를 발음할 때 영어에 비해 철자 읽기의 명료성이 높다.
④ 영어는 음운 처리 규칙에 적용되지 않는 예외들이 많아서 스페인어에 비해 소리와 글자의 대응이 덜 규칙적이다.

24 다음 글을 이해한 내용으로 적절하지 않은 것은?

2025 출제기조 전환 1차 예시문제

> 한국 신화에 보이는 신과 인간의 관계는 다른 나라의 신화와 견주어 볼 때 흥미롭다. 한국 신화에서 신은 인간과의 결합을 통해 결핍을 해소함으로써 완전한 존재가 되고, 인간은 신과의 결합을 통해 혼자 할 수 없었던 존재론적 상승을 이룬다.
>
> 한국 건국신화에서 주인공인 신은 지상에 내려와 왕이 되고자 한다. 천상적 존재가 지상적 존재가 되기를 바라는 것인데, 인간들의 왕이 된 신은 인간 여성과의 결합을 통해 자식을 낳음으로써 결핍을 메운다. 무속신화에서는 인간이었던 주인공이 신과의 결합을 통해 신적 존재로 거듭나게 됨으로써 존재론적으로 상승하게 된다. 이처럼 한국 신화에서 신과 인간은 서로의 존재를 필요로 한다는 점에서 상호의존적이고 호혜적이다.
>
> 다른 나라의 신화들은 신과 인간의 관계가 한국 신화와 달리 위계적이고 종속적이다. 히브리 신화에서 피조물인 인간은 자신을 창조한 유일신에 대해 원초적 부채감을 지니고 있으며, 신이 지상의 모든 일을 관장한다는 점에서 언제나 인간의 우위에 있다. 이러한 양상은 북유럽이나 바빌로니아 등에 퍼져 있는 신체 화생 신화에도 유사하게 나타난다. 신체 화생 신화는 신이 죽음을 맞게 된 후 그 신체가 해체되면서 인간 세계가 만들어지게 된다는 것인데, 신의 희생 덕분에 인간 세계가 만들어질 수 있었다는 점에서 인간은 신에게 철저히 종속되어 있다.

① 히브리 신화에서 신과 인간의 관계는 위계적이다.
② 한국 무속신화에서 신은 인간을 위해 지상에 내려와 왕이 된다.
③ 한국 건국신화에서 신은 인간과의 결합을 통해 완전한 존재가 된다.
④ 한국 신화에 보이는 신과 인간의 관계는 신체 화생 신화에 보이는 신과 인간의 관계와 다르다.

25 다음 글의 내용과 부합하는 것은?

2021 지방직(= 서울시) 9급

> 미국의 어머니들은 자녀와 함께 놀이를 할 때 특정 사물에 초점을 맞추고 그 사물의 속성을 아이들에게 가르친다. 사물의 속성 자체에 관심을 기울이도록 훈련받은 아이들은 스스로 독립적인 행동을 하도록 교육받는다. 미국에서는 아이들에게 의사소통을 가르칠 때 자신의 생각을 분명하게 표현하고 말하는 사람의 입장에서 대화에 임해야 하며, 대화 과정에서 오해가 발생하면 그것은 말하는 사람의 잘못이라고 강조한다.
>
> 반면에 일본의 어머니들은 대상의 감정에 특별히 신경을 써서 가르친다. 특히 자녀가 말을 안 들을 때에 그러하다. 예를 들어 "네가 밥을 안 먹으면, 고생한 농부 아저씨가 얼마나 슬프겠니?", "인형을 그렇게 던져 버리다니, 저 인형이 울잖아. 담장도 아파하잖아." 같은 말들로 꾸중하는 모습을 자주 볼 수 있다. 다른 사람과의 관계에 초점을 맞춘 훈련을 받은 아이들은 자신의 생각을 드러내기보다는 행동에 영향을 받는 다른 사람들의 감정을 미리 예측하도록 교육받는다. 곧 일본에서는 아이들에게 듣는 사람의 입장에서 말할 것을 강조한다.

① 미국의 어머니는 듣는 사람의 입장, 일본의 어머니는 말하는 사람의 입장을 강조한다.
② 일본의 어머니는 사물의 속성을 아는 것이 관계를 아는 것보다 더 중요하다고 생각한다.
③ 미국의 어머니는 어떤 일을 있는 그대로 보지 말고 이면에 있는 감정을 읽어야 한다고 생각한다.
④ 미국의 어머니는 자녀가 독립적인 행동을 하도록 교육하며, 일본의 어머니는 자녀가 타인의 감정을 예측하도록 교육한다.

26 다음 글의 내용과 부합하지 않는 것은?

2021 지방직(= 서울시) 9급

> 인터넷이 있는 곳이면 어디나 악플이 있기 마련이지만, 한국은 정도가 심하다. 악플러들 가운데는 피해의식과 열등감에 시달리는 이들이 많다고 한다. 그들에게 악플의 즐거움은 무엇인가. 자신이 올린 글 한 줄에 다른 사람들이 동요하는 모습을 보면서 자기 효능감(self-efficacy)을 맛볼 수 있다. 아무에게도 영향력을 행사하지 못하고 자신의 삶과 환경을 통제하지도 못하면서 무력감에 시달리는 사람일수록 공격적인 발설로 자기 효능감을 느끼려 한다.
>
> 그런데 자기 효능감은 상대방의 반응에 좌우된다. 마구 욕을 퍼부었는데 상대방이 별로 개의치 않는다면, 계속할 마음이 사라질 것이다. 무시당했다는 생각에 오히려 자괴감에 빠질 수도 있다. 개인주의가 안착된 사회에서는 자신을 향한 비판에 대해 '그건 너의 생각'이라면서 넘겨 버리는 사람들이 많다. 말도 안 되는 욕설이나 험담이 날아오면 제정신이 아닌 사람의 소행으로 웃어넘기거나 법적인 조치를 취할 것이다.
>
> 개인주의는 여러 속성을 지니고 있지만, 자신의 존재 가치를 스스로 매긴다는 긍정적 측면이 있다. 한국에는 그런 의미에서의 개인주의가 뿌리내리지 못했다. 남에 대해 신경을 너무 곤두세운다. 그것은 두 가지 차원으로 나뉘는데, 한편으로 타인에게 필요 이상의 관심을 보이면서 참견하고 타인의 영역을 침범한다. 다른 한편으로 자기에 대한 타인의 평가와 반응에 너무 예민하다. 이 두 가지 특성이 인터넷 공간에서 맞물려 악플을 양산한다. 우선 다른 사람들에게 너무 쉽게 험담을 늘어놓고 당사자에게 악담을 던진다. 그렇게 약을 올리면 상대방이 발끈하거나 움츠러든다. 이따금 일파만파로 사회가 요동을 치기도 한다. 악플러 입장에서는 재미가 쏠쏠하다. 예상했던 피드백을 즉각적으로 받으면서 자기 효능감을 맛볼 수 있기 때문이다.

① 악플러는 자신의 말에 타인이 동요하는 것을 보면서 자기 효능감을 느낀다.
② 개인주의자는 악플에 무반응함으로써 악플러를 자괴감에 빠지게 할 수 있다.
③ 자신의 삶을 잘 통제하는 악플러일수록 타인을 더욱 엄격한 잣대로 비판한다.
④ 한국에서 악플이 양산되는 것은 한국인들이 타인에 대해 신경을 많이 쓰는 것과 관계가 있다.

27 다음 글에 대한 이해로 적절한 것은?

2021 지방직(= 서울시) 9급

> 국제기구인 유엔은 영어, 중국어, 러시아어, 프랑스어, 스페인어, 아랍어 등이 공용어로 사용되나 그곳에 근무하는 모든 외교관들이 이 공용어들을 전부 다 잘해야 하는 것은 아니다. 유럽연합에서의 공용어 개념도 유엔에서의 경우와 마찬가지로 여러 공용어 중 하나만 알아도 공식 업무상 불편이 없게끔 한다는 것이지 모든 유럽연합인들이 열 개가 넘는 공용어를 전부 다 배워야 하는 것은 아니다.
>
> 마찬가지 논리로 우리가 만일 한국어와 영어를 공용어로 지정한다면 이는 한국에서는 한국어와 영어 중 어느 하나를 알기만 하면 공식 업무상 불편이 없게끔 국가에서 보장한다는 뜻이지 모든 한국인들이 영어를 할 줄 알아야 된다는 뜻은 아니다. 따라서 우리가 영어를 한국어와 함께 공용어로 지정하기만 하면 모든 한국인이 영어를 잘할 수 있게 되리라는 믿음은 공용어의 개념을 제대로 이해하지 못한 데서 오는 망상에 불과하다.

① 유엔에서 근무하는 외교관들은 유엔의 공용어를 다 구사하지 않으면 안 된다.
② 유럽연합은 복수의 공용어를 지정하여 공무상 편의를 도모하였다.
③ 한국에서 영어를 공용어로 지정하면 한국인들은 영어를 다 잘할 수 있을 것이다.
④ 한국에서 머지않아 영어가 공용어로 지정될 것이다.

28 다음 글에 대한 이해로 적절하지 않은 것은?

2021 지방직(= 서울시) 7급

> 15세기 중엽 구텐베르크가 인쇄술을 도입했을 때 인쇄업에는 모험적인 투자가 필요했다. 인쇄 시설은 자주 교체해야 했고 노동비용과 종잇값도 비쌌을 뿐 아니라, 막대한 투자금의 회수도 오래 걸렸다. 결국 15세기 말 인쇄업은 자금을 빌려주는 업자들에게 종속되었는데 그들은 경제적 목적을 가지고 책 사업을 장악하였다. 책은 생산 원가의 2~3배의 이윤을 남기는 고가의 제품이었기 때문이다. 필사본의 수량적 한계를 뛰어넘은 책은 상인들의 교역로를 따라 유럽 각지로 퍼져 나갔다. 이 사치품은 수지맞는 상품으로 시장에서 거래되었고, 그 과정에서 사상의 교환이 촉진되었다. 15세기 후반부에는 라틴어가 가장 중요했기에 라틴어로 된 종교 서적이 인쇄의 주류를 이루었다. 16세기 들어 인쇄술은 고대 문헌들의 출판을 통해 인문주의의 대의에 공헌했으며, 1517년 이후 종교개혁을 위한 수단으로도 이용되었다.

① 16세기에는 인쇄술이 종교개혁에 영향을 주었다.
② 15세기 말 인쇄업은 대금업자들에게 금전적으로 의존했다.
③ 유럽의 상인들이 사상의 교환을 위해서 책을 유통한 것은 아니었다.
④ 15세기 후반부에 라틴어는 인쇄술에 힘입어 가장 중요한 언어가 되었다.

29 다음 글에 대한 이해로 적절한 것은?

2021 지방직(= 서울시) 7급

> 서양의 드래건(dragon)은 불을 내뿜는 악의 상징이었지만, 동양의 용(龍)은 신령스러움을 상징하는 존재였다. 용에 대한 동양의 인식에 의하면, 용은 날개 달린 드래건과 달리 날개 없이도 자유롭게 하늘을 날아다닐 수 있고 물속에서도 지낼 수 있으며, 네 발이 있으나 땅에서 걷는 일이 없다. 바닷가 사람들은 이러한 용이 주로 바다 속 용궁에서 지낸다고 생각했던 데 비해, 육지 사람들은 주로 하늘 위 구름 속에서 지낸다고 믿었다. 이는 환경 중심적 사고에 기인한바, 어부들은 용을 고깃배를 위협하는 풍랑(風浪)의 원인으로, 농부들은 곡식을 자라게 하는 풍우(風雨)의 원인으로 여긴 까닭이다. 자연히 어부는 '공포', 농부는 '은혜'라는 대립적 관념을 용의 신령함에 결부하게 됐는데 우리나라 전통 사회에서는 농업 비중이 큰 까닭에 대체로 용을 두려움의 대상으로보다는 상서로운 존재로 여겼다.

① 바닷가 어부들에게 '구름'과 '용궁'은 대립적 관념이었다.

② 육지 농부들은 구름 속 용에게 네 발이 있다고 인식했다.

③ 환경 중심적 사고에 의하면 풍랑과 풍우는 상서로운 현상이다.

④ 드래건에 대한 서양의 인식에 의하면 드래건은 하늘을 날 수 없다.

30 다음 대화에 대한 이해로 적절하지 않은 것은?

2021 지방직(= 서울시) 7급

> 갑: 페가수스는 정말로 실존하는 것이겠지?
> 을: '페가수스'라는 단어는 실존하지 않는 대상을 지칭한다고 생각해.
> 갑: '페가수스'라는 단어가 의미를 지닌다는 것은 분명하지? 단어의 의미는 그 단어가 지칭하는 실존하는 대상이 무엇인가에 따라 결정돼. 모든 단어는 무언가의 이름인 것이지. 그러니 페가수스가 실존하지 않는다면 '페가수스'라는 이름이 어떻게 의미를 지니겠어? 이처럼 모든 이름은 실존하는 대상을 반드시 지칭해.
> 을: 단어 '로물루스'를 생각해 봐. 이 단어는 실제로는 이름이 아니라 일종의 축약된 기술어(記述語)야. '자기 동생을 죽이고 로마를 건국하는 등 여러 가지 일을 한 어떤 전설상의 인물'이라는 기술의 축약어일 뿐이란 거지. 만약 이 단어가 정말로 이름이라면, 그 이름이 지칭하는 대상이 실존하는지는 문제도 되지 않았을 거야. 어떤 단어가 이름이라면 그것은 실존하는 어떤 대상을 반드시 지칭하거든. 실존하지도 않는 대상에게 이름이 있을 수 없는 것은 너무 당연하니 말이야. 실존하지 않는 대상을 지칭하는 단어는 실제로는 이름이 아니라 일종의 축약된 기술어인 거야.

① 갑은 축약된 기술어가 실존하는 대상을 지칭할 수 없다고 보는군.

② 을은 실존하지 않는 대상을 지칭하는 단어가 있다고 보는군.

③ 갑은 '페가수스'를 이름으로, 을은 '페가수스'를 축약된 기술어로 보는군.

④ 갑과 을은 어떤 단어가 이름이려면 그 단어는 실존하는 대상을 반드시 지칭해야 한다고 보는군.

31 글쓴이의 견해에 부합하지 않는 것은? 2020 국가직 9급

> 사물 인터넷(IoT, Internet of Things)의 정의로 '수십 억 개의 사물이 서로 연결되는 것'이라고 설명하는 것은 그리 유용하지 않다. 사물 인터넷이 무엇인지 이해하기 위해서는 '사물'에서 출발하기보다는 '인터넷'에서 출발하는 것이 좋다. 인터넷이 전 세계의 컴퓨터를 서로 소통하도록 만든다는 생각이 실현된 것이라면, 사물 인터넷은 이제 전 세계의 사물들을 '컴퓨터로 만들어' 서로 소통하도록 만든다는 생각을 실현하는 것이다. 컴퓨터는 본래 전원이 있고 칩이 있고, 이것이 통신 장치와 프로토콜을 갖게 되어 연결된 것이다. 그렇다면 이제는 전원이 있었던 전자 기기나 기계 등은 그 자체로, 전원이 없었던 일반 사물들은 새롭게 센서와 배터리, 통신 모듈이 부착되면서 컴퓨터가 되고 이렇게 컴퓨터가 된 사물들이 그들 간에 또는 인간의 스마트 기기와 네트워크로 연결되는 것이다.
>
> 현재의 인터넷과 사물 인터넷의 차이를, 혹자는 사람이 개입되는 것은 사물 인터넷이 아니라고 이야기하면서 엄격한 M2M(Machine to Machine)이라는 개념에 근거해 설명한다. 또 혹자는 사물 인터넷이 실현되려면 사람만큼 사물이 판단할 수 있어야 한다고 주장하면서 사물의 지능성을 중요시하는 경우도 있는데, 두 가지 모두 그릇된 것이다. 사물 인터넷을 제대로 이해하려면 기존 인터넷과의 차이점에 주목하기보다는 오히려 공통점을 인식하는 것이 더 중요하다. 컴퓨터를 서로 연결하는 수준에서 출발한 것이 기존의 인터넷이라면, 이제는 사물 각각이 컴퓨터가 되고, 그 사물들이 사람과 손쉽게 닿는 스마트폰, 스마트 워치 등과 서로 소통하는 것이다.

① 사물 인터넷의 개념을 파악하기 위해서는 기존 인터넷과의 공통점을 이해하는 것이 필요하다.
② 센서와 배터리, 통신 모듈 등을 갖춘 사물들이 네트워크로 연결되어 사물 인터넷으로 기능한다.
③ 사물 인터넷은 사람 수준의 지능을 가진 사물들이 네트워크상에서 인간의 개입 없이 서로 소통하는 것으로 정의된다.
④ 사물 인터넷은 컴퓨터가 아니었던 사물도 네트워크로 연결될 수 있다는 점에서 기존의 인터넷과 다르다.

32 다음 글에 대한 설명으로 적절하지 않은 것은? 2019 국가직 9급

> 믿기 어렵겠지만 자장면 문화와 미국의 피자 문화는 닮은 점이 많다. 젊은 청년들이 오토바이를 타고 배달한다는 점에서 참으로 닮은꼴이다. 이사한다고 짐을 내려놓게 되면 주방 기구들이 부족하게 되고 이때 자장면은 참으로 편리한 해결책이다. 미국에서의 피자도 마찬가지다. 갑자기 아이들의 친구들이 많이 몰려왔을 때 피자는 참으로 편리한 음식이다.
>
> 남자들이 군에 가 훈련을 받을 때 비라도 추적추적 오게 되면 자장면 생각이 제일 많이 난다고 한다. 비가 오는 바깥을 보며 따뜻한 방에서 입에 자장을 묻히는 장면은 정겨울 수밖에 없다. 프로 농구 원년에 수입된 미국 선수들은 하루도 빠지지 않고 피자를 시켜 먹었다고 한다. 음식이 맞지 않는 탓도 있겠지만 향수를 달래고자 함이 아닐까?
>
> 싸게 먹을 수 있는 이국 음식이란 점에서 자장면과 피자는 특별한 의미를 갖는다. 외식을 하기엔 부담되고 한 번쯤 식단을 바꾸어 보고 싶을 즈음이면 중국식 자장면이나 이탈리아식 피자는 한국이나 미국의 서민에겐 안성맞춤이다. 그런데 한국에서나 미국에서나 변화가 생기기 시작했다. 한국에서는 피자 배달이 보편화되기 시작했다. 피자를 간식이 아닌 주식으로 삼고자 하는 아이들도 생겼다. 졸업식을 마치고 중국집으로 향하던 발걸음들이 이제 피자집으로 돌려졌다. 피자보다 자장면을 좋아하는 아이들을 찾아보기가 힘들어졌다.

① 피자는 쉽게 배달시켜 먹을 수 있는 편리한 음식이다.
② 자장면과 피자는 이국적인 음식이다.
③ 자장면과 피자는 값이 싸면서도 기분 전환이 되는 음식이다.
④ 자장면은 특별한 날에 어린이들에게 여전히 가장 사랑받는 음식이다.

33 다음 글에 대한 이해로 적절하지 않은 것은?

2019 지방직 9급

> 그동안 나는 〈일 포스티노〉를 세 번쯤 빌려 보았다. 그 이유는 이 아름다운 영화 속에 아스라이 문학이 똬리를 틀고 앉아 있기 때문이다. 특히 시란 무엇인가에 대한 해답을 이처럼 쉽고도 절실하게 설명해 놓은 문학 교과서를 나는 아직까지 보지 못했다. 그래서 학생들에게 시를 가르칠 때 나는 종종 영화 〈일 포스티노〉를 활용한다. 수백 마디의 말보다 〈일 포스티노〉를 함께 보고 토론하는 것이 시의 본질에 훨씬 깊숙이, 훨씬 빨리 가 닿을 수 있다는 것을 경험하기도 했다.
>
> 시를 공부하면서 은유에 시달려 본 사람이라면 이 영화를 보고 수차례 무릎을 쳤을 것이다. 마리오 루폴로가 네루다에게 보내기 위해 고향의 여러 가지 소리를 녹음하는 인상적인 장면이 있다. 여기서 해변의 파도 소리를 녹음하는 것이 은유의 출발이라면 어부들이 그물을 걷어 올리는 소리를 담고자 하는 모습은 은유의 확장이라고 할 수 있다. 더 나아가 밤하늘의 별빛을 녹음하는 기막히게 아름다운 장면에 이르면 은유는 절정에 달한다. 더 이상의 구차한 설명이 필요하지 않다.

① 영화 〈일 포스티노〉는 시를 이해하는 데 도움이 되는 교과서와도 같다.
② 영화 〈일 포스티노〉의 인물들은 문학적 은유의 본질과 의미를 잘 알고 있다.
③ 시의 본질에 대해 질문하고 답을 얻기 위해 영화 〈일 포스티노〉는 참고할 만하다.
④ 문학의 미적 자질과 영화 〈일 포스티노〉의 미적 자질 사이에서 공통점을 찾을 수 있다.

34 다음 글의 내용과 일치하는 것은?

2019 국가직 7급

> 엄마가 아이에게 하는 "지금 뭐 하니?"라는 말의 의미는 상황에 따라 달라질 수 있다. 아이가 컴퓨터로 학교 숙제를 하고 있다면 엄마의 말은 단순한 질문이 될 수 있지만, 게임에 열중하고 있다면 질책이 될 수 있다. 여러 가지 상황을 가정하면 엄마의 말은 더 다양한 의미로 이해될 수도 있다. 예를 들어 엄마도 컴퓨터를 좀 쓰자는 제안의 기능을 수행할 수도 있고, 심부름을 해 달라는 요청의 기능을 수행할 수도 있고, 식사 시간이 되었으니 밥을 먹으러 나오라는 명령의 기능을 수행할 수도 있다. 이처럼 같은 말도 상황에 따라 의미가 다르게 해석되기 때문에 우리가 주고받는 말은 일정한 상황을 전제하지 않고서는 제대로 이해되지 않는다. 상황에 따른 의미의 해석이 제대로 이루어지지 않으면 여러 가지 오해와 갈등이 생기기 십상이다.

① 같은 의미라도 어감의 차이는 생길 수 있다.
② 같은 말이라도 억양에 따라 의미가 다를 수 있다.
③ 같은 발화라도 상황에 따라 기능이 다를 수 있다.
④ 발화 의미를 해석할 때에는 문자 텍스트 그 자체를 우선시해야 한다.

35 다음 글의 내용으로 적절하지 않은 것은?

2019 국가직 7급

> 우리나라를 비롯해 동양에는 빛과 그림자의 대비를 사실적으로 표현하는 명암법이 존재하지 않았다는 점이 새삼 흥미롭게 다가온다.
>
> 단원 김홍도의 〈씨름〉을 보자. 어디에도 그림자는 없다. 숨바꼭질하는 아이들이 꼭꼭 숨어 버린 것처럼 모든 그림자가 다 사라져 버렸다. 이처럼 선묘에 의지해 대상을 나타내는 우리의 전통 회화에서는 그림자 표현을 찾아보기 어렵다. 동양 회화는 명암을 의도적으로 외면하는 경향이 있다. 빛과 그림자를 통해 그림의 사실성을 높이고 사물의 물리적인 실재감을 높이는 것은 선의 맛을 중시하여 정신성을 극대화해 온 동양 회화의 전통과 배치되기 때문이다.
>
> 하지만 현상의 원리로서 음양의 조화를 추구해 온 역사가 시사하듯 물리적인 빛과 그림자를 그리지는 않았어도 그 조화와 원리에 대한 관념은 화포에 진하게 물들어 있다. 사실의 묘사보다 정신의 표현을 중시한 까닭에 동양 회화에서 빛과 그림자는 이처럼 정신의 현상으로 녹아 있다고 할 수 있다.
>
> 그럼에도 조선 후기에 들어서면 명암 표현이 어렴풋이 시도되는데, 이는 북경으로부터 명암법, 원근법 등에 기초한 서양 화법이 우리나라로 흘러들어 왔기 때문이다. 김두량의 〈견도(犬圖)〉, 이희영의 〈견도(犬圖)〉 등 일부 화인들의 그림에서 그 흔적을 찾아볼 수 있다.

① 동양 회화는 정신성을 추구하기 위하여 사실성과 거리를 두었다.
② 회화에서 명암은 사물의 실재감을 높이는 데 중요한 역할을 한다.
③ 김홍도의 〈씨름〉과 김두량의 〈견도〉는 다른 명암법을 사용하고 있다.
④ 선의 맛을 중시한 전통 때문에 동양 회화에서는 명암 표현을 찾기가 어렵다.

36 다음 글에서 알 수 없는 것은?

2019 국가직 7급

> 팰림시스트(palimpsest)란 원래 양피지 위에 글자가 여러 겹 겹쳐서 보이는 것을 일컫는다. 종이가 발명되기 전에는 양피지에 글을 썼는데 양피지는 귀했기 때문에 이를 재활용하기 위해 이미 쓰여 있는 글자를 지우고 그 위에 다시 글자를 쓰는 일이 빈번했다. 이로 인해 이전에 쓴 글자 위로 새로 쓴 글자가 중첩되어 보이는 현상이 벌어졌다. 건축에서는 이러한 팰림시스트를 오래된 역사적 흔적이 현재의 공간에 영향을 미칠 때 그것을 은유적으로 설명하기 위해 원용하고 있다.
>
> 가장 손쉬운 예로 서울 강북의 복잡한 도로망을 들 수 있다. 조선 시대 한양에는 상하수도 시설이 부재하였다. 하지만 물은 인간 생활에 가장 필요한 기본 요건인 바, 물을 효율적으로 사용하기 위해 이 당시 주거들은 한강의 지류 하천을 따라서 형성될 수밖에 없었다. 실개천 주변으로 주거들이 들어서게 되고 그 옆으로 사람과 말들이 지나 다니면서 자연 발생적으로 도로가 만들어지게 되었다. 수변(水邊) 공간에서 일상생활을 영위하고 하천을 상하수도 시설처럼 사용하는 커뮤니티가 자연스럽게 형성되었다고 볼 수 있다.
>
> 그러나 이후 인구 밀도가 높아지면서 위생 문제가 심각해지고, 동시에 자동차가 급증하여 자동차 도로를 확보하는 것이 도시 형성의 필수 조건으로 부각되면서 하천 주변은 상당 부분 자동차 도로로 바뀌었다. 강북의 도로망 가운데 많은 부분이 구불구불한 자연 하천과도 같은 모습을 갖게 된 것은 이러한 연유에서이다. 산업화 이후 대형 간선도로의 등장이 본격화되면서 하천을 중심으로 형성되었던 기존 커뮤니티는 간선도로에 의해 나눠지게 된 것이다.

① 팰림시스트는 종이가 발명되기 이전, 양피지를 재활용하면서 빚어진 현상을 말한다.
② 하천이 커뮤니티의 중심이었던 과거와 달리 지금은 간선도로가 커뮤니티를 나누고 있다.
③ 도시 주거의 기본 요건 중 하나가 상하수도 시설이기 때문에 하천 주변이 자동차 도로가 된 것은 필연적이다.
④ 강북의 복잡한 도로망은 상하수도 시설이 없었던 시절의 흔적이 현재의 공간에 영향을 미친 팰림시스트의 예이다.

37 다음 글의 내용에 부합하지 않는 것은? 2019 국가직 7급

> 세계 각국의 정부와 기업에 미래 전략을 연구하는 부서가 급증하고 있다. 미래에 대한 다양한 정보를 수집하면 의사 결정의 질을 높일 수 있다는 인식하에 이들은 의사 결정 지원 시스템과 미래 예측 시스템을 지속적으로 개선하고 있다. 그렇지만 빠른 변화와 복합적인 세계화로 미래에 대한 정보를 판단하는 것은 점점 어려워지고 있다.
>
> 그 결과, 기관은 컴퓨터 시스템에 더욱 의존하게 되었으며, 빅데이터와 연결된 인공 지능을 의사 결정에 적극적으로 이용하게 되었다. 이러한 현상을 증폭시킨 것이 적시에 지식을 제공해 의사 결정에 도움을 주는 집단 지성 시스템이다. 이는 인간의 두뇌, 지식 정보 시스템 등의 개체들이 협력이나 경쟁을 통해 기존의 지적 수준을 뛰어넘는 새로운 지성을 얻는 시스템을 의미한다. 예를 들어 집단 지성 시스템을 활용하면 재해 예방 및 대응에 관한 의사 결정 과정에서 재해를 예측하고, 재해에 대응하고, 재해로부터 회복하는 복원 시스템을 수립할 수 있다.
>
> 그러기에 미래 전략을 수립하고 분별 있는 결정을 내리기 위해 의사 결정자들은 미래학자에게서 단순히 전망 보고나 브리핑을 받는 데서 그치지 않고, 그들과 정기적으로 장기적인 사안을 논의할 수 있어야 한다. 이러한 장기적 관점의 논의 과정이야말로 빠르고 정확한 의사 결정 수립에 필수적이기 때문이다. 입법부에 미래 위원회가 설립되고 정부 지도자 의사 결정 과정에 미래학자가 참여하는 이유가 여기에 있다.

① 기관은 미래에 대한 정보를 판단하기 위해 컴퓨터 시스템을 활용하고 있다.
② 미래학자가 의사 결정 과정에 참여하는 주된 의의는 미래 예측 시스템의 경쟁력을 제고하기 위해서이다.
③ 정부와 기업의 의사 결정자들은 의사 결정의 질을 높이기 위해서 미래 예측 능력을 개선해야 한다고 생각한다.
④ 발생 가능한 재해를 예측하고 이에 대응하기 위한 복원 시스템을 수립하는 데 집단 지성 시스템을 이용할 수 있다.

38 다음 글에 대한 이해로 적절한 것은? 2018 지방직 7급

> 이산화 탄소와 온실 효과가 처음부터 자연에 해가 되었던 것은 아니었다. 오히려 온실 효과는 지구의 환경을 생태계에 적합하도록 해 주었다. 만약 자연적인 온실 효과가 없다면 지구 표면에서 복사된 열이 모두 외계로 방출되어 지구의 온도는 지금보다 평균 3, 4도 정도 낮아져서 생물들이 살아갈 수 없게 될 것이다. 그런데 화석 연료의 사용이 늘어나면서 대기 중에 이산화 탄소가 너무나 많아져서 지구 온난화 현상이 생기는 것이 문제이다.
>
> 특히 이산화 탄소는 공기 중에 50~200년이나 체류하기 때문에 그 효과가 크다. 이산화 탄소 외에도 온실 효과를 일으키는 기체로는 프레온, 아산화 질소, 메탄, 수증기 등이 있다. 프레온은 전자 제품을 생산할 때 세척제 혹은 냉장고의 냉매로 쓰인다. 아산화 질소와 메탄은 공장과 자동차의 배기가스에서 생긴다. 수증기도 지구 온난화에 영향을 미치기는 하지만 그 양은 자연 생태계가 조절하고 있어서 별 문제가 되지는 않는다.

① 프레온, 아산화 질소, 메탄 등의 기체는 지구 온난화에 직접적인 영향이 없다.
② 자연적인 온실 효과 때문에 지구 표면에서 복사된 열이 모두 외계로 방출된다.
③ 이산화 탄소는 공기 중에 체류하는 기간이 길어서 지구 온난화 방지에 도움을 준다.
④ 수증기도 이산화 탄소처럼 온실 효과를 나타내지만 지구 온난화에 미치는 영향은 작다.

39 다음 글에 대한 이해로 적절하지 않은 것은?

2018 지방직 7급

요트 중에서도 엔진과 선실을 갖추지 않은 1~2인용 딩기(dinghy)는 단연 요트의 백미라고 할 수 있다. 딩기는 엔진이 없기에 오로지 바람에 의지해 나아가는 요트다. 그러므로 배 다루는 기술도 중요하지만 바람과 조화를 이루고 그 바람을 어떻게 타느냐에 따라 속도가 달라진다.

배는 바람을 받고 앞으로 전진하는 게 상식이다. 그러나 요트는 맞바람이 불어도 거뜬히 전진할 수 있다. 도대체 요트에 어떤 비밀이 숨어 있는 걸까? 해답은 삼각형 모양의 지브세일(jib sail)에 숨어 있다. 바람에 평행하게 맞춘 돛이 수직 방향으로 부풀어 오르면 앞뒤로 공기의 압력이 달라진다.

요트의 추진력은 돛이 바람을 받을 때 생기는 풍압과 양력에 의하여 생긴다. 따라서 요트의 추진 원리를 이해하기 위해서는 풍압이 추진력의 주(主)가 되는 풍하범주(風下帆舟)와, 양력이 주(主)가 되는 풍상범주(風上帆舟)를 구분하여야 한다.

요트가 바람을 뒤쪽에서 받아 주행하는 풍하범주의 경우에는 바람에 의한 압력이 돛을 경계로 하여 풍상 측에서 높고 풍하 측에서 낮게 된다. 따라서 압력이 높은 풍상 측에서 압력이 낮은 풍하 측으로 나아가려는 힘이 발생하는데 이 힘을 총합력이라고 한다. 이 총합력의 힘은 평행사변형 법칙에 의하여 요트를 앞으로 추진시키는 전진력과 옆으로 밀리게 하는 횡류력으로 분해될 수 있다. 센터보드나 킬(keel)과 같은 횡류 방지 장치에 의하여 횡류를 방지하면서 전진력을 이용하여 앞으로 나아갈 수 있게 된다.

요트가 바람을 거슬러 올라가는 풍상범주의 경우는 비행기 날개에서 양력이 발생하여 비행기가 뜨게 되는 원리와 동일한 원리에 의하여 요트가 추진하게 된다. 베르누이의 정리에 의하면 유체의 속도가 빠르면 압력이 낮아지고, 속도가 느리면 압력이 높아진다. 비행기 날개와 비슷한 모양을 하고 있는 돛의 주위에 공기가 흐를 때 돛을 경계로 하여 풍상 측의 공기 속도는 느려지고 풍하 측의 공기 속도는 빨라진다. 그러므로 베르누이의 정리에 의하여 풍하 측으로 흡인력이 발생하게 되는데 이것이 총합력이 된다. 이 총합력은 풍하범주의 경우와 마찬가지로 전진력과 횡류력으로 분해된다. 횡류력은 요트를 옆 방향으로 미는 힘으로서 센터보드 등의 횡류 방지 장치에 의하여 상쇄된다. 따라서 요트는 전진력에 의하여 앞으로 나아갈 수 있게 된다.

① 딩기는 순풍이 불 때는 횡류력으로, 역풍이 불 때는 전진력으로 나아간다.
② 센터보드나 킬로 인해 요트는 옆으로 가지 않고 앞으로 나아갈 수 있게 된다.
③ 풍하범주는 풍압이 추진력의 주(主)가 되며, 풍상범주는 양력이 추진력의 주가 된다.
④ 요트가 바람을 등지고 갈 때는 풍압에 의존하고, 맞바람을 받고 갈 때는 양력에 의존하게 된다.

40 〈보기〉를 통해서 알 수 있는 내용으로 가장 적절하지 않은 것은?

2021 법원직 9급

보기

나는 서울에서 고등학교를 다니는 학생이다. 며칠 전 제사가 있어서 대구에 있는 할아버지 댁에 갔다. 제사를 준비하면서 할아버지께서 나에게 심부름을 시키셨는데 사투리가 섞여 있어서 잘 알아들을 수가 없었다. 집으로 돌아올 때 할아버지께서 용돈을 듬뿍 주셔서 기분이 좋았다. 그런데 오늘 어머니께서 할아버지가 주신 용돈 중 일부를 달라고 하셨다. 나는 어머니께 그 용돈으로 '문상'을 다 샀기 때문에 남은 돈이 없다고 말씀드렸다. 어머니께서는 '문상'이 무엇이냐고 물으셨고 나는 '문화상품권'을 줄여서 사용하는 말이라고 말씀드렸다. 학교에서 친구들과 이야기할 때 흔히 사용하는 '컴싸'나 '훈남', '생파' 같은 단어들을 부모님과 대화할 때는 설명을 해드려야 해서 불편할 때가 많다.

① 어휘는 세대에 따라서 달라지기도 한다.
② 어휘는 지역에 따라서 달라지기도 한다.
③ 성별에 따라 사용하는 어휘가 달라지기도 한다.
④ 은어나 유행어는 청소년층이 쓰는 경우가 많다.

41 다음 글에 대한 이해로 가장 적절한 것은?

바르셀로나에는 다양한 가우디의 건축물이 남아 있다. '뼈로 지은 집'이라는 별명이 있는 '카사바트요'는 창문과 창살이 뼈 모양으로 디자인되어 있다. '구엘 공원'에는 자연을 돌 자체로 묘사해 놓은 '돌로 만든 세상'이 펼쳐져 있기도 하다. '사그라다 파밀리아 성당'의 기둥에는 플라타너스 나무의 모습을 덧입혔다. 덕분에 그곳에서는 숲에 와 있는 듯한 느낌을 받는다. 이와 같은 가우디의 건축물들은 '자연은 나의 스승이다.'라는 그의 말처럼 자연에서 작품의 모티프*를 따와 대부분 직선이 없고 포물선과 나선 등 수학적인 곡선이 주를 이룬다.

그렇다고 가우디가 단순히 자연을 흉내만 낸 것은 아니다. 그는 10여 년의 세심한 관찰과 실험을 통해 다중 현수선 모형을 고안하여 중력까지 치밀하게 계산한 건축 모형을 만들었다. 그 결과 고딕 건축에서 필수적인 버팀벽 없이 날렵하고 균형 잡힌 건축물을 설계할 수 있었다. 이러한 기술력과 창의성의 결합체인 사그라다 파밀리아 성당은 거대한 조각품과 같은 예술성을 보여 준다. 그는 자연을 본뜨는 것에 그치지 않고 중력이라는 자연의 본성을 합리적으로 사고함으로써 건축에 감성을 담아낼 수 있었다.

* 모티프(motif): 예술 작품에서 표현의 동기가 된 작가의 중심사상.

① 가우디는 자연에서 설계의 단서들을 곧잘 얻어 냈다.
② 가우디의 건축물에는 곡선보다 안정적인 직선이 주를 이루었다.
③ 가우디는 건축물의 공학적 안정감에 가장 중점을 두고 설계하였다.
④ '카사바트요'는 가우디의 기술력과 창의성이 모두 드러난 건축물이다.

42 다음 글에 대한 이해로 가장 적절한 것은?

노자는 "법령이 더욱 엄하게 되면 도적도 더 많이 나타난다."라고 하였다. 도적을 제거하기 위해 법령을 강화하면 도적이 없어져야 한다. 그러나 아무리 법이 엄격하게 시행되어도 범죄자는 없어지지 않고, 오히려 교활한 꾀와 탐욕으로 그 법을 피해 가는 방법을 생각해 내는 도적들이 점차 생기고, 급기야는 그 법을 피해 가는 도적들이 더욱더 많아지게 된다는 것이 노자의 주장이다. 이러한 노자의 입장에서 볼 때, 지향해야만 하는 이상적 기준으로 '명'을 정해 놓고 그것이 현실에서 실현되어야 사회 질서가 안정된다는 주장은 설득력이 없다.

'명'에 관한 노자의 견해는 이기심과 탐욕으로 인한 갈등과 투쟁이 극심했던 사회에 대한 비판적 분석이면서 동시에 그 사회의 혼란을 해소하기 위한 것이라고 할 수 있다. 노자는 당대 사회가 '명'으로 제시된 이념의 지향성과 배타성을 이용해 자신의 사익을 추구하는 개인들로 가득 차 있다고 여겼다. 노자는 문명사회를 탐욕과 이기심 및 이를 정당화시켜 주는 이념의 산물로 보고, 적은 사람들이 모여 욕심 없이 살아가는 소규모의 원시 공동체 사회로 돌아가야 한다고 주장하였다. 노자는 '명'으로 규정해 놓은 특정 체계나 기준 안으로 인간을 끌어들이는 것보다, 인위적인 규정이 없는 열린 세계에서 인간을 살게 하는 것이 훨씬 더 평화로운 안정된 삶을 보장해 준다고 생각했다.

① 노자는 이상을 추구하는 것을 부정적으로 인식했다.
② 노자는 발전한 문명사회를 긍정적으로 여기고 지지했다.
③ 노자는 당대 사회의 혼란을 해소하기 위해 노력하지 않았다.
④ 노자는 안정된 삶을 위해서는 국가가 발달해야 한다고 생각했다.

43 다음 글에 대한 이해로 가장 적절하지 않은 것은?

사진이 등장하면서 회화는 대상을 사실적으로 재현(再現)하는 역할을 사진에 넘겨주게 되었고, 그에 따라 화가들은 회화의 의미에 대해 고민하게 되었다. 19세기 말 등장한 인상주의와 후기 인상주의는 전통적인 회화에서 중시되었던 사실주의적 회화 기법을 거부하고 회화의 새로운 경향을 추구하였다.

인상주의 화가들은 색이 빛에 의해 시시각각 변화하기 때문에 대상의 고유한 색은 존재하지 않는다고 생각하였다. 인상주의 화가 모네는 대상을 사실적으로 재현하는 회화적 전통에서 벗어나기 위해 빛에 따라 달라지는 사물의 색채와 그에 따른 순간적 인상을 표현하고자 하였다.

모네는 대상의 세부적인 모습보다는 전체적인 느낌과 분위기, 빛의 효과에 주목했다. 그 결과 빛에 의한 대상의 순간적 인상을 포착하여 대상을 빠른 속도로 그려 내었다. 그에 따라 그림에 거친 붓 자국과 물감을 덩어리로 찍어 바른 듯한 흔적이 남아 있는 경우가 많았다. 이로 인해 대상의 윤곽이 뚜렷하지 않아 색채 효과가 형태 묘사를 압도하는 듯한 느낌을 준다. 이와 같은 기법은 그가 사실적 묘사에 더 이상 치중하지 않았음을 보여 주는 것이었다. 그러나 모네 역시 대상을 '눈에 보이는 대로' 표현하려 했다는 점에서 이전 회화에서 추구했던 사실적 표현에서 완전히 벗어나지는 못했다는 평가를 받았다.

후기 인상주의 화가들은 재현 위주의 사실적 회화에서 근본적으로 벗어나는 새로운 방식을 추구하였다. 후기 인상주의 화가 세잔은 "회화에는 눈과 두뇌가 필요하다. 이 둘은 서로 도와야 하는데, 모네가 가진 것은 눈뿐이다."라고 말하면서 사물의 눈에 보이지 않는 형태까지 찾아 표현하고자 하였다. 이러한 시도는 회화란 지각되는 세계를 재현하는 것이 아니라 대상의 본질을 구현해야 한다는 생각에서 비롯되었다.

세잔은 하나의 눈이 아니라 두 개의 눈으로 보는 세계가 진실이라고 믿었고, 두 눈으로 보는 세계를 평면에 그리려고 했다. 그는 대상을 전통적 원근법에 억지로 맞추지 않고 이중 시점을 적용하여 대상을 다른 각도에서 바라보려 하였고, 이를 한 폭의 그림 안에 표현하였다. 또한 질서 있는 화면 구성을 위해 대상의 선택과 배치가 자유로운 정물화를 선호하였다.

세잔은 사물의 본질을 표현하기 위해서는 '보이는 것'을 그리는 것이 아니라 '아는 것'을 그려야 한다고 주장하였다. 그 결과 자연을 관찰하고 분석하여 사물은 본질적으로 구, 원통, 원뿔의 단순한 형태로 이루어졌다는 결론에 도달하였다. 이를 회화에서 구현하기 위해 그는 이중 시점에서 더 나아가 형태를 단순화하여 대상의 본질을 표현하려 하였고, 윤곽선을 강조하여 대상의 존재감을 부각하려 하였다. 회화의 정체성에 대한 고민에서 비롯된 그의 이러한 화풍은 입체파 화가들에게 직접적인 영향을 미치게 되었다.

① 화가들이 회화의 의미에 대해 고민하게 된 계기를 설명하고 있다.

② 화가들의 사례를 제시하여 전통적 회화의 특징에 대해 설명하고 있다.

③ 세잔의 여러 가지 시도가 입체파 화가들에게 영향을 주었음을 설명하고 있다.

④ 모네와 세잔의 화풍을 비교하며 각자가 추구했던 회화의 모습을 설명하고 있다.

44 다음 글에 대한 설명으로 가장 적절한 것은?

> 자유로운 개인들이 모인 사회에 질서와 조화를 보장하는, 인간에 내재하는 숨은 성질은 무엇인가? 18세기 영국에서는 이 문제에 접근하는 두 흐름이 있었는데, 하나는 개인의 이성에서 사회 질서의 원리를 찾는 것이었고, 다른 하나는 개인에 내재하는 선천적인 도덕 감정에 주목하는 것이었다. 후자에 속하는 아담 스미스는 도덕 감정의 핵심을 모든 인간이 가지고 있는 동감 능력이라고 보았다.
>
> 그가 말하는 동감은 관찰자가 상상에 의한 역지사지를 통해 행위자와 감정 일치를 이루는 것을 의미한다. 자신의 이해관계에 치우치지 않는 공평한 관찰자는 행위자가 직면한 상황과 처지 속에서 자신이라면 어떤 감정을 느끼고 어떤 행위를 할 것인가를 상상해 보게 된다. 그리고 이것을 실제로 관찰되는 행위자의 감정 및 행위와 비교하여 양자가 일치할 경우 거기에 동감하게 된다. 이때 관찰자는 행위자의 감정과 행위를 적정성이 있는 것으로 승인하게 되며, 이와 달리 자신이 상상한 것과 다를 경우에는 적정성이 없는 것으로 보게 된다.
>
> 이러한 동감의 원리는 한 개인이 자신의 감정과 행위를 판단할 때에도 적용된다. 한 개인에게도 이기적 충동에 지배되는 행위자로서의 자기와 상상에 의해 관찰자의 입장을 취하며 반성하는 자기가 있다. 이 관찰자는 이해관계에 얽매이지 않고 객관적으로 그 감정과 행위의 적정성을 판단하는 또 다른 자기로, 스미스는 이러한 추상적 존재를 '가상의 공평한 관찰자' 혹은 '마음속의 이상적 인간'이라 표현하였다. 자신의 감정과 행위는 이와 같은 관찰자의 동감에 의해 도덕적인 것으로 승인받게 된다.

① 아담 스미스에 의하면 한 개인에게는 하나의 자기가 존재한다.
② 아담 스미스가 말한 동감의 원리는 타인에 대해서만 적용할 수 있다.
③ 아담 스미스는 개인의 이성에서 인간에 내재하는 숨은 성질이라는 문제의 해답을 찾으려 했다.
④ 아담 스미스는 관찰자의 예측과 실제 결과가 일치할 때, 그 결과가 적정성을 획득할 수 있다고 보았다.

45 다음 글에 대한 이해로 가장 적절한 것은?

> 현대 예술 철학의 대표적인 이론가이자 비평가인 단토는 예술의 역사를 일종의 '내러티브[이야기]'의 역사로 파악해야 한다고 주장하였다. 역사가 그러하듯이 예술사도 무수한 예술적 사건들 중에서 중요하다고 여기는 사건들을 선택하고 그 연관성을 질서화하는 내러티브를 가진다는 것이다. 르네상스 시대부터 인상주의에 이르기까지 지속된 이른바 '바자리의 내러티브'는 대표적인 예이다. 모방론을 중심 이론으로 삼았던 바자리는 생생한 시각적 경험을 가져다주는 정확한 재현이 예술의 목적이자 추동 원리라고 보았는데, 이러한 바자리의 내러티브는 사진과 영화의 등장, 비서구 사회의 문화적 도전 등의 충격으로 뿌리째 흔들리기 시작하였다. 이러한 상황에서 당대의 예술가들은 예술은 무엇인가, 예술은 무엇을 해야 하는가에 대한 질문을 던지게 되고, 그에 따라 예술은 모방에서 벗어나 철학적 내러티브로 변하게 되었다. 이러한 상황에서 예술사를 예술이 자신의 본질을 찾아 진보해 온 발전의 역사로 보는 단토는, 앤디 워홀의 「브릴로 상자」 전시회에서 예술의 종말을 발견하게 되었던 것이다.
>
> 「브릴로 상자」로 촉발된 단토의 예술 종말론은 더 이상 예술이 존재할 수 없게 되었다는 주장이 아니라, 예술이 철학적 단계에 이름에 따라 그 이전의 내러티브가 종결되었음을 의미하는 것이라 할 수 있다. 그런 점에서 그의 예술 종말론은 비극적 선언이 아닌 낙관적 전망으로 해석할 수 있다. 단토는 예술 종말론을 통해 예술이 추구해야 할 특정한 방향이 없는 시기, 예술이 성취해야 하는 과업에 대해 고민할 필요가 없는 시기, 즉 예술 해방기의 도래를 천명한 것이기 때문이다.

① 사진의 등장으로 기존의 내러티브를 따르던 예술가들이 혼란을 맞이했다.
② 단토는 예술 작품이란 마땅히 철학적 내러티브를 지녀야 한다고 주장했다.
③ 철학적 내러티브의 등장으로 바자리의 내러티브가 그 시대를 마치게 되었다.
④ 바자리의 내러티브의 영향으로 예술은 단순히 똑같이 그리는 것에서 벗어났다.

46 다음 글에 대한 이해로 가장 적절하지 않은 것은?

최근 신문의 경제면에 자주 등장하는 용어 중 하나인 '공유 경제'란 개인이나 단체 소유의 다양한 자원을 다른 사람들이 함께 사용할 수 있도록 개방하는 것을 말한다. 경제 침체가 오래 지속되면서, 과잉 생산과 과소비를 자제하고 물건을 여럿이 공유해서 사용하려는 움직임이 생겨났다. 이는 스마트폰의 발달 및 사회 관계망 서비스[SNS]의 확산과 같은, 언제 어디서나 정보와 지식을 교환할 수 있게 해 주는 기술의 발달과 맞물려 널리 확산되었다.

이러한 공유 경제의 목적은 공유와 협력을 통해 물건에 대한 접근권을 확보함으로써 공동의 이익을 창출하는 데 있다. 공유 경제의 출현 이전에는 어떤 물건을 사용하려면 그에 대한 독점적 소유권이 필요했고, 이를 위해 많은 비용을 지불해야 했다. 그러나 공유 경제의 출현으로 사람들은 더 적은 비용을 들이고도 필요한 만큼만 그 물건을 사용할 수 있게 되었다.

그렇다면 공유 경제에서 공유는 어떤 과정으로 이루어질까? 우선 공유할 물건이 있어야 한다. 자주 쓰지 않는 악기, 매일 사용하지는 않는 사무실 등이 공유의 대상으로 활용되는데, 공유할 수 있는 물건의 범위가 점차 늘어나는 추세이다. 다음은 이를 필요로 하는 사람들과의 연결로, 이 연결은 주로 SNS나 공유 경제 업체를 통해 이루어진다. 이렇게 SNS나 업체에 의해 서로 연결된 사람들끼리 비용이 합의되면 공유가 이루어진다.

공유 경제는 공동의 이익 추구를 가능하게 한다. 가까운 미래에 공유 경제는 주도적인 경제 체제로 사람들의 삶에 큰 영향을 끼칠 것으로 보인다.

① 공유의 대상이 점점 다양해지는 경향을 보이고 있다.
② 통신 기술의 발달은 공유 경제에 긍정적인 영향을 주었다.
③ 공유 경제의 등장으로 인해 독점적 소유권의 필요성이 낮아졌다.
④ 공유 경제는 기존의 경제가 활발하게 성장하면서 등장하게 되었다.

47 하이데거의 견해에 부합하지 않는 것은?

기술의 발전에 따라 기술이 인류의 생존 자체를 위협할 수도 있다는 점에서 기술을 바라보는 새로운 철학적 관점이 등장하였다. 20세기에 이르러 독일의 철학자 하이데거를 필두로 기술의 진정한 본질은 무엇인지, 기술은 인간에게 어떤 존재적 의미와 가치를 지니는지 등에 대한 진지한 철학적 고민이 시작된 것이다. 하이데거는 기술을 도구로 파악하였지만, 그 기술은 인간이 세계의 사물들과 교섭하는 창구로서 사물들의 존재 의미를 구성하는 능력을 지닌 비중립적 존재임을 강조한다. 하이데거에 따르면 거대한 우주를 관측할 때 우리는 전파 망원경 같은 도구를 통해 세계에 대한 정보를 얻게 되는데, 이때 도구가 세계와 어떻게 관계를 맺는가에 따라 우리가 갖는 세계에 대한 존재론적 의미가 달라진다는 것이다.

가령 맨눈으로 황금빛 보름달을 관찰하는 경우, 천체 망원경으로 달의 운동을 관측하는 경우, 그리고 특수 기능의 전파 망원경으로 달을 구성하는 물질들의 성분을 관측하는 경우, 이때 각각의 도구를 통해 드러나는 달의 존재 의미는 달라진다. 첫 번째 달은 시적인 존재로서의 의미를, 두 번째 달은 지구 주위를 도는 위성으로서의 존재 의미를 갖게 된다. 하지만 세 번째 달은 특정한 광물질의 보고(寶庫)로서의 존재 의미를 갖게 된다. 이렇게 기술은 세계의 존재론적 의미를 새롭게 구성하는 능력을 가지고 있다고 하이데거는 주장한다.

이처럼 하이데거는, 기술은 더 이상 인간과 세계에 중립적으로 작용하는 단순한 도구가 아니며, 인간과 세계의 관계를 왜곡시키거나 변형시킬 수 있는 힘을 가지고 있다고 보았다. 그는 기술이 더 이상 인간을 위한 도구가 아니라, 인간으로 하여금 세계를 특정한 방식으로 보도록 압박하는 존재일 수 있음을 경고하고 있다.

① 기술은 세계의 의미를 새롭게 구성할 수 있다.
② 기술은 인간과 세계에 중립적이지 않은 존재이다.
③ 기술은 인간이 갖는 세계의 의미를 달라지게 한다.
④ 기술은 발전할수록 인간에게 많은 도움을 줄 수 있다.

48 다음 글의 내용과 부합하는 것은?

한옥의 원통 구성은 '외파 증식'의 방식으로 발전해 온 한옥의 형성 과정과도 관련이 깊다. 한옥의 평면 구성을 보면 개별 채에서부터 한 번 꺾인 'ㄱ' 자형, 두 번 꺾인 'ㄷ' 자형, 세 번 꺾여 에워싸는 'ㅁ' 자형, 에워싼 다음 한 번 더 뻗어 나간 'ㅂ' 자형 등 그 구성 방식이 다양하다. 이처럼 씨앗이 발아하듯 방 하나의 기본 공간 단위가 밖으로 증식하면서 분할하는 것이 외파 증식이다. 이는 윤곽을 먼저 정하고 안으로 잘라 들어가며 구성하는 서양의 '내파 분할' 구성과 반대되는 한옥만의 독특한 특징이라고 할 수 있다.

이러한 한옥 공간에서는 여러 공간을 거쳐 가는 돌아가기와 최단 거리로 가는 질러가기가 모두 가능하다. 돌아가는 동선은 여러 개인데, 이는 이동 과정을 선택할 수 있고 그 과정에서 느끼는 경험의 종류가 많다는 것이다. 이것은 이동의 목적과 성격, 이동하는 사람의 상황과 마음 상태 등의 여러 조건에 따라 동선을 선택할 수 있음을 의미한다. 또한 한옥에는 급할 때 이쪽에서 저쪽까지 한걸음에 달려갈 수 있는 지름길도 있다.

이처럼 한옥은 공간의 다양한 가능성을 보여 준다. 한옥은 서로의 개성을 존중하면서도 안팎의 분별을 없애 어울림을 추구하려는 한국인의 가치관을 구현하고 있는 것이다.

① 한옥의 구조에는 한국인의 사상과 성격이 반영되어 있다.
② 한옥은 여러 곳을 거쳐 돌아가야 하는 동선들만 존재한다.
③ 한옥은 자연과 공간의 조화를 위해 건물의 외곽을 먼저 정한다.
④ 한옥과 서양 구조물은 생김새가 다를지라도 형성 과정은 유사하다.

49 다음 글의 내용과 부합하는 것은?

고려 속요는 고려 시대 궁중에서 형성되어 조선 시대까지 궁중 연향(宴饗)에서 전승되어 불린 노래를 가리킨다. 고려 속요의 기원과 형성에는 민간의 노래가 관여되었다.

민간의 노래가 궁중 잔치의 노래로 사용된 연원은 중국의 오래된 시집인 『시경(詩經)』의 '풍(風)'에서 찾을 수 있다. '풍'에는 민간의 노래가 실려 있는데 사랑 노래가 대부분이다. '풍'에 실린 노래는 중국은 물론 고려와 조선의 궁중 잔치에서도 불렸다. 또한 조선의 궁중에서는 이를 참고하여 연향 악곡을 선정하였다.

남녀 간의 사랑 노래를 포함한 민간의 노래가 궁중악으로 수용될 수 있었던 까닭은 무엇일까? 왕을 정점으로 하는 통치 구조에서는 왕권을 공고히 하고 풍속을 교화(敎化)하는 수단이 필요했는데, 예법(禮法)과 음악도 중요한 역할을 하였다. 이때 그 과정에서 민중의 생활상을 진솔하게 반영한 노래 가운데 인륜의 차원으로 확장될 가능성이 있는 노래들은 통치 질서를 구현하기에 적합한 노래로 여겨져 궁중악으로 편입되었다. 특히 남녀 간의 사랑 노래는 그 화자와 대상이 '신하'와 '임금'의 구도로 치환되기 용이했기 때문에 궁중악으로 편입될 수 있었다. 이처럼 민간 가요의 궁중 악곡으로의 전환은 하층에서 상층으로의 편입·흡수 과정을 통해 상·하층이 노래를 함께 향유한 화합의 차원으로 볼 수 있다.

① 음악은 예법과 더불어 왕권을 강화하는 데 큰 역할을 하였다.
② 남녀 간의 사랑 노래는 풍속을 해칠 우려가 있어 궁중악으로 편입되었다.
③ 고려 속요는 고려 시대 궁중에서 형성되어 향유된 이후 그 자취를 감추었다.
④ 궁중악은 그 엄격함으로 인해 궁중에서 별도로 제작한 노래만을 사용하였다.

50 다음 글에 대한 이해로 가장 적절한 것은?

'전략적 공약'은 자신의 선택 가능성을 스스로 제한하여 상대를 압박하고, 이를 통해 이익을 추구하는 것을 말한다. 그렇다면 이러한 전략적 공약이 성공하기 위해서는 어떤 조건을 갖추어야 할까? 자신의 선택이 무엇인지 상대가 직접 눈으로 확인하고 인식하도록 하는 가시성과 인식 가능성, 그리고 동시에 그 선택이 실행될 것이라는 충분한 믿음을 주는 신뢰성이 필요하다. 이 중, 신뢰성을 획득하는 것이 가장 중요한데, 그 방법은 다음과 같다.

첫째, 후퇴할 길을 스스로 봉쇄하는 '배수진 전략'이 있다. 일례로 유명 미술가가 몇 장의 판화 작품만을 제작한 후 공개적 장소에서 그 판화의 원판을 부수는 경우를 들 수 있다. 이를 통해 그 원판으로 동일한 작품을 더 이상 찍어 내지 않을 것임을 사람들이 믿도록 하는 것이다. 둘째, 계약 내용을 통해 기업이 기존에 내린 결정을 변경할 수 없게 만드는 방법이 있다. 어떤 기업이 '신규 고객을 유치하기 위해 추가 할인 혜택을 부여하는 경우, 동일한 계약을 맺은 기존 고객들에게도 같은 혜택을 제공하겠다.'라는 내용을 계약서에 넣는 것이 그 예에 해당한다. 이렇게 되면 해당 기업은 계약 준수의 법적 의무를 지게 되며, 이로 인해 소비자와 경쟁사는 해당 기업이 계약 내용을 준수할 것임을 신뢰하게 되는 것이다. 셋째, 기업의 공약 내용을 변경할 수 있는 권한을 별도의 독립적 대상에게 위임해 번복 가능성을 낮추는 방법이 있다. 특정 수준의 물가 유지를 공약한 정부는 오랫동안 경기 침체를 겪게 될 경우, 화폐의 유통량을 확대하여 경기 부양을 하고 싶을 것이다. 그러나 이를 실행하면 물가가 인상된다. 이것을 막기 위해 화폐 유통에 대한 의사 결정 권한을 독립성이 보장된 중앙은행에 두는데 이것이 바로 권한 위임의 사례이다.

① 법적인 장치를 통해 전략적 공약의 신뢰성을 확보할 수 있다.
② 원판을 부수는 행위를 직접 보여 줌으로써 가시성을 확보할 수 있다.
③ 인식 가능성을 확보하는 것이 전략적 공약의 성공에 가장 중요한 요소이다.
④ 정부가 화폐 유통에 대한 결정권을 중앙은행에 두는 것은 선택지를 늘리기 위함이다.

51 다음 글의 내용과 부합하지 않는 것은?

우리 몸 안에서 가장 큰 장기는 간으로, 커다란 크기만큼 하는 일이 많아서 '인체의 화학 공장'이라고 한다. 우선 우리가 음식을 섭취하게 되면 위나 장에서 영양소를 흡수하게 되는데, 여기서 흡수된 여러 영양소는 대부분 혈액을 통해 간으로 이동한다. 간은 그 영양소들을 몸에서 요구하는 다른 영양소로 만들거나, 우리 몸을 위해 저장하기도 한다. 이런 것들이 가능한 이유는 간의 구조와 혈액의 공급 방식 때문이다.

간은 육각형 기둥 모양의 간소엽이라는 작은 공장들로 이루어져 있고 그 내부는 간의 주요 기능을 수행하는 간세포로 채워져 있다. 간소엽의 중심부에는 중심 정맥이 놓여 있어 간을 거친 혈액을 간정맥으로 보내 심장으로 흐르게 한다. 그리고 육각형 기둥의 각 모서리에는 간문맥, 간동맥, 담관이 지나가고 있는데, 간문맥과 간동맥은 혈액이 다른 장기에서 간으로 유입되는 관이고, 담관은 담즙이 간에서 배출되는 관이다.

인체의 거의 모든 장기의 혈액 순환은 혈액이 동맥으로 들어와 모세 혈관을 거치면서 산소와 영양소의 교환이 이루어진 다음에 정맥을 통해 나가는 방식이다. 그러나 간의 혈액 순환은 예외적으로 혈액이 간동맥과 간문맥이라는 2개의 혈관을 통해서 들어와 미세 혈관을 지나 중심 정맥으로 흘러 나간다. 이 과정을 자세히 살펴보면 동맥인 '간동맥'을 통해서 들어오는 혈액은 산소를 운반하고, 소장과 간을 연결하는 혈관인 '간문맥'을 통해서 들어오는 혈액은 위나 장에서 흡수된 영양소를 간으로 이동시킨다.

① 간정맥은 혈액을 배출하고, 담관은 담즙을 배출한다.
② 간세포가 모여 간소엽을 이루고, 간소엽이 모여 간을 이룬다.
③ 간은 하나의 혈관으로 혈액을 공급받고 하나의 혈관으로 내보낸다.
④ 간은 우리 몸에 흡수된 영양소를 다른 영양소로 만들거나 저장한다.

52 다음 글에 대한 이해로 적절하지 않은 것은?

금리는 이자 금액을 원금으로 나눈 비율로 '이자율'이라고 한다. 자금의 수요자에게는 자금을 빌린 대가로 지급하는 비용이 발생하며, 공급자에게는 현재의 소비를 희생한 대가로 이자 수익이 생긴다. 금융 시장에서 금리는 자금의 수요자와 공급자를 연결시키는 역할을 한다.

금리는 일반적으로 '명목 금리'와 '실질 금리'로 구분한다. 명목 금리는 금융 자산의 액면 금액에 대한 금리이며, 실질 금리는 물가 상승률을 감안한 금리로 명목 금리에서 물가 상승률을 빼면 알 수 있다. 물가 상승률이 높아지면 돈의 실제 가치인 실질 금리는 낮아지고, 물가 상승률이 낮아지면 실질 금리는 높아진다. 예를 들어 1년 만기 정기 예금의 명목 금리가 6%인데 1년 사이 물가가 7% 올랐다면, 실질 금리는 −1%로 예금 가입자는 돈의 가치인 구매력에서 손해를 본 셈이다.

그리고 명목 금리보다는 일정 기간 실현된 실제의 이자 수익률인 '실효 수익률'을 따져 보아야 한다. 실효 수익률은 이자의 계산 방식에 따라 달라진다. 예를 들어 보통 '만기 1년의 연리 6%'는 돈을 12개월 동안 은행에 예치할 경우 6%의 이자가 붙는다는 의미이다. 정기 예금은 목돈인 100만 원을 납입하고 1년 뒤에 이자로 6만 원을 받지만, 매월 일정액을 불입해 목돈을 만드는 정기 적금은 계산법이 다르다. 정기 적금은 첫째 달에 불입한 10만 원은 만기까지 12개월 분 6%의 이자가 붙지만, 둘째 달에 불입한 10만 원은 11개월의 이자 5.5%만 받는다. 돈의 예치 기간이 줄면 이자도 줄어 실효 수익률은 3.9%에 불과하다. 이런 이자 계산의 방식은 대출 금리도 유사하다. 1년 뒤에 원금을 한 번에 갚는다면, 대출 금리가 연 6%일 경우 6만 원을 이자로 내야 한다. 하지만 원금을 12개월로 나누어 갚으면, 줄어든 원금만큼 매월 이자도 적어진다.

또 예금이나 적금의 기간이 길어서 이자를 여러 번 받는다면, 매번 지급된 이자가 원금이 되어서 이자에 이자가 붙는 복리인지, 원금에 대한 이자만 붙는 단리인지도 살펴야 실효 수익률을 알 수 있다. 여기에 이자는 금융 소득이어서 소득세 14.0%와 주민세 1.4%를 내야 한다는 것도 생각해야만 실제로 내 손에 들어오는 이자 금액이 나온다.

결국 돈을 어떻게 쓰고, 모으고, 굴리고, 빌릴지의 선택 상황에서 정확한 계산을 해야 손해를 보지 않는다. 현재의 소비를 늦추고 미래를 계획하는 사람이라면, 자신의 자산을 안전하게 형성할 필요가 있다. 금리에 대한 정확한 이해와 계산이 현재의 소비와 미래의 소비를 결정하는 중요한 기준이라는 점을 잊지 말아야 한다.

① 원금을 한 번에 갚을 때와 나누어 갚을 때의 이자율은 동일하다.
② 원금이 그대로일 때 금리가 올라간다면 이자 금액이 오를 것이다.
③ 명목 금리보다 물가 상승률이 높아졌다면 그동안 저축된 돈의 가치는 떨어진 셈이다.
④ 총액이 같다면, 한 번에 전부 맡기는 것보다 매달 정기적으로 저축하는 것이 더 유리하다.

53 다음 글의 내용으로 알 수 없는 것은?

항생제는 세균에 대한 항균 효과가 있는 물질을 말한다. '프로폴리스'같이 자연적으로 존재하는 항생제를 자연 요법제라고 하고, '설파제'같이 화학적으로 합성된 항생제를 화학 요법제라고 한다.

현재 사용되고 있는 많은 항생제들은 곰팡이가 생성한 물질을 화학적으로 보다 효과가 좋게 합성한 것들이어서 넓은 의미에서는 이들도 화학 요법제라고 할 수 있을 것이다. '페니실린', '세파로스포린' 같은 것은 우리 몸의 세포에는 없는 세균의 세포벽에 작용하여 세균을 죽이는 것이다. 그 밖의 항생제들은 '테트라사이크린', '클로로마이신' 등과 같이 세균 세포의 단백 합성에 장애를 만들어 항균 효과를 나타내거나, '퀴노론', '리팜핀' 등과 같이 세균 세포의 핵산 합성을 저해하거나, '포리믹신' 등과 같이 세균 세포막의 투과성에 장애를 일으켜 항균 효과를 나타낸다.

① 항생제의 정의
② 항생제의 내성 정도
③ 항생제의 구체적 종류
④ 항균 작용의 다양한 모습

54 다음 글의 내용과 부합하지 않는 것은?

일반적으로 사람들은 정서와 감정을 동일한 것으로 여긴다. 그런데 오늘날의 심리 철학에서는 '정서'라는 개념을 특정 시점에서의 주관의 정신 상태라고 정의하면서 정서와 감정을 개념적으로 구분하고, 정서의 본질에 대해 이전부터 계속되어 온 철학적 탐구를 이어 가고 있다.

정서의 본질에 대한 전통적인 논의는 크게 두 방향의 이론으로 설명할 수 있는데, 하나는 '감정 이론'이고 다른 하나는 '인지주의적 이론'이다. 다음 사례에서 드러나는 정서의 요소를 바탕으로 두 이론의 대립하는 방향성을 확인할 수 있다. 민호가 전신주 옆에서 버스를 기다리고 있을 때, 전신주 변압기에서 연기가 솟아났고 민호는 갑자기 공포에 빠져들게 된 상황을 가정해 보자. 이때 민호의 공포라는 정서에서 감정적 요소에 해당하는 것은 민호가 느끼는 공포감이라는 느낌이고, 인지적 요소에 해당하는 것은 민호가 연기를 보았을 때 '민호 자신이 위험한 상황에 처했다.'라는 명제로 표현될 수 있는 판단이나 믿음이다. 감정 이론은 전자를 중심으로 정서를 정의하는 이론이고, 인지주의적 이론은 후자를 중심으로 정서를 정의하는 이론이다.

감정 이론은 특정 정서를 그 정서가 내포하는 특정 감정, 즉 자신도 모르게 생기는 느낌과 동일시하는 이론이다. 감정 이론에 따르면, 정서를 이해하는 것은 인지적인 요소가 아니라 감정적인 요소를 통해서 가능하다. 즉 상황에 대해서 어떻게 판단하고 믿느냐가 아니라 어떻게 느끼느냐를 이해하는 것을 통해서만 가능하다는 것이다. 감정 이론은 앞의 예에서 공포라는 민호의 정서를 공포감이라는 감정적 요소와 동일시하면서 민호의 정서를 이해하는 데 있어 인지적 요소는 배제한다. 인지적 요소인 판단과 믿음은 앞의 예에서 민호가 연기를 보았다고 가정했을 때 그 '연기'와 같은 구체적인 대상을 전제하는데, 감정 이론은 판단과 믿음을 배제하기 때문에 정서의 지향적인 성격을 부정한다. 또한 감정 이론을 바탕으로 할 때, 감정은 정서와 동일시되므로 의지에 의해 통제되기 힘든 감정의 속성은 그대로 정서의 속성이 된다.

감정 이론은 사람들이 일상적으로 정서를 감정과 동일시하는 보편적인 성향을 잘 설명할 수 있다는 장점을 지닌다. 사람들이 '어떤 사람이 공포의 정서 상태에 있다.'라는 말의 의미를 전달하기 위해서, 이 말보다 '어떤 사람이 공포를 느낀다.'라는 말을 더 자연스럽게 여기는 것은 정서와 감정을 동일시하는 사람들의 보편적인 성향을 잘 보여 준다. 그러나 감정 이론은 정서들을 분류하는 데 한계를 지닌다. 왜냐하면 감정 이론은 감정 외적인 인지적 요소를 배제하고 감정적 요소만을 강조하기 때문에 개별 정서의 차이를 구분하여 설명하지 못하고 단지 각각의 정서가 다르게 느껴진다고 이야기한다.

① 사람들은 보편적으로 감정과 정서를 동일시한다.
② 감정 이론은 개별 정서의 차이를 세세하게 설명하지 못한다.
③ 정서의 본질에 대한 논의는 크게 두 가지의 이론으로 나뉜다.
④ 감정 이론은 판단이나 믿음을 인지적 요소로 인정하지 않는다.

55 다음 글에 제시되어 있지 않은 내용은?

한자와의 밀착을 특징으로 하는 전통적 방법을 떨쳐 버리고 새로운 어원 연구를 개척한 학자는 권덕규였다. 지난 1920년대에 그가 논한 단어는 모두 합해야 여남은에 불과하지만 중세어와 고대어의 어원에서 출발한 점이 주목을 끈다. 그중에서도 '시내'를 '실'과 '내'의 복합어로 보고 『삼국유사』에 나타나는 인명 표기와 지명 표기의 예를 들어 '실'이 골짜기를 뜻한 고대어 단어라고 한 것은 탁견이었다. 그 뒤에 충청, 전라, 경상 지역의 속지명에 '밤실', '돌실' 등이 경성드뭇하게 흩어져 있음이 확인됨으로써 '실'의 존재가 확증되었다.

이렇게 새로이 시작된 어원 연구는 오늘날까지 계속되었지만 아직 확고한 터전을 닦았다고 할 수 없는 처지에 있다. 그 가장 큰 이유는 어원 연구는 음운, 문법, 어휘, 의미 등 여러 분야의 역사적 성과가 충분히 축적되었을 때에 비로소 믿음직한 결과를 얻을 수 있기 때문이다. 어원 연구는 하나하나의 단어를 대상으로 이루어지므로 체계와는 상관없는 것으로 생각하기 쉽지만, 어느 한 단어의 내력을 밝히고 그 근원에까지 거슬러 올라가는 일은 국어의 역사를 비추는 크고 작은 조명들이 그 단어에 초점을 맞출 때에 비로소 달성될 수 있을 것이다.

① 어원 연구의 구체적 사례
② 어원 연구의 기초적 조건
③ 새로운 어원 연구를 개척한 인물
④ 새로운 어원 연구 방법이 오늘날 지니는 의의

56 다음 글의 내용과 부합하지 않는 것은?

조선 시대 유학자들은 도덕적이고 규범적이며 사람다운 삶을 강조하는 성리학을 받아들였다. 성리학은 우주의 근원과 질서, 그리고 인간의 심성과 질서를 '이'와 '기' 두 가지를 통해 설명하고 이를 바탕으로 인간과 세계를 연구하는 학문이다. 그래서 성리학을 이기론 또는 이기 철학이라고도 부른다. 성리학에서 일반적으로 '이'는 만물에 내재하는 원리이고, '기'는 그 원리를 현실에 드러내 주는 방식과 구체적인 현실의 모습이라 할 수 있다. '이'는 '기'를 통해서 드러난다. '이'는 언제나 한결같지만 '기'는 여러 가지 모습으로 존재하므로, 우주 만물의 원리는 그대로지만 형체는 다양하다. 이러한 '이'와 '기'를 어떻게 보는가에 따라 성리학자들이 현실을 해석하고 인식하는 자세가 달라진다.

'기'를 중시했던 대표적인 성리학자로 서경덕을 들 수 있다. 그는 '기'를 우주 만물의 근원이라고 보았다. 서경덕에 의하면, 태초에 '기'가 음기와 양기가 되고, 음기와 양기가 모이고 흩어지고를 반복하면서 하늘과 땅, 해와 달과 별, 불과 물 등의 만물이 만들어졌다. '기'는 어떤 외부의 원리나 힘에 의해 움직이는 것이 아니라 스스로 움직여 만물을 생성하고 변하게 한다. 하지만 '이'는 '기' 속에 있으면서 '기'가 작용하는 원리로 존재할 뿐 독립적으로 드러나거나 작용하지 않는다. 즉 '이'와 '기'는 하나이며, 세계에 드러나는 것은 '기'뿐이라는 것이다. 이와 같은 입장을 '기일원론(氣一元論)'이라 한다. 기일원론의 바탕에는, 현실 세계의 모습은 '기'의 움직임에 의한 것이므로, '기'가 다시 움직이면 현실도 변할 수 있을 것이라는 사고가 깔려 있다.

'이'를 중시했던 대표적인 성리학자는 이황이다. 이황은 서경덕의 논의를 단호하게 비판하며 '이'와 '기'는 하나가 아니라는 주장을 펼쳤다. 그는 '이'를 우주 만물의 근원이자 변하지 않는 절대적 가치이며 도덕 법칙이라고 보았다. '이'는 하늘의 뜻이며 만물이 선천적으로 지니고 태어나는 본성이라고 여겼다. 따라서 인간이 '이'를 깨우치고 실행하면 하늘이 부여한 본성을 회복하고, 인간 사회는 천도에 맞는 이상적이고 도덕적인 질서를 확립한다고 보았다. 현실 사회가 비도덕적이고 타락한 모습을 보이는 이유는 인간이 본성을 잃어버리고 사악한 마음을 따르기 때문인데, 이러한 사악한 마음은 인간의 생체적 욕구, 욕망 등인 '기'에서 나오는 것이다. 따라서 '이'와 '기'가 하나일 수는 없으며, 둘은 철저히 구분되어야 한다는 것이 이황의 주장이다. 이러한 입장을 '이기이원론'이라 한다.

① 서경덕은 이황과 달리 '이'와 '기'를 하나로 보았다.
② 서경덕은 현실을 개선하기 위해서는 '기'가 중요하다고 보았다.
③ 성리학자마다 '기'와 '이'에 대한 세부적인 관점에 차이가 존재했다.
④ 이황은 현실 사회의 문제점이 인간의 본성이 악하기 때문이라 생각했다.

57 다음 글의 내용과 일치하지 않는 것은?

문자는 사물이나 자연 현상을 그림으로 나타내는 그림 문자에서 시작되었다고 한다. 그림 문자를 추상화하고 모양을 간략하게 한 것이 한자와 같은 표의 문자이다. 표의 문자는 하나의 개념을 하나의 글자로 표시해야 했기 때문에 점점 수가 늘어나 기억하기가 불편하게 되었다. 그리하여 표의 문자보다 글자 수가 훨씬 적으며, 글자를 의미와 직접 관련되지 않는 발음 표시 기호로 사용하는 표음 문자가 만들어졌다. 이 표음 문자는 음절 전체를 하나의 글자로 나타낸 음절 문자와, 더 나아가 자음과 모음 각각을 글자로 나타낸 음운 문자로 다시 나뉜다. 우리에게 익숙한 문자 중에서 음절 문자에는 일본의 가나가, 음운 문자에는 영어 알파벳이 있다.

한글은 문자 발달사의 마지막 단계인 음운 문자에 속한다. 그런데 한글은 발음 기관을 본떠서 만든 점, 가획을 통해 소리를 자형(字形)과 관련시키고 있는 점 등 매우 독특한 특성들을 가지고 있다. 이런 특성들 중 특별히 자형이 음운 자질을 반영한다는 점에 주목하여, 음운 문자와는 별도로 '자질 문자'를 설정하고 한글을 여기에 귀속시키기도 한다. 즉 발음 위치가 같은 쌍인 'ㄱ, ㅋ'과 'ㄷ, ㅌ'에서 추가된 획은 '거셈'이라는 자질을 나타내므로 한글을 자질 문자로 볼 수 있다는 것이다. 그런데 '자질 문자'란 명칭은 자질 자체를 글자로 만든 것에 붙여야 한다. 다시 말해, '거셈'이라는 자질이 자형에 반영되기만 해서는 안 되고, 이 자질이 하나의 독립된 글자로 나타나야 한다. 이런 점에서 볼 때, 한글을 완전한 의미의 자질 문자로 보기는 어렵다.

문자 발달사의 단계가 반드시 문자의 우수성의 정도와 일치하는 것은 아니므로 한글이 자질 문자가 아니라는 것에 대해 아쉬워할 필요는 없다. 사실 각 문자 부류는 서로 다른 장점을 가지고 있다. 표의 문자는 음성을 매개로 하지 않고 직접 생각을 전달하는 것이 쉽다는 장점을, 음절 문자는 실제 말소리의 단위인 음절을 반영하고 있다는 장점을 가진다. 음운 문자는 적은 수의 글자로 문자 생활을 하게 한다는 점에서 매우 효율적이며, 더욱이 한글처럼 자질 문자의 특성까지 가지고 있으면 자형끼리의 유사성에 의해 쉽게 배울 수 있다는 장점까지 추가로 가지게 된다. 우리가 주목해야 할 것은 한글이 몇 가지 문자 부류의 장점을 동시에 가지고 있다는 것이다.

하나의 문자가 서로 다른 문자 부류의 특성을 가지고 있는 예는 흔히 발견된다. 한자는 표의 문자이지만, '印度, 伊太利[나라 이름]'처럼 외국어 고유 명사를 표기할 때에는 주로 글자의 음을 이용하므로 문자 운용의 관점에서 보면 음절 문자의 특성도 가지고 있다. 한글은 음운 문자이면서 자질 문자의 특성을 가지고 있을 뿐만 아니라, 자음과 모음을 한 글자로 모아씀으로써 문자 운용의 관점에서 보면 음절 문자의 특성까지 가지고 있다. 이렇게 보면 한글은 문자 발달사의 각 단계 문자 부류들이 보여 주는 장점들을 다른 문자보다 더 많이 가지고 있는 독특한 문자라는 것을 알 수 있다. 즉 음운 문자이므로 효율적이고, 자질 문자의 특성을 가지고 있어 배우기가 쉬울 뿐만 아니라, 모아쓰기를 함으로써 음절 문자의 장점도 취하고 있는 것이다.

① 한글은 한자에 비해 글자의 수가 적은 편이다.
② 한글은 음운 문자, 자질 문자, 음절 문자의 특성을 가지고 있다.
③ 한글과 한자 모두 자질 자체를 글자로 만든 것이라는 특징이 있다.
④ 한자는 외국어 고유 명사를 표기할 때 주로 글자의 음을 이용한다.

58 '언간'과 '언해'에 대한 설명으로 적절한 것은?

몇 해 전 경북 안동의 묘에서 16세기에 쓰인 한글 편지가 발견되어 세간의 관심을 끌었다. 여기에는 먼저 세상을 떠난 남편에 대한 절절한 애도의 마음이 담겨 있었다. 이와 같이 조선 시대에 쓰인 옛 한글 편지를 '언간(諺簡)'이라 한다. 언간은 우리말의 옛 모습을 살펴볼 수 있고 당시 언중들의 생활상을 엿볼 수 있는 귀중한 문헌 자료이다. 지금까지 많은 언간이 전해지지만 사대부 간에 주고받은 것은 찾아보기 어렵다. 또한 그 내용에 있어서도 개인적인 사연이나 감정을 드러낸 것이 대부분이었다.

언간의 특징 중에서 두드러진 것은 언간이 당시 자료인 언해(諺解)*에 보이는 문체적 특징과 비교하여 큰 차이를 보인다는 점이다. 언해 자료는 번역의 속성상 원문인 한문의 간섭이나 제약을 많이 받는다. 예를 들어 17세기 언해 자료인 『동국신속삼강행실도』의 '그 어미와 밋 싀어미로 더브러[與其母及姑]' 부분을 보면, 우리말 어법에 필요 없는 '밋'이 더 들어 있다. 또한 '밤 들매 미처 ᄀᆞ마니 나가'라고 해야 할 것을 '밋 밤 들매 ᄀᆞ마니 나가[及夜間潛出]'라고 하여 어순이 부자연스럽다. 그러나 언간은 원문의 간섭이나 제약이 애초부터 없기 때문에 자연스러운 우리말의 모습을 보여 준다.

언간은 특정 청자와의 대화 상황을 전제하기 때문에 어느 자료보다 구어적 성격이 강하다.

> 자내 여ᄒᆡ고 아ᄆᆡ려 내 살 셰 업ᄉᆞ니 수이 자내ᄒᆞᆫᄃᆡ 가고져 ᄒᆞ니 날 ᄃᆞ려가소 자내 향히 ᄆᆞᄋᆞᆷ을 ᄎᆞᆼ싱 니ᄌᆞᆯ 주리 업ᄉᆞ니
> (자네 여의고 아무래도 내 살 수가 없으니 빨리 자네한테 가고자 하니 날 데려가소. 자네 향한 마음을 이승에서 잊을 줄이 없으니)

위에서 보듯이 아내가 남편한테 '자내'라는 호칭어를 쓰면서 애틋한 마음을 드러내고 있다. 또한 조사 '에게'에 비해 구어적 성격이 강한 '한테'의 옛 형태인 'ᄒᆞᆫᄃᆡ'가 이미 16세기 언간에서부터 쓰이고 있었고, 'ᄒᆞ여'가 '히'로 축약된 어형이 언해에 비해 상대적으로 일찍 나타나고 있다.

* 언해: 한문을 한글로 풀어 쓴 글.

① 언간은 대화 상황을 전제하여 사용되었다.
② 언간은 사대부들이 주로 창작하였다.
③ 언해는 언간에 비해 우리말 어법에 부합했다.
④ 언간은 주로 공식적인 문서 작성에 사용되었다.

59 다음 글의 '이론 X'에 근거한 판단으로 적절한 것만을 〈보기〉에서 모두 고르면?

2021 지방직(= 서울시) 7급

이론 X에 따르면, 'A가 B의 원인이다.'는 '만약 A가 일어나지 않았더라면 B도 일어나지 않았을 것이다.'와 같다. 예를 들어 '기온이 낮아진 것이 온도계 눈금이 내려간 원인이다.'는 '만약 기온이 낮아지지 않았더라면 온도계 눈금은 내려가지 않았을 것이다.'와 같다.

이론 X에서 '만약 A가 일어나지 않았더라면 B도 일어나지 않았을 것이다.'의 의미는 무엇인가? 그것은, A가 일어나지 않고 B가 일어난 상황보다, A가 일어나지 않고 B도 일어나지 않은 상황이 A가 일어나고 B도 일어난 사실과 더 유사하다는 것이다. 가령 '만약 기온이 낮아지지 않았더라면 온도계 눈금은 내려가지 않았을 것이다.'라는 것은, 기온이 낮아지지 않고 온도계 눈금이 내려간 상황보다, 기온이 낮아지지 않고 온도계 눈금이 내려가지 않은 상황이 기온이 낮아졌고 온도계 눈금이 내려간 사실과 더 유사하다는 것이다.

보기

ㄱ. 갑의 흡연이 갑의 폐암의 원인이라면, 갑이 흡연하지 않았더라면 갑은 폐암에 걸리지 않았을 것이다.
ㄴ. 갑이 홈런을 치지 않고 갑의 팀이 승리한 상황보다, 갑이 홈런을 치지 않고 갑의 팀이 승리하지 않은 상황이 갑이 홈런을 치고 갑의 팀이 승리한 사실과 더 유사하다는 것은, 갑의 홈런이 그 팀의 승리의 원인이라는 것이다.
ㄷ. 까마귀가 날자 배가 떨어졌음에도 까마귀가 난 것이 배가 떨어진 원인이 아니라는 것은, 까마귀가 날지 않고 배가 떨어지지 않은 상황보다, 까마귀가 날지 않고 배가 떨어진 상황이 까마귀가 날고 배가 떨어진 사실과 더 유사하다는 것이다.

① ㄱ, ㄴ
② ㄱ, ㄷ
③ ㄴ, ㄷ
④ ㄱ, ㄴ, ㄷ

60 다음 글의 사례로 적절하지 않은 것은? 2021 국가직 9급

인간은 언어를 사용하며 언어는 인간의 사고, 사회, 문화를 반영한다. 인간의 지적 능력이 발달하게 된 것은 바로 언어를 사용하기 때문이다.

언어와 사고는 기본적으로 상호작용을 한다. 둘 중 어느 것이 먼저 발달하고 어떻게 영향을 주는지는 알 수 없다. 그러나 언어와 사고가 서로 깊은 관계를 맺고 있다는 사실은 여러 가지 근거를 통해서 뒷받침된다.

① 영어의 '쌀(rice)'에 해당하는 우리말에는 '모', '벼', '쌀', '밥' 등이 있다.
② 어떤 사람은 산도 파랗다고 하고, 물도 파랗다고 하고, 보행 신호의 녹색등도 파랗다고 한다.
③ 일상생활에서 어떠한 사물의 개념은 머릿속에서 맴도는데도 그 명칭을 떠올리지 못할 때가 있다.
④ 우리나라는 수박(watermelon)은 '박'의 일종으로 보지만 어떤 나라는 '멜론(melon)'에 가까운 것으로 파악한다.

61 다음 강연 내용에 대한 반응으로 가장 적절한 것은? 2021 지방직(= 서울시) 7급

오늘은 우리의 전통 건축 문화에 나타난 특징에 대해 말씀드릴까 합니다. 지금이야 아파트에 사는 경우가 많아져서 내가 살 집을 이런저런 조건을 고려해서 짓기 어렵습니다만, 옛날에는 그렇지 않았습니다. 집터를 고를 때 첫 번째로 고려한 조건은 지리(地理)입니다. 지리는 집을 둘러싼 전체적인 지형 곧, 산과 물의 조화를 말하는 것이지요. 둘째가 생리(生利), 곧 살기에 얼마나 편리하냐이고 셋째가 인심(人心), 그리고 마지막으로 산수(山水), 곧 경치입니다. 우리 조상들은 집 한 채를 지으려고 해도 집의 위치가 자연 조건과 잘 어울리도록 따져서 집을 지었던 것이지요.

① 우리 조상들은 자연을 모방해서 거주 공간을 지었군.
② 우리 조상들은 거주 공간을 고를 때 인간과 자연을 모두 고려했군.
③ 우리 조상들은 자연을 적극적으로 변용하여 거주의 편리성을 추구했군.
④ 우리 조상들은 거주 공간을 고를 때 지리, 생리, 인심, 산수를 서로 경쟁하는 요소들로 생각했군.

62 다음 글의 내용으로 적절하지 않은 것은? 2019 국가직 7급

20대의 체험은 40대의 체험을 못 따르고, 40대의 체험은 70대의 체험을 못 당할 것이다. 그러므로 장자(莊子)도 소년(少年)은 대년(大年)을 못 따른다고 했다. 그러나 인간이 장수를 한들 몇백 년을 살 것인가. 수백 년 수천 년의 체험은 오직 독서를 통해서만 얻을 것이니, 연령이 문제가 아니라 독서가 문제인 것이다.

책이 너무 많아 일생을 읽어도 부족하다고 걱정할지 모른다. 그러나 내 눈을 꼭 한번 거쳐야 될 필요가 있는 서적이란 열 손가락을 넘지 아니할 것이다. 박학다식이니 박람강기니 하여 널리 알고 많이 기억하지 못하는 것을 걱정할 필요는 없다. 때로는 이것이 오히려 글 쓰는 데 지장이 될 수 있다. 잡박한 지식의 무질서한 기억은 우리의 총명을 혼미하게 할 수도 있기 때문이다.

① 널리 알고 많이 기억하는 것이 글쓰기에 방해가 될 수도 있다.
② 70대의 독서가 20대의 독서보다 글쓰기에 더 도움이 된다.
③ 인간의 체험에는 한계가 있으므로 독서가 중요하다.
④ 자신에게 필요한 독서를 해야 한다.

63 (가)를 바탕으로 할 때, (나)에 나타난 사랑의 모습으로 적절하지 않은 것은? 2018 지방직 7급

(가) 근대적 연애에서 자기 의사를 중시하는 대등한 개인의 만남과 둘 사이에 타오르는 감정의 비중이 부각된다. 특히 상대방의 모습이 불러일으키는 열정은 결정적으로 중요하다. 전통 사회의 남녀 관계에서 가족 사이의 약속, 상대방에 대한 의존 가능성, 서로의 처지와 상황에 대한 비교 같은 외적 기준이 중시되었던 것과 구별되는 특징이라 할 수 있다.

(나) 옳다. 그렇다. 나는 영채를 구원할 의무가 있다. 영채는 나의 은사의 따님이요, 또 은사가 내 아내로 허락하였던 여자라. 설혹 운수가 기박하여 일시 더러운 곳에 몸이 빠졌다 하더라도 나는 그를 건져 낼 책임이 있다. 내가 먼저 그를 찾아다니지 못한 것이 도리어 한이 되고 죄송하거늘, 이제 그가 나를 찾아왔으니 어찌 모르는 체하고 있으리요. 나는 그를 구원하리라. 구원하여서 사랑하리라. 처음에 생각하던 대로, 만일 될 수만 있으면 나의 아내를 삼으리라. 설혹 그가 기생이 되었다 하더라도 원래 양반의 집 혈속이요, 또 어려서 가정의 교훈을 많이 받았으니 반드시 여자의 아름다운 점을 구비하였으리라. 또 만일 기생이라 하면 인정과 세상도 많이 알았을지요, 시와 노래도 잘할지니, 글로 일생을 보내려는 나에게는 가장 적합하다 하고 형식은 가만히 눈을 떴다. 멍하니 모기장을 바라보고 모기장 밖에서 앵앵하는 모기의 소리를 듣다가 다시 눈을 감으며 싱긋 혼자 웃었다. 아까 영채의 태도는 과연 아름다웠다. 눈썹을 짓고, 향수 내 나는 것이 좀 불쾌하기는 하였으나 그 살빛과 눈찌와 앉은 태도가 참 아름다웠다. 더구나 그 이야기할 때에 하얀 이빨이 반작반작하는 것과 탄식할 때에 잠깐 몸을 틀며 보일 듯 말 듯 양미간을 찌그리는 것이 못 견디리만큼 어여뻤다. 아까 형식은 너무 감격하여 미처 영채의 얼굴과 태도를 자세히 비평할 여유가 없었거니와 지금 가만히 생각하니 영채의 일언일동과 옷고름 맨 모양까지도 어여뻐 보인다. 형식은 눈을 감고 한번 더 영채의 모양을 그리면서 싱긋 웃었다. 도리어 저 김장로의 딸 선형이도 그 얌전한 태도에 이르러서는 영채에게 및지 못한다 하였다. 선형의 얼굴과 태도도 얌전치 아니함이 아니지마는 영채에 비기면 변화가 적고 생기가 적다 하였다.

– 이광수, 「무정」 –

① 영채가 형식에게 원하는 것이 형식의 보호라면, 이를 근대적 사랑이라 보기 어렵다.
② 은사가 아내로 허락하였다는 점을 먼저 생각하는 것을 보면 형식의 영채에 대한 감정은 근대적 사랑이라 보기 어렵다.
③ 자신의 처지에 비추어 시와 노래에 능한 영채의 장점을 호평하는 형식의 생각은 열정과 연결시킬 수 있다.
④ 영채의 외모와 행동을 떠올리며 미소 짓는 장면에서 영채에 대한 형식의 열정을 찾을 수 있다.

64 '순자'의 견해에 대한 독자의 반응으로 적절하지 않은 것은?

순자는 하늘을 단지 자연 현상으로 보았다. 그가 생각한 하늘은 별, 해와 달, 사계절, 추위와 더위, 바람 등의 모든 자연 현상을 가리킨다. 따라서 하늘은 사람을 가난하게 만들 수도 없고, 병들게 할 수도 없고, 재앙을 내릴 수도 없고, 부자로 만들 수도 없으며, 길흉화복을 줄 수도 없다. 사람들이 치세(治世)*와 난세(亂世)*를 하늘과 연결시키는 것은 심리적으로 하늘에 기대는 일일 뿐이다. 치세든 난세든 그 원인은 사람에게 있는 것이지 하늘과는 무관하다. 사람이 받게 되는 재앙과 복의 원인도 모두 자신에게 있을 뿐 불변의 질서를 갖고 있는 하늘에 있지 않다.

하늘은 그 자체의 운행 법칙을 따로 갖고 있어 인간의 길과 다르다. 천체의 운행은 불변의 정규 궤도에 따른다. 해와 달과 별이 움직이고 비가 내리고 바람이 부는 것은 모두 제 나름의 길이 있다. 사계절은 말없이 주기에 따라 움직일 뿐이다. 물론 일식과 월식이 일어나고 비바람이 아무 때나 일고 괴이한 별이 언뜻 출현하는 경우는 있을 수 있다. 하지만 이런 일이 항상 벌어지는 것은 아니며 하늘이 이상 현상을 드러내 무슨 길흉을 예시하는 것은 더더욱 아니다. 즉 하늘은 아무 이야기도 하지 않는데 사람들은 하늘과 관련된 이야기를 만들어 낸다는 것이다. 그래서 순자는 천재지변이 일어난다고 해서 하늘의 뜻이 무엇인지 알려고 노력할 필요가 없다고 말한다. 그것이 바로 순자가 말하는 불구지천(不求知天)의 본뜻이다.

순자가 말한 '불구지천'의 뜻은 자연 현상으로서의 하늘이 아니라 하늘에 무슨 의지가 있다고 주장하고 그것을 알아내겠다고 덤비는 종교적 사유의 접근을 비판하려는 것이다. 그러니까 억지로 하늘의 의지를 알려고 힘을 쏟을 필요가 없다. 사람들은 자연 현상에 대해 특별한 의미를 부여하지 말고 오직 인간 사회에서 스스로가 해야 할 일을 열심히 해야 한다. 즉 재앙이 닥치면 공포에 떨며 기도나 하는 것이 아니라 적극적인 행위로 그것을 이겨 내야 한다는 것이다.

순자의 관심은 하늘에 있지 않고 사람에 있었다. 특히 인간 사회의 정치야말로 순자가 중점을 둔 문제였다. 순자는 "하늘은 만물을 낳을 수 있지만 만물을 변별할 수는 없다."라고 말한다. 이는 인간도 만물의 하나로 하늘이 낳은 존재이나 하늘은 인간을 낳았을 뿐 인간을 다스리려는 의지는 갖고 있지 않다는 것이다. 따라서 하늘은 혈기나 욕구를 지닌 존재도 아니다. 그저 만물을 생성해 내는 자연일 뿐이다.

* 치세: 잘 다스려져 태평한 세상.
* 난세: 전쟁이나 사회의 무질서 따위로 어지러운 세상.

① 순자는 일식과 월식 등의 흔치 않은 천체 현상을 보면 두려움을 느꼈겠군.
② 순자는 별자리를 보며 나라의 길흉화복을 점치는 점술가들을 인정하지 않았겠군.
③ 순자는 스스로 하지 못하는 일을 하늘에 의탁하려는 심리를 부정적으로 생각했겠군.
④ 순자는 가뭄의 장기화로 인해 나라가 힘들 때 기우제를 지내는 것은 무의미하다 여겼겠군.

65 다음 글의 서술 방식으로 옳은 것은?

혈액은 세포에 필요한 물질을 공급하고 노폐물을 제거한다. 만약 혈관 벽이 손상되어 출혈이 생기면 손상 부위의 혈액이 응고되어 혈액 손실을 막아야 한다. 혈액 응고는 섬유소 단백질인 피브린이 모여 형성된 섬유소 그물이 혈소판이 응집된 혈소판 마개와 뭉쳐 혈병이라는 덩어리를 만드는 현상이다. 혈액 응고는 혈관 속에서도 일어나는데, 이때의 혈병을 혈전이라 한다. 이물질이 쌓여 동맥 내벽이 두꺼워지는 동맥 경화가 일어나면 그 부위에 혈전 침착, 혈류 감소 등이 일어나 혈관 질환이 발생하기도 한다. 이러한 혈액의 응고 및 원활한 순환에 비타민 K가 중요한 역할을 한다.

① 전문 평론가의 의견을 들어 신뢰성을 높이고 있다.
② 심화적인 설명을 하기 위해 기본적인 이야기로 시작하고 있다.
③ 글의 이해를 돕기 위해 구체적인 예시를 제시하고 있다.
④ 잘못 알려진 지식을 먼저 제시하고 그에 대한 수정을 요구하고 있다.

66 다음 글의 내용과 부합하는 것은?

> 현대 사회의 새로운 미디어 환경에서 개인은 평소 위험에 대해 지나치게 낙관적으로 생각하며 위험에 대해 적절한 대응 행동을 잘 수행하지 않는 경향이 있다. 개인의 이러한 성향을 위험에 대한 '낙관적 편견'이라고 하는데, 이는 개인이 자신보다 다른 사람에 대한 위험이 더욱 심각하다고 인식하는 경향을 의미한다.
>
> 비개인적 효과 가설에 따르면 개인 수준의 위험 인식은 사회 수준의 위험 인식과 달리 주로 대인 커뮤니케이션에 의해 영향을 받게 된다. 대인 커뮤니케이션은 대중 매체와 달리 위험에 대한 상세하고 깊이 있는 생생한 정보들을 전달하기 때문이다. 결과적으로 대인 커뮤니케이션을 통한 위험 정보는 주로 개인 스스로에 대한 위험 인식을 높이게 된다. 이에 따라 대중 매체를 통한 위험 정보 노출 빈도에 비해 대인 커뮤니케이션이 많지 않은 경우 개인은 '낙관적 편견'을 보이게 된다. 비개인적 효과 가설에서는 현대 사회에서 위험 정보가 미디어를 통해 전달되는 경우가 많기 때문에 사회 수준의 위험 인식과 개인 수준의 위험 인식 사이에 불균형이 존재하게 된다고 본다. 가령 대중 매체의 위험 정보에 대한 노출 빈도가 많은 경우에는 '낙관적 편견'이, 혹은 그 반대로 대인 커뮤니케이션을 통한 위험 정보에 많이 노출되는 경우에는 자신이 더욱 위험하다고 느끼는 '비관적 편견'이 나타날 수 있다. 이처럼 비개인적 효과 가설은 개인이 '낙관적 편견'을 갖게 되는 원인을 정보 습득 채널의 차이로 설명하고 있다.

① 비개인적 효과 가설은 대중 매체의 변화에 영향을 미치는 요인을 다각도로 분석하였다.
② 비개인적 효과 가설은 대중 매체로 인한 개인의 편향적 인식을 다루었다.
③ 비개인적 효과 가설은 대중 매체가 개인에게 미치는 계도의 효과를 다양한 측면에서 고찰하였다.
④ 비개인적 효과 가설은 대중 매체에 의한 커뮤니케이션과 대인 커뮤니케이션의 공통점을 분석하였다.

67 다음 글에서 답을 찾을 수 있는 질문이 아닌 것은?

> 어떤 음악이 좋은 것이고 어떤 음악이 나쁜 것일까? 이러한 문제와 관련하여 음악학자인 에게브레히트는 음악을 판단하거나 평가할 때 감성적 판단과 인식적 판단이라는 두 가지 척도가 존재한다고 보았다. 그는 감성적 판단이 '좋다', '나쁘다' 등과 같은 감성적 차원의 언어를 통해 표현될 수 있다고 보았다. 인식적 판단은 감성적 판단에 대한 근거를 설명하는 것으로, 감성적 판단을 이론적으로 해명하는 것이라고 보았다.
>
> 에게브레히트는 음악을 들을 때 감성적인 판단과 인식적인 판단의 비중은 사람에 따라 서로 다르게 나타날 수 있다고 보았다. 예를 들어, 인식적 판단은 문외한에게는 거의 활용되지 않지만 어느 정도 훈련이 된 경우에는 인식적 판단과 감성적 판단이 서로 영향을 미칠 수 있다는 것이다. 그런데 그는 인식적 판단보다 감성적 판단이 근본적인 우위를 차지한다고 보았다.
>
> 음악을 판단하거나 평가하는 것과 관련하여 에게브레히트가 감성적 판단과 인식적 판단의 문제에 관심을 기울인 반면, 달하우스는 주관과 객관의 문제에 관심을 기울였다. 그는 미적 판단은 주관적일 수밖에 없어서 객관적 검증이 필요 없다는 통설적 미학의 견해에 이의를 제기하였다. 그러한 견해를 지닌 사람들은 다수가 취한 쪽을, 즉 집단에 의한 판단을 몰개성적으로 따르는 것에 불과하다는 것이다.

① 음악에 대한 판단에서 에게브레히트와 달하우스의 차이는 무엇인가?
② 에게브레히트는 좋은 음악이 갖추어야 할 요건으로 무엇을 들었는가?
③ 에게브레히트는 감성적 판단과 인식적 판단의 관계를 어떻게 설명했는가?
④ 달하우스는 주관적 판단이 집단에 의한 판단과 어떻게 관련된다고 보았는가?

68 다음 글의 내용을 잘못 이해한 사람은?

심리학에서는 동조(同調)가 일어나는 이유를 크게 두 가지로 설명한다. 첫째는, 사람들은 자기가 확실히 알지 못하는 일에 대해 남이 하는 대로 따라 하면 적어도 손해를 보지는 않는다고 생각한다는 것이다. 둘째는, 어떤 집단이 그 구성원들을 이끌어 나가는 질서나 규범 같은 힘을 가지고 있을 때, 그러한 집단의 압력 때문에 동조 현상이 일어난다는 것이다. 만약 어떤 개인이 그 힘을 인정하지 않는다면 그는 집단에서 배척당하기 쉽다. 이런 사정 때문에 사람들은 집단으로부터 소외되지 않기 위해서 동조를 하게 된다. 여기서 주목할 것은 자신이 믿지 않거나 옳지 않다고 생각하는 문제에 대해서도 동조의 입장을 취하게 된다는 것이다.

동조는 개인의 심리 작용에 영향을 미치는 요인이 무엇이냐에 따라 그 강도가 다르게 나타난다. 가지고 있는 정보가 부족하여 어떤 판단을 내리기 어려운 상황일수록, 자신의 판단에 대한 확신이 들지 않을수록 동조 현상은 강하게 나타난다. 또한 집단의 구성원 수가 많거나 그 결속력이 강할 때, 특정 정보를 제공하는 사람의 권위와 지위, 그에 대한 신뢰도가 높을 때도 동조 현상이 강하게 나타난다. 그리고 어떤 문제에 대한 집단 구성원들의 만장일치 여부도 동조에 큰 영향을 미치게 되는데, 만약 이때 단 한 명이라도 이탈자가 생기면 동조의 정도는 급격히 약화된다.

① 지민: 줄 서기의 경우, 줄을 서 있는 사람이 많을수록 나중에 오는 사람들이 그 줄 뒤에 설 확률이 높아.
② 정국: 특히 응집력이 강한 집단에 항거하는 것은 더 어려운 일이야. 이런 경우, 동조 압력은 더 강할 수밖에 없어.
③ 석진: 동조 현상에 영향을 미치는 요인은 조직의 결속력보다 개인의 신념이라고 볼 수 있겠군.
④ 남준: 아침에 수많은 정류장 중 어디에서 공항버스를 타야 할지 몰랐는데, 스튜어디스 차림의 여성이 향하는 정류장 쪽으로 따라갔었어. 이 경우, 그 스튜어디스 복장이 신뢰도를 높였다고 할 수 있겠네.

69 아도르노의 주장에 부합하지 않는 것은?

아도르노는 서로 다른 가치 체계를 하나의 가치 체계로 통일시키려는 속성을 동일성으로, 하나의 가치 체계로의 환원을 거부하는 속성을 비동일성으로 규정하고, 예술은 이러한 환원을 거부하는 비동일성을 지녀야 한다고 주장한다. 그렇기 때문에 예술은 대중이 원하는 아름다운 상품이 되기를 거부하고, 그 자체로 추하고 불쾌한 것이 되어야 한다는 것이다. 그에게 있어 예술은 예술가가 직시한 세계의 본질을 감상자들에게 체험하게 해야 한다. 예술은 동일화되지 않으려는, 일정한 형식이 없는 비정형화된 모습으로 나타남으로써 현대 사회의 부조리를 체험하게 하는 매개여야 한다는 것이다.

아도르노는 쇤베르크의 음악과 같은 전위 예술이 그 자체로 동일화에 저항하면서도, 저항이나 계몽을 직접적으로 드러내지 않는다는 것을 높게 평가한다. 저항이나 계몽을 직접 표현하는 것에는 비동일성을 동일화하려는 폭력적 의도가 내재되어 있다고 보기 때문이다. 불협화음으로 가득 찬 쇤베르크의 음악이 감상자들에게 불쾌함을 느끼게 했던 것처럼 예술은 그것에 드러난 비동일성을 체험하게 함으로써 동일화의 폭력에 저항해야 한다는 것이다.

아도르노에게 있어 예술은 사회적 산물이며, 그래서 미학은 작품에 침전된 사회의 고통스러운 상태를 읽기 위해 존재한다. 그는 비동일성 그 자체를 속성으로 하는 전위 예술을 예술이 추구해야 할 바람직한 모습으로 제시했다.

① 예술은 서로 다른 가치 체계로의 환원을 거부할 수 없었다.
② 예술은 현대 사회의 부조리를 체험하게 하는 매개여야 한다.
③ 전위 예술은 예술이 추구해야 할 바람직한 모습이다.
④ 비동일성을 체험하게 함으로써 대중에게 불쾌감을 주어야 한다.

70 다음 글에서 알 수 없는 것은?

사유 재산 제도하에서는 누구나 자신의 재산을 자유롭게 처분할 수 있다. 그러나 기부와 같이 어떤 재산이 대가 없이 넘어가는 무상 처분 행위가 행해졌을 때는 그 당사자인 무상 처분자와 무상 취득자의 의사와 무관하게 그 결과가 번복될 수 있다. 무상 처분자가 사망하면 상속이 개시되고, 그의 상속인들이 유류분을 반환받을 수 있는 권리인 유류분권을 행사할 수 있기 때문이다. 이때 무상 처분자는 피상속인이 되고 그의 권리와 의무는 상속인에게 이전된다.

유류분은 피상속인의 무상 처분 행위가 없었다고 가정할 때 상속인들이 상속받을 수 있었을 이익 중 법으로 보장된 부분이다. 만약 상속인이 피상속인의 자녀 한 명뿐이면, 상속받을 수 있었을 이익의 1/2만 보장된다. 상속인들이 상속받을 수 있었을 이익은 상속 개시 당시에 피상속인이 가졌던 재산의 가치에 이미 무상 취득자에게 넘어간 재산의 가치를 더하여 산정한다. 유류분은 상속인들이 기대했던 이익을 보호하기 위한 것이기 때문이다.

피상속인이 상속 개시 당시에 가졌던 재산으로부터 상속받은 이익이 있는 상속인은 유류분에 해당하는 이익의 일부만 반환받을 수 있다. 유류분에 해당하는 이익에서 이미 상속받은 이익을 뺀 값인 유류분 부족액만 반환받을 수 있기 때문이다. 유류분 부족액의 가치는 금액으로 계산되지만 항상 돈으로 반환되는 것은 아니다. 만약 무상 처분된 재산이 돈이 아니라 물건이나 주식처럼 돈 이외의 재산이라면, 처분된 재산 자체가 반환 대상이 되는 것이 원칙이다. 다만, 그 재산 자체를 반환하는 것이 불가능한 때에는 무상 취득자는 돈으로 반환해야 한다. 또한 재산 자체의 반환이 가능해도 유류분권자와 무상 취득자의 합의에 의해 돈으로 반환될 수도 있다.

① 무상 처분 행위에서는 처분 당사자의 의사가 없어도 변경될 수 있다.
② 상속인이 자녀 한 명이면 유류분은 1/2만 법으로 보장된다.
③ 상속받은 금액이 유류분에서 부족한 경우 반환되는 가치는 항상 돈은 아니다.
④ 유류분권자에 대한 무상 취득자의 재산 반환은 합의를 통해 돈으로 반환 가능하다.

71 다음 글을 읽고 난 감상으로 적절하지 않은 것은?

어떠한 법 제도가 사회적으로 바람직한지에 대해 논의하기 위해서는 먼저 바람직함의 판단 기준이 필요하다. 법경제학은 효율을 그 잣대로 사용한다. 효율이란 사회 전체 후생의 크기가 증가하느냐의 여부인데, 후생은 어떤 행동의 결과로 얻는 주관적인 기쁨이나 만족감을 의미한다.

효율은 사후적 효율과 사전적 효율로 나눌 수 있다. 사후적 효율은 현재 주어진 상황에서 최소 비용으로 최대 산출을 얻는다는 의미이고, 사전적 효율은 당사자의 사전적 유인책까지 고려한 개념이다. 절도를 예로 들어 보자. 갑과 을로만 이루어진 사회에서 갑의 물건을 을이 아무 허락도 받지 않고 훔쳐서 사용했다. 물건은 갑으로부터 을로 이전되어, 사회 전체 후생의 크기가 달라지지 않았다고 생각할 수 있겠지만 사실은 그렇지 않다. 해당 물건에 대한 갑과 을의 후생이 서로 다를 수 있기 때문이다. 갑의 후생이 100원이고 을의 후생이 80원이라면 사회 전체적으로는 20원의 후생 감소가 생긴다. 이것이 바로 사후적 효율 측면에서 법이 절도를 금지하는 이유이다. 절도의 문제점은 사전적 효율 측면에서도 설명할 수 있다. 법적으로 절도가 허용된다면 다음과 같은 점들이 예측된다. 먼저 을의 근로 의욕이 떨어질 것이다. 일을 하지 않더라도 필요한 물건을 구할 수 있기 때문이다. 갑의 입장에서는 절도 방지 비용을 지출할 것이다. 이러한 근로 의욕의 저하와 절도 방지 비용 지출은 사회적 후생 증가에 기여하지 못한다. 즉, 사전적 효율 관점에서 볼 때 절도가 허용되면 사회적 후생을 감소시키는 유인책이 생긴다.

① 법경제학에서는 사회적 바람직함을 효율을 기준으로 판단하는군.
② 최소 비용으로 최대 이익을 얻는 것은 사후적 효율로 볼 수 있겠군.
③ 어떤 재화의 이동은 사회 전체 후생에 영향을 주지 않겠군.
④ 사회적 후생 감소를 막기 위해서는 절도를 법적으로 막아야겠어.

72 다음 글을 통해 답변할 수 없는 질문은?

독자 중심의 독서 교육 이론이 등장하기 전에는 독자를 글 안에 담겨 있는 의미를 발견하는 수동적 존재로 여기는 독서 교육 이론이 주를 이루었다. 그러나 독자 중심의 독서 교육 이론에서는 독서를 독자가 자신의 경험과 지식을 활용하여 글과 상호 작용하며 의미를 구성하는 행위라고 정의했다. 의미 구성에 활용하는 경험과 지식을 '배경지식'이라 하는데, 이는 크게 두 유형으로 구분된다. 내용 배경지식은 글의 화제나 주제와 관련해 이미 독자가 지니고 있는 경험과 지식이고, 형식 배경지식은 글의 구조나 담화 관습 등 글의 구성과 표현에 관한 경험과 지식이다.

① 독서 교육 이론의 변화 과정
② 독자 중심의 독서 교육 이론의 정의
③ 배경지식과 독자 중심의 독서 교육의 연관성
④ 배경지식의 하위 분류의 정의

73 다음 글에서 알 수 있는 내용은?

데이터를 주고받을 때, 송신 측은 데이터별로 고유하게 부여된 순서 번호에 따라 순차적으로 데이터를 송신하고, 수신 측은 데이터의 순서 번호에 맞추어 송신 측에 응답 데이터를 보내준다. 만약 수신 측에서 데이터 전송 오류가 발생한 것을 파악했다면 오류가 발생한 데이터를 다시 전송해 주도록 송신 측에 요청해야 한다. 이때 ARQ(자동 반복 요청 방식)을 주로 사용한다. ARQ에서 오류가 없는 데이터가 도착할 때 송신 측에 보내는 수신 측의 응답을 ACK, 전송받은 데이터에서 오류가 검출될 경우에 보내는 수신 측의 응답을 NAK라고 한다. 그런데 송신 측에서는 데이터를 전송한 시점부터 타이머를 작동해 지정된 시간 동안 수신 측으로부터 아무런 응답이 없는 경우 '타임 아웃'으로 간주한다. 타임 아웃은 수신 측이 송신 측에 응답을 하지 않거나, 송신 측과 수신 측이 주고받는 데이터가 상대 측에 도달하지 못하고 전송이 중단된 경우에 발생한다. 송신 측은 타임 아웃이 되는 동시에 데이터를 재전송한다.

① 송신 측과 수신 측의 구별 방법
② 데이터 전송 오류의 원인
③ 타임 아웃이 발생하는 경우
④ 데이터를 재전송하는 과정

74 다음 글에 대한 이해로 적절하지 않은 것은?

특정 상황에서 어떤 방안을 선택함으로써 얻을 수 있는 이익을 그 방안이 갖는 효용이라고 하며, 효용을 최대화하는 행동을 합리적 행위라고 한다. 허버트 사이먼은 합리적 행위와 관련하여 포괄적 합리성과 제한적 합리성이라는 두 가지 관점을 제시했다. 먼저 포괄적 합리성은 의사를 결정하는 행위자가 분명한 목적을 가지고 그것을 달성하기 위한 모든 방안을 찾는다고 보는 관점이다. 나아가 행위자는 각 방안에서 초래될 모든 결과를 정확히 평가하여 효용을 극대화하는 방안을 의도적으로 선택하며, 이러한 경향이 행위자의 특성에 상관없이 언제나 일관되게 선택 과정에 반영된다고 전제한다. 반면, 제한적 합리성은 행위자가 자신의 목적을 달성하는 데 있어 지식과 인지 능력에 한계가 있음을 인정하는 관점이다. 행위자는 목적 달성에 필요한 정보인 자신이 처한 상황과 선택 가능한 방안, 선택의 결과 등을 정확히 인지하지 못한다고 보는 것이다. 따라서 제한적 합리성의 관점에서 선택의 합리성 여부를 판단하기 위해서는 행위자의 목적과 관련하여 그가 가진 정보와, 그 정보를 바탕으로 추론할 수 있는 능력 등 행위자의 특성에 대해서도 알아야 한다. 그레이엄 앨리슨은 이러한 관점들을 바탕으로 국제 사회의 외교 정책 행위를 몇 가지 모델로 분석하고자 하였다.

그중 합리적 행위자 모델은 포괄적 합리성을 바탕으로 정책 행위를 설명한다. 이 모델은 결정된 정책 행위가 특정 목적에 대해 최대 효용을 갖는 방안이라고 상정하기 때문에 그 목적을 찾아냄으로써 행위자가 왜 그러한 방안을 선택했는지를 설명한다. 여기서 행위자는 단일한 의사 결정자로서의 국가이며, 모든 국가는 포괄적 합리성을 가지고 행동한다. 이 모델에서는 행위자인 국가가 정책 행위를 결정한 목적을 몇 가지로 예상해 보고, 분석하고자 하는 정책 행위가 각각의 목적에서 갖는 효용을 계산한다.

① 사이먼은 효용을 최대화하는 행동을 두 가지로 제시하였다.
② 모든 방안을 찾는 관점은 의도적으로 효용을 극대화하는 방안을 선택한다.
③ 제한적 합리성에서는 행위자의 특성은 고려할 필요가 없다.
④ 합리적 행위자 모델에서의 행위자는 국가를 의미한다.

75 다음 글에서 관중의 주장으로 옳지 않은 것은?

관중은 춘추 시대 제(齊)나라의 재상으로 군주인 환공을 도와 약소국이던 제나라를 부강한 국가로 성장시켰다. 관중이 생각한 이상적인 국가의 모습과 국가를 통치하는 방법은 『관자』를 통해 살펴볼 수 있다. 그는 자신이 살던 현실의 문제에 실리적으로 대처하고 정치적인 분열을 적극적으로 막아 나라의 부강과 백성의 평안을 이루고자 하였다.

관중은 백성이 국가 경제의 근본이라는 경제적 관점을 바탕으로 법의 필요성을 강조하였다. 그에 따르면, 군주는 법을 만들 수 있는 자격을 천부적으로 지닌 사람이다. 하지만 군주가 마음대로 법을 만들면 백성의 삶이 피폐해질 수 있으므로 군주는 이익을 추구하는 백성의 본성을 고려해 백성의 삶이 윤택해질 수 있는 법을 만들어야 한다고 보았다. 이때 관중이 강조한 백성의 윤택한 삶은 도덕적 교화와 같은 목적을 위한 것이 아닌, 부강한 나라의 실현을 위한 것이라는 실리적 관점에서 이해할 수 있다.

또한 관중은 군주가 자신에 대해서는 존귀하게 여기지 않는 것을 '패(覇)'라고 규정하였는데, 이를 바탕으로 군주도 법의 적용에서 예외가 되지 않아야 한다고 주장하였다. 그에 따르면 군주는 '권세'를 지녀야 국가를 다스릴 수 있는데, 이때 군주가 패를 실천해야 백성이 권세를 인정하게 된다. 결국 군주가 법을 존중하는 것은 백성이 군주를 존중하는 것으로 이어지게 되는 것이다.

관중은 권세를 가진 군주는 부강한 나라를 이루는 통치, 즉 '패업(覇業)'을 위한 통치를 펼쳐야 한다고 주장하고, 법을 통한 통치의 중요성을 강조하였다. 이때 군주는 능력 있는 신하를 공정하게 등용하되 신하들이 군주의 권세를 넘보거나 법질서를 혼란스럽게 하지 못하도록 자신의 권세를 신하에게 위임하지 말아야 하며 백성의 경제적 안정을 위한 정책들을 시행해야 한다고 보았다. 이러한 관중의 사상은 백성들의 경제적 안정을 기반으로 부강한 나라를 이루기 위해 법을 통한 통치를 도모한 것으로 평가할 수 있다.

① 군주는 천부적으로 법을 만들 수 있는 자격을 지녔다.
② 백성의 경제적 이익은 도덕적 교화를 위해 필요하다.
③ 군주가 존중받기 위해서는 법을 존중해야 한다.
④ 부강한 나라를 만들기 위해서 법에 의한 통치가 필요하다.

76 다음 글을 읽은 독자가 답변할 수 없는 질문은?

양면시장은 플랫폼 사업자가 서로 구분되는 두 개의 이용자 집단에 플랫폼을 제공하고 이용자들은 플랫폼을 통해 상대 집단과 거래하면서 경제적 가치나 편익을 창출하는 시장을 의미한다. 이때 플랫폼이란 양쪽 이용자 집단의 연결 고리 역할을 하는 물리적 · 가상적 · 제도적 환경을 일컫는다. 이용자 집단은 플랫폼을 통해 거래가 이루어지기까지의 시간이나 노력 등과 같은 거래비용을 절감하여 상대 집단과 거래하게 된다. 대표적인 플랫폼으로 신용카드 회사가 제공하는 카드 결제 시스템을 들 수 있다. 플랫폼의 한쪽에는 카드로 결제하는 회원들이 있고, 플랫폼의 반대쪽에는 그것을 지불 수단으로 받는 가맹점들이 있다. 플랫폼 사업자인 신용카드 회사 입장에서는 양쪽 이용자 집단인 카드 회원들과 가맹점들 모두가 고객이 된다.

플랫폼을 통해 연결되는 양쪽 이용자 집단의 관계는 '네트워크 외부성'을 통해 설명할 수 있다. 네트워크 외부성은 어떤 제품이나 서비스를 사용하는 이용자의 규모가 이용자의 효용에 영향을 미치는 것으로 직접 네트워크 외부성과 간접 네트워크 외부성으로 구분된다. 직접 네트워크 외부성이란 동일 집단 내에서 발생하는 것으로, 동일 집단에 속한 이용자의 규모가 커지면 집단 내 개별 이용자의 효용이 증가하는 특성이다. 이와 달리 간접 네트워크 외부성이란 서로 다른 집단 간에 발생하는 것으로, 한쪽 이용자 집단의 규모가 커지면 반대쪽 이용자 집단의 효용이 증가하고, 한쪽 이용자 집단의 규모가 작아지면 반대쪽 이용자 집단의 효용이 감소하게 된다. 양면시장에서는 간접 네트워크 외부성이 필수적으로 작용하므로 양쪽 이용자 집단이 서로 긴밀하게 영향을 주고받는다.

① 양면시장이란 무엇인가?
② 두 이용자 집단 사이에서 플랫폼의 역할은?
③ 이용자의 규모와 효용의 상관관계는?
④ 간접 네트워크 외부성의 상대적 이점은?

77 다음 글에 대한 설명으로 가장 옳지 않은 것은?

고대의 신화, 그리고 중세의 신 중심의 사고에서 벗어난 근대 서구인들에게 이성은 인류를 구원할 빛이자 진리였다. 그러나 이성을 맹신한 결과 전쟁의 비극과 물질문명의 병폐를 경험한 유럽인들은, 이성에 대한 깊은 회의감과 함께 인간의 실존 문제에 관심을 갖게 되었다. 특히 전쟁의 소용돌이 한가운데 있던 독일의 젊은 예술가들은 사회·정치적 긴장 상태에 항거하며, 그동안 근대 이성의 그늘에 가려 소외되어 왔던 인간의 내면을 회화를 통해 분출하고자 하였는데, 이러한 예술운동을 표현주의라고 부른다.

표현주의는 한 마디로 '감정을 표현한다.'라는 의미이다. 기존의 사실주의 회화가 대상을 있는 그대로 표현하려고 한 반면, 표현주의 회화는 눈에 보이는 대상의 모습이 아닌 작가의 감정이나 내면 등을 표현하려고 하였다. 표현주의 화가인 마티스는 『화가 노트』에서 "회화는 결국 표현이다."라고 주장하면서, 표현이 눈으로 본 것을 눈에 전달하는 것이 아니라 마음으로 느낀 것을 마음에 전달하는 수단임을 강조하였다. 이는 회화의 기본 목적이 대상을 사실적으로 재현하는 것이라는 전통적 규범을 거부하였다는 점에서 아방가르드* 운동의 일종이라 할 수 있다.

표현주의는 화가의 감정을 표현하는 데 중점을 두기 때문에 대상의 색이나 형태가 왜곡되어 나타난다는 특징이 있다. 특히 색의 경우, 각각의 색감이 주는 주관적 느낌을 통해 작가가 느끼는 감정이나 감각을 표현하려 하였다. 따라서 표현주의 작품에서는 사물이 갖는 고유한 색은 무시된 채 내면을 드러내기 위해 작가가 자의적으로 선택한 색이 사용되었다. 또한 순간적으로 분출되는 강렬한 감정을 포착하는 과정에서, 다소 과장되고 거친 붓놀림이 특징적으로 나타났다. 이러한 방법을 통해 표현주의는 전쟁 이후 사회의 불안감이나 인간의 근원적 고통을 화폭에 담아내었다.

표현주의는 도외시되어 온 인간의 감정을 표현하려 했다는 점에서, 회화의 영역을 대상의 외면에 국한하지 않고 인간의 내면까지 확장시킨 운동으로 평가받았다. 이는 훗날 선이나 형, 색 등의 조형 요소를 통해 작가의 감정을 표현하는 현대 추상 미술이 등장하는 기반이 되었다.

* 아방가르드: 기성의 예술 관념이나 형식을 부정하고 혁신적 예술을 주장한 예술 운동.

① 표현주의는 이성에 의해 소외된 내면의 분출이다.
② 표현주의는 기존 사실주의의 규범을 거부하였다.
③ 표현주의는 과장되고 거친 붓놀림을 통해 전쟁의 참혹함을 그려냈다.
④ 표현주의는 회화의 영역에 국한되지 않고 현대 추상 미술의 기반이 되었다.

78 다음 글을 읽고 보인 반응으로 옳은 것은?

율곡은 군주의 통치에 따라 태평한 시대인 치세와 혼란스러운 시대인 난세가 구분된다고 보고, 이를 중심으로 군주의 유형과 통치 방법을 나누어 설명했다. 치세를 만드는 군주는 재능과 지식이 출중해 신하를 능력에 맞게 발탁하여 일을 분배할 줄 알거나, 재능과 지식은 부족하지만 현명한 신하를 분별하여 그에게 나라의 일을 맡길 줄 안다. 이들의 통치 방법은 '왕도(王道)'와 '패도(覇道)'로 나뉜다. 왕도는 군주의 인격 완성을 통해 백성의 도덕적 교화까지 이루어 내는 것이고, 패도는 군주의 인격이 완성되지 않아 백성의 도덕적 교화까지는 이루어지지 않았지만 백성의 경제적 안정은 이루어 내는 것이다.

난세를 만드는 군주는 자신의 총명만을 믿고 신하를 불신하거나, 간신의 말을 믿고 의지하여 눈과 귀가 가려진 군주이다. 이들은 백성을 괴롭히고 충언을 받아들이지 않아 스스로 멸망에 이르는 폭군, 간사한 자를 분별하지 못하고 총명함이 없으며 무능력한 혼군, 나약하여 자신의 뜻을 세우지 못하고 우유부단한 용군으로 분류된다. 이들의 통치 방법은 포악한 정치를 의미하는 '무도(無道)'이므로 율곡의 관점에서 무도를 행하는 군주는 교체되어야 할 존재이다.

① 율곡은 통치 방법을 세 가지로 나누었어.
② 왕도는 도덕적 교화를 이뤘지만 경제적 안정을 이루어 내지 못했군.
③ 난세를 만드는 군주는 백성을 괴롭히는 폭군, 무능력한 용군, 우유부단한 혼군이로군.
④ 율곡은 무도를 행하는 군주라도 왕실의 정통성을 이유로 교체하지 못한다고 하였어.

79 다음 글의 내용과 부합하는 것은?

동물이 스스로 소리를 내서 그것이 물체에 부딪쳐 되돌아오는 반사음을 듣고 행동하는 것을 반향정위(反響定位)라고 한다. 반향정위를 하는 대표적인 육상 동물로는 박쥐를 꼽을 수 있다. 야간에 활동하는 박쥐가 시각에 의존하지 않고도 먹이를 손쉽게 포획하는 것을 보면 반향정위는 유용한 생존 전략이라고 할 수 있다.

박쥐는 성대에서 주파수가 40~50kHz인 초음파를 만들어 입이나 코로 방사(放射)하는데, 방사 횟수는 상황에 따라 달라진다. 먹이를 찾고 있을 때는 1초에 10번 정도의 간격으로 초음파를 발생시킨다. 그리고 먹이에 접근할 때는 보다 정밀한 정보 수집을 위해 1초에 120~200번 정도의 빠른 템포로 초음파를 발생시켜 먹이와의 거리나 먹이의 방향과 크기 등을 탐지(探知)한다. 박쥐는 되돌아오는 반사음을 세밀하게 포착하기 위해 얼굴의 반 이상을 차지할 만큼 크게 발달한 귀를 갖고 있다. 그리고 달팽이관의 감긴 횟수가 2.5~3.5회로 1.75회인 인간보다 더 많기 때문에 박쥐는 인간이 들을 수 없는 매우 넓은 범위의 초음파까지 들을 수 있다.

그렇다면 박쥐는 먹이의 위치나 이동 상황을 어떻게 알 수 있을까? 그것은 박쥐가 도플러 효과를 이용하기 때문에 가능하다. 도플러 효과란 파동을 발생시키는 파원과 그 파동을 관측하는 관측자 중 하나 이상이 운동하고 있을 때, 관측되는 파장의 길이에 변화가 나타나는 현상이다. 예를 들어, 구급차가 다가오고 있을 때는 사이렌 소리의 파장이 짧아져 음이 높게 들리고 멀어져 갈 때는 소리의 파장이 길어져 음이 낮게 들리는데, 이는 도플러 효과 때문이다. 박쥐는 도플러 효과를 이용해 수시로 바뀌는 반사음의 변화를 파악하여 먹이의 위치와 이동 상황을 포착(捕捉)한다. 만일 돌아오는 반사음의 높이가 낮아졌다면, 먹이는 박쥐에게서 멀어지고 있다는 것을 의미한다.

박쥐는 주로 곤충을 먹고 산다. 그런데 어떤 곤충은 박쥐가 내는 초음파 소리를 들을 수 있기 때문에 박쥐의 접근을 눈치챌 수 있다. 예를 들어, 박쥐의 주요 먹잇감인 나방은 초음파의 강약에 따라 박쥐와의 거리를 파악할 수 있고, 왼쪽과 오른쪽 귀에 들리는 초음파의 강약 차이에 따라 박쥐가 다가오는 좌우 수평 방향을 알 수 있다. 박쥐가 다가오는 방향의 반대쪽 귀는 자신의 몸이 초음파를 차단(遮斷)하고 있기 때문에 박쥐가 다가오는 쪽의 귀보다 초음파가 약하게 들린다. 또한 초음파의 강약 변화가 반복적으로 나타나는지 아닌지에 따라 박쥐가 다가오는 상하 수직 방향도 알 수 있다. 나방의 귀는 날개의 아래에 있기 때문에 날개를 내리면 귀가 날개에 덮여서 초음파를 잘 듣지 못하게 된다. 따라서 박쥐가 위쪽에 있을 때는 날개를 올리고 내릴 때마다 소리가 강해졌다 약해졌다를 반복하는 초음파를 듣게 된다. 반대로 박쥐가 아래쪽에 있을 때는 귀도 박쥐도 날개의 아래에 있기 때문에 날개의 퍼덕임과 상관없이 초음파가 거의 일정한 음량으로 들린다.

박쥐가 내는 초음파의 반사음은 움직이는 나방의 날개 각도나 퍼덕이는 속도에 따라서 그 파장이 다양하게 변한다. 때문에 나방은 위험에 처해 있을 때 급회전이나 급강하, 또는 몸의 움직임을 멈추고 마치 죽은 듯이 그대로 자유 낙하하는 행동을 취해 박쥐에게 전달되는 초음파 정보를 교란(攪亂)시킨다. 만일 박쥐가 수시로 바뀌는 나방의 동선을 제대로 추적하지 못하면 먹이를 놓치고 만다. 박쥐와 나방은 초음파를 둘러싸고 쫓고 쫓기는 사투를 벌이고 있는 것이다.

① 박쥐는 입이나 코에서 초음파를 만들어 낸다.
② 달팽이관의 감긴 횟수는 초음파의 지각 능력과 관련이 있다.
③ 박쥐의 초음파와 구급차 사이렌 소리의 주파수는 동일하다.
④ 나방의 움직임은 반사되는 초음파의 파장에 영향을 미치지 않는다.

80 다음 글에서 알 수 있는 내용이 아닌 것은?

초기 서양 음악사에서 중요하게 인식되었던 음악 양식은 성가(聖歌)이다. 성가 중에서 가장 유명한 것은 그레고리오 성가로, 초기에는 성부(聲部) 하나만으로 이루어진 단선율 음악이었다. 오랫동안 변함없이 이어져 식상하게 느껴졌던 단선율 음악이 다양성을 추구하고자 하는 시대적 요구에 따라 복선율로 바뀌는 혁명적 사건이 9세기 중엽에 발생하게 되는데, 이것이 대위법의 시초가 되었다. 대위법이란 서로 다른 두 개의 선율이 동시에 노래되어도 소리가 혼란스럽지 않고 서로 잘 어울리게 하는 방법이다. 그렇다면 대위법은 어떤 방법으로 구현되었을까?

대위법이 적용된 최초의 형태는 9세기 중엽에 발생한 평행 오르가눔이다. 동일한 선율이 완전 5도라는 음정의 간격을 두고 두 사람에 의해서 동시에 불리면, 두 선율은 협화음을 이루게 되어 서로 어울리는 음이 된다. 이때 성가의 중심이 되는 주선율인 기존 선율은 상성부에 놓이고 이에 대응하는 부선율인 대위 선율은 완전 5도 아래, 즉 기존 선율의 하성부에 놓이게 된다. 이렇게 두 개의 선율이 특정 음정 관계를 평행으로 유지하면서 움직이도록 한 것이 최초의 대위법이며, 이 평행 선율이 바로 평행 오르가눔이다. 이 평행 선율의 탄생은 두 개의 선율이 동시에 소리를 낼 수 있다는 사고의 전환을 가져왔고, 이후 대위법이 점차 발달하는 계기가 되었다.

11세기에는 자유 오르가눔이 등장했다. 자유 오르가눔은 평행 오르가눔과 달리 기존 선율은 하성부에, 대위 선율은 상성부에 놓인다. 그리고 대위 선율은 기존 선율이 움직이는 방향과는 상관없이 자유롭게 움직이는 특징을 갖는다. 자유 오르가눔은 대위 선율이 자유롭게 움직이되, 기존 선율과의 음정 관계가 협화음을 유지하는 대위법이 적용되었다. 당시에는 완전 1도, 완전 4도, 완전 5도, 완전 8도의 음정이 협화음이었고, 두 선율 사이의 음정이 협화음이면 두 선율은 어울리는 것으로 인식되었다.

12세기에는 화려한 오르가눔이 탄생했다. 이전까지의 오르가눔에는 기존 선율의 음 하나에 대해서 대위 선율 역시 하나의 음만 사용되었으나, 화려한 오르가눔의 경우에는 기존 선율의 음 하나에 대해서 대위 선율은 음군(音群)이 사용되었다. 말하자면 기존 선율과 대위 선율의 비율이 1 : 1이 아니라 1 : 다(多)가 된 것으로, 이전 시대의 오르가눔보다 대위 선율이 더 화려해진 것이다. 이러한 특징은 기존 선율에 변화를 가져오게 된다. 기존 선율의 각 음이 대위 선율에서 사용되는 음의 수에 따라 소리를 길게 내면서 기다리는 현상이 생기게 된 것이다. 즉, 대위 선율에 세 개의 음이 사용될 때에는 3박자를, 네 개의 음이 사용될 때에는 4박자를 기다려 주는 것이다. 이것은 대위 선율이 기존 선율에 의존했던 이전의 오르가눔과는 달리, 기존 선율이 대위 선율에 따라 변형되기 시작했다는 것을 의미한다. 이러한 변화에 따라 화려한 오르가눔에서는 기존 선율보다 대위 선율이 성가의 미적 감흥을 주는 중심 요소로 인식되었다.

12세기 말에 이르러 화려한 오르가눔은 또 다른 형태의 오르가눔으로 이어졌고, 이와 함께 대위법 또한 점점 고도로 발달하게 된다. 대위법은 서양 음악사에 있어서 단성(單聲) 음악을 다성(多聲) 음악으로 발달시킨 핵심이라 해도 과언이 아닐 것이다.

① 오르가눔의 탄생 배경
② 오르가눔의 전수 방법
③ 오르가눔의 발달 과정
④ 오르가눔의 화음 구성

81 다음 글에 대한 설명으로 가장 적절한 것은?

적외선은 온도에 민감하며, 연기나 먼지 심지어 얇은 물체도 잘 투과한다. 보통 별의 생성은 성간 물질인 분자 구름 속에서 일어난다. 그런데 가시광선은 분자 구름과 같은 기체를 잘 투과하지 못하기 때문에 적외선에서의 관측이 필요하다. 우주 팽창으로 인해 지구로부터 멀리 떨어져 있는 별일수록 빛이 긴 파장 쪽으로 전이하게 된다. 이 역시 적외선으로 관측해야 한다. 그런데 이러한 적외선을 이용한 우주 망원경은 열에 민감하기 때문에 엄청난 양과 무게의 냉각 장치가 필요하다는 단점이 있다.

인공위성들이 움직이는 일반적인 궤도는 적외선 우주 망원경에 적합하지 않다. 지구는 태양빛을 반사하는데, 이 반사된 태양빛이 망원경을 가열하기 때문이다. 그래서 고안한 것이 지구 공전형 궤도이다. 지구 공전형 궤도에서는 망원경이 지구처럼 지구 공전 궤도를 따라 태양 주위를 돈다. 다만, 지구보다 조금 느리게 돈다. 따라서 우주 망원경은 지구로부터 점점 멀어지는데, 지구와의 거리를 넓혀 놓으면 차가운 우주 공간 자체가 냉매로 작용해 특별한 장치 없이도 망원경을 상당히 냉각시킬 수 있다.

태양에서 직접 오는 빛 역시 우주 망원경을 가열할 수 있다. 이를 막기 위해서는 태양광 차단판을 갖추어야 한다. 태양광 차단판은 원통형의 망원경과 평행하게 직사각형 판을 붙여 놓은 것이다. 또한, 망원경에서 태양을 향한 부분은 은색으로 칠해 놓았는데, 이 역시 완전히 차단되지 않은 태양열이 망원경에 흡수되지 않고 반사되도록 하기 위한 것이다. 태양과 반대 방향에 위치한 망원경 부분은 검은색으로 칠해져 있는데, 이는 망원경으로부터 나오는 열이 차가운 우주 공간으로 복사되기 쉽도록 하기 위한 것이다.

태양광 차단판이 설치된 부분은 항상 태양을 향해 있어야 한다. 만일 망원경이 태양을 향해 배치되면 태양빛으로 인해 민감한 기기들이 손상될 수 있다. 따라서 적외선 우주 망원경의 긴축의 각도가 태양 쪽을 향해 80도 이하로 기울어지면 안 된다. 또 태양 반대방향으로도 1백 20도 이상 기울일 수 없는데, 이는 태양광 차단판이 망원경의 꽁무니를 제대로 가릴 수 있어야 하기 때문이다.

천문학자들은 적외선 우주 망원경이 그동안 풀리지 않았던 우주의 많은 수수께끼를 풀어 주리라 믿고 있다. 우리 은하 내부에서의 별의 탄생, 은하 형성 시 성간먼지의 역할, 그리고 원시 우주에서 최초로 생겨난 은하들에 대해 적외선 우주 망원경은 우리에게 새로운 지식을 가져다 줄 것이기 때문이다.

① 자연 현상에 대한 원인을 자세히 분석하고 있다.
② 구체적 대상에 견주어 핵심 개념을 풀이하고 있다.
③ 사회 변화와 관련시켜 대상의 중요성을 밝히고 있다.
④ 화제가 지닌 단점에 대한 해결 방안을 제시하고 있다.

82 다음 글의 내용과 가장 부합하는 것은?

우리는 음악을 일반적으로 감정의 예술로 이해한다. 아름다운 선율과 화음은 듣는 사람들의 마음속으로 파고든다. 그래서인지 음악을 수(數) 또는 수학(數學)과 연결시키기 어렵다고 생각하는 경우가 많다. 하지만 음악 작품은 다양한 화성과 리듬으로 구성되고, 이들은 3도 음정, 1도 화음, 3/4 박자, 8분 음표처럼 수와 관련되어 나타난다. 음악을 구성하는 원리로 수학의 원칙과 질서 등이 활용되는 것이다.

고대에도 음악과 수, 음악과 수학의 관계는 음악을 설명하는 중요한 사고의 틀로 작동했다. 중세 시대의 『아이소리듬 모테트』와 르네상스 시대 오케겜의 『36성부 카논』은 서양 전통 음악 장르에서 사용되는 작곡 기법도 수의 비율 관계로 설명할 수 있다는 것을 보여준다. 음정과 음계는 수학적 질서를 통해 음악의 예술적 특성과 음악의 미적 가치를 효과적으로 전달했다. 20세기에 들어와 음악과 수, 음악과 수학의 관계는 더욱 밀접해졌다. 피보나치 수열을 작품의 중심 모티브로 연결한 바르톡, 건축가 르 코르뷔지에와의 공동 작업으로 건축적 비례를 음악에 연결시킨 제나키스의 현대 음악 작품들은 좋은 사례이다. 12음 기법과 총렬음악, 분석 이론의 일종인 집합론을 활용한 현대 음악 이론에서도 음악과 수, 음악과 수학의 밀접한 관계는 잘 드러난다.

① 수학을 통해 음악을 설명하려는 경향은 현대에 생겨났다.
② 음악의 미적 가치는 수학적 질서를 통해 드러날 수 있다.
③ 건축학 이론은 현대 음악의 특성을 건축 설계에 반영한다.
④ 수의 상징적 의미는 음악의 수학적 질서를 통해 구체화된다.

83 다음 글의 내용과 일치하지 않는 것은?

사람은 두 귀로 3차원 공간상에서 음원의 위치를 판별할 수 있다. 이는 음이 두 귀에 도달하는 시간차(ITD)와 두 귀에서 느끼는 음의 세기차(ILD) 때문이다. 이를 바이노럴(binaural) 효과라 하며, 이 효과를 반영하면 음원의 위치를 3차원 공간상의 어느 곳에나 위치시킬 수 있다. 이러한 기술을 입체 음향 기술이라고 한다.

입체음향용 음원을 제작할 때는 주로 '더미 헤드(dummy head)'를 사용한다. 사람 머리 모양인 더미 헤드 양옆의 모조 귀 안에 마이크로폰을 설치하여 음원을 녹음하면, 제작자가 3차원 공간상에 임의로 위치시킬 수 있는 음원이 녹음된다. 이를 바이노럴 음원이라고 한다. 바이노럴 음원 제작 시 해결되어야 할 과제들이 몇 가지 존재하는데 그중 하나는 양 귀를 잇는 축을 기준으로 할 때, 그 축의 중심점으로부터 같은 각도와 거리를 갖는 위치들의 경우 ITD와 ILD가 같기 때문에 서로 구별할 수 없다는 것이다. 또한 더미 헤드는 머리 크기나 귓바퀴의 모양 등 청각과 관련된 개개인의 고유한 특성을 반영할 수 없으므로 실제 이 음원을 청취할 때 음원 위치 지각에 오차가 있을 수 있다.

바이노럴 음원을 헤드폰으로 청취할 경우 청취자는 별도의 신호 처리 과정 없이도 입체감을 느낄 수 있다. 그러나 바이노럴 음원은 헤드폰을 기준으로 음의 위치 정보를 갖고 있기 때문에 헤드폰이 움직이면, 즉 사람의 머리가 움직이면 음원의 방향도 함께 움직이는 단점이 있어서 이에 대한 연구가 진행 중이다.

한편 동일한 음원이라 하더라도 이를 가정에서 스피커를 이용해 청취할 경우 입체감은 현저하게 감소된다. 닫힌 공간 구조를 가진 헤드폰과 달리 열린 공간 구조를 갖는 스피커 청취 환경으로 인해, 한쪽 귀에 도달하는 것을 목표로 출력된 소리가 청자의 반대편 귀에도 들어가게 되기 때문이다. 이렇듯 원치 않는 소리가 반대편 귀로 들어가는 현상을 '크로스토크(crosstalk)'라고 한다. 크로스토크는 스피커를 이용한 입체음향 기술 구현에 가장 큰 걸림돌이다. 이제까지의 연구 결과로는 자연 세계에서 크로스토크로 인한 간섭을 완벽하게 제거하는 것은 불가능하다.

① 사람이 3차원 공간상에서 음원의 위치를 파악할 수 있는 것은 바이노럴 효과 때문이다.
② 더미 헤드를 이용하면 개개인의 고유한 특성을 반영한 바이노럴 음원을 제작할 수 있다.
③ 바이노럴 음원을 스피커로 청취할 때 크로스토크로 인한 간섭 현상은 완벽하게 제거되기 어렵다.
④ 바이노럴 효과가 적용된 음원을 스피커로 청취할 때 헤드폰에 비해 입체감이 현저하게 감소된다.

84 다음 글의 내용과 가장 부합하는 것은?

한복(韓服)은 한민족 고유의 옷이다. 삼국 시대의 사람들은 저고리, 바지, 치마, 두루마기를 기본적으로 입었다. 저고리와 바지는 남녀 공용이었으며, 상하귀천에 관계없이 모두 저고리 위에 두루마기를 덧입었다. 삼국 시대 이후인 남북국 시대에는 서민과 귀족이 모두 우리 고유의 두루마기인 직령포(直領袍)를 입었다. 그런데 귀족은 직령포를 평상복으로만 입었고, 서민과 달리 의례와 같은 공식적인 행사에는 입지 않았다. 고려 시대에는 복식 구조가 크게 변했다. 특히 귀족층은 중국옷을 그대로 받아들여 입었지만, 서민층은 우리 고유의 복식을 유지하여, 복식의 이중 구조가 나타났다. 조선 시대에도 한복의 기본 구성은 지속되었다. 중기나 후기에 들어서면서 한복 디자인은 한층 단순해졌고, 띠 대신 고름을 매기 시작했다. 조선 후기에는 마고자와 조끼를 입기 시작했는데, 조끼는 서양 문물의 영향을 받은 것이었다.

한편 조선 시대 관복에는 여러 종류가 있었다. 곤룡포(袞龍袍)는 임금이 일반 집무를 볼 때 입었던 집무복[상복: 常服]으로, 그 흉배(胸背)에는 금색실로 용을 수놓았다. 문무백관의 상복도 곤룡포와 모양은 비슷했다. 그러나 무관 상복의 흉배에는 호랑이를, 문관 상복의 흉배에는 학을 수놓았다. 무관들이 주로 대례복으로 입었던 구군복(具軍服)은 무관 최고의 복식이었다. 임금도 전쟁 시에는 구군복을 입었는데, 임금이 입었던 구군복에만 흉배를 붙였다.

① 남북국 시대의 서민들은 직령포를 공식적인 행사에도 입었다.
② 고려 시대에는 복식 구조가 크게 변하여 모든 계층에서 중국옷을 그대로 받아들여 입는 현상이 나타났다.
③ 조선 시대 중기에 들어서면서 고름을 매기 시작했고, 후기에는 서양 문물의 영향으로 인해 마고자를 입기 시작했다.
④ 조선 시대 문관의 경우 곤룡포와 비슷한 모양의 상복에 호랑이가 수놓아진 흉배를 붙였다.

85 다음 글의 내용과 일치하지 않는 것은?

> 한국 사회에서 사람들의 관계 맺음은 당사자들의 작위적인 노력이나 매력보다는 연줄과 인연에 의해 많은 영향을 받는다. 예부터 농경 사회로 정착 생활을 해 온 우리 민족은 마을 밖의 사람들과 우호적인 만남을 가질 기회가 적었으며, 거의 모든 만남이 같은 마을에 거주하는 사람들과의 지속적인 만남이었다. 따라서 낯선 사람들과의 교류 양식 대신에 같은 마을 사람들과 교류 양식이 발달하였다. 이 같은 오랜 문화적 자취가 오늘날과 같은 산업 사회에도 나타나고 있어, 두 사람이 동향 또는 동창이거나 같은 동네에 거주한다든가 하는 점들이 관계의 지속에 큰 영향을 준다. 이러한 요소의 공통점을 발견하게 되면 서로의 만남을 더욱 반갑게 여기고 인연이란 표현을 자주 쓴다.
>
> 이 같은 경향성은 우리 사회에서 처음 만나 알게 된 사람들이 나누는 대화의 내용을 살펴보면 보다 분명히 드러난다. 우리는 첫 대면의 경우 항상 둘 사이를 연결해 줄 수 있는 사람을 찾는 행위를 보인다. 학연, 혈연, 지연 등에 의한 인맥 동원이 활발히 이루어지며, 이에 성공했을 때 관계는 보다 순조롭게 진전된다. 이 같은 현상은 공식적이건 비공식적이건 모든 만남에서 나타난다.
>
> 왜 그러한 현상이 나타나는가? 이는 한국 사회에서 아는 사이와 모르는 사이의 교류 양상이 큰 차이를 보이기 때문이다. 한국인들은 타인을 '우리' 또는 '그들'로 구분하는데, 여기서 그들은 중립적인 존재라기보다는 경쟁적이거나 부정적 감정이 연루된 타인으로 간주되는 편이다. 따라서 사람들은 모르는 사이를 아는 사이로 전환하려 한다. 아는 사이에서는 양방이 우리라는 호칭을 사용하며 정감을 느끼는 관계로의 진행이 가능하기 때문이라고 볼 수 있다. 즉, 아는 사이와 모르는 사이에 대하여 각기 다른 행동 규범을 지니고 있다. 사회에서 우리의 관계에 있는 사람들은 정(情)의 형성을 부추기는 방향으로 만남을 끌어가고, 성원 개개인의 독자적인 행위보다는 우리라는 느낌을 강화하는 집단적인 행위를 당연시한다. 그 좋은 예는 음식점에서 주문을 따로 하지만 한가운데 놓고 같이 덜어 먹으며, 계산도 각자 먹은 만큼 나누어 내기보다는 어느 한두 사람이 모든 계산을 하는 행태에서 볼 수 있다. 또한 여럿이 어울려 노는 경우 두세 명씩 짝을 지어 대화를 하기보다는 전체가 둘러앉아 노래하며 즐기는 형태도 그 예이다.
>
> 이 같은 만남의 문화는 현대와 같이 고도로 복잡한 사회에서의 교류에 영향을 미치기 때문에, 우리 사회가 직면하고 있는 정실 인사, 연고주의, 공사의 혼동 등과 같은 사회적 난제를 던져 주고 있다.

① 한국 사회에서 만남의 문화는 농경 사회의 교류 양식에 영향을 받았다.
② 한국 사회에서는 개인보다는 집단의 행위를 당연시한다.
③ 한국 사회에서는 아는 사이와 모르는 사이에 대한 행동 규범이 다르다.
④ 한국 사회에서는 비공식적인 자리에서만 인맥 동원이 이루어진다.

86 다음 글의 내용을 잘못 설명한 것은?

기본권은 일반적으로 주관적 공권(公權)으로서의 성격을 가진다. 이는 기본권이 기본권의 주체인 개인이 자기 자신을 위하여 가지는 현실적이고 구체적인 권리이기 때문에 국가 권력을 직접적으로 구속하고, 따라서 개인은 국가에 대하여 작위(作爲)나 부작위(不作爲)를 요청할 수 있으며 헌법 질서를 형성하고 개선해 나갈 수 있다는 것을 뜻한다. 그런데 이러한 주관적 공권으로서의 권리가 어떠한 성질의 것이냐에 대하여서는 자연권설, 실정권설, 통합가치설 등으로 견해가 나뉘고 있다.

자연권설에서는 기본권의 자연권적 성격은 시대나 국가에 따라 차이가 있을 수 있지만 기본권은 본질적으로 인간의 본성에 의거하여 인간이 가지는 권리이고, 국가 권력의 침해와 간섭을 배제하는 기본권의 방어적, 저항적 성격은 오늘날에도 여전히 부정될 수 없다고 주장한다. 그리고 헌법 제정 권력자도 기본권 존중이라는 근본 규범에는 구속되는 것이기 때문에 기본권은 초(超)국가적인 천부적 자연권이라고 본다. 또한 헌법상의 기본권 보장 규정은 그 헌법의 규정이 기본권을 창설하는 것이 아니라 단지 인간이 인간으로서 당연히 가지고 있는 권리를 문서로 확인, 선언하고 있는 것에 지나지 않는 것으로 본다.

실정권설에서는 헌법에 규정된 모든 기본권은 실정권으로 파악한다. 사상과 언론의 자유, 신체의 자유 등과 같은 전통적인 자유권적 기본권도 그 역사적인 전개 과정에서는 자연법상의 권리로 주장된 것이지만, 사회는 공동 생활체이므로 개인의 자유는 조정되지 않으면 안 된다. 또한 국가 영역 안에서는 그 최후의 조정자가 국가인 이상 국가에 의한 국민의 자유의 제한, 조정은 필요 불가결하므로, 결국 자유권도 헌법 또는 법률에 의하지 않고는 제한되지 않는 인간의 자유를 말하는 것이다. 그렇다면 자유권도, 그것을 제한할 수도 있다는 헌법 또는 법률이 국가의 실정법인 이상 그것에 의해서만 제한될 수 있다는 의미에서 실정법상의 권리일 수밖에 없다고 주장한다. 실정권설에 의하면 기본권도 헌법에 규정되어야만 비로소 권리로서 인정되기 때문에 헌법의 기본권 보장 규정은 기본권을 확인, 선언하는 것이 아니라 기본권을 창설하는 것이라고 본다.

통합가치설에서는 질서와 관련하여 기본권을 바라본다. 현실의 인간은 일정한 질서 속에서 존재하기 때문에 인간의 자유와 권리는 질서 내의 자유와 권리를 뜻할 수밖에 없다. 그에 따라 통합가치설에서 기본권은 헌법적인 질서 속에서의 자유와 권리를 뜻하고 사회 공동체가 동화되고 통합되어 가기 위한 실질적인 원동력을 의미하므로, 본질적으로 사회 공동체의 구성원 모두가 공감할 수 있는 가치의 세계를 나타내는 것으로 본다. 또한 헌법 질서 내의 국가 권력은 국민에 앞서 존재하는 것이 아니라 국민의 기본권 행사에 의해서 창설되고, 국가 내에서 행사되는 모든 권력이 국민의 기본권에 의해 통제되고 정당화된다고 주장한다. 그에 따라 통합가치설은 기본권의 국가 형성적 기능과 동화적(同化的) 통합 기능을 강조하고 이러한 기능을 가능하게 하는 기본권의 정치적 성격을 중시한다.

① 기본권은 국가 권력을 직접적으로 구속하므로 개인은 국가에 대해 작위나 부작위를 요청할 수 있다.
② 자연권설에서는 기본권이 자연권으로서 가지는 방어적, 저항적 성격이 점차 약화되고 있음을 인정하고 있다.
③ 실정권설에서는 자유권을 헌법 또는 법률에 의하지 않고는 제한되지 않는 자유로 이해한다.
④ 통합가치설에서는 기본권을 사회 공동체의 구성원 모두가 공감할 수 있는 가치를 나타내는 것으로 본다.

87 다음 글에서 언급한 내용이 아닌 것은?

현대의 정보 혁명은 광섬유에서 비롯되었다고 말할 수 있다. 사실 머리카락보다 더 가는 광섬유 한 가닥을 통해 구리로 만든 전화선 1만 회선 이상 분량의 정보를 전달할 수 있으니 그런 말이 나올 법하다. 광섬유는 빛 신호로 음성 및 화상 신호를 전송해 주는 매체이다. 19세기에 J. 틴들이 자유낙하하는 물줄기 속에서 빛이 빠져나가지 않고 진행할 수 있다는 것을 보였는데, 이것이 광섬유에 대한 원리가 공식적으로 발표된 최초이다. 그 후 20세기 초반에 이르러 유리로 된 광섬유가 나타났지만, 그 당시의 광섬유는 전달 과정에서 상당한 양의 빛의 손실이 있었으므로 장거리용으로 사용하기는 불가능했다. 다만, 짧은 길이의 광섬유 다발로 만들어, 그것의 한쪽 끝에 맺힌 영상을 다른 쪽 끝으로 전달시키는 용도에만 쓰이고 있었다. 광섬유를 이용하여 정보를 장거리까지 전달하게 된 것은 1960년대 중반에 이르러서였다.

그러면 빛이 어떻게 손실없이 장거리를 가느다란 광섬유 가닥을 통해서 전달될까? 바로 굴절률이 다른 투명체의 경계면에서 빛이 입사하는 각도가 조건에 맞을 경우 빛이 완전 반사가 일어난다는 사실을 이용하는 것이다. 즉, 광섬유의 도관 부분에 해당하는 중심 부분을 굴절률이 높고 투과성이 좋은 석영 혹은 아크릴 계통의 합성 플라스틱으로 만들고, 도관의 표면에 해당하는 부분을 굴절률이 낮은 불소 계통의 플라스틱으로 코팅하면 빛은 두 개의 굴절률이 다른 투명한 플라스틱들의 경계면에서 마치 물이 새지 않고 도관을 통과하듯이 손실 없이 완전 반사를 하면서 광섬유를 통과하게 된다.

따라서 굴절률뿐만 아니라 재료의 투명성도 빛을 전달하기 위한 재료의 핵심적인 요소이다. 그렇다면 합성 플라스틱 재료가 어떻게 유리처럼 투명할 수 있을까? 광섬유에 사용되는 플라스틱 재료는 단량체라고 불리는 기본 단위들이 사슬처럼 아주 길게 연결된 형태의 분자들로 구성되어 있다. 이러한 긴 분자들이 마치 사발에 담겨 있는 국수처럼 마구잡이 형태로 엉킨 무정형(無定形)으로 되어 있기 때문에 유리처럼 투명하게 되는 것이다. 특히, 플라스틱 섬유는 기존의 유리 섬유와는 달리 유연하고 어지간한 충격에도 잘 견디고 쉽게 성형할 수 있으며 무엇보다도 가볍다는 장점을 가지고 있다. 광섬유의 가장 기본적이고 중요한 역할이라면 국소화, 분할화하여 필요한 부분만을 조명하고, 직진하는 빛을 자유롭게 구부려서 원하는 곳으로 전달하는 광제어일 것이다.

이러한 관점에서 유연성이 큰 플라스틱 광섬유의 출현은 광전달용 통신 재료뿐만 아니라 인체의 가느다란 핏줄 내부의 이상 유무까지도 알아낼 수 있는 미세 의학용 내시경의 실용화를 이끄는 역할을 하게 되었으므로, 광섬유는 정보화의 핵심이라고 해도 과장된 말은 아닐 것이다. 이 밖에도 공업용, 자동차용 조명센서에서 네온사인이나 전광판 대신에 새로운 표시 시스템 장치까지 광섬유의 용도는 극히 넓다고 할 수 있다.

① 광섬유의 구조와 그 특징
② 광섬유가 인체에 미치는 악영향
③ 광섬유가 개발되기까지의 과정
④ 광섬유가 빛을 전달하는 원리

88 다음 글의 내용과 부합하는 것은?

시장 불균형이 발생한 이후 다시 균형을 회복하는 데 걸리는 시간에 대해 서로 다른 입장들이 존재해 왔다. 대표적으로는 새고전학파와 케인즈학파가 있는데, 케인즈학파는 이를 설명함에 있어 거시 계량 모형이라는 개념을 제시하였다. 하지만 새고전학파는 케인즈학파의 거시 계량 모형에 오류가 있음을 지적했다. 케인즈학파의 거시 계량 모형은 소비와 소득, 금리와 통화량 등 거시 경제 변수들 간의 상관관계를 가정한 방정식으로 구성되었는데, 이러한 방정식의 계수는 과거의 자료를 통해 통계적인 방법으로 추정되었다. 하지만 새로운 정보가 전해지면 경제 주체들은 기존에 보유하고 있던 정보에 추가된 정보를 반영하여 합리적으로 기대를 형성하고 이에 따라 반응을 바꾸므로, 방정식의 계수 혹은 방정식 자체가 바뀌어야 한다. 새고전학파는 케인즈학파가 거시 경제 변수 간의 관계를 임의로 가정하고 과거 자료만으로 이 관계를 추정하려 했다는 점을 비판하면서, 경제 주체의 합리적 선택에 대한 미시적 분석을 바탕으로 거시 경제 현상을 분석해야 한다고 주장했다. 이에 따라 이들은 시장 불균형이 발생한 경우 가격이 조정되는 속도는 매우 빠르다는 고전학파의 전제를 유지하면서, 경기 변동을 균형 자체가 변화하는 현상으로 분석했다. 그리고 총수요 변동이 아닌 기술 변화가 지속적인 경기 변동을 유발한다고 주장했다.

이에 대응해 케인즈학파는 경제 주체의 합리적 선택을 미시적으로 분석하는 새고전학파의 방법론을 받아들여 새케인즈학파로 발전하였다. 하지만 새케인즈학파는 경제 주체들이 합리적 선택을 한 결과로 가격 경직성이 나타난다고 설명함으로써, 경제 주체들이 합리적으로 기대를 형성하더라도 가격 경직성으로 인해 경기 변동이 발생할 수 있다고 주장했다. 그리고 이러한 가격 경직성의 근거로 '메뉴 비용 이론'과 '효율 임금 이론'을 제시했다. 메뉴 비용이란 기업이 가격을 변화시킬 때 발생하는 유·무형의 비용을 지칭한다. 메뉴 비용 이론에 따르면 기업은 제품 가격을 변화시킴으로써 얻을 수 있는 이득과 메뉴 비용을 비교하여 가격을 변화시키며, 이에 따라 제품 시장의 가격 경직성이 발생할 수 있다. 또한 효율 임금은 노동자의 생산성을 유도하는 임금을 말하는데, 효율 임금 이론은 노동자의 생산성이 임금을 결정한다는 전통적인 임금 이론과 달리 임금이 높을수록 노동자의 생산성이 높아진다고 주장했다. 기업이 노동자에게 높은 임금을 지급함으로써 노동자의 이직과 태만을 방지할 수 있기 때문이라는 것이다. 이와 같이 새케인즈학파는 케인즈학파가 임의로 가정하였던 가격 경직성의 근거를 입증하는 데 주력하면서, 총수요 관리 정책은 여전히 효과를 갖는다고 주장하였다.

① 케인즈학파는 새고전학파의 방법론을 배제하기 위해 새케인즈학파로 발전하였다.
② 기업이 가격을 변화시킬 때 발생하는 유형의 비용만을 메뉴 비용이라고 한다.
③ 새케인즈학파는 총수요 관리 정책이 유효하다고 주장했다.
④ 새고전학파는 시장 불균형 상황에서 가격이 조정되는 속도가 매우 느리다고 보았다.

89 다음 글의 내용과 부합하지 않는 것은?

철학자 악셀 호네트는 현대 사회는 개인이 자아를 성공적으로 실현할 수 없는 병리적 사회가 되었으며, 여기서 벗어나 건강한 사회가 되기 위해서는 개인의 자아실현을 보장하는 사회적 인정이 회복되어야 한다고 주장한다.

호네트는 상호 인정 관계와 이에 따른 긍정적인 자기의식을 세 가지로 유형화한다. 첫 번째는 원초적 관계로, 개인이 타인으로부터 사랑이나 우정과 같은 정서적 배려를 받음으로써 구체적인 욕구와 본능을 가진 존재로 인정받는 상호 인정 관계이다. 원초적 관계에서 정서적 배려를 경험한 개인은 자신의 욕구와 정서가 충족될 수 있고, 언제든지 보살핌을 받을 수 있다는 자기 자신에 대한 믿음인 자신감을 형성한다. 하지만 개인이 타인으로부터 학대나 폭행과 같은 무시를 경험하면 자신감은 파괴된다. 두 번째는 권리 관계로, 개인이 타인으로부터 옳고 그름의 문제들을 자율적으로 결정할 수 있는 이성적인 인격체로서 법적 권리를 존중받는 상호 인정 관계이다. 권리 관계에서 법적 권리를 부여받은 개인은, 사회로부터 타인과 동등한 권리를 가진 존재로 자신이 존중받고 있다고 인지하는 자기존중감을 형성한다. 하지만 개인이 마땅히 충족될 것이라고 기대했던 법적 권리가 사회로부터 부정되는 무시를 경험하면 자기존중감은 파괴된다. 세 번째는 가치 공동체 관계로, 개인이 어떤 가치나 목적을 공유한 공동체 구성원들로부터 자신의 개성, 즉 능력과 속성을 인정받는 상호 인정 관계이다. 개인은 자신이 공동체의 구성원들로부터 가치 있는 존재로 인정받을 때 사회적 연대를 경험하며, 이를 통해 해당 개인은 자신이 공동체에 기여하고 있다는 긍지인 자부심을 형성한다. 하지만 개인이 자신의 능력과 속성에 대해 공동체 구성원들로부터 부정되는 무시를 경험하면 자부심은 파괴된다.

호네트는 이처럼 세 가지 상호 인정 관계에서 개인이 긍정적 자기의식을 형성할 때, 개인은 성공적으로 자아를 실현할 수 있다고 보았다. 하지만 상호 인정 관계에서 무시에 의해 개인의 긍정적인 자기의식이 파괴되면 개인은 자아실현의 기회를 상실하게 된다. 개인은 이를 회복하기 위해 사회에 형성되어 있는 인정질서에 저항하게 되는데, 여기서 인정질서란 개인의 자아를 인정 대상으로 허용할지에 대한 사회적 판단 기준이나 원칙이다. 호네트는 개인이 새로운 자아상을 기존 인정질서에 주장하면 개인은 기존 인정질서와 대립할 수밖에 없고, 개인의 저항은 기존 인정질서에서 배제된 사람들의 자아실현의 조건을 확보하기 위한 사회적 저항으로 확대된다고 말한다.

그는 이러한 모든 저항을 인정투쟁이라고 명명한다. 특히 그는 권리 관계나 가치 공동체 관계에서 발생하는 인정투쟁은 사회적으로 인정되는 개인의 권리나 가치의 범위를 확장하여 새로운 인정질서를 형성할 수 있다고 본다. 그래서 호네트는 인정투쟁이 현대 사회를 건강한 사회로 회복시키는 정당한 투쟁이라고 주장한다.

① 원초적 관계를 통해 형성된 자신감은 특정 상황에 의해 도로 파괴될 수도 있다.
② 호네트는 한 공동체에 생성된 인정질서가 새롭게 생기거나 변화되지 않는다고 보았다.
③ 한 개인이 동일한 공동체의 구성원들에게서 가치 있는 존재라는 인정을 받을 때, 해당 개인에게는 자부심이 형성된다.
④ 개인의 긍정적인 자기의식이 파괴될 경우 개인은 이를 회복하기 위해 노력한다.

90 다음 글의 내용과 부합하지 않는 것은?

철학자 사르트르는 인간의 자유로운 선택이 타자와 연관된다고 여겼다. 왜냐하면 내가 주체적 의식을 지니고 살아가듯이 타자도 주체적 의식을 지니고 있어서, 내가 아무리 주체성을 지닌 존재라 하더라도 나를 바라보는 다른 사람은 나를 사물처럼 객체화하여 파악할 수 있기 때문이다. 그래서 사르트르는 타인의 시선으로 규정되는 인간의 모습을 일컬어 '대타존재(Being for others)'라고 명명하였다. 예를 들어, 길을 걷다가 친구의 장난스러운 표정이 떠올라 웃었다고 가정해 보자. 그런데 그런 상황을 모르는 타자는 '저 사람 참 실없는 사람이네.'라는 시선을 보낼 수 있다. 이때 타자에 의해 '실없다'라고 규정되는 존재가 대타존재인 것이다.

그런데 이런 시선은 타자만 나에게 보내는 것이 아니라 나도 타자에게 보낼 수 있다. 왜냐하면 서로가 서로를 대상으로 삼아 객채화하려고 하기 때문이다. 그래서 사르트르는 나와 타자가 맺는 관계는 공존이 아니라 갈등과 투쟁으로 여겨서, '타자는 지옥이다.'라는 극단적인 표현까지 동원하기도 하였다. 그러나 그는 이렇게 자신이 타자의 시선에 노출되더라도 자신의 행위를 계속해 나가야 한다고 말한다. 자신의 선택에 따라 행동하며 그것을 타자가 받아들이도록 함으로써 타자를 자신의 선택 속에 끌어들일 수 있는 것이다. 그러니까 인간은 참된 자아를 찾기 위해 타자의 시선을 두려워하거나 피할 것이 아니라 이를 극복하고 계속 자신의 행위를 선택하며 살아가야 한다.

사르트르의 실존주의는 개인이 사회적 관습에 의해 제약을 받는다는 사실을 간과하였다는 점, 나와 타자가 맺어가는 인간관계를 지나치게 비관적으로 설정하였다는 점 등에서 비판을 받기도 하였다. 하지만 그의 실존주의는 주체성을 상실한 채 획일화되어 가는 우리의 삶을 반성하게 하고, 주체적이고 개성적인 삶을 살아가도록 도움을 준다는 점에서 오늘날까지 그 가치가 높이 평가되고 있다.

① 사르트르가 주장한 실존주의는 인간관계에 대해 지나치게 비관적인 인식을 지녔다는 점에서 비판받기도 한다.
② 사람을 객체화하는 것은 타자뿐만이 아니라 '나'에 의해서도 행해질 수 있다.
③ '대타존재'란 주체를 지닌 존재가 스스로에 대해 정의하는 것을 의미한다.
④ 사르트르는 '타자는 지옥이다.'라고 이야기하면서도 타자의 시선을 두려워하지 말 것을 이야기하고 있다.

91 다음 글의 내용과 부합하지 않는 것은?

일반 국민이 형사재판에 배심원으로 참여하여 법정 공방을 지켜본 후 피고인의 유·무죄에 대한 판단을 내리고 적정한 형을 제시하면 재판부가 이를 참고하여 판결을 선고하는 제도를 '국민참여재판'이라고 한다. 국민참여재판을 진행하기 위해서는 이에 필요한 배심원들을 적절하게 선정하여야 한다.

배심원 및 예비배심원 선정 이후, 이들은 재판부와 함께 증거조사를 지켜보게 된다. 증거조사가 끝나면 재판장은 사건의 쟁점과 적용할 법률, 판단 원칙 등을 설명하고, 배심원 중 누가 예비배심원인지 알려준 후 배심원들에게 평의실로 이동하여 평의*를 시작하게 한다. 평의가 시작되면 배심원은 법정에서 보고 들은 증거와 진술을 바탕으로 피고인의 유·무죄를 의논하게 된다. 배심원 사이에 유·무죄에 관한 의견이 만장일치로 정해지면 그에 따라 평결*이 담겨있는 평결서를 작성하여 재판부에 제출한다. 만약 의견이 일치되지 않으면 반드시 재판부의 의견을 듣고 다시 평의를 진행한 후 다수결로 평결서를 작성하게 된다. 그리고 평결이 유죄인 경우에는 재판부와 함께 피고인에게 부과할 적정한 형에 대해 토의한 후 양형*에 대한 최종 의견을 재판부에 알려 준다.

이후 재판장은 피고인에게 유·무죄 여부와 유죄인 경우 그 형에 대한 판결을 선고하게 된다. 배심원의 평결과 양형 의견은 재판장이 판결을 할 때 권고적 효력만을 가진다. 하지만 재판장은 판결 선고 시 피고인에게 배심원의 평결 결과를 알려 주어야 하며, 만약 배심원의 평결 결과와 다른 판결을 선고할 때에는 피고인에게 반드시 그 이유를 설명하고 판결서에도 그 이유를 기재해야 한다. 재판장이 판결 종결을 알리면 배심원의 임무 역시 모두 끝나게 된다.

* **평의:** 피고인의 유·무죄를 판단하기 위한 배심원의 논의 절차.
* **평결:** 유·무죄에 대한 배심원의 최종적인 판단.
* **양형:** 형벌의 정도를 정하는 일.

① 배심원들의 의견이 만장일치로 정해지지 않아도 평결서를 작성할 수 있다.
② 배심원들은 누가 예비배심원인지를 평의가 시작되기 전에 알게 된다.
③ 배심원들이 제시한 양형 의견은 재판 결과에 대해 권고적인 효력만을 지닌다.
④ 재판장이 배심원들의 의견과 다른 판결을 선고할 경우 배심원들에게 직접 그 이유를 설명하여야 한다.

92 다음 글의 내용과 부합하지 않는 것은?

'의사표시'는 의사표시자가 내심(內心)의 의사를 외부에 표시하는 법률 행위로서, 효과의사, 표시의사, 행위의사에 이어 표시행위까지의 과정을 거치며 일정한 법률 효과를 발생시킨다.

의사와 표시는 일치할 수도, 일치하지 않을 수도 있다. 의사와 표시가 불일치하는 대표적인 유형으로는 착오에 의한 의사표시를 들 수 있다. 착오의 기본 유형은 착오가 의사표시의 과정에서 효과의사의 결정, 표시행위의 이해, 표시행위 중 어느 단계에 발생하느냐에 따라 '동기의 착오', '내용의 착오', '표시상의 착오'로 나눌 수 있다. 먼저 동기의 착오는 의사표시자가 효과의사 결정 단계에서 의미 있는 상황을 실제와 다르게 잘못 인식하는 경우이다. 금반지를 사려고 했는데 도금 반지를 금반지인 줄 잘못 인식하고 구입하는 경우가 이에 해당한다. 내용의 착오는 의사표시자가 표시하고자 의도한 대로 표시행위를 하였지만, 표시행위 이해 단계에서 그 의미를 잘못 파악하여 생긴 경우이다. 금반지의 가격은 100달러로 표시되어 있는데, 유로와 달러가 같은 가치를 지닌 화폐 단위인 줄로 잘못 알고 금반지를 100유로로 산 경우가 이에 해당한다. 표시상의 착오는 의사표시자가 표시하고자 의도한 것과 다른 표시행위를 하는 것이다. 예컨대 매매계약서에 100,000원이라고 표시할 것을 착오로 10,000원이라고 표시하는 경우가 이에 해당한다.

그런데 착오를 이유로 법률 행위를 취소하기 위해서는 여러 가지 요건을 갖추어야 한다. 첫째로 의사표시가 존재하고 의사표시 과정에서 의사표시자의 착오가 있어야 한다. 둘째로 법률 행위 내용의 중요 부분에 착오가 있어야 한다. 일반적으로 중요 부분의 착오라는 것은 주관적, 객관적 요건이 모두 충족된 상태를 말한다. 즉, 의사표시자가 착오가 없었더라면 그러한 의사표시를 하지 않았을 것이라 생각될 정도로 중요한 것이어야 하고, 의사표시자의 입장에 섰더라면 일반인도 그러한 의사표시를 하지 않았으리라고 생각될 정도로 중요한 것이어야 한다. 내용의 착오나 표시상의 착오가 이에 해당하는데, 동기의 착오는 일반적으로 객관적 요건을 충족하지 못하므로 법률 행위 내용의 중요 부분에 해당하지 않는다. 단, 상대방에 의해 유발된 동기의 착오는 예외로 한다. 셋째로 의사표시자에게 중대한 과실이 없어야 한다. 여기서 중대한 과실이라 함은 의사표시자의 직업이나 행위의 종류, 목적 등에 비추어 일반적으로 요구되는 주의를 현저히 결여한 것을 말한다. 주식의 매매를 영업으로 하는 자가 주식 양도의 제한 유무에 관하여 회사의 정관을 조사하지 않은 경우를 그 예로 들 수 있는데, 의사표시자가 단순한 표시상의 착오를 일으킨 경우는 이에 해당하지 않는다. 마지막으로 취소 배제 사유가 존재하지 않아야 한다. 의사표시자가 그의 의사표시에 있어 위험을 의식적으로 인식했음에도 모험적인 행위를 한 경우, 착오가 없을 때보다 착오가 발생했을 때 의사표시자에게 유익한 경우에 취소권이 배제된다. 그리고 상대방이 착오자, 즉 착오를 일으킨 의사표시자의 진의에 동의한 경우나 상대방이 의사표시를 착오자가 의도한 대로 효력 있게 할 용의가 있음을 표시한 경우에도 취소권이 배제된다.

① 한 사람의 의사와 표시가 무조건 일치하는 것은 아니다.
② 표시행위 이해 단계에서 착오가 발생했다면 이는 내용의 착오에 해당한다.
③ 일반적으로, 동기의 착오는 법률 행위 내용의 중요 부분으로 보지 않는다.
④ 착오 발생으로 인해 의사표시자에게 이익이 발생한다면 취소권이 배제될 수도 있다.

93 다음 글을 읽고 이해한 것으로 적절하지 않은 것은?

실용주의자 로티는 언어란 역사적 우연성의 산물로, 거기에는 어떤 고정적 의미나 초월적 진리가 담겨있을 수 없다는 다원주의적 관점을 주장하였다. 언어의 의미는 대상에 의해서 정해지는 것이 아니라 언어를 사용하는 사람들에 의해 우연하게 정해지는 것으로 시대와 환경에 따라서 얼마든지 달라질 수 있다고 본 것이다.

로티는 이러한 언어관을 바탕으로 우리가 서술해 나가는 진리가 시대와 환경에 따라 끊임없이 재서술되면서 변화하는 것임을 밝히고자 했으며, 그런 점에서 철학적인 작업을 엄밀하고 체계적인 학문으로서보다는 문학적이고 시적인 작업으로 이해하고자 했다. 로티는 개인이 사적 공간에서 자신의 고유한 삶에 대해 자신만의 어휘로 서술해 나가는 시인과도 같은 작업을 통해 저마다의 진리가 우연적이고 상대적으로 존재하게 된다고 보았으며 이렇게 끊임없이 자신을 재서술해 나가는 개인을 일컬어 아이러니스트라고 불렀다.

로티는 아이러니스트의 작업이 자기완성의 길일 뿐 이상적인 인간이 되는 것을 담보하는 것은 아니며, 그 개인적 진리를 공적 영역으로 끌고 나와 모두에게 동의를 구하거나 강요할 수도 없다고 단정했다. 로티의 관점에서는 모두가 동의하는 궁극적 진리를 발견하고자 했던 과거의 수많은 철학자들 역시 아이러니스트에 불과할 뿐이므로, 그들이 찾은 진리 또한 사적 영역에 한정시키고자 했다. 그런데 아이러니스트는 사적인 영역에만 갇혀 공적인 것에 대해 무관심해질 수 있으므로, 로티는 사적 영역에서 아이러니스트의 작업을 수행함과 동시에 공적 영역에서는 자유주의자가 될 것을 촉구했다. 그가 말하는 자유주의자란 대화와 타협을 통해 제도와 관습의 부정적인 측면을 고쳐 나감으로써 사회적 약자의 고통을 줄여 나가는 연대성을 실천하는 사람을 의미한다.

이렇듯 로티는 보편적 기준이 적용될 수 없는 사적인 영역과 시대의 보편적 기준에 의해 지배되는 공적인 영역을 분리함으로써 진리 탐구의 과정과 사회적 문제 해결의 과정을 명확히 구분하고자 했다.

① 로티는 언어가 변하는 것이라 생각한 것처럼 진리 역시 변하는 것이라고 생각했겠군.
② 로티의 입장에서 본다면 역사적으로 유명한 철학자들이 내놓은 결론도 모두에게 동의를 구할 수는 없는 내용이겠군.
③ 로티의 관점이 사적인 영역을 추구했다는 점에서 그의 주장은 타인의 고통에 관심을 가지거나 공감할 수 없다는 한계를 지니겠군.
④ 아이러니스트 작업을 시행한다고 해서 무조건적으로 자기완성이 가능한 것은 아니겠군.

내용 추론

해설편 | 63p

94 다음 글에서 추론할 수 있는 것은?

2021 지방직(= 서울시) 9급

> 포도주는 유럽 문명을 대표하는 술이자 동시에 음료수다. 우리는 대개 포도주를 취하기 위해 마시는 술로만 생각하기 쉬우나 유럽에서는 물 대신 마시는 '음료수'로서의 역할이 크다. 유럽의 많은 지역에서는 물이 워낙 안 좋아서 맨 물을 그냥 마시면 위험하기 때문에 제조 과정에서 안전성이 보장된 포도주나 맥주를 마시는 것이다. 이런 용도로 일상적으로 마시는 식사용 포도주로는 당연히 고급 포도주와는 다른 저렴한 포도주가 쓰이며, 술이 약한 사람들은 여기에 물을 섞어서 마시기도 한다.
>
> 소비의 확대와 함께, 포도주의 생산을 다른 지역으로 확산시키려는 노력도 계속되어 왔다. 포도주 생산의 확산에서 가장 큰 문제는 포도 재배가 추운 북쪽 지역으로 확대되기 힘들다는 점이다. 자연 상태에서는 포도가 자라는 북방 한계가 이탈리아 정도에서 멈춰야 했지만, 중세 유럽에서 수도원마다 온갖 노력을 기울인 결과 포도 재배가 상당히 북쪽까지 올라갔다. 대체로 대서양의 루아르강 하구로부터 크림반도와 조지아를 잇는 선이 상업적으로 포도를 재배할 수 있는 북방한계선이다.
>
> 적정한 기온은 포도주 생산 가능 여부뿐 아니라 생산된 포도주의 질을 결정하는 중요한 요인이다. 너무 추운 지역이나 너무 더운 지역에서는 포도주의 품질이 떨어질 수밖에 없다. 추운 지역에서는 포도에 당분이 너무 적어서 그것으로 포도주를 담그면 신맛이 강하게 된다. 반면 너무 더운 지역에서는 섬세한 맛이 부족해서 '흐물거리는' 포도주가 생산된다(그 대신 이를 잘 활용하면 포르토나 셰리처럼 도수를 높인 고급 포도주를 만들 수 있다). 그러므로 고급 포도주 주요 생산지는 보르도나 부르고뉴처럼 너무 덥지도 않고 너무 춥지도 않은 곳이다. 다만 달콤한 백포도주의 경우는 샤토 디켐(Château d'Yquem)처럼 뜨거운 여름 날씨가 지속하는 곳에서 명품이 만들어진다.
>
> 포도주의 수요는 전 유럽적인 데 비해 생산은 이처럼 지리적으로 제한됐기 때문에 포도주는 일찍부터 원거리 무역 품목이 됐고, 언제나 고가품 취급을받았다. 그런데 한 가지 기억해야 할 점은 이렇게 수출되는 고급 포도주는 오래된 포도주가 아니라 바로 그해에 만든 술이라는 점이다. 우리는 포도주는 오래될수록 좋아진다고 믿는 경향이 있지만, 대부분의 백포도주 혹은 중급 이하 적포도주는 시간이 지날수록 오히려 품질이 떨어진다. 시간이 흐를수록 품질이 개선되는 것은 일부 고급 적포도주에만 한정된 이야기이며, 그나마 포도주를 병에 담아 코르크 마개를 끼워 보관한 이후의 일이다.

① 고급 포도주는 모두 너무 덥지도 춥지도 않은 곳에서 재배된 포도로 만들어졌다.
② 루아르강 하구로부터 크림반도와 조지아를 잇는 선은 이탈리아보다 남쪽에 있을 것이다.
③ 유럽에서 일상적으로 마시는 식사용 포도주는 저렴한 포도주거나 고급 포도주에 물을 섞은 것이다.
④ 병에 담겨 코르크 마개를 끼운 고급 백포도주는 보관 기간에 비례하여 품질이 개선되지는 않을 것이다.

95 다음 글에서 추론한 내용으로 가장 적절한 것은?

2022 지방직(= 서울시) 9급

> 논리실증주의자들에 따르면, 만약 어떤 것이 과학일 경우 거기에서 사용되는 문장은 유의미하다. 그들은 유의미한 문장의 기준으로 소위 '검증 원리'라고 불리는 것을 제안했다. 검증 원리란, 경험을 통해 참이나 거짓을 검증할 수 있는 문장은 유의미하고 그렇지 않은 문장은 유의미하지 않다는 것이다. 다음 두 문장을 예로 생각해 보자.
>
> (가) 달의 다른 쪽 표면에 산이 있다.
> (나) 절대자는 진화와 진보에 관계하지만, 그 자체는 진화하거나 진보하지 않는다.
>
> 위 두 문장 중 경험을 통해 검증할 수 있는 것은 무엇인가? 비록 현실적으로 큰 비용이 들기는 하지만 (가)는 분명히 경험을 통해 진위를 밝힐 수 있다. 즉 우리는 (가)의 진위를 확정하기 위해서 무엇을 경험해야 하는지 알고 있다는 것이다. 이런 점에 근거하여 논리실증주의자들은 (가)는 검증할 수 있고, 유의미한 문장이라고 판단한다. 그럼 (나)는 어떠한가? 우리는 무엇을 경험해야 (나)의 진위를 확정할 수 있는가? 논리실증주의자들은 그런 것은 없다고 주장하고, 이에 (나)는 검증할 수 없고 과학에서 사용될 수 없는 무의미한 문장이라고 말한다.

① 논리실증주의자들에 따르면 무의미한 문장을 사용하는 것은 과학이 아니다.
② 논리실증주의자들에 따르면 과학의 문장들만이 유의미하다.
③ 검증 원리에 따르면 아직까지 경험되지 않은 것을 언급한 문장은 무의미하다.
④ 검증 원리에 따르면 거짓인 문장은 무의미하다.

96 다음 글에서 추론한 내용으로 적절하지 않은 것은?

2021 국가직 9급

> 과학의 개념은 분류 개념, 비교 개념, 정량 개념으로 구분할 수 있다. 식물학과 동물학의 종, 속, 목처럼 분명한 경계를 가지고 대상들을 분류하는 개념들이 분류 개념이다. 어린이들이 맨 처음에 배우는 단어인 '사과', '개', '나무' 같은 것 역시 분류 개념인데, 하위 개념으로 분류할수록 그 대상에 대한 정보가 더 많이 전달된다. 또한, 현실 세계에 적용 대상이 하나도 없는 분류 개념도 있을 수 있다. 예를 들어 '유니콘'이라는 개념은 '이마에 뿔이 달린 말의 일종임' 같은 분명한 정의가 있기에 '유니콘'은 분류 개념으로 인정되는 것이다.
>
> '더 무거움', '더 짧음' 등과 같은 비교 개념은 분류 개념보다 설명에 있어서 정보 전달에 더 효과적이다. 이것은 분류 개념처럼 자연의 사실에 적용되어야 하지만, 분류 개념과 달리 논리적 관계도 반드시 성립해야 한다. 예를 들면, 대상 A의 무게가 대상 B의 무게보다 더 무겁다면, 대상 B의 무게가 대상 A의 무게보다 더 무겁다고 말할 수 없는 것처럼 '더 무거움' 같은 비교 개념은 논리적 관계를 반드시 따라야 한다.
>
> 마지막으로 정량 개념은 비교 개념으로부터 발전된 것인데, 이것은 자연의 사실로부터 파악할 수 있는 물리량을 측정함으로써 만들어진다. 물리량을 측정하기 위해서는 몇 가지 규칙이 필요한데, 그 규칙에는 두 물리량의 크기를 비교하는 경험적 규칙과 물리량의 측정 단위를 정하는 규칙 등이 포함된다. 이러한 정량 개념은 자연에 의해서 주어지는 것이 아니라 우리가 자연현상에 수를 적용하는 과정에서 생겨나는 것이다. 정량 개념은 과학의 언어를 수많은 비교 개념 대신 수를 사용할 수 있게 하여 과학 발전의 기초가 되었다.

① '호랑나비'는 '나비'와 동일한 종에 속하지만, 나비에 비해 정보량이 적다.
② '용(龍)'은 현실 세계에 적용할 수 있는 지시물이 없더라도 분류 개념으로 인정된다.
③ '꽃'이나 '고양이'와 같은 개념은 논리적 관계를 따라야 하는 것은 아니기 때문에 비교 개념에 포함되지 않는다.
④ 물리량을 측정할 수 있는 'cm'나 'kg'과 같은 측정 단위는 자연현상에 수를 적용할 수 있게 해 주었다.

97 다음 글을 읽고 ㉠에 대해 추론한 것으로 가장 적절한 것은?

> 지대는 토지를 빌려주고 얻는 대가를 말한다. 지대의 개념과 성격에 관한 논의는 고전 경제학파의 리카도로부터 이론적으로 정교화되기 시작했다. 그의 ㉠차액지대론은 지대가 발생하는 이유를 다음과 같이 설명하고 있다.
>
> 가령, 어떤 나라의 A, B, C 지역에 쌀 생산에만 쓰이는 토지가 있는데 그 비옥도에 차이가 있어 각 지역 토지에서의 쌀 한 가마당 생산비가 5만 원, 6만 원, 8만 원이라고 하자. 여기서 생산비는 투입한 노동과 자본에 대한 대가로, 쌀의 가격은 생산비와 일치하는 것으로 본다. 이 나라의 쌀 수요량이 적어서 A 지역 토지의 일부만 경작해도 그 수요를 충당할 수 있을 때 전국의 쌀 한 가마당 가격은 A 지역 토지에서의 쌀 생산비인 5만 원에서 결정될 것이다. 그런데 쌀 수요량이 증가하게 되면 어느 순간 A 지역 토지들로 모자라 B 지역 토지도 경작되기 시작할 것이다. 이때 B 지역 토지를, 경작되는 토지 가운데 가장 열악한 땅이라는 의미에서 한계지라 부른다. B 지역 토지가 한계지가 되면 전국의 쌀 한 가마당 가격은 6만 원으로 결정된다. 이에 따라 A 지역 토지를 경작하는 사람들은 5만 원을 들여 6만 원을 벌 수 있어 쌀 한 가마당 1만 원의 소득을 추가로 얻게 된다. 이 소득은 사람들로 하여금 A 지역 토지를 이용하려는 경쟁을 유발하고 지주에게 땅을 빌리기 위해 경쟁적으로 더 높은 지대를 제시하게 함으로써, 지대는 결국 기존의 A 지역 토지 경작자들의 추가 소득인 1만 원으로 결정될 것이다. 쌀 수요량이 더 늘어나서 C 지역 토지가 한계지가 되면 A 지역 토지의 지대는 더 오르고, B 지역 토지에도 지대가 형성된다. 결국 쌀의 가격은 한계지에서의 쌀 생산비가 되고, 한계지보다 비옥도가 높은 토지들의 지대는 그 토지에서의 쌀 생산비와 한계지에서의 쌀 생산비의 차액이 되는 것이므로, 더 열악한 땅이 한계지가 될수록 쌀 가격은 오르고 그에 따라 지대도 오르게 된다.
>
> 이와 같이 리카도는 지대를, 토지 생산물의 가격에서 생산비를 뺀 나머지, 즉 잉여일 뿐이라고 생각했다. 이는 지대를 토지 생산물의 가격에 영향을 미치는 비용이 아니라 토지 생산물의 가격이 오름으로써 얻게 되는 불로소득에 불과하다고 본 것이다. 이런 고전 경제학파의 지대론에 입각해 헨리 조지는 지대 전액을 조세로 걷어야 한다는 지대 조세론을 주장하기도 했다.

① 지주가 지의 비용을 정하지 않는다면 지대는 끝없이 상승하겠군.

② 비옥도에 차이가 없는 토지들만 존재한다면 지대가 발생하지 않겠군.

③ 특정 농산품에 대한 수요량이 충분히 많지 않다면 지대가 발생할 확률이 높아지겠군.

④ 보리의 가격이 10만 원인 땅 X와 6만 원인 땅 Y 중에서는 땅 X가 더 비옥도가 높겠군.

98 다음 글에서 추론한 내용으로 적절하지 않은 것은?

2021 지방직(= 서울시) 7급

> 고대 로마에서 사람들의 평균 수명은 불과 21세였다. 아동기를 넘긴 성인은 보통 70~80세 정도 살았지만 출생아의 1/3이 1세 전에, 그 이후 살아남은 아이의 절반이 10세 전에 사망했다. 이렇게 아동 사망률이 높았던 것은 미생물로 인한 질병 때문이었는데, 이를 밝혀 치료의 길을 연 사람은 파스퇴르였다.
>
> 파스퇴르는 1861년 미생물이 활동한 결과로 발효가 일어난다는 것을 밝히고, 이후 음식물의 발효나 부패가 공기 중의 미생물 때문에 일어남을 증명했다. 이는 음식물에서 저절로 새로운 생명체가 생겨나 음식물을 발효·부패시킨다는 자연발생설을 반박하고 미생물의 존재를 명확히 한 것이었다. 1863년에는 음식물의 맛과 질감을 변화시키지 않으면서 살균하는 방법인 '파스퇴리제이션(pasteurization)'을 발견했다. 이것은 끓는점보다 낮은 온도에서 장시간 가열하는 방식으로, 우유의 경우 밀폐한 채로 63~65℃에서 30분 정도 가열하는 살균법이다.
>
> 이러한 연구에 이어 파스퇴르는 사람과 가축에게 생기는 질병의 원인이 미생물임을 밝혔다. 나아가 이를 예방할 수 있는 백신을 처음으로 만들어 사용하고 치료법도 제시하였다. 광견병, 탄저병 등에 대한 연구는 그의 큰 업적으로 남아 있다.

① 고대 로마인의 평균 수명이 낮았던 것은 아이들이 질병으로 많이 죽었던 것이 한 원인이었다.
② 파스퇴르는 음식물의 발효와 부패에 대해 자연발생설을 부인하였다.
③ 끓는점 이하로 가열하는 파스퇴리제이션 살균법은 음식물의 맛과 질감을 높인다.
④ 파스퇴르의 미생물 연구는 질병으로 인한 아이들의 사망률을 줄이는 데에 기여했다.

99 다음 글을 통해 추론할 수 없는 것은?

2020 지방직(= 서울시) 9급

> 자신의 신념과 일치하는 정보는 받아들이고 그렇지 않은 정보는 무시하는 경향을 확증 편향(confirmation bias)이라 한다. 자신의 믿음이나 견해와 일치하는 정보는 수용하고 그에 반대되는 정보는 무시하거나 부정하는 심리 경향이다. 사회심리학자인 로버트 치알디니는 자신이 가진 기존의 견해와 일치하는 정보는 두 가지 이점을 가지고 있다고 한다. 첫째, 그러한 정보는 어떤 문제에 대해 더 이상 고민하지 않고 마음의 휴식을 취할 수 있게 해 준다. 둘째, 그러한 정보는 우리를 추론의 결과에서 자유롭게 해 준다. 즉 추론의 결과 때문에 행동을 바꿔야 할 필요가 없다. 첫째는 생각하지 않게 하고, 둘째는 행동하지 않게 함을 말한다.
>
> 일례로 특정 정치 성향을 가진 사람들을 대상으로 조사했을 때, 사람들은 반대당 후보의 주장에서는 모순을 거의 완벽하게 찾은 반면, 지지하는 당 후보의 주장에서는 모순을 절반 정도만 찾아냈다. 이 판단의 과정을 자기 공명 영상 장치로도 촬영했다. 그 결과, 자신이 동의하지 않는 정보를 접했을 때는 뇌 회로가 활성화되지 않았고, 자신이 동의하는 주장을 접했을 때는 긍정적인 반응을 보이면서 뇌 회로가 활성화되는 것을 확인할 수 있었다.

① 사람에게는 자신의 신념이나 행동을 바꾸려 하지 않는 경향이 있다.
② 사람에게는 정보를 객관적으로 판단하지 못하는 심리적 특성이 있다.
③ 사람에게는 지지자들의 말만을 듣고 자기 신념을 강화하는 경향이 있다.
④ 사람에게는 새로운 정보를 접했을 때 심리적 불안을 느끼는 특성이 있다.

100 (가)와 (나)를 통해서 추정하기 어려운 내용은?

2019 국가직 9급

(가) 찬성공 형제께서 정경부인의 상(喪)을 당하였다. 부윤공의 부인 이 씨가 우연히 언문 소설을 읽다가 그 소리가 밖으로 들렸다. 찬성공이 기뻐하지 않으며 제수를 계단 아래에 서게 하고, "부녀자의 무식을 심하게 책망할 필요는 없지만, 어찌 상중(喪中)에 있으면서 예의에 어긋난 책을 소리 내어 읽어서 스스로 평민과 같아지려 할 수 있는가?" 하고 꾸짖었다.

(나) 전기수: 늙은이가 동문 밖에 살면서 입으로 언문 소설을 읽었는데, 「숙향전」, 「소대성전」, 「심청전」, 「설인귀전」과 같은 전기소설이었다. … … 잘 읽었기 때문에 옆에서 구경하는 사람들이 빙 둘러섰다. 가장 재미있고 긴요하여 매우 들을 만한 구절에 이르면 갑자기 침묵하고 소리를 내지 않았다. 사람들이 다음 이야기를 듣고 싶어서 다투어 돈을 던졌다. 이를 바로 '요전법(돈을 요구하는 법)'이라 한다.

① 상층 남성들은 상중의 예법에 대해 매우 엄격하였다.
② 혼자 소설을 보면서 소리 내어 읽기도 하였다.
③ 하층에서도 소설을 창작하는 사람이 많았다.
④ 상층이 아닌 하층에서도 소설을 즐겼다.

101 다음 글에서 추론한 바로 적절하지 않은 것은?

2019 지방직 9급

우리는 도시화, 산업화, 고도성장 과정에서 우리 경제의 뒷방살이 신세로 전락한 한국 농업의 새로운 가치에 주목해야 한다. 농업은 경제적 효율성이 뒤처져서 사라져야 할 사양 산업이 아니다. 전 지구적인 기후 변화와 식량 및 에너지 등 자원 위기에 대응하여 나라와 생명을 살릴 미래 산업으로서 농업의 전략적 가치가 크게 부각되고 있다. 농본주의의 기치를 앞세우고 농업 르네상스 시대의 재연을 통해 우리 경제가 당면한 불확실성의 터널을 벗어나야 한다.

우리는 왜 이런 주장을 하는가? 농업은 자원 순환적이고 환경 친화적인 산업이기 때문이다. 땅의 생산력에 기초해서 한계적 노동력을 고용하는 지연(地緣) 산업인 동시에 식량과 에너지를 생산하는 원천적인 생명 산업이기 때문이다. 물질적인 부의 극대화를 위해서 한 지역의 자원을 개발하여 이용한 뒤에 효용 가치가 떨어지면 다른 곳으로 이동하는 유목민적 태도가 오늘날 위기를 낳고 키워 왔는지 모른다. 급변하는 시대의 흐름에 부응하지 못하는 구시대의 경제 패러다임으로는 오늘날의 역사에 동승하기 어렵다. 이런 맥락에서, 지키고 가꾸어 후손에게 넘겨주는 정주민의 문화적 지속성을 존중하는 농업의 가치가 새롭게 조명 받는 이유에 주목할 만하다. 과학 기술의 눈부신 발전 성과를 수용하여 새로운 상품과 시장을 창출할 수 있는 녹색 성장 산업으로서 농업의 잠재적 가치가 중시되고 있는 것이다.

① 고도성장을 도모하는 경제 정책을 추진하는 과정에서 농업 중심의 경제 패러다임을 지양하였다.
② 효율성을 중요한 가치로 내세우는 경제 시스템은 미래 사회를 대비하는 데 한계가 있다.
③ 유목 생활을 하는 민족에 비해 정주 생활을 하는 민족이 농업의 가치 증진에 더 기여할 수 있다.
④ 녹색 성장 산업으로서 농업의 효용성을 드높이기 위해서 과학 기술의 부작용을 성찰할 필요가 있다.

102 다음 글에서 추론한 내용으로 가장 적절한 것은?

2019 국가직 7급

> 애리조나주 북부의 나바호 인디언과 유럽계 미국인은 오랜 세월에 걸쳐 서로의 시간 개념을 적응시키고자 노력해 왔다. 나바호인에게 시간은 공간과 같다. 즉 지금 여기만이 실재하며 미래라는 것은 현실감을 거의 주지 못한다. 나바호 마을에서 성장한 나의 옛 친구는 그 점을 다음과 같이 표현했다.
>
> "자네도 알다시피 나바호인은 말[馬]을 사랑하고 경마로 내기하기를 즐기지. 그런데 만약 나바호인에게 '자네 지난 독립기념일에 플래그스태프에서 경주를 온통 휩쓸었던 내 말을 기억하지?' 하고 물었을 때, '그럼, 기억하고말고.' 하면서 그 말을 아주 잘 알고 있다는 듯이 끄덕인다 해도 그에게 다시, '그 말을 다음 가을에 자네에게 주겠네.' 하고 말하면 그는 낙담한 표정으로 돌아서서 가 버릴 것이네. 그러나 만약 '내가 방금 타고 온 저 비루먹은 말 알지? 영양실조에다 안짱다리인 저 늙은 말을 해진 안장과 함께 자네에게 줄게. 저놈을 타고 가게나.' 하고 말하면, 그 나바호인은 희색이 만면하여 악수를 청한 다음 자신의 새 말에 올라타서 사라질 것이네. 나바호인은 눈앞에 보이는 선물만을 실감할 뿐, 장래의 이익에 대한 약속은 고려할 가치조차 느끼지 못하는 것이지."

① 나바호인은 기억력이 좋아서 기념일에 선물을 잘 챙긴다.
② 나바호인은 지금 여기만이 실재한다는 인식으로 약속을 잘 지키지 않는다.
③ 나바호인은 앞으로 투자 가치가 있는 마을 구획 정리 사업에는 긍정적이지 않다.
④ 나바호인은 기마 민족으로 말에 대한 애착이 강하고 말을 최상의 선물로 간주한다.

103 다음 글에서 추론한 내용으로 적절하지 않은 것은?

2018 국가직 7급

> 범죄 용의자의 용모를 파악하기 위해 눈, 코, 입 등 얼굴 각 부분의 인상을 조립하면 하나의 얼굴 사진이 만들어진다. 이렇게 만들어진 사진을 몽타주 사진이라고 부른다. 몽타주는 '조립'을 의미하는 프랑스어이므로 몽타주 사진을 '조립된 사진'이라고 바꿔 부를 수 있다. 이처럼 몽타주에서는 각각의 이미지들이 결합되어 새로운 인상을 창조한다. 예술가들은 이러한 몽타주의 효과를 다양한 예술적 시도를 위해 사용해 왔다. 몽타주 효과는 특히 영화에서 자주 응용되며, 몽타주에 관한 이론은 영화 이론의 하나로 받아들여지곤 한다. 그 이유는 영화 자체가 몽타주에 의해 성립되는 예술이기 때문이다. 대부분의 영화에서는 따로따로 찍은 장면을 이어 붙이는 조립의 과정이 필수적이다. 예를 들어 영화에서 슬픈 장면 뒤에 등장하는 무표정한 얼굴은 슬픔을 억누르고 있는 얼굴처럼 느껴진다. 그런데 같은 무표정한 얼굴이라 해도 앞에 어떤 장면을 배치하는가에 따라 그 얼굴이 드러내는 감정은 얼마든지 다르게 받아들여질 수 있다. 이러한 몽타주를 통해 영화 특유의 시간 감각이 발생한다. 이를테면 우리가 영화를 볼 때 영화 속 침묵이 유난히 더 길게 느껴진다면, 이는 영화의 장면 조립을 통해 창조된 새로운 시간 감각 때문이다. 영화 이론가들은 이러한 영화 특유의 세계를 다루는 이론, 즉 조립에 의해 탄생하는 영화의 세계에 관한 이론을 몽타주 이론이라고 부른다.

① 몽타주 효과는 이미지들의 결합으로 생겨나는 인상의 새로움을 의미한다.
② 동일한 장면이라 해도 그 배치에 따라 의미가 다르게 받아들여질 수 있다.
③ 몽타주 이론은 이어 붙인 장면들을 통해 창조되는 영화의 시간 감각을 다룬다.
④ 표정 연기의 실감을 극대화하여 영상미를 창출함으로써 몽타주의 효과가 생겨난다.

104 다음 글에서 추론할 수 있는 정약용의 생각으로 가장 적절한 것은?

2018 국가직 7급

> 다산 정약용은 『목민심서』에서 공직자들의 절용(節用), 즉 아껴 쓰기를 강조했다. 다산이 말한 절용은 듣기에는 매우 간단한 것 같지만 실제로는 실천하기 어려운 것이었다. 자기 돈은 절용하기 쉽지만 정부 돈은 함부로 쓰기 십상이다. 또한 정책 과정에서 온갖 비리가 발생하기도 한다. 그렇기에 절용은 공직자가 지켜야 할 가장 중요한 덕목이다. 다산은 유배지에서 아들에게 "내가 오랫동안 귀양살면서 너희에게 유산으로 남겨 줄 재산이 없다. 다만 너희에게 글자 두 자를 유산으로 남겨 준다. 하나는 근(勤)이요, 하나는 검(儉)이다. 너희가 근검 두 글자를 제대로 실천하려고 하면 논 100마지기 200마지기보다 좋다."는 내용의 편지를 보냈다. 청렴해야 자애로울 수 있고 자애로운 것이야말로 백성을 사랑하는 것이니, 다산은 백성을 통치하려면 먼저 절용에 힘쓰라고 말한 것이다. 다산이 말한 청심(淸心)은 맑은 마음, 깨끗한 마음을 의미하는데 이는 공직자의 기본이다. 공직자는 대가성이 없고 법적 처벌을 면할 수 있다 해서 적은 돈이라도 받아서는 안 된다. 다산은 청렴이 천하의 큰 장사라 말했다. 청렴이야말로 가장 큰 이익이 남는 일임을 역설적으로 표현한 것이다. 그래서 다산은 청렴한 사람이 진짜 욕심쟁이라고 했다. 최고의 지위까지 오르려는 공직자는 청렴해야만 그 목표를 이룰 수 있다. 다산은 사람들이 청렴하지 못한 이유를 지혜가 모자란 데서 찾았다. 다산의 청렴 사상은 '청렴한 사람은 청렴함을 편안하게 여기고, 지혜로운 사람은 청렴함을 이롭게 여긴다.'(廉者安廉 知者利廉)는 말로 요약된다. 공자는 목표가 인(仁)인 반면 다산은 목표가 청렴이었다. 인은 너무 높은 성현의 이야기이므로 일반인이 인의 경지에 이르기 힘드니 한 단계 낮추어 청렴을 이야기한 것이다.

① 공직자들은 금품과 선물을 법으로 정한 한도 내에서 주고받아야 한다.

② 관리들이 청렴하고 자애로우면 백성들이 인을 이룰 수 있게 된다.

③ 자손에게 물질적 재산을 남겨 주는 공직자는 청렴하다고 할 수 없다.

④ 지혜로운 관리는 청렴함을 통해 자신에게 이익이 되는 결과를 얻을 수 있다.

105 다음 글에서 추론한 내용으로 적절하지 않은 것은?

> 기존 범죄학의 큰 흐름들은 범죄를 억제하려는 그동안의 법체계와 정책의 근간이 되어 왔다. 하지만 1970년대 이후 이러한 시도들의 범죄 감소 효과에 대한 비판이 일면서, 환경에 의한 범죄 유발 요인과 환경 개선을 통한 범죄 기회의 감소 효과 등을 연구하는 '환경 범죄학'이 주목받기 시작했다. 이러한 가운데 건축학이나 도시 설계 전문가들은 범죄의 원인과 예방의 해법을 환경과 디자인에서 찾아야 한다고 주장하였다. 바로 '셉테드(CPTED)'라 불리는 범죄 예방 설계가 그것이다. 셉테드는 건축 설계나 도시 계획 등을 통해 대상 지역의 방어적 공간 특성을 높여, 범죄 발생 가능성을 줄이고 지역 주민들이 안전감을 느끼도록 하여 궁극적으로 삶의 질을 향상시키는 종합적인 범죄 예방 전략을 의미한다.
>
> 셉테드는 다음의 원리로 이루어진다. 우선 '자연적 감시의 원리'는 공간과 시설물에 대한 가시권을 확보하고 잠재적 범죄자의 은폐 장소를 최소화시킴으로써 내부인이나 외부인의 행동을 주변 사람들이 자연스럽게 관찰할 수 있게 만드는 것이다. 다음으로 '접근 통제의 원리'는 보행로, 조경, 문 등을 통해 사람들의 통행을 일정한 경로로 유도하여 허가받지 않은 사람들의 출입을 통제하거나 차단하는 것을 말한다. '영역성의 원리'는 안과 밖이라는 공간 영역을 조성하여 외부인의 침범 기준을 명확히 확립하는 것을 말한다. 이 외에도 공공장소 및 시설에 대한 내부인들의 활발한 사용을 유도하여 그 근방의 범죄를 감소시킨다는 '활동의 활성화 원리', 공공장소와 시설물이 처음 설계된 대로 지속적으로 유지 및 관리되어야 한다는 '유지 및 관리의 원리'가 있다. 이 모든 원리는 범죄 예방의 전략과 목표를 범죄자 개인이 아닌 도시 및 건축 환경의 설계와 계획에 두고 있다는 점에서 공통적이다.
>
> 우리나라는 2005년 즈음부터 셉테드를 도입하여 도시 설계와 건축물에 범죄 예방 설계 활용을 본격화하기 시작했다. 그동안의 법과 정책, 그리고 셉테드가 동시에 강화된다면 좀 더 안전한 사회를 만들 수 있을 것이다.

① 기존의 범죄학이 효과적으로 범죄를 예방했다면 셉테드가 등장하지 않았을 수도 있겠군.

② 시설물의 한쪽 벽에 전면 유리창을 설치하여 가시성을 확보한다면 범죄율의 하락에 일조하겠군.

③ 셉테드를 도입하여 도시와 건축물을 설계한다면 기존의 법과 정책 없이도 안전한 사회가 되겠군.

④ 사람들이 드나들지 않고 유지, 관리가 허술한 폐공장이 있다면 범죄가 발생할 확률이 높아지겠군.

106 ㉠과 ㉡의 입장을 추론한 내용으로 적절하지 않은 것은?

범죄란 사회 질서를 파괴하고 타인의 육체나 정신에 고통을 주거나 재산 또는 명예에 손상을 입히는 행위로, 사회의 안녕과 개인의 안전에 해를 끼친다. 그래서 사람들은 여러 논의를 통해 범죄 발생률을 낮추려고 노력해 왔고, 그 결과 탄생한 것이 바로 '범죄학'이다.

'고전주의 범죄학'은 법적 규정 없이 시행됐던 지배 세력의 불합리한 형벌 제도를 비판하며 18세기 중반에 등장했다. 고전주의 범죄학에서는 범죄를 포함한 인간의 모든 행위는 자유 의지에 입각한 합리적 판단에 따라 이루어지므로, 범죄에 비례해 형벌을 부과할 경우 개인의 합리적 선택에 의해 범죄가 억제될 수 있다고 보았다. 고전주의 범죄학의 대표자인 ㉠베카리아는 형벌은 법으로 규정해야 하고, 그 법은 누구나 이해할 수 있도록 문서로 만들어야 한다고 강조했다. 또한 형벌의 목적은 사회 구성원에 대한 범죄 행위의 예방이며, 따라서 범죄를 저지를 경우 누구나 법에 의해 확실히 처벌받을 것이라는 두려움이 범죄를 억제할 것이라고 확신했다. 이러한 고전주의 범죄학의 주장은 각 국가의 범죄 및 범죄자에 대한 입법과 정책에 많은 영향을 끼쳤다.

19세기 중반 이후 사회 혼란으로 범죄율과 재범률이 증가하자, 범죄의 원인을 과학적으로 증명하려 한 '실증주의 범죄학'이 등장했다. 실증주의 범죄학은 고전주의 범죄학의 비과학성을 비판하며, 범죄의 원인을 개인의 자유 의지로는 통제할 수 없는 생물학적·심리학적·사회학적 요소에서 찾으려 했다. 이 분야의 창시자인 ㉡롬브로소는 범죄 억제를 위해서는 범죄자들의 개별적 범죄 기질을 도출하고 그 기질에 따른 교정이나 교화, 또는 치료를 실시해야 한다고 생각했다. 이를 위해 그는 범죄자만의 특성과 행위 원인을 연구하여 범죄자들의 유형을 구분하고 그 유형에 따라 형벌을 달리할 것을 주장했다. 그는 출생부터 범죄자의 기질을 타고나 범죄를 저지를 수밖에 없는 범죄자의 경우 초범일지라도 무기한 구금을 해야 하지만, 우발적으로 범죄를 저지른 범죄자의 수감에는 반대했고, 이러한 생각은 이후 집행 유예 제도의 이론적 기초가 되었다. 비록 차별과 편견이 개입됐다는 비판을 받기는 했지만, 롬브로소의 연구는 이후 범죄 생물학, 범죄 심리학, 범죄 사회학의 탄생과 발전에 큰 영향을 끼쳤다.

① ㉠: 형벌이 충분히 두려움을 주지 못한다면 범죄의 억제가 이루어지지 않을 것이다.
② ㉠: 개인의 합리적 선택에 차이가 존재한다면 처벌의 효과 역시 개인마다 다를 것이다.
③ ㉡: 두 범죄자가 똑같은 물건을 훔쳤더라도 각각 형벌이 다를 것이다.
④ ㉡: 우발적으로 범죄를 저지른 범죄자는 개인의 의지로 범죄를 저질렀을 것이다.

107 다음 글을 바탕으로 추론한 생각 중 적절하지 않은 것은?

2018 국가직 7급

소쉬르는 언어를, 기호의 형식에 상응하는 기표(記標)와 기호의 의미에 상응하는 기의(記意)의 기호적 조합이라고 전제한다. 예를 들어 '흑연과 점토의 혼합물을 구워 만든 가느다란 심을 속에 넣고, 겉은 나무로 둘러싸서 만든 필기도구'라는 의미를 표시하는 기표는 한국어에서 '연필'이다. 그런데 '연필'의 기의에 대응되는 영어 기표는 'pencil'이다. 각기 다른 기표가 동일한 기의를 표현한 것이다. 소쉬르는 이처럼 하나의 기의가 서로 다른 기표에 대응되는 것을 두고 기호적 관계가 자의적이라고 주장하는 한편, 이러한 자의성은 사회적 약속과 문화적 약호(code)에 따라 조율된다고 보았다.

① 표준어로 '부추'에 상응하는 표현이 지역에 따라 달리 나타나는 현상에서 기호의 자의성을 엿볼 수 있겠군.
② 어떤 개념을 새롭게 표현한 단어가 널리 쓰이려면 그 개념을 쓰는 사회 성원들의 공통된 합의가 필요하겠군.
③ 같은 종교를 믿으면서 문화적 약호가 유사한 지역에서는 같은 기표에 대응되는 개념이 비슷할 가능성이 높겠군.
④ 사랑이나 진리와 같이 사회 문화적으로 보편적인 개념을 지시하는 각각의 기표들에서 유사한 형식을 도출할 수 있겠군.

108 다음 글에서 추론한 내용으로 적절하지 않은 것은?

정부는 국민 생활에 영향을 미치는 활동의 총체인 정책의 목표를 효과적으로 달성하기 위해 정책 수단의 특성을 고려하여 정책을 수행한다. 정책 수단은 강제성, 직접성, 자동성, 가시성의 네 가지 측면에서 다양한 특성을 갖는다. 강제성은 정부가 개인이나 집단의 행위를 제한하는 정도로서, 유해 식품 판매 규제는 강제성이 높다. 직접성은 정부가 공공 활동의 수행과 재원 조달에 직접 관여하는 정도를 의미한다. 정부가 정책을 직접 수행하지 않고 민간에 위탁하여 수행하게 하는 것은 직접성이 낮다. 자동성은 정책을 수행하기 위해 별도의 행정 기구를 설립하지 않고 기존의 조직을 활용하는 정도를 말한다. 전기 자동차 보조금 제도를 기존의 시청 환경과에서 시행하는 것은 자동성이 높다. 가시성은 예산 수립 과정에서 정책을 수행하기 위한 재원이 명시적으로 드러나는 정도이다. 일반적으로 사회 규제의 정도를 조절하는 것은 예산 지출을 수반하지 않으므로 가시성이 낮다.

정책 수단 선택의 사례로 환율과 관련된 경제 현상을 살펴보자. 외국 통화에 대한 자국 통화의 교환 비율을 의미하는 환율은 장기적으로 한 국가의 생산성과 물가 등 기초 경제 여건을 반영하는 수준으로 수렴된다. 그러나 단기적으로 환율은 이와 괴리되어 움직이는 경우가 있다. 만약 환율이 예상과는 다른 방향으로 움직이거나 또는 비록 예상과 같은 방향으로 움직이더라도 변동 폭이 예상보다 크게 나타날 경우 경제 주체들은 과도한 위험에 노출될 수 있다. 환율이나 주가 등 경제 변수가 단기에 지나치게 상승 또는 하락하는 현상을 오버슈팅(overshooting)이라고 한다. 이러한 오버슈팅은 물가 경직성 또는 금융 시장 변동에 따른 불안 심리 등에 의해 촉발되는 것으로 알려져 있다. 여기서 물가 경직성은 시장에서 가격이 조정되기 어려운 정도를 의미한다.

① 정부가 호흡기에 유해한 방향제 성분을 규제할 때, 이는 강제성이 높다고 볼 수 있다.
② 새로운 전염병의 대두로 특별 관리 본부를 신설할 때, 이는 자동성이 낮다고 볼 수 있다.
③ 국가 차원의 사업을 시행하기 위해 국민들에게 세금을 더 걷을 때, 이는 가시성이 낮다고 볼 수 있다.
④ 고속도로 보수 공사를 민간 업체가 아닌 정부 기관이 직접 시행할 때, 이는 직접성이 높다고 볼 수 있다.

109 다음 글을 읽고 글의 내용을 도식화하였다. 다음 중 옳지 않은 것은?

YOLO(You Only Look Once)는 이미지가 입력되면 먼저 이미지를 S×S개의 영역으로 나누고, 하나의 영역을 기준으로 경계 상자 N개를 표시한다. 그리고 모든 영역마다 동일하게 N개의 경계 상자를 표시하면서 각각의 경계 상자에 특정 객체가 존재할 확률도 예측한다. 이때 경계 상자의 개수가 많을수록 탐지 속도가 느려지기 때문에 설정할 수 있는 경계 상자의 수가 제한적인데 일반적으로 N은 5 이하로 설정한다. 각 경계 상자의 데이터는 B_x, B_y, B_w, B_h, P_c와 C로 표시되는데 B_x, B_y는 경계 상자의 중심점 좌표이며 B_w, B_h는 폭과 높이이다. 그리고 P_c는 해당 경계 상자에 어떤 객체가 존재할 확률값이고, C는 그 객체가 특정 객체일 확률값이다. 이때 B_x, B_y는 항상 기준이 되는 하나의 영역 안에 속해 있지만, 경계 상자의 크기는 영역의 크기와 상관없이 다양하게 표시된다. C는 미리 학습된 m가지 종류의 객체 데이터와 비교하여 각 객체일 확률을 표시한 값으로, 미리 학습된 객체의 가짓수에 따라 판별할 수 있는 객체의 가짓수가 결정되며, 그에 따라 C의 개수도 결정된다. 하나의 이미지가 입력되면 이러한 방식으로 모든 영역별로 이미지에 있는 대상들을 확인하고 그 대상이 특정 객체일 확률값을 계산해서 총 'S×S×N(5+m)'개의 데이터를 출력하게 된다.

YOLO의 데이터 출력 과정

이미지 입력

↓

① 이미지를 S×S개의 영역으로 나누고 경계 상자 N개를 표시하고 특정 객체가 존재할 확률 예측

↓

② 경계 상자의 탐지 속도를 효율적으로 높이기 위해 N의 값을 최대한 높임

↓

③ 각 상자의 데이터를 중심점, 폭, 높이, 객체가 존재할 확률값, 특정 객체일 확률값으로 표시

↓

④ 미리 학습된 객체의 가짓수에 따라 각 객체일 확률을 표시한 값을 결정

↓

'S×S×N(5+m)'개의 데이터 출력

110 다음 글을 읽고 추론한 내용으로 옳지 않은 것은?

정조는 역대 임금 중 가장 책을 좋아하는 군주였다고 평가받는다. 통치자의 시각에서 이루어진 정조의 독서에서는 실용이 중시되었으며 정조에게 실용적인 책이란 세상을 다스리는 데 도움이 되는 책이었다. 그래서 옛날을 바탕 삼아 오늘을 비춰보는 거울이 될 수 있다며 역사서에 경전 버금가는 의미를 부여하였다. 그러나 소설은 실용에 무익하고 마음을 방탕하게 한다고 여겨 평생 단 한 권도 읽지 않았다. 정조는 책의 내용만이 아니라 책의 형태와 책을 읽는 자세까지도 중요하게 생각하여 소매에 넣고 다닐 수 있는 작은 책과 누워서 편히 보도록 설계된 책상을 금하였다.

학문이 도덕과 인륜을 다스리는 데 실제적인 도움을 줘야 한다고 생각했던 정조는 하나의 틀에 매이는 독서를 사법(死法)으로 규정하여 멀리하였고 자신의 필요와 상황에 따라 유연하게 확장해 읽는 독서를 지향하였다. 그래서 경전을 읽을 때 성인의 뜻을 잘 헤아리되 무조건 따라 읽어서는 안 되며, 자신의 필요에 따라 새롭게 해석하여 의문을 제기하고 생활에 쓰일 수 있는 독서를 해야 한다고 강조했다. 또한 "정밀히 살피고 밝게 분변하여 심신으로 체득하지 않는다면 날마다 수레 다섯 대에 실을 분량의 책을 암송한다 한들 자신과 무슨 상관이 있겠는가!"라며 자잘하고 세세한 것에 얽매이지 말고 책에 담긴 뜻을 스스로 체득하여 이것을 실천하려고 노력하는 것이야말로 학문의 기본자세라 보았다.

정조는 독서 방법에 대해서도 여러 가지를 강조했다. 읽어야 할 책의 내용과 분량을 매일 정해 놓는 것이 좋으며, 많은 책을 읽으려 하기보다 한 권이라도 반복해서 살펴보고 치밀하게 읽어야 한다고 했다. 그리고 단번에 전체를 모두 알려 하기보다 대요(大要)를 먼저 파악하는 것이 중요하며, 책을 혼자서 읽으면 관념에만 머물 위험이 있으므로 토론을 통해 책에서 배운 지식이 타당한지를 돌아보고 생각을 바로잡아야 한다고 하였다. 정조는 책에 대한 이러한 생각을 삶에서도 실천하며 독서를 통해 자기 삶의 물음들에 대한 실질적인 해답을 얻어 나갔다.

① 정조는 실용적인 책을 경전에 그치지 않고 역사서까지 포함하였다.
② 정조는 독서를 다양하게 할 수 있도록 소설로 책 읽는 습관을 익히도록 권장했다.
③ 정조는 독서할 때 정해진 규칙을 준수하는 것보다 상황에 따라 유연하게 해석할 필요성을 강조하였다.
④ 정조는 다양한 방법의 독서를 통해 삶의 문제를 해결할 것을 이야기하였다.

111 다음 글의 내용을 추론한 것으로 옳은 것은?

1764년에 발간된 체사레 베카리아의『범죄와 형벌』은 커다란 반향을 일으켰다. 형벌에 관한 논리정연하고 새로운 주장들에 유럽의 지식 사회가 매료된 것이다. 자유와 행복을 추구하는 이성적인 인간을 상정하는 당시 계몽주의 사조에 베카리아는 충실히 호응하여, 이익을 저울질할 줄 알고 그에 따라 행동하는 존재로서 인간을 전제하였다. 사람은 대가 없이 공익만을 위하여 자유를 내어놓지는 않는다. 끊임없는 전쟁과 같은 상태에서 벗어나기 위하여 자유의 일부를 떼어 주고 나머지 자유의 몫을 평온하게 누리기로 합의한 것이다. 저마다 할애한 자유의 총합이 주권을 구성하고, 주권자가 이를 위탁받아 관리한다. 따라서 사회의 형성과 지속을 위한 조건이라 할 법은 저마다의 행복을 증진시킬 때 가장 잘 준수되며, 전체 복리를 위해 법 위반자에게 설정된 것이 형벌이다. 이런 논증으로 베카리아는 형벌권의 행사는 양도의 범위를 벗어날 수 없다는 출발점을 세웠다.

① 사람은 자유를 누리기 위해 자유의 일부를 할애한다.
② 베카리아의 책은 당시 계몽주의 사조에 영향을 주었다.
③ 사람의 자유는 공익을 위해서 내어 주어야 한다.
④ 위반의 정도가 심각한 경우 예외적으로 양도의 범위를 넘어 형벌을 행사할 수 있다.

112 다음 글의 내용을 추론한 것으로 옳지 않은 것은?

디지털 카메라에는 피사체를 선명하게 촬영하기 위해 초점을 자동으로 맞추는 자동 초점 방식이 활용되고 있다. 자동 초점 방식은 일반적으로 피사체로부터 반사되는 빛을 활용하여 초점을 맞추는데, 자동 초점 방식에는 대표적으로 대비 검출 방식과 위상차 검출 방식이 있다.

대비 검출 방식은 촬영 렌즈를 통해 들어온 빛을 피사체의 상이 맺히는 이미지 센서로 바로 보내 이미지 센서에서 초점을 직접 검출한다. 이 방식은 피사체로부터 반사되어 들어오는 빛들의 밝기 차이인 빛의 대비를 분석하는 원리를 이용한다. 빛의 대비가 클수록 이미지 센서에 맺히는 상이 선명해져 초점이 정확하게 맞게 된다. 이런 원리를 활용해 대비 검출 방식에서는 빛의 대비가 최대치가 되는 지점을 파악하기 위해 촬영 렌즈를 앞뒤로 반복적으로 움직이면서 이미지 센서에 맺힌 상을 분석한다. 이 방식은 촬영 렌즈가 반복적으로 움직여야 하므로 초점을 맞추는 속도가 상대적으로 느려 빠르게 움직이는 피사체를 촬영할 때는 초점을 맞추기 힘들다. 하지만 별도의 센서에서 초점을 검출하지 않고 상이 맺히는 이미지 센서에서 직접 초점을 검출하기 때문에 초점의 정확도가 높으며 오류의 가능성이 낮다.

위상차 검출 방식은 상이 맺히는 이미지 센서가 직접 초점을 검출하지 않고 AF 센서에서 초점을 검출한다. 이 방식은 AF 센서에 맺히는 빛의 위치 차이인 위상차를 분석하는 원리를 이용한다. 위상차 검출 방식을 활용하여 초점을 맞추는 과정은 일반적으로 다음과 같이 진행된다. 우선 피사체로부터 반사된 빛은 촬영 렌즈를 통해 들어와, 주 반사 거울에서 반사되거나 주 반사 거울을 통과하게 된다. 주 반사 거울에서 반사된 빛은 뷰파인더로 보내져 촬영자가 피사체를 눈으로 확인할 수 있게 해준다. 한편 주 반사 거울을 통과한 빛은 보조 반사 거울에서 반사되어 한 쌍의 마이크로 렌즈를 통과하면서 분리되고 각각의 AF 센서에 도달하게 된다. 이때 AF 센서에서는 광학적으로 이미 결정되어 있는 위상차 기준값과, 새롭게 측정한 위상차 값을 비교하여 초점이 맞았는지를 판단하게 된다.

① 디지털 카메라가 선명하게 피사체를 찍기 위한 방식은 한 가지가 아니다.
② 이미지 센서에서 직접 초점을 검출하지 않는 방식은 초점을 맞추는 속도가 느린 편이다.
③ 초점의 정확도가 높은 것은 대비 검출 방식의 특징이다.
④ 피사체로부터 반사된 빛은 반사와 통과 두 가지로 나뉜다.

113 다음 글을 읽고 발광층에서 빛이 나는 원리를 이야기하였다. 〈보기〉의 ㉠~㉢ 중 옳은 것은?

OLED(Organic Light Emitting Diode)란 LED의 발광층에 전기에너지를 받으면 특정한 색의 빛을 내는 유기물질을 넣은 것을 말한다. 가장 기본이 되는 RGB-OLED는 빛의 3원색인 적색, 녹색, 청색을 내는 서브픽셀 세 개가 모여 하나의 픽셀을 이룬다. 서브픽셀은 전자를 주입해 주는 음극, 전자와 정공*이 만나 빛을 만들어 내는 발광층, 정공을 주입해 주는 양극 등이 순서대로 다층 구조를 이루고 있는데 서브픽셀마다 일종의 밸브 역할을 하는 박막트랜지스터(TFT)가 양극(+)쪽에 위치하고 있어 전류를 차단하거나 통하게 하고 전류량을 조절한다. 서브픽셀을 모두 끄면 검은색을, 모두 켜면 흰색을 만들어 낼 수 있고 서브픽셀의 전류량을 조절해 빛의 양을 적절히 배합하면 다양한 색상의 빛을 표현해 낼 수 있다.

그렇다면 발광층에서 빛이 나는 원리는 무엇일까? 에너지가 가장 낮아 전자가 안정된 상태를 '바닥상태'라 한다. 그리고 바닥상태에 일정 이상의 에너지가 가해져 전자가 원래의 자리에서 이동하며 높은 에너지를 지니게 된 상태를 '들뜬상태'라 한다. 들뜬상태의 전자는 안정화되려는 속성이 있어 다시 바닥상태로 돌아가게 된다. 이때 전자는 들뜬상태와 바닥상태의 에너지 차이, 즉 바닥상태에서 들뜬상태가 되도록 가해졌던 에너지만큼의 에너지를 방출한다. TFT가 전류를 흐르게 하면 들뜬상태가 된 전자가 양극을 향해, 정공은 음극을 향해 이동하다가 발광층에서 서로 만나게 된다. 발광층에서 전자는 정공과 결합하며 안정화되어 바닥상태가 되고 이때 들뜬상태와 바닥상태의 에너지 차이만큼 대부분 빛에너지로 전환된다.

* 정공: 전자가 차지하고 있어야 할 자리에 전자가 없어 생긴 빈 공간, 전자와는 반대로 양전하를 갖는 전하 운반체로 일종의 가상의 입자.

보기

㉠ 에너지가 낮은 상태를 '바닥상태'라고 해.
㉡ 전자가 '바닥상태'에서 '들뜬상태'로 이동할 때 그 차이만큼 전자가 에너지를 방출해.
㉢ 전자가 바닥상태가 되면 들뜬상태와 바닥상태의 에너지 차이가 모두 빛에너지로 전환돼.

① ㉠
② ㉠, ㉢
③ ㉡, ㉢
④ ㉠, ㉡, ㉢

114 다음 글을 읽고 추론한 내용으로 적절하지 않은 것은?

'최종 소비자 – 소매점 – 도매점 – 제조업체 – 원자재 공급업체'로 이어지는 공급 사슬망에서 최종 소비자로부터 멀어질수록 수요 변동폭이 확대되는 현상을 공급 사슬망의 '채찍 효과'라 한다. 이런 채찍 효과가 생기는 이유는 무엇일까?

여러 가지 이유가 있지만 첫 번째는 수요의 왜곡이다. 소비자의 수요가 갑자기 늘면 소매점은 앞으로 수요 증가를 기대하는 심리로 기존 주문량보다 더 많은 양을 도매점에 주문하게 된다. 그리고 도매점도 같은 이유로 소매점 주문량보다 더 많은 양을 제조업체에 주문한다. 즉, 공급 사슬망에서 최종 소비자로부터 멀어질수록 점점 더 심하게 왜곡되는 현상이 발생하는 것이다. 이러한 왜곡 현상은 공급자가 시장에서 제한적일 때 더 크게 발생한다. 즉, 공급자가 한정된 상황에서는 더 많은 양을 주문해야 제품을 공급받기가 수월하기 때문이다. 티셔츠를 공급하는 제조업체에서 물량이 한정되어 있으면 한꺼번에 많은 양을 주문하는 도매업체에게 우선권을 주는 것은 당연하다. 결국 물건을 공급받기 위해서 업체들은 경쟁적으로 더 많은 주문을 해 공급을 보장받으려 한다. 결국 '수요의 왜곡'이 발생한다.

채찍 효과가 일어나는 두 번째 이유는 공급 사슬망에서 최종 소비자로부터 멀어질수록 대량 주문 방식을 요하기 때문이다. 예를 들면, 소비자는 소매점에서 물건을 한두 개 단위로 구입하지만 소매점은 도매상에서 물건을 박스 단위로 주문한다. 그리고 다시 도매점은 제조업체에 트럭 단위로 주문을 한다. 이처럼 최종 소비자로부터 멀어질수록 기본 주문 단위가 커진다. 그런데 이렇게 주문 단위가 커질수록 재고량이 증가하게 되고, 재고량 증가는 변화에 민첩하게 대응하지 못하게 하는 원인이 된다.

채찍 효과의 세 번째 원인은 주문 발주에서 도착까지의 발주 실행 시간에 의한 시차 때문이다. 물건을 주문했다고 바로 물건이 도착하지 않는다. 주문을 처리하고 물류가 이동하는 시간이 있기 때문이다. 그런데 문제는 각 공급 사슬망 주체의 발주 실행 시간이 저마다 다르다는 데에 있다. 예를 들어, 소매점이 도매점으로 주문을 했을 때 물건을 받기까지 걸리는 시간이 3~4일 정도라면, 도매점이 제조업체에 주문을 했을 때 물건을 받기까지는 몇 주 정도가 걸릴 수도 있다. 즉, 최종 소비자로부터 멀어질수록 이런 물류 이동 시간이 증가하게 된다. 그리고 이처럼 발주 실행 시간이 길어지면 주문량이 많아지고, 이는 재고량 증가로 이어질 수 있다.

공급 사슬망에서 채찍 효과로 인해 발생하는 재고는 기업 입장에서는 큰 부담이 될 수 있다. 왜냐하면 재고를 쌓아둘 공간을 마련하거나 재고를 손상 없이 관리하는 데 큰 비용이 들기 때문이다. 그러므로 공급 사슬망에서 각 주체들 간에 수요와 공급 정보를 공유함으로써 불필요한 재고를 줄여야 한다.

① 공급 사슬망에서 최종 소비자로부터 멀어질수록 재고의 발생량이 증가할 것이다.
② 시장 내에 공급자가 적을수록 채찍 효과가 많이 일어나게 될 것이다.
③ 물류 이동 속도의 개선은 채찍 효과의 발생을 줄이게 될 것이다.
④ 특정 물품에 대한 소비자의 수요가 급증할 경우 채찍 효과가 약화될 것이다.

115 다음 글의 맥락을 고려할 때 빈칸에 들어갈 말로 가장 적절한 것은?

2023 지방직(= 서울시) 9급

능숙한 필자와 미숙한 필자는 글쓰기 과정 중 '계획하기'에서 뚜렷한 차이를 보인다. 전자는 이 과정에 오랜 시간 공을 들이는 반면, 후자는 그렇지 않다. 글쓰기에서 계획하기는 글쓰기의 목적 수립, 주제 선정, 예상 독자 분석 등을 포함한다. 이 중 예상 독자 분석이 중요한 이유는 [ ] 때문이다. 글을 쓸 때 독자의 수준에 비해 너무 어려운 개념과 전문용어를 사용한다면 독자가 글을 이해하기 어렵게 된다. 글쓰기는 필자가 글을 통해 자신의 메시지를 독자에게 전달하는 행위라는 점을 고려하면 계획하기 단계에서 반드시 예상 독자를 분석해야 한다.

① 계획하기 과정이 글쓰기 전체 과정의 첫 단계이기
② 글에 어려운 개념이나 전문용어를 어느 정도 포함해야 하기
③ 필자의 메시지를 독자에게 효과적으로 전달하는 데 도움이 되기
④ 독자의 배경지식 수준을 고려해야 글의 목적과 주제가 결정되기

116 (가)에 들어갈 말로 가장 적절한 것은?

2022 지방직(= 서울시) 7급

자기지향적 동기와 타인지향적 동기는 행위의 적극성과 어떤 관계가 있을까? A는 자율 방범대원들에게 이 일의 자원 동기에 대해 물어보았다. 자기지향적 동기만 말한 사람과 타인지향적 동기만 말한 사람, 그리고 둘 다 말한 사람이 고르게 분포되었다. 그 후 설문에 참여한 사람들이 2개월간 방범 순찰에 참여한 횟수를 살펴보았다. 그 결과 자기지향적 동기를 말한 사람들 모두가 자기지향적 동기를 말하지 않은 사람들보다 순찰 횟수가 더 많은 것으로 나타났다. 그리고 전자 중 타인지향적 동기를 말한 사람들의 순찰 횟수가 그렇지 않은 사람들보다 유의미하게 많은 것으로 나타났다. A는 이를 토대로 [(가)]고 추정하였다.

① 자기지향적 동기만 가진 사람은 타인지향적 동기만 가진 사람보다 행위의 적극성이 높다
② 타인지향적 동기를 가진 사람은 자기지향적 동기를 가진 사람보다 행위의 적극성이 높다
③ 자기지향적 동기는 행위의 적극성에 긍정적 영향을 주기도 하고 부정적 영향을 주기도 한다
④ 자기지향적 동기가 행위의 적극성에 긍정적 영향을 주는 경우 타인지향적 동기는 부정적 영향을 준다

117 (가)와 (나)에 들어갈 말로 가장 적절한 것은?

2022 지방직(= 서울시) 7급

A는 다음과 같은 실험을 진행했다. 먼저, 검은색 옷과 흰색 옷을 입은 6명이 두 개의 농구공을 가지고 패스를 주고받는 동안 고릴라 복장의 사람을 지나가게 하고 그 장면을 동영상으로 촬영했다. 그리고 실험 참가자들에게 이 동영상을 보여 주면서 흰색 옷을 입은 사람들이 몇 번 패스를 주고받았는지 세어 달라고 요청했다. 이에 대해 참가자들은 패스 횟수에 대해서는 각자의 답을 말했는데, 동영상 중간중간에 출현한 고릴라 복장의 사람에 대해서는 하나같이 보지 못했다고 답했다. 참가자들이 패스 횟수를 세는 데 집중하느라 1분이 채 안 되는 동영상 가운데 9초에 걸쳐 등장하는 고릴라 복장의 사람을 인지하지 못한 것이다. A는 이 실험을 통해 다음의 결론을 도출했다. [(가)].

이 실험 결과를 우리의 일상에서도 확인해 볼 수 있다. 오토바이 운전자의 안전을 위해 눈에 잘 띄는 밝은색 옷을 입도록 권하는데, 밝은색 옷의 오토바이 운전자는 시각적으로 더 잘 보이고, 덕분에 더 쉽게 알아볼 수 있기 때문이다. 그렇다고 해도 모든 자동차 운전자가 밝은색 옷을 입은 오토바이 운전자를 다 알아보는 것은 아니다. 바라보는 행위는 인지의 [(나)] 없기 때문이다.

① (가): 인간의 인지는 시각과 밀접하게 관련되어 있다
   (나): 충분조건일 수는 있어도 필요조건일 수는
② (가): 인간의 인지는 시각과 밀접하게 관련되어 있다
   (나): 필요조건일 수는 있어도 충분조건일 수는
③ (가): 인간은 중요하다고 생각하는 것 위주로 주의를 기울인다
   (나): 충분조건일 수는 있어도 필요조건일 수는
④ (가): 인간은 중요하다고 생각하는 것 위주로 주의를 기울인다
   (나): 필요조건일 수는 있어도 충분조건일 수는

118 ㉠에 들어갈 말로 가장 적절한 것은?

2021 국가직 9급

한 민족이 지닌 문화재는 그 민족 역사의 누적일 뿐 아니라 그 누적된 민족사의 정수로서 이루어진 혼의 상징이니, 진실로 살아 있는 민족적 신상(神像)은 이를 두고 달리 없을 것이다. 더구나 국보로 선정된 문화재는 우리 민족의 성력(誠力)과 정혼(精魂)의 결정으로 그 우수한 질과 희귀한 양에서 무비(無比)의 보(寶)가 된 자이다. 그러므로 국보 문화재는 곧 민족 전체의 것이요, 민족을 결속하는 정신적 유대로서 민족의 힘의 원천이라 할 것이다.

로마는 하루아침에 만들어지지 않는다는 말도 그 과거 문화의 존귀함을 말하는 것이요, (㉠)는 말도 국보 문화재가 얼마나 힘 있는가를 밝힌 예증이 된다.

① 구르는 돌에는 이끼가 끼지 않는다
② 지식은 나눌 수 있지만 지혜는 나눌 수 없다
③ 사람은 겪어 보아야 알고 물은 건너 보아야 안다
④ 그 무엇을 내놓는다고 해도 셰익스피어와는 바꾸지 않는다

119 다음 글 이후에 이어질 내용으로 가장 적절한 것은?

> 자동차는 에너지가 있어야 달릴 수 있다. 마찬가지로 사람도 에너지가 있어야 활동할 수 있다. 에너지는 사람이 체온을 조절하고 유지하는 데 가장 많이 쓰이고 생장하거나 운동하는 등에 이용된다. 이러한 에너지를 얻게 되기까지의 일련의 과정을 호흡이라고 한다.
>
> 호흡은 외호흡과 내호흡으로 이루어진다. 외호흡은 폐의 폐포와 모세혈관 사이에서 일어나는 산소와 이산화탄소의 기체 교환을 말한다. 모세혈관과 조직 세포 사이에서도 산소와 이산화탄소의 기체 교환이 이루어지는데, 이에 의해 모세혈관을 통해 조직 세포에 들어온 산소가 영양소와 결합하여 영양소가 산화되면서 에너지가 발생하는 과정을 내호흡이라고 한다.

① 체온 유지에 필요한 에너지의 양
② 호흡을 통해 에너지가 발생하는 구체적 과정
③ 건강한 활동을 위한 올바른 호흡법
④ 에너지를 얻는 과정에서 자동차와 인간이 가지는 차이점

120 ㉠에 들어갈 주장으로 가장 적절한 것은?

2020 국가직 9급

> 경상 지역 방언을 쓰는 사람들은 대체로 'ㅓ'와 'ㅡ'를 구별하지 못한다. 이들은 '증표(證票)'나 '정표(情表)'를 구별하여 듣지 못할 뿐만 아니라 구별하여 발음하지 못하기 십상이다. 또 이들은 'ㅅ'과 'ㅆ'을 구별하지 못하는 경우가 많다. 따라서 이들은 '살밥을 많이 먹어서 쌀이 많이 쪘다'고 말하든 '쌀밥을 많이 먹어서 살이 많이 쪘다'고 말하든 쉽게 그 차이를 알지 못한다. 한편 평안도 및 전라도와 경상도의 일부에서는 'ㅗ'와 'ㅓ'를 제대로 분별해서 발음하지 않는 경우가 종종 있다. 평안도 사람들의 'ㅈ' 발음은 다른 지역의 'ㄷ' 발음과 매우 비슷하다. 이처럼 (　　　　　㉠　　　　　)

① 우리말에는 지역마다 다양한 소리가 있다.
② 우리말은 지역에 따라 다양한 표준 발음법이 있다.
③ 우리말에는 지역에 따라 구별되지 않는 소리가 있다.
④ 자음보다 모음을 변별하지 못하는 지역이 더 많이 있다.

121 〈보기〉의 (　　) 안에 들어갈 가장 알맞은 말을 차례로 나열한 것은?

2019 서울시 9급

보기

지난여름 작가 회의에서 북한 동포 돕기 시 낭송회를 한 적이 있다. 시인들만 참석하는 줄 알았더니 각계 원로들도 자기가 평소에 애송하던 시를 낭송하는 순서가 있다고, 나한테도 한 편 낭송해 달라고 했다. 내가 (㉠) 소리를 듣게 된 것이 당혹스러웠지만, 북한 돕기라는 데 핑계를 둘러대고 빠질 만큼 빤질빤질하지는 못했나 보다. 하겠다고 했다. 그러나 거역할 수 없는 명분보다 더 중요한 것은 (㉡) 아니었을까. 그 무렵 나는 김용택의 「그 여자네 집」이라는 시에 사로잡혀 있었다. 김용택은 내가 좋아하는 시인 중의 한 사람일 뿐 가장 좋아하는 시인이라고는 말 못 하겠다. 마찬가지로 「그 여자네 집」이 그의 많은 시 중 빼어난 시인지 아닌지도 잘 모르겠다.

	㉠	㉡
①	원로	낭송하고 싶은 시가 있었다는 게
②	아쉬운	서로가 만족하게 될 실리가
③	시인	잠깐의 수고로 동포를 도울 수 있다는 것이
④	입에 발린	원로들에 대한 예의가

122 〈보기〉의 ㉠~㉢에 들어가기에 가장 옳은 것으로 짝지은 것은?

2019. 2월 서울시 7급

보기

스토리는 시간적 순서대로 배열된 사건의 서술이다. (㉠)도 사건의 서술이지만 인과관계에 역점을 둔다. '왕이 죽고 왕비가 죽었다.'는 스토리이지만, '왕이 죽자 왕비도 슬퍼서 죽었다.'는 (㉠)(이)다. 시간적 순서는 마찬가지이지만 인과의 감각이 첨가된다. 또한 '왕비가 죽었다. 그러나 왕의 죽음 때문이라고 알게 될 때까지는 아무도 그 원인을 알 수 없었다.'고 한다면 이것은 신비를 간직한 (㉠)(이)며, 고도의 전개가 가능한 형식이다. 그것은 시간의 맥락을 끊고 한계가 허락하는 한 스토리에서 비약시키고 있다. 왕비의 죽음을 생각할 때 만약 그것이 스토리가 될 경우엔 우리는 '(㉡)' 하고 물을 것이며, (㉠)의 경우엔 '(㉢)' 하고 물을 것이다.

	㉠	㉡	㉢
①	플롯(plot)	왜?	그다음엔?
②	플롯(plot)	그다음엔?	왜?
③	테마(theme)	언제?	왜?
④	테마(theme)	그다음엔?	왜?

123 문맥상 다음 ㉠에 들어갈 문장으로 가장 적절한 것은?

2017 서울시 9급

> 인간의 역사가 발전과 변화의 가능성을 내포하고 있는 반면, 자연사는 무한한 반복 속에서 반복을 반복할 뿐이다. 그런데 마르크스는 「1844년의 경제학 철학 수고」 말미에, "역사는 인간의 진정한 자연사이다."라고 적은 바 있다. 또한 인간의 활동에 대립과 통일이 있듯이, 자연의 내부에서도 대립과 통일은 존재한다. (　　　　㉠　　　　) 마르크스의 진의(眞意) 또한 인간의 역사와 자연사의 변증법적 지양과 일여(一如)한 합일을 지향했다는 것에 있을 것이다.

① 즉 인간과 자연은 상호 간에 필연적으로 경쟁할 수밖에 없다.

② 따라서 인간의 역사와 자연의 역사를 이분법적 대립 구도로 파악하는 것은 위험하다.

③ 즉 자연이 인간의 세계에 흡수·통합됨으로써 인간의 역사가 시작된다.

④ 그러나 인간사를 연구하는 일은 자연사를 연구하는 일보다 많은 노력이 요구된다.

124 ㉠, ㉡의 주장에 대한 비판으로 적절하지 않은 것은?

2021 지방직(= 서울시) 7급

> 투표 제도에는 투표권 행사를 투표자의 자유의사에 맡기는 자유 투표제와 투표권 행사를 정당한 사유 없이 기권하면 법적 제재를 가하는 의무 투표제가 있다. 우리나라는 자유 투표제를 채택하고 있는데, ㉠의무 투표제를 도입하자는 측은 낮은 투표율로 투표 결과의 정당성이 확보되지 못하는 문제를 지적한다. 법적 제재는 분명 높은 투표율로 이어질 것이므로 의무 투표제가 낮은 투표율을 해결할 최선의 방안이라고 그들은 말한다. 나아가 더 많은 국민이 투표에 참여할수록 정치인들은 정책 경쟁력을 높이려 할 것이므로 정치 소외 계층에 대한 관심이 높아질 것이라고 기대한다.
>
> 반면 ㉡의무 투표제에 반대하는 측은 현재 우리나라의 투표율이 정치 지도자들의 대표성을 훼손할 만큼 심각하지는 않다고 본다. 또 시민 교육 등 다른 방식으로도 투표율 상승을 기대할 수 있다며 의무 투표제가 투표율을 높일 가장 효과적인 방안은 아니라고 말한다. 그리고 의무 투표제를 도입하면, 선출된 정치인들이 높은 투표율을 핑계로 안하무인의 태도를 취하는 부작용이 생겨 국민의 뜻이 오히려 왜곡될 수 있다는 우려의 목소리를 내고 있다.

① ㉠은 투표율의 증가가 후보들의 정책 경쟁으로 이어진다는 것에 대한 근거를 제시해야 한다.

② ㉠은 정당한 사유 없는 기권에 대한 법적 제재가 투표율 상승으로 이어진다는 것을 뒷받침할 자료를 제시해야 한다.

③ ㉡은 선출된 정치인들이 높은 투표율을 핑계로 안하무인의 태도를 취하는 부작용에 대한 대책을 제시해야 한다.

④ ㉡은 현재 우리나라의 투표율이 정치 지도자들의 대표성을 훼손할 만큼 심각하지 않다는 것에 대한 근거를 제시해야 한다.

125 다음 글을 바탕으로 ㉠을 이해할 때 가장 적절한 것은?

2020 국가직 9급

> 나는 ㉠'연극에서의 관객의 공감'에 대해 강연한 일이 있다. 나는 관객이 공감하는 것을 직접 보여 주려고 시도했다. 먼저 나는 자원자가 있으면 나와서 배우처럼 읽어 주기를 청했다. 그리고 청중에게는 연극의 관객이 되어 들어 달라고 했다. 한 사람이 앞으로 나왔다. 나는 그에게 아우슈비츠를 소재로 한 드라마의 한 장면이 적힌 종이를 건네주었다. 자원자가 종이를 받아들고 그것을 훑어볼 때 청중들은 어수선했다. 그런데 자원자의 입에서 떨어진 첫 대사는 끔찍한 내용이었다. 아우슈비츠에 관한 적나라한 증언은 너무나 충격적이어서 청중들은 완전히 압도되었다. 자원자는 청중들의 얼어붙은 듯한 침묵 속에서 낭독을 계속했다. 자원자의 낭독은 세련되지도 능숙하지도 않았다. 그러나 관객들의 열렬한 공감을 이끌어 냈다. 과거 역사가 현재의 관객들에게 생생하게 공감되었다.
>
> 이것이 끝나고 이번에는 강연장에 함께 갔던 전문 배우에게 셰익스피어의 희곡 「헨리 5세」에서 발췌한 대사를 낭독해 달라고 부탁했다. 그 대본은 400년 전 아쟁쿠르 전투(백년 전쟁 당시 벌어졌던 영국과 프랑스의 치열한 전투)에서 처참하게 사망한 자들의 명단과 그 숫자를 나열한 것이었다. 그는 셰익스피어의 위대한 희곡임을 알아보자 품위 있고 고풍스럽게 큰 목소리로 낭독했다. 그는 유려한 어조로 전쟁에서 희생된 이들의 이름을 읽어 내려갔다. 그러나 청중들은 듣는 둥 마는 둥 했다. 갈수록 청중들은 낭독자 따위는 안중에도 없다는 듯이 행동했다. 그들에게 아쟁쿠르 전투는 공감할 수 없는 것으로 분리된 것 같아 보였다. 앞서의 경우와는 전혀 다른 반응이었다.

① 배우의 연기력이 관객의 공감을 좌우한다.
② 비참한 죽음을 다룬 비극적인 소재는 관객의 공감을 일으킨다.
③ 훌륭한 고전이라고 해서 항상 청중의 공감을 불러일으킬 수 있는 것은 아니다.
④ 현재와 가까운 역사적 사실을 극화했다고 해서 관객의 공감 가능성이 커지지는 않는다.

126 밑줄 친 부분의 이유에 대한 필자의 견해로 볼 수 없는 것은?

2018 지방직 9급

> 관리가 본디부터 간악한 것이 아니다. 그들을 간악하게 만드는 것은 법이다. 간악함이 생기는 이유는 이루 다 열거할 수 없다. 대체로 직책은 하찮은데도 재주가 넘치면 간악하게 되며, 지위는 낮은데도 아는 것이 많으면 간악하게 되며, 노력을 조금 들였는데도 효과가 신속하면 간악하게 되며, 자신은 그 자리에 오랫동안 있는데 자신을 감독하는 사람이 자주 교체되면 간악하게 되며, 자신을 감독하는 사람의 행동이 또한 정도에서 나오지 않으면 간악하게 되며, 아래에 자신의 무리는 많은데 윗사람이 외롭고 어리석으면 간악하게 되며, 자신을 미워하는 사람이 자신보다 약하여 두려워하면서 잘못을 밝히지 않으면 간악하게 되며, 자신이 꺼리는 사람이 같이 죄를 범하였는데도 서로 버티면서 죄를 밝히지 않으면 간악하게 되며, 형벌에 원칙이 없고 염치가 확립되지 않으면 간악하게 된다. …… <u>간악함이 일어나기 쉬운 것</u>이 대체로 이러하다.

① 노력은 적게 들이고 성과를 빨리 얻는다.
② 자신이 범한 과오를 감추고 남의 잘못을 드러낸다.
③ 자신은 같은 자리에 있으나 감독자가 자주 교체된다.
④ 자신의 세력이 밑에서 강한 반면 상부는 외롭고 우매하다.

127 다음 글의 ㉮~㉰에 들어갈 접속어로 짝지어진 것은?

2017 법원직 9급

> 동양에서 '도(道)'는 인간이 지켜야 하는 것인 동시에 추구해야 할 목표이다. 도(道)란 원래 사람들이 다니는 길을 의미하는 말로 사람을 일정한 지점으로 이끄는 것을 내포하고 있다. 세월이 흐르면서 이 본래의 의미는 점차 확대되고 풍부하게 되었다. 하지만 길이라는 의미로부터 완전히 다른 것이 된 것은 아니다. 어딘가를 가기 위해서는 반드시 길을 통해야 한다. 여기서부터 확대되어 길은 사람이 어떤 일을 하기 위하여 반드시 따라야 하는 원칙을 의미하게 되었다. 그리고 길은 목적지와 연결된다. 어떤 의미에서는 길 위에 있다는 것이 곧 목적지 위에 있다는 말과도 같다. 여기로부터 길은 그 자체가 수단이 아니라 목적이 된다.
>
> 도가 확대된 의미를 갖게 되면서 유가(儒家)에서는 천도(天道)라는 말을 인도(人道)와 구분하여 사상을 표현하는 용어로 사용하게 되었다. 천도라는 말이 의미하는 것은 길이 어디서부터 비롯되었는가를 거슬러 올라가면 단서를 얻을 수 있다. 이에 대한 해답을 찾아가면 우주 만물을 주재하는 궁극의 존재에 이르게 된다. 그것이 바로 해와 달과 별의 운행을 담당하며 자연의 변화를 주관하는, 천지 만물의 원초적 근원자인 하늘이다. (㉮) 하늘의 길은 해와 달과 별이 운행하는 길이며 우주 만물에 적용되는 원리라고 할 수 있다. 이것은 사람의 길, 즉 사람이 올바르게 살기 위해 늘 실천해야 하는 예의 규범, 도덕 원칙을 뜻하는 인도와는 구분이 되는 것이다.
>
> 춘추 시대 때 유가에서는 자연이나 초자연의 문제를 거의 다루지 않았기 때문에 천도는 구체적으로 보이는 것이 아니라 추상적인 것이었다. 이에 비해 음양가(陰陽家)는 사회적 문제보다는 자연 현상에 초점을 맞추었는데, 한나라 때의 동중서는 이 둘을 합하여 천인감응의 설을 제시하였다.
>
> 그에 따르면 천문 현상은 단순한 자연 현상이 아니라 하늘이 사람에게 바른 도리를 알려 주기 위한 하나의 상징적인 현상이라는 것이다. (㉯) 이를 잘 살펴서 사회를 올바르게 운영하면 사람의 도는 하늘의 도와 일치하게 되는 것이다.
>
> 그렇지만 모든 사람이 다 저마다 하늘과 감응할 수는 없는 것이다. 천인감응은 하늘을 대신하는 뛰어난 사람만이 할 수 있는 것이었는데 그 사람이 바로 제왕이다. 제왕의 정치가 바르면 하늘은 상서로운 구름과 알맞게 내리는 비로써 제왕의 덕을 칭송하지만 그렇지 않으면 바로 자연재해로써 견책을 가한다. 그렇기 때문에 천인감응의 설은 제왕에게만 해당되는 것일 뿐이었다.
>
> (㉰) 송나라의 유학자들은 여기에 깊은 의문을 가졌다. 제왕만이 하늘의 이치와 합한다면 보통 사람들이 바른 도리를 지켜야 하는 이유는 무엇인가? 이에 대해 송나라의 유학자들이 찾은 답은 하늘이 모든 사람들에게 성(性)을 주었으며, 사람은 이를 따르는 것이 바로 도라는 것이다. 하늘이 준 성은 곧 하늘의 이치, 곧 천도를 말한다. 이를 따라 행하는 것은 사람의 마음을 진리를 간직하고 있는 그릇으로 인식하게 되었음을 의미하는 것이다. 성을 따라 행하는 것은 사람이므로 이것은 사람의 도리, 곧 인도를 말한다. 이렇게 해서 새로운 관점에서의 천도와 인도의 합치는 모든 사람에게 해당하는 윤리로 자리를 잡게 되었다.

	㉮	㉯	㉰
①	그래서	그러므로	그런데
②	그래서	그런데	그러므로
③	그런데	그러므로	그래서
④	그런데	그래서	그러므로

128 ㉠~㉢에 들어갈 적절한 접속어를 순서대로 나열한 것은?

2017 국가직(하) 9급

> 역사의 연구는 개별성을 추구하는 것이라고 할 수가 있다. (㉠) 구체적인 과거의 사실 자체에 대해 구명(究明)을 꾀하는 것이 역사학인 것이다. (㉡) 고구려가 한족과 투쟁한 일을 고구려라든가 한족이라든가 하는 구체적인 요소들을 빼 버리고, 단지 "자주적 대제국이 침략자와 투쟁하였다."라고만 진술해 버리는 것은 한국사일 수가 없다. (㉢) 일정한 시대에 활약하던 특정한 인간 집단의 구체적인 활동을 서술하지 않는다면 그것을 역사라고 말할 수 없는 것이다.

	㉠	㉡	㉢
①	즉	가령	요컨대
②	가령	한편	역시
③	이를테면	역시	결국
④	다시 말해	만약	그런데

129 (가)~(라)에 들어갈 말로 가장 적절한 것은?

2021 지방직(= 서울시) 9급

> 정철, 윤선도, 황진이, 이황, 이조년 그리고 무명씨. 우리말로 시조나 가사를 썼던 이들이다. 황진이는 말할 것도 없고 무명씨도 대부분 양반이 아니었겠지만 정철, 윤선도, 이황은 양반 중에 양반이었다. (가) 그들이 우리말로 작품을 썼던 걸 보면 양반들도 한글 쓰는 것을 즐겨 했다는 것을 부정할 수는 없다. (나) 허균이나 김만중은 한글로 소설까지 쓰지 않았던가. (다) 이들이 특별한 취향을 가진 소수의 양반이었다면 이야기는 달라진다. 우리말로 된 문학 작품을 만들겠다는 생각을 가진 특별한 양반들을 제외하고 대다수 양반들은 한문을 썼기 때문에 한글을 모를 수도 있었기 때문이다. 실학자 박지원이 당시 양반 사회를 풍자한 작품 『호질』은 한문으로 쓰여 있다. (라) 한 가지 분명한 것은 양반 대부분이 한글을 이해하지 못하는 상황이었다면 정철도 이황도 윤선도도 한글로 작품을 쓰지는 않았을 것이란 사실이다.

	(가)	(나)	(다)	(라)
①	그런데	게다가	그렇지만	그러나
②	그런데	그리고	그래서	또는
③	그리고	그러나	하지만	즉
④	그래서	더구나	따라서	하지만

130 ㉠~㉢에 들어갈 말을 바르게 연결한 것은?

2017 지방직(하) 9급

> 많은 사람들에게 유일한 현실은 '타이타닉 호'라는 배뿐입니다. 타이타닉 호 속에는 판에 박은 일상사가 있습니다. (㉠) 선원은 엔진에 연료를 넣지 않으면 안 되고, 배가 전진하기 위해서는 온갖 기계를 확실히 관리하지 않으면 안 됩니다. 모두 각자 일상사를 가지고 있고 그것을 계속 하는 사람이 현실주의자입니다.
>
> 누군가가 "엔진을 멈추어야 한다."라고 말하면, 그것은 비현실주의적입니다. 왜냐하면 타이타닉 호라는 배는 전진하도록 되어 있어서 전진하지 않으면 저마다의 일거리가 없어지기 때문입니다. 오늘날 세계 경제에 퍼져 있는 현실주의는 바로 그러한 현실주의라고 생각됩니다. 현실주의적인 경제학자가 타이타닉 호에 "전속력으로!"라는 명령을 하려고 합니다. 이것이 타이타닉 호의 논리입니다.
>
> 이 논리는 타이타닉 호가 전 세계라는 점을 전제로 성립합니다. 마찬가지로 경제학자의 논리도 세계 경제 시스템 이외에 아무런 현실이 없다고 한다면 합리적인 논리라고 할 수 있습니다. (㉡) 타이타닉 호의 바깥에는 바다가 있고 빙산이 있습니다. 세계 경제의 바깥에는 재난이 있습니다. 바로 이것이 문제입니다. 여기서 타이타닉 호의 비유가 갖는 한계를 알 수 있는데, 타이타닉 호의 경우는 하나의 빙산이 있고, 장래에 배가 거기에 부딪힌다는 것입니다. 그러나 우리들의 세계 경제 시스템은 장래에 빙산이 기다리고 있는 게 아닙니다. 재난은 이미 시작되었습니다. (㉢) 차례차례 빙산에 부딪히고 있는 중입니다.

	㉠	㉡	㉢
①	그리고	그러면	만약
②	그리고	그렇지만	만약
③	예를 들면	그러면	말하자면
④	예를 들면	그렇지만	말하자면

131 다음 글에 이어질 내용으로 가장 적절한 것은?

> 소비자들은 어떤 제품이나 서비스를 선택할 때 쉽사리 결정을 내리지 못한다. 이를테면 기능은 만족스럽지만 가격이 비싸거나, 반대로 가격은 만족스러운데 기능은 그렇지 않다거나 하는 경우를 들 수 있다. 이처럼 소비자들은 구매 과정에서 흔히 갈등을 겪게 되는데, 그중 가장 대표적인 것이 '접근-접근 갈등'이다. 이는 둘 이상의 바람직한 대안 중에서 하나만을 골라야 하는 경우에 어느 것을 선택해야 할지 결정하지 못해 발생하는 갈등이다. 이때 판매자는 대안들을 함께 묶어 제공함으로써 소비자가 겪는 '접근-접근 갈등'을 해소할 수 있다.
>
> 그런데 다른 대안들을 함께 묶어 제공받지 못한 상태에서 하나의 대안만을 선택해야 했던 경우, 소비자들은 선택하지 않은 대안에 대한 아쉬움 때문에 심리적으로 불편함을 느끼게 된다. 소비자들은 이러한 심리적 불편함을 없애려 하는데, 이는 인지 부조화 이론으로 설명할 수 있다. 이 이론에 따르면 사람들은 자신의 생각과 태도가 자신이 한 행동과 서로 일치하기를 바라는데, 그렇지 않으면 심리적 긴장 상태가 발생하게 된다는 것이다. 이런 경우 사람들은 긴장 상태를 해소하기 위해 생각과 행동을 일치시키려 한다. 소비자들 역시 제품을 구입한 자신의 행동과 제품 구입 후에 이 선택이 최선이 아닐지도 모른다는 자신의 생각 사이에서 불편함, 즉 부조화를 느끼게 된다.

① 소비자의 행동이 판매자에게 미치는 영향
② 소비자의 인지 부조화 상태 극복 방법과 예시
③ 소비자의 인지 부조화 상태로 인한 피해 양상
④ 소비자의 '접근-접근 갈등'의 구체적 해소 방법

132 ㉠의 문맥적 의미와 가장 유사한 것은?

> 제2차 세계 대전 중, 태평양의 한 전투에서 일본군은 미군 흑인 병사들에게 자신들은 유색인과 전쟁할 의도가 없으니 투항하라고 선전하였다. 이 선전물을 본 백인 장교들은 그것이 흑인 병사들에게 미칠 영향을 우려하여 급하게 부대를 철수시켰다. 사회학자인 데이비슨은 이 사례에서 아이디어를 ㉠<u>얻어서</u> 대중 매체가 수용자에게 미치는 영향과 관련한 '제3자 효과[third-person effect]' 이론을 발표하였다.

① 정부에서 허락을 <u>얻다</u>.
② 여행에서 삶의 지혜를 <u>얻다</u>.
③ 은행에서 빚을 <u>얻다</u>.
④ 토론에서 의사 발언권을 <u>얻다</u>.

133 ㉠과 ㉡에 들어갈 말로 가장 적절한 것은?

> A국 경제학자 갑은 자국의 최근 경제 상황을 다음과 같이 진단했다.
>
> 금융 시장 불안의 여파로 A국의 주식, 채권 등 금융 자산의 가격 하락에 대한 우려가 확산되면서 안전 자산으로 인식되는 B국의 채권에 대한 수요가 증가하고 있다. (㉠) 외환 시장에서는 A국에 투자되고 있던 단기성 외국인 자금이 B국으로 유출되면서 A국의 환율이 급등하고 있다.
>
> B국에서는 해외 자금 유입에 따른 통화량 증가로 B국의 시장 금리가 변동할 것으로 예상된다. 이에 따라 A국의 환율 급등은 향후 다소 진정될 것이다. 또한 양국 간 교역 및 금융 의존도가 높은 현실을 감안할 때, A국의 환율 상승은 수입품의 가격 상승 등에 따른 부작용을 초래할 것으로 예상되지만 한편으로는 수출이 증대되는 효과도 있다. (㉡) 정부는 시장 개입을 가능한 한 자제하고 환율이 시장 원리에 따라 자율적으로 균형 환율 수준으로 수렴되도록 두어야 한다.

	㉠	㉡
①	그러나	따라서
②	이로 인해	그러므로
③	그리고	하지만
④	이로 인해	그러나

134 ㉠~㉣의 문맥상 의미로 적절하지 않은 것은?

권리와 의무의 주체가 될 수 있는 자격을 권리 능력이라 한다. 사람은 태어나면서 저절로 권리 능력을 갖게 되고 생존하는 내내 보유한다. 그리하여 사람은 재산에 대한 소유권의 주체가 되며, 다른 사람에 대하여 채권을 누리기도 하고 채무를 지기도 한다. 사람들의 결합체인 단체도 일정한 요건을 갖추면 법으로써 부여되는 권리 능력인 법인격을 취득할 수 있다. 단체 중에는 사람들이 일정한 목적을 갖고 결합한 조직체로서 구성원과 구별되어 독자적 실체로서 존재하며, 운영 기구를 두어, 구성원의 가입과 탈퇴에 관계없이 존속하는 단체가 있다. 이를 사단(社團)이라 하며, 사단이 갖춘 이러한 성질을 사단성이라 한다. 사단의 구성원은 사원이라 한다. 사단은 법인(法人)으로 등기되어야 법인격이 생기는데, 법인격을 가진 사단을 사단 법인이라 부른다. 반면에 사단성을 갖추고도 법인으로 등기하지 않은 사단은 '법인이 아닌 사단'이라 한다. 사람과 법인만이 권리 능력을 가지며, 사람의 권리 능력과 법인격은 엄격히 구별된다. 그리하여 사단 법인이 자기 이름으로 진 빚은 사단이 가진 재산으로 갚아야 하는 것이지 사원 개인에게까지 책임이 미치지 않는다.

회사도 ㉠<u>사단</u>의 성격을 갖는 법인이다. 회사의 대표적인 유형이라 할 수 있는 주식회사는 주주들로 구성되며 주주들은 보유한 주식의 비율만큼 회사에 대한 지분을 갖는다. 그런데 2001년에 개정된 상법은 한 사람이 전액을 출자하여 일인 주주로 회사를 설립할 수 있도록 하였다. 사단성을 갖추지 못했다고 할 만한 형태의 법인을 인정한 것이다. 또 여러 주주가 있던 회사가 주식의 상속, 매매, 양도 등으로 말미암아 모든 주식이 한 사람의 소유로 되는 경우가 있다. 이런 ㉡<u>'일인 주식회사'</u>에서는 일인 주주가 회사의 대표 이사가 되는 사례가 많다. 이처럼 일인 주주가 회사를 대표하는 기관이 되면 경영의 주체가 개인인지 회사인지 모호해진다. 법인인 회사의 운영이 독립된 주체로서의 경영이 아니라 마치 개인 사업자의 영업처럼 보이는 것이다.

구성원인 사람의 인격과 법인으로서의 법인격이 잘 분간되지 않는 듯이 보이는 경우에는 간혹 ㉢<u>문제</u>가 일어난다. 상법상 회사는 이사들로 이루어진 이사회만을 업무 집행의 의결 기관으로 둔다. 또한 대표 이사는 이사 중 한 명으로, 이사회에서 선출되는 기관이다. 그리고 이사의 선임과 이사의 보수는 주주 총회에서 결정하도록 되어 있다. 그런데 주주가 한 사람뿐이면 사실상 그의 뜻대로 될 뿐, 이사회나 주주 총회의 기능은 퇴색하기 쉽다. 심한 경우에는 회사에서 발생한 이익이 대표 이사인 주주에게 귀속되고 회사 자체는 허울만 남는 일도 일어난다. 이처럼 회사의 운영이 주주 한 사람의 개인 사업과 다름없이 이루어지고, 회사라는 이름과 형식은 장식에 지나지 않는 경우에는, 회사와 거래 관계에 있는 사람들이 재산상 피해를 입는 문제가 발생하기도 한다. 이때 그 ㉣<u>특정한 거래 관계</u>에 관련하여서만 예외적으로 회사의 법인격을 일시적으로 부인하고 회사와 주주를 동일시해야 한다는 '법인격 부인론'이 제기된다. 법률은 이에 대하여 명시적으로 규정하고 있지 않지만, 법원은 권리 남용의 조항을 끌어들여 이를 받아들인다. 회사가 일인 주주에게 완전히 지배되어 회사의 회계, 주주 총회나 이사회 운영이 적법하게 작동하지 못하는데도 회사에만 책임을 묻는 것은 법인 제도가 남용되는 사례라고 보는 것이다.

① ㉠: 여러 사람이 일정한 목적을 두고 모인 집단
② ㉡: 한 사람이 모든 주식을 소유하고 있는 주식회사
③ ㉢: 회사가 한 개인에 의해 좌지우지되는 것
④ ㉣: 법인으로 등록되지 않은 사단과의 거래

135 ㉠~㉢에 들어갈 말을 바르게 연결한 것은?

반갑습니다. 저는 ○○ 독서실에 다니는 김□□입니다.

저는 독서실 회원 여러분께 건의할 내용이 있어서 글을 쓰게 되었습니다. 결론부터 말씀드리면, 우리 모두 환기를 자주 했으면 좋겠습니다. 여름이 되면 에어컨을 켠다고 문을 닫고, 겨울에는 춥다고 문을 닫고, 봄이면 황사 때문에 문을 닫고, 가을에는 일교차가 심하여 감기에 걸린다고 문을 닫습니다. 일 년 내내 문을 꼭꼭 닫고 생활하기 때문에 실내 공기의 질이 안 좋아서 회원님들의 호흡기 건강에 문제가 생깁니다. 오늘도 한 회원분이 목이 따갑다며 온종일 따뜻한 물을 마셨습니다. (㉠) 단순히 따뜻한 물을 마신다고 해결될 수 있는 문제는 아니라고 생각합니다.

얼마 전, '왜 실내 환기를 하지 않는가?'와 관련한 인터넷 설문 조사를 보았습니다. 설문 조사에 참여한 사람들 중 80%가 환기를 하지 않는 이유로 '내가 하기는 귀찮아서'를 들었고 15%의 사람들은 '밖의 공기가 더 더러워서'라고 했습니다. '내가 하기는 귀찮아서'라고 답변한 사람들 중의 90%는 환기의 필요성을 느끼고 있었습니다. 귀찮다고 실내 환기를 하지 않으면 건강이 나빠질 수 있습니다. (㉡) 전문가의 견해에 따르면 실외 공기가 더 더럽다는 생각은 잘못된 판단인 경우가 많습니다. 따라서 실내 환기가 반드시 필요합니다. 이를 위해서는 구성원의 협의가 바탕이 된 규칙을 정할 필요가 있다고 생각합니다. (㉢) 일정한 시간을 정해서 각 방에 있는 사람들이 독서실 사물함 번호로 순번을 정하여 환기를 하면 좋겠습니다. 그렇게 하면 얼마든지 쾌적한 환경에서 생활할 수 있습니다.

환기를 하면 당장은 잠깐 덥거나 추울 수는 있지만, 우리의 건강을 지킬 수 있습니다. 지금보다 쾌적하고 깨끗한 독서실이 될 수 있도록 우리 모두 독서실을 환기하는 데 관심을 가지고 적극 동참했으면 좋겠습니다.

	㉠	㉡	㉢
①	그런데	하지만	반면에
②	그런데	그리고	예를 들어
③	그리고	하지만	반면에
④	그리고	그러므로	또한

136 ㉠에 들어갈 말로 가장 적절한 것은?

아리랑이라는 민요는 지방에 따라 여러 가지가 있는데, 지금까지 발굴된 것은 약 30종 가까이 된다. 그중 대표적인 것으로는 서울의 본조 아리랑을 비롯하여 강원도 아리랑, 정선 아리랑, 밀양 아리랑, 진도 아리랑, 해주 아리랑, 원산 아리랑 등을 들 수 있다. 거의 각 도마다 대표적인 아리랑이 있으나 평안도와 제주도가 없을 뿐인데, 그것은 발굴하지 못했기 때문이고, 최근에는 울릉도 아리랑까지 발견하였을 정도이니 실제로 더 있었던 것으로 보인다. 그런데 이들 민요는 가락과 가사의 차이는 물론 후렴의 차이까지 있는데, 그중 정선 아리랑이 느리고 구성진 데 비해, 밀양 아리랑은 흥겹고 힘차며, 진도 아리랑은 서글프면서도 해학적인 멋이 있다. 서울 아리랑은 이들의 공통점이 응집되어 구성지거나 서글프지 않으며, 또한 흥겹지도 않은 중간적인 은근한 느낌을 주는 것이 특징이다.

그러므로 서울 아리랑은 그 형성 시기도 (㉠)으로 짐작된다.

① 지방의 어느 것보다도 늦게 이루어진 것
② 지방의 어느 것보다도 빨리 이루어진 것
③ 지방의 것과 동시적으로 이루어진 것
④ 정선 아리랑과 같은 시기에 이루어진 것

137 다음 글에서 ㉠과 ㉡에 대한 설명으로 옳은 것은?

전국 시대의 혼란을 종식한 진(秦)은 분서갱유를 단행하며 사상 통제를 기도했다. 당시 권력자였던 ㉠이사(李斯)에게 역사 지식은 전통만 따지는 허언이었고, 학문은 법과 제도에 대해 논란을 일으키는 원인에 불과했다. 이에 따라 전국 시대의 『순자』처럼 다른 사상을 비판적으로 흡수하여 통합 학문의 틀을 보여 준 분위기는 일시적으로 약화되었다. 이에 한(漢) 초기 사상가들의 과제는 진의 멸망 원인을 분석하고 이에 기초한 안정적 통치 방안을 제시하며, 힘의 지배를 숭상하던 당시 지배 세력의 태도를 극복하는 것이었다. 이러한 과제에 부응한 대표적 사상가는 ㉡육가(陸賈)였다.

순자의 학문을 계승한 그는 한 고조의 치국 계책 요구에 부응해 『신어』를 저술하였다. 이 책을 통해 그는 진의 단명 원인을 가혹한 형벌의 남용, 법률에만 의거한 통치, 군주의 교만과 사치, 그리고 현명하지 못한 인재 등용 등으로 지적하고, 진의 사상 통제가 낳은 폐해를 거론하며 한 고조에게 지식과 학문이 중요함을 설득하고자 하였다. 그에게 지식의 핵심은 현실 정치에 도움을 주는 역사 지식이었다.

① ㉠은 안정적 통치를 통한 힘의 지배 숭상을 극복하고자 하였다.
② ㉠에 의해 다른 학문이 아닌 법률에만 의거한 통치가 이루어졌다.
③ ㉡은 힘에 의한 권력 창출을 위한 패도 정치를 제안하였다.
④ ㉡에게 있어서 역사 지식이란 현실 정치에 방해가 되는 허언이었다.

138 다음 글의 ㉠에 들어갈 말로 가장 적절한 것은?

경제학에서는 증거에 근거한 정책 논의를 위해 사건의 효과를 평가해야 할 경우가 많다. 어떤 사건의 효과를 평가한다는 것은 사건 후의 결과와 사건이 없었을 경우에 나타났을 결과를 비교하는 일이다. 그런데 가상의 결과는 관측할 수 없으므로 실제로는 사건을 경험한 표본들로 구성된 시행집단의 결과와, 사건을 경험하지 않은 표본들로 구성된 비교집단의 결과를 비교하여 사건의 효과를 평가한다. 따라서 이 작업의 관건은 (㉠)

가령 어떤 사건이 임금에 미친 효과를 평가할 때, 그 사건이 없었다면 시행집단과 비교집단의 평균 임금이 같을 수밖에 없도록 두 집단을 구성하는 것이다. 이를 위해서는 두 집단에 표본이 임의로 배정되도록 사건을 설계하는 실험적 방법이 이상적이다. 그러나 사람을 표본으로 하거나 사회 문제를 다룰 때에는 이 방법을 적용할 수 없는 경우가 많다.

① 그 사건 외에는 결과에 차이가 날 이유가 없는 두 집단을 구성하는 일이다.
② 다른 변수를 사전통제함으로써 두 집단의 결과를 비슷하게 만드는 것이다.
③ 관측 결과에서 해당 결과와 관련 없는 부분을 삭제하여 평가하는 것이다.
④ 관측 이전에 두 집단에 사전통보를 통해 협조를 구하도록 하는 일이다.

139 다음 글에서 밑줄 친 ㉠의 근거는?

멈춰 있는 흰 공에 빨간 공이 부딪쳐 흰 공이 움직였다고 하자. 흄은 빨간 공이 흰 공에 부딪친 사건과 흰 공이 움직인 사건 사이에 인과 관계가 성립하기 위한 세 가지 요건을 제시했다. 원인이 결과보다 시간적으로 앞서 있어야 하고, 원인과 결과가 시공간적으로 이어서 나타나야 하며, 원인과 결과 사이에 '항상적 결합'이 있어야 한다는 것이다. 항상적 결합이란 비슷한 상황에서 같은 방식으로 공이 움직여 부딪친다면, 같은 식으로 공들의 움직임이 나타나는 것을 의미한다. 그러나 리드는 위 사례와 같이 흄이 말하는 세 가지 조건이 성립하는 경우에도 인과 관계가 성립하지 않는다고 보았다. 그는 오직 ㉠자유 의지를 가진 행위자만이 원인이 될 수 있다고 보았다.

행위자 인과 이론에서 리드는 원인을 '양면적 능력'을 지녔으며 그 변화에 대한 책임이 있는 존재로 규정하였다. 양면적 능력은 변화를 산출하거나 산출하지 않을 수 있는 능동적인 능력이다. 그리고 행위자는 결과를 산출할 능력을 소유하여 그 능력을 발휘할 수 있고, 그 변화에 대해 책임을 질 수 있는 주체이다. 리드는 진정한 원인은 행위자라고 주장한다. 이에 따르면 빨간 공이 흰 공에 부딪쳤을 때 흰 공은 움직일 수만 있을 뿐 움직이지 않을 수는 없기 때문에 빨간 공은 행위자일 수 없다.

① 결과를 산출할 능력을 소유하고, 변화에 책임을 질 수 있기 때문
② 같은 방식의 원인은 같은 방식의 결과를 불러일으키기 때문
③ 원인이 결과보다 시간적으로 앞서 있기 때문
④ 결과를 통해 원인을 역으로 산출할 수 있기 때문

140 다음 글에서 ㉠, ㉡에 들어갈 말로 가장 적절한 것은?

국가들은 상대적 우위를 갖는 재화는 수출하고 상대적 열위를 갖는 재화는 수입하여 쌍방 간 이득을 취한다. 국제무역의 기본 모형인 리카르도 모형은 이러한 무역 원리를 알기 쉽게 설명해 준다.

리카르도에 따르면 무역할 재화, 즉 교역재가 상대적 우위를 가지려면 생산비를 (㉠)야 한다. 생산비란 어떤 제품 1단위 생산에 필요한 노동시간, 즉 노동소요량을 시간당 임금과 곱한 값이므로 각국은 기술력을 높여 노동소요량을 줄이거나 값싼 노동력으로 임금을 줄임으로써 상대적 생산비 우위를 차지할 수 있다.

한 나라에서 특정 재화가 상대국에 대해 상대적 생산비 우위를 갖는지 여부는 '상대적 임금'과 '상대적 생산성 우위'의 비교를 통해 파악할 수 있다. 여기서 상대적 임금이란 자국의 임금을 상대국의 임금으로 나눈 값이고, 상대적 생산성 우위란 상대국의 노동소요량을 자국의 노동소요량으로 나눈 값인데, 각국은 상대국에 대한 자국의 상대적 생산성 우위가 자국의 상대적 임금보다 (㉡) 제품에 생산비 우위를 갖게 된다. 그리고 각국은 이렇게 상대적 생산비 우위를 갖는 제품을 상대국에 수출하게 된다.

	㉠	㉡
①	줄여	낮은
②	늘려	높은
③	늘려	낮은
④	줄여	높은

141 다음 글의 내용을 플라톤의 입장이 되어 아래와 같이 정리하였다. 잘못 정리한 것은?

'예술은 재현의 기술이기 때문에 무가치한 것이다.' 이는 플라톤의 예술관이 드러난 말로, 세계를 '가지적 세계'와 '가시적 세계'로 구분하는 그의 세계관과 밀접한 연관이 있다. 플라톤에게 가지적 세계는 우리의 지성으로만 알 수 있는 세계이며, 결코 변하지 않는 본질, 즉 실재인 '에이도스'가 있는 세계이다. 반면 가시적 세계는 우리 눈으로 지각이 가능한 현실 세계로, 이 세계는 가지적 세계를 모방하여 재현한 환영이자 이미지에 불과하다.

플라톤은 가시적 세계의 사물들을 '에이돌론'이라 부르며, 에이돌론을 에이도스의 성질을 얼마나 반영했는지에 따라 '에이콘'과 '판타스마'로 구분한다. 에이콘은 사물을 만드는 주체가 건축가나 장인처럼 에이도스에 대한 지식을 가지고 에이도스의 성질을 가능한 한 정확하게 재현한 좋은 이미지이다. 반면, 판타스마는 에이도스에 대한 지식은 없이 눈에 보이는 현상만을 모방하여 재현한 나쁜 이미지이다. 즉, 모방한 것을 다시 모방한, 사본의 사본에 불과하다. 플라톤은 판타스마를 에이도스의 성질이 없는 가짜, 사이비라는 의미로 '시뮬라크르'라고 부르며 예술이 시뮬라크르에 해당한다고 말한다. 플라톤은 특히 회화는 화가가 실재에 대해 아무것도 모른 채 사람들이 실재라고 믿도록 기만하는 사이비 기술이며, 이러한 기술로 그려진 작품은 본질에서 멀어진 무가치한 것이라고 주장한다.

	에이돌론	에이도스
①	가시적 세계	가시적 세계
②	현실	본질
③	환영	실재
④	무가치한 것	예술

142 다음 글의 밑줄 친 ㉠, ㉡에 대한 설명으로 옳은 것은?

우리는 친구들과 같은 사진을 보고도 서로 다르게 인식하는 경우가 있다. 또한 배고플 때와 달리 배부를 때는 빵 가게를 인식하지 못할 때도 있다. 이처럼 동일한 대상에 대해서도 사람이나 상황에 따라 인식이 다를 수 있는데, '후설'은 우리가 대상의 의미를 파악하는 과정을 통해 이러한 현상을 설명하고 있다. 후설은 우리의 의식은 대상과 독립적으로 존재하는 것이 아니라, 어떤 대상을 구체적으로 지향하며, 이를 통해 대상과의 관계에서 어떤 의미를 형성하는 성질을 지니고 있다고 말한다. 이 성질을 의식의 '㉠지향성'이라고 하는데, 의식이 대상을 향하지 않으면 우리는 그 대상을 인식하지 못한다는 것이다.

한편 우리의 의식이 대상을 만나 의미를 형성할 때는 시간과 공간의 영향을 받게 된다. 왜냐하면 의식이 의미를 형성하는 과정은 한 번으로 끝나는 것이 아니라 시간의 흐름에 따라 반복되고, 공간도 대상과 함께 인식되어 의미 형성에 영향을 주기 때문이다. 후설에 따르면 이렇게 의식이 대상을 만나서 의미를 형성하는 과정이 반복되고 그것이 누적되면 자기만의 '㉡지평'을 갖게 된다. '지평'이란 우리가 인식하는 대상과 그 대상을 둘러싼 배경을 말한다. 우리가 친구의 뒷모습을 보고 단번에 알아볼 수 있는 것은 이전부터 알았던 친구에 대한 다양한 정보를 고려했기 때문이다. 사람은 개인마다 경험이 다르기 때문에 대상에서 형성하는 의미도 달라져 그 결과 서로 다른 지평을 갖게 되고, 지평이 넓어질수록 개인의 인식 범위는 확장된다. 그리고 인식의 주체는 지평을 바탕으로 다양한 상황에서 의미를 파악할 수 있다고 본 것이다.

① ㉠: 의식이 시간과 공간의 영향을 받는 것
② ㉠: 사람이나 상황에 따라 인식이 달라지는 것
③ ㉡: 의식이 대상과 어떤 관계를 형성하는 것
④ ㉡: 서로 다른 배경을 동일시하는 것

143 다음 글의 전체적인 맥락을 고려했을 때, (가)에 들어갈 말로 가장 적절한 것은?

사랑의 본질에 대한 토마스 아퀴나스의 설명은 인간의 사랑인 아모르에 대한 분석에 기초한다. 그는 인간이 (가) 존재인데, 욕구를 추구하는 인간 행위의 원천이 바로 사랑이라 말한다. 이때 선이란 자신에게 좋은 것으로 자신의 본성에 적합하거나 자신에게 기쁨을 주는 것을 뜻한다.

아퀴나스에 따르면 인간의 욕구는 감각적 욕구와 지적 욕구로 구별되는데, 이는 선을 추구한다는 점에서는 동일하지만 크게 두 가지 차이점이 있다. 첫째, 감각적 욕구에 의한 추구행위는 대상에 의해 촉발되어 이에 수동적으로 반응하는 것이다. 반면, 지적 욕구에 의한 추구 행위는 지성의 능동적인 활동과 주체의 선택에 의해 일어나는 보다 적극적인 것이다. 둘째, 감각적 욕구는 감각적 인식능력에 의해 선으로 인식된 것을 추구하는 반면, 지적 욕구는 지성에 의해 선으로 이해된 것을 추구한다. 왜냐하면 감각적 인식능력은 대상의 선악 판단에 개입할 수 없지만, 지성은 대상이 무엇이든 이해한 바에 따라 선악 판단을 다르게 할 수 있기 때문이다. 예를 들어 단맛이 나에게 기쁨을 준다면 감각적 욕구는 사탕을 추구하겠지만, 지적 욕구는 사탕이 충치를 유발할 수도 있으므로 선이 아니라고 판단한다면 추구하지 않을 수도 있다.

아퀴나스는 감각적 욕구와 지적 욕구가 있는 곳에는 항상 사랑이 있다고 말하며, 사랑이 선을 향한 감각적 욕구와 지적 욕구에 의한 추구 행위를 일으키는 힘이라고 설명한다. 특히, 아퀴나스는 감각적 욕구에 의한 추구 행위를 '정념'이라고 칭하며, 사랑을 전제하지 않는 정념은 없으며 선을 향한 사랑에서부터 여러 정념이 비롯된다고 하였다. 만약 여러 대상에 대한 감각적 욕구들이 동시에 일어난다면 어떻게 될까? 인간은 가장 먼저 추구할 감각적 욕구를 지성에 의해 판단하고 선택한다. 다른 것보다 더 선이라고 이해된 것을 우선 추구하기 때문이다. 결국 아퀴나스가 말하는 인간의 사랑은 선에 대한 자신의 이해에 입각하기 때문에 자신에게 선인 것에 대한 사랑을 근본으로 한다.

① 선을 추구하려는 욕구를 지닌
② 감각적 욕구와 지적 욕구 사이에서 갈등하는
③ 자신의 본성에 적합한 만족을 추구하는
④ 선악에 대한 올바른 판단을 하려는

144 다음 글의 ㉠~㉢에 대한 설명으로 가장 적절한 것은?

항미생물 화학제의 작용기제는 크게 병원체의 표면을 손상시키는 방식과 병원체 내부에서 대사 기능을 저해하는 방식으로 나눌 수 있지만, 많은 경우 두 기제가 함께 작용한다. 고농도 에탄올 등의 ㉠알코올 화합물은 세포막의 기본 성분인 지질을 용해시키고 단백질을 변성시키며, 병원성 세균에서는 세포벽을 약화시킨다. 또한 알코올 화합물은 지질 피막이 없는 바이러스보다 지질 피막이 있는 병원성 바이러스에서 방역 효과가 크다. 지질 피막은 병원성 바이러스가 사람을 감염시키는 과정에서 중요한 역할을 하기 때문에, 지질을 손상시키는 기능을 가진 항미생물 화학제만으로도 병원성 바이러스에 대한 방역 효과가 있다. 지질 피막의 유무와 관계없이 다양한 바이러스의 감염 예방을 위해서는 하이포염소산 소듐 등의 ㉡산화제가 널리 사용된다. 병원성 바이러스의 방역에 사용되는 산화제는 바이러스의 공통적인 표면 구조를 이루는 캡시드를 손상시키는 기능이 있어 바이러스를 파괴하거나 바이러스의 감염력을 잃게 한다.

병원체의 표면에 생긴 약간의 손상이 병원체를 사멸시키는 데 충분하지 않더라도, 항미생물 화학제가 내부로 침투하면 살균효과가 증가한다. ㉢알킬화제와 산화제는 병원체의 내부로 침투하면 필수적인 물질 대사를 정지시킨다. 글루타르 알데하이드와 같은 알킬화제가 알킬 작용기를 단백질에 결합시키면 단백질을 변성시켜 기능을 상실하게 하고, 핵산의 염기에 결합시키면 핵산을 비정상 구조로 변화시켜 유전자 복제와 발현을 교란한다. 산화제인 하이포염소산 소듐은 병원체 내에서 불특정한 단백질들을 산화시켜 단백질로 이루어진 효소들의 기능을 비활성화하고 병원체를 사멸에 이르게 한다.

① ㉠은 병원체 내부에 영향을 줄 수 없지만 ㉡은 그렇지 않다.
② ㉡은 ㉢과 다르게 병원체 표면만을 손상시킨다.
③ ㉠과 ㉢은 병원체 내부의 대사작용을 저해한다.
④ ㉠, ㉡과 다르게 ㉢은 병원체 표면을 손상시킬 수 있다.

145 다음 글의 ㉠에 들어갈 질문으로 가장 적절한 것은?

미적 판단은 대상에 대한 경험에서 생겨나며 감상자의 주관적 반응에 밀접하게 관련되기 때문에, 동일한 대상에 대한 미적 판단은 감상자에 따라 다양하게 나타날 수 있다. 그러나 모든 미적 판단이 적절하다거나 옳다는 평가를 받는 것은 아니며, 미적 판단의 차이로 인한 논쟁에서 우리는 어떤 미적 판단이 옳고, 어떤 미적 판단이 그른가에 대한 열띤 토론을 벌이게 된다. 그렇다면 (㉠)

실재론자들은 미적 속성이라는 것이 존재한다는 전제하에 이것이 대상에 실재한다는 주장을 내세우면서, 미적 판단의 객관성을 지지한다. 예컨대 '베토벤의 운명 교향곡이 웅장하다'는 판단이 객관적 참이라면 '웅장함'이라는 미적 속성이 실재한다는 식이다. 이 경우 '웅장하다'는 미적 판단은 '웅장함'이라는 객관적으로 실재하는 미적 속성에 대한 기술이다. 동일한 미적 대상에 대한 감상자들 간의 판단이 일치하지 않는 것은 그 미적 판단 간에 옳고 그름이 존재한다는 것이며, 그 옳고 그름의 여부는 실재하는 미적 속성에 대한 확인을 통해 밝힐 수 있다.

그러나 반실재론자들은 미적 판단이 단순한 객관적 실재의 기술이라기보다는 이미 주관적 평가가 개입된 경우가 많다는 점을 근거로 실재론에 반론을 제기한다. 이들의 주장에 의하면 미적 판단은 감상자의 주관적 반응에 의존하는 것으로, 앞에서 언급된 '웅장함'이라는 미적 속성은 '웅장하다'는 미적 판단을 내리는 감상자에 의해 발견되는 것이다. 이 주장은 미적 판단의 주관성과 경험성에 주목한다는 점에서 미적 판단의 다양성을 설명하는 데 용이하다. 이에 따르면 미적 판단의 불일치란 굳이 해소해야 하는 문제적 현상이라기보다는 개인의 다양한 경험, 취미와 감수성의 차이에 따라 발생하는 자연스러운 현상이다.

미적 속성과 미적 판단의 관계를 새로이 정립하고자 하였던 레빈슨의 주장에 의하면, 미적 대상의 감상 과정에서 감상자들은 일차적으로 대상의 비미적(非美的) 속성에 주목한다. 비미적 속성이란 대상의 선, 색, 모양, 질감, 무게, 리듬, 음색 등의 속성을 가리키는 것으로, 이는 다시 관찰이나 지각이 가능한 구조적 속성, 어떤 변화가 일어나더라도 정상적인 지각으로는 그 차이를 포착할 수 없는 하부 구조적 속성, 작품의 발생에 관계하는 주요 요소들, 즉 작품의 창작자나 작품이 속한 경향, 영향 관계 등을 일컫는 맥락적 속성으로 나뉜다. 이러한 비미적 속성을 기저로 하여 발생하는 종합적이고 전체적인 미적 속성을 레빈슨은 '현상적 미적 인상'이라 규정하였다. 그는 현상적 미적 인상을 실재하는 것으로 간주하고, 여기에는 어떠한 주관적 입장도 개입되어 있지 않기 때문에 동일한 작품의 현상적 미적 인상은 감상자들이 동일하게 지각하는 것이라고 주장하였다.

① 미적 판단 간의 불일치가 나타나게 되는 이유는 무엇인가?
② 미적 판단을 이끌어 내는 판단의 주체는 어떠한 태도를 갖추어야 하는가?
③ 미적 판단의 다양성에 대한 논쟁이 합의를 도출할 수 없는 이유는 무엇인가?
④ 동일한 대상에 대한 미적 판단이 모두 동일해야 한다고 주장하는 근거는 어떤 것인가?

146 다음 글의 밑줄 친 부분이 의미하는 바로 가장 적절한 것은?

독일의 행위예술가 요제프 보이스는 1982년 봄부터 1987년까지 5년에 걸쳐 7천 그루의 어린 참나무를 카셀시에 심는 퍼포먼스를 시작하였다. 작품 이름은 '7천 그루의 참나무'이다. 거리에 어린 참나무를 줄지어 심으면 나무마다 길이 12.2미터가량의 화강암 기둥들은 마치 참나무에 달라붙는 꼬리표처럼 보이게 될 터이고 카셀시는 7천 그루의 울창한 참나무 숲으로 뒤덮이게 된다. 나무가 자라감에 따라 마치 상대적으로 작아지는 듯이 보이는 화강암 기둥들의 대비는 그가 항상 염두에 두었던 <u>자연과 문명의 관계에 대한 은유</u>가 될 만한 것이었다.

① 자연은 문명을 해체하는 것이다.
② 자연은 문명보다 위대한 것이다.
③ 자연은 문명으로부터 독립된 것이다.
④ 자연은 문명과의 대립을 심화시킨다.

147 다음 글의 (가)~(라) 중 〈보기〉의 내용이 들어갈 위치로 가장 적절한 것은?

보기

데카르트나 칸트 모두 그렇게도 투명한 이성에 의한 보편적 사고를 강조했지만, 결과적으로 볼 때 그들의 사고는 보편적인 것이 아니라 자신의 문화 전통에 짙게 물든 지역적인 것이었다.

지난 한 세기 동안 우리는 서구의 문물을 받아들이는 일에 안간힘을 기울여 왔다. 그리고 우리가 서구로부터 받아들인 문물은 삶의 조건을 향상시켜 주는 일에 실로 많은 기여를 했다. 그 덕분에 우리는 기아와 빈곤에서 벗어나 물질적 풍요를 맛볼 수 있게 되었고, 미신과 억압에서 벗어나 합리적이고 자유로운 삶을 엿볼 수 있게 되었다. (가)

그러나 우리는 서구의 문물을 참으로 몰주체적으로 받아들였고, 심지어 받아들이지 않아도 될 것까지도 숭배해 왔으며, 나아가 우리의 사상과 문화는 돌보지 않고 암매장하듯 내팽개쳐 두었다. (나) 우리는 서양 것이라면 무조건 받아들이기에 급급했지 왜 특정 시기, 특정 지역의 학문이 지구의 다른 구석에서도 보편으로 숭배되어야 하는지 묻지 않았다. 오늘날 한국에서 보편이라고 인식되고 교육되는 서구문화의 내용을 조금만 자세히 살펴보면 그것이 얼마나 지역적인 것인지 곧 알 수 있음에도 불구하고, 우리는 그것을 보편이라고 여기는 데 추호도 의심을 품지 않았으며, 역으로 우리의 학문과 사상을 지역적인 것으로 치부해 왔다. (다)

문화 각 영역에서 드러나는 사대주의적 혹은 종속주의적 현상은 문화의 꽃이라 할 수 있는 철학의 영역에서 두드러지게 나타난다. 이 땅에서는 철학이라고 하면 곧 서양 철학만 가리키고, 동양철학은 철학이 아니라고 폄하하는 일이 당연하게 여겨진다. 한 영역에만 집중적으로 몰두할 수 있는 서양철학자와 달리, 동양철학자는 혼자서 한국철학과 중국철학 그리고 인도철학까지 다 소화해서 가르쳐야만 한다. 이렇게 열악한 조건에 처해 있는 동양철학자들에게 쏟아지는 말이라고는 '도대체 철학적 소양이 없다'라는 식의 비판뿐이다. (라)

많은 철학자들은 자국의 역사, 문화, 현실에 관한 이해가 결여된 자신을 탓하기에 앞서, 일단 서구중심적 입장에서 스스로의 전통철학을 깎아내리고 폄하하기에 바쁘다. 제국주의 시기에 서구 이외의 문화를 연구하던 서구학자들 역시 해석학적 동참의 노력도 없이 자신의 문화를 잣대로 서구 이외 지역의 문화에 대해 미개와 야만이라고 폄하해 왔음을 우리는 아직도 생생하게 기억하고 있다. 이제 우리는 편견에 물든 오리엔탈리즘의 사고를 서구로부터 받아들여 스스럼없이 자신의 본토에 적용하고 있는 것이다.

① (가)　② (나)　③ (다)　④ (라)

148 다음 글의 ㉠과 ㉡에 들어갈 말로 가장 적합한 것은?

경제학의 학파 중 하나인 케인즈학파에서는 시장에서 임금이나 물가 등의 가격 변수가 완전히 탄력적으로 작용하지는 않기 때문에 경기적 실업은 자연스럽게 해소될 수 없다고 주장한다. 즉, 명목임금*이 변하지 않은 상태에서 경기 침체로 인한 물가 하락으로 실질임금*이 상승하더라도, 고전학파에서 말하는 것처럼 명목임금이 탄력적으로 하락하는 현상은 일어나기 어렵다고 본 것이다. 이에 대해 케인즈학파에서는 여러 가지 이유를 제시하는데 그중 하나가 화폐환상현상이다. 화폐환상현상이란 경기 침체로 인해 물가가 하락하고 이에 영향을 받아 명목임금이 하락하였을 때의 실질임금이, 명목임금의 하락 이전과 동일하다는 것을 노동자가 인식하지 못하는 현상을 의미한다. (㉠) 경기 침체에 의해 물가가 하락하더라도 화폐환상현상으로 인해 노동자들은 명목임금의 하락을 받아들이지 않게 되고, 결국 명목임금은 경기적 실업이 발생하기 이전의 수준과 비슷하게 유지된다. 이는 기업에서 노동의 수요량을 늘리지 못하는 결과로 이어지게 되고 실업은 지속된다. (㉡) 케인즈학파에서는 기업이 아닌 정부가 정책을 통해 노동의 수요를 늘리는 등의 경기적 실업을 감소시킬 수 있는 적극적인 역할을 해야 한다고 주장한다.

* 명목임금: 노동자들이 받는 화폐의 액수.
* 실질임금: 명목임금을 물가로 나눈 값, 즉 임금의 실제 가치.

	㉠	㉡
①	그래서	그러나
②	그래서	따라서
③	그리고	그래서
④	그리고	하지만

149 다음 글의 ㉠~㉢에 들어갈 말로 적합한 것은?

총소득 중 세율이 적용되는 소득을 과세 표준이라고 하며, 과세 표준이 클수록 세율이 증가하는 것을 누진 세율 구조라고 한다. 대다수 국가에서 소득세는 누진 세율 구조를 적용하고 있다. (㉠) 그 이유는 경제적 능력에 따라 조세를 부담하는 것이 공평하다고 생각되기 때문이다. 일찍이 공리주의자 밀은 조세 부담이 개인의 소득 감소를 유발하므로 세금 납부에 따른 경제적 희생, 즉 효용의 손실이 균등해야 공평하다고 보았다. 이를 균등 희생 원리라고 하는데, 밀의 이러한 주장은 후대 학자들에 의해 누진 세율 구조를 옹호하는 근거로 활용되었다. 여기서 희생이란 세액 자체가 아니라 납세로 인한 총효용의 감소분이다. (㉡) 밀은 균등하다는 것이 구체적으로 어떤 의미인지는 논하지 않았다. 이에 후대 학자들은 균등의 의미를 절대 희생 균등의 원칙, 비례 희생 균등의 원칙, 한계 희생 균등의 원칙으로 구분하여 논의하였다. 이러한 논의는 소득만이 개인의 효용을 결정하고 효용은 측정 가능하며 소득 증가에 따라 한계 효용이 체감한다는 가정에 입각해 있다. (㉢) 모든 사람의 소득의 한계 효용 곡선이 동일하다고 가정한다.

	㉠	㉡	㉢
①	왜냐하면	하지만	그리고
②	왜냐하면	그래서	또한
③	왜냐하면	그러나	하지만
④	그러므로	그리고	하지만

150 다음 글의 ㉠과 ㉡에 들어갈 말로 적절한 것은?

현금 없는 사회로의 이행은 바람직하다. 현금은 결제 수단으로 오랫동안 사용되어 왔다. 하지만 오늘날 새로운 기술의 발전에 따라 거래 환경이 비현금 결제 방식으로 변화하고 있고, 이미 많은 국가들이 현금 없는 사회로의 이행을 준비하고 있다.

물론 비현금 결제 방식에 익숙하지 않은 사람들이 겪을 불편을 이유로 현금 없는 사회로의 이행에 대해 반대하는 사람들도 있다. (㉠) 지속적이고 단계적으로 교육하고 비현금 결제 방식을 익힐 수 있는 기회를 제공한다면 그들도 자연스럽게 현금 없는 사회에 적응할 수 있을 것이다.

현금 없는 사회의 장점은 너무나 많다. 이미 국가 간 경제 교류를 가능하게 하는 정보통신기술이 구축되어 있어 현금 없는 사회로 나아갔을 때 새로운 금융 서비스 산업이 개발되어 국제 무역이 더욱 활발해질 것이다. (㉡) 사회 구성원들 간의 충분한 합의 없이 진행된 사회 변화는 많은 문제를 일으킬 수 있으므로 깊이 있는 사회적 논의가 필요하다.

	㉠	㉡
①	그러나	하지만
②	그리고	그래서
③	하지만	그리고
④	그리고	그러나

전개 순서(배열)

해설편 | 72p

151 다음 글에서 (가)~(다)의 순서를 자연스럽게 배열한 것은?

2023 국가직 9급

빅데이터가 부각된다는 것은 기업들이 빅데이터의 가치를 받아들이기 시작했다는 뜻이다. 여기에는 기업들이 데이터를 바라보는 시각이 변한 측면도 있다.

(가) 기업들은 고객이 판촉 활동에 어떻게 반응하고 평소에 어떻게 행동하며 사물에 대해 어떤 태도를 보이는지 알기 위해 많은 돈을 투자해 마케팅 조사를 해 왔다.

(나) 그런 상황에서 기업들은 SNS나 스마트폰 등 새로운 데이터 소스로부터 그러한 궁금증과 답답함을 해결할 수 있다는 것을 알게 되었다. 페이스북에 올리는 광고에 친구가 '좋아요'를 한 것에서 기업들은 궁금증과 답답함을 해결할 수 있다.

(다) 그런데 기업들의 그런 노력이 효과가 있는 경우도 있었으나 아쉬운 점도 많았다. 쉬운 예로, 기업들은 많은 광고비를 쓰지만 그 돈이 구체적으로 어느 부분에서 효과를 내는지는 알지 못했다.

결국 데이터가 있는 곳에서 기업들은 점점 더 고객의 취향에 집중할 수 있게 되었으며, 이에 따라 기업들은 소셜 미디어의 빅데이터를 중요한 경영 수단으로 수용하기 시작한 것이다.

① (가) - (나) - (다)
② (가) - (다) - (나)
③ (나) - (가) - (다)
④ (다) - (나) - (가)

152 다음 글의 전개 순서로 가장 자연스러운 것은?

2020 지방직(= 서울시) 9급

ㄱ. 1700년대 중반에 이미 미국 이주민들의 평균 소득은 영국인들의 평균 소득을 넘어섰다.
ㄴ. 그러나 미국은 사실 그러한 분야에서는 다른 산업 국가들에 비해 특별한 우위를 갖고 있지 않았다.
ㄷ. 미국 이주민들의 평균 소득이 높아지게 된 배경에는 좋은 환경으로부터 비롯된 낙관성과 자신감이 있었다. 이후로도 다소 불안정하기는 했지만 미국인들의 소득은 계속해서 크게 증가했다.
ㄹ. 대부분의 미국인들은 남북 전쟁 이후 급속히 경제가 성장한 이유를 농업적 환경뿐만 아니라 19세기의 과학적, 기술적 대전환, 기업가 정신과 규제가 없는 시장 경제 때문이라고 단순하게 생각하는 경향이 있다.
ㅁ. 미국인들이 이처럼 초기 정착기에 풍요로움을 누릴 수 있었던 것은 비옥한 토지, 풍부한 천연자원, 흑인 노동력에 힘입은 농산물 수출 덕분이었다.

① ㄱ - ㄷ - ㅁ - ㄹ - ㄴ
② ㄱ - ㄹ - ㄷ - ㄴ - ㅁ
③ ㄹ - ㄴ - ㅁ - ㄱ - ㄷ
④ ㄹ - ㅁ - ㄴ - ㄷ - ㄱ

153 〈보기〉의 지문은 설명문의 일종이다. 두괄식 설명문으로 구성하고자 할 때 논리적 전개에 가장 부합하게 배열한 것은? 2019. 2월 서울시 9급

보기

㉠ 문장을 구성하는 기본적인 언어 단위를 어절이라 한다. 띄어 쓴 문장 성분을 각각 어절이라고 하는데, 하나의 어절이 하나의 문장 성분이 되는 것은 문장 구성의 기본적인 성질이다.

㉡ 문장은 인간의 생각을 완결된 형태로 담을 수 있는 언어 단위이다. 문장은 일정한 구성 성분으로 이루어지는데, 맥락을 통해서 알 수 있을 경우에는 문장 성분을 생략할 수도 있다.

㉢ 띄어 쓴 어절이 몇 개 모여서 하나의 문장 성분이 되는 경우가 있다. '그 남자가 아주 멋지다.'라는 문장에서 '그 남자가'와 '아주 멋지다'는 각각 두 어절로 이루어져서 주어와 서술어 역할을 하고 있다.

㉣ 두 개 이상의 어절이 모여서 하나의 문장 성분을 이룬 것을 구(句)라고 한다. 절은 주어와 서술어를 갖고 있다는 점에서 구와 구별되지만, 독립적으로 사용되지 못한다는 점에서 문장과 구별된다.

① ㉠ – ㉡ – ㉣ – ㉢
② ㉠ – ㉣ – ㉢ – ㉡
③ ㉡ – ㉠ – ㉢ – ㉣
④ ㉡ – ㉢ – ㉠ – ㉣

154 내용의 전개에 따라 바르게 배열한 것은? 2017 국가직 9급

(가) 사물은 저것 아닌 것이 없고, 또 이것 아닌 것이 없다. 이쪽에서 보면 모두가 저것, 저쪽에서 보면 모두가 이것이다.

(나) 그러므로 저것은 이것에서 생겨나고, 이것 또한 저것에서 비롯된다고 한다. 이것과 저것은 저 혜시(惠施)가 말하는 방생(方生)의 설이다.

(다) 그래서 성인(聖人)은 이런 상대적인 방법에 의하지 않고, 그것을 절대적인 자연의 조명(照明)에 비추어 본다. 그리고 커다란 긍정에 의존한다. 거기서는 이것이 저것이고 저것 또한 이것이다. 또 저것도 하나의 시비(是非)이고 이것도 하나의 시비이다. 과연 저것과 이것이 있다는 말인가. 과연 저것과 이것이 없다는 말인가.

(라) 그러나 그, 즉 혜시(惠施)도 말하듯이 삶이 있으면 반드시 죽음이 있고, 죽음이 있으면 반드시 삶이 있다. 역시 된다가 있으면 안 된다가 있고, 안 된다가 있으면 된다가 있다. 옳다에 의거하면 옳지 않다에 기대는 셈이 되고, 옳지 않다에 의거하면 옳다에 의지하는 셈이 된다.

① (가) – (나) – (다) – (라)
② (가) – (나) – (라) – (다)
③ (가) – (다) – (나) – (라)
④ (가) – (라) – (나) – (다)

155 다음 글의 전개 순서로 가장 자연스러운 것은?

2018 지방직 9급

> (가) 생명체들은 본성적으로 감각을 갖고 태어나지만, 그들 가운데 일부의 경우에는 감각으로부터 기억이 생겨나지 않는 반면 일부의 경우에는 생겨난다. 그리고 그 때문에 후자의 경우에 해당하는 생명체들은 기억 능력이 없는 것들보다 분별력과 학습력이 더 뛰어난데, 그중 소리를 듣는 능력이 없는 것들은 분별은 하지만 배움을 얻지는 못하고, 기억에 덧붙여 청각 능력이 있는 것들은 배움을 얻는다.
>
> (나) 앞에서 말했듯이, 유경험자는 어떤 종류의 것이든 감각을 가지고 있는 사람들보다 더 지혜롭고, 기술자는 유경험자들보다 더 지혜로우며, 이론적인 지식들은 실천적인 것들보다 더 지혜롭다는 것이 일반적인 견해이다. 그러므로 지혜는 어떤 원리들과 원인들에 대한 학문적인 인식임이 분명하다.
>
> (다) 하지만 발견된 다양한 기술 가운데 어떤 것들은 필요 때문에, 어떤 것들은 여가의 삶을 위해서 있으니, 우리는 언제나 후자의 기술들을 발견한 사람들이 전자의 기술들을 발견한 사람들보다 더 지혜롭다고 생각한다. 그 이유는 그들이 가진 여러 가지 인식은 유용한 쓰임을 위한 것이 아니기 때문이다. 그러므로 그런 종류의 모든 발견이 이미 이루어지고 난 뒤, 여가의 즐거움이나 필요, 그 어느 것에도 매이지 않는 학문들이 발견되었으니, 그 일은 사람들이 여가를 누렸던 여러 곳에서 가장 먼저 일어났다. 그러므로 이집트 지역에서 수학적인 기술들이 맨 처음 자리 잡았으니, 그곳에서는 제사장(祭司長) 가문이 여가의 삶을 허락받았기 때문이다.
>
> (라) 인간 종족은 기술과 추론을 이용해서 살아간다. 인간의 경우에는 기억으로부터 경험이 생겨나는데, 그 까닭은 같은 일에 대한 여러 차례의 기억은 하나의 경험 능력을 만들어 내기 때문이다. 그리고 경험은 학문적인 인식이나 기술과 거의 비슷해 보이지만, 사실 학문적인 인식과 기술은 경험의 결과로서 사람들에게 생겨나는 것이다. 그 까닭은 폴로스가 말하듯 경험은 기술을 만들어 내지만, 무경험은 우연적 결과를 낳기 때문이다. 기술은, 경험을 통해 안에 쌓인 여러 관념들로부터 비슷한 것들에 대해 하나의 일반적인 관념이 생겨날 때 생긴다.

① (가) – (다) – (나) – (라)
② (가) – (다) – (라) – (나)
③ (가) – (라) – (나) – (다)
④ (가) – (라) – (다) – (나)

156 다음 글의 전개 순서로 가장 자연스러운 것은?

2018 지방직 7급

> (가) 미술 작품에 등장하는 동물은 그 성격에 따라 나누어 보면 종교적·주술적인 동물, 신을 위한 동물, 인간을 위한 동물로 구분할 수 있다. 물론 이 구분은 엄격한 것이 아니므로 서로의 개념을 넘나들기도 하며, 여러 뜻을 동시에 갖기도 한다.
>
> (나) 인류가 남긴 수많은 미술 작품을 살펴보다 보면 다양한 동물들이 등장하고 있음을 알 수 있다. 미술 작품 속에 등장하는 동물에는 일상에서 흔히 접할 수 있는 개나 고양이, 꾀꼬리 등도 있지만 해태나 봉황 등 인간의 상상에서 나온 동물도 적지 않음을 알 수 있다.
>
> (다) 종교적·주술적인 성격의 동물은 가장 오랜 연원을 가진 것으로, 사냥 미술가들의 미술에 등장하거나 신앙을 목적으로 형성된 토템 등에서 확인할 수 있다. 여기에 등장하는 동물들은 대개 초자연적인 강대한 힘을 가지고 인간 세계를 지배하거나 수호하는 신적인 존재이다. 인간의 이지가 발달함에 따라 이들의 신적인 기능은 점차 감소되어, 결국 이들은 인간에게 봉사하는 존재로 전락하고 만다.
>
> (라) 동물은 절대적인 힘을 가진 신의 위엄을 뒷받침하고 신을 도와 치세(治世)의 일부를 분담하기 위해 이용되기도 한다. 이 동물들 역시 현실 이상의 힘을 가지며 신성시되는 것이 보통이지만, 이는 어디까지나 신의 권위를 강조하기 위한 것에 지나지 않는다. 이들은 신에게 봉사하기 위해서 많은 동물 중에서 특별히 선택된 것들이다. 그리하여 그 신분에 알맞은 모습으로 조형화되었다.

① (가) – (나) – (라) – (다)
② (가) – (다) – (나) – (라)
③ (나) – (가) – (다) – (라)
④ (나) – (다) – (라) – (가)

157 문맥에 따른 배열로 가장 적절한 것은?

2017 지방직(하) 9급

(가) 그러나 사람들은 소유에서 오는 행복은 소중히 여기면서 정신적 창조와 인격적 성장에서 오는 행복은 모르고 사는 경우가 많다.
(나) 소유에서 오는 행복은 낮은 차원의 것이지만 성장과 창조적 활동에서 얻는 행복은 비교할 수 없이 고상한 것이다.
(다) 부자가 되어야 행복해진다고 생각하는 사람은 스스로 부자라고 만족할 때까지는 행복해지지 못한다.
(라) 하지만 최소한의 경제적 여건에 자족하면서 정신적 창조와 인격적 성장을 꾀하는 사람은 얼마든지 차원 높은 행복을 누릴 수 있다.
(마) 자기보다 더 큰 부자가 있다고 생각될 때는 여전히 불만과 불행에 사로잡히기 때문이다.

① (나) – (라) – (가) – (다) – (마)
② (나) – (가) – (마) – (라) – (다)
③ (다) – (마) – (라) – (나) – (가)
④ (다) – (라) – (마) – (가) – (나)

158 다음 글의 전개 순서로 가장 자연스러운 것은?

2015 지방직 9급

(가) 21세기 인류의 운명은 과학 기술 체계에 부여된 힘이 어떻게 사용되는가에 따라서 좌우될 것이다. 기술 공학에 의해 새로운 유토피아가 도래할 것이라는 소박하고 성급한 희망과, 기술이 인간을 대신해서 역사의 주체로 등극하리라는 허무주의적인 전망이 서로 엇갈리는 기로에 우리는 서 있다. 기술 공학적 질서의 본질과 영향력을 고려하지 않은 모든 문화론은 공허할 수밖에 없다.
(나) 그러나 모든 생산 체제가 중앙 집중적인 기업 문화를 포기할 수는 없으며, 기업 문화의 전환은 어디까지나 조직의 자기 보존, 생산의 효율성, 이윤의 극대화 등을 달성하기 위한 것이다. 또 무엇보다 기업 내부의 문화적 전환을 떠나서 환경이나 자원, 에너지 등의 범사회적인 문제들이 심각해질수록 사람들은 기술 공학의 마술적 힘에 매달리고, 그러한 위기들을 중앙 집중적 권력에 의해 효과적으로 통제·관리하는 기술 사회에 대한 유혹을 강하게 느낄 것이다.
(다) 기술적 질서는 자연은 물론 인간들의 삶의 방식에도 심층적인 변화를 초래했다. 관리 사회로의 이행이나 노동 과정의 자동화 등은 사회 공학적 기술이 정치 부문과 생산에 적용된 대표적인 사례들이다. 물론 기술 사회가 반드시 획일화된 관리 사회나 중앙 집권적 기업 문화로만 대표되지는 않는다. 소프트웨어 중심의 컴퓨터 산업이나 초전도체 산업 등 고도 기술 사회의 일부 산업 분야는 중앙 집권적 기업 문화를 지양하고 자율성과 개방성을 특징으로 지니는 유연한 체제를 채택할 것이라는 견해가 상당히 유력하다.
(라) 생활 세계의 질서를 좌우하고 경제적 행위의 목적으로 자리 잡은 기술은 더 이상 상품의 부가 가치를 높여 주는 생산 수단만으로 이해되지 않는다. 기술의 체계는 이제 여러 연관된 기술들과 기술적 지식들에 의해서 구성된 유기적인 앙상블로 기능하는 것이다. 기술은 그 자체의 질서와 역동성을 지니는 체계이며 유사 주체로서의 양상을 보이기 때문이다.

① (가) – (나) – (다) – (라)
② (가) – (나) – (라) – (다)
③ (가) – (다) – (나) – (라)
④ (가) – (라) – (다) – (나)

159 다음 문장들을 미괄식 문단으로 구성하고자 할 때 문맥상 전개 순서로 가장 옳은 것은? 2015 서울시 9급

ㄱ. 숨 쉬고 마시는 공기와 물은 이미 심각한 수준으로 오염된 경우가 많고, 자원의 고갈, 생태계의 파괴는 더 이상 방치할 수 없는 지경에 이르고 있다.
ㄴ. 현대인들은 과학 기술이 제공하는 물질적 풍요와 생활의 편리함의 혜택 속에서 인류의 미래를 낙관적으로 전망하기도 한다.
ㄷ. 자연 환경의 파괴뿐만 아니라 다양한 갈등으로 인한 전쟁의 발발 가능성은 도처에서 높아지고 있어서, 핵전쟁이라도 터진다면 인류의 생존은 불가능해질 수도 있다.
ㄹ. 이런 위기들이 현대 과학 기술과 밀접한 관계가 있다는 사실을 알게 되는 순간, 과학 기술에 대한 지나친 낙관적 전망이 얼마나 위험한 것인가를 깨닫게 된다.
ㅁ. 오늘날 주변을 돌아보면 낙관적인 미래 전망이 얼마나 가벼운 것인지를 깨닫게 해 주는 심각한 현상들을 쉽게 찾아볼 수 있다.

① ㄱ – ㄷ – ㅁ – ㄹ – ㄴ
② ㄴ – ㄹ – ㅁ – ㄱ – ㄷ
③ ㄴ – ㅁ – ㄱ – ㄷ – ㄹ
④ ㅁ – ㄹ – ㄱ – ㄷ – ㄴ

160 다음 글의 전개 순서로 가장 자연스러운 것은?

(가) 그동안 학교와 학생회에서는 이런 문제를 해결하기 위해 다양한 규제 방안을 시행해 왔지만 그 효과는 미미했습니다. 그래서 이러한 규제 방안에만 의존하기보다는 LOUD(Look Our society Upgrade Daily life) 캠페인을 활용할 것을 건의합니다.
(나) 우리가 함께 학교에서 생활하다 보면 여러 가지 문제가 발생합니다. 예를 들어, 몸이 불편한 사람들을 위한 승강기를 무분별하게 이용하거나, 분리배출을 제대로 하지 않는 일 등이 바로 그런 문제들입니다.
(다) 이러한 LOUD 캠페인의 구체적인 방법에는 여러 가지가 있는데 이 중 대표적인 두 가지 방법을 소개하고자 합니다. 첫째, 문제가 발생하는 현장을 캠페인 장소로 선정하는 것입니다. 평소에는 그다지 관심을 가지지 않았던 공공의 문제를 그것이 발생하는 현장에서 직접 접하게 함으로써 더욱 분명하게 인식시키려는 방법입니다. 둘째, 단순한 문자나 이미지를 활용하는 것입니다. 이는 불필요한 정보를 제외하여 문제의 본질을 쉽고 분명하게 인식시키려는 방법입니다.
(라) LOUD 캠페인이란, 작은 아이디어로 공공의 문제에 대해 긍정적인 변화를 이끌어 내는 문제 해결 활동입니다. LOUD 캠페인의 밑바탕에는 대중을 규제나 지도의 대상으로 보는 것이 아니라 소통과 공감의 대상으로 보아야 한다는 철학이 깔려 있습니다. 이런 철학을 바탕으로 LOUD 캠페인은 대규모 행사와 같은 거창한 방식이 아니라 홍보물 부착과 같이 손쉽게 실천할 수 있는 방식으로 이루어집니다. 이와 같은 방식으로 대중에게 쉽게 다가갈 수 있는 LOUD 캠페인은 대중의 공감을 이끌어 내고 자발적 실천을 유도할 수 있으며, 더 나아가 시민 의식의 성장과 시민 주도적 소통 문화의 형성에도 기여할 수 있습니다.

① (가) – (나) – (라) – (다)
② (가) – (라) – (나) – (다)
③ (나) – (가) – (라) – (다)
④ (나) – (라) – (다) – (가)

161 다음 글을 내용 전개에 따라 바르게 배열한 것은?

(가) 최근 미국의 한 대학 총장이 "여성은 선천적으로 수학과 과학 능력이 떨어진다."라고 발언했다가 거센 반발을 샀다. 이처럼 일부 사람들은 아직도 남녀 사이의 특성 차이를 거론한다. 지능 지수의 평균 점수는 차이가 없지만, 검사 결과를 유형별로 분석해 보면 의미 있는 차이가 있다는 것이다. 그들은 여성은 언어적 능력에서, 남성은 수학적 능력과 공간 지각 능력에서 우수하다는 증거들을 제시한다. 그리고 지적인 능력은 아니지만 공격성이라는 특성에서도 성차(性差)가 나타난다고 생각한다.

(나) 그러나 적어도 평등의 문제와 관련해서는 성차에 대한 유전적 설명이 옳은가, 환경적 설명이 옳은가를 따지는 것은 중요하지 않다. 그 대신 이런 설명들이 평등이라는 이상에 대하여 어떤 의미를 가지고 있느냐가 중요한 문제이다. 만약 유전적 설명이 그른 것으로 드러난다면 성차에 근거한 차별은 부당하다고 볼 수 있다. 반면에 유전적 설명이 옳다고 하더라도 이것이 남녀 간의 차별을 옹호하고 평등의 원칙을 거부하는 근거라고 단정할 수는 없다. 물론 유전적 설명이 옳다고 가정한다고 해서 그것이 사실이라고 믿는 것은 아니다. 유전적 설명이 차별을 정당화한다는 이유로 그 시도 자체에 반대할 경우, 뜻밖에도 유전적 증거들이 확인된다면 아주 당황하게 될 것이다. 그래서 유전적 설명이 옳다고 가정해서 그 의미를 검토해 보는 것이다.

(다) 우리가 사람들을 제대로 이해하기 위해서는 그들을 '남성'이나 '여성'이라고 한 덩어리로 뭉뚱그려서는 안 된다. 우리는 그들 각각을 하나의 개별체로 보고 접근해야 한다. 성차가 유전적으로 존재한다는 과학적인 근거가 입증된다고 해도 그렇다. 하물며 단순히 편견에 의존해서 집단 간에 차이를 부여하는 경우는 더 말할 나위가 없다.

(라) 남녀 간에 성차가 존재한다고 보는 이들은 그 원인을 환경적 요인이나 유전적 요인으로 설명한다. 유전적 설명에서는 남녀가 몇 가지 특성에서 차이를 보이는 것은 유전적인 요인 때문이라고 주장한다. 반면에 환경적 설명에서는 성차가 사회적·교육적 환경 때문에 생긴다고 주장하면서 유전적인 설명 자체에 강하게 반발한다.

(마) 성차의 원인이 무엇이든 간에 차이는 오직 평균적으로 존재할 뿐이다. 남성의 공간 지각 능력의 우월성을 설명하기 위해 제시된 유전적 가설까지도 여성이 남성의 절반보다 공간 지각 능력이 더 뛰어날 것이라고 설명하고 있다. 실제로 주변에서 남성보다 공간 지각 능력이 뛰어난 여성을 쉽게 찾아볼 수 있다. 그러므로 유전적 설명이 맞든 안 맞든 간에, 너는 여자니까 엔지니어가 될 수 없다든지 너는 남자니까 아기를 돌볼 수 없다든지 하는 단정을 해서는 안 된다.

① (가) – (나) – (라) – (마) – (다)
② (가) – (라) – (나) – (마) – (다)
③ (가) – (라) – (마) – (나) – (다)
④ (가) – (마) – (나) – (라) – (다)

162 ㉠~㉣ 중 <보기>의 내용이 들어가기에 적절한 곳은?

| 보기 |

일반적으로 개고기를 먹는 데 혐오감을 나타내는 민족들은 이와 같은 서유럽의 나라이다. 그들은 쇠고기와 돼지고기를 즐겨 먹는다.

우리나라는 전통적으로 농경 생활을 해 왔다. 이런 이유로 우리나라에서 소는 경작을 위한 중요한 필수품이지 식용 동물로 생각할 수가 없었으며, 단백질 섭취 수단으로 동네에 돌아다니는 개가 선택되었다. (㉠) 프랑스 등 유럽의 여러 나라에서도 우리처럼 농경 생활을 했음에 틀림없지만 그들은 오랜 기간 수렵을 했기 때문에 개가 우리의 소처럼 중요한 동물이 되었고 당연히 수렵한 결과인 소 등을 통해 단백질을 섭취했다. (㉡) 그러나 식생활 문화를 달리하는 힌두교도들은 쇠고기를 먹는 서유럽 사람들에게 혐오감을 느낄 것이다. (㉢) 또 이슬람교도나 유대교도들도 서유럽에서 돼지고기를 먹는 식생활에 대해 거부감을 느낄 것이다. (㉣)

① ㉠ ② ㉡
③ ㉢ ④ ㉣

163 다음 글의 전개 순서로 가장 적절한 것은?

(가) 많은 경제학자들은 제도의 발달이 경제 성장의 중요한 원인이라고 생각해 왔다. 예를 들어 재산권 제도가 발달하면 투자나 혁신에 대한 보상이 잘 이루어져 경제 성장에 도움이 된다는 것이다. 그러나 이를 입증하기는 쉽지 않다. 제도의 발달 수준과 소득 수준 사이에 상관관계가 있다 하더라도, 제도는 경제 성장에 영향을 줄 수도 있지만 경제 성장으로부터 영향을 받을 수도 있으므로 그 인과 관계를 판단하기 어렵기 때문이다.

(나) 제도를 중시하는 경제학자들은, 지리적 조건이 직접적인 원인이라면 경제 성장에 더 유리한 지리적 조건을 가진 나라가 예나 지금이나 소득 수준이 더 높아야 하지만 그렇지 않은 사례가 많다는 사실에 주목하였다. 이들은 '지리적 조건과 소득 수준 사이의 상관관계'와 함께 이러한 소득 수준의 역전 현상을 동시에 설명하려면, 제도가 경제 성장의 직접적인 원인이고 지리적 조건은 제도의 발달 방향에 영향을 주는 간접적인 경로를 통해 경제 성장과 관계를 맺는 것으로 보아야 한다고 주장한다. 다시 말해 지리적 조건은 지금의 경제 성장의 직접적인 원인이 아니라는 것이다. 오히려 지리적 조건은 과거에 더 잘살던 지역에서는 경제 성장에 불리한 방향으로, 더 못살던 지역에서는 유리한 방향으로 제도가 발달하게 된 '제도의 역전'이라는 역사적 과정에 영향을 끼쳤다는 것이다.

(다) 그런데 최근에 각국의 소득 수준이 위도나 기후 등의 지리적 조건과 밀접한 상관관계를 가진다는 통계적 증거들이 제시되었다. 제도와 달리 지리적 조건은 소득 수준의 영향을 받지 않는다. 이 때문에 지리적 조건이 사람들의 건강이나 생산성 등과 같은 직접적인 경로를 통해 경제 성장에 영향을 끼친다는 해석이 설득력을 얻게 되었다.

(라) 이제 지리적 조건의 직접적인 영향을 강조하는 학자들도 간접적인 경로의 존재를 인정하게 되었다. 하지만 직접적인 경로가 경제 성장에서 더욱 중요하고 지속적인 영향을 끼친다는 입장에는 변함이 없다.

① (가) – (나) – (다) – (라)
② (가) – (나) – (라) – (다)
③ (가) – (다) – (나) – (라)
④ (가) – (다) – (라) – (나)

164 〈보기〉의 ㉠~㉢을 괄호 안에 들어갈 순서대로 바르게 배열한 것은?

보기

㉠ 그 결과, 한국 대학생들은 약 37%의 요인들만 그 사건과 관계없는 요인으로 판단했으나, 미국 대학생들은 55%에 이르는 요인들이 그 사건과 관계없다고 판단했다.
㉡ 동양계 미국인 참가자들은 한국인과 미국인의 중간 정도에 해당하는 반응을 보였다.
㉢ 연구팀은 미국과 한국의 대학생들에게 어떤 사건을 간단히 요약하여 기술하고, 총 100여 개에 달하는 요인들을 제시해 준 다음 각 요인이 그 사건과 관련이 있는지 없는지 선택하게 했다.

서양인들은 동양인들에 비해 세상을 '덜 복잡한 곳'으로 파악하기 때문에 적은 수의 요인들만으로도 세상을 이해할 수 있다고 믿는다.

(   )

연구팀은 '어떤 요인이 어떤 사건과 관계없다고 판단 내리기를 꺼리는 경향', 다시 말해 무수히 많은 요인들이 어떤 사건에 관련되어 있다고 믿는 경향이 종합주의적 사고와 관련이 있음을 발견했다.

① ㉠ – ㉡ – ㉢
② ㉡ – ㉢ – ㉠
③ ㉢ – ㉠ – ㉡
④ ㉢ – ㉡ – ㉠

165 **다음 글의 전개 순서로 가장 자연스러운 것은?**

글을 읽으려면 글자 읽기, 요약, 추론 등의 읽기 기능, 어휘력, 읽기 흥미나 동기 등이 필요하다. 글 읽는 능력이 발달하려면 읽기에 필요한 이러한 요소를 잘 갖추어야 한다.

(가) 이렇게 읽기 요소를 잘 갖춘 독자는 점점 더 잘 읽게 되어 그렇지 않은 독자와의 차이가 갈수록 커지게 되는데, 이를 매튜 효과로 설명하기도 한다. 매튜 효과란 사회적 명성이나 물질적 자산이 많을수록 그로 인해 더 많이 가지게 되고, 그 결과 그렇지 않은 사람과의 차이가 점점 커지는 현상을 일컫는다. 이는 주로 사회학에서 사용되었으나 읽기에도 적용된다.

(나) 그럼에도 불구하고 읽기를 매튜 효과로 설명하는 연구는 단순히 지능의 차이에 따라 글 읽는 능력이 달라진다고 보던 관점에서 벗어나, 읽기 요소들이 글을 잘 읽도록 하는 중요한 동력임을 인식하게 하는 계기가 되었다.

(다) 읽기 요소들 중 어휘력 발달에 관한 연구들에서는, 학년이 올라감에 따라 어휘력이 높은 학생들과 어휘력이 낮은 학생들 간의 어휘력 격차가 점점 더 커짐이 보고되었다. 여기서 어휘력 격차는 읽기의 양과 관련된다. 즉, 어휘력이 높으면 이를 바탕으로 점점 더 많이 읽게 되고, 많이 읽을수록 글 속의 어휘를 습득할 기회가 많아지며, 이것이 다시 어휘력을 높인다는 것이다. 반대로, 어휘력이 부족하면 읽는 양도 적어지고 어휘 습득의 기회도 줄어 다시 어휘력이 상대적으로 부족하게 됨으로써, 나중에는 커져 버린 격차를 극복하는 데에 많은 노력이 필요하게 된다.

(라) 그러나 글 읽는 능력을 매튜 효과로만 설명하는 데에는 문제가 있다. 우선, 읽기와 관련된 요소들에서 매튜 효과가 항상 나타나는 것은 아니다. 인지나 정서의 발달은 개인마다 다르며, 한 개인 안에서도 그 속도는 시기마다 다르기 때문이다. 예컨대 읽기 흥미나 동기의 경우, 어릴 때는 상승 곡선을 그리며 발달하다가 어느 시기부터 떨어지기도 한다. 또한 읽기 요소들은 상호 간에 영향을 미쳐 매튜 효과와 다른 결과를 낳기도 한다. 가령 읽기 기능이 부족한 독자라 하더라도 읽기 흥미나 동기가 높은 경우 이것이 읽기 기능의 발달을 견인할 수 있다.

① (가) – (나) – (다) – (라)
② (가) – (다) – (나) – (라)
③ (다) – (가) – (라) – (나)
④ (라) – (다) – (가) – (나)

166 **다음 글의 전개 순서로 올바른 것은?**

(가) '만족 모형'은 합리 모형이 전제하는 상황은 오지 않기 때문에 최적 수준의 결정보다는 만족할 만한 수준에서의 결정을 강조한다.

(나) 충분한 시간, 예산, 정보 등이 의사 결정자들에게 주어지면 모든 가능한 대안을 검토할 수 있으므로 합리적으로 결정할 수 있다는 것이다.

(다) 어떤 결정을 하든지 능률적인 방향으로 자원을 배분할 수 있는 시장의 역할을 기대하는 것이다.

(라) '합리 모형'은 정책 목표와 수단 사이에 존재하는 인과 관계의 적절성 등을 확보하여 딜레마 상황에서 최적의 대안을 선택할 수 있다고 설명한다.

(마) 선택 상황에 놓인 의사 결정자들의 신속한 결정은 그 결정의 도덕적 속성이나 논리적 속성과는 무관하게 정책 결정의 불확실성을 제거하여 사회에 긍정적으로 작용한다고 본다.

① (가) – (마) – (라) – (나) – (다)
② (나) – (라) – (가) – (마) – (다)
③ (다) – (라) – (나) – (가) – (마)
④ (라) – (나) – (가) – (마) – (다)

167 다음 글의 순서로 올바른 것은?

(가) 폴리스가 형성되기 전의 고대 그리스에서 절대적 존재는 각 개체에게 미지(未知)의 대상이었다. 그러나 폴리스가 형성된 후의 서양 철학에서는 이 절대적 존재에 대해 규명을 시도하기 시작했다. 이성의 힘을 통해 절대적 존재의 본질이 무엇인지를 밝혀 수직적 모순과 수평적 모순을 동시에 해결하고자 한 것이다. 서양 철학에서는 절대적 존재의 본질에 해당하는 보편적 원리를 밝히면 이를 통해 개체들의 다름을 아우르는 보편적인 동일성을 찾을 수 있다고 보았다. 그리하여 모든 개체들이 모순이 없는 체계 속의 정당한 구성 요소들로 규정됨으로써 개체의 정체성 또한 확보할 수 있다고 본 것이다. 그런데 보편적 원리가 무엇인가에 대한 개체들의 이해는 서로 다를 수 있다. 따라서 서양 철학에서는 절대적 존재의 본질이 무엇인가를 놓고 논리적 정당화의 과정을 통해 다투는 방식인 '쟁론'이 중요해졌다.

(나) 이 두 방식은 실존적 불안에 대처하는 방법과 해결의 과정이 모두 다르지만 인간이 그 모순을 해결할 수 있다고 보았다는 점에서 근본적으로 유사하다. 그러나 전자는 불안을 해소하기 위해 절대적 존재가 무엇인지에 대해 개체가 끝없이 답을 내려도 그것이 절대적 존재에 대한 개체 나름의 해석에 불과하다는 한계를 벗어나기 어렵다. 후자는 불안을 해소하기 위해 절대적 존재와의 관계를 외면하고 집단 내에서 개체 간의 모순을 해결하는 데에만 집중한다는 점에서 부분적인 해결에 불과하다는 한계를 가진다. 이 두 방식은 도시 문명이 본격화되며 성곽 안의 공간에서 완벽한 지배 질서를 모색하기 시작한 시기에 고안된 인간 중심적인 방식이다.

(다) 인간은 자신의 의사와 관계없이 하나의 개체로 존재하다가 어디로 향하는지도 모르는 채 소멸되어 버리는 운명에 처해 있다. 인간이 처해 있는 이 실존적인 불안은 세상의 모든 개체들이 다른 모든 개체들과 수평적 모순 관계 속에, 그리고 개체의 존재와 소멸을 주관하는 미지의 절대적 존재와 수직적 모순 관계 속에 놓여 있기 때문이라고 말할 수 있다. 여기서 '수평적 모순'은 개체들 간의 다름에서 비롯되는 갈등을 뜻하며, '수직적 모순'은 절대적 존재가 개체에게 늘 알 수 없음으로 남아있어 비롯되는 갈등을 뜻한다. 이 실존적 불안에 인간은 어떻게 대처해 왔는가.

(라) 중국 상고 시대의 경우에도 인간의 삶을 주관하는 절대적 존재는 미지의 대상이었다. 그런데 춘추 시대 이후 공자의 사상을 계승한 학자들의 관심은 절대적 존재와의 수직적 관계로부터 인간과 다른 인간들과의 수평적 관계인 인아(人我) 관계로 이동해 갔다. 그들은 절대적 존재와의 관계를 규명하는 것을 불필요하다고 판단해 외면하였고 다툼을 일으키는 수평적 개체들끼리 서로 조화를 이룰 수 있는 방법을 찾는 것에 집중했다. 그들은 집단에서 공유할 수 있는 인(仁) 또는 예(禮)와 같은 구체적인 도덕적 가치를 마련함으로써 각 개체 간의 갈등을 해소할 수 있도록 했다. 이는 개체보다 집단의 질서를 우선시하여 그 집단의 가치를 자신의 정체성으로 삼는 것이다. 따라서 그들에게는 한 집단에서 조화를 이루고 질서를 유지하기 위해 도덕적 가치에 따르며 자신을 드러내기를 삼가는 방식인 '상보'가 중요해졌다.

① (가)－(나)－(라)－(다)
② (다)－(나)－(가)－(라)
③ (다)－(가)－(라)－(나)
④ (라)－(다)－(가)－(나)

168 다음 〈보기〉 이후의 순서를 올바르게 배열한 것은?

보기

식물의 품종이란 같은 종류의 식물을 고유한 특징에 따라 나눈 것을 말한다. 예를 들어 딸기의 품종에는 과실이 단단하고 저장성이 좋은 매향, 수확기가 이르고 키우기 쉬운 설향, 당도가 높고 기형과실의 발생이 적은 죽향 등이 있다. 품종의 개량은 이전 품종이 가진 단점을 보완하거나 장점을 더욱 부각하는 방향으로 이루어지는데, 품종의 개량이 판매 증대로 이어지면 큰 부가가치를 창출할 수 있다.

(가) 해당 품종이 품종보호 요건을 모두 충족한다고 판단하였다면, 육성자는 품종의 명칭, 품종의 육성 과정에 대한 설명, 품종의 종자 시료 등을 포함한 출원 서류를 작성하여 담당 기관에 제출하여야 한다. 재외자(在外者)*가 품종을 개량하고 자신이 거주하고 있는 나라와 우리나라 모두에서 품종보호권을 얻고 싶다면 두 나라에 각각 품종보호를 출원해야 한다. 재외자인 육성자가 자신이 거주하는 나라에 최초로 품종보호를 출원한 다음 날부터 1년 이내에 우리나라에 품종보호를 출원하는 경우, 품종보호 출원일의 적용은 우리나라에 출원한 날이 아니라 최초의 출원일을 품종보호 출원일로 인정한다.

(나) 만약 육성자가 자신이 개량한 식물의 품종보호권을 얻고 싶다면 먼저 해당 품종이 품종보호 요건을 충족하고 있는지를 검토하여야 하는데, 그 요건에는 크게 신규성, 구별성, 안정성 등이 있다. '신규성'은 해당 품종이 품종보호 출원일 이전의 일정 기간에 상업적 이용이 없을 때만 인정된다. 과수나 임목의 종자나 수확물은 국내에서 1년 이상 국외에서 6년 이상일 경우에 인정되며, 그 이외의 식물의 종자나 수확물은 국내에서 1년 이상 국외에서 4년 이상일 경우에 인정된다. '구별성'은 기존에 품종보호권이 설정된 품종이나 현재 시중에 유통 중인 품종과 확연하게 구별되는 점이 있을 경우에 인정된다. '안정성'은 반복적으로 증식된 후에도 품종의 특성이 변하지 아니할 경우에 인정된다.

(다) 그러나 오랜 노력과 경제적 비용을 들여 품종을 개량했는데, 다른 사람이 이를 무단으로 사용한다면 육성자*에게 적절한 보상이 이루어지지 않게 된다. 따라서 육성자의 지식 재산권을 보호하는 제도가 필요하다. 우리나라는 식물 신품종에 대한 지식 재산권을 보호하고, 육성자의 식물 품종 개량을 촉진하며, 우리나라 종자산업의 발전을 도모하기 위하여 '식물 신품종 보호법'을 실시하고 있다. 이 법에 따르면 열매의 수확을 목적으로 하는 과수, 산림 조성을 목적으로 하는 임목, 꽃의 관상을 목적으로 하는 화훼 등 모든 식물이 품종보호의 대상이 된다.

* 재외자: 외국에 살고 있는 우리나라 또는 외국 국적의 사람.
* 육성자: 어떤 식물이나 동물의 종을 개량하거나 새로운 품종을 개량하여 이용 가치를 더 높인 사람.

① (가)–(나)–(다)
② (가)–(다)–(나)
③ (나)–(다)–(가)
④ (다)–(나)–(가)

169 다음 글의 순서를 배열한 것으로 올바른 것은?

(가) 과거제는 여러 가지 사회적 효과를 가져왔는데, 특히 학습에 강력한 동기를 제공함으로써 교육의 확대와 지식의 보급에 크게 기여했다. 그 결과 통치에 참여할 능력을 갖춘 지식인 집단이 폭넓게 형성되었다. 시험에 필요한 고전과 유교 경전이 주가 되는 학습의 내용은 도덕적인 가치 기준에 대한 광범위한 공유를 이끌어 냈다. 또한 최종 단계까지 통과하지 못한 사람들에게도 국가가 여러 특권을 부여하고 그들이 지방 사회에 기여하도록 하여 경쟁적 선발 제도가 가져올 수 있는 부작용을 완화하고자 노력했다.

(나) 한국, 중국 등 동아시아 사회에서 오랫동안 유지되었던 과거제는 세습적 권리와 무관하게 능력주의적인 시험을 통해 관료를 선발하는 제도라는 점에서 합리성을 갖추고 있었다. 정부의 관직을 두고 정기적으로 시행되는 공개 시험인 과거제가 도입되어, 높은 지위를 얻기 위해서는 신분이나 추천보다 시험 성적이 더욱 중요해졌다.

(다) 동아시아에서 과거제가 천 년이 넘게 시행된 것은 과거제의 합리성이 사회적 안정에 기여했음을 보여 준다. 과거제는 왕조의 교체와 같은 변화에도 불구하고 동질적인 엘리트층의 연속성을 가져왔다. 그리고 이러한 연속성은 관료 선발 과정뿐 아니라 관료제에 기초한 통치의 안정성에도 기여했다.

(라) 명확하고 합리적인 기준에 따른 관료 선발 제도라는 공정성을 바탕으로 과거제는 보다 많은 사람들에게 사회적 지위 획득의 기회를 줌으로써 개방성을 제고하여 사회적 유동성 역시 증대시켰다. 응시 자격에 일부 제한이 있었다 하더라도, 비교적 공정한 제도였음은 부정하기 어렵다. 시험 과정에서 익명성의 확보를 위한 여러 가지 장치를 도입한 것도 공정성 강화를 위한 노력을 보여 준다.

① (가) – (다) – (나) – (라)
② (나) – (가) – (라) – (다)
③ (나) – (라) – (가) – (다)
④ (다) – (나) – (라) – (가)

개요 수정/완성

해설편 | 75p

170 ㉠~㉣에 들어갈 말로 적절하지 않은 것은?

2021 지방직(=서울시) 7급

제목: ○○ 청소기 관련 고객 만족도 제고 방안
Ⅰ. 고객 불만 현황
  1. [㉠]
  2. 인터넷 고객 문의 접수 및 처리 지연
Ⅱ. [㉡]
  1. 해외 공장에서 제작한 모터 품질 불량
  2. 인터넷 고객 지원 서비스 시스템의 잦은 오류
Ⅲ. [㉢]
  1. 동종 제품 전량 회수 후 수리 또는 신제품으로 교환
  2. 고객 지원 서비스 시스템 최신화 및 관리 인력 충원
Ⅳ. [㉣]
  1. 제품에 대한 고객 민원 해결 및 회사 이미지 제고
  2. 품질 결함 최소화를 위한 품질 관리 체계의 개선 방향

① ㉠: 소음 과다 및 흡입력 미흡
② ㉡: 고객 불만 발생의 원인
③ ㉢: 고객 지원 센터의 지원 인력 부족
④ ㉣: 기대 효과와 향후 과제

171 다음의 개요를 기초로 하여 글을 쓸 때, 주제문으로 가장 적절한 것은? 2017 지방직 9급

> 서론: 최근의 수출 실적 부진 현상
> 본론: 수출 경쟁력의 실태 분석
> 1. 가격 경쟁력 요인
> ㄱ. 제조 원가 상승
> ㄴ. 고금리
> ㄷ. 환율 불안정
> 2. 비가격 경쟁력 요인
> ㄱ. 기업의 연구 개발 소홀
> ㄴ. 품질 개선 부족
> ㄷ. 판매 후 서비스 부족
> ㄹ. 납기의 지연
> 결론: 분석 결과의 요약 및 수출 경쟁력 향상 방안 제시

① 정부가 수출 분야 산업을 적극 지원해야 한다.
② 내수 시장의 기반을 강화하는 데 역량을 모아야 한다.
③ 기업이 연구 개발비 투자를 늘리고 품질 향상에 많은 노력을 기울여야 한다.
④ 수출 경쟁력을 좌우하는 요인을 분석한 후 그에 맞는 방안을 마련해야 한다.

172 다음은 어떤 글의 개요이다. ㉠에 들어갈 내용으로 가장 적절한 것은?

> 제목: 바람직한 노사 관계란 무엇인가
> Ⅰ. 서론: 노사 관계의 의미
> Ⅱ. 본론
> 1. (㉠)
> (가) 노사 상호 간 이해 부족
> (나) 공정하지 못한 분배
> 2. 노사 관계 정립을 위한 방안
> (가) 노사 간의 상호 신뢰 구축
> (나) 근로자의 경영 참여 기회 확대
> Ⅲ. 결론: 이해와 분배의 공정성에 바탕을 둔 노사 관계 정리

① 노사 분쟁의 원인
② 노조 활동의 합법성
③ 노사 갈등이 미치는 영향
④ 사용자와 근로자의 신뢰 구축

문학 이론/비평 지문

해설편 | 75p

173 다음 글에 대한 설명으로 가장 적절한 것은?

> 삼월 삼짇날, 청명절 등에 부녀자들은 인근 산천을 찾아가 화전을 만들어 먹으면서 가사를 낭송하며 하루를 즐겼다. 화전가는 이때 지은 규방 가사로서 현장에서 창작되거나 집에 돌아간 후 지어지기도 했다. 때로는 남편이 지어 준 글을 가져 오거나 미리 지어 오기도 했다. 화전가는 문중에 소통되면서 문답 형식의 화전가를 낳기도 했는데, 이를 통해 사람들은 흥취를 공유하거나 가문의 결속을 다지기도 했다. 화전가는 일반적으로 다음과 같은 구성을 보인다. 봄의 찬미, 화전놀이 공론과 택일, 통문, 허락, 경비 추렴, 화전놀이 출발, 도착 후 화전놀이, 재회의 기약, 이별, 귀가와 발문이 이어진다. 그중 화전놀이의 내용으로는 '내칙' 같은 교양물을 읊는 풍월 놀이, 부녀자의 신세 한탄, 놀이에 대한 감흥 등을 들 수 있다.
>
> 일반적으로 화전가에는 화전놀이를 통한 상춘(賞春)의 흥취와 함께, 고달픈 삶을 살았던 여인들의 한스러운 심정과 현실의 굴레에서 하루만이라도 벗어나고 싶어했던 부녀자들의 염원이 잘 드러나 있다. 한편 화전가 중에서 독특한 구성으로 주목을 받는 「덴동어미 화전가」는 '외부 이야기' 안에 덴동어미의 일생담이 담긴 '내부 이야기'가 포함된 액자식 구성을 띤다. '외부 이야기'는 대체로 화전가의 일반적인 구성을 따르고, '내부 이야기'는 상부(喪夫)와 개가(改嫁)를 반복하는 비극적인 삶을 산 덴동어미의 이야기를 담고 있다.

① 실제 화전가 작품의 내용을 직접적으로 인용하고 있다.
② 화전가가 시대에 따라 어떻게 발전했는지에 대해 설명하고 있다.
③ 화전가의 구성을 구체적으로 나열하고 있다.
④ 화전가의 액자식 구성이 가지는 효과에 대해 설명하고 있다.

174 다음 글을 통해 알 수 있는 내용이 아닌 것은?

향가와 시조는 일반적으로 형식적 측면에서 전승 과정에 초점을 두고 두 갈래의 영향 관계를 설명한다. 시조의 기원에 대한 다양한 설 중, 10구체 향가에서 비롯하였으리라는 설에 바탕을 두고 설명하는 학자들은 초기의 4구체나 과도기 형태인 8구체가 아닌, 10구체를 향가 중에서 정제된 형식으로 본다. 10구체는 대개 '4구+4구+2구'의 형태로 시상을 전개하다가 낙구에 주제를 제시하며 시상을 마무리한다. 이러한 형태는 후대 평시조가 정제된 틀을 갖추게 된 데에 영향을 끼쳤는데, 특히 낙구의 감탄사는 시조의 종장 첫 구에 나타나는 감탄사에 영향을 미쳤으리라는 것이다. 향가의 감탄사와 시조 종장의 감탄사는 앞에 나온 내용을 정서적으로 고양시키거나 환기시켜 노래의 내용을 완결하는 효과가 있다.

이런 전승 과정을 거쳐 형성된 시조가 오늘날까지 창작될 수 있었던 것은, 간결한 형식에서 기인한 바가 크다고 할 수 있다. 이러한 평시조의 형식적 특징은 조선 후기에 접어들어 그 변화가 두드러지게 나타난다. 각 장 4음보의 정형성이 파괴되어 시조의 장형화가 이루어지고 사설시조가 출현하게 된다.

향가와 시조는 형식적 측면에서와는 달리 내용적 측면에서의 영향 관계를 설명하기는 어렵다. 10세기 말 무렵까지 창작됐던 향가는 현재까지 가사가 전해지는 것이 총 25수에 불과하고, 위홍과 대구화상이 간행했다는 향가집 삼대목도 현재 전해지지 않는다. 현재 전하는 작품들의 내용은 주로 불교적 신앙심을 바탕으로 한 것이 많지만, 추모(追慕), 축사(逐邪), 안민(安民), 연군(戀君) 등 다양하다.

반면, 고려 말에 발생하여 조선 시대에 들어 본격적으로 융성한 시조는 시조가 지니는 형식미 때문에 조선 전기 사대부들의 미의식과 정신세계를 표현하는 데 적합한 갈래로 자리 잡았다. 이 시기 시조의 주제는 유교적 이념과 자연에 대한 동경이었는데, 이는 조선 사대부들의 이상이기도 했다. 조선 후기 시조는 자기 자신에 대한 새로운 인식과 실학의 대두로 인하여 관념적이고 형식적인 경향에서 벗어났다. 그러면서 시조에는 새로운 인간성을 발견하고 다양한 현실적 삶을 표현하고자 하는 경향이 나타났다.

① 향가와 시조의 형식적 연관성
② 향가가 담고 있는 내용의 종류
③ 향가가 시조에 내용적으로 미친 영향
④ 조선 전기와 후기 시조의 차이

175 다음 글을 통해 알 수 있는 내용으로 가장 적절한 것은?

고전 소설에 널리 이용되어 온 '기이성(奇異性)'은 새롭고 낯선 것에서 느껴지는 성질로서, 당대 독자들의 호기심을 자극해 왔다. 기이성은 다양한 요소를 통해 형성되는데, 그중에서 가장 중요한 것이 비현실성이다. 비현실성은 현실에서는 도저히 일어날 수 없는 일이라고 여겨지는 초경험적이고 환상적인 것이기 때문에 기이성을 형성하는 데 아주 효과적이다. 또한 인물의 극단적인 성격이나 사건의 극적인 전개도 기이성을 형성하는 데 중요한 요소가 된다. 고전 소설에서는 아름다움, 추함, 선함, 악함, 효심, 충성심 등과 같은 인물의 성격이 극단적으로 나타나는 경우가 많으며, 또한 헤어짐에서 만남으로, 가난에서 부귀로, 위험에서 평온으로 등과 같이 사건의 전개가 극적으로 이루어지는 경우도 흔히 나타난다. 이외에 다른 나라를 배경으로 삼음으로써 나타나게 되는 이국정취 등도 기이성 형성의 한 요소가 된다. 이러한 요소들은 작품에서 복합적으로 작용하면서 기이성을 형성한다.

① 인물의 성격으로 기이성을 나타내기 위해서는 인물의 부정적 모습만을 극단적으로 나타내야 한다.
② 현실에서 쉽게 볼 수 있는 요소들을 소설에 사용하는 것은 독자에게 친근함을 주며 이는 기이성 형성에 도움을 준다.
③ 고전 작품의 공간적 배경을 외국으로 설정하는 것은 당시 독자들의 호기심을 자극할 수 있는 방법 중 하나였다.
④ 기이성을 효과적으로 형성하기 위해서는 하나의 작품에 여러 요소를 쓰는 것보다, 하나의 요소만 사용하여 집중하는 것이 좋다.

글/문단/문장 수정

해설편 | 76p

[176~178] (가)는 학생의 메모이고, (나)는 (가)를 바탕으로 쓴 초고이다. 물음에 답하시오. [3문항]

> (가) 초고 작성을 위한 메모
>
> - 작문 상황: 봉사의 날 운영 방식을 글감으로 하여 교지에 글을 게재하려 함
> - 글의 목적: 예상 독자인 우리 학교 구성원을 설득하는 글
> - 주제: 봉사의 날 운영 방식을 동아리별 봉사 활동으로 전환할 필요가 있다.
> - 자료: 우리 학급 학생들을 대상으로 한 인터뷰
>
> (나) 글의 초고
>
> 우리 학교에서는 한 달에 한 번씩 봉사의 날을 지정하여 학급별로 학교 주변의 환경을 정화하는 봉사 활동을 실시해 왔다. 그러나 이러한 운영 방식에 대한 학생들의 개선 요구가 제기되면서 봉사의 날 운영 방식을 동아리별 봉사 활동으로 전환하는 것이 대안으로 제시되었다. 이로 인해 학교 구성원들 사이에서 봉사의 날 운영 방식에 대한 논의가 한창이다.
>
> [A] 우리 학급 학생들을 대상으로 인터뷰를 해 본 결과 실제로 학생들 대다수가 현행 봉사의 날 운영 방식에 대해 만족하지 않았다. 학생들은 그 이유로 참여 의지가 떨어진다는 점을 들었다. 이러한 결과를 바탕으로 할 때 환경 정화 활동과 같이 개인의 의사를 반영하지 않은 획일적인 방식은 학생들의 자발적 참여를 유도하기 어렵다고 할 수 있다.
>
> 학생들은 동아리별 봉사 활동의 장점으로 진로와 관심사를 반영한 봉사 활동을 할 수 있다는 점을 언급했다. 동아리별 봉사 활동은 진로와 관심사가 비슷한 학생들이 모인 동아리를 기반으로 하기 때문에 동아리의 특색을 살린 봉사 활동을 할 수 있다. 그 결과 학생들은 획일적인 봉사 활동에서 벗어나 보다 다양한 봉사 활동을 계획하고 실행할 수 있다. 동아리 활동이 위축될 수 있다는 일부 학생들의 우려도 있지만, 이 방식은 현행 봉사의 날 운영 방식에 대한 학생들의 불만을 해소할 수 있는 효과적인 대안이 될 수 있다.
>
> 청소년기는 육체적 · 심리적 · 사회적으로 중요한 변화가 나타나고 성장이 이루어지는 시기라는 점에서 의의가 있다. 청소년기에 수행하는 봉사 활동은 청소년들에게 나눔과 배려의 정신을 길러 줄 뿐만 아니라, 스스로 성장할 수 있는 기회를 제공한다는 점에서 의의가 있다.

176 **(가)의 사항이 (나)에 반영된 내용으로 가장 적절한 것은?**

2018 대학수학능력시험

① 글감에 대한 논의의 필요성을 드러내기 위해, 봉사의 날 운영 방식이 논의되고 있는 우리 학교 상황을 제시하였다.

② 글의 목적을 강조하기 위해, 자료를 수집한 과정과 우리 학교에 봉사의 날이 도입된 취지를 제시하였다.

③ 예상 독자의 관심을 반영하기 위해, 학교 구성원이 관심을 가질 수 있는 주제를 선정하는 과정을 제시하였다.

④ 글의 주제를 구체화하기 위해, 현행 봉사의 날 운영 방식의 장점을 병렬적으로 열거하여 제시하였다.

⑤ 자료의 객관성을 높이기 위해, 봉사 활동과 관련한 설문조사 문항과 조사 대상에 대한 정보를 제시하였다.

177 다음은 [A]를 보완하기 위해 추가로 수집한 자료이다. 〈자료〉의 활용 방안으로 적절하지 않은 것은?

2018 대학수학능력시험

〈자료〉

우리 학교 학생 대상 설문 조사 결과

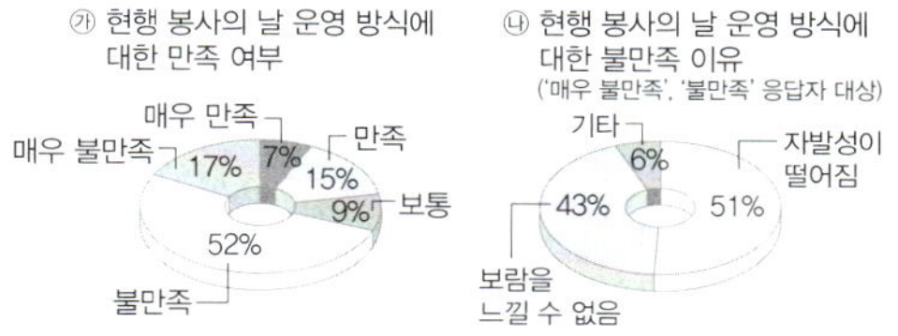

㉰ 교육 전문 잡지 『□□□』

동아리별 봉사 활동은 동아리 활동을 통해 계발한 역량을 봉사 활동에서 발휘할 수 있어 학생들에게 성취 경험을 제공하므로 봉사 활동에 대한 학생들의 자발성을 높일 수 있다. 하지만 학생들이 동아리 활동 시간에 봉사 활동 준비를 하는 경우도 있어 동아리의 본래 목적에 맞는 활동이 잘 이뤄지지 않을 수 있다. 따라서 학교에서는 별도의 봉사 활동 준비 시간을 마련해 주는 방안을 고려할 필요가 있다.

① ㉮를 활용해, 현행 운영 방식에 대한 우리 학교 학생들의 만족 여부를 구체적으로 보여 주는 설문 조사의 결과를 추가해야겠어.
② ㉯를 활용해, 현행 운영 방식에 대한 학생들의 불만족 이유에 봉사 활동에서 보람을 느낄 수 없다는 점을 추가 해야겠어.
③ ㉰를 활용해, 동아리별 봉사 활동의 도입과 관련한 일부 학생들의 우려에 대해 이를 해결할 수 있는 방안을 추가해야겠어.
④ ㉮와 ㉰를 활용해, 현행 운영 방식의 문제점으로 봉사 활동 준비에 많은 시간이 소요된다는 점을 추가해야겠어.
⑤ ㉯와 ㉰를 활용해, 동아리별 봉사 활동이 학생들에게 성취 경험을 제공하여 불만족 이유 중 가장 비율이 높은 문제의 해결에 도움이 된다는 점을 추가해야겠어.

178 다음은 (나)를 쓴 학생이 교지 편집부장에게 보낸 이메일이다. ㉠에 들어갈 내용으로 가장 적절한 것은?

2018 대학수학능력시험

답장 | 전체답장 | 전달 | ×삭제 | 스팸신고 　　목록 ▶ 위 | 아래

보내 주신 검토 의견 중 (㉠)해 달라는 말을 고려해 초고의 마지막 문단을 아래와 같이 수정했습니다. 확인 바랍니다.

청소년기에 수행하는 봉사 활동은 청소년들에게 나눔과 배려의 정신을 길러 줄 뿐만 아니라, 스스로 성장할 수 있는 기회를 제공한다는 점에서 의의가 있다. 동아리별 봉사 활동을 도입한다면, 학생들이 자발적으로 봉사 활동에 참여하게 되어 봉사 정신을 기를 수 있고 자신들의 진로 관련 역량을 계발하여 자기 성장의 기회를 얻게 될 것이다.

보내 주신 검토 의견 중 (㉠)해 달라는 말을 고려해 초고의 마지막 문단을 아래와 같이 수정했습니다. 확인 바랍니다.

청소년기에 수행하는 봉사 활동은 청소년들에게 나눔과 배려의 정신을 길러 줄 뿐만 아니라, 스스로 성장할 수 있는 기회를 제공한다는 점에서 의의가 있다. 동아리별 봉사 활동을 도입한다면, 학생들이 자발적으로 봉사 활동에 참여하게 되어 봉사 정신을 기를 수 있고 자신들의 진로 관련 역량을 계발하여 자기 성장의 기회를 얻게 될 것이다.

① 청소년기의 의의는 삭제하고, 청소년기 봉사 활동의 의의는 추가
② 청소년기의 의의는 삭제하고, 동아리별 봉사 활동 도입 시 기대 효과는 추가
③ 청소년기의 의의는 삭제하고, 동아리별 봉사 활동 도입을 위한 지원 방안은 추가
④ 청소년기 봉사 활동의 의의는 삭제하고, 동아리별 봉사 활동 도입 시 기대 효과는 추가
⑤ 청소년기 봉사 활동의 의의는 삭제하고, 동아리별 봉사 활동 도입을 위한 지원 방안은 추가

179 〈보기〉를 근거로 판단할 때, ㉠~㉣ 중 적절하지 않은 것은? 2018 국가직 9급

보기

통일성은 글의 내용이 하나의 주제로 긴밀하게 관련되는 특성을 말한다. 초고의 적절성을 평가할 때에는 글의 내용이 하나의 주제를 드러낼 수 있도록 선정되었는지, 그리고 중심 내용에 부합하는 하위 내용들로 선정되었는지를 검토한다.

사람들은 대개 수학 과목이 어렵다고 한다. 하지만 나는 수학 시간이 재미있다. ㉠바로 수업을 재미있게 진행하시는 수학 선생님 덕분이다. 수학 선생님은 유머로 딱딱한 수학 시간을 웃음바다로 만들곤 한다. ㉡졸리는 오후 시간에 뜬금없이 외국으로 수학여행을 가자고 하여 분위기를 부드럽게 만든 후 어려운 수학 문제를 쉽게 설명한 적도 있다. 그래서 우리 학교에서는 수학 선생님의 인기가 시들 줄 모른다. ㉢그리고 수학 선생님의 아들이 수학을 굉장히 잘한다는 소문이 나 있다. ㉣내 수학 성적이 좋아진 것도 수학 선생님의 재미있는 수업 덕택이다.

① ㉠ ② ㉡
③ ㉢ ④ ㉣

[180~182] 다음 글을 읽고 물음에 답하시오. [3문항]

[초고 작성을 위한 학생의 메모]
• 글의 목적: 사극을 어떻게 바라볼 것인가에 대한 나의 생각을 밝히려고 함
• 글을 쓰기 위해 떠올린 생각
– 학생들 사이에 사극에 대한 논란이 있음 …………… ㉠
– 사극의 본질은 주제 의식에 있음 …………………… ㉡
– 시청자들이 사극에 흥미를 갖는 원인 ……………… ㉢
– 사극은 실제 역사에 대한 관심을 유도함 …………… ㉣
– 역사적 사실의 반영 정도에 따른 사극의 유형 ……… ㉤

[글의 초고]

드라마 '○○'이 인기를 끌면서 사극에 대해 학생들 사이에 논란이 일고 있다. 실제 역사와는 다르지만 재미있었다는 반응과 아무리 드라마이지만 수업에서 배운 내용과 너무 달라서 보기에 불편했다는 반응도 있었다. 이러한 반응을 지켜보면서 사극의 본질과 역할에 대해 다시 생각해 보게 되었다.

[A] 사극은 역사적 사건이나 인물을 소재로 다양한 상상력을 발휘하여 만든 허구적 창작물이다. 따라서 사극의 본질은 상상력을 바탕으로 만들어진 이야기를 통해 구현되는 주제 의식에 있다. 사극에서는 허구를 통해 가치 있는 의미를 담고 그것이 얼마나 시청자의 공감을 살 수 있느냐가 중요한 것이지, 역사적 사실과 얼마나 부합하느냐는 중요하지 않다.

사극에서는 실존 인물에 새로운 성격을 부여하거나, 실재하지 않았던 인물을 등장시켜 극적 긴장감을 더욱 높인다. 이러한 점은 시청자들이 사극에 공감하고 재미를 느끼게 하는 요인이 되어 실제 역사에 대한 관심을 유도하는 역할을 한다. 그리고 이러한 관심은 역사에 대한 탐색으로 이어져 과거의 지식으로만 존재하던 역사를 현재에서 살아 숨 쉬게 만들 수 있다.

한편 일각에서는 시청자들이 사극에서 다뤄지는 상황을 실제 역사로 오해할 수 있다는 우려를 제기한다. 하지만 다큐멘터리와 달리 사극은 정확한 역사적 지식을 전달하기 위해 제작된 것이 아니다. 또한 사극의 영향력이 크기는 하지만 대부분의 시청자들은 사극의 내용이 실제 역사라고 생각하지 않는다. 우리는 실제 역사 속 인물과 사건을 통해 현재의 삶을 성찰하며 지혜를 얻는다. 한편 사극을 통해서는 감동과 즐거움을 얻는다. 이처럼 실제 역사와 사극은 저마다의 가치를 지니며 우리의 삶을 풍요롭게 만들어 주기에 어느 하나도 포기할 수 없다.

[초고 작성 후 수행한 자기 점검]

• 점검 내용: 초고의 마지막 문단은 [ⓐ] 수정해야 글의 목적이 더 잘 드러날 것 같아.

• 고쳐 쓴 마지막 문단

사극은 상상력을 바탕으로 실제 역사를 현실로 소환하면서, 끊임없이 과거와의 대화를 시도한다. 이로 인해 시간적 간극에도 불구하고 우리는 사극에서 재창조된 인물에 공감하거나 그들의 삶을 통해 의미 있는 경험을 하게 된다. 이러한 공감과 경험을 온전하게 즐길 수 있으려면 사극을 실제 역사 그 자체의 재현이 아닌 허구적 창작물로 인식해야 한다.

180 ㉠~㉤ 중 '글의 초고'에 반영되지 않은 것은?

2018 6월 고3 모의고사

① ㉠ ② ㉡ ③ ㉢
④ ㉣ ⑤ ㉤

181 '고쳐 쓴 마지막 문단'을 고려할 때, ⓐ에 들어갈 내용으로 가장 적절한 것은?

2018 6월 고3 모의고사

① 사극의 순기능과 역기능을 함께 제시하여 통일성이 약화되므로, 허구적 창작물이 사극의 본질이라는 입장이 부각되도록
② 실제 역사와 사극으로 초점이 분산되어 논지가 흐려지므로, 사극은 상상력을 바탕으로 한 창작물이라는 입장이 부각되도록
③ 실제 역사의 장점을 위주로 제시하여 주장이 분명하게 드러나지 않으므로, 사극이 실제 역사에 긍정적 영향을 미친다는 입장이 강조되도록
④ 실제 역사와 사극의 긍정적 기능을 함께 제시하여 일관성이 부족하므로, 사극의 본질은 실제 역사를 온전히 수용하는 데 있다는 입장이 강조되도록
⑤ 실제 역사 반영이 사극에서 중요함을 제시하여 설득력이 부족하므로, 허구적 창작물로서의 사극이 갖는 효용에 주목해야 한다는 입장이 강조되도록

182 〈보기〉의 관점에서 [A]에 대해 비판하는 글을 쓰려고 한다. 글에 담길 주장으로 가장 적절한 것은?

2018 6월 고3 모의고사

보기

사실로서의 역사와 상상력의 산물로서의 허구라는 두 가지 요소가 사극의 본질이다. 그중 어느 한 쪽으로 치우치게 되면 사극은 자신의 정체성에서 멀어지므로 둘 사이의 균형을 유지해야 한다. 이를 위해서는 보편적으로 인정하는 역사적 사실은 유지하고, 역사적 사실들을 연결해 하나의 이야기를 만들어 가는 과정에서 상상력이 발휘되어야 한다.

① 사극은 상상력의 산물로서의 허구를 제외하고 사실로서의 역사를 중심으로 만들어야 한다.
② 사극에서는 상상력을 바탕으로 한 허구를 사실로서의 역사보다 더 가치 있게 바라봐야 한다.
③ 사극에서 상상력은 역사적 사실에 부합하는 범위에서 역사적 사실들 간의 유기성을 부여하는 데 활용해야 한다.
④ 사극에서 시청자의 공감을 유도하는 요인은 허구를 통해서 드러나는 주제 의식이 아니라 사실로서의 역사이다.
⑤ 사극의 본질에 부합하려면 허구적 내용의 재미보다는 역사적 사건과의 유사성에 초점을 맞춰 사극을 제작해야 한다.

183 다음 글을 고쳐 쓰기 위한 방안으로 적절하지 않은 것은?

2017 국가직(하) 9급

> 산업 폐기물 처리장이 들어서게 될 지역 주민들도 그 시설의 필요성은 인정하고 있다. ㉠그리고 그런 시설이 자기 고장에 들어서는 것을 받아들이려는 사람은 많지 않다. ㉡그 필요성은 인정하지만, 내 고장에는 안 된다는 것이다. 이러한 태도는 공공의 이익을 외면하는 ㉢지역 이기주의에 다름 아니다. 잊지 말아야 할 사실은 폐기물 처리장 건설을 뒤로 미루면 그로 인한 피해가 결국 ㉣우리 모두에게 돌아온다. 나와 내 이웃이 공존할 수 있는 사회를 만들기 위해서는 지역 이기주의를 타파해야 한다.

① ㉠은 앞뒤 문장을 자연스럽게 연결하기 위해 '그러나'로 바꾼다.

② ㉡은 주제와 상관없는 내용이므로 문단의 통일성을 위해 삭제한다.

③ ㉢은 우리말답지 않은 표현으로 '지역 이기주의이다'로 순화한다.

④ ㉣은 주어와 호응하지 않으므로 '우리 모두에게 돌아온다는 것이다'로 고친다.

184 글의 통일성을 고려할 때, 삭제하는 것이 바람직한 문장은?

2017 지방직 7급

> 말은 18세기에 갑자기 영예로운 칭호가 되었다. 천재는 예술의 창조자이며, 예술의 창조는 과학처럼 원리나 법칙에 의거하지 않는다. ㉠과학은 인간의 이성과 감성 사이에 분열을 가져왔다. ㉡예술에는 전래의 비방이 있을 수 없으며 있다 하더라도 전수될 수 없다. ㉢예술가 스스로도 자신이 완성한 작품의 진정한 비밀이 무엇인지 명확히 알지 못한다. ㉣마침내, 사람들은 천재라는 개념으로 예술 창조의 비밀을 표현하였다.

① ㉠　　② ㉡

③ ㉢　　④ ㉣

화법 지문

해설편 | 77p

185 다음 글을 읽고 난 감상으로 옳은 것은?

> 일요일 오후에 방문해 본 우리 학교 근처의 한 '팬 상품' 판매점. 옷이나 소품 등 연예인과 관련하여 판매되는 상품인 팬 상품을 사려는 청소년들로 북적였다. 최근 청소년들 사이에서 팬 상품의 인기가 뜨겁다. 국내 팬 상품 시장의 규모는 2020년 기준 약 2,200억 원으로 2014년과 비교해 크게 확대되었다.
>
> 그리고 청소년의 팬 상품 소비는 여러 가지 우려되는 점들이 있다. 우선 충동적으로 팬 상품을 소비하는 비율이 높다. 2020년에 실시한 설문 조사에 따르면 약 67%가 충동적으로 팬 상품을 산 적이 있다고 응답했다. 이러한 일회성 소비는 잘못된 소비 습관의 형성으로 이어질 수 있다.
>
> 다음으로 과시적 소비도 문제로 지적된다. 사회학자 유△△ 교수는 "청소년의 과시적인 팬 상품 소비는 남과 차별화하고 싶은 욕구의 그릇된 발현이다."라고 그 원인을 밝혔다. 과시적인 팬 상품 소비는 물질적인 요소로 자신을 드러내야 한다는 잘못된 가치관을 조탁하게 할 수 있다.
>
> 마지막으로 소외감을 느끼지 않으려고 팬 상품을 소비하는 일 역시 우려된다. 1학년 정○○은 "친구들은 다 갖고 있는데 나만 없으면 소외감을 느낄까 봐 산 적도 많아요. 그래서 돈 관리를 못 하는 경우가 많아졌어요."라며 인터뷰 과정에서 속마음을 드러내었다.
>
> 따라서 팬 상품 소비에 대한 청소년들의 바람직한 태도가 요구된다. 정신과 전문의 박ㅁㅁ의 저서 『청소년의 팬 상품 소비문화』에서 언급하였듯이 청소년들은 합리적이고 주체적인 소비 태도를 갖출 필요가 있다. 물론 기업이 디자인과 실용성을 갖춘 팬 상품을 판매하는 일이 선행되어야 한다.

① 기업이 연예인 관련 상품을 생산할 때 충동구매 방지 안내를 해야겠군.

② 청소년의 충동구매를 막기 위해 가정과 학교 차원에서 교육이 필요하겠어.

③ 팬 상품의 매출 증가는 긍정적인 면과 부정적인 면을 모두 가지고 있군.

④ 청소년기에는 외관을 드러내는 것보다 내면을 다듬는 점이 더 필요해.

186 다음 진행자 'A'의 대화 진행 전략으로 적절하지 않은 것은?

2020 국가직 9급

> A: 여러분, 안녕하세요? 한 지방 자치 단체가 의료 취약 계층을 위한 의약품 공급 정보망 구축 사업을 진행해 오고 있는데요. 오늘은 그 관계자 한 분을 모시고 말씀을 들어 보기로 하겠습니다. 과장님, 안녕하세요?
> B: 네, 안녕하세요.
> A: 의약품 공급 정보망이라는 말이 다소 생소한데 이게 무슨 말인가요?
> B: 네, 약국이나 제약 회사가 의약품을 저희에게 기탁하면, 이 약품을 필요한 사회 복지 시설이나 국내외 의료 봉사 단체에 무상으로 줄 수 있도록 연결하는 사이버상의 네트워크입니다.
> A: 그렇군요. 그동안 이 사업에 성과가 있었다면 그럴 만한 이유가 있을 텐데요. 이에 대해 말씀해 주세요.
> B: 그렇습니다. 약국이나 제약 회사에서는 판매되지 않은 의약품을 기탁하고 세금 혜택을 받습니다. 그리고 복지시설이나 봉사 단체에서는 필요한 의약품을 무상으로 지원받을 수 있습니다.
> A: 그렇군요. 혹시 이 사업에 걸림돌은 없나요?
> B: 의약품을 의사의 처방에 따라서 주는 것이 아니라 수요자가 요구하면 주는 방식이어서 전문 의약품을 제공하는 과정에 어려움이 있습니다. 처방전 발급을 부탁할 수도 없고…….
> A: 그러니까 앞으로 이런 문제를 해결하기 위한 제도 정비나 의료 전문가의 지원이 좀 더 필요하다는 말씀인 것 같군요. 끝으로 이 사업에 참여하려면 어떻게 해야 하나요?
> B: 그건 생각보다 쉽습니다. 저희 홈페이지에 접속하셔서 회원으로 가입하시면 기부하실 때나 받으실 때나 모두 쉽게 참여하실 수 있습니다.
> A: 네, 간편해서 좋군요. 모쪼록 이 의약품 공급 정보망 사업이 확대되어 국내외 의료 취약 계층에 많은 도움이 되기를 바랍니다. 감사합니다.

① 상대방의 말을 들었다는 반응을 보인다.
② 상대방의 대답에서 모순점을 찾아 논리적으로 대응한다.
③ 대화의 화제가 된 일을 홍보할 수 있는 대답을 유도한다.
④ 상대방의 말을 대화의 흐름에 맞게 해석하여 상대방의 말을 보충한다.

187 두 사람의 대화에서 갈등이 나타나는 원인으로 적절한 것은?

> 상우: 그 사람이 나한테 그러면 안 되지. 어떻게 그럴 수 있어? 정말 치사해. 화난다 정말.
> 기훈: 그 정도가 치사하면 우리나라에 치사하지 않은 사람은 없겠다. 네가 예민한 거야.
> 상우: 그래, 너 대단하다. 대단해. 너랑 얘기해서 무엇하겠냐.

① 상대의 말뜻을 잘못 알아들었기 때문이다.
② 상대 말의 전제를 잘못 파악했기 때문이다.
③ 상대의 말을 비판하고 공감하지 않았기 때문이다.
④ 상대 말에 대해 대안을 제시하지 않았기 때문이다.

[188~189] 다음 글을 읽고 물음에 답하시오. [2문항]

안녕하세요. ○○고등학교 또래상담 동아리 '수호천사' 입니다. 저희는 또래상담에 관심이 많은 학생들이 모여, 또래 상담자 교육과정을 수료하고, 친구들과 상담하며 교내에 소통의 문화를 만들기 위해 노력하는 자율동아리입니다.

사실 고등학생 때는 가족, 친구 관계, 진로 등에 대한 여러 가지 고민들이 많아지는 시기입니다. 하지만 진심을 터놓을 수 있는 상대를 만나기는 쉬운 일이 아닙니다. 혼자 괴로워하거나 시간이 지나면 괜찮아질 거라며 참아보기도 합니다. 그렇지만 내버려둔다고 그것이 쉽게 해결되지는 않습니다. 그래서 저희 동아리는 혼자만의 고민을 안고 있는 여러분들과 소통하고 공감하기 위해 '2학기 또래상담 주간 행사'를 준비했습니다.

9월 둘째 주에 예정된 이번 행사는 1학기와 달리 새로운 프로그램을 준비하여 체계적으로 진행하려고 합니다. 첫째, '먼저 다가가 친구 되기'입니다. 본격적인 상담을 시작하기에 앞서 내담자와 또래 상담자가 서로 친해질 수 있는 게임을 마련할 것입니다. 감정 빙고 게임, 고민 풍선 터뜨리기, 우정의 종이비행기 날리기 등으로 같이 놀면서 어울리고자 합니다. 둘째, '내 마음 들여다보기'입니다. 문장완성검사, 청소년용 이고그램(Egogram) 성격검사 등을 통해 여러분의 심리 상태와 기본적인 성향을 알아보려고 합니다. 셋째, '고민 나누고 함께 해결하기'입니다. 심리 검사 결과를 바탕으로 여러분의 마음 깊숙이 감추어 둔 고민을 이야기하고 해결의 방향을 함께 찾아나갈 것입니다.

"누군가 내 이야기를 듣고 나에게 공감해 주면, 나는 새로운 눈으로 세상을 다시 보게 되어 앞으로 나아갈 수 있게 된다."라고 심리학자 칼 로저스가 말했습니다. 또래상담을 통해 친구에게 고민을 이야기하고 공감 받는 것만으로 우리의 마음은 한결 편안해질 수 있습니다. 2학기 또래상담 주간 행사에 오시면 그동안 숨겨 둔 고민을 마음껏 표현할 수 있습니다. 저희 '수호천사'는 온 마음을 다해 여러분의 이야기에 귀 기울이겠습니다.

188 위 글에 대한 설명으로 적절하지 않은 것은?

① 동아리에서 시행하는 프로그램의 홍보를 목적으로 작성한 글이다.
② 권위자의 말을 인용하며 글을 효과적으로 마무리하고 있다.
③ 이전 시기에 진행된 프로그램의 문제점을 언급하며 해당 부분이 개선되었음을 보여주고 있다.
④ 준비된 프로그램이 어떻게 진행되는지 상세하게 설명하고 있다.

189 위 글의 제목으로 가장 적절한 것은?

① 또래상담 주간 행사 프로그램 안내
② 동아리 '수호천사' 입부 방법
③ 동아리 활동을 통해 친구와 우정 쌓기
④ 또래상담 교육의 필요성 및 신청 경로

[190~191] 다음 글을 읽고 물음에 답하시오. [2문항]

신입생 여러분, 안녕하세요? '하늘별'은 영화를 사랑하는 학생들이 모여 단편 영화를 만드는 동아리입니다. 우리 동아리는 직접 영화를 제작해 봄으로써 영화에 대한 소양과 영화 제작 능력을 기르고자 합니다. 올해로 6년 차에 접어드는 우리 동아리에서는 총 15명의 2, 3학년 학생들이 즐겁게 활동하고 있습니다.

우리 동아리에서는 단편 영화를 1년에 한 편씩 제작하여 상영해 왔습니다. 작년에는 『기억의 저편』이라는 영화를 ○○구 문예회관 소극장에서 상영하였습니다. 350여 명의 적지 않은 관객들이 관람하였고, 관객들의 평가도 좋았습니다.

'하늘별'에서는 모집 분야를 대본, 연출 및 편집, 연기, 소품, 촬영 담당으로 구분하고 있습니다. 물론 한 분야를 담당한다고 해서 그 분야의 활동만 하는 것은 아닙니다. 종합 예술로서의 영화를 제대로 이해하려면, 각 분야를 맡은 부원들 간의 소통이 활발해야 하기 때문입니다. 따라서 '하늘별'은 기획 회의는 물론 대부분의 활동을 공동으로 함께 하는 것을 원칙으로 삼고 있습니다.

우리 동아리는 3월부터 12월까지 매주 1회 2시간씩 정기 모임을 갖습니다. 그리고 촬영과 편집이 집중되는 7월과 10월에는 주 3회 3시간씩 활동합니다. 동아리 전체가 모여서 활동을 하다 보면 시간이 많이 걸리고 작업이 힘들어지는 것도 다반사이지만, 실제로 한 편의 영화를 완성해 본 부원들은 공동 작업이야말로 '하늘별'만의 특징이자 장점이라고 자부합니다.

우리와 함께하고 싶은 1학년 학생들은 가입 신청서를 작성하여 별관 4층 동아리실로 3월 15일까지 제출하시면 됩니다. 활발하고 의욕 넘치는 신입생 여러분을 두 팔 벌려 맞이하겠습니다.

대본부터 편집까지 한 편의 영화를 만듭니다. 웃음부터 눈물까지 한 줄기의 감동을 드립니다. '하늘별'은 기다립니다. 여러분의 선택을!

190 위 글에서 언급되지 않은 것은?

① 동아리의 현재 인원수
② 분야별 모집 인원수
③ 동아리 모임 방식
④ 동아리 가입 신청 방법

191 위 글에 대한 설명으로 적절하지 않은 것은?

① 문장의 구조를 의도적으로 비틀어 독자들의 관심을 끌고 있다.
② 활동 시간이 부담스럽게 느껴질 수도 있는 사람들을 설득하기 위해 추가적인 단서를 달고 있다.
③ 대구법을 사용하여 의도를 효과적으로 전달하고 있다.
④ 지난 활동에 대한 관객들의 평가를 직접적으로 인용하고 있다.

192 다음 글의 내용을 적용한 사례로 부적절한 것은?

결정 이양의 원리란 판단이나 결정의 최종적인 권한을 화자가 청자에게 넘겨주는 원리를 말한다. 화자가 자기 나름으로 판단한 내용을 완전히 결정을 지은 채로 제시함으로써 청자로 하여금 그것을 그대로 받아들이게 하는 것이 아니라, 최종적인 판단 혹은 결정을 청자 스스로 내리게 하는 것이다. 이러한 결정의 이양 곧 '넘겨주기'는 '남겨 두기'를 통해서 실현된다. 모든 내용을 다 채워서 표현하는 것이 아니라, 일부를 남겨 두어 표현함으로써 그 남겨진 부분을 청자로 하여금 스스로 채워 넣게 하는 것이다.

① A: 내일 저녁에 같이 밥 먹을래?
B: 나 이번에 중간고사 석차가 떨어졌어.
② (도서관에서 떠드는 학생에게) 좀 조용히 해 주시겠어요?
③ C: 그 사람 요즘 열심히 일해?
D: 앞으로 괜찮아질 거야.
④ (담배를 피고 있는 사람에게) 담배는 폐암의 원인이 됩니다.

193 다음 글에 반영된 내용으로 가장 적절하지 않은 것은?

지난 호 신문에 '자율 동아리 허가제'에 관한 소식이 실린 후로 학생들의 다양한 의견이 제기되고 있다. 이 글을 통해 필자는 학교 측이 허가제를 실시하려는 것에 문제가 있음을 밝히고자 한다.

첫째, 예산 부족 문제는 허가제의 이유가 될 수 없다. 현재 56개의 자율 동아리 중 운영비를 지원받고 있는 곳은 25개뿐이다. 학교 측이 활동 계획서와 보고서를 심사하여 운영비를 지원받을 동아리를 25개만 선정하기 때문이다. 이 심사 제도가 유지된다면 향후 자율 동아리 수가 더 늘어난다고 해도 예산이 더 많이 필요한 것은 아니다.

둘째, 공간 부족 문제는 심각하지 않다. 물론 지금도 공간이 넉넉하지는 않다. 그러나 동아리 회장들끼리 사용 시간을 자율적으로 협의하여 이 문제를 원만히 해결해 나가고 있다. 또한 현재 별로 활용되지 못한 채 방치되고 있는 자기 주도 학습실, 자치 활동 준비실 등을 동아리에 개방한다면 앞으로 동아리 수가 더 늘어도 큰 어려움이 없을 거라고 생각한다.

셋째, 동아리 활동 때문에 학업에 소홀해진다는 근거가 없다. 실제로 복수의 동아리에 가입한 학생들 30명에게 설문 조사를 해 본 결과, 동아리 활동이 공부에 방해가 된다고 응답한 학생은 단 2명에 불과했다.

자율 동아리의 신설과 관련해서는 허가제가 아니라 지금처럼 신고제가 유지되어야 한다. 동아리를 만들기 위해 일일이 학교 운영 위원회의 허가를 받아야 하는 상황이 된다면 학생들의 자율적인 활동은 지금보다 훨씬 위축될 것이 분명하다. 그뿐만 아니라 활발한 자율 동아리 개설은 학생들의 대학 입시 준비를 위해서도 필수적이다. 대학 측이 고등학교 재학 중에 다양한 경험을 한 지원자를 선호하는 현 상황을 고려할 때, 여러 동아리에 가입하여 활동할 자유를 최대한 보장함으로써 대학 입시 합격자를 늘리기 위해서라도 '자율 동아리 허가제'를 실시하는 것은 바람직하지 않다고 본다.

① 설문 조사 결과를 활용하여 동아리 활동과 학업 간의 관계에 대한 주장을 반박하였다.
② 자율 동아리 허가제에 관한 기사로 촉발된 학생들의 반응을 소개하고 글을 쓰는 목적을 제시하였다.
③ 개인적인 경험에 대한 언급을 통해 자율 동아리 신설을 허가받는 과정이 지닌 비효율성을 지적하였다.
④ 자율 동아리에 대한 학교 측의 운영비 지원 방식을 공개하여 예산 부족에 관한 우려가 근거 부족임을 주장하였다.

어휘 의미 파악

해설편 | 78p

194 밑줄 친 단어 ㉠~㉣의 사전적 의미로 가장 적절하지 않은 것은?

2022 법원직 9급 변형

> 기업은 다른 기업들과의 경쟁에서 이기고, 자신이 설정한 경영 목표를 달성하기 위해서 기업의 사업 내용과 목표 시장 범위를 결정하는데, 이를 기업전략이라고 한다. 즉 기업전략은 다양한 사업의 포트폴리오*를 전사적(全社的) 차원에서 어떻게 ㉠구성하고 조정할 것인가를 결정하는, 즉 참여할 사업을 결정하는 것이라고 할 수 있다.
>
> 기업전략의 구체적 예로 기업 다각화 전략을 들 수 있다. 기업 다각화 전략은 한 기업이 복수의 산업 또는 시장에서 복수의 사업을 영위하기 위한 전략으로, 제품 다각화 전략, 지리적 시장 다각화 전략, 제품 시장 다각화 전략으로 크게 구분된다. 이는 다시 제품이나 판매 지역 측면에서 관련된 사업에 종사하는 관련 다각화와 관련이 없는 사업에 종사하는 비관련 다각화로 구분된다. 리처드 러멜트는 미국의 다각화 기업을 구분하며, 관련 사업에서 70% 이상의 매출을 올리는 기업을 관련 다각화 기업, 70% 미만의 매출을 올리는 기업을 비관련 다각화 기업으로 명명했다.
>
> 기업 다각화는 범위의 경제성을 창출함으로써 수익 증대에 ㉡기여한다. 범위의 경제성이란 하나의 기업이 동시에 복수의 사업 활동을 하는 것이, 복수의 기업이 단일의 사업 활동을 하는 것보다 총비용이 적고 효율적이라는 이론이다. 범위의 경제성은 한 기업이 여러 제품을 동시에 생산할 때, 투입되는 요소 중 공통적으로 투입되는 생산요소가 존재하기 때문에 투입 요소 비용이 적게 발생한다는 사실을 통해 설명된다. 또한 다각화된 기업은 기업 내부 시장을 활용함으로써 새로운 가치를 ㉢창출할 수 있다. 여러 사업부에서 나오는 자금을 통합하여 활용할 수 있는 내부 자본시장을 갖추었을 뿐 아니라 여러 사업부에서 훈련된 인력을 전출하여 활용할 수 있는 내부 노동시장도 갖추었기 때문이다. 새로운 인력을 채용하여 교육시키는 데 많은 시간과 비용이 들어감을 고려하면, 다각화된 기업은 신규 기업에 비해 훨씬 ㉣우월한 위치에서 경쟁할 수 있다.
>
> * **포트폴리오**: 다양한 투자 대상에 분산하여 자금을 투입하여 운용하는 일

① ㉠: 몇 가지 부분이나 요소들을 모아서 일정한 전체를 짜 이룸.
② ㉡: 도움이 되도록 이바지함.
③ ㉢: 사업 따위를 처음으로 이루어 시작함.
④ ㉣: 다른 것보다 나음.

195 ㉠의 문맥적 의미와 가장 가까운 것은?

2021 법원직 9급 변형

> 달에 갈 때는 편도 3일 정도 걸리지만, 화성에 갈 때는 편도 8개월 정도 걸린다. 또 달에서는 언제든지 돌아올 수 있지만, 화성의 경우에는 곧바로 지구로 귀환할 수 있는 것이 아니다. 긴 경우에는 500일이나 머물러야만 지구로 돌아올 수 있다. 그래서 화성 유인 비행은 500일 내지 1,000일 정도가 걸린다.
>
> 이렇게 장기간에 걸친 우주 비행을 위해서는 물이나 식료품, 산소뿐 아니라 화성에서 사용할 기지, 화성에 이착륙하기 위한 로켓, 귀환용 우주선 등도 필요하다. 나사 탐사 시스템 부서의 더글러스 쿡에 따르면 그 무게의 합계는 470톤이나 된다. 나사의 우주 탐사 설계사인 게리 마틴은 "이 화물의 운반이 화성 유인 비행에서 가장 큰 ㉠문제일 것이다."라고 말했다.

① 문제의 영화가 드디어 오늘 개봉된다.
② 그는 어디를 가나 문제를 일으키곤 했다.
③ 출산율 감소는 우리나라만의 문제가 아니다.
④ 연습을 반복하면 어려운 문제도 척척 풀게 된다.

196 다음 중 ㉠~㉣의 문맥적 의미와 다르게 사용된 것은?

2019 법원직 9급 변형

고전은 왜 읽는가? 고전 속에는 오랜 세월을 견뎌 온 지혜가 살아 있다. 그때도 그랬고 지금도 그렇다. 고전은 시간을 타지 않는다. 아주 오래전에 쓰인 고전이 지금도 힘이 있는 것은 인간의 삶이 본질적으로 변한 적이 없기 때문이다. 사람은 누구나 태어나 성장하고, 늙고 병들어 죽는다. 자기 성취를 위해 애쓰고, 좋은 배우자를 얻어 경제적으로 넉넉한 삶을 누리며 살고 싶어 한다. 하지만 좋은 집과 많은 돈만으로 채워지지 않는 그 무엇이 있다. 사람이 태어나 이 세상에 왔다간 보람을 어디서 찾을까?

연암 박지원 선생의 글 두 편에서 그 대답을 찾아본다. 먼저 '창애에게 답하다'[답창애(答蒼厓)]란 편지글에는 문득 눈이 뜨인, 앞을 못 보던 사람의 이야기가 나온다. 수십 년 동안 앞을 못 보며 살던 사람이 길 가던 도중에 갑자기 사물을 또렷이 볼 수 있게 되었다. 얼마나 놀라운 일인가? 늘 꿈꾸던 믿을 수 없는 일이 일어났다. 하지만 기쁨은 잠시, 앞을 못 보는 삶에 길들여져 있던 그는 한꺼번에 쏟아져 들어온 엄청난 정보를 도저히 처리할 능력이 없었다. 그는 갑자기 자기 집마저 찾지 못하는 바보가 되고 말았다. 답답하여 길에서 울며 서있는 그에게 화담 선생은 도로 눈을 감고 지팡이에게 길을 물으라는 ㉠<u>처방</u>을 내려 준다.

또 '하룻밤에 아홉 번 강물을 건넌 이야기'[일야구도하기(一夜九渡河記)]에서는 황하를 건널 때 사람들이 하늘을 우러러 보는 이유를 설명했다. 거센 물결의 소용돌이를 직접 보면 그만 현기증이 나서 물에 빠지게 되기 때문이다. 그럼에도 물결 소리는 귀에 하나도 들리지 않는다. 눈에 보이는 것에 신경 쓸 겨를도 없는데 무슨 소리가 들리겠는가? 하지만 한밤중에 강물을 건널 때에는 온통 압도해 오는 물소리 때문에 모두들 공포에 덜덜 떨었다. 연암은 결국 눈과 귀는 전혀 믿을 것이 못 되고, 마음을 텅 비워 바깥 사물에 ㉡<u>현혹</u>되지 않는 것만 못하다고 결론을 맺는다.

이 두 이야기는 사실은 복잡한 정보화 사회를 살아가는 우리들이 귀담아들어야 할 내용이다. 사람들은 날마다 수없이 많은 정보를 받아들여 처리한다. 그런데 정보의 양이 감당할 수 없을 만큼 늘어나고 그 속에 진짜와 가짜가 뒤섞이게 되면, 갑자기 앞을 보게 된 그 사람처럼 제집조차 못 찾거나, 정신을 똑바로 차린다는 것이 도리어 강물에 휩쓸리고 마는 결과를 낳는다. 앞을 못 보던 사람이 눈을 뜨는 것은 더없이 기쁘고 좋은 일이다. 위기 상황에서 정신을 똑바로 차리는 것은 언제나 중요하다. 하지만 그로 인해 자기 집을 잃고 미아가 되거나 더 큰 위험에 처하게 된다면, 차라리 눈과 귀를 믿지 않는 편이 더 나을지도 모른다.

한편, 길 가다가 문득 눈이 뜨인 그 사람은 앞으로도 계속 눈을 감고 지팡이에 의존해서 살아가야 하는 것일까? 한번 뜨인 눈을 다시 감을 수는 없다. 그의 문제는 길 가는 도중에 눈을 뜨는 바람에 제집을 찾지 못하게 된 데서 생겼다. 그러니 지팡이를 짚고서라도 집을 찾는 것이 먼저다. 그다음에 눈을 똑바로 뜨고 제집 대문 색깔과 골목의 위치를 잘 확인하고 나오면 된다. 그때부터는 지팡이가 전혀 필요 없다.

그 사람에게 눈을 도로 감으라는 것은 앞을 못 보던 예전의 삶으로 돌아가라는 것이 아니다. 주체적으로 판단하고 능동적으로 대처할 수 있는 상태를 유지하라는 말이다. 강물을 건널 때 물결을 보지 않으려고 하늘을 우러르고, 밤중에 강물 소리에 현혹되지 않아야 하는 것도 같은 이유이다. 변화는 그 다음에 온다. 길은 눈먼 사람만 잃고 헤매는 것이 아니다. 우리는 두 눈을 멀쩡히 뜨고도 날마다 길을 잃고 헤맨다. 운전자들은 차에 내비게이션을 달고도 길을 놓쳐 번번이 당황한다. 새로운 문제가 닥칠 때마다 여전히 혼란스럽다. 물결은 어디서나 밀려오고, 소음은 항상 마음을 어지럽힌다.

고전은 '창애에게 답하다'에 나오는 그 지팡이와 같다. 갑자기 길을 잃고 헤맬 때 길을 알려 준다. 지팡이가 있으면 길에서 계속 울며 서 있지 않아도 된다. 하지만 사람들은 일단 눈을 뜨고 나면 지팡이의 ㉢<u>존재</u>를 까맣게 잊는다. 그러고는 집을 못 찾겠다며 길에서 운다. 고전은 그러한 사람에게 길을 알려 주는 든든한 지팡이다. 뱃길을 잃고 캄캄한 밤바다를 헤매는 배에게 멀리서 방향을 일러 주는 듬직한 등댓불이다. 사물이 익숙해지면 지팡이는 필요 없다. 환한 대낮에는 등댓불이 없어도 괜찮다. 하지만 막 새롭게 눈을 뜬 사람에게는 지팡이가, 뱃길을 벗어나 밤바다를 헤매는 배에게는 등댓불의 도움이 절실하다. 우리는 길을 놓칠 때마다 고전을 통해 문제의 중심 위에 나를 다시 세워야 한다. 그러자면 긴 호흡으로 여러 분야의 고전들을 꾸준히 ㉣<u>섭렵</u>하는 성찰과 노력이 필요하다.

– 정민, 「고전으로 무너진 중심을 다시 세워라」 –

① 지구 온난화를 막기 위한 다양한 <u>처방</u>이 학계에서 논의되고 있다.

② 그녀는 쇼핑 호스트의 말에 <u>현혹</u>되어 필요도 없는 물건을 한가득 샀다.

③ 사회적으로 성공한 그녀는 이제 남이 함부로 할 수 없는 <u>존재</u>가 되었다.

④ 그는 우선 철학서 <u>섭렵</u>을 통해 정의에 대해 알고자 하였다.

논리형 문제

해설편 | 79p

197 다음 글의 ⓐ와 ⓑ에 들어갈 말을 〈보기〉에서 골라 적절하게 나열한 것은? 2018 민경채

> 갈릴레오는 망원경으로 목성을 항상 따라다니는 네 개의 위성을 관찰하였다. 이 관찰 결과는 지동설을 지지해 줄 수 있는 것이었다. 당시 지동설에 대한 반대 논증 중 하나는 다음과 같은 타당한 논증이었다.
>
> (가) ____ⓐ____.
>
> (나) 달은 지구를 항상 따라다닌다.
>
> 따라서 (다) 지구는 공전하지 않는다.
>
> 갈릴레오의 관찰 결과는 이 논증의 (가)를 반박할 수 있는 것이었다. 왜냐하면 목성이 공전한다는 것은 당시 천동설 학자들도 받아들이고 있었고 그의 관찰로 인해 위성들이 공전하는 목성을 따라다닌다는 것이 밝혀지는 셈이기 때문이다. 그런데 문제는 당시의 학자들이 망원경을 통한 관찰을 신뢰하지 않는다는 데 있었다. 당시 학자들 대부분은 육안을 통한 관찰로만 실제 존재를 파악할 수 있다고 믿었다. 따라서 갈릴레오는 망원경을 통한 관찰이 육안을 통한 관찰만큼 신뢰할 만하다는 것을 입증해야 했다. 이를 보이기 위해 그는 '빛 번짐 현상'을 활용하였다.
>
> 빛 번짐 현상이란, 멀리 떨어져 있는 작고 밝은 광원을 어두운 배경에서 볼 때 실제 크기보다 광원이 크게 보이는 현상이다. 육안으로 금성을 관찰할 경우, 금성이 주변 환경에 비해 더 밝게 보이는 밤에 관찰하는 것보다 낮에 관찰하는 것이 더 정확하다. 그런데 낮에 관찰한 결과는 연중 금성의 외견상 크기가 변한다는 것을 보여준다.
>
> 그렇다면 망원경을 통한 관찰이 신뢰할 만하다는 것은 어떻게 보일 수 있었을까? 갈릴레오는 밤에 금성을 관찰할 때 망원경을 사용하면 빛 번짐 현상을 없앨 수 있다는 것을 강조하면서 다음과 같은 논증을 펼쳤다.
>
> (라) ____ⓑ____면, 망원경에 의한 관찰 자료를 신뢰할 수 있다.
>
> (마) ____ⓑ____.
>
> 따라서 (바) 망원경에 의한 관찰 자료를 신뢰할 수 있다.
>
> 결국 갈릴레오는 (마)를 입증함으로써, (바)를 보일 수 있었다.

보기

ㄱ. 지구가 공전한다면, 달은 지구를 따라다니지 못한다
ㄴ. 달이 지구를 따라다니지 못한다면, 지구는 공전한다
ㄷ. 낮에 망원경을 통해 본 금성의 크기 변화와 낮에 육안으로 관찰한 금성의 크기 변화가 유사하다
ㄹ. 낮에 망원경을 통해 본 금성의 크기 변화와 밤에 망원경을 통해 본 금성의 크기 변화가 유사하다
ㅁ. 낮에 육안으로 관찰한 금성의 크기 변화와 밤에 망원경을 통해 본 금성의 크기 변화가 유사하다

	ⓐ	ⓑ
①	ㄱ	ㄷ
②	ㄱ	ㅁ
③	ㄴ	ㄷ
④	ㄴ	ㄹ
⑤	ㄴ	ㅁ

198 다음 글의 내용이 참일 때, 최종 선정되는 단체는?

2018 민경채

> ○○부는 우수 문화예술 단체 A, B, C, D, E 중 한 곳을 선정하여 지원하려 한다. ○○부의 금번 선정 방침은 다음 두 가지다. 첫째, 어떤 형태로든 지원을 받고 있는 단체는 최종 후보가 될 수 없다. 둘째, 최종 선정 시 올림픽 관련 단체를 엔터테인먼트 사업(드라마, 영화, K-pop) 단체보다 우선한다.
>
> A 단체는 자유무역협정을 체결한 갑국에 드라마 컨텐츠를 수출하고 있지만 올림픽과 관련된 사업은 하지 않는다. B는 올림픽의 개막식 행사를, C는 폐막식 행사를 각각 주관하는 단체다. E는 오랫동안 한국 음식문화를 세계에 보급해 온 단체다. A와 C 중 적어도 한 단체가 최종 후보가 되지 못한다면, 대신 B와 E 중 적어도 한 단체는 최종 후보가 된다. 반면 게임 개발로 각광을 받은 단체인 D가 최종 후보가 된다면, 한국과 자유무역협정을 체결한 국가와 교역을 하는 단체는 모두 최종 후보가 될 수 없다. 후보 단체들 중 가장 적은 부가가치를 창출한 단체는 최종 후보가 될 수 없고, 최종 선정은 최종 후보가 된 단체 중에서만 이루어진다.
>
> ○○부의 조사 결과, 올림픽의 개막식 행사를 주관하는 모든 단체는 이미 □□부로부터 지원을 받고 있다. 그리고 위 문화예술 단체 가운데 한국 음식문화 보급과 관련된 단체의 부가가치 창출이 가장 저조하였다.

① A ② B
③ C ④ D
⑤ E

199 다음 (가)~(다)에 대한 평가로 적절한 것만을 〈보기〉에서 모두 고르면?

2018 민경채

> (가) 기술의 발전 덕분에 더 풍요로운 세계를 만들 수 있다. 원료, 자본, 노동 같은 생산요소의 투입량을 줄이면서 산출량은 더 늘릴 수 있는 세계 말이다. 디지털 기술의 발전은 경외감을 불러일으키는 개선과 풍요의 엔진이 된다. 반면 그것은 시간이 흐를수록 부, 소득, 생활수준, 발전 기회 등에서 점점 더 큰 격차를 만드는 엔진이기도 하다. 즉 기술의 발전은 경제적 풍요와 격차를 모두 가져온다.
>
> (나) 기술의 발전에 따른 풍요가 더 중요한 현상이며, 격차도 풍요라는 기반 위에 있기 때문에 모든 사람의 삶이 풍요로워지는 데 초점을 맞추어야 한다. 고도로 숙련된 노동자와 나머지 사람들과의 격차가 벌어지고 있다는 것을 인정하지만, 모든 사람들의 경제적 삶이 나아지고 있기에 누군가의 삶이 다른 사람보다 더 많이 나아지고 있다는 사실에 관심을 둘 필요가 없다.
>
> (다) 중산층들이 과거에 비해 경제적으로 더 취약해졌기 때문에 기술의 발전에 따른 풍요보다 격차에 초점을 맞추어야 한다. 실제로 주택, 보건, 의료 등과 같이 그들의 삶에서 중요한 항목에 들어가는 비용의 증가율은 시간이 흐르면서 가계 소득의 증가율에 비해 훨씬 더 높아지고 있다. 설상가상으로 소득 분포의 밑바닥에 속한 가정에서 태어난 아이가 상층으로 이동할 기회는 점점 더 줄어들고 있다.

보기

ㄱ. 현재의 정보기술은 덜 숙련된 노동자보다 숙련된 노동자를 선호하고, 노동자보다 자본가에게 돌아가는 수익을 늘린다는 사실은 (가)의 논지를 약화한다.
ㄴ. 기술의 발전이 전 세계의 가난한 사람들에게도 도움을 주며, 휴대전화와 같은 혁신사례들이 모든 사람들의 소득과 기타 행복의 수준을 개선한다는 연구결과는 (나)의 논지를 강화한다.
ㄷ. 기술의 발전이 가져온 경제적 풍요가 엄청나게 벌어진 격차를 보상할 만큼은 아니라는 것을 보여주는 자료는 (다)의 논지를 약화한다.

① ㄱ ② ㄴ
③ ㄱ, ㄷ ④ ㄴ, ㄷ
⑤ ㄱ, ㄴ, ㄷ

200 다음 글의 주장을 강화하는 것만을 〈보기〉에서 모두 고르면?

2018 민경채

> 우리는 물체까지의 거리 자체를 직접 볼 수는 없다. 거리는 눈과 그 물체를 이은 직선의 길이인데, 우리의 망막에는 직선의 한쪽 끝 점이 투영될 뿐이기 때문이다. 그러므로 물체까지의 거리 판단은 경험을 통한 추론에 의해서 이루어진다고 보아야 한다. 예컨대 우리는 건물, 나무 같은 친숙한 대상들의 크기가 얼마나 되는지, 이들이 주변 배경에서 얼마나 공간을 차지하는지 등을 경험을 통해 이미 알고 있다. 우리는 물체와 우리 사이에 혹은 물체 주위에 이런 친숙한 대상들이 어느 정도 거리에 위치해 있는지를 우선 지각한다. 이로부터 우리는 그 물체가 얼마나 멀리 떨어져 있는지를 추론하게 된다. 또한 그 정도 떨어진 다른 사물들이 보이는 방식에 대한 경험을 토대로, 그보다 작고 희미하게 보이는 대상들은 더 멀리 떨어져 있다고 판단한다. 거리에 대한 이런 추론은 과거의 경험에 기초하는 것이다.
>
> 반면에 물체가 손이 닿을 정도로 아주 가까이에 있는 경우, 물체까지의 거리를 지각하는 방식은 이와 다르다. 우리의 두 눈은 약간의 간격을 두고 서로 떨어져 있다. 이에 우리는 두 눈과 대상이 위치한 한 점을 연결하는 두 직선이 이루는 각의 크기를 감지함으로써 물체까지의 거리를 알게 된다. 물체를 바라보는 두 눈의 시선에 해당하는 두 직선이 이루는 각은 물체까지의 거리가 멀어질수록 필연적으로 더 작아진다. 대상까지의 거리가 몇 미터만 넘어도 그 각의 차이는 너무 미세해서 우리가 감지할 수 없다. 하지만 팔 뻗는 거리 안의 가까운 물체에 대해서는 그 각도를 감지하는 것이 가능하다.

보기

ㄱ. 100미터 떨어진 지점에 민수가 한 번도 본 적이 없는 대상만 보이도록 두고 다른 사물들은 보이지 않도록 민수의 시야 나머지 부분을 가리는 경우, 민수는 그 대상을 보고도 얼마나 떨어져 있는지 판단하지 못한다.

ㄴ. 아무것도 보이지 않는 캄캄한 밤에 안개 속의 숲길을 걷다가 앞쪽 멀리서 반짝이는 불빛을 발견한 태훈이가 불빛이 있는 곳까지의 거리를 어렵잖게 짐작한다.

ㄷ. 태어날 때부터 한쪽 눈이 실명인 영호가 30센티미터 거리에 있는 낯선 물체 외엔 어떤 것도 보이지 않는 상황에서 그 물체까지의 거리를 옳게 판단한다.

① ㄱ　　② ㄷ

③ ㄱ, ㄴ　　④ ㄴ, ㄷ

⑤ ㄱ, ㄴ, ㄷ

201 다음 글의 내용이 참일 때, 반드시 거짓인 것은?

2018 민경채

> 사무관 갑, 을, 병, 정, 무는 정책조정부서에 근무하고 있다. 이 부서에서는 지방자치단체와의 업무 협조를 위해 지방의 네 지역으로 사무관들을 출장 보낼 계획을 수립하였다. 원활한 업무 수행을 위해서, 모든 출장은 위 사무관들 중 두 명 또는 세 명으로 구성된 팀 단위로 이루어진다. 네 팀이 구성되어 네 지역에 각각 한 팀씩 출장이 배정된다. 네 지역 출장 날짜는 모두 다르며, 모든 사무관은 최소한 한 번 출장에 참가한다. 이번 출장 업무를 총괄하는 사무관은 단 한 명밖에 없으며, 그는 네 지역 모두의 출장에 참가한다. 더불어 업무 경력을 고려하여, 단 한 지역의 출장에만 참가하는 것은 신임 사무관으로 제한한다. 정책조정부서에 근무하는 신임 사무관은 한 명밖에 없다. 이런 기준 아래에서 출장 계획을 수립한 결과, 을은 갑과 단둘이 가는 한 번의 출장 이외에 다른 어떤 출장도 가지 않으며, 병과 정이 함께 출장을 가는 경우는 단 한 번밖에 없다. 그리고 네 지역 가운데 광역시가 두 곳인데, 단 두 명의 사무관만이 두 광역시 모두에 출장을 간다.

① 갑은 이번 출장 업무를 총괄하는 사무관이다.

② 을은 광역시에 출장을 가지 않는다.

③ 병이 갑, 무와 함께 출장을 가는 지역이 있다.

④ 정은 총 세 곳에 출장을 간다.

⑤ 무가 출장을 가는 지역은 두 곳이고 그중 한 곳은 정과 함께 간다.

202 다음 ㉠과 ㉡에 들어갈 말을 가장 적절하게 나열한 것은?

2018 민경채

> 음향학에 관련된 다음의 두 가지 명제는 세 개의 원형 판을 가지고 실험함으로써 입증될 수 있다. 하나의 명제는 "지름과 모양이 같은 동일 재질의 원형 판이 진동할 때 발생하는 진동수는 두께에 비례한다."이고 다른 명제는 "모양과 두께가 같은 동일 재질의 원형 판이 진동할 때 발생하는 진동수는 판 지름의 제곱에 반비례한다."이다. 이를 입증하기 위해 모양이 같은 동일 재질의 원형 판 A, B 그리고 C를 준비하되 A와 B는 두께가 같고 C는 두께가 A의 두께의 두 배이며, A와 C는 지름이 같고 B의 지름은 A의 지름의 절반이 되도록 한다. 판을 때려서 발생하는 음을 듣고 B는 A보다 ___㉠___ 음을 내고, C는 A보다 ___㉡___ 음을 내는 것을 확인한다. 진동수가 두 배가 될 때 한 옥타브 높은 음이 나므로 두 명제는 입증이 된다.

	㉠	㉡
①	한 옥타브 낮은	두 옥타브 낮은
②	한 옥타브 높은	두 옥타브 높은
③	두 옥타브 낮은	한 옥타브 높은
④	두 옥타브 높은	한 옥타브 낮은
⑤	두 옥타브 높은	한 옥타브 높은

203 다음 글에 대한 평가로 적절하지 않은 것은?

2019 민경채

> 당신은 '행복 기계'에 들어갈 것인지 망설이고 있다. 만일 들어간다면 그 순간 당신은 기계에 들어왔다는 것을 완전히 잊게 되고, 이 기계를 만나기 전에는 맛보기 힘든 멋진 시간을 가상현실 기술을 통해 경험하게 된다. 단, 누구든 한 번 그 기계에 들어가면 삶을 마칠 때까지 거기서 나올 수 없다. 이 기계에는 고장도 오작동도 없다. 당신은 이 기계에 들어가겠는가? 우리의 삶은 고난과 좌절로 가득 차 있지만, 우리는 그것들이 실제로 사라지기를 원하지 그저 사라졌다고 믿기를 원하지 않는다. 이러한 사실은, 참인 믿음이 우리에게 아무런 이익이 되지 않거나 심지어 손해를 가져오는 경우에도 우리가 거짓인 믿음보다 참인 믿음을 가지기를 선호한다는 견해를 뒷받침한다.
>
> 돈의 가치는 숫자가 적힌 종이 자체에 있지 않다. 돈이 가치를 지니는 것은 그것이 좋은 것들을 얻는 도구로 기능하기 때문이다. 참인 믿음을 가지는 것이 유용한 경우가 많은 것은 사실이지만, 다른 것들을 얻기 위한 수단인 돈과 달리 참인 믿음은 그 자체로 가치가 있다. 그리고 행복 기계에 관한 우리의 태도는 이를 분명하게 보여준다.
>
> 다른 것에 대한 선호로는 설명될 수 없는 원초적인 선호를 '기초 선호'라고 부른다. 가령 신체의 고통을 피하려는 것은 기초 선호로 보인다. 참인 믿음은 어떤가? 만약 참인 믿음이 기초 선호의 대상이 아니라면, 참인 믿음과 거짓인 믿음이 실용적 손익에서 동등할 경우 전자를 후자보다 더 선호해야 할 이유는 없다. 여기서 확인하게 되는 결론은, 참인 믿음이 기초 선호의 대상이라는 것이다. 그렇지 않다면, 사람들이 행복 기계에 들어가 행복한 거짓 믿음 속에 사는 편을 택하지 않을 이유가 없을 것이다.

① 대부분의 사람이 행복 기계에 들어가는 편을 택할 경우, 논지는 강화된다.

② 행복 기계가 현실에 존재하지 않는다는 사실이 논지를 약화하지는 않는다.

③ 치료를 위해 신체의 고통을 기꺼이 견디는 사람들이 있다고 해도 논지는 약화되지 않는다.

④ 행복 기계에 들어가지 않는 유일한 이유가 참과 무관한 실용적 이익임이 확인될 경우, 논지는 약화된다.

⑤ 실용적 이익이 없음에도 불구하고 우리가 수학적 참인 정리를 믿는 것을 선호한다는 사실은 논지를 강화한다.

204 다음 글에 대한 분석으로 적절하지 않은 것은?

2019 민경채

> 공포영화에 자주 등장하는 좀비는 철학에서도 자주 논의된다. 철학적 논의에서 좀비는 '의식을 갖지는 않지만 겉으로 드러나는 행동에서는 인간과 구별되지 않는 존재'로 정의된다. 이를 '철학적 좀비'라고 하자. ㉠인간은 고통을 느끼지만, 철학적 좀비는 고통을 느끼지 못한다. 즉 고통에 대한 의식을 가질 수 없는 존재라는 것이다. 그러나 ㉡철학적 좀비도 압정을 밟으면 인간과 마찬가지로 비명을 지르며 상처 부위를 부여잡을 것이다. 즉 행동 성향에서는 인간과 차이가 없다. 그렇기 때문에 겉으로 드러나는 모습만으로는 철학적 좀비와 인간을 구별할 수 없다. 그러나 ㉢인간과 철학적 좀비는 동일한 존재가 아니다. ㉣인간이 철학적 좀비와 동일한 존재라면, 인간도 고통을 느끼지 못하는 존재여야 한다.
>
> 물론 철학적 좀비는 상상의 산물이다. 그러나 우리가 철학적 좀비를 모순 없이 상상할 수 있다는 사실은 마음에 관한 이론인 행동주의에 문제가 있다는 점을 보여준다. 행동주의는 마음을 행동 성향과 동일시하는 입장이다. 이에 따르면, ㉤마음은 특정 자극에 따라 이러저러한 행동을 하려는 성향이다. ㉥행동주의가 옳다면, 인간이 철학적 좀비와 동일한 존재라는 점을 인정할 수밖에 없다. 그러나 인간과 달리 철학적 좀비는 마음이 없어서 어떤 의식도 가질 수 없는 존재다. 따라서 ㉦행동주의는 옳지 않다.

① ㉠과 ㉡은 동시에 참일 수 있다.
② ㉠과 ㉣이 모두 참이면, ㉢도 반드시 참이다.
③ ㉡과 ㉥이 모두 참이면, ㉤도 반드시 참이다.
④ ㉢과 ㉥이 모두 참이면, ㉦도 반드시 참이다.
⑤ ㉤과 ㉦은 동시에 거짓일 수 없다.

205 다음 글의 내용이 참일 때, 참인지 거짓인지 알 수 있는 것만을 〈보기〉에서 모두 고르면?

2019 민경채

> 머신러닝은 컴퓨터 공학에서 최근 주목 받고 있는 분야이다. 이 중 샤펠식 과정은 성공적인 적용 사례들로 인해 우리에게 많이 알려진 학습 방법이다. 머신러닝의 사례 가운데 샤펠식 과정에 해당하면서 의사결정트리 방식을 따르지 않는 경우는 없다.
>
> 머신러닝은 지도학습과 비지도학습이라는 두 배타적 유형으로 나눌 수 있고, 모든 머신러닝의 사례는 이 두 유형 중 어디엔가 속한다. 샤펠식 과정은 모두 전자에 속한다. 머신러닝에서 새로 떠오르는 방법은 강화학습인데, 강화학습을 활용하는 모든 경우는 후자에 속한다. 그리고 의사결정트리 방식을 적용한 사례들 가운데 강화학습을 활용하는 머신러닝의 사례도 있다.

보기

ㄱ. 의사결정트리 방식을 적용한 모든 사례는 지도학습의 사례이다.
ㄴ. 샤펠식 과정의 적용 사례가 아니면서 의사결정트리 방식을 적용한 경우가 존재한다.
ㄷ. 강화학습을 활용하는 머신러닝 사례들 가운데 의사결정트리 방식이 적용되지 않은 경우는 없다.

① ㄴ ② ㄷ
③ ㄱ, ㄴ ④ ㄱ, ㄷ
⑤ ㄱ, ㄴ, ㄷ

206 다음 글의 내용이 참일 때, 반드시 참인 것만을 〈보기〉에서 모두 고르면? 2019 민경채

전통문화 활성화 정책의 일환으로 일부 도시를 선정하여 문화관광특구로 지정할 예정이다. 특구 지정 신청을 받아본 결과, A, B, C, D, 네 개의 도시가 신청하였다. 선정과 관련하여 다음 사실이 밝혀졌다.

- A가 선정되면 B도 선정된다.
- B와 C가 모두 선정되는 것은 아니다.
- B와 D 중 적어도 한 도시는 선정된다.
- C가 선정되지 않으면 B도 선정되지 않는다.

보기

ㄱ. A와 B 가운데 적어도 한 도시는 선정되지 않는다.
ㄴ. B도 선정되지 않고 C도 선정되지 않는다.
ㄷ. D는 선정된다.

① ㄱ ② ㄴ
③ ㄱ, ㄷ ④ ㄴ, ㄷ
⑤ ㄱ, ㄴ, ㄷ

207 다음 글의 ⓐ와 ⓑ에 들어가기에 적절한 것을 〈보기〉에서 골라 알맞게 짝지은 것은? 2019 민경채

귀납주의란 과학적 탐구 방법의 핵심이 귀납이라는 입장이다. 즉, 과학적 이론은 귀납을 통해 만들어지고, 그 정당화 역시 귀납을 통해 이루어진다는 것이다. 그러나 실제 과학의 역사를 고려하면 귀납주의는 문제에 처하게 된다. 이러한 문제 상황은 다음과 같은 타당한 논증을 통해 제시될 수 있다.

만약 귀납이 과학의 역사에서 사용된 경우가 드물다면, 과학의 역사는 바람직한 방향으로 발전하지 않았거나 또는 귀납주의는 실제로 행해진 과학적 탐구 방법의 특징을 드러내는 데 실패했다고 보아야 한다. 과학의 역사가 바람직한 방향으로 발전하지 않았다면, 귀납주의에서는 수많은 과학적 지식을 정당화되지 않은 것으로 간주해야 한다. 그리고 귀납주의가 실제로 행해진 과학적 탐구 방법의 특징을 드러내는 데 실패했다면, 귀납주의는 과학적 탐구 방법에 대한 잘못된 이론이다. 그런데 우리는 과학의 역사가 바람직한 방향으로 발전하지 않았거나, 귀납주의가 실제로 행해진 과학적 탐구 방법의 특징을 드러내는 데 실패했다고 보아야 한다. 그 이유는 [ⓐ]는 것이다. 그리고 이로부터 우리는 다음 결론을 도출하게 된다. [ⓑ].

보기

ㄱ. 과학의 역사에서 귀납이 사용된 경우는 드물다
ㄴ. 과학의 역사에서 귀납 외에도 다양한 방법들이 사용되었다
ㄷ. 귀납주의는 과학적 탐구 방법에 대한 잘못된 이론이고, 귀납주의에서는 수많은 과학적 지식을 정당화되지 않은 것으로 간주해야 한다
ㄹ. 귀납주의가 과학적 탐구 방법에 대한 잘못된 이론이라면, 귀납주의에서는 수많은 과학적 지식을 정당화되지 않은 것으로 간주해야 한다
ㅁ. 귀납주의가 과학적 탐구 방법에 대한 잘못된 이론이 아니라면, 귀납주의에서는 수많은 과학적 지식을 정당화되지 않은 것으로 간주해야 한다

	ⓐ	ⓑ
①	ㄱ	ㄷ
②	ㄱ	ㄹ
③	ㄱ	ㅁ
④	ㄴ	ㄹ
⑤	ㄴ	ㅁ

208 다음 글의 논증을 약화하는 것만을 〈보기〉에서 모두 고르면?

2019 민경채

인간 본성은 기나긴 진화 과정의 결과로 생긴 복잡한 전체다. 여기서 '복잡한 전체'란 그 전체가 단순한 부분들의 합보다 더 크다는 의미이다. 인간을 인간답게 만드는 것, 즉 인간에게 존엄성을 부여하는 것은 인간이 갖고 있는 개별적인 요소들이 아니라 이것들이 모여 만들어내는 복잡한 전체이다. 또한 인간 본성이라는 복잡한 전체를 구성하고 있는 하부 체계들은 상호 간에 극단적으로 밀접하게 연관되어 있다. 따라서 그중 일부라도 인위적으로 변경하면, 이는 불가피하게 전체의 통일성을 무너지게 한다. 이 때문에 과학기술을 이용해 인간 본성을 인위적으로 변경하여 지금의 인간을 보다 향상된 인간으로 만들려는 시도는 금지되어야 한다. 이런 시도를 하는 사람들은 인간이 가져야 할 훌륭함이 무엇인지 스스로 잘 안다고 생각하며, 거기에 부합하지 않는 특성들을 선택해 이를 개선하고자 한다. 그러나 인간 본성의 '좋은' 특성은 '나쁜' 특성과 밀접하게 연결되어 있기 때문에, 후자를 개선하려는 시도는 전자에 대해서도 영향을 미칠 수밖에 없다. 예를 들어, 우리가 질투심을 느끼지 못한다면 사랑 또한 느끼지 못하게 된다는 것이다. 사랑을 느끼지 못하는 인간들이 살아가는 사회에서 어떤 불행이 펼쳐질지 우리는 가늠조차 할 수 없다. 즉 인간 본성을 선별적으로 개선하려 들면, 복잡한 전체를 무너뜨리는 위험성이 불가피하게 발생하게 된다. 따라서 우리는 인간 본성을 구성하는 어떠한 특성에 대해서도 그것을 인위적으로 개선하려는 시도에 반대해야 한다.

보기

ㄱ. 인간 본성은 인간이 갖는 도덕적 지위와 존엄성의 궁극적 근거이다.
ㄴ. 모든 인간은 자신을 포함하여 인간 본성을 지닌 모든 존재가 지금의 상태보다 더 훌륭하게 되길 희망한다.
ㄷ. 인간 본성의 하부 체계는 상호 분리된 모듈들로 구성되어 있기 때문에 인간 본성의 특정 부분을 인위적으로 변경하더라도 그 변화는 모듈 내로 제한된다.

① ㄱ
② ㄷ
③ ㄱ, ㄴ
④ ㄴ, ㄷ
⑤ ㄱ, ㄴ, ㄷ

209 다음 글의 내용이 참일 때, 반드시 참인 것만을 〈보기〉에서 모두 고르면?

2019 민경채

공군이 차기 전투기 도입에서 고려해야 하는 사항은 비행시간이 길어야 한다는 것, 정비시간이 짧아야 한다는 것, 폭탄 적재량이 많아야 한다는 것, 그리고 공대공 전투능력이 높아야 한다는 것, 이상 네 가지이다. 그리고 이 네 가지는 각각 그런 경우와 그런 경우의 반대 둘 중의 하나이며 그 중간은 없다.

전투기의 폭탄 적재량이 많거나 공대공 전투능력이 높다면, 정비시간은 길다. 반면에 비행시간이 길면 공대공 전투능력은 낮다. 공군은 네 가지 고려사항 중에서 최소한 두 가지 이상을 통과한 기종을 선정해야 한다. 그런데 공군은 위 고려사항 중에서 정비시간이 짧아야 한다는 조건만큼은 결코 포기할 수 없다는 입장이다. 따라서 정비시간이 짧아야 한다는 것은 차기 전투기로 선정되기 위한 필수적인 조건이다.

한편, 이번 전투기 도입 사업에 입찰한 업체들 중 하나인 A사는 비행시간이 길고 폭탄 적재량이 많은 기종을 제안했다. 언론에서는 A사의 기종이 선정될 것이라고 예측하였다. 이후 공군에서는 선정 조건에 맞게 네 고려사항 중 둘 이상을 통과한 기종의 전투기를 도입하였는데 그것이 A사의 기종이었는지는 아직 알려지지 않았다.

보기

ㄱ. 언론의 예측은 옳았다.
ㄴ. 공군이 도입한 기종은 비행시간이 길다.
ㄷ. 입찰한 업체의 기종이 공대공 전투능력이 높다면, 그 기종은 비행시간이 짧다.

① ㄱ
② ㄴ
③ ㄱ, ㄷ
④ ㄴ, ㄷ
⑤ ㄱ, ㄴ, ㄷ

210 다음 대화 내용이 참일 때, ㉠으로 적절한 것은?

2019 민경채

서희: 우리 회사 전 직원을 대상으로 A, B, C 업무 중에서 자신이 선호하는 것을 모두 고르라는 설문 조사를 실시했는데, A와 B를 둘 다 선호한 사람은 없었어.
영민: 나도 그건 알고 있어. 그뿐만 아니라 C를 선호한 사람은 A를 선호하거나 B를 선호한다는 것도 이미 알고 있지.
서희: A는 선호하지 않지만 B는 선호하는 사람이 있다는 것도 이미 확인된 사실이야.
영민: 그럼, ㉠종범이 말한 것이 참이라면, B만 선호한 사람이 적어도 한 명 있겠군.

① A를 선호하는 사람은 모두 C를 선호한다.
② A를 선호하는 사람은 누구도 C를 선호하지 않는다.
③ B를 선호하는 사람은 모두 C를 선호한다.
④ B를 선호하는 사람은 누구도 C를 선호하지 않는다.
⑤ C를 선호하는 사람은 모두 B를 선호한다.

211 다음 글의 ㉠~㉢에 들어갈 일반 원칙을 바르게 나열한 것은?

2020 민경채

우리가 하는 주장 가운데 어떤 것은 도덕적 주장이고 어떤 것은 도덕과 무관한 주장이다. 가령 아래의 (1)은 도덕적 주장인 반면 (2)는 도덕과 무관한 주장이라는 데 모두 동의할 것이다.

(1) 갑은 선한 사람이다.
(2) 을은 병을 싫어한다.

이런 종류의 주장과 관련한 일반 원칙으로 우리가 다음 세 가지를 받아들인다고 하자.

A: 어떤 주장이 도덕적 주장이라면, 그 주장의 부정도 도덕적 주장이다.
B: 어떤 주장이 도덕과 무관한 주장이라면, 그 주장의 부정도 도덕과 무관한 주장이다.
C: 도덕과 무관한 주장으로부터 도출된 것은 모두 도덕과 무관한 주장이다.

나아가 어떠한 주장이든지 그것은 도덕적 주장이거나 도덕과 무관한 주장이라고 해보자. 이때 우리는 다음의 (3)이 도덕적 주장이라는 것을 증명할 수 있다.

(3) 갑은 선한 사람이거나 을은 병을 싫어한다.

이를 위해 먼저 (3)이 도덕과 무관한 주장이라고 가정해보자. 우리는 이런 가정이 모순을 초래한다는 사실을 보일 것이다. (3)이 도덕과 무관한 주장이므로 일반 원칙 [㉠]에 따라 우리는 다음의 (4)도 도덕과 무관한 주장이라고 해야 한다.

(4) 갑은 선한 사람이 아니고 을은 병을 싫어하지 않는다.

(4)가 도덕과 무관한 주장이므로 일반 원칙 [㉡]에 따라 우리는 (4)로부터 도출되는 다음의 (5)도 도덕과 무관한 주장이라고 해야 한다.

(5) 갑은 선한 사람이 아니다.

하지만 우리는 애초에 (1)이 도덕적 주장이라는 점을 받아들였다. 그러므로 일반 원칙 [㉢]에 따라 우리는 (1)을 부정한 것인 (5)가 도덕적 주장이라고 해야 한다. 마침내 우리는 (5)가 도덕과 무관한 주장이면서 또한 도덕적 주장이라는 모순된 결과에 다다르게 되었다. (3)이 도덕과 무관한 주장이라는 가정은 이처럼 모순을 초래하므로, 결국 우리는 (3)이 도덕적 주장이라고 결론내려야 한다.

	㉠	㉡	㉢
①	A	B	C
②	A	C	B
③	B	A	C
④	B	C	A
⑤	C	B	A

212 다음 대화의 ㉠과 ㉡에 들어갈 말을 적절하게 짝지은 것은? 2020 민경채

> 갑: 신입직원 가운데 일부가 봉사활동에 지원했습니다. 그리고 [㉠]
>
> 을: 지금 하신 말씀에 따르자면, 제 판단으로는 하계연수에 참여하지 않은 사람 중에 신입직원이 있다는 결론이 나오는군요.
>
> 갑: 그렇게 판단하신 게 정확히 맞습니다. 아니, 잠깐만요. 아차, 제가 앞에서 말씀드린 부분 중에 오류가 있었군요. 죄송합니다. 신입직원 가운데 일부가 봉사활동에 지원했다는 것은 맞는데, 그 다음이 틀렸습니다. 봉사활동 지원자는 전부 하계연수에도 참여했다고 말씀드렸어야 했습니다.
>
> 을: 알겠습니다. 그렇다면 아까와 달리 "[㉡]"라는 결론이 나오는 것이로군요.
>
> 갑: 바로 그렇습니다.

① ㉠: 하계연수 참여자 가운데는 봉사활동에 지원했던 사람이 없습니다.
　㉡: 신입직원 가운데 하계연수 참여자가 있다.

② ㉠: 하계연수 참여자 가운데는 봉사활동에 지원했던 사람이 없습니다.
　㉡: 신입직원 가운데 하계연수 참여자는 한 명도 없다.

③ ㉠: 하계연수 참여자는 모두 봉사활동에도 지원했던 사람입니다.
　㉡: 신입직원 가운데 하계연수 참여자는 한 명도 없다.

④ ㉠: 하계연수 참여자 가운데 봉사활동에도 지원했던 사람이 있습니다.
　㉡: 신입직원 가운데 하계연수 참여자가 있다.

⑤ ㉠: 하계연수 참여자 가운데 봉사활동에도 지원했던 사람이 있습니다.
　㉡: 신입직원은 모두 하계연수 참여자이다.

213 다음 글의 내용이 참일 때, 대책회의에 참석하는 전문가의 최대 인원 수는? 2020 민경채

> 8명의 전문가 A~H를 대상으로 코로나19 대책회의 참석 여부에 관해 조사한 결과 다음과 같은 정보를 얻었다.
>
> • A, B, C 세 사람이 모두 참석하면, D나 E 가운데 적어도 한 사람은 참석한다.
> • C와 D 두 사람이 모두 참석하면, F도 참석한다.
> • E는 참석하지 않는다.
> • F나 G 가운데 적어도 한 사람이 참석하면, C와 E 두 사람도 참석한다.
> • H가 참석하면, F나 G 가운데 적어도 한 사람은 참석하지 않는다.

① 3명　② 4명
③ 5명　④ 6명
⑤ 7명

214 다음 글의 내용이 참일 때, 반드시 참인 것만을 〈보기〉에서 모두 고르면? 2020 민경채

> A, B, C, D, E는 스키, 봅슬레이, 컬링, 쇼트트랙, 아이스하키 등 총 다섯 종목 중 각자 한 종목을 관람하고자 한다. 스키와 봅슬레이는 산악지역에서 열리며, 나머지 종목은 해안지역에서 열린다. 다섯 명의 관람 종목에 대한 조건은 다음과 같다.
>
> - A, B, C, D, E는 서로 다른 종목을 관람한다.
> - A와 B는 서로 다른 지역에서 열리는 종목을 관람한다.
> - C는 스키를 관람한다.
> - B가 쇼트트랙을 관람하면, D가 봅슬레이를 관람한다.
> - E가 쇼트트랙이나 아이스하키를 관람하면, A는 봅슬레이를 관람한다.

보기

ㄱ. A가 봅슬레이를 관람하면, D는 아이스하키를 관람한다.
ㄴ. B는 쇼트트랙을 관람하지 않는다.
ㄷ. E가 쇼트트랙을 관람하면, B는 컬링이나 아이스하키를 관람한다.

① ㄱ ② ㄴ
③ ㄱ, ㄷ ④ ㄴ, ㄷ
⑤ ㄱ, ㄴ, ㄷ

215 다음 글의 내용이 참일 때, 반드시 참인 것은? 2020 민경채

> 도시발전계획의 하나로 관할 지역 안에 문화특화지역과 경제특화지역을 지정하여 활성화하는 정책을 추진하고 있는 A시와 관련하여 다음 사항이 알려졌다.
>
> - A시의 관할 지역은 동구와 서구로 나뉘어 있고 갑, 을, 병, 정, 무는 이 시에 거주하는 주민이다.
> - A시는 문화특화지역과 경제특화지역을 곳곳에 지정하였으나, 두 지역이 서로 겹치는 경우는 없다.
> - 문화특화지역으로 지정된 곳에서는 모두 유물이 발견되었다.
> - 동구에서 경제특화지역으로 지정된 곳의 주민은 모두 부유하다.
> - 서구에 거주하는 주민은 모두 아파트에 산다.

① 갑이 유물이 발견된 지역에 거주한다면, 그는 부유하지 않다.
② 을이 부유하다면, 그는 경제특화지역에 거주하고 있다.
③ 병이 아파트에 살지는 않지만 경제특화지역에 거주한다면, 그는 부유하다.
④ 정이 아파트에 살지 않는다면, 그는 유물이 발견되지 않은 지역에 거주한다.
⑤ 무가 문화특화지역에 거주한다면, 그는 아파트에 살지 않는다.

216 다음 갑~병의 주장에 대한 평가로 적절한 것만을 〈보기〉에서 모두 고르면? 2020 민경채

갑: 어떤 나라의 법이 불공정하거나 악법이라고 해도 그 나라의 시민은 그것을 준수해야 한다. 그 나라의 시민으로 살아간다는 것이 법을 준수하겠다는 암묵적인 합의를 한 것이나 마찬가지이기 때문이다. 우리에게는 약속을 지켜야 할 의무가 있다. 만일 우리의 법이 마음에 들지 않았다면 처음부터 이 나라를 떠나 이웃 나라로 이주할 수 있는 자유가 언제나 있었던 것이다. 이 나라에서 시민으로 일정 기간 이상 살았다면 법을 그것의 공정 여부와 무관하게 마땅히 지켜야만 하는 것이 우리 시민의 의무이다.

을: 법을 지키겠다는 암묵적 합의는 그 법이 공정한 것인 한에서만 유효한 것이다. 만일 어떤 법이 공정하지 않다면 그런 법을 지키는 것은 오히려 타인의 인권을 침해할 소지가 있고, 따라서 그런 법의 준수를 암묵적 합의의 일부로 간주해서는 안 될 것이다. 그러므로 공정한 법에 대해서만 선별적으로 준수의 의무를 부과하는 것이 타당하다.

병: 법은 정합적인 체계로 구성되어 있어서 어떤 개별 법 조항도 다른 법과 무관하게 독자적으로 주어질 수 없다. 모든 법은 상호 의존적이어서 어느 한 법의 준수를 거부하면 반드시 다른 법의 준수 여부에도 영향을 미칠 수밖에 없다. 예를 들어, 조세법이 부자에게 유리하고 빈자에게 불리한 불공정한 법이라고 해서 그것 하나만 따로 떼어내어 선별적으로 거부한다는 것은 불가능하다. 그렇게 했다가는 결국 아무 문제가 없는 공정한 법의 준수 여부에까지 영향을 미치게 될 것이다. 따라서 법의 선별적 준수는 전체 법체계의 유지에 큰 혼란을 불러올 우려가 있으므로 받아들여서는 안 된다.

보기

ㄱ. 예외적인 경우에 약속을 지키지 않아도 된다면 갑의 주장은 강화된다.
ㄴ. 법의 공정성을 판단하는 별도의 기준이 없다면 을의 주장은 약화된다.
ㄷ. 이민자를 차별하는 법이 존재한다면 병의 주장은 약화된다.

① ㄱ ② ㄴ
③ ㄱ, ㄷ ④ ㄴ, ㄷ
⑤ ㄱ, ㄴ, ㄷ

217 다음 글에 비추어 볼 때, 〈실험〉에 대한 분석으로 적절한 것만을 〈보기〉에서 모두 고르면? 2020 민경채

통계학자들은 오직 두 가설, 즉 영가설과 대립가설만을 고려하는 경우가 있다. 여기서 영가설이란 취해진 조치가 조치의 대상에 아무런 영향을 주지 않는다는 가설이고, 대립가설이란 영향을 준다는 가설이다. 예컨대 의사의 조치가 특정 질병 치료에 아무런 효과도 없다는 가설은 영가설이고, 의사의 조치가 그 질병을 치료하는 데 효과가 있다는 가설은 대립가설이다.

실험

A는 다음의 두 가설과 관련하여 아래 실험을 수행하였다.

- 가설 1: 쥐가 동일한 행동을 반복할 때 이전 행동에서 이루어진 강제조치가 다음 번 행동에 영향을 준다.
- 가설 2: 쥐가 동일한 행동을 반복할 때 이전 행동에서 이루어진 강제조치가 다음 번 행동에 영향을 주지 않는다.

왼쪽 방향 또는 오른쪽 방향으로 갈 수 있는 갈림길이 있는 미로가 있다. 실험자는 쥐 1마리를 이 미로의 입구에 집어넣었다. 미로에 들어간 쥐가 갈림길에 도달하면 실험자가 개입하여 쥐가 한 쪽 방향으로 가도록 강제조치했다. 그런 다음 실험자는 미로의 출구 부분에서 쥐를 꺼내 다시 미로의 입구에 집어넣고 쥐가 갈림길에서 어느 방향으로 가는지를 관찰하였다. 100마리의 쥐를 대상으로 이러한 실험을 실시한 결과 대부분의 쥐들은 이전에 가지 않았던 방향으로 갔다.

보기

ㄱ. 가설 1은 대립가설이고 가설 2는 영가설이다.
ㄴ. 〈실험〉의 결과는 대립가설을 강화한다.
ㄷ. 〈실험〉에서 미로에 처음 들어간 쥐들에게 갈림길에서 50마리의 쥐들은 왼쪽 방향으로, 나머지 50마리의 쥐들은 오른쪽 방향으로 가도록 실험자가 강제조치하였다는 사실이 밝혀진다면 영가설은 강화된다.

① ㄱ ② ㄷ
③ ㄱ, ㄴ ④ ㄴ, ㄷ
⑤ ㄱ, ㄴ, ㄷ

218 다음 글의 ㉠을 강화하는 것만을 〈보기〉에서 모두 고르면? 2020 민경채

> 동물의 감각이나 반응을 일으키는 최소한의 자극을 '식역'이라고 한다. 인간의 경우 일반적으로 40밀리 초 이하의 시각적 자극은 '보았다'고 답하는 경우가 거의 없다. 그렇다면 식역 이하의 시각적 자극은 우리에게 아무런 영향도 주지 않는 것일까?
>
> 연구자들은 사람들에게 식역 이하의 짧은 시간 동안 문자열을 먼저 제시한 후 뒤이어 의식적으로 지각할 수 있을 만큼 문자열을 제시하는 실험을 진행했다. 이 실험에서 연구자들은 먼저 제시된 문자열을 '프라임'으로, 뒤이어 제시된 문자열을 '타깃'으로 불렀다. 프라임을 식역 이하로 제시한 후 뒤이어 타깃을 의식적으로 볼 수 있을 만큼 제시했을 때 피험자들은 타깃 앞에 프라임이 있었다는 사실조차 알아차리지 못했다.
>
> 거듭된 실험을 통해 밝혀진 사실 가운데 하나는 피험자가 비록 보았다고 의식하지 못한 낱말일지라도 제시된 프라임이 타깃과 동일한 낱말인 경우 처리속도가 빨라진다는 것이었다. 예컨대 'radio' 앞에 'house'가 제시되었을 때보다 'radio'가 제시되었을 때 반응이 빨라졌다. 동일한 낱말의 반복이 인지 반응을 촉진한 것이었다. 식역 이하로 제시된 낱말임에도 불구하고 뒤이어 나온 낱말의 처리속도에 영향을 미친 이런 효과를 가리켜 '식역 이하의 반복 점화'라고 부른다.
>
> 흥미로운 점은, 프라임이 소문자로 된 낱말 'radio'이고 타깃이 대문자로 된 낱말 'RADIO'일 때 점화 효과가 나타났다는 것이다. 시각적으로 그 둘의 외양은 다르다. 그렇다면 두 종류의 표기에 익숙한 언어적, 문화적 관습에 따라 'radio'와 'RADIO'를 같은 낱말로 인지한 것으로 볼 수 있다. 이에 비추어 볼 때, ㉠식역 이하의 반복 점화는 추상적인 수준에서 나타나는 것으로 보인다.

보기

ㄱ. 같은 낱말을 식역 이하로 반복하여 여러 번 눈앞에 제시해도 피험자들은 그 낱말을 인지하지 못하였다.

ㄴ. 샛별이 금성이라는 것을 아는 사람에게 프라임으로 '금성'을 식역 이하로 제시한 후 타깃으로 '샛별'을 의식적으로 볼 수 있을 만큼 제시했을 때, 점화 효과가 나타나지 않았다.

ㄷ. 한국어와 영어에 능숙한 사람에게 'five'만을 의식적으로 볼 수 있을 만큼 제시한 경우보다 프라임으로 '다섯'을 식역 이하로 제시한 후 타깃으로 'five'를 의식적으로 볼 수 있을 만큼 제시했을 때, 'five'에 대한 반응이 더 빨랐다.

① ㄱ　② ㄷ
③ ㄱ, ㄴ　④ ㄴ, ㄷ
⑤ ㄱ, ㄴ, ㄷ

219 다음 글의 내용이 참일 때, 반드시 참인 것은?

2020 국가직 7급 모의

> 갑돌과 정순은 매일 커피를 마시는 흡연자이다. 을순과 병돌은 매년 치석을 없앤다. 그리고 치아의 색깔에 관한 다음의 사실이 알려져 있다.
>
> - 치석을 매년 없애지 않고 매일 커피를 마시는 사람의 경우, 그의 이가 노랄 확률은 60% 이상이다.
> - 치석을 매년 없애지 않는 흡연자의 경우, 그의 이가 노랄 확률은 80% 이상이다.
> - 치석을 매년 없애지 않고 매일 커피를 마시는 흡연자의 경우, 그의 이가 노랄 확률은 90% 이상이다.
> - 치석을 매년 없애는 사람의 경우, 그의 이가 노랄 확률은 그의 커피 섭취 및 흡연 여부와 무관하게 20% 미만이다.

① 갑돌의 이가 노랄 확률은 80% 이상이다.
② 을순의 이가 노랗지 않을 확률은 80% 미만이다.
③ 정순이 치석을 매년 없애지 않는다면, 그의 이가 노랄 확률은 90% 이상이다.
④ 병돌이 매일 커피를 마신다면, 그의 이가 노랄 확률은 20% 이상이다.

220 다음 글의 내용이 참일 때, 반드시 참인 것만을 〈보기〉에서 모두 고르면?

2020 국가직 7급 모의

> 인접한 지방자치단체인 ○○군을 △△시에 통합하는 안건은 △△시의 5개 구인 A, B, C, D, E 중 3개 구 이상의 찬성으로 승인된다. 안건에 관한 입장은 찬성하거나 찬성하지 않거나 둘 중 하나이다. 각 구의 입장은 다음과 같다.
>
> - A가 찬성한다면 B와 C도 찬성한다.
> - C는 찬성하지 않는다.
> - D가 찬성한다면 A와 E 중 한 개 이상의 구는 찬성한다.

보기

ㄱ. B가 찬성하지 않는다면, 안건은 승인되지 않는다.
ㄴ. B가 찬성하는 경우 E도 찬성한다면, 안건은 승인된다.
ㄷ. E가 찬성하지 않는다면, D도 찬성하지 않는다.

① ㄱ　② ㄴ
③ ㄱ, ㄷ　④ ㄴ, ㄷ

221 다음 글의 내용이 참일 때, 반드시 참인 것만을 〈보기〉에서 모두 고르면?

2020 국가직 7급 모의

일반행정 직렬 주무관으로 새로 채용된 갑진, 을현, 병천은 행정안전부, 고용노동부, 보건복지부에 한 명씩 배치되는 것으로 정해졌다. 가인, 나운, 다은, 라연은 배치 결과를 궁금해 하며 다음과 같이 예측했는데, 이 중 한 명의 예측만 틀렸음이 밝혀졌다.

가인: 을현은 행정안전부에, 병천은 보건복지부에 배치될 거야.
나운: 을현이 행정안전부에 배치되면, 갑진은 고용노동부에 배치될 거야.
다은: 을현이 행정안전부에 배치되지 않으면, 병천이 행정안전부에 배치될 거야.
라연: 갑진은 고용노동부에, 병천은 행정안전부에 배치될 거야.

보기

ㄱ. 갑진은 고용노동부에 배치된다.
ㄴ. 을현은 행정안전부에 배치된다.
ㄷ. 라연의 예측은 틀렸다.

① ㄱ　② ㄴ
③ ㄱ, ㄷ　④ ㄴ, ㄷ

222 다음 글의 갑~병의 견해에 대한 분석으로 적절한 것만을 〈보기〉에서 모두 고르면?

2020 국가직 7급 모의

우리는 'A라는 성질을 가진 대상이 모두 B라는 성질을 가진다.'고 주장할 때 'A는 모두 B이다.'라는 형식의 진술 U를 사용한다. A라는 성질을 가진 대상이 존재할 때, U가 언제 참이고 언제 거짓인지에 대한 어떤 의견 차이도 없다. 즉, A라는 성질을 가진 대상이 존재할 때, 그 대상들이 모두 B라는 성질을 가진다면 U는 참이고, 그 대상들 중 B라는 성질을 가지지 않는 대상이 있다면 U는 거짓이다. 하지만 A라는 성질을 가진 대상이 존재하지 않을 때, U가 언제 참이고 언제 거짓인지를 둘러싸고 여러 견해가 있다.

갑: U는 'A이면서 B가 아닌 대상은 하나도 없다.'는 주장으로 이해해야 한다. 만약 A인 대상이 존재하지 않는다면, A이면서 B가 아닌 대상은 당연히 존재하지 않는다. 따라서 A인 대상이 존재하지 않는 경우, U는 참이다.
을: U에는 'A이면서 B가 아닌 대상은 하나도 없다.'는 주장과 더불어 'A인 대상이 존재한다.'는 주장까지 담겨 있다. 그러므로 A인 대상이 존재하지 않는다면, 후자의 주장이 거짓이 되므로 U 역시 거짓이다.
병: A인 대상이 존재하지 않는다는 사실만 갖고 U가 참이라거나 거짓이라고 말해서는 안 된다. 오히려 A인 대상이 존재해야 한다는 것은 U를 참이나 거짓으로 판단하기 위해 먼저 성립해야 할 조건이다. 그러므로 A인 대상이 존재하지 않는다면, 이 조건을 충족하지 못한 것이므로 U는 참도 거짓도 아니다.

보기

ㄱ. 갑과 을은 'A인 대상이 존재하지만 B인 대상이 존재하지 않는다면, U는 거짓이다.'라는 것에 동의한다.
ㄴ. 을과 병은 'U가 참이라면, A인 대상이 존재한다.'는 것에 동의한다.
ㄷ. 갑과 병은 'U가 거짓이라면, A인 대상이 존재한다.'는 것에 동의한다.

① ㄱ　② ㄷ
③ ㄱ, ㄴ　④ ㄱ, ㄴ, ㄷ

223 다음 글의 ㉠을 강화하는 것만을 〈보기〉에서 모두 고르면? 2020 국가직 7급 모의

1977년 캐나다의 실험에서 연구진은 인공 조미료 사카린이 인간에게 암을 일으킬 수 있는지를 밝히려고 약 200마리의 쥐를 사용해 실험했다. 실험 결과가 발표되자 그 활용의 타당성에 관해 비판이 제기되었다. 투여된 사카린의 양이 쥐가 먹는 음식의 5%로 너무 많다는 것이었다. 인간에게 그 양은 음료수 800병에 함유된 사카린 양인데, 누가 하루에 음료수를 800병이나 마시겠느냐는 비판이었다.

일리가 없는 말은 아니지만 ㉠이것은 합당한 비판이 아니다. 물론 인간에게 적용할 실험 결과를 얻으려면 인간이 사카린에 노출되는 상황을 그대로 재현하여 실험하는 것이 바람직하다. 그러나 일상적인 환경에서 대개의 발암물질은 유효성이 아주 낮아서 수천 명 중 한 명 정도의 비율로만 그 효과를 확인할 수 있다. 발암물질의 유효성은 몸에 해당 물질을 받아들인 개체들 가운데 암에 걸리는 개체의 비율에 의존하는데, 이 비율이 낮을수록 발암물질의 유효성이 낮아진다. 물론 발암물질의 유효성이 낮아도 그 피해는 클 수 있다. 예를 들어 유효성이 매우 낮은 경우라도, 관련 모집단이 수천만 명이라면 그로 인해 암에 걸리는 사람은 수만 명에 이를 수 있다. 이런 상황에서 발암물질의 효과를 확인하려는 동물 실험은 최소한 수만 마리의 쥐를 이용한 실험을 해야 유의미한 결과를 얻을 수 있다. 하지만 그렇게 많은 쥐를 이용해서 실험하는 것은 불가능하다.

이럴 때 택하는 전형적인 전략은 실험 대상의 수를 줄이고 발암물질의 투여량을 늘리는 것이다. 예를 들어, 어떤 발암물질을 통상적인 수준에서 투여한다면 200마리의 쥐 가운데 암이 발생한 것은 거의 없을 것이다. 하지만 그 발암물질을 전체 음식의 5%로 늘리게 되면 200마리의 쥐 가운데에서도 암이 발생한 쥐의 수는 제법 늘어나게 될 것이다. 이렇게 발암물질의 투여량을 늘리면 실험 대상의 수를 줄이더라도 유의미한 실험 결과를 확보할 수 있는 것이다. 결국 사카린과 암 사이의 인과관계를 밝히려 한 1977년 실험과 그 활용의 타당성에 근본적인 잘못이 있다고 할 수 없다.

보기

ㄱ. 인간이든 쥐든 암이 발생하는 사례의 수는 발암물질의 섭취량에 비례한다.

ㄴ. 쥐에게 다량 투입하였을 때 암을 일으킨 물질 중에는 인간에게 발암물질이 아닌 것이 있다.

ㄷ. 발암물질의 유효성이 클수록 더 많은 수의 실험 대상을 확보해야 유의미한 실험 결과를 얻을 수 있다.

① ㄱ ② ㄷ
③ ㄱ, ㄴ ④ ㄴ, ㄷ

224 다음 글의 실험 결과가 강화하는 것만을 〈보기〉에서 모두 고르면?

2020 국가직 7급 모의

한 연구진은 자극 X가 뇌에 미치는 영향을 밝히기 위한 실험을 수행하였다. 그들은 자극 X가 있는 환경에서 성장한 동물과 자극 X가 없는 환경에서 성장한 동물을 비교했을 때 뇌에 차이가 있을 것이라고 추측했다.

실험을 위해 동일한 조건의 연구용 쥐 100마리를 절반씩 나누어 각각 A와 B 그룹으로 배정하였다. A 그룹의 쥐는 자극 X에 노출된 반면, B 그룹의 쥐는 자극 X에 노출되지 않았다. 자극 X를 제외한 다른 조건은 두 그룹에서 동일하였다. 일정 기간이 지나고 두 그룹 쥐의 뇌에 대해서 부위별로 무게 측정과 화학 분석이 이루어졌다. 그 결과 A 그룹의 쥐는 B 그룹의 쥐와 다른 점을 보여주었다.

두 그룹에서 나타난 가장 두드러진 차이점은 전체 뇌 무게에 대한 대뇌피질의 무게 비율이었다. 대뇌피질은 경험에 반응하고 운동, 기억, 학습, 감각적 입력을 관장하는 뇌의 한 부위이다. A 그룹 쥐의 대뇌피질은 B 그룹 쥐의 대뇌피질보다 더 무겁고 더 치밀했지만, 뇌의 나머지 부위의 무게에는 차이가 없었다.

또한 B 그룹의 쥐의 뇌보다 A 그룹의 쥐의 뇌에서는 크기가 큰 신경세포뿐만 아니라 신경교세포도 더 많이 발견되었다. 신경교세포는 뇌의 신경세포를 성장시켜 크기를 키우는 역할을 하는 세포이다. 세포의 DNA에 대한 RNA의 비율은 세포가 성장하지 않을 때보다 세포가 성장하여 크기가 커질 때 높아진다. 두 그룹의 쥐의 뇌를 분석한 결과, DNA에 대한 RNA의 비율이 높아진 뇌 신경세포가 B 그룹보다 A 그룹에 더 많이 있다는 사실이 확인되었다. A 그룹의 쥐의 뇌에서는 신경전달물질 α가 더 많이 분비되었는데, 신경전달물질 α의 양은 A 그룹 쥐의 뇌보다 B 그룹 쥐의 뇌에서 약 30% 이상 더 적은 것으로 확인되었다.

보기

ㄱ. 자극 X가 있으면 없을 때보다 신경교세포의 수와 신경전달물질 α의 분비량이 많아진다.
ㄴ. 자극 X가 있으면 없을 때보다 전체 뇌 무게에 대한 대뇌피질의 무게 비율이 높아지고 대뇌피질이 촘촘해진다.
ㄷ. 자극 X가 없으면 있을 때보다 뇌 신경세포의 크기와 수가 늘어난다.

① ㄱ ② ㄷ
③ ㄱ, ㄴ ④ ㄴ, ㄷ

225 다음 글의 빈칸에 들어갈 내용으로 가장 적절한 것은?

2021 국가직 7급

민간 문화 교류 증진을 목적으로 열리는 국제 예술 공연의 개최가 확정되었다. 이번 공연이 민간 문화 교류 증진을 목적으로 열린다면, 공연 예술단의 수석대표는 정부 관료가 맡아서는 안 된다. 만일 공연이 민간 문화 교류 증진을 목적으로 열리고 공연 예술단의 수석대표는 정부 관료가 맡아서는 안 된다면, 공연 예술단의 수석대표는 고전음악 지휘자나 대중음악 제작자가 맡아야 한다. 현재 정부 관료 가운데 고전음악 지휘자나 대중음악 제작자는 없다. 예술단에 수석대표는 반드시 있어야 하며 두 사람 이상이 공동으로 맡을 수도 있다. 전체 세대를 아우를 수 있는 사람이 아니라면 수석대표를 맡아서는 안 된다. 전체 세대를 아우를 수 있는 사람이 극히 드물기에, 위에 나열된 조건을 다 갖춘 사람은 모두 수석대표를 맡는다.

누가 공연예술단의 수석대표를 맡을 것인가와 더불어, 참가하는 예술인이 누구인가도 많은 관심의 대상이다. 그런데 아이돌 그룹 A가 공연예술단에 참가하는 것은 분명하다. 왜냐하면 만일 갑이나 을이 수석대표를 맡는다면 A가 공연예술단에 참가하는데, (　　　　　) 때문이다.

① 갑은 고전음악 지휘자이며 전체 세대를 아우를 수 있기
② 갑이나 을은 대중음악 제작자 또는 고전음악 지휘자이기
③ 갑과 을은 둘 다 정부 관료가 아니며 전체 세대를 아우를 수 있기
④ 을이 대중음악 제작자가 아니라면 전체 세대를 아우를 수 없을 것이기
⑤ 대중음악 제작자나 고전음악 지휘자라면 누구나 전체 세대를 아우를 수 있기

226 다음 글의 내용이 참일 때, 반드시 참인 것만을 〈보기〉에서 모두 고르면?

2021 국가직 7급

최근 두 주 동안 직원들은 다음 주에 있을 연례 정책 브리핑을 준비해 왔다. 브리핑의 내용과 진행에 관해 알려진 바는 다음과 같다. 개인건강정보 관리 방식 변경에 관한 가안이 정책제안에 포함된다면, 보건정보의 공적 관리에 관한 가안도 정책제안에 포함될 것이다. 그리고 정책제안을 위해 구성되었던 국민건강 2025팀이 재편된다면, 앞에서 언급한 두 개의 가안이 모두 정책제안에 포함될 것이다. 개인건강정보 관리 방식 변경에 관한 가안이 정책제안에 포함되고 국민건강 2025팀 리더인 최팀장이 다음 주 정책 브리핑을 총괄한다면, 프레젠테이션은 국민건강 2025팀의 팀원인 손공정씨가 맡게 될 것이다. 그런데 보건정보의 공적 관리에 관한 가안이 정책제안에 포함될 경우, 국민건강 2025팀이 재편되거나 다음 주 정책 브리핑을 위해 준비한 보도자료가 대폭 수정될 것이다. 한편, 직원들 사이에서는, 최팀장이 다음 주 정책 브리핑을 총괄하면 팀원 손공정씨가 프레젠테이션을 담당한다는 말이 돌았는데 그 말은 틀린 것으로 밝혀졌다.

보기

ㄱ. 개인건강정보 관리 방식 변경에 관한 가안과 보건정보의 공적관리에 관한 가안 중 어느 것도 정책제안에 포함되지 않는다.
ㄴ. 국민건강 2025팀은 재편되지 않고, 이 팀의 최팀장이 다음 주 정책 브리핑을 총괄한다.
ㄷ. 보건정보의 공적 관리에 관한 가안이 정책제안에 포함된다면, 다음 주 정책 브리핑을 위해 준비한 보도자료가 대폭 수정될 것이다.

① ㄱ　② ㄴ
③ ㄱ, ㄴ　④ ㄴ, ㄷ
⑤ ㄱ, ㄴ, ㄷ

227 다음 글에 대한 분석으로 적절한 것만을 〈보기〉에서 모두 고르면?

2021 국가직 7급

'자연화'란 자연과학의 방법론에 따라 자연과학이 수용하는 존재론을 토대 삼아 연구를 수행한다는 의미이다. 심리학을 자연과학의 하나라고 생각하는 철학자 A는, 인식론의 자연화를 주장하기 위해 다음의 〈논증〉을 제시하였다.

〈논증〉
(1) 전통적 인식론은 적어도 다음의 두 가지 목표를 가진다. 첫째, 세계에 관한 믿음을 정당화하는 것이고, 둘째, 세계에 관한 믿음을 나타내는 문장을 감각 경험을 나타내는 문장으로 번역하는 것이다.
(2) 전통적 인식론은 첫째 목표도 달성할 수 없고 둘째 목표도 달성할 수 없다.
(3) 만약 전통적 인식론이 이 두 가지 목표 중 어느 하나라도 달성할 수가 없다면, 전통적 인식론은 폐기되어야 한다.
(4) 전통적 인식론은 폐기되어야 한다.
(5) 만약 전통적 인식론이 폐기되어야 한다면, 인식론자는 전통적 인식론 대신 심리학을 연구해야 한다.
(6) 인식론자는 전통적 인식론 대신 심리학을 연구해야 한다.

보기

ㄱ. 전통적 인식론의 목표에 (1)의 '두 가지 목표' 외에 "세계에 관한 믿음이 형성되는 과정을 규명하는 것"이 추가된다면, 위 논증에서 (6)은 도출되지 않는다.
ㄴ. (2)를 "전통적 인식론은 첫째 목표를 달성할 수 없거나 둘째 목표를 달성할 수 없다."로 바꾸어도 위 논증에서 (6)이 도출된다.
ㄷ. (4)는 논증안의 어떤 진술들로부터 나오는 결론일 뿐만 아니라 논증안의 다른 진술의 전제이기도 하다.

① ㄱ　② ㄷ
③ ㄱ, ㄴ　④ ㄴ, ㄷ
⑤ ㄱ, ㄴ, ㄷ

228 **다음 글의 내용이 참일 때, 반드시 참인 것만을 〈보기〉에서 모두 고르면?** 2022 국가직 7급

> △△처에서는 채용 후보자들을 대상으로 A, B, C, D 네 종류의 자격증 소지 여부를 조사하였다. 그 결과 다음과 같은 사실이 밝혀졌다.
>
> • A와 D를 둘 다 가진 후보자가 있다.
> • B와 D를 둘 다 가진 후보자는 없다.
> • A나 B를 가진 후보자는 모두 C는 가지고 있지 않다.
> • A를 가진 후보자는 모두 B는 가지고 있지 않다는 것은 사실이 아니다.

| 보기 |

ㄱ. 네 종류 중 세 종류의 자격증을 가지고 있는 후보자는 없다.
ㄴ. 어떤 후보자는 B를 가지고 있지 않고, 또 다른 후보자는 D를 가지고 있지 않다.
ㄷ. D를 가지고 있지 않은 후보자는 누구나 C를 가지고 있지 않다면, 네 종류 중 한 종류의 자격증만 가지고 있는 후보자가 있다.

① ㄱ ② ㄷ
③ ㄱ, ㄴ ④ ㄴ, ㄷ
⑤ ㄱ, ㄴ, ㄷ

229 **다음 글의 내용이 참일 때, 갑이 반드시 수강해야 할 과목은?** 2022 국가직 7급

> 갑은 A~E 과목에 대해 수강신청을 준비하고 있다. 갑이 수강하기 위해 충족해야 하는 조건은 다음과 같다.
>
> • A를 수강하면 B를 수강하지 않고, B를 수강하지 않으면 C를 수강하지 않는다.
> • D를 수강하지 않으면 C를 수강하고, A를 수강하지 않으면 E를 수강하지 않는다.
> • E를 수강하지 않으면 C를 수강하지 않는다.

① A ② B
③ C ④ D
⑤ E

230 **다음 글의 내용이 참일 때, 반드시 참인 것만을 〈보기〉에서 모두 고르면?** 2022 국가직 7급

> 신입사원을 대상으로 민원, 홍보, 인사, 기획 업무에 대한 선호를 조사하였다. 조사 결과 민원 업무를 선호하는 신입사원은 모두 홍보 업무를 선호하였지만, 그 역은 성립하지 않았다. 모든 업무 중 인사 업무만을 선호하는 신입사원은 있었지만, 민원 업무와 인사 업무를 모두 선호하는 신입사원은 없었다. 그리고 넷 중 세 개 이상의 업무를 선호하는 신입사원도 없었다. 신입사원 갑이 선호하는 업무에는 기획 업무가 포함되어 있었으며, 신입사원 을이 선호하는 업무에는 민원 업무가 포함되어 있었다.

| 보기 |

ㄱ. 어떤 업무는 갑도 을도 선호하지 않는다.
ㄴ. 적어도 두 명 이상의 신입사원이 홍보 업무를 선호한다.
ㄷ. 조사 대상이 된 업무 중에, 어떤 신입사원도 선호하지 않는 업무는 없다.

① ㄱ ② ㄷ
③ ㄱ, ㄴ ④ ㄴ, ㄷ
⑤ ㄱ, ㄴ, ㄷ

231 다음 글의 ㉠과 ㉡에 대한 평가로 적절한 것만을 〈보기〉에서 모두 고르면?

2022 국가직 7급

진화론에 따르면 개체는 배우자 선택에 있어서 생존과 번식에 유리한 개체를 선호할 것으로 예측된다. 그런데 생존과 번식에 유리한 능력은 한 가지가 아니므로 합리적 선택은 단순하지 않다. 예를 들어 배우자 후보 α와 β가 있는데, 사냥 능력은 α가 우수한 반면, 위험 회피 능력은 α가 우수하다고 하자. 이 경우 개체는 더 중요하다고 판단하는 능력에 기초하여 배우자를 선택하는 것이 합리적이다. 이를테면 사냥 능력에 가중치를 둔다면 α를 선택하는 것이 합리적이라는 것이다. 그런데 α와 β보다 사냥 능력은 떨어지나 위험 회피 능력은 β와 α의 중간쯤 되는 새로운 배우자 후보 γ가 나타난 경우를 생각해 보자. 이때 개체는 애초의 판단 기준을 유지할 수도 있고 변경할 수도 있다. 즉 애초의 판단 기준에 따르면 선택이 바뀔 이유가 없음에도 불구하고, 새로운 후보의 출현에 의해 판단 기준이 바뀌어 위험 회피 능력이 우수한 β를 선택할 수 있다.

한 과학자는 동물의 배우자 선택에 있어 새로운 배우자 후보가 출현하는 경우, ㉠애초의 판단 기준을 유지한다는 가설과 ㉡판단 기준에 변화가 발생한다는 가설을 검증하기 위해 다음과 같은 실험을 수행하였다.

〈실험〉

X 개구리의 경우, 암컷은 두 가지 기준으로 수컷을 고르는데, 수컷의 울음소리 톤이 일정할수록 선호하고 울음소리 빈도가 높을수록 선호한다. 세 마리의 수컷 A~C는 각각 다른 소리를 내는데, 울음소리 톤은 C가 가장 일정하고 B가 가장 일정하지 않다. 울음소리 빈도는 A가 가장 높고 C가 가장 낮다. 과학자는 A~C의 울음소리를 발정기의 암컷으로부터 동일한 거리에 있는 서로 다른 위치에서 들려주었다. 상황 1에서는 수컷 두 마리의 울음소리만을 들려주었으며, 상황 2에서는 수컷 세 마리의 울음소리를 모두 들려주고 각 상황에서 암컷이 어느 쪽으로 이동하는지 비교하였다. 암컷은 들려준 울음소리 중 가장 선호하는 쪽으로 이동한다.

| 보기 |

ㄱ. 상황 1에서 암컷에게 들려준 소리가 A, B인 경우 암컷이 A로, 상황 2에서는 C로 이동했다면, ㉠은 강화되지 않지만 ㉡은 강화된다.
ㄴ. 상황 1에서 암컷에게 들려준 소리가 B, C인 경우 암컷이 B로, 상황 2에서는 A로 이동했다면, ㉠은 강화되지만 ㉡은 강화되지 않는다.
ㄷ. 상황 1에서 암컷에게 들려준 소리가 A, C인 경우 암컷이 C로, 상황 2에서는 A로 이동했다면, ㉠은 강화되지 않지만 ㉡은 강화된다.

① ㄱ ② ㄷ
③ ㄱ, ㄴ ④ ㄴ, ㄷ
⑤ ㄱ, ㄴ, ㄷ

232 다음 글의 논증 구조를 옳게 파악한 것은?

2017 지방직 9급

㉠동물들의 행동을 잘 살펴보면 동물들도 우리가 사용하는 말 못지않은 의사소통 수단을 가지고 있는 듯이 보인다. ㉡즉, 동물들도 여러 가지 소리를 내거나 몸짓을 함으로써 자신들의 감정과 기분을 나타낼 뿐 아니라 경우에 따라서는 인간과 다를 바 없이 의사를 교환하고 있는 듯하다. ㉢그러나 그것은 단지 겉모습의 유사성에 지나지 않을 뿐이고 사람의 말과 동물의 소리에는 아주 근본적인 차이가 존재한다는 점을 잊어서는 안 된다. ㉣동물들이 사용하는 소리는 단지 배고픔이나 고통 같은 생물학적인 조건에 대한 반응이거나, 두려움이나 분노 같은 본능적인 감정들을 표현하기 위한 것에 지나지 않는다. ㉤따라서 동물들이 내는 소리가 때때로 의사소통의 수단으로 이용된다고 해서 그것을 대화나 토론이나 회의와 같은 언어 활동이라고 할 수는 없다.

① ㉠은 논증의 결론으로 주제문이다.
② ㉡은 ㉠의 논리적 결함을 지적한 것이다.
③ ㉢은 ㉠, ㉡을 부정하고 새로운 논점을 제시한 것이다.
④ ㉤은 ㉢, ㉣에 대한 근거이다.

233 다음 글의 ㉠과 ㉡에 대한 평가로 적절한 것만을 〈보기〉에서 모두 고르면? 2022 국가직 7급

> 18세기에는 빛의 본성에 관한 두 이론이 경쟁하고 있었다. ㉠입자이론은 빛이 빠르게 운동하고 있는 아주 작은 입자들의 흐름으로 구성되어 있다고 설명한다. 이에 따르면, 물속에서 빛이 굴절하는 것은 물이 빛을 끌어당기기 때문이며, 공기 중에서는 이런 현상이 발생하지 않기 때문에 결과적으로 물속에서의 빛의 속도가 공기 중에서보다 더 빠르다. 한편 ㉡파동이론은 빛이 매질을 통하여 파동처럼 퍼져 나간다는 가설에 기초한다. 이에 따르면, 물속에서 빛이 굴절하는 것은 파동이 전파되는 매질의 밀도가 달라지기 때문이며, 밀도가 높아질수록 파동의 속도는 느려지므로 결과적으로 물속에서의 빛의 속도가 공기 중에서보다 더 느리다.
>
> 또한 파동이론에 따르면 빛의 색깔은 파장에 따라 달라진다. 공기 중에서는 파장에 따라 파동의 속도가 달라지지 않지만, 물속에서는 파장에 따라 파동의 속도가 달라진다. 반면 입자이론에 따르면 공기 중에서건 물속에서건 빛의 속도는 색깔에 따라 달라지지 않는다.
>
> 두 이론을 검증하기 위해 다음과 같은 실험이 고안되었다. 두 빛이 같은 시점에 발진하여 경로 1 또는 경로 2를 통과한 뒤 빠른 속도로 회전하는 평면거울에 도달한다. 두 개의 경로에서 빛이 진행하는 거리는 같으나, 경로 1에서는 물속을 통과하고, 경로 2에서는 공기만을 통과한다. 평면거울에서 반사된 빛은 반사된 빛이 향하는 방향에 설치된 스크린에 맺힌다. 평면거울에 도달한 빛 중 속도가 빠른 빛은 먼저 도달하고 속도가 느린 빛은 나중에 도달하게 되는데, 평면거울이 빠르게 회전하고 있으므로 먼저 도달한 빛과 늦게 도달한 빛은 반사각도에 차이가 생기게 된다. 따라서 두 빛이 서로 다른 속도를 가진다면 반사된 두 빛이 도착하는 지점이 서로 달라지며, 더 빨리 평면거울에 도달한 빛일수록 스크린의 오른쪽에, 더 늦게 도달한 빛일수록 스크린의 왼쪽에 맺히게 된다.

보기

ㄱ. 색깔이 같은 두 빛이 각각 경로 1과 2를 통과했을 때, 경로 1을 통과한 빛이 경로 2를 통과한 빛보다 스크린의 오른쪽에 맺힌다면 ㉠은 강화되고 ㉡은 약화된다.

ㄴ. 색깔이 다른 두 빛 중 하나는 경로 1을, 다른 하나는 경로 2를 통과했을 때, 경로 1을 통과한 빛이 경로 2를 통과한 빛보다 스크린의 왼쪽에 맺힌다면 ㉠은 약화되고 ㉡은 강화된다.

ㄷ. 색깔이 다른 두 빛이 모두 경로 1을 통과했을 때, 두 빛이 스크린에 맺힌 위치가 다르다면 ㉠은 약화되고 ㉡은 강화된다.

① ㄱ　② ㄴ
③ ㄱ, ㄷ　④ ㄴ, ㄷ
⑤ ㄱ, ㄴ, ㄷ

234 〈보기〉와 같은 유형의 논리적 오류에 해당하는 것은? 2018. 3월 서울시 9급

보기

네가 내게 한 약속을 지키지 않은 것은 곧 나를 사랑하지 않는다는 증거야.

① 항상 보면 이등병들이 말썽이더라.
② 내 부탁을 거절하다니, 넌 나를 싫어하는구나.
③ 김 씨는 참말만 하는 사람이다. 왜냐하면 그는 거짓말을 하지 않는 사람이기 때문이다.
④ 거짓말을 하는 것은 죄악이다. 그러므로 의사가 환자에게 거짓말을 하는 것은 당연히 죄악이다.

235 다음 글의 A~C에 대한 평가로 적절한 것만을 〈보기〉에서 모두 고르면?

> 인간 존엄성은 모든 인간이 단지 인간이기 때문에 갖는 것으로서, 인간의 숭고한 도덕적 지위나 인간에 대한 윤리적 대우의 근거로 여겨진다. 다음은 인간 존엄성 개념에 대한 A~C의 비판이다.
>
> A: 인간 존엄성은 그 의미가 무엇인지에 대해 사람마다 생각이 달라서 불명료할 뿐 아니라 무용한 개념이다. 가령 존엄성은 존엄사를 옹호하거나 반대하는 논증 모두에서 각각의 주장을 정당화하는 데 사용된다. 어떤 이는 존엄성이란 말을 '자율성의 존중'이라는 뜻으로, 어떤 이는 '생명의 신성함'이라는 뜻으로 사용한다. 결국 쟁점은 존엄성이 아니라 자율성의 존중이나 생명의 가치에 관한 문제이며, 존엄성이란 개념 자체는 그 논의에서 실질적으로 중요한 기여를 하지 않는다.
>
> B: 인간의 권리에 대한 문서에서 존엄성이 광범위하게 사용되는 것은 기독교 신학과 같이 인간 존엄성을 언급하는 많은 종교적 문헌의 영향으로 보인다. 이러한 종교적 뿌리는 어떤 이에게는 가치 있는 것이지만, 다른 이에겐 그런 존엄성 개념을 의심할 근거가 되기도 한다. 특히 존엄성을 신이 인간에게 부여한 독특한 지위로 생각함으로써 인간이 스스로를 지나치게 높게 보도록 했다는 점은 비판을 받아 마땅하다. 이는 인간으로 하여금 인간이 아닌 종과 환경에 대해 인간 자신들이 원하는 것을 마음대로 해도 된다는 오만을 낳았다.
>
> C: 인간 존엄성은 인간이 이성적 존재임을 들어 동물이나 세계에 대해 인간 중심적인 견해를 옹호해 온 근대 휴머니즘의 유산이다. 존엄성은 인간종이 그 자체로 다른 종이나 심지어 환경 자체보다 더 큰 가치가 있다고 생각하는 종족주의의 한 표현에 불과하다. 인간 존엄성은 우리가 서로를 가치 있게 여기도록 만들기도 하지만, 인간 외의 다른 존재에 대해서는 그 대상이 인간이라면 결코 용납하지 않았을 폭력적 처사를 정당화하는 근거로 활용된다.

보기

ㄱ. 많은 논란에도 불구하고 존엄사를 인정한 연명의료결정법의 시행은 A의 주장을 약화시키는 사례이다.

ㄴ. C의 주장은 화장품의 안전성 검사를 위한 동물실험의 금지를 촉구하는 캠페인의 근거로 활용될 수 있다.

ㄷ. B와 C는 인간에게 특권적 지위를 부여하는 인간 중심적인 생각을 비판한다는 점에서 공통적이다.

① ㄱ ② ㄷ ③ ㄱ, ㄴ ④ ㄴ, ㄷ

236 다음 예문과 같은 유형의 논리적 오류가 나타난 것은?
2017 서울시 9급

> 이 식당은 요즘 SNS에서 굉장히 뜨고 있어. 그러니까 엄청 맛있을 거야.

① 이 식당 음식을 꼭 먹어 보도록 해. 만나는 사람들마다 이 집 이야기를 하는 걸 보니 맛이 괜찮은가 봐.
② 누구도 이 식당이 맛없다고 말한 사람은 없어. 그러니까 엄청 맛있는 집이란 소리지.
③ 여기는 유명한 개그맨이 맛있다고 한 식당이니까 당연히 맛있겠지. 그러니까 꼭 여기서 먹어야 해.
④ 이번에는 이 식당에서 밥을 먹자. 내가 얼마나 여기서 먹어 보고 싶었는지 몰라. 꼭 한번 오게 되기를 간절하게 바랐어.

237 ㉠~㉣의 예를 추가할 때 가장 적절한 것은?

2018 국가직 9급

> 논리학에서 비형식적 오류 유형에는 우연의 오류, 애매어의 오류, 결합의 오류, 분해의 오류 등이 있다.
>
> 우선 ㉠우연의 오류란 거의 대부분의 경우에 적용되는 일반적인 원리나 규칙을 우연적인 상황으로 인해 생긴 예외적인 특수한 경우에까지도 무차별적으로 적용할 때 생기는 오류이다. 그 예로 "인간은 이성적인 동물이다. 중증 정신 질환자는 인간이다. 그러므로 중증 정신 질환자는 이성적인 동물이다."를 들 수 있다. ㉡애매어의 오류는 동일한 한 단어가 한 논증에서 맥락마다 서로 다른 의미를 지니는 것으로 사용될 때 생기는 오류를 말한다. "김 씨는 성격이 직선적이다. 직선적인 모든 것들은 길이를 지닌다. 고로 김 씨의 성격은 길이를 지닌다."가 그 예이다. 한편 각각의 원소들이 개별적으로 어떤 성질을 지니고 있다는 내용의 전제로부터 그 원소들을 결합한 집합 전체도 역시 그 성질을 지니고 있다는 결론을 도출하는 경우가 ㉢결합의 오류이고, 반대로 집합이 어떤 성질을 지니고 있다는 내용의 전제로부터 그 집합의 각각의 원소들 역시 개별적으로 그 성질을 지니고 있다는 결론을 도출하는 경우가 ㉣분해의 오류이다. 전자의 예로는 "그 연극단 단원들 하나하나가 다 훌륭하다. 고로 그 연극단은 훌륭하다."를, 후자의 예로는 "그 연극단은 일류급이다. 박 씨는 그 연극단 일원이다. 그러므로 박 씨는 일류급이다."를 들 수 있다.

① ㉠ – 모든 사람은 죽는다. 소크라테스는 사람이다. 그러므로 소크라테스는 죽는다.
② ㉡ – 부패하기 쉬운 것들은 냉동 보관해야 한다. 세상은 부패하기 쉽다. 고로 세상은 냉동 보관해야 한다.
③ ㉢ – 미국 아이스하키 선수단이 이번 올림픽에서 금메달을 차지했다. 그러므로 미국 선수 각자는 세계 최고 기량을 갖고 있다.
④ ㉣ – 그 학생의 논술 시험 답안은 탁월하다. 그의 답안에 있는 문장 하나하나가 탁월하기 때문이다.

238 다음 글의 추론 방법으로 적절한 것은?

> ○○ 동물원에 있는 백조 5마리의 색을 조사하였다.
>
> 첫 번째 백조는 흰색이다.
> 두 번째 백조는 흰색이다.
> 세 번째 백조는 흰색이다.
> 네 번째 백조는 흰색이다.
> 다섯 번째 백조는 흰색이다.
>
> 따라서 ○○ 동물원에 있는 백조는 모두 흰색이다.

① 귀납 추론
② 양도 논법
③ 연역 추론
④ 변증적 추론

239 다음 논증 중 성격이 다른 하나는?

① 모든 사람은 죽는다. 소크라테스는 사람이다. 그러므로 소크라테스는 죽는다.
② 제자가 밤새 땅콩 껍질을 다 벗겨 보고 나서야 스승에게 가서 그 땅콩은 모두 속꺼풀이 있었다고 알렸다.
③ 만약에 비가 온다면 땅이 젖는다는 것은 상식이다. 오늘 하루 종일 비가 왔으므로 땅이 젖었을 것이다.
④ 비가 오면 큰아들의 미투리가 안 팔릴 것이므로 걱정이고 비가 안 오면 작은아들의 나막신이 안 팔릴 것이므로 걱정이다. 비는 오거나 안 오거나 둘 중 하나일 것이므로 항상 걱정일 수밖에 없다.

240 다음 중 추론을 하는 방식이 다른 것은?

① 나는 너를 사랑한다. 나는 너를 사랑하지 않을 때가 있다. 나는 대체적으로 너를 사랑하지만 어떤 때는 너를 사랑하지 않는다.
② 여론 조사에 의하면 55%의 유권자가 김 씨에게, 45%의 유권자가 이 씨에게 투표할 것으로 나타났다. 그러므로 이번 선거에서 김 씨가 이길 것이다.
③ 철수는 김밥, 라면, 순대, 떡볶이를 먹고 식중독에 걸렸다. 영희는 김밥, 라면, 순대, 튀김을 먹고 식중독에 걸렸다. 민수는 김밥, 라면, 떡볶이를 먹고 식중독에 걸렸다. 따라서 식중독의 원인은 김밥, 라면이다.
④ 인생은 마라톤과 같다. 달리고 있을 때 힘은 들지만, 목적지에 도달할 때 기쁨은 절대 작지 않다. 인생의 삶의 모습도 꼭 그것과 같다.

241 용어와 그 용어에 대한 정의가 옳지 않은 것은?

① 사실 명제: 객관적인 기준에 근거하여 어떤 사실에 대한 진위 판단을 진술한 것
② 가치 명제: 주장에 주관적 판단(시비, 선악, 미추)이 개입되는 명제로 어떤 대상에 대한 가치 판단을 진술한 명제
③ 정책 명제: 누구나 인정할 수 있는 구체적 사실, 자연법칙, 역사적 사실, 상식, 실험 결과 등을 통해 객관적으로 제시되는 명제
④ 소견 논거: 논지와 관련된 권위자의 의견, 일반적인 여론 등을 인용하는 논거

242 다음 중 오류와 그 예가 바르지 않은 것은?

① 강조의 오류: 어머니께서 친구를 때리지 말라고 하셨다. 따라서 친구가 아니면 때려도 괜찮을 것이다.
② 동정에 호소하는 오류: 제가 감옥에 간다면 어린 자식들은 길거리를 헤맬 것입니다. 제발 선처해 주세요.
③ 우연의 오류: 모든 사람은 거주 이전의 자유가 있다. 따라서 재소자도 자신이 머물 교도소를 선택할 수 있게 해야 한다.
④ 결합의 오류: 청국장은 구수하다. 따라서 청국장의 재료는 모두 구수하다.

243 〈보기〉의 상황에 해당하는 오류로 옳은 것은?

| 보기 |

오늘 가족들과 함께 만든 김치는 맛있기는 했지만 너무 매웠다. 아마도 김치에 들어간 재료들이 모두 매웠던 것 같다.

① 분할의 오류
② 결합의 오류
③ 원인 오판의 오류
④ 대중에 호소하는 오류

기타

해설편 | 90p

244 '해양 오염'을 주제로 연설을 한다고 할 때, 다음에 제시된 조건을 모두 충족한 것은? 2023 국가직 9급

> • 해양 오염을 줄일 수 있는 생활 속 실천 방법을 포함할 것
> • 설의적 표현과 비유적 표현을 활용할 것

① 바다는 쓰레기 없는 푸른 날을 꿈꾸고 있습니다. 미세 플라스틱은 바다를 서서히 죽이는 보이지 않는 독입니다. 우리의 관심만이 다시 바다를 살릴 수 있을 것입니다.
② 우리가 버린 쓰레기는 바다로 흘러갔다가 해양 생물의 몸에 축적이 되어 해산물을 섭취하면 결국 다시 우리에게 돌아오게 됩니다. 분리수거를 철저히 하고 일회용품을 줄이는 것이 바다도 살리고 우리 자신도 살리는 길입니다.
③ 여름만 되면 피서객들이 마구 버린 쓰레기로 바다가 몸살을 앓는다고 합니다. 자기 집이라면 이렇게 함부로 쓰레기를 버렸을까요? 피서객들의 양심이 모래밭 위를 뒹굴고 있습니다. 자기 쓰레기는 자기가 집으로 되가져가도록 합시다.
④ 산업 폐기물이 바다로 흘러가 고래가 죽어 가는 장면을 다큐멘터리에서 본 적이 있습니다. 이대로 가다간 인간도 고통받게 되지 않을까요? 정부에서 산업 폐기물 관리 지침을 만들고 감독을 강화하지 않는다면 바다는 쓰레기 무덤이 되고 말 것입니다.

245 다음을 모두 만족시키는 표어로 적절한 것은? 2017 국가직(하) 9급

> • 공중도덕 지키기를 홍보한다.
> • 대구의 표현 방식을 활용한다.
> • 행위의 긍정적 효과를 비유적으로 표현한다.

① 신호 위반, 과속 운전 / 모든 것을 앗아 갑니다
② 아파트를 뒤흔드는 음악 소리 / 이웃들을 괴롭히는 고문 장치
③ 노약자에게 양보하는 한 자리 / 당신에게 찾아오는 행복의 문
④ 공공장소에서 실천하는 금연 / 우리의 건강을 지켜 줍니다

246 리더십 부재와 잘못된 정책을 '등산'에 빗대어 설명한 것으로 가장 적절한 것은? 2015 국가직 9급

① 사공이 많으면 배가 산으로 간다는 속담처럼 말이 많으면 어느 산을 오를 것인지 결정할 수 없습니다.
② 등산로를 잘 알지 못하더라도 길잡이가 용기 있는 결단을 내리면 많은 사람들이 등산에 성공할 수 있습니다.
③ 길잡이가 방향을 잘못 가리키고 혼자 가 버리면 많은 사람들이 산 정상에 오를 수 없어 등산의 기쁨을 맛볼 수 없습니다.
④ 등산의 목적은 다른 사람들보다 먼저 봉우리에 올랐다는 기쁨 그 자체이므로 길잡이는 항상 등산하는 사람들이 경쟁할 수 있도록 도와야 합니다.

247 다음 자료를 활용하여 글을 쓰려고 할 때, 적절하지 않은 것은? 2015 국가직 9급

(단위: %, 중복 응답)

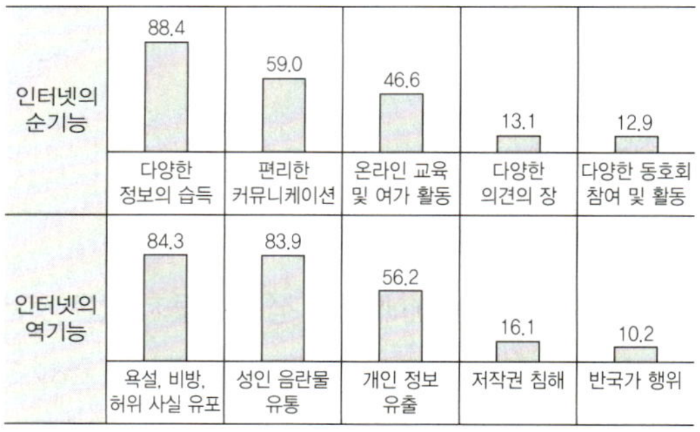

① 인터넷을 이용하면 필요한 정보를 다양하게 얻을 수 있음을 서술한다.
② 자신의 권리가 침해되지 않도록 보안 강화 방안을 적극적으로 제안한다.
③ 타인의 권리를 침해하지 않도록 인터넷 윤리 교육의 필요성을 강조한다.
④ 인터넷이 잘못된 여론을 형성할 수 있으므로 인터넷 사용을 금지할 것을 주장한다.

통합 문제

해설편 | 91p

[248~250] 다음 글을 읽고 물음에 답하시오. [3문항]

우리는 거짓이 사실을 압도하는 사회에서 살고 있다. 사실에 사회적 맥락이 더해진 진실도 자연스레 설 자리를 잃었다. 2016년에 옥스퍼드 사전은 세계의 단어로 '탈진실'을 선정하며 탈진실화가 국지적 현상이 아니라 세계적으로 나타나는 시대적 특성이라고 진단했다. 탈진실의 시대가 시작된 것을 반증하기라도 하듯 '가짜 뉴스'가 사회적 논란거리로 떠올랐다.

가짜 뉴스의 정의와 범위에 대해선 의견이 여러 갈래로 나뉜다. 언론사의 오보에서부터 인터넷 루머까지 가짜 뉴스는 넓은 스펙트럼 안에서 혼란스럽게 사용되고 있다. 전문가들은 가짜 뉴스의 기준을 정하고 범위를 좁히지 않으면 비생산적인 논란만 가중될 수밖에 없다고 지적한다. 2017년 2월 한국언론학회와 한국언론진흥재단이 주최한 세미나에서는 가짜 뉴스를 '정치적·경제적 이익을 위해 의도적으로 언론 보도의 형식을 하고 유포된 거짓 정보'라고 정의하였다.

가짜 뉴스의 역사는 인류 커뮤니케이션의 역사만큼이나 길다. 백제 무왕이 지은 「서동요」는 선화 공주와 결혼하기 위해 그가 거짓 정보를 노래로 만든 가짜 뉴스였다. 1923년 관동 대지진이 났을 때 일본 내무성이 조선인에 대해 악의적으로 허위 정보를 퍼뜨린 일은 가짜 뉴스가 잔인한 학살로 이어진 사건이다. 이처럼 역사 속에서 늘 반복된 가짜 뉴스가 뜨거운 감자로 떠오른 것은 새삼스러운 것처럼 보이지만, 최근 일어나는 가짜 뉴스 현상을 돌아보면 이전의 사례와는 확연히 다른 점을 발견할 수 있다.

'21세기형 가짜 뉴스'의 특징은 논란의 중심에 글로벌 IT 기업이 있다는 점이다. 가짜 뉴스는 더 이상 동요나 입소문을 통해 퍼지지 않는다. 누구나 쉽게 이용하는 매체에 '정식 기사'의 얼굴을 하고 나타난다. 감쪽같이 변장한 가짜 뉴스들은 대중이 뉴스를 접하는 채널이 신문·방송 같은 전통적 매체에서 포털, SNS 등의 디지털 매체로 옮겨 가면서 쉽게 유통되고 확산된다.

㉠<u>가짜 뉴스를 생산하는 이유는 '돈'이다</u>. 뉴스와 관련된 돈은 대부분 광고에서 발생한다. 모든 광고는 광고 중개 서비스를 통하는데, 광고주가 중개 업체에 돈을 지불하면 중개 업체는 금액에 따라 광고를 배치한다. 높은 조회수가 나오는 사이트일수록 높은 금액의 광고를 배치하는 식이다. 뉴스가 범람하는 상황에서 이용자는 선택과 집중을 할 수밖에 없다. 그 때문에 눈길을 끄는 뉴스가 잘 팔리는 뉴스가 된다. 가짜 뉴스는 선택받을 수 있는 조건을 정확히 알고 대중을 치밀하게 속인다. 어떤 식으로든 눈에 띄고 선택받아 '돈'이 되기 위해 비윤리적이어도 개의치 않고 자극적인 요소들을 자연스럽게 포함한다. 과정이야 어떻든 이윤만 내면 성공이기 때문이다. 이런 이유로 가짜 뉴스는 혐오나 선동과 같은 자극적 요소를 담게 되고, 이렇게 만들어진 가짜 뉴스는 사회 구성원들의 통합을 방해하고 극단주의를 초래한다.

248 ㉠으로 인해 발생할 수 있는 사회적 문제로 가장 적절한 것은? 2023 법원직 9급

① 광고주와 중개 업체 사이에 위계 관계가 발생한다.
② 소비자가 선택과 집중을 통해 뉴스를 소비하게 된다.
③ 혐오와 선동을 담은 뉴스로 인해 극단주의가 발생한다.
④ 소비자가 높은 금액을 주고 읽어야 하는 가짜 뉴스가 생산된다.

249 윗글에 대한 설명으로 가장 적절하지 않은 것은? 2023 법원직 9급

① 가짜 뉴스의 기준과 범위를 정하기 어려운 이유를 제시하고 있다.
② 전문성을 가진 단체가 주최한 세미나에서 정의한 가짜 뉴스의 개념을 제시하고 있다.
③ 가짜 뉴스가 논란거리로 떠오르게 된 시대의 특성을 제시하고 있다.
④ 사용 매체의 변화로 인해 발생한 가짜 뉴스의 특징을 제시하고 있다.

250 윗글을 읽고 나눈 대화로 가장 적절한 것은? 2023 법원직 9급

① 가짜 뉴스는 현재에도 입소문을 통해서 주로 전파되고 있어.
② 탈진실화는 아직까진 특정 국가에 한정된 일이라고 볼 수 있겠어.
③ 과거에 가짜 뉴스로 인해 많은 사람이 실제로 사망하는 사건이 벌어지기도 했었어.
④ 가짜 뉴스 현상은 과거부터 반복되어 온 만큼 과거와 현재 서로 다른 점이 존재하지 않아.

[251~253] 다음 글을 읽고 물음에 답하시오. [3문항]

프레임(frame)은 영화와 사진 등의 시각 매체에서 화면 영역과 화면 밖의 영역을 구분하는 경계로서의 틀을 말한다. 카메라로 대상을 포착하는 행위는 현실의 특정한 부분만을 떼어내 프레임에 담는 것으로, 찍은 사람의 의도와 메시지를 ㉠내포한다. 그런데 문, 창, 기둥, 거울 등 주로 사각형이나 원형의 형태를 갖는 물체들을 이용하여 프레임 안에 또다른 프레임을 만드는 경우가 있다. 이런 기법을 '이중 프레이밍', 그리고 안에 있는 프레임을 '이차 프레임'이라 칭한다.

이차 프레임의 일반적인 기능은 크게 세 가지로 구분할 수 있다. 먼저, 화면 안의 인물이나 물체에 대한 시선 ㉡유도 기능이다. 대상을 틀로 에워싸기 때문에 시각적으로 강조하는 효과가 있으며, 대상이 작거나 구도의 중심에서 벗어나 있을 때도 존재감을 부각하기가 용이하다. 또한 프레임 내 프레임이 많을수록 화면이 다층적으로 되어, 자칫 밋밋해질 수 있는 화면에 깊이감과 입체감이 부여된다. 광고의 경우, 설득력을 높이기 위해 이차 프레임 안에 상품을 위치시켜 주목을 받게 하는 사례들이 있다.

다음으로, 이차 프레임은 작품의 주제나 내용을 암시하기도 한다. 이차 프레임은 시각적으로 내부의 대상을 외부와 분리하는데, 이는 곧잘 심리적 단절로 이어져 구속, 소외, 고립 따위를 ㉢환기한다. 그리고 이차 프레임 내부의 대상과 외부의 대상 사이에는 정서적 거리감이 조성되기도 한다. 어떤 영화들은 작중 인물을 문이나 창을 통해 반복적으로 보여 주면서, 그가 세상으로부터 격리된 상황을 암시하거나 불안감, 소외감 같은 인물의 내면을 시각화하기도 한다.

마지막으로, 이차 프레임은 '이야기 속 이야기'인 액자형 서사 구조를 지시하는 기능을 하기도 한다. 일례로, 어떤 영화는 작중 인물의 현실 이야기와 그의 상상에 따른 이야기로 구성되는데, 카메라는 이차 프레임으로 사용된 창을 비추어 한 이야기의 공간에서 다른 이야기의 공간으로 들어가거나 빠져 나온다.

그런데 현대에 이를수록 시각 매체의 작가들은 이차 프레임의 ㉣범례에서 벗어나는 시도들로 다양한 효과를 끌어내기도 한다. 가령 이차 프레임 내부 이미지의 형체를 식별하기 어렵게 함으로써 관객의 지각 행위를 방해하여, 강조의 기능을 무력한 것으로 만들거나 서사적 긴장을 유발하기도 한다. 또 문이나 창을 봉쇄함으로써 이차 프레임으로서의 기능을 상실시켜 공간이나 인물의 폐쇄성을 드러내기도 한다. 혹은 이차 프레임 내의 대상이 그 경계를 넘거나 파괴하도록 하여 호기심을 자극하고 대상의 운동성을 강조하는 효과를 낳는 사례도 있다.

251 윗글에 대한 다음 설명 중 가장 적절하지 않은 것은?

2023 법원직 9급

① 이차 프레임의 기능을 병렬적으로 나열하고 있다.
② 이차 프레임이 사용되는 다양한 예시를 제시하고 있다.
③ 이차 프레임의 효과에 대한 전문가의 견해를 인용하고 있다.
④ 프레임, 이중 프레이밍, 이차 프레임의 개념을 정의하고 있다.

252 문맥상 ㉠~㉣의 의미로 가장 적절하지 않은 것은?

2023 법원직 9급

① ㉠: 어떤 성질이나 뜻 따위를 속에 품음.
② ㉡: 사람이나 물건을 목적한 장소나 방향으로 이끎.
③ ㉢: 탁한 공기를 맑은 공기로 바꿈.
④ ㉣: 예시하여 모범으로 삼는 것.

253 윗글을 이해한 내용으로 가장 적절한 것은?

2023 법원직 9급

① 프레임 밖의 영역에는 찍은 사람의 의도와 메시지가 담긴다.
② 이차 프레임 안의 대상과 밖의 대상 사이에는 거리감이 조성되기도 한다.
③ 이차 프레임 내 대상의 크기가 작을 경우에는 대상의 존재감이 강조되기 어렵다.
④ 이차 프레임 안의 화면을 식별하기 어렵게 만들 경우, 역설적으로 대상을 강조하는 효과가 발생한다.

[254~256] 다음 글을 읽고 물음에 답하시오. [3문항]

달에 갈 때는 편도 3일 정도 걸리지만, 화성에 갈 때는 편도 8개월 정도 걸린다. 또 달에서는 언제든지 돌아올 수 있지만, 화성의 경우에는 곧바로 지구로 귀환할 수 있는 것이 아니다. 긴 경우에는 500일이나 머물러야만 지구로 돌아올 수 있다. 그래서 화성 유인 비행은 500일 내지 1,000일 정도가 걸린다.

이렇게 장기간에 걸친 우주 비행을 위해서는 물이나 식료품, 산소뿐 아니라 화성에서 사용할 기지, 화성에 이착륙하기 위한 로켓, 귀환용 우주선 등도 필요하다. 나사 탐사 시스템 부서의 더글러스 쿡에 따르면 그 무게의 합계는 470톤이나 된다. 나사의 우주 탐사 설계사인 게리 마틴은 "이 화물의 운반이 화성 유인 비행에서 가장 큰 문제일 것이다."라고 말했다.

우선 지구 표면에서 지구 저궤도(지표에서 몇 백 킬로미터 상공의 궤도)로 화물을 올려 보내야 한다. 과거에 미국은 달에 인간을 보내기 위해 아폴로 계획에 총 250억 달러를 투자했다고 한다. 이 계획에 사용된 것은 인류 사상 최대의 로켓 '새턴 파이브(V)'이다. 새턴 파이브는 지구의 저궤도로 104톤의 화물을 운반할 수 있었다. 그러나 세월이 지난 현재, 그 같은 대형 로켓을 만들기는 어렵게 되었다. 막대한 자금을 투입해서, 다른 용도가 없고 지나치게 거대한 로켓을 만드는 시대는 이미 지났다는 뜻이다.

가장 현실적인 것은 이미 존재하는 로켓을 최대한 활용할 경우 어떤 임무(비행 계획)가 가장 효율적인지 검토하는 일이다. 기존 우주 왕복선의 부품을 활용할 수 있는지, 우주 왕복선의 부품과 다른 로켓의 부품을 조합할 수 있는지 등, 백지 상태에서 출발하지 않아도 되는 좋은 방법을 현재 검토하고 있다.

거대한 로켓을 만들 수 없기 때문에 470톤의 화물은 여러 번 나누어 운반된다. 그리고 지구 저궤도에서 조립한 뒤 화성으로 보내는데, 이때는 많은 양의 화물을 화성까지 운반하는 우주선의 엔진이 문제이다. 현재 사용되는 로켓의 엔진은 일부 예외를 제외하고는 거의 모두가 '화학 로켓'이다. 이것은 연료와 산화제를 연소시킨 가스를 분출함으로써 추진하는 로켓이다. 화학 로켓은 추진력은 크지만, 열로 에너지가 달아나므로 그만큼 연비가 낮아진다. 그래서 많은 양의 연료가 필요하다.

지구 저궤도 상에 있는 1킬로그램의 화물을 화성의 표면에 내려놓았다가 다시 지구로 가져오기 위해서는 40킬로그램의 연료가 필요하다. 이것은 매우 큰 문제이다. 요컨대 현재의 기술로는 연비가 낮기 때문에 엄청난 양의 연료가 필요하게 되어 임무를 실현할 수 없다. 그래서 화성에 가기 위해서는 연비가 높은 엔진이 필요하다.

이를 위해 전기적인 추진 방식이 채용될 것으로 예상된다. 전기적인 추진 방식이란 태양 전지나 원자로를 사용해 발전한 전기적 에너지를 이용해 추진하는 방법이다. 이 방법으로는 에너지가 열로 달아나지 않으므로 그만큼 연비가 높아진다. 따라서, 전기 추진을 이용하면 화학 로켓보다 연비가 월등히 높아진다. 연비가 높아지면 그만큼 연료가 적어도 된다. 전기 추진을 사용하면 연료를 대폭 감량할 수 있기 때문에 화물의 양이 절반으로 줄어들 것이다.

– 『뉴턴 코리아』, 2013년 7월 –

254 윗글의 서술상 특징으로 가장 적절한 것은?
2021 법원직 9급

① 다양한 사례를 통해 주장을 강화하고 있다.
② 두 대상의 차이점을 중심으로 내용을 전개하고 있다.
③ 상반되는 두 가지 이론을 절충하여 대안을 제시하고 있다.
④ 특정 대상과 관련된 과학 이론의 문제점을 지적하고 있다.

255 윗글을 읽고 알 수 있는 내용으로 가장 적절한 것은?
2021 법원직 9급

① 화성 유인 비행은 왕복 8개월 정도가 걸린다.
② 화학 로켓은 추진력이 작고 많은 양의 연료가 필요하다.
③ 미국은 달에 인간을 보내기 위해 총 470억 달러를 투자했다.
④ 전기적인 추진 방식은 에너지가 열로 달아나지 않아서 연비가 높다.

256 윗글에 따르면, 화성 유인 탐사를 위해 가장 시급히 해결해야 할 문제는?
2021 법원직 9급

① 대형 로켓을 제작한다.
② 우주 비행사를 양성한다.
③ 연료 소비 효율을 높인다.
④ 화물을 여러 번 나누어 운반한다.

[257~259] 다음 글을 읽고 물음에 답하시오. [3문항]

미학이란 무엇인가? 미학이라는 학문의 이름에는 '미(美)' 자가 들어가니 아름다움에 대해 연구하는 학문이라는 말은 맞을 것이다. 그러나 그림도 아름답고, 음악도 아름답고, 꽃, 풍경, 석양 등 세상에 아름다운 것들이 수없이 많을 터인데, 그것들을 연구하는 사람들은 전부 미학을 한다고 할 수 있을까? 전통적으로 그림은 아름다운 것을 나타낸 것이라 생각되었고, 그런 그림들을 연구하는 학문으로 미술사학이란 것이 있는데, 그림은 아름답고 또 그것을 연구하기에 미술사학도 미학인가? 같은 방식으로 아름다운 음악작품들을 연구하는 음악사학이 있다면 이것도 미학인가?

'미술사학', '음악사학'이란 학문의 명칭에 주목한다면, 그 속에 포함된 '사(史)'라는 글자에서 이러한 학문들은 그림의 역사, 음악의 역사를 연구하는 학문임을 알 수 있다. 그렇다면 미술사학이나 음악사학이 미학이 아니라면 모두 똑같이 아름다운 대상을 연구하는 학문임에도 이들 사이의 차이점은 무엇인가? 미학이나 미술사학, 음악사학이 모두 아름다운 대상을 연구한다는 점에는 마찬가지이지만, 그 차이점은 그것에 접근하는 방식, 다르게 말하면 그것들을 연구하는 방식이 다르기 때문이다. 미술사학은 화가 개인이나 화파 사이의 역사적 관계를 연구하는 학문이다. 이러한 연구 방식은 그림의 역사를 연구하는 것이기에 우리는 그러한 학문을 미술사학이라고 부르며, 이 같은 설명이 음악사학에도 적용될 것이다.

미학이 미술사학이나 음악사학이 아니라면 미학은 아름다운 대상을 역사적으로 연구하는 학문이 아니라는 점이 분명해진다. 그렇다면 미학은 아름다운 대상을 어떻게 연구하는 것인가? 결론부터 얘기한다면, 미학은 아름다운 대상을 철학적으로 연구하는 학문이다. 어떤 것을 철학적으로 연구한다는 것은 과연 어떻게 하는 것인가? 여기서 우리는 학문의 방법론을 생각해 볼 필요가 있다. 학문의 방법론은 학문을 하는 도구라고 생각할 수 있다. 미학과 미술사학의 차이는 미술작품을 철학과 역사라는 도구 중 어떤 도구를 가지고 연구하냐의 차이이다.

다른 식으로 설명하자면 학문의 방법론은 학문의 대상을 보는 관점이라고 설명할 수 있다. 우리는 어떤 대상을 여러 관점에서 볼 수 있고, 이때 그 대상의 모습은 어떤 관점에서 보느냐에 따라 달라질 것이다. 이를 학문의 방법론에 적용한다면, 미술사학은 미술을 역사적 관점에서 보는 것이고, 미학은 미술을 철학적 관점에서 보는 것이다. 즉 두 학문은 ____________, 그것을 보는 관점이 다르기에 대상의 다른 특색을 연구하며, 그렇기 때문에 다른 학문이 되는 것이다.

257 윗글의 서술상 특징에 대한 설명으로 가장 적절하지 않은 것은? 2021 법원직 9급

① 두 대상의 공통점들을 열거하며 내용을 서술하고 있다.
② 대상 간의 차이점에 초점을 맞춘 내용을 서술하고 있다.
③ 독자에게 질문을 던지는 방식으로 내용을 서술하고 있다.
④ 어떠한 대상의 정의와 특징을 밝히며 내용을 서술하고 있다.

258 윗글을 이해한 내용으로 가장 옳은 것은? 2021 법원직 9급

① 미술사학과 음악사학은 아름다운 대상에 접근하는 방식이 다르다.
② 미학과 미술사학은 서로 다른 도구를 가지고 아름다운 대상을 연구한다.
③ 그림, 음악 등의 아름다운 것을 연구하는 사람들은 모두 미학을 한다고 할 수 있다.
④ 미학과 음악사학은 각각 미술과 음악이라는 도구를 사용한다는 점에서 차이가 있다.

259 윗글의 빈칸에 들어갈 내용으로 가장 적절한 것은? 2021 법원직 9급

① 비슷한 특징이 있지만
② 연구 방법이 동일하지만
③ 같은 대상을 보고 있지만
④ 명칭에 있어서도 차이가 있지만

[260~262] 다음 글을 읽고 물음에 답하시오. [3문항]

미생물은 오늘날 흔히 질병과 연관된 것으로 여겨진다. 1762년 마르쿠스 플렌치즈는 미생물이 체내에서 증식함으로써 질병을 일으키고, 이는 공기를 통해 전염될 수 있다고 주장했으며, 모든 질병은 각자 고유의 미생물을 갖고 있다고 말했다. 그러나 유감스럽게도 그 주장에 대한 증거가 없었으므로 플렌치즈는 외견상 하찮아 보이는 미생물들도 사실은 중요하다는 점을 다른 사람들에게 납득시킬 수가 없었다. 심지어 한 비평가는 그처럼 어처구니없는 가설에 반박하느라 시간을 허비할 생각이 없다며 대꾸했다.

그런데 19세기 중반 들어 프랑스의 화학자 루이 파스퇴르에 의해 상황이 바뀌기 시작했다. 파스퇴르는 세균이 술을 식초로 만들고 고기를 썩게 한다는 사실을 연달아 증명한 뒤 만약 세균이 발효와 부패의 주범이라면 질병도 일으킬 수 있을 것이라고 주장했다. 이러한 배종설은 오랫동안 이어져 내려온 자연발생설에 반박하는 이론으로서 플렌치즈 등에 의해 옹호되었지만 아직 논란이 많았다. 사람들은 흔히 썩어가는 물질이 내뿜는 나쁜 공기, 즉 독기가 질병을 일으킨다고 생각했다. 1865년 파스퇴르는 이런 생각이 틀렸음을 증명했다. 그는 미생물이 누에에게 두 가지 질병을 일으킨다는 사실을 입증한 뒤, 감염된 알을 분리하여 질병이 전염되는 것을 막음으로써 프랑스의 잠사업을 위기에서 구했다.

한편 독일에서는 로베르트 코흐라는 내과 의사가 지역농장의 사육동물을 휩쓸던 탄저병을 연구하고 있었다. 때마침 다른 과학자들이 동물의 시체에서 탄저균을 발견하자, 1876년 코흐는 이 미생물을 쥐에게 주입한 뒤 쥐가 죽은 것을 확인했다. 그는 이 암울한 과정을 스무 세대에 걸쳐 집요하게 반복하여 번번이 똑같은 현상이 반복되는 것을 확인했고, 마침내 세균이 탄저병을 일으킨다는 결론을 내렸다. 배종설이 옳았던 것이다.

파스퇴르와 코흐가 미생물을 효과적으로 재발견하자 미생물은 곧 죽음의 아바타로 캐스팅되어 전염병을 옮기는 주범으로 여겨지기 시작했다. 탄저병이 연구된 뒤 20년에 걸쳐 코흐를 비롯한 과학자들은 한센병, 임질, 장티푸스, 결핵 등의 질병 뒤에 도사리고 있는 세균들을 속속 발견했다. 이러한 발견을 견인한 것은 새로운 도구였다. 이전에 있었던 렌즈를 능가하는 렌즈가 나왔고, 젤리 비슷한 배양액이 깔린 접시에서 순수한 미생물을 배양하는 방법이 개발되었으며, 새로운 염색제가 등장하여 세균의 발견과 확인을 도왔다.

세균을 확인하자 과학자들은 거두절미하고 세균을 제거하는 작업에 착수했다. 조지프 리스터는 파스퇴르에게서 영감을 얻어 소독 기법을 실무에 도입했다. 그는 자신의 스태프들에게 손과 의료 장비와 수술실을 화학적으로 소독하라고 지시함으로써 수많은 환자들을 극심한 감염으로부터 구해냈다. 또, 다른 과학자들은 질병 치료, 위생 개선, 식품 보존이라는 명분으로 세균 차단 방법을 궁리했다. 그리고 세균학은 응용과학이 되어 미생물을 쫓아내거나 파괴하는 데 동원되었다. 과학자들은 미생물과의 전쟁을 선포하고, 병든 개인과 사회에서 미생물을 몰아내는 것을 목표로 삼은 것이다. 이렇게 미생물에 대한 인식이 형성되었으며 그 부정적 태도는 오늘날에도 지속되고 있다.

260 윗글의 서술상 특징에 대한 설명으로 가장 적절한 것은?
2021 법원직 9급

① 미생물과 관련한 탐구 및 실험 내용을 구체적으로 제시하고 있다.
② 미생물에 대한 상반된 두 이론을 대조하며 각각의 장단점을 제시하고 있다.
③ 미생물과 관련한 가설의 문제점을 밝히고, 이에 대한 해결방안을 제시하고 있다.
④ 미생물의 종류를 나누어 분석하며 미생물에 대한 인식 변화 과정을 제시하고 있다.

261 윗글을 읽고 이해한 내용으로 가장 적절한 것은?
2021 법원직 9급

① 미생물이 질병을 일으킨다는 플렌치즈의 주장은 당시 모든 사람들의 긍정적 반응을 이끌었다.
② 플렌치즈는 썩어가는 물질이 내뿜는 독기가 질병을 일으킨다는 주장이 틀렸음을 증명하였다.
③ 코흐는 동물의 시체에서 탄저균을 발견한 후 미생물을 쥐에게 주입하는 실험을 실시하였다.
④ 파스퇴르는 프랑스의 잠사업과 환자들을 감염으로부터 보호하는 일에 긍정적인 영향을 미쳤다.

262 윗글의 내용을 통해 도출할 수 있는 내용으로 가장 적절하지 않은 것은?
2021 법원직 9급

① 세균은 미생물의 일종이다.
② 세균은 화학적인 방법으로 제거할 수 있다.
③ 미생물과 질병의 연관성에 대한 인식은 통시적으로 변화해왔다.
④ 코흐는 새로운 도구의 개발 이전에 질병을 유발하는 미생물들을 발견했다.

[263~264] 다음 글을 읽고 물음에 답하시오. [2문항]

민주주의, 특히 대중 민주주의의 역사는 생각보다 짧다. 고대 그리스의 민주주의나 마그나 카르타(대헌장) 이후의 영국 민주주의는 귀족이나 특정 신분 계층만이 누릴 수 있는 체제였다. 우리가 흔히 알고 있는 대중 민주주의, 즉 모든 계층의 성인들이 1인 1표의 투표권을 행사할 수 있는 정치 체제는 영국에서 독립한 미국에서 시작되었다고 보는 것이 맞다. 하지만 미국에서조차도 20세기 초에야 여성에게 투표권을 부여하면서 제대로 된 대중 민주주의의 형태를 갖추게 되었다. 유럽의 본격적인 민주주의 도입도 19세기 말에야 시작되었고, 유럽과 미국을 제외한 각국의 대중 민주주의의 도입은 이보다 훨씬 더 늦었다.

자본주의의 역사는 얼마나 될까? 자본주의를 '개인 소유권의 인정'이라고 본다면 구약 성경에도 기록될 정도로 오래된 것으로 추정된다. 왕이 국가의 모든 자산을 소유하는 것으로 여겨졌던 절대 군주주의 시대에도 상업 활동을 통해서 부를 축적한 상인 계급이 존재했다. 그러나 보통 근대 자본주의의 시작은 1776년으로 간주된다. 이 해는 미국이 독립하고, 애덤 스미스의 "국부론"이 출간된 때이다. 아나톨 칼레츠키는 그의 저서 "자본주의 4.0"에서 대중 민주주의(이하 민주주의)와 자본주의는 제대로 결합하여 발전을 서로 도와 온 것으로 설명하고 있다. 실제로 산업 혁명 이후, 식민지 경영 시대, 공산주의와 자본주의의 대립 등을 거쳐, 지금은 세계 수많은 나라가 민주주의와 자본주의를 결합한 정치·경제 체제를 갖추고 있다.

그런데 이 두 체제의 결합은 사실 자연스러운 것은 아니다. 레스터 서로는 그의 저서에서 이렇게 설파했다.

> "민주주의와 자본주의는 적절한 권력의 분배에 대해 매우 다른 믿음을 갖고 있다. 하나는 '1인 1표'라는 정치권력의 완전한 분배가 좋다고 믿는 반면, 다른 하나는 경제적 비적격자를 몰아내어 경제적으로 멸종시키는 것이 경제적 적격자의 의무라고 믿는다. '적자생존'과 (구매력상의) 불평등이 자본주의적 효율성의 모든 것이다."

그렇다면 본질적으로 어울리기 어려운 정치 체제(민주주의)와 경제 체제(자본주의)가 어떻게 잘 결합하고 상호작용을 하면서 19세기 이후 크게 번영을 이루어 왔을까? 레스터 서로는 민주주의 절차에 의해 선출된 정부가 시장을 가만히 놔두지 않고 더 평등한 소득 분배를 이루는 데 적극적으로 나섰기 때문이라는 설명을 내놓는다.

> "역사적으로 시장 경제들은 민주주의와 양립할 수 있을 만큼 충분한 경제적 평등을 창출해 내지 못했기 때문에 모든 민주주의 국가들은 평등을 촉진하고 불평등이 확대되는 것을 막기 위해 고안된 다양한 프로그램들을 가지고 시장에 '개입하는' 것이 필요하다는 것을 알게 되었다."

칼레츠키는 이와 비슷하지만 더 적극적인 주장을 하고 있다. 그는 자본주의가 근본적으로 민주주의와 궁합이 잘 맞는 제도라고 주장한다. 자본주의가 존립의 위기에 처했을 때마다 민주주의의 도움을 받아 경제 환경에 맞는 새로운 형태로 진화해 왔다고 주장한다.

> "민주주의 덕분에 자본주의는 그 시스템과 제도가 진화할 수 있는 여유를 갖게 된다. 자본주의는 구부러지기 때문에 부러지지 않는다."

– 김경원 · 김준원, 「민주주의와 자본주의의 상호 보완」 –

263 윗글의 서술상 특징에 대한 설명으로 가장 옳은 것은?

2020 법원직 9급

① 민주주의와 자본주의가 지닌 문제점을 열거하고 그에 대한 대안을 마련하고 있다.
② 민주주의와 자본주의가 서로 충돌하는 견해를 절충하여 새로운 결론을 도출하고 있다.
③ 민주주의와 자본주의의 결합에 대해 전문가들의 견해를 인용하여 신뢰도를 높이고 있다.
④ 민주주의와 자본주의의 공통점을 바탕으로 두 체제가 결합되는 과정을 단계적으로 서술하고 있다.

264 윗글을 읽고 이해한 내용으로 가장 옳은 것은?

2020 법원직 9급

① 완벽한 형태의 대중 민주주의는 19세기 말에 미국에서 시작되었다.
② 현재 소수의 나라만이 민주주의와 자본주의를 결합한 정치 · 경제 체제를 갖추고 있다.
③ 애덤 스미스의 "국부론"이 출간된 그 해에 근대 자본주의가 시작된 것으로 보통 여겨진다.
④ 민주주의와 자본주의는 권력의 분배에 대해 결국 같은 지향점을 가지기 때문에 잘 결합할 수 있었다.

[265~266] 다음 글을 읽고 물음에 답하시오. [2문항]

비교 언어학은 언어 간의 친족 관계를 밝히고, 친족 관계가 확인된 언어들의 조어(祖語, 조상 언어)를 추정하며, 각 언어들이 조어에서 분화된 후의 역사적 변천에 대해 연구하는 것을 목적으로 한다. 따라서 비교 언어학을 통해 세계의 언어를 여러 어족(語族)으로 나눌 수 있고, 문자로 기록되기 이전 언어의 모습에 대해서도 알 수 있으며, 한 언어의 역사도 알아볼 수 있다.

언어 간의 친족 관계는 어떻게 확인할 수 있을까? 언어들 사이에 널리 혹은 우연히 존재할 수 있는 유사성이 아니라 그들이 친족이기 때문에 공유할 수밖에 없는 체계적인 유사성이 있음을 밝혀내어야 친족 관계를 증명할 수 있다. 이를 위해 비교 언어학에서는 비교 방법이라는 방법론을 개발해 내었다. 비교 방법에서는 음운 대응 규칙을 중시한다. 음운의 대응이란 같거나 유사한 의미를 지니는 단어들 사이에서 한 언어의 특정 음운이 다른 언어의 특정 음운에 대응하는 것이다. 친족 관계가 증명되기 위해서는 이러한 음운의 대응이 규칙적으로 나타나야만 한다. 가령 다음과 같은 언어들이 있다고 하자.

	봄	불	하나	
A 언어	tom	tel	tark	……
B 언어	som	sel	sark	……

위의 예에서 우리는 A 언어와 B 언어 간에 볼 수 있는 /t/↔/s/의 대응을 통해 이들 언어 간에 음운 대응의 규칙성이 있음을 확인할 수 있다. 일반적으로 이러한 음운의 대응은 언어의 변화가 규칙적이고 체계적으로 일어나는 것임을 말해 준다.

언어들의 친족 관계가 증명되면 각 어족에 속한 언어들을 상호 비교하여 조어를 추정할 수 있다. 인도 – 유럽어족에 속하는 언어들에서 '아버지'를 뜻하는 단어의 예를 보자.

산스크리트어	pitar
라틴어	pater
고대 영어	fæder

이들을 비교해 보면 첫 자음이 산스크리트어와 라틴어에서는 /p/로, 고대 영어에서는 /f/로 나타난다. 일반적으로 오래된 형태가 더 조어에 가까우므로 이들의 기원은 /p/였을 것으로 추정할 수 있다. 이와 같은 방식으로 나머지 음들을 추정하여 언어학자들은 이 단어의 조어가 'p, t, r'이었을 것으로 결론을 내렸다. 이와 같이 비교 방법을 사용하여 조어를 추정하는 것을 외적 재구라 한다.

한편 한 언어의 자료만을 가지고 그 언어의 옛 모습을 추정하는 것을 내적 재구라 한다. 언어는 변화 과정에서 시간적·공간적 흔적을 남기게 되는데, 이 흔적을 통해 언어의 변화 과정을 복원하여 그 변화가 일어나기 전의 어형을 추정할 수 있다. 이때 일반적으로 시간적 흔적은 문헌을 통해, 공간적 흔적은 방언을 통해 확인된다. 한 언어 안에서 어떤 단어의 어형이 시간적으로나 공간적으로 다양하게 존재할 때 외적 재구보다 내적 재구를 사용하게 된다.

265 윗글의 중심 내용으로 가장 적절한 것은?

① 친족 관계가 확인된 언어들의 유사성
② 언어의 옛 모습을 추론하는 방법
③ 언어의 조어 추정 방법의 장단점
④ 언어 변화의 규칙성과 체계성

266 윗글로 미루어 알 수 있는 내용으로 적절하지 않은 것은?

① 비교 방법을 통해 연구할 때 대부분의 언어에서 공통적으로 보이는 유사성은 배제해야 한다.
② 단어의 방언형이 다양하게 나타나는 경우에는 내적 재구보다 외적 재구의 방법을 적용하는 것이 더 적합하다.
③ 다른 언어와 친족 관계를 찾기 어려운 경우에는 외적 재구보다 내적 재구의 방법을 적용하는 것이 더 적합하다.
④ 언어 간의 친족 관계를 확인하고 음운 대응 규칙을 중시하는 비교 방법을 사용하여 조어를 추정하는 방법을 외적 재구라 한다.

[267~268] 다음 글을 읽고 물음에 답하시오. [2문항]

세계사는 유목 민족과 정주 민족 간 투쟁의 역사이다. 유목 민족은 농경을 주업으로 하여 문명에서 앞서간 정주 민족에게 결국 패배하였다. 유럽을 공포로 몰아넣었던 용맹한 유목 민족인 훈족 역시 역사에서 흔적 없이 소멸했다.

(㉠) 21세기 들어 새로운 유목 민족이 새 역사를 쓰고 있다. 이들은 과거의 기마병이 상상조차 할 수 없는 속도로 세계 거의 모든 나라의 국경을 무너뜨리고 끊임없이 영토를 확장해 나가고 있다. 이처럼 신유목 시대를 열고 있는 종족이 바로 21세기의 화두로 떠오르고 있는 디지털 노마드*이다. 프랑스의 지성 자크 아탈리는 '21세기는 정보 기술(IT)을 갖추고 지구를 떠도는 디지털 노마드의 시대'라고 예언했다.

신유목 시대는 자본과 노동의 자유로운 이동을 추구하는 세계화와 관련이 있다. 국경을 넘나드는 세계화 시대의 돈과 노동력은 철저하게 유목화한다. 유목민이 말을 타고 새로운 영토를 찾아 끊임없이 이동했듯 21세기의 자본은 더 높은 수익률을, 노동력은 더 나은 삶을 모색하며 쉬지 않고 움직인다. 현대의 유목은 물리적인 현실 공간을 넘어 사이버 공간으로 이동된다. 프랑스의 철학자 피에르 레비는 '현대인에게 움직인다는 것의 의미는 더 이상 지구 표면 한 지점에서 다른 지점으로 이동하는 것만을 뜻하지 않는다.'라고 했다.

신유목 시대의 두 축은 사이버 세계와 유목 행위이다. 과거 유목민이 오아시스라는 허브*를 통해 생존의 네트워크를 만들었듯, 디지털 노마드는 인터넷에서 생존의 조건을 확보한다. 시간과 장소에 구애를 받지 않고 다양하고 새로운 서비스를 받을 수 있는 유비쿼터스*는 새로운 유목민의 환경이다. 유목민은 성을 쌓지 않을 뿐만 아니라 성을 떠난다. 조상과 자신이 출생한 공간은 낡은 사진 이상의 의미를 갖지 못한다. 그들은 모국어를 버리고 이방에서 외국어를 쓰며 생활한다.

신유목 시대에는 국가주의가 퇴조하고 세계 시민주의가 확대될 것으로 예상된다. (㉡) 세계화와 민족주의 사이의 갈등과 불확실성이 더욱 심해질 전망이다. 지구촌은 남북 격차*에 디지털 격차까지 겹쳐 빈익빈 부익부 구조가 더욱 심해지고 고착될 수도 있다. 남쪽 세계에 속한 인구는 디지털 노마드로 변신을 꾀하기는커녕, 생존이 가능한 공간을 찾아 흙먼지 길을 전전해야 하는 가난한 유랑민으로 남게 될지도 모른다. 이를 해결할 수 있는 길은 바로 네트워크를 통한 공동체적 유대를 회복하는 데 있다. 공동체적 유대의 기본 정신은 '박애와 관용'이다. 과학 기술과 네트워크에 인간적 온기를 불어넣을 때, 인간을 소외시켰던 바로 그 과학 기술과 네트워크는 신유목 시대의 미래를 열어 가는 정신적 토대로 전환될 수 있다.

1,600여 년 전 세계를 휩쓸었던 유목 민족인 훈족은 새로운 길을 찾지 못하고 역사에서 사라졌다. 21세기의 새로운 유목민도 비슷한 상황을 맞을 수 있다. (㉢) 이미 도처에서 자라고 있는 희망의 싹을 잘 키운다면, 디지털 노마드는 인류 역사의 위대한 종족으로 남게 될 수 있을 것이다.

* 노마드(nomad): 유목민.
* 허브(hub): 중심에 위치하여 바퀴살 모양으로 다른 부분을 접속하는 중계 장치.
* 유비쿼터스(Ubiquitous): 두루누리. 정보 사용자가 네트워크나 컴퓨터를 의식하지 않고 장소에 상관없이 자유롭게 네트워크에 접속할 수 있는 정보 통신 환경.
* 남북 격차: 북반구에 있는 나라와 남반구에 있는 나라 사이의 불균형한 경제 관계.

267 ㉠~㉢에 들어갈 말로 가장 적절한 것은?

	㉠	㉡	㉢
①	왜냐하면	그러므로	그러나
②	그리고	또한	결국
③	그러나	또한	그러나
④	그러나	또한	그리고

268 윗글의 내용과 일치하는 것은?

① 역사적으로 유목 민족과 정주 민족 간의 투쟁은 언제나 유목 민족의 승리였다.
② 과거의 유목민은 국가주의적 경향을 띤 반면 디지털 노마드는 세계 시민주의적 경향을 보일 것으로 예상된다.
③ 남북 격차로 인해 디지털 격차가 야기되어 더 부정적 상황이 찾아올 수 있다.
④ 디지털 노마드에게 있어 유목은 물리적 이동 그 이상의 것을 의미한다.

[269~270] 다음 글을 읽고 물음에 답하시오. [2문항]

우리 현대인은 대인 관계에 있어서 가면을 쓰고 살아간다. 물론 그것이 현대 사회를 살아가기 위한 인간의 기본적인 조건인지도 모른다. 어빙 고프만 같은 학자는 사람이 다른 사람과 교제를 할 때, 상대방에 대한 자신의 인상을 관리하려는 속성이 있다는 점을 강조한다. 즉 사람들은 대체로 남 앞에 나설 때에는 가면을 쓰고 연기를 하는 배우와 같이 행동한다는 것이다.

왜 그런 상황이 발생하는 것일까? 그것은 주로 대중문화의 속성에 기인한다. 사실 20세기의 대중문화는 과거와는 다른 ⓐ새로운 인간형을 탄생시키는 배경이 되었다고 할 수 있다. 특히, 광고는 내가 다른 사람의 눈에 어떻게 보일 것인가 하는 점을 끊임없이 반복하고 강조함으로써 ㉮사람들에게 조바심이나 공포감을 불러일으키기까지 한다. 그중에서도 외모와 관련된 제품의 광고는 개인의 삶의 의미가 '자신이 남에게 어떤 존재로 보이느냐?'라는 것을 무수히 주입시킨다. 역사학자들도 ⓑ'연기하는 자아'의 개념이 대중문화의 부상과 함께 더욱 의미 있는 것이 되었다고 말한다. 그들은 적어도 20세기 초부터 '성공'은 무엇을 잘하고 열심히 하는 것이 아니라 '인상 관리'를 어떻게 하느냐에 달려 있다고 한다. 이렇게 자신의 일관성을 잃고 상황에 따라 적응하게 되는 현대인들은 대중 매체가 퍼뜨리는 유행에 민감하게 반응하는 과정에서 자신의 취향을 형성해 가고 있다.

이렇듯 현대인의 새로운 타자 지향적인 삶의 태도는 개인에게 다른 사람들의 기대와 순간의 욕구에 의해 채워져야 할 빈 공간이 될 것을 요구했다. 현대 사회에서 각 개인은 사회 적응을 위해 ⓒ역할 수행자가 되어야 하고, 자기 스스로 자신의 연기를 모니터링하면서 상황에 따라 편리하게 '사회적 가면'을 쓰고 살아가게 되었다. 이는 세련되었다는 평을 받는 사람들의 경우에 더욱 그러하다. 흔히 거론되는 '신세대 문화'의 특성 중 하나도 ⓓ'사회적 가면'의 착용이라고 볼 수 있다. 물론 신세대는 구세대에 비해 훨씬 더 솔직하고 가식이 없다는 장점을 지니고 있다. 여기서 '가면'은 특정한 목적을 위해 자기를 감추거나 누구를 속인다는 부정적인 의미만을 갖고 있는 것은 아니다. 다만 신세대는 남에게 보이는 자신의 모습에서 만족을 느끼는 정도가 크기 때문에 그런 만족을 얻기 위해 기울이는 노력이 크고, 그것은 ⓔ자신의 자아를 돌아볼 여유도 없이 '가면'에만 충실하게 되는 것이다.

과거를 향유했던 사람들은 비교적 사람의 내면세계를 중요시했다. 겉으로 드러나는 모습은 허울에 불과하다고 믿었기 때문이다. 그러나 현시대를 살아가는 사람들의 모습을 보면 인간관계에 있어, 그 누구도 타인의 내면세계를 깊이 알려고 하지 않거니와 사실 그럴 만한 시간적 여유도 없는 경우가 많다. 그런 이유로 무언가 '느낌'으로 와닿는 것만을 중시하며 살아간다. 그 '느낌'이란 것은 꼭 말로 설명할 수 없다 하더라도 겉으로 드러난 모습에 의해 영향을 받게 마련이다. 옷차림새나 말투 하나만 보고도 금방 그 어떤 '느낌'이 형성될 수도 있는 것이다. 사람을 단지 순간적으로 느껴지는 겉모습만으로 판단한다는 것은 위험하기 짝이 없는 일임에도 불구하고, 현대인들은 겉모습에서 주어지는 인상에 의해 상대방을 파악하고 인식하는 것을 거부하지 못하는 데에 문제가 있다.

269 ⓐ~ⓔ 중 성격이 같은 것끼리 골라 바르게 묶은 것은?

① ⓐ, ⓑ, ⓒ
② ⓐ, ⓑ, ⓓ
③ ⓑ, ⓒ, ⓓ, ⓔ
④ ⓐ, ⓑ, ⓒ, ⓓ

270 ㉮의 사례로 적절하지 않은 것은?

① 어두운 곳에서 귀신이 나오는 공포 영화를 본 소년이 그 이후로 밤늦게 혼자 화장실에 가기가 무서워 꼭 형을 깨워 함께 가게 되었다.
② SNS에서 유명 모델이 광고하고 있는 액세서리를 본 학생이 그것을 구매하여 가지고 다니지 않으면 유행에 뒤떨어질 것이라고 생각하여 해당 상품을 구매하였다.
③ 홈 쇼핑 광고에서 건강식품을 홍보하던 쇼핑 도우미의 말을 듣고 그 물건을 구매하지 않으면 병이 날 것처럼 생각되어 상품을 주문하였다.
④ 한 소녀가 다이어트 광고에 나오는 다른 소녀의 마른 모습을 보고, 자신이 살이 많이 쪘다고 생각하여 살을 빼려고 운동을 시작했다.

[271~272] 다음 글을 읽고 물음에 답하시오. [2문항]

기차 안에서처럼 두 개의 의자가 서로 마주 보고 있고, 그 옆에는 스크린이 창문처럼 설치되어 있다. 관람객들이 이 의자에 앉아 대화를 나누면 대화 속의 단어들에 상응하는 이미지들이 화면 가득히 나타나 입체적 영상을 만들어 낸다. 이는 소머러와 미그노뉴의 디지털 아트 작품인 〈인터넷 타기〉에 대한 설명이다. 이와 같은 최근의 예술적 시도들은 작품과 수용자 사이의 경계를 넘어 작품의 생성과 전개에 수용자를 참여시킴으로써 작품과 수용자 사이의 상호 작용을 가능하게 한다.

이는 분명 ⓐ종래의 예술관에 대한 도전이다. 종래의 예술관은 수용자의 참여를 허락하지 않았을 뿐만 아니라 예술 감상을 ⓑ미적 관조로 한정하고 있었기 때문이다. 즉 예술 작품에 대한 감상은 예술 이외의 모든 관심과 욕구로부터 ⓒ초연한 상태에서 가능하다는 것이다. 더구나 이러한 관조적 태도와 함께 예술 작품 자체도 모든 것에서 벗어난 순수한 객체가 됨으로써 이제 예술은 그 어떤 권위도 침해할 수 없는 자율적 영역이 된다. 이 때문에 종종 예술은 쓸모없는 것으로 평가 절하되기도 하지만, 현실의 모든 긴장과 갈등으로부터 벗어날 수 있는 해방 공간으로 승화되기도 한다.

그렇다면 최근의 예술적 시도들이 예술을 상호 작용 공간으로 만들 경우 미적 해방 공간마저 일상적 삶의 긴장과 갈등 그리고 예술 이외의 관심과 욕구로 얼룩지고 마는 것인가? 넓게 보자면 인간은 세상과의 상호 작용 속에서 살고 있기 때문에 인간의 경험이란 세상과의 ⓓ부단한 상호 작용의 결과이다. 상호 작용이 외적·내적 요인으로 인해 긴장과 갈등을 낳을 때, 인간의 경험은 대립과 분열 속에 빠지며, 이것이 지속될 때 삶은 위기를 맞는다. 반면 각각의 상호 작용의 고유성이 보호되면서도 이것이 하나의 전체 속에서 통일될 때 인간의 삶은 극치를 이룬다. 존 듀이는 이러한 통일성에 대한 체험을 미적 체험으로 간주한다. 물론 이러한 미적 체험은 현실적 삶에서 실현되기 어렵다. 오히려 이것은 예술 작품 속에서 상이한 요소, 행동, 사건, 주체들이 고유성을 상실하지 않으면서도 하나의 통일성을 이룰 때 가능하다.

이런 점에서 듀이는 예술의 신성화가 아니라 예술의 세속화를 원한다. 대립되고 분열된 일상의 수많은 상호 관계와 경험들은 이 세상 속에서 미적 체험으로 통합되어야 한다. 상호 작용을 강조하는 예술적 시도가 이러한 미적 체험을 실험하고 연습하는 장을 만든다면, 이는 예술 작품을 넘어 삶 속에서도 미적 체험을 성취하는 데 기여할 것이다.

271 윗글의 중심 내용으로 가장 적절한 것은?

① 예술관의 변화와 그에 따른 다양한 시도
② 작품과 수용자 사이의 상호 작용을 강조하는 예술적 시도가 갖는 의의
③ 작품과 수용자 사이의 상호 작용의 변천과 그 특징
④ 미적 체험과 인간의 삶의 변화

272 ⓐ~ⓓ의 사전적 의미로 적절하지 않은 것은?

① ⓐ: 일정한 시점을 기준으로 이전부터 지금까지에 이름. 또는 그런 동안.
② ⓑ: 미적 대상을 파악하는 정신 작용 및 그 작용의 결과에 대한 인식.
③ ⓒ: 어떤 현실 속에서 벗어나 그 현실에 아랑곳하지 않고 의젓함.
④ ⓓ: 아주 가깝게 맞닿아 있는. 또는 그런 관계에 있는.

[273~274] 다음 글을 읽고 물음에 답하시오. [2문항]

장르화는 일상생활 속에서 흔히 만날 수 있는 익명의 인물들과 소소한 사건들을 묘사한 그림이다. (㉠) 장르화는 대체 어떻게 해서 장르화로 불리게 된 것일까? 17세기에 들어와 서양에서는 회화의 주제를 구분하려는 경향이 뚜렷이 나타났다. 이때 역사화와 역사화 이외의 장르를 엄밀하게 구분하였는데, 역사화 이외의 장르에 해당하는 그림 전반을 가리켜 ⓐ장르화라고 하였다. 그러다가 초상화, 풍경화, 정물화 등을 더욱 확실하게 구별하는 관행이 정착됐고, 끝내 아무런 이름을 얻지 못한 나머지 그림들은 계속 ⓑ장르화로 남게 됐다.

장르화는 일상생활과 풍속을 묘사한 그림으로, 당대의 역사, 문화, 생활, 미의식 등 다양한 측면을 반영하고 있으며, 이 때문에 오늘날에도 강한 호소력을 지니며 살아 숨쉬고 있다는 점에서 우리 풍속화와 유사하다. (㉡) 예리한 관찰력을 바탕으로 재미있는 소재를 포착하여 솔직하고 재치 있게 표현한 장르화는 해학과 풍자, 익살로 충만하다는 점에서도 우리 풍속화와 유사하다. 장르화에 나타나 있는 인물들의 어리석고 바보 같은 행동, 웃음을 자아내는 우스꽝스러운 모습, 비정상적인 인간 군상들의 삶의 모습에서 우리는 해학, 풍자, 익살을 느낄 수 있다.

어수룩해 보이기도 하고 소박해 보이기도 하는 장르화가 사람들에게 널리 사랑을 받게 된 것은, 삶에 대한 진솔한 이해와 그것을 유머러스하게 드러내는 능력 때문이다. 특히 17세기 네덜란드 장르화는 거창하지 않아도 따뜻하고, 고상하지 않아도 진실하다. 그만큼 우리에게 적지 않은 감동을 준다. 물론 그 감동의 밑바닥에서 때로 삶의 하잘것없음과 비참함을 토로하는 광경과 마주하게 되는데, 이로 인해 우리는 현실의 비극에 대해 새삼 깊이 사유하게 된다. 그러나 현실은 비극적으로만 그려지지는 않는다. 이런 현실을 인간적인 풍미와 웃음으로 감싸 안는 해학이 있기 때문이다. 그런데 장르화에서의 해학은 사실 일정한 도덕적 관념을 바탕으로 한 것이다. (㉢) 장르화에 등장하는 상징적인 소품에 유의하면 그 안에 담긴 도덕적인 교훈을 발견할 수 있다.

근대에 들어 부르주아 시민 사회가 성장하면서 장르화는 시민들의 근면한 생활이나 노동 윤리 등 합리적인 생활 태도를 강조하고 허례허식과 부도덕한 삶을 비판함으로써 자본주의적, 시민적 윤리의 확산을 도왔다.

장르화가 등장하기 전에는 종교나 신화, 역사 같은 것만을 가치 있다고 여겼다. 세속적인 일상생활이란 아무런 위대성과 숭고미를 머금고 있지 않았기 때문에 그것은 그릴 만한 가치가 없는 것으로 여겼다. (㉣) 장르화를 그렸던 화가들은 가치 있는 것이 일상 저 너머가 아니라 일상 속에 깃들어 있다는 사실을 알아차렸다. 삶의 의미를 삶 그 자체에서 찾고자 했던 것이다. 이런 점 때문에 서양 미술사에서 장르화가 주목을 받은 것이다.

273 단어의 의미 변화 양상이 'ⓐ → ⓑ'와 가장 유사한 것은?

① '짐승'은 원래 중생에서 온 말로서 유정물 전체를 가리키는 불교 용어이던 것이 지금은 인간을 제외한 동물을 가리킨다.
② '다리'는 사람이나 짐승의 다리만을 가리키던 것이 지금은 지게의 다리 같은 무생물에도 적용된다.
③ '어리다'는 중세에는 '어리석다'는 뜻이었는데, 지금은 '나이가 어리다'는 뜻으로 쓰인다.
④ '세수하다'는 손만 씻는 동작을 가리키는 것이었지만, 지금은 얼굴을 씻는 행위도 포함하고 있다.

274 ㉠~㉣에 들어갈 말로 가장 적절한 것은?

	㉠	㉡	㉢	㉣
①	하지만	왜냐하면	그런데	그리고
②	그런데	또한	그래서	그러나
③	하지만	또한	그런데	그럼에도 불구하고
④	그런데	또한	그래서	그리고

[275~276] 다음 글을 읽고 물음에 답하시오. [2문항]

우리의 전통 가옥이나 누정, 사찰, 궁궐의 건축물 등에서 쉽게 볼 수 있는 것이 난간(欄干)이다. 선인들의 작품에 '난간에 기대어'라는 표현이 심심찮게 나올 정도로 난간에는 우리 조상들의 삶의 숨결과 미의식이 깃들어 있다. 자칫 소홀하게 여길 수 있는 거주 공간의 끝자락에서도 선인들은 여유와 미감을 찾고자 했던 것이다.

난간은 원래 사람들의 추락을 막기 위한 목적으로 마루, 계단, 다리 등에 설치되었다. 우리의 전통 건축물이 대부분 목조 양식을 띠고 있기 때문에 석조 난간보다는 목조 난간이 널리 설치되었다. 목조 난간은 일반 민가에서 쉽게 볼 수 있는 질박하고 수수한 난간에서부터 멋과 미감을 살린 계자(鷄子) 난간으로 발전되어 갔다.

민가에서 주로 보이는 보통의 난간이 특별한 장식 없이 널빤지만으로 잇는 소박한 형태였다면, 계자 난간은 궁판(穹板)에 궁창(穹窓)을 만들어 잇기도 하고, 때로는 궁판 대신에 다양한 모양의 살창을 끼워 한껏 멋을 살리기도 했다. 또한 동자(童子)를 짜서 마루와 궁판에 끼워 난간을 튼튼하게 만들면서도 장식미를 드러내고 있다. 난간은 오채(五彩)를 뽐내는 단청의 화려함이나 서까래로 잘 짜 맞춘 대들보의 단단함에는 비길 수 없지만, 그 나름대로 질박하면서도 화사한 멋과 야무진 짜임새를 고루 갖추고 있다.

목조가 연출하는 난간의 건축 미학은 자연 친화성에서 나온다. 난간은 특히 독특한 색깔과 무늬로 다른 건축 재료와 조화를 이루는 나무 본래의 특성을 잘 살리고 있다. 멀리서 볼 때 주변 환경과 멋들어지게 어울리는 건물의 품새와 잘 짜인 구성미를 살릴 수 있었던 것도 나무로 만든 난간이 바탕이 되었기 때문이다. 난간을 지을 때 하엽(荷葉)과 돌란대를 단단히 고정시키기 위해 박는 국화 모양의 나무못에서도 자연 친화적인 선인들의 미의식을 확인할 수 있다.

궁창은 수복강녕(壽福康寧)을 상징하는 거북이나 구름뿐만 아니라 연꽃 등 다양한 모양으로 만들어지기도 한다. 여기에는 장식적 목적도 있었지만 답답하게 느껴질 수 있는 건물 내부 공간을 시원스럽게 개방함으로써 자연스레 바깥세계를 끌어들이기 위한 의도도 들어 있다. 여름날 툇마루나 대청마루의 난간 창살 사이로 살랑살랑 불어오는 시원한 미풍의 감촉도 바로 이러한 난간의 공간 미학적 특징에서 비롯된다. 선인들의 삶의 지혜와 미의식을 곳곳에서 발견할 수 있는 난간이야말로 우리 건축물의 아름다움을 잘 보여주는 소중한 문화유산이다.

275 윗글의 제목으로 가장 적절한 것은?

① 난간의 구성 요소에 따른 장단점
② 난간의 제작 과정과 선조들의 지혜
③ 난간의 건축 미학과 의의
④ 난간의 역사와 종류

276 윗글을 읽고 난 학생들의 반응으로 적절한 것은?

① 동자는 난간의 실용성과 아름다움을 동시에 고려한 것이었겠네.
② 난간의 궁판에 살창을 내는 것은 계자 난간의 공통적 요소였겠네.
③ 목조 난간은 화려한 계자 난간에서 시작하여 점차 소박한 형태의 수수한 난간으로 바뀌어 나갔겠군.
④ 목조 난간은 자연 친화적이었지만 석조 난간에 비해 실용성은 떨어졌겠네.

[277~278] 다음 글을 읽고 물음에 답하시오. [2문항]

'사전' 하면 흔히 'ㄱ, ㄴ, ㄷ' 순으로 배열된 국어사전을 떠올리지만, 인간의 머릿속에도 사전이 있는 것으로 생각된다. 이를 '머릿속 사전'이라 부른다. 그런데 책으로 된 종이 사전과 머릿속 사전의 조직은 서로 다른 것으로 보인다. 종이 사전은 한글 자모 순서로 단어들을 배열하는 것이 표준이다. 머릿속 사전도 이와 동일한 방식으로 조직되어 있다면 말실수를 할 때 한글 자모 순서상 가장 근접해 있는 단어가 선택될 것이다. 가장 가까이 있으므로 그 단어를 얼른 생각해 낼 것으로 예측되기 때문이다. 예컨대 '청진기'라는 단어 대신에, 사전에서 그 다음에 배열될 것으로 예상되는 '청진선'이 선택되는 식이다. 그러나 그런 경우는 드물다.

머릿속 사전의 조직을 살펴보는 방법의 하나로 단어 연상 실험을 들 수 있다. 이 실험은 자극어를 준 뒤 제일 먼저 떠오르는 단어를 말해 보게 하거나 떠오르는 단어들을 생각나는 대로 모두 말해 보게 하는 방법으로 이루어진다. 자극어로 '바늘'을 제시했을 때 나오는 전형적인 반응어는 '실, 핀, 날카롭다, 꿰매다' 등이다. 이는 깊이 사고하지 않고 자동적으로 나오는 반응어가 머릿속에서 자극어와 연관을 맺고 있는 단어들이라는 가정에 부합한다. 우리는 '하늘'이라든가 '공부'와 같이 '바늘'과 상관이 없는 반응어를 기대하지 않으며, 실제로도 그렇게 반응하는 사람은 드물다.

연상이라는 것이 비록 언어의 규칙에 기반하여 명쾌한 설명력을 지니지 못해도, 그동안의 연구 결과 사람들은 주로 ⓐ<u>등위적, 배열적, 상위적, 동의적 연결 관계</u>에 있는 단어들을 떠올리는 것으로 드러났다. 등위적 연결은 '나비 – 나방'처럼 수준이 유사한 단어들과 '왼쪽 – 오른쪽'처럼 반의 관계에 있는 단어들의 연결을 말한다. 배열적 연결은 '소금 – 물'처럼 함께 나열될 가능성이 높아 보이는 단어들의 연결을, 상위적 연결은 '나비 – 곤충'처럼 하위어와 상위어의 연결을, 동의적 연결은 '배고프다 – 굶주리다'처럼 뜻이 유사한 단어들의 연결을 말한다. 이들 중 사람들이 가장 먼저 떠올리는 단어들은 등위적, 배열적 연결 관계에 있는 단어들로 알려져 있다. 이는 이것들의 연결이 다른 것들보다 훨씬 더 강하다는 것을 의미한다.

위에 덧붙여 실어증 환자들에 관한 실험 연구를 살펴볼 필요가 있다. 실험에 의하면, 어떤 환자는 부엌 용구의 이름은 하나도 잊어버리지 않았지만 과일 이름은 모두 잊어버렸고, 어떤 환자는 의복 이름은 댈 수 있었지만 옷감의 종류는 말하지 못했다. 이는 '부엌 용구, 과일 이름, 의복 이름, 옷감 이름' 등이 모두 독립된 장(場)으로 머릿속에 저장되어 있음을 함축한다.

위와 같은 실험들을 통해 머릿속 사전이 다음과 같은 방식으로 조직되어 있을 것이라고 생각하게 되었다. 첫째, 머릿속 사전은 서로 관련을 맺는 단어들이 하나의 장을 이루어 거미줄처럼 조직되어 있을 것이다. 둘째, 단어들 사이의 연결 정도는 그 관계의 종류에 따라 달라지는데, 특히 강력한 연결 관계를 맺는 단어들이 있어서 이 단어들은 서로 가까운 곳에 저장되어 있을 것이다. 셋째, 단어들은 일정한 주제들을 중심으로 무리 지어 모여 있는데, 어떤 주제를 중심으로 모여 있는 각 장들은 독립성을 확보하고 있다. 이 말은 하나의 장이 다른 장과 완전히 분리되어 있다는 뜻이 아니라 어느 정도 독립적으로 작동할 수 있는 장치를 갖고 있다는 의미이다.

277 〈보기〉의 예들을 ⓐ의 구분에 따라 알맞게 나열한 것은?

| 보기 |

㉠ 놀이 – 터　　㉡ 돼지 – 동물
㉢ 크다 – 작다　　㉣ 여물다 – 익다
㉤ 위 – 아래

	등위적 연결	배열적 연결	상위적 연결	동의적 연결
①	㉢	㉠	㉡	㉣
②	㉢	㉠	㉤	㉣
③	㉤	㉡	㉢	㉣
④	㉤	㉢	㉡	㉠

278 윗글의 내용과 일치하지 않는 것은?

① '북쪽'과 '남쪽'이란 단어의 연결은 '하늘'과 '고추장'이란 단어의 연결보다 연결력이 강할 것이다.
② 자극어와 반응어는 머릿속에서 서로 가까운 곳에 저장되어 있을 것이다.
③ 실어증 환자들에 관한 실험 연구는 단어들이 장으로 조직되어 있음을 알려 준다.
④ 머릿속 사전은 전반적으로 종이 사전과 같은 방식을 따르고 있다.

[279~280] 다음 글을 읽고 물음에 답하시오. [2문항]

언어학에서는 지리학의 방법을 활용하여 언어 현상을 설명하기도 하는데, 그 예로 언어 지도가 있다. 언어 지도는 일정 지역의 언어적인 차이를 한눈에 알아보도록 지도 형식을 빌려 표시한 것으로, 시간의 흐름에 따라 변화하는 언어를 공간적으로 투영한 것이다. 이것은 동일한 의미를 지닌 단어가 지역에 따라 형태가 어떻게 달리 나타나는가, 동일한 형태의 한 단어가 지역에 따라 의미가 어떻게 분화되는가 등을 시각적으로 일목요연하게 보여 준다.

언어 지도는 현재 언어 상태의 생생한 모습을 보여 주고, 국어의 역사적인 변화에 관한 정보를 드러내 주며, 해당 지역의 역사나 문화를 반영하여 민속학적, 문화사적 연구에 도움을 준다. 또 지도에 담긴 방언형을 통해 이전 시기의 언어를 재구성하거나, 문학 작품에 나타난 방언 어휘를 이해하는 데에도 도움을 준다.

언어 지도는 자료를 기입해 넣는 방식에 따라 몇 가지로 나누는데, 그중 한 분류법이 진열 지도와 해석 지도로 나누는 방식이다. 전자가 원자료를 해당 지점에 직접 기록하는 기초 지도라면, 후자는 원자료를 언어학적 관점에 따라 분석, 가공하여 지역적인 분포 상태를 제시하고 설명하는 지도를 말한다.

진열 지도는 각 지점에 해당하는 방언형을 지도에 직접 표시하거나 적절한 부호로 표시하는데, 언어학적으로 비슷한 어형은 비슷한 모양의 부호를 사용한다. 가령 '누룽지'의 방언형으로 '누렁기, 누룽지, 소데끼, 소디끼' 등이 있다면, '누렁기, 누룽지'와 '소데끼, 소디끼'를 각각 비슷한 부호로 사용하는 것이다. 한편 해석 지도는 방언형이 많지 않을 때 주로 이용하며, 연속된 지점에 동일한 방언형이 계속 나타나면 등어선(等語線)을 그어 표시한다. 등어선은 언어의 어떤 특징과 관련되느냐에 따라 그 굵기에 차이를 두어 표시하기도 한다. 이때 지역적으로 드물게 나타나는 이질적인 방언형은 종종 무시되기도 한다.

279 윗글의 중심 내용으로 가장 적절한 것은?

① 언어학과 지리학의 교차 영역
② 진열 지도와 해석 지도의 장단점
③ 언어 지도를 통한 문학 작품의 이해
④ 언어 지도를 활용한 방언 연구의 방법

280 윗글을 통해 추론한 내용으로 적절하지 않은 것은?

① 방언형이 많은 경우에는 진열 지도 방식이 해석 지도에 비해 적합하다.
② 등어선을 그릴 때 지역적으로 드물게 나타나는 이질적인 방언형의 경우 모두 언어 지도에 표시되는 것은 아니다.
③ 언어 지도를 통해 시기와 성별에 따라 나타나는 방언형을 분류하여 이해할 수 있다.
④ 언어 지도를 활용하여 문학 작품 속 토속적 어휘를 이해하는 데 도움을 받을 수 있다.

[281~282] 다음 글을 읽고 물음에 답하시오. [2문항]

영상 매체는 문자가 아닌 이미지의 언어로 이루어져 있다. 오늘날 영상 이미지의 사용은 점점 더 일반화되고 있으며, 우리는 일상적으로 이미지를 사용하고 해독한다. 특히 매체의 영상은 언제 어디서나 흘러 넘치는 이미지로서 일상적 삶의 한 부분이 되어 버렸다. 그러나 이미지를 만드는 사람들은, 우리의 순진함을 이용하여 우리를 조종하고 은밀히 자신의 의도를 주입시킬 수도 있다.

광고에서 펼쳐지는 이미지는 결코 현재 우리의 삶이 어떠한가를 말하지 않는다. 그보다는 상품을 구입할 경우, 달라지게 될 세련되고 매력적인 미래의 삶에 대해 이야기한다. 처음에는 이러한 이미지를 자신의 미래 이미지로 받아들이지 않을지라도 반복해서 보게 되면 자신도 모르는 사이에 자연스럽게 광고 이미지 전체를 자신의 미래 이미지로 받아들이게 된다. 이렇게 ㉠<u>광고는 초라한 일상의 나에서 벗어나 환상적인 미래의 나로 변신하고 싶다는 욕망을 자극한다</u>.

광고 속의 이미지가 현실을 왜곡하고, 보는 이의 욕망을 자극하듯이 드라마나 영화도 마찬가지다. 드라마나 영화에 제시되는 삶의 모습 또한 ㉡<u>현실의 삶을 있는 그대로 반영하기보다는 보는 이의 시선을 끌 만한 상황을 제시하는 경우가 많다</u>. 또한 ㉢<u>설정된 인물들의 성격이나 직업 등은 극적인 재미를 극대화하기 위해 현실 생활과는 다르게 왜곡되기 일쑤여서 시청자들로 하여금 편견을 갖게 한다</u>.

문제는 이런 이미지에 길들여지면 이미지의 세계를 현실 세계로 여기게 된다는 점이다. 드라마에서 어떤 배우가 한 머리 모양이 인기를 끌고 광고 카피가 속담이나 격언보다 위력을 떨치며, 영화를 통한 모방 범죄 심리가 생기는 것도 이와 같은 이미지의 영향력 때문이다. 그리하여 이미지 사회에서는 사람들이 논리적이고 합리적인 사고를 통해 주체적인 삶을 살기보다는 이미지에 의해 연출된 삶을 감각적으로 소유하고, 현실과 다른 환상적인 행복을 추구하는 경우도 많이 생기게 된다.

그렇다고 해서 이미지가 사람들로 하여금 환상적인 세계 속에 젖어들게 하여 현실을 망각하고 자신의 정체성을 위협받는 위험성만 가지고 있는 것은 아니다. 이미지를 제대로 이해하고, 바르게 받아들인다면, 자유로운 상상력을 키워주는 긍정적인 기능도 있다.

이미지란 어떤 사건이나 대상을 구체적으로 보여 주는 것이다. 이 과정에는 상상력이 절대적으로 필요하다. 특히, ㉣<u>비현실적인 것을 형상화한 이미지는 고도의 상상력을 거쳐 탄생하기 마련이며 이것을 보는 것만으로도 사고의 영역을 확대할 수 있다</u>. 그리고 살아 있는 이미지는 기존의 선입견이나 고정 관념을 바꿀 수도 있다.

이미지가 팽배한 시대를 살아가기 위해서는 범람하는 이미지의 흐름에 자신을 맡긴 채 내버려 둘 것이 아니라, 이미지를 주체적으로 수용하는 자세가 무엇보다 중요하다. 우리는 이미지 속에 빠져드는 것이 아니라 그것을 읽어 내야 한다.

281 윗글의 ㉠~㉣을 뒷받침하는 내용으로 적절하지 않은 것은?

① ㉠: 유명 모델이 착용하고 있는 의류 광고를 보고 그 옷을 사서 입으면 자신도 그 모델처럼 멋있어질 것으로 믿게 된다.
② ㉡: 시사성 높은 사회 고발 프로그램을 통해 현실 문제에 대한 관심을 높이고 사회의식을 고취한다.
③ ㉢: 드라마에서 주인공의 범죄 장면을 미화하여 범죄에 대한 시청자들의 가치 판단을 혼란시킨다.
④ ㉣: 판타지 영화의 주인공이 마법을 쓰고 신화 속 인물들을 만남으로써 시청자들에게 현실 세계를 초월한 세상을 경험하게 한다.

282 윗글에 대한 설명으로 적절한 것은?

① 대상을 대비적으로 분석한 후 올바른 수용 태도를 제시하고 있다.
② 자문자답 형식을 사용하여 독자의 흥미를 유발하고 있다.
③ 가설과 그에 따른 구체적 자료를 제시하고 있다.
④ 자신의 생각과 다른 견해를 일부 인정하면서도 그 한계를 지적하고 있다.

[283~285] 다음 글을 읽고 물음에 답하시오. [3문항]

한글은 세종이 주도하여 창제한 세계적인 문자로서 세계 문자 역사상 매우 특별한 위치를 차지하고 있다. 1940년 경상북도 안동에서 훈민정음 해례본이 발견됨으로써 한글이 만들어진 원리가 마침내 세상에 드러났다. 훈민정음의 원리에 대한 연구로 학위를 받은 미국 컬럼비아 대학 동아시아학 교수 게리 레드야드는 자신의 학위 논문에서 이렇게 말했다. "㉠글자 모양과 기능을 관련시킨다는 착상과 그 착상을 실현한 방식에 정녕 경탄을 금할 수 없다. 유구하고 다양한 문자의 역사에서 그런 일은 있어 본 적이 없다. 소리 종류에 따라 글자 모양을 체계화한 것만 해도 엄청난 일이다. 그런데 그 글자 모양 자체가 그 소리와 관련된 조음(造音) 기관을 본뜬 것이라니! 이것은 견줄 데 없는 언어학적 호사(豪奢)다."라며 극찬을 아끼지 않았다.

'소리의 종류에 따라 글자 모양을 체계화'했다는 레드야드의 말은 무슨 뜻인가? 이는 조음 기관을 본뜬 ㉡기본 글자 다섯(ㄱ, ㄴ, ㅁ, ㅅ, ㅇ)에다 한 획씩 더하는 방식으로 글자를 생성하여 그 글자들이 계열화를 이루게 하였다는 뜻이다. 예컨대 연구개음(여린입천장소리)인 'ㄱ'에 획을 더해 같은 연구개음이되 거센소리 글자인 'ㅋ'을 만들고, 입술소리인 'ㅁ'에 획을 차례로 더해 같은 입술소리이되 새로운 자질(資質)이 더해진 'ㅂ'과 'ㅍ'을 만들어 냈다는 것이다.

이 점은 로마 문자와 비교해 보면 한글에 함축된 음운학 지식이 얼마나 깊고 정교한지 금방 드러난다. 예컨대 이나 잇몸에 혀를 댔다 떼면서 내는 소리들을 로마 문자로는 'N, D, T'로 표시하지만, 이 글자들 사이에는 형태적 유사성이 전혀 없다. 그러나 한글은 이와 비슷한 소리를 내는 글자를 'ㄴ, ㄷ, ㅌ'처럼 형태적으로 비슷하게 계열화함으로써, 이 소리들이 비록 자질은 다르지만 소리 나는 곳은 같다는 것을 한눈에 보여 준다. 이 말은 이미 훈민정음 창제자들은 음소(音素) 단위의 분석에서 더 나아가, 현대 언어학자들과 같이 음소를 다시 자질로 나눌 줄 알았다는 것을 뜻하는 것이다.

모음을 생성하는 방식도 매우 과학적임을 알 수 있다. 자음과 마찬가지로 모음의 기본자(ㆍ, ㅡ, ㅣ)를 만든 후, 이 ㉢기본자의 어울림으로 초출자(ㅗ, ㅏ, ㅜ, ㅓ)를 만들고, 이 단모음 7자를 다양하게 결합하는 방식으로 새로운 글자 모양과 소리(이중·삼중 모음)를 생성한 것이다. 여기에다 빼놓을 수 없는 한글의 장점은, 모음의 소릿값이 항상 일정하다는 점이다. 우리의 모음은 ㉣축약(縮約)의 경우가 아니라면 언제 어느 때라도 일정한 소리를 유지하게 되어 있다. 영어 'A, E, I, O, U'가 각종 단어에서 얼마나 다양한 소리를 내는지를 고려해 보면 우리 한글이 얼마나 익히기 쉬운 우수한 문자인가를 알 수 있을 것이다.

이와 같이 한글의 참된 가치는 날이 갈수록 더욱 분명히 드러나고 있다. 여기서 우리가 명심해야 할 것은, 우리가 만들고 우리가 향유하고 있는 뛰어난 것이라도, 우리가 깊이 연구하여 그 가치를 드러내고 나아가 그것을 세계에 널리 알려야 참된 가치를 올바로 살릴 수 있다는 점이다. 한글은 우리 민족 문화를 뛰어넘어 인류 문화에 빛나는 금자탑임을 잊어서는 안 된다.

283 ㉠~㉣을 뒷받침할 수 있는 사례로 적절하지 않은 것은?

① ㉠: 'ㄴ'은 혀가 윗잇몸에 닿으면서 휘어지며 소리가 나는데 그 형태가 'ㄴ'의 모양과 유사하다.
② ㉡: 기본자 'ㄴ'에 획을 하나 더하여 'ㄷ'을, 'ㄷ'에 획을 하나 더하여 'ㅌ'을 생성하였다.
③ ㉢: 'ㅏ'와 'ㆍ'를 합쳐 'ㅑ'를 만들어 냈고, 'ㅗ'와 'ㅏ'를 합쳐 'ㅘ'를 만들어 냈다.
④ ㉣: '가두어라 > 가둬라', '덤비어라 > 덤벼라' 등이 있다.

284 윗글에서 '한글의 우수성'을 뒷받침하는 근거로 적절한 것은?

① 우리의 모음은 각각 다양한 소리를 내는 것이 가능하다.
② 자음과 모음을 조음 기관의 모양을 본떠서 만들었다.
③ 자음과 모음의 모양이 각각 대응 관계를 이룬다.
④ 자음의 형태와 소릿값이 계열화를 이룬다.

285 윗글의 내용과 일치하는 것은?

① 한글은 소리의 종류와 의미에 따라 글자 모양이 생성되었다.
② 'ㄴ, ㄷ, ㅌ'은 조음 위치는 다르나 조음 방법은 동일하다.
③ 한글의 자음은 기본자에 가획의 원리를 적용하는 방식으로 만들어졌다.
④ 영어의 모음은 소릿값이 일정하다.

[286~287] 다음 글을 읽고 물음에 답하시오. [2문항]

한 떨기 흰 장미가 우리 앞에 있다고 하자. 하나의 동일한 대상이지만 그것을 받아들이는 방식은 다양하다. 그것은 이윤을 창출하는 상품으로 보일 수도 있고, 식물학적 연구 대상으로 보일 수도 있다. 또한 어떤 경우에는 나치에 항거하다 죽어 간, 저항 조직 '백장미'의 젊은이들을 떠올리게 할 수도 있다. (㉠) 이런 경우들과 달리 우리는 종종 그저 그 꽃잎의 모양과 순백의 색깔이 아름답다는 이유만으로 충분히 만족을 느끼기도 한다.

가끔씩 우리는 이렇게 평소와는 매우 다른 특별한 순간들을 맛본다. 평소에 중요하게 여겨지던 것들이 이때에는 철저히 관심 밖으로 밀려나고, 오직 대상의 내재적인 미적 형식만이 관심의 대상이 된다. 이러한 마음의 작동 방식을 가리키는 개념어가 '미적 무관심성'이다. 칸트가 이 개념의 대표적인 대변자인데, 그에 따르면 미적 무관심성이란 대상의 아름다움을 판정할 때 요구되는 순수하게 심미적인 심리 상태를 뜻한다. 즉 'X는 아름답다.'라고 판단할 때 우리의 관심은 오로지 X의 형식적 측면이 우리의 감수성에 쾌·불쾌를 주는지를 가리는 데 있으므로 이때의 관심은 '무관심적 관심'이다. (㉡) 무언가를 실질적으로 얻거나 알고자 하는 모든 관심으로부터 자유로운 X의 존재 가치는 '목적 없는 합목적성'에 있다.

대상의 개념이나 용도 및 현존으로부터의 완전한 거리두기를 통해 도달할 수 있는 순수 미적인 차원에 대한 이러한 이론적 정당화는, 쇼펜하우어에 이르러서는 예술미의 관조를 인간의 영적 구원의 한 가능성으로 평가하는 사상으로까지 발전하였다. 불교에 심취한 그는 칸트의 '미적 무관심성' 개념에서 더 나아가 '미적 무욕성'을 주창했다. 그에 따르면 이 세계는 '맹목적 의지'가 지배하는 곳으로, 거기에 사는 우리는 욕구와 결핍의 부단한 교차 속에서 고통받지만, 예술미에 도취하는 그 순간만큼은 해방을 맛본다. 즉 '의지의 폭정'에서 벗어나 잠정적인 열반에 도달한다.

미적 무관심성은 예술의 고유한 가치를 옹호하는 데 큰 역할을 하는 개념이다. 그러나 우리는 그것이 극단적으로 추구될 경우에 가해질 수 있는 비판을 또한 존중하지 않을 수 없다. (㉢) 독립 선언이 곧 고립 선언은 아니기 때문이다. 예술의 고유한 가치는 진리나 선과 같은 가치 영역들과 유기적인 조화를 이룰 때 더욱 고양된다. (㉣) 예술은 다른 목적에 종속되는 수단이 되어서도 안 되겠지만, 그것의 지적·실천적 역할이 완전히 도외시되어서도 안 된다.

286 문학 작품을 감상할 때, 윗글의 칸트의 입장에 가장 가까운 것은?

① 김소월의 「접동새」의 창작 연대가 1920년대임을 감안할 때 그 시대에 우리 민족이 느끼는 한과 슬픔을 드러낸 것으로 볼 수 있다.
② 한용운의 「님의 침묵」은 경어체를 사용한 연가풍의 여성적 어조이기 때문에 시적 자아의 소망이 더욱 강렬하게 느껴진다.
③ 이육사의 「절정」에서 '서릿발 칼날진 그 위'는 창작 당시의 극한적 현실 상황을 실감 나게 표현한 구절로 볼 수 있다.
④ 현진건의 「고향」의 결말에 노래가 제시되는데 이는 일제 강점기의 시대 현실을 집약적으로 제시함으로써 주제의식을 드러내고 있다.

287 ㉠~㉣에 들어갈 말로 가장 적절한 것은?

	㉠	㉡	㉢	㉣
①	그런데	그리고	한편	요컨대
②	더구나	그리고	왜냐하면	한편
③	그런데	그리고	왜냐하면	요컨대
④	더구나	한편	왜냐하면	요컨대

[288~289] 다음 글을 읽고 물음에 답하시오. [2문항]

공상 과학 영화 속의 사이보그를 보면, 인간과 똑같이 생겼을 뿐만 아니라 인간이 하듯 스스로 생각하고 행동한다. 그렇다면 그들을 인간이라고 보아도 되는 것인가? 과연 인간을 인간이 아닌 것, 즉 비인간과 구분 지을 수 있는 고유의 인간성이라는 것이 존재하는 것인가?

17세기 데카르트는 동물과 인간의 몸은 유사하지만, 동물과 달리 인간에게는 영혼이 존재하며 생각할 수 있는 능력이 있다고 보았다. 그는 이렇게 정신과 육체를 분리함으로써 동물과 인간을 구분 지을 수 있다고 본 것이다. 이러한 관점에서 인간은 자유롭고 주체적인 의식을 지닌 유일한 존재로서 그 우월적 지위에 대한 확신을 가질 수 있었다. 물론 이러한 관점은 19세기 유물론이나 진화론 등이 대두되면서 흔들리기도 했지만, 실제 삶 속에서 인간이 아닌 존재가 인간의 우월성을 크게 위협할 수 있는 상황이 나타나지는 않았다.

그런데 20세기 이후 고유의 인간성을 인정했던 관점은 과학 기술의 비약적 발전에 따라 근본적인 문제에 직면하게 되었다. 기계 장치의 이식이나 유전자 변이에 의해 강화된 능력을 소유하고 있는 새로운 존재, 소위 '포스트휴먼'이 등장하면서 고유의 인간성에 대한 의문이 제기되기 시작한 것이다. 이미 인공 팔과 인공 망막 등이 신체에 이식되고 있으며, 앞으로 인공 지능의 개발로 생각할 수 있는 컴퓨터가 등장하고, 더 나아가 기계 인간인 사이보그가 등장하리라 예상되고 있다. 이에 따라 인간과 인간이 아닌 것의 경계가 흐릿해지고, 이제 인간은 자신의 영역 안으로 깊숙이 들어오고 있는 포스트휴먼의 존재를 부정하거나 무시할 수 없는 현실을 맞게 된 것이다.

처음에는 인간이 과학 기술을 바탕으로 기계를 만들었지만, 이제 인간은 자신이 만든 기계 환경에 맞추어 갈 수밖에 없는 존재가 되어 가고 있다. 기계는 이제 더 이상 인간의 도구로서만 존재하지 않고, 인간의 의식에 관여하고, 더 나아가 인간의 삶의 방식 자체를 변화시킬 가능성이 높아졌다. 이렇게 된다면 기계에 대한 인간의 배타적 우월성을 당연하게 받아들이기는 어려워질 것이다.

포스트휴먼의 등장은 그동안 고유의 인간성을 인정해 왔던 관점에 대해 진지한 성찰을 요구하고 있다. 이러한 성찰이 인간의 배타적 우월성을 유지하기 위해 인간을 인간이 아닌 것과 구분하는 또 다른 기준을 찾아야 한다는 것으로 귀결되어서는 안 된다. 포스트휴먼에 관한 논의는 인간과 인간이 아닌 것을 구분해 왔던 관점 자체에 대한 근본적인 재고를 요구하고 있다.

288 윗글에 대한 설명으로 옳은 것만을 모두 고른 것은?

㉠ 특정 관점이 근본적인 문제에 직면하였음을 밝히면서 관점의 변화를 요구하고 있다. ㉡ 난해한 용어의 정의를 제시하여 독자의 이해를 돕고 있다. ㉢ 다른 현상과의 비교를 통해 특정 현상에 담긴 의미를 밝히려 한다. ㉣ 현실에 대한 진단을 바탕으로 미래 상황을 예측하고 있다.

① ㉠, ㉡
② ㉠, ㉣
③ ㉡, ㉢
④ ㉢, ㉣

289 글쓴이의 견해를 이해한 것으로 가장 적절한 것은?

① 포스트휴먼의 등장으로 인간과 비인간의 경계가 명확하게 나뉘게 될 것이다.
② 인간과 비인간을 구분 짓기보다는 그러한 시도에 내재한 문제점이 무엇인지 인식해야 한다.
③ 과학 기술의 발달로 인해 기계에 대한 인간의 배타적 우월성이 당연시될 것이다.
④ 인간은 끊임없는 성찰과 합리적 사고 과정을 통해 인간 고유의 인간성을 유지할 수 있을 것이다.

[290~291] 다음 글을 읽고 물음에 답하시오. [2문항]

역사는 인간만이 가진 것으로 과거의 사실에 대한 기록이다. 그러나 과거의 모든 사실이 역사가 되지는 않는다. 역사는 과거의 모든 사실들의 단순한 결합이 아니라 특정하게 선택된 사실들의 의미를 인과적으로 연결한 논리적 구성물이다. 이성계의 위화도 회군이 역사로 기록되는 이유는 이 사실이 조선의 개국을 설명하는 데 중요한 의미를 지니기 때문이다.

그러나 조선 왕조의 창건에 대해서 새로운 사실이나 사물이 발견되고, 이를 통해 조선 개국의 과정이 다른 방향에서 설득력 있게 설명될 수 있다면 위화도 회군의 역사적 의미는 달라질 수 있다. 이는 역사 서술의 과정에서 자료가 새롭게 선택될 수 있고, 역사적 의미 또한 바뀔 수 있음을 말해 준다. 선택은 언제나 역사가에 의해 결정되며, 해석은 필연적으로 의미 해석이므로 역사는 그냥 주어진 자연 현상이 아니라 인간에 의해 만들어진 창조물인 셈이다.

역사가 인간의 창조물이라고 하지만 소설가의 상상에 의해 쓰인 역사 소설과는 다르다. 역사와 역사 소설은 모두 선택된 사실에서 출발한다는 것은 같지만 만들어 가는 과정은 다르다. 역사 소설은 선택된 사실을 바탕으로 상상력에 근거한 '문학적 허구'를 펼쳐 가지만, 역사는 사실을 조사한 후, 탐구하고 검증하는 작업을 거친다.

또한 소설은 하나의 사건이나 사물이 갖는 의미를 좁고 깊게 파고든다면, 역사는 개별적 사건을 전체적 맥락에서 접근한다는 차이점이 있다. 어떤 유적, 유물, 문서의 발굴은 어디까지나 단편적 사실의 발굴이지 그 자체로서 역사의 일부가 되는 것은 아니다. 그러한 사물들이나 사실들은 한 사회의 과거와 현재의 논리적·의미론적 연결 고리를 설명하는 역할을 해야만 비로소 역사적 의미를 띠고 역사의 일부로 편입된다. 역사는 어떤 사실에 특정한 의미가 부여되더라도 그것이 개별적 차원을 넘는 전체적인 틀 안에서 파악되고 해석되지 않는 한, 그것은 개별적 존재로서의 의미로만 남아 역사적 의미를 가질 수 없다.

이러한 해석의 과정에서 역사가에게 필요한 것이 역사관인데, 역사관이란 역사에 대한 총체적 비전을 가리킨다. 순환적인 역사관, 기독교적인 역사관, 마르크스 역사관 등 다양한 역사관이 있다. 역사가는 자신의 역사관을 바탕으로 역사를 서술하는 것이다. 역사관에 따라 똑같은 역사적 사실이나 사건이 '진보', '발전'이라는 틀에서 그 의미가 부여되기도 하고, '반복', '혼동'이란 이름으로 그 의미가 삭제되기도 한다. 그래서 역사는 언제나 새롭게 서술될 수 있고, 어떻게 역사를 기억하고 기록하느냐에 따라 과거 사실의 의미와 깊이가 변할 수 있다. 곧 역사는 선택과 재구성의 과정을 거친 창조적인 작업이다.

290 윗글의 내용과 일치하지 않는 것은?

① 역사는 역사가의 선택과 재구성의 과정을 거치는 창조물이다.
② 역사 소설은 역사와 같은 맥락으로 만들어진다.
③ 역사가의 역사관에 따라 같은 사실이라도 중요도나 의미가 상이해질 수 있다.
④ 역사는 과거 일어난 일들의 단순한 결합이 아닌 인과성을 가진 논리적 구성물이다.

291 윗글을 읽은 독자의 반응으로 적절하지 않은 것은?

① 종교별로 다른 평가를 내리는 역사적 사례들을 찾아봐야겠어.
② 과거와 달리 새롭게 평가받는 역사적 사건들이 무엇이 있나 찾아봐야겠어.
③ 같은 제재를 다루고 있는 역사서와 역사 소설에 어떤 차이점이 있나 비교해 봐야겠어.
④ 새로운 유적이나 유물을 발굴하는 과학적 방법을 찾아봐야겠어.

[292~293] 다음 글을 읽고 물음에 답하시오. [2문항]

도덕적 선택의 순간에 직면했을 때 상대방에게 개인적 선호(選好)를 드러내는 행동이 과연 도덕적으로 정당할까? 도덕 철학자들은 이 물음에 대해 대부분 부정적 반응을 보이며 도덕적 정당화의 조건으로 공평성[impartiality]을 제시한다. 공평주의자들의 관점에서 볼 때 특권을 가진 사람은 아무도 없다. 사람들은 인종, 성별, 연령에 관계없이 모두 신체와 생명, 복지와 행복에 있어서 동일한 가치를 지닌다. (㉠) 어떤 개인에 대해 행위자의 선호를 표현하는 도덕적 선택은 결코 정당화될 수 없다. 공평주의자들은 사람들 간의 차별을 인정하지 않기 때문에 개인이 처해 있는 상황이 어떠한가에 따라 행동의 방향을 결정해야 한다고 말한다.

그런데 우리 모두는 특정 개인과 특별한 친분 관계를 유지하면서 살아간다. 상대가 가족인 경우는 개인적 인간관계의 친밀성과 중요성이 매우 강하다. 가족 관계라 하여 상대에게 특별한 개인적 선호를 표현하는 행동이 과연 도덕적으로 정당화될 수 있을까? 만약 허용된다면 어느 선까지 가능할까? 다음 두 경우를 생각해 보자.

철수는 근무 중 본부로부터 긴급한 연락을 받았다. 동해안 어떤 항구에서 혐의자 한 명이 일본으로 밀항을 기도한다는 첩보가 있으니 그를 체포하라는 것이었다. 철수가 잠복 끝에 혐의자를 체포했더니, 그는 하나밖에 없는 친형이었다. 철수는 고민 끝에 형을 놓아주고 본부에는 혐의자를 놓쳤다고 보고했다.

민수는 두 사람에게 각각 오천만 원의 빚을 지고 있었다. 한 명은 삼촌이고 다른 한 명은 사업상 알게 된 영수였다. 공교롭게도 이 두 사람이 동시에 어려운 상황에 처해서 오천만 원이 급히 필요하게 되었고, 그보다 적은 돈은 그들에게 도움이 될 수 없는 상황이었다. 이를 알게 된 민수는 노력한 끝에 오천만 원을 마련하였고, 둘 중 한 명에게 빚을 갚을 수 있게 되었다. 민수는 삼촌의 빚을 갚았다.

철수의 행동은 도덕적으로 정당화될 수 있는가? 혐의자가 자신의 형임을 알고 놓아주었으므로 그의 행동은 형에 대한 개인적 선호를 표현한 것이다. 따라서 그는 모든 사람의 복지와 행복을 동일하게 간주해야 하는 공평성의 기준을 지키지 않았다. 그의 행동은 도덕적으로 정당화되기 어려워 보인다.

(㉡) 민수의 행동은 정당화될 수 있는가? 그는 분명히 삼촌에 대한 개인적 선호를 표현했다. 민수가 공평주의자라면 삼촌과 영수의 행복이 동일하기 때문에 오직 상황을 기준으로 판단해야 한다. 만약 영수가 더 어려운 상황에 빠져 있고 삼촌이 어려운 상황이 아니었다면, 선택의 여지가 없이 영수의 빚을 갚아야 한다. (㉢) 삼촌과 영수가 처한 상황이 정확하게 동일하기 때문에 민수에게는 개인적 선호가 허용된다.

강경한 공평주의자들은 이런 순간에도 주사위를 던져서 누구의 빚을 갚을지 결정해야 한다고 주장한다. 이는 개인적 선호를 완전히 배제하기 위해서이다. (㉣) 온건한 공평주의자들은 이러한 주장이 개인에 대한 우리의 자연스러운 선호를 반영하지 못하기 때문에 그것을 고려할 여지를 만들어 놓을 필요가 있다고 생각한다. 이러한 여지가 개인적 선호의 허용 범위라는 것이다. 그들은 상황적 조건이 동일한 경우에 한정하여 개인적 선호를 허용할 수 있다고 주장한다.

292 윗글의 중심 화제로 가장 적절한 것은?

① 강경한 공평주의자들과 온건한 공평주의자들의 비교 분석
② 공평주의자의 개념과 분류
③ 개인적 선호의 도덕적 정당성
④ 도덕적 정당성의 의미와 의의

293 ㉠~㉣에 들어갈 말로 가장 적절한 것은?

	㉠	㉡	㉢	㉣
①	하지만	그러므로	그러나	결국
②	따라서	그렇지만	그러나	결국
③	따라서	그렇다면	그러나	반면
④	따라서	그렇다면	그리고	결국

[294~295] 다음 글을 읽고 물음에 답하시오. [2문항]

지도는 지표(地表) 공간에 관한 인간의 의사소통 수단으로 매우 유용하기 때문에 일찍부터 활용되어 왔다. 아마도 먼 옛날에는 흙이나 모래 또는 돌 위에 간단하게 공간 정보를 나타내어 이용하였을 것이다. 우리나라의 경우 약 3천 년 전의 선사인(先史人)이 남긴 암각화에 공간 정보가 그려져 있는 것이 확인되었고, 고구려 벽화에서는 요동성시(遼東城市) 그림이 발견되었다. 삼국 시대와 고려 시대에 군사용 혹은 행정용 지도가 제작되었다는 사실도 다양한 문헌 자료에 의하여 밝혀졌으나, 지금은 전하지 않는다. 이후 제작 기술이 발달하고 그 쓰임이 다양해짐에 따라, 지도는 많은 변천을 거치며 오늘날에 이르렀다.

우리나라에 현존하는 지도는 조선 시대 이후에 제작된 것이다. 조선 초기에는 조선 건국의 에너지가 각종 지도로 표현되었다. 한 예로, 1402년에 제작된 〈혼일강리역대국도지도(混一疆理歷代國都之圖)〉는 중국, 일본에서 유럽과 아프리카까지 당시의 세계를 종합적으로 나타낸 지도였다. 이 지도는 실제로 측량을 해서 만든 것이 아니라 당대의 기존 지도를 조합하여 제작한 것으로, 신흥 국가 조선을 세계 속에서 확인하고 싶어 했던 당시 사람들의 소망을 담고 있다. 조선 후기에는 목판 인쇄술의 발달로 목판본 지도가 많이 제작되었는데, 지도의 크기가 대형화되었으며 지도에 표시되는 정보도 상세하고 풍부해졌다. 그런데 조선 시대에 제작된 지도들의 대부분은 관(官) 중심으로 만들어져 통치와 행정의 수단으로 주로 활용되었다.

개항 이후에는 서양의 인쇄 기술과 지도 제작 기술이 도입되었고, 일제 강점기에는 주로 일본인에 의해 서양의 정밀한 지도 제작 기술이 도입되었다. 이들은 한반도 수탈을 위해 지도를 제작하였으며, 그런 점에서 지도는 여전히 통치와 행정의 도구 역할을 했다. 광복 이후가 되어서야 비로소 지도는 대중에게 보급될 수 있었다.

근래 컴퓨터의 이용이 보편화되고 컴퓨터 용량이 대형화됨에 따라 컴퓨터 지도가 발달하였다. 컴퓨터 지도는 수치 지도(디지털 지도)라는 점에서 기존의 종이 지도와는 크게 다르다. 수치 지도는 기존의 지도에서 사용되던 기호 체계를 사용하되, 각종 지리 정보들을 표준 코드로 분류하여 저장한 지도이다. 수치 지도는 토지 이용도, 지적도, 지하 시설물 위치도, 도로 지도, 기상도, 식생도와 ㉠<u>같은</u> 주제도(主題圖)에 널리 활용되고 있는데, 이와 같이 수치 지도를 활용하는 체계를 '지리 정보 체계[GIS]'라고 부른다.

지금까지 살펴본 바와 같이 지도는 각 시대의 필요에 따라 점진적으로 발달해 왔다. 지도는 인간이 살아가는 공간에 대한 다양한 정보를 담고 있는데, 이들 정보는 당대 사람들의 삶에 의미를 가지는 것들이다. 우리는 여러 가지 지도를 통해서 우리 자신뿐만 아니라 먼 과거에 살았던 사람들, 나아가 한 번도 가 보지 못한 곳에서 살아가는 사람들을 만나서 그들의 생각과 삶의 모습을 접할 수 있게 된다. 이런 점에서 지도는 세계를 바라보는 창(窓)이라 할 수 있다. 우리가 지도라는 창을 통해 세계를 이해하고 갖가지 의미를 이끌어 낼 때 지도는 다양하고 풍부한 정보를 담은 두툼한 한 권의 책이 되는 것이다.

294 윗글의 내용을 바탕으로 이끌어 낼 수 없는 것은?

① 지도는 공간 정보를 기호 체계로 표현한 것이다.
② 지도의 대형화는 다양한 주제도가 발달하게 된 계기가 되었다.
③ 조선 시대 이전의 지도는 기록으로만 전해지고 남아 있는 것은 없다.
④ 지도 사용 계층은 시대의 흐름에 따라 확대되었다.

295 ㉠과 동일한 의미로 쓰인 것은?

① 여행을 할 때엔 반드시 신분증 <u>같은</u> 것을 가지고 다녀야 한다.
② 나는 그와 <u>같은</u> 동네에 산다.
③ 사람 <u>같은</u> 사람이라야 상대를 하지.
④ 그는 군인 <u>같은</u> 군인이다.

[296~298] 다음 글을 읽고 물음에 답하시오. [3문항]

오늘날 널리 회자되고 있는 공론장(公論場)이라는 용어는 공적 문제에 대한 개인의 의견이 공적 영역으로 확장되는 공개된 담론의 장(場)을 말한다. 즉 사회적 의제(議題)에 대해 개인이 자신의 의견과 신념을 표현하고, 서로 다른 의견을 조율해 가며, 이 과정에서 형성된 건전한 여론을 국가의 정책에 반영하는 장이란 뜻이다. 이러한 공론장은 민주주의의 요체라 할 수 있는 집회 및 결사의 자유와 언론의 자유를 보장하고 건전한 여론을 형성하기 위해 반드시 필요하다 하겠다.

사회가 다원화되고 구성원들 사이의 갈등이 분출되면서 공론장의 필요성이 더욱 부각되고 있다. 사람들은 최근 방송 편성이 늘고 있는 텔레비전 토론 프로그램이 공론장 역할을 할 것으로 기대하고 있다. 그러나 한편으로는 텔레비전 토론 프로그램이 진정한 모습의 공론장을 구현하고 있는지에 대한 회의적 견해도 제기되고 있다.

텔레비전 토론 프로그램에 대해 비판적 입장을 견지하는 학자들은 상당수의 프로그램이 다양한 공적 문제에 대해 공개적으로 상호 의사소통을 하기보다는 이해관계에 있는 집단들의 주장을 일방향으로 전달하고 있기 때문에 공론장과는 거리가 멀다고 주장한다. 그리하여 텔레비전 토론 프로그램이 사회적 의제에 대한 공중(公衆)의 관심을 오히려 멀어지게 하고, 특정 입장을 홍보하는 이른바 '유사 공론장'으로 변질되고 있다고 그들은 비판한다. 그들은 토론 프로그램이 (㉠   )는 점을 우려하는 것이다.

비슷한 시각에서 텔레비전 토론 프로그램이 공중을 수동적인 방관자로 전락시켜 합리적 판단과 비판적 의견을 스스로 형성할 수 없게 한다고 비판하는 학자들도 있다. 그들에 의하면 텔레비전 토론 프로그램이 공중에게 자신들이 공적 논의 과정에 주체적으로 참여하고 있다는 환상을 갖게 함으로써 수동적인 수용자로 계속 남아 있게 한다는 것이다. 그들은 또한 프로그램의 주제 선정, 진행 방법, 방송 시간대와 방송량, 토론자의 특성, 시청자의 참여, 사회자의 성향 등과 같은, ㉡<u>방송사가 미리 설정해 놓은 형식과 구성 요소들이 토론의 진행 방향이나 논쟁의 결과를 일정한 방향으로 제한한다</u>고 지적한다. 시청자 참여 문제와 관련해서는 토론 프로그램이 사회적 문제를 해결하는 데 진지한 성찰을 제공하고 있다 하더라도, 관심 있는 사람들만 그 프로그램을 시청하기 때문에 시청자들이 토론 프로그램에 실질적으로 참여하거나 영향력을 미치는 데 한계가 있다고 덧붙인다.

텔레비전 토론 프로그램이 사회적 의제를 논의하는 주요한 공간으로 자리 잡아 가고 있는 것은 고무적인 일이다. 하지만 토론 프로그램이 진정한 공론장으로 발전하기 위해서는 그동안 제기된 비판에 대한 체계적인 분석과 연구가 뒷받침되어야 하며, 이에 대한 방송 관계자들의 숙고가 있어야 할 것이다.

296 ㉠에 들어갈 말로 가장 적절한 것은?

① 시청자를 수동적인 성향으로 변질시킨다
② 여론을 왜곡할 수 있다
③ 모든 안건을 정치적인 문제와 결부시킨다
④ 사회 감시 기능을 약화시킨다

297 ㉡에 대한 독자의 반응으로 가장 적절한 것은?

① 시청자의 참여 정도가 토론 프로그램에 영향을 미치진 않겠지.
② 원만한 진행 절차를 위해 의견을 최소화하는 것이 좋겠지.
③ 정해진 절차에 따라 토론을 하니 자유로운 논쟁을 기대하긴 어렵겠지.
④ 토론 구성원에 따라 파급 효과가 다르니 비슷한 영향력을 가진 사람들끼리 참여하는 것이 좋겠지.

298 윗글에 대한 설명으로 가장 적절한 것은?

① 텔레비전 토론 프로그램에 대해 학자들의 상반된 두 주장을 대비하고 있다.
② 학자들의 견해와 함께 글쓴이의 입장을 간접적으로 나타내고 있다.
③ 자문자답 형식을 통해 독자의 관심을 유발하고 이해를 돕고 있다.
④ 텔레비전 토론 프로그램의 중요성에 대해 유추를 통해 설명하고 있다.

[299~300] 다음 글을 읽고 물음에 답하시오. [2문항]

(가) '단어 연상법'은 프랜시스 갤턴이 개발한 것으로서, 지능의 종류를 구분하기 위한 것이었다. 이것은 피실험자에게 일련의 단어들을 또박또박 읽어 주면서 각각의 단어를 듣는 순간 제일 먼저 떠오르는 단어를 말하게 하고, 실험자는 계시기를 들고 응답 시간, 즉 피실험자가 응답하는 데 걸리는 시간을 측정하여 차트에 기록하는 방법으로 진행한다. 실험은 대개 1백 개가량의 단어들로 진행했다. 갤턴은 응답 시간을 정확히 재기 위해 온갖 수단을 동원했지만, 그렇게 해서 얻은 정보의 양은 거의 없거나 아니면 지능의 수준을 평가하는 데 별로 중요하지 않은 경우가 많았다.

(나) 그런데 융은 이 실험에서 응답 시간이 늦어질 경우 피실험자에게 왜 응답을 망설이는지 물어보는 과정을 추가하였다. 그러자 놀랍게도 피실험자는 자신의 응답 시간이 늦어지는 것도 알지 못했을 뿐만 아니라, 그에 대해 아무런 설명도 하지 못했다. 융은 거기에 틀림없이 어떤 이유가 있으리라고 생각하고 구체적으로 파고들어갔다. 한번은 말[馬]이라는 단어가 나왔는데 어떤 피실험자의 응답 시간이 무려 1분이 넘었다. 자세히 조사해 보니 그 피실험자는 과거에 사고로 말을 잃었던 아픈 기억을 지니고 있었다. 실험이 있기 전까지는 잊고 있었던 그 기억이 실험 과정에서 되살아난 것이다.

(다) 융의 연구 결과 단어 연상의 응답 시간은 피실험자의 정서에서 큰 영향을 받으며, 그 실험법은 감춰진 정서를 찾아내는 데 더 유용하다는 점이 입증되었다. 정신적 연상의 연구를 통해 지능의 종류를 판단하고자 했던 단어 연상 실험이 오히려 그와는 다른 방향, 즉 무의식적인 감정이 빚어내는 효과를 드러내는 데 더 유용하다는 사실이 증명된 것이다. 그동안 갤턴을 비롯하여 그 실험법을 수천 명의 사람들에게 실시했던 연구자들은 지연된 응답의 배후에 있는 피실험자의 정서에 주목하지 않았으며, 단지 응답의 지연을 피실험자가 반응하지 못한 것으로만 기록했던 것이다.

(라) 융이 그린 그래프들은 특정한 단어에 따르는 응답자의 심리 상태를 보여 주었다. 이 결과를 통해 다음과 같은 두 가지 결론을 얻어 낼 수 있었다. 첫째, 대답 과정에서 감정이 생겨난다. 둘째, 응답의 지연은 모종의 인식하지 못한 과정에 의해 자연 발생적으로 생겨난다. 하지만 이 기록을 토대로 결론을 내리거나 중요성을 따지기에는 너무 일렀다. 피실험자의 의식적 의도와는 별개로 작동하는 뭔가 알지 못하는 지연 행위가 있음이 분명했다.

(마) 당시에 성행했던 심리학 연구나 심리학을 정신 의학에 응용하는 연구는 주로 의식에 초점이 맞춰져 있었다. 따라서 단어 연상법의 심리학에 대한 실험 연구도 의식을 바탕으로 해서 진행되었다. 하지만 융은 의식 또는 의지의 작용을 넘어서는 무엇인가가 있을 것이라고 생각했다. 여기서 그는 콤플렉스라는 개념을 끌어들인다. 융의 정의에 따르면 그것은 특수한 종류의 감정으로 이루어진 무의식 속의 관념 덩어리인데, 이것이 응답 시간을 지연시켰다는 것이다. 이후 여러 차례 실험을 거듭한 결과 그 결론은 사실임이 밝혀졌으며, 콤플렉스와 개인적 속성은 융의 사상 체계에서 핵심적인 요소가 되었다.

299 (가)~(마)에 대한 설명으로 옳지 않은 것은?

① (가): 단어 연상법 실험의 진행 과정과 그 한계를 서술하며 화제를 제시하고 있다.
② (다): 융의 실험이 기존의 연구와 마찬가지로 새로운 방향에서도 효과적이었음을 밝히고 있다.
③ (라): 융의 실험을 통해 새롭게 드러난 두 가지 결과를 제시, 분석하고 있다.
④ (마): 새롭게 드러난 심리적 개념에 대해 정리하며 논의를 마무리 짓고 있다.

300 윗글에 대한 이해로 옳지 않은 것은?

① 단어 연상법 실험에서 피실험자들은 자신의 응답 시간이 늦어진 경우 그 이유에 대해 설명하지 못했다.
② 기존의 단어 연상법 실험에서는 지연 응답에 대한 피실험자의 반응보다는 정서에 주목했다.
③ 융은 기존의 단어 연상법 실험에서 의식적인 면 외에 감정의 영역에도 초점을 맞추었다.
④ 프랜시스 갤턴이 개발한 단어 연상법은 지능의 수준을 평가하는 데 효과적이지 못했다.

[301~302] 다음 글을 읽고 물음에 답하시오. [2문항]

일상생활에서 우리는 음절을 많이 활용한다. '이야기 – 기상대 – 대리점'으로 이어 가는 끝말잇기 게임이나 '불고기 백반'을 '불백'이라고 하는 것 등은 모두 음절을 바탕으로 한다. 음절은 시에서 운을 맞추거나 랩에서 리듬을 맞출 때에 활용되기도 한다.

사람의 말소리는 물리적으로 연속되어 있으나, 우리는 이것을 음소, 음절 등으로 분절하여 인식한다. 음절이 어떻게 이루어졌는지를 알기 위해, 이웃한 자음과 모음의 개구도(開口度, 입의 벌림 정도)를 비교하는 소쉬르의 방법을 많이 이용한다. 이 방법에 따라 국어 말소리의 개구도를 7단계로 나누면, 폐쇄음(ㄱ, ㄷ, ㅂ 등)은 0도, 마찰음(ㅅ, ㅆ, ㅎ)과 파찰음(ㅈ, ㅉ, ㅊ)은 1도, 비음(ㅁ, ㄴ, ㅇ[ŋ])은 2도, 유음(ㄹ)은 3도, 고모음(ㅣ, ㅟ, ㅡ, ㅜ)은 4도, 중모음(ㅔ, ㅚ, ㅓ, ㅗ)은 5도, 저모음(ㅐ, ㅏ)은 6도가 된다.

이를 바탕으로 인접한 두 말소리의 개구도를 비교하여, 뒤쪽이 크면 '<'로, 뒤쪽이 작으면 '>'로 부등호를 매겨 나가되, 마지막 말소리는 '>'로 닫는다. '동대문'을 예로 들면 다음과 같다.

말소리	ㄷ	ㅗ	ㅇ	ㄷ	ㅐ	ㅁ	ㅜ	ㄴ
개구도	0	5	2	0	6	2	4	2
부등호	<	>	>	<	>	<	>	>

이러한 부등호 배열에서 '> <' 모양을 갖는 두 부등호 사이가 음절 경계가 된다. 이 경계를 중심으로 음절을 나누면, 'ㄷㅗㅇㄷㅐㅁㅜㄴ'이 '동 – 대 – 문'으로 되어 있음을 확인할 수 있다.

음절에서 개구도가 가장 큰 말소리가 음절의 핵이 된다. 국어에서 음절의 핵은 언제나 모음이고, 그 앞과 뒤에 자음이 하나씩 올 수도 있으므로, 국어의 음절 구조는 '(자음)+모음+(자음)'이 된다. 이러한 음절 구조에서 각 위치에 올 수 있는 자음과 모음은 제한되기도 한다. 음절 초에는 'ㅇ[ŋ]'을 제외한 대부분의 자음이 올 수 있지만, 음절 말에는 'ㄱ, ㄴ, ㄷ, ㄹ, ㅁ, ㅂ, ㅇ[ŋ]' 7개의 자음밖에 올 수 없다. 그리고 음절 초 자음이 'ㅈ, ㅉ, ㅊ'이면 모음 'ㅑ, ㅕ, ㅛ, ㅠ'가 오지 못한다.

국어의 음절에는 모음이 하나씩 있으므로 모음의 수가 곧 음절의 수라고 할 수 있으나, 그것이 모든 언어에 통용되는 것은 아니다. 영어와 같이 [n]이나 [l] 같은 자음이 음절의 핵이 되는 언어도 있기 때문이다. 음절 구조가 다른 두 언어가 접촉하면 음절의 수나 구조에 변동이 오기도 한다. 영어에서 1음절인 [spriŋ]이 국어에 오면 3음절의 '스프링'이 된다. 이런 점에서 발음의 최소 단위인 음절의 구조는 해당 언어의 발음을 지배하는 기본 골격이라 할 만하다.

301 윗글을 바탕으로 추론한 내용으로 가장 적절한 것은?

① 국어의 음절 구조에 따르면 '쥬스'는 옳은 표기이다.
② 음절은 개구도가 큰 모음을 핵으로, 그 앞과 뒤에 개구도가 작은 자음이 각각 둘까지 올 수 있는 발음의 최소 단위이다.
③ 영어에서 모음의 수는 곧 음절의 수다.
④ 개구도의 수치가 가장 큰 자음은 'ㄹ'이다.

302 윗글을 보아 부등호 배열이 '< >< > >'의 모양을 가지는 것은?

① 자장
② 김치
③ 감자
④ 김밥

[303~304] 다음 글을 읽고 물음에 답하시오. [2문항]

'새말'이란 이미 있었거나, 새로 생겨난 개념 혹은 사물을 표현하기 위해 지어낸 말, 그리고 이미 있던 말이라도 새 뜻이 주어진 것을 통틀어 일컫는다. 다른 언어로부터 사물과 함께 차용되는 외래어도 여기에 포함된다.

새말은 민중에 의해서 자연 발생적으로 만들어져 쓰이는 것과 언어 정책상 계획적으로 만들어져 보급되는 것이 있다. 자연 발생적으로 만들어지는 새말들은 새로운 사물을 표현하기 위한 실제적인 필요에 의해 생겨나는 것과, 언어 표현이 진부해졌을 때 그것을 신선한 맛을 가진 새 표현으로 바꾸려는 대중적 욕구 때문에 생겨나는 것이 있다. 여기에는 고유어, 한자어, 외래어 등이 모두 재료로 쓰인다.

정책적인 계획 조어의 경우는 대개 국어 순화 운동의 일환으로 진행되기 때문에 주로 고유어가 사용되며, 한자말일지라도 아주 익어서 고유어처럼 된 것들이 재료로 쓰인다. '한글, 단팥죽, 꼬치안주, 가락국수, 덮밥, 책꽂이, 건널목' 등은 계획 조어로서 생명을 얻은 것들이며, '덧셈, 뺄셈, 모눈종이, 반지름, 지름' 등의 용어들은 학교 교육에 도입되면서 자리를 굳혔다.

그러나 '불고기, 구두닦이, 신문팔이, 아빠, 끈끈이, 맞춤, 병따개, 비옷' 등과 같이 누가 먼저 지어냈는지 모르지만 생명을 얻은 말들도 많다. 이렇게 해서 새로 나타난 말들은 민중의 호응을 받아서 기성 어휘로서의 지위를 굳히는 것과 잠시 쓰이다가 버림을 받는 것, 처음부터 별로 호응을 받지 못하여 일반화되지 못하는 것 등이 있다. 잠시 쓰이다가 버림을 받게 되는 말들은 대개 어느 한 사회 계층이나 특정 지역에서만 호응을 받았을 뿐 널리 일반화될 기회를 얻지 못한 것들이다.

이미 써 오던 말을 새말로 바꿔 쓰자고 하면 민중으로부터 강한 저항을 받는 것이 보통이다. 하지만 특별한 경우 새말이 익히 쓰이던 말을 제치고 통용되는 일도 있다. '도시락'이란 말이, 이미 익히 써 오던 '벤또'를 대체한 것이 그 예다. 심지어 '덮밥'은 국어에서는 매우 흔하지 않은 조어(造語) 방식에 의해 만들어진 말임에도 불구하고, 이미 써 오던 '돈부리'를 대체하고 완전한 생명을 얻었다. 이런 새말들이 성공적으로 통용될 수 있었던 것은 대체된 말인 '벤또, 돈부리'가 일본어에서 유래한 외래어이기 때문이었다. 이는 조어 방식에 문제가 되는 말이거나 느낌상 다소 어색하고 생소한 말이더라도 ⓐ강력한 동기가 제공될 때에는 생명을 얻을 수 있음을 보여 준다.

그러나 같은 계열의 외래어인 '센누끼'는, 광복 후 오랫동안 '마개뽑이'가 권장되었지만 민중의 호응을 받지 못하고 후에 자연 발생적으로 만들어진 '(병)따개'로 대체되었다. 아마도 이는, 새말이 내포하는 뜻이나 정서적 느낌이 대체될 말과 달랐던 것에서 비롯하였던 듯하다. 물론 조어 방식이나 길이가 문제되었을 수도 있다.

303 문맥상 ⓐ가 뜻하는 내용으로 알맞은 것은?

① 학자들의 연구
② 독특한 표현
③ 민족 정서
④ 실제적 필요

304 윗글에 비추어 판단할 때, 〈보기〉의 예시에 대한 설명으로 적절하지 않은 것은?

| 보기 |

요즘 젊은 세대들은 SNS나 인터넷에서 '마음의 상처'를 '마상', '아이스 아메리카노'를 '아아'로 바꿔 쓰는 모습을 보이고 있다.

① 새로 발생된 개념, 사물을 표현하기 위해 만든 말이다.
② 글자의 입력 속도를 고려해 단어의 길이를 줄인 말이다.
③ 기존 표현을 새롭게 바꾸려는 욕구에 따라 만든 말이다.
④ 어법에 어긋나게 단어의 일부만 써서 만든 말이다.

[305~306] 다음 글을 읽고 물음에 답하시오. [2문항]

그림책의 그림은 순수 회화와 구별해서 일러스트레이션이라고 한다. 일러스트레이션(illustration)은 'illustrate'라는 동사에서 나온 말로, '예를 들어 쉽게 설명한다.'라는 뜻이다. 그림책에서 일러스트레이션은 그림책이 전하는 이야기를 설명해 준다. 오랫동안 그림책은 글자를 터득하지 못한 아이들에게 어른이 읽어 주는 책이었고, 일러스트레이션은 책을 장식하는 요소로 사용되어 왔다. 도구였던 일러스트레이션이 오늘날처럼 주도적인 역할을 하면서 그림책이 독자적인 장르로 크게 발전하기 시작한 것은 2차 세계 대전 이후이다. 오늘날 그림책 속에 담긴 일러스트레이션은 점점 회화적인 요소가 강해질 뿐만 아니라, 이야기를 설명한다는 목적 때문에 예술적 의의를 인정받지 못했던 한계를 넘어서고 있다. 좋은 일러스트레이션일수록 이야기가 풍부하다. 한 권의 그림책 속에 어우러지는 일러스트레이션은 작품을 입체적으로 만든다.

좋은 그림책이란 어떤 것인가? 회화의 공간성과 영화의 시간성이 간결한 언어와 입체적으로 만나서 풍부한 이미지를 주는 그림책이다. 글 속에 생략되어 있는 묘사와 서술을 세심하게 이행하고 있는 그림을 엮은 책이다. 그려져 있는 것과 그려져 있지 않은 것 사이의 새로운 관계를 모색하는 독자의 능동적인 참여를 기다리는 그림책 속에는 글과 그림의 조합 방식에 대한 면밀한 고려가 숨어 있다. 끊어질 듯 끊어질 듯 이어지는 가느다란 선으로 표현하여 어딘지 소극적이고 더듬거릴 것 같아 보이는 그림, 유창한 드로잉으로 힘 있게 날아오를 것 같은 느낌을 주는 그림, 사인펜으로 북북 그어 놓은 선들 때문에 꼭 망친 것 같아서 인물의 절망감을 시각적으로 드러내는 그림, 하얀 바탕에 목탄을 문질러서 아련한 느낌을 주는 눈 쌓인 그림들은 들여다보면 볼수록 재미가 있다. 그림 자체가 보는 사람에게 전하는 감정이 풍부하기 때문이다.

그림의 배경들이 거의 흰색이거나 흰색에 엷은 색이 들어 있고, 물체를 표현하는 선들이 진하거나 날렵하면서도 많이 끊겨 있는 그림책도 있다. 그 끊겨진 선들마저 지워지는 곳에 빛이 있다. 그 빛은 그림 하나하나를 오로라처럼 둘러싸고 살아 있게 만든다. 이렇게 말이 줄어들어 생긴 빈자리에 상상력과 사유가 깃든다. 이는 건축 설계 시 형태, 장식, 공간과 같은 요소들 가운데 공간을 다양하게 변용하는 데에서도 볼 수 있다.

좋은 그림책은 완성되어 있는 글에 그림을 그려 넣은 책이 아니라 글과 그림이 함께 이야기를 완성해 나가는 책이다. 존재하는 물감들 속에서 존재하지 않는 색이 만들어지고, 선과 선, 색과 색, 혹은 선과 색이 만나면 화폭에 예상하거나 기대하지 못한 일이 일어나는 것이다. 영국의 화가 프란시스 베이컨의 말처럼 "그림을 그리는 동안 문득 그림 그 자체와는 상관없이 바깥에서 내가 예상하지 못했던 이러저러한 형태들과 방향들이 어찌어찌하여 그냥 나타나는" 것이다. 그림책을 본다는 것은 글로 쓰여진 개념이나 대상을 넘어 미지의 영역과 서로 맞닿고 대화를 나누는 일이다.

305 윗글의 '일러스트레이션'이 겪은 변화와 유사한 것은?

① 대중음악은 클래식 음악에 비해 격이 떨어진다고 여겨졌으나, 이제는 클래식 음악과 대등한 예술성을 지닌 것으로 인식되고 있다.
② 책은 과거 귀족층이 독점하던 물품이었지만, 현재는 누구나 향유하게 되었다.
③ 휴대 전화는 처음에는 일상 용품으로 제작되었으나, 점차 독자적인 미적 가치를 인정받게 되었다.
④ 독립 출판물은 최근까지 사람들의 주목을 받지 못했지만, 현재는 출판 문학의 중요한 한 축을 이루고 있다.

306 윗글의 내용과 일치하는 것은?

① 그림책의 일러스트레이션은 상업성보다는 예술성에 치중해 발전해 왔다.
② 좋은 그림책은 일러스트레이션과 글이 조화롭게 이루어져야 한다.
③ 그림책의 그림 자체에 감정이 풍부할수록 독자들은 수동적으로 참여한다.
④ 그림책의 일러스트레이션은 색채가 강렬할수록 독자들의 흥미를 유발한다.

[307~308] 다음 글을 읽고 물음에 답하시오. [2문항]

영화의 기본적인 단위는 프레임이다. 테두리 혹은 틀을 뜻하는 프레임은 영화가 만들어져 상영되는 단계마다 서로 다르게 정의된다. 촬영 과정에서는 카메라를 통해 들여다보는 장면의 구도로, 편집 과정에서는 필름에 현상된 낱낱의 정지 사진으로, 그리고 상영 과정에서는 극장의 어둠과 화면을 가르는 경계선으로 규정되는 것이다. 그러나 어떻게 정의되든 간에 이 개념은 영화가 ⓐ프레임을 통해 비추어진 세계이며 프레임을 경계로 어두운 객석의 현실 세계와 구분된다는 것을 의미한다는 점에서 일치한다.

회화나 사진이 하나의 프레임만을 가지는 것과는 달리, 영화는 연속적으로 교체되는 많은 수의 프레임들을 가진다. (㉠) 이 프레임들은 통합의 과정을 거치면서 한 편의 영화로 만들어진다. 그렇기 때문에, 어떤 프레임일지라도 그 시간과 동작의 원래 맥락에서 분리되지 않으며, 그 자체가 독립적으로 완결된 의미를 지니는 경우도 거의 없다. 그래서 관객은 눈앞에서 계속해서 이것에서 저것으로 바뀌며 재구성되는 프레임들을 그것의 극적이고 시간적인 맥락을 참작하여 이해하게 된다.

(㉡) 회화나 사진이 소재나 구성에 프레임을 맞추는 것과는 달리, 영화는 가로세로의 비율이 언제나 일정한, 같은 크기의 프레임에 맞추어 내용물을 배치하게 된다. 이렇게 프레임이 고정되는 것은 그것에 필름이나 극장 영사막의 규격화된 형식을 이용해야 하는 영화의 기계적, 기술적 조건을 벗어나기 어렵기 때문인데, 이로 인해 영화 프레임에서는 수직적 구성에 매우 큰 어려움이 따른다. (㉢) 영화에서는 초고층 빌딩들이 들어선 거리를 한 번에 효과적으로 보여 줄 수 있는 수직적 프레임을 거의 볼 수 없는 것이다.

프레임의 완고한 형식성으로 인해 영화가 상영되는 조건에 따라서는 원래의 프레임이 변형되고 결과적으로 감독이 의도했던 화면 구성이 심각하게 훼손되는 일이 생기기도 한다. 특히 와이드 스크린의 장점을 효과적으로 이용한 극장용 영화가 TV를 통해 방영될 때 이러한 문제가 두드러지게 나타난다. 35㎜의 영화가 16㎜로 축소된다는 것은 원래 프레임에서 화면의 3분의 1 정도가 잘리게 된다는 것을 의미한다. (㉣) 이런 식으로 화면을 자르면, 원래 프레임의 가장자리에 있던 등장인물이 변형된 화면에서는 전혀 보이지 않을 수도 있고, 혹은 등장인물이 시청자의 눈에는 보이지도 않는 것에 깜짝 놀라거나 공포에 찬 반응을 보일 수도 있다.

그러나 영화 프레임이 갖는 이러한 제약성 때문에 영화의 매력이 감소한다고 보기는 어렵다. 왜냐하면 이러한 형식의 제약성으로 인해 오히려 영화의 다양한 기법들이 개발되고 작품의 예술성이 더욱 높아질 수 있기 때문이다. 이 점에 있어서 영화감독은, 소네트*가 요구하는 형식적 요건에 오히려 구미가 당겨서 그 엄격한 형식을 택하는 소네트 작자에 견줄 수 있다. 우리가 소네트를 읽어서 얻는 즐거움은 대체로 형식과 내용 간의 긴장에서 유래하는 것이다. 기법과 소재가 이런 식으로 완벽히 융합할 때, 우리의 심미적인 즐거움은 고조된다. 이와 동일한 원칙이 영화의 프레임에 적용될 수 있다.

* 소네트: 하나의 시행이 10음절로 된 14행의 정형시.

307 윗글로 미루어 ⓐ와 거리가 먼 것은?

① 스마트폰을 통해 본 자신의 모습
② 바닷가에서 바라본 노을 진 하늘
③ 유리창을 통해 본 비 오는 날의 풍경
④ 망원경을 통해 본 별똥별의 모습

308 ㉠~㉣에 들어갈 말로 가장 적절한 것은?

	㉠	㉡	㉢	㉣
①	결국	반면에	그래서	결국
②	그리고	또한	그래서	그런데
③	그리고	반면에	그래서	그런데
④	그리고	또한	그리고	결국

약점 체크와 약점 보완을 한 번에 정답과 해설 P.46

CHAPTER 02

이론 비문학

01 신경향 대비 접근법

유형 특징

- 비문학 문제와 관련하여 출제될 것으로 예상된다.
- 화법, 작문 이론을 〈보기〉에서 설명하고 지문과 선택지에 적용하는 문제가 출제될 수 있다.

풀이 전략

- 비문학 문제에 출제될 수 있는 이론들 위주로 가볍게 정리해 두면 좋다.
- 실제 대화 상황을 제시하는 지문과 관련하여 출제되는 부분이므로 관련 문제 유형을 풀며 연습해야 한다.

02 대표 기출문제

㉠~㉣은 '공손하게 말하기'에 대한 설명이다. ㉠~㉣을 적용한 B의 대답으로 적절하지 않은 것은?

2021 국가직 9급

> ㉠ 자신을 상대방에게 낮추어 겸손하게 말해야 한다.
> ㉡ 상대방의 처지를 고려하여 상대방이 부담을 갖지 않도록 말해야 한다.
> ㉢ 상대방이 관용을 베풀 수 있도록 문제를 자신의 탓으로 돌려 말해야 한다.
> ㉣ 상대방의 의견에서 동의하는 부분을 찾아 인정해준 다음에 자신의 의견을 말해야 한다.

① ㉠ A: "이번에 제출한 디자인 시안 정말 멋있었어."
B: "아닙니다. 아직도 여러모로 부족한 부분이 많습니다."

② ㉡ A: "미안해요. 생각보다 길이 많이 막혀서 늦었어요."
B: "괜찮아요. 쇼핑하면서 기다리니 시간 가는 줄 몰랐어요."

③ ㉢ A: "혹시 내가 설명한 내용이 이해 가니?"
B: "네 목소리가 작아서 내용이 잘 안들렸는데 다시 한 번 크게 말해 줄래?"

④ ㉣ A: "가원아, 경희 생일 선물로 귀걸이를 사주는 것은 어때?"
B: "그거 좋은 생각이네. 하지만 경희의 취향을 우리가 잘 모르니까 귀걸이 대신 책을 선물하는 게 어떨까?"

㉠~㉣은 '공손하게 말하기'에 대한 설명이다. ㉠~㉣을 적용한 B의 대답으로 적절하지 않은 것은?

화법 이론 '공손하게 말하기'와 관련된 문제이다.

2021 국가직 9급

㉠ 자신을 상대방에게 낮추어 겸손하게 말해야 한다.
㉡ 상대방의 처지를 고려하여 상대방이 부담을 갖지 않도록 말해야 한다.
㉢ 상대방이 관용을 베풀 수 있도록 문제를 자신의 탓으로 돌려 말해야 한다.
㉣ 상대방의 의견에서 동의하는 부분을 찾아 인정해준 다음에 자신의 의견을 말해야 한다.

이론과 관련된 설명을 해 주는 부분이므로 집중하여 읽어야 하는 부분이다.

❶ ㉠ A: "이번에 제출한 디자인 시안 정말 멋있었어."
B: "아닙니다. 아직도 여러모로 부족한 부분이 많습니다." (○)
➜ ㉠은 '겸손하게 말할 것'을 요구하고 있다. A의 칭찬에 대해 B는 "아직도 여러모로 부족한 부분이 많습니다."라며 겸손하게 말하고 있다.

❷ ㉡ A: "미안해요. 생각보다 길이 많이 막혀서 늦었어요."
B: "괜찮아요. 쇼핑하면서 기다리니 시간 가는 줄 몰랐어요." (○)
➜ ㉡은 '상대방이 부담을 갖지 않도록 말할 것'을 요구하고 있다. 늦어서 미안하다는 A에게 B는 "쇼핑하면서 기다리니 시간 가는 줄 몰랐어요."라며 A의 부담을 줄여 주며 말하고 있다.

❸ ㉢ A: "혹시 내가 설명한 내용이 이해 가니?"
B: "네 목소리가 작아서 내용이 잘 안들렸는데 다시 한 번 크게 말해 줄래?" (×)
➜ ㉢은 문제를 '자신의 탓'으로 돌릴 것을 요구하고 있다. 하지만 B는 "네 목소리가 작아서 내용이 잘 안 들렸는데"라고 말하며 잘못을 A의 탓으로 돌리고 있으므로 적절하지 않다.

❹ ㉣ A: "가원아, 경희 생일 선물로 귀걸이를 사주는 것은 어때?"
B: "그거 좋은 생각이네. 하지만 경희의 취향을 우리가 잘 모르니까 귀걸이 대신 책을 선물하는 게 어떨까?" (○)
➜ ㉣은 '동의하는 부분을 찾아 인정해 준 다음에 자신의 의견을 말할 것'을 요구하고 있다. B는 A의 의견에 "그거 좋은 생각이네." 라고 먼저 동의를 한 다음에 "하지만 ~"이라며 자신의 의견을 말하고 있다.

정답 | ③

작문

해설편 | 100p

01 다음 글의 설명 방식으로 적절하지 않은 것은?

2021 국가직 9급

빛 공해란 인공조명의 과도한 빛이나 조명 영역 밖으로 누출되는 빛이 인간의 건강하고 쾌적한 생활을 방해하거나 환경에 피해를 주는 상태를 말한다. 국제 과학 저널인 『사이언스 어드밴스』의 '전 세계 빛 공해 지도'에 따르면, 우리나라는 빛 공해가 심각한 국가이다. 빛 공해는 멜라토닌 부족을 초래해 인간에게 수면 부족과 면역력 저하 등의 문제를 유발하고, 농작물의 생산량 저하, 생태계 교란 등의 문제를 일으킨다.

① 빛 공해의 정의를 제시하고 있다.
② 빛 공해의 주요 요인인 인공조명의 누출 원인을 제시하고 있다.
③ 자료를 인용하여 빛 공해가 심각한 국가로 우리나라를 제시하고 있다.
④ 사례를 들어 빛 공해의 악영향을 제시하고 있다.

02 다음 글의 주된 서술 방식은?

2021 국가직 9급

변지의가 천 리 길을 마다하지 않고 나를 찾아왔다. 내가 그 뜻을 물었더니, 문장 공부를 하기 위해 나를 찾아왔다고 했다. 때마침 이날 우리 아이들이 나무를 심었기에 그 나무를 가리켜 이렇게 말해 주었다.

"사람이 글을 쓰는 것은 나무에 꽃이 피는 것과 같다. 나무를 심는 사람은 가장 먼저 뿌리를 북돋우고 줄기를 바로잡는 일에 힘써야 한다. …(중략)… 나무의 뿌리를 북돋아 주듯 진실한 마음으로 온갖 정성을 쏟고, 줄기를 바로잡듯 부지런히 실천하며 수양하고, 진액이 오르듯 독서에 힘쓰고, 가지와 잎이 돋아나듯 널리 보고 들으며 두루 돌아다녀야 한다. 그렇게 해서 깨달은 것을 헤아려 표현한다면 그것이 바로 좋은 글이요, 사람들이 칭찬을 아끼지 않는 훌륭한 문장이 된다. 이것이야말로 참다운 문장이라고 할 수 있다."

① 서사　② 분류
③ 비유　④ 대조

03 ㉠을 설명한 방식으로 적절한 것은?

2021 지방직(= 서울시) 7급

담배가 해로운데도 ㉠담배를 피우는 이유는 무엇일까? 첫째, 담배 피우는 모습이 멋있고 어른스럽다고 생각하는 것이다. 요즘은 담배를 마약과 같이 부정적으로 보는 시각이 크지만 과거에는 담배에 대해 긍정적인 인식이 있었다.

둘째, 담배를 피우면 정신이 안정되어 집중이 잘된다고 생각하는 점도 있다. 이것은 담배를 피움으로써 니코틴 금단 증상이 해소되기 때문인 것으로, 담배를 안 피우는 사람에 비해 더 안정되거나 집중이 잘되는 것은 아니다.

셋째, 담배를 피우는 이유는 니코틴 의존에도 있다. 체내에 니코틴이 없어지면 여러 가지 금단 증상으로 불안하고 초조해지는 등 고통스럽고, 이 고통 때문에 담배를 끊기 어렵다.

넷째, 담배를 피우는 이유에는 습관도 있다. 주위에 재떨이, 라이터, 꽁초 등이 눈에 보이면 자기도 모르게 담배에 손이 가고, 식후나 술을 마실 때도 습관적으로 담배 생각이 나서 피우게 된다.

① 정의　② 분석
③ 서사　④ 비교

04 다음 글의 글쓰기 전략으로 볼 수 없는 것은?

2019 국가직 9급

고전파 음악은 어떤 음악인가? 서양 음악의 뿌리는 종교 음악에서 비롯되었다. 바로크 시대까지는 음악이 종교에 예속되어 있었으며, 음악가들 또한 종교에 예속되어 있었다. 고전파는 이렇게 종교에 예속되었던 음악을, 음악을 위한 음악으로 정립하려는 예술 운동에서 출발하였다. 따라서 종래의 신을 위한 음악에서 탈피해 형식과 내용의 일체화를 꾀하고 균형 잡힌 절대 음악을 추구하였다. 즉 '신'보다는 '사람'을 위한 음악, '음악'을 위한 음악을 이루어 나가겠다는 굳은 결의를 보여 준 것이다.

또한 고전파 음악은 음악적 형식과 내용의 완숙을 이룬 음악이기도 하다. 이 시기에는 하이든, 모차르트, 베토벤 등 음악의 역사에서 가장 위대한 작곡가들이 배출되기도 하였다. 이때에는 성악이 아닌 기악만으로도 음악이 가능하게 되었으며, 교향곡의 기본을 이루는 소나타 형식이 완성되었다. 특히 옛 그리스나 로마 때처럼 보다 정돈된 형식을 가진 음악을 해 보자고 주장하였기에 '옛것에서 배우자는 의미의 고전'과 '청정하고 우아하며 흐림 없음, 최고의 예술적 경지에 다다름으로서의 고전'을 모두 지향하게 되었다.

이렇듯 역사적으로 고전파 음악은 종교의 영역에서 음악 자체의 영역을 확보하였으며 최고 수준의 음악적 내용과 형식을 수립하였다. 고전파 음악이 서양 전통 음악 전체를 대표하게 된 것은 고전파 음악이 이룩한 역사적인 성과에서 비롯된 것일지도 모른다. 따라서 고전 음악의 개념을 이해하기 위해서는 고전파 음악의 성격과 특질에 대한 이해가 선행되어야 할 것이다.

① 고전파 음악이 지닌 음악사적 의의를 밝힌다.
② 고전파 음악의 음악가를 예시하여 이해를 돕는다.
③ 고전파 음악의 특징이 형식과 내용의 분리에 있음을 강조한다.
④ 질문을 통해 화제를 제시함으로써 호기심을 유발한다.

05 다음에서 제시한 글의 전개 방식의 예로 가장 적절한 것은? 2020 국가직 9급

> '인과'는 원인과 결과를 서술하는 전개 방식이다. 어떤 현상이나 결과가 나타나게 된 원인이나 힘을 제시하고 그로 말미암아 초래된 결과를 나타내는 서술 방식이다.

① 온실 효과로 지구의 기온이 상승할 때 가장 심각한 영향은 해수면의 상승이다. 이러한 현상은 바다와 육지의 비율을 변화시켜 엄청난 기후 변화를 유발하며, 게다가 섬나라나 저지대는 온통 물에 잠기게 된다.

② 이 사회의 경제는 모두가 제로섬 요소로 구성되어 있다. 제로섬(zero-sum)이란 어떤 수를 합해서 제로가 된다는 뜻이다. 어떤 운동 경기를 한다고 할 때 이기는 사람이 있으면 반드시 지는 사람이 있게 마련이다.

③ 다음 날도 찬호는 학교 담을 따라 돌았다. 그리고 고무신을 벗어 한 손에 한 짝씩 쥐고는 고양이 걸음으로 보초의 뒤를 빠져 팽이처럼 교문 안으로 뛰어들었다.

④ 벼랑 아래는 빽빽한 소나무 숲에 가려 보이지 않았다. 새털구름이 흩어진 하늘 아래 저 멀리 논과 밭, 강을 선물 세트처럼 끼고 들어앉은 소읍의 전경은 적막해 보였다.

06 다음 글의 주된 설명 방식이 적용된 것으로 가장 적절한 것은? 2018 국가직 9급

> 문학이 구축하는 세계는 실제 생활과 다르다. 즉 실제 생활은 허구의 세계를 구축하는 데 필요한 재료가 되지만 이 재료들이 일단 한 구조의 구성 분자가 되면 그 본래의 재료로서의 성질과 모습은 확연히 달라진다. 건축가가 집을 짓는 것을 떠올려 보자. 건축가는 어떤 완성된 구조를 생각하고 거기에 필요한 재료를 모아서 적절하게 집을 짓게 되는데, 이때 건물이라고 하는 하나의 구조를 완성하게 되면 이 완성된 구조의 구성 분자가 된 재료들은 본래의 재료와 전혀 다른 것이 된다.

① 르네상스 시대의 화가들은 원근법을 사용하여 세상을 향한 창과 같은 사실적인 그림을 그렸다. 현대 회화를 출발시켰다고 평가되는 인상주의자들이 의식적으로 추구한 것도 이러한 사실성이었다.

② 소설을 구성하는 요소는 물론 많지만 그중에서도 인물, 배경, 사건을 들 수 있다. 인물은 사건의 주체, 배경은 인물이 행동을 벌이는 시간과 공간, 분위기 등이고, 사건은 인물이 배경 속에서 벌이는 행동의 세계이다.

③ 목적을 지닌 인생은 의미 있다. 목적 없이 살아가는 사람은 험난한 인생의 노정을 완주하지 못한다. 목적을 갖고 뛰어야 마라톤에서 완주가 가능한 것처럼 우리의 인생에서도 목표를 가지고 꾸준히 노력하는 사람이 성공한다.

④ 신라의 육두품 출신 가운데 학문적으로 출중한 자들이 많았다. 가령, 강수, 설총, 녹진, 최치원 같은 사람들은 육두품 출신이었다. 이들은 신분적 한계 때문에 정계보다는 예술과 학문 분야에 일찌감치 몰두하게 되었다.

07 〈보기〉에 대한 설명으로 가장 옳은 것은?

2018 서울시 9급

| 보기 |

화랑도(花郎道)란, 신라 때의 청소년들이 자신의 마음과 몸을 닦고 목숨을 바쳐 나라를 지키려는 우리 고유의 정신적 흐름을 말한다. 그리고 이를 실천하기 위하여 조직된 단체를 화랑도(花郎徒)라 한다. 그 사회의 중심인물이 되기 위하여 마음과 몸을 단련하고, 올바른 사회생활의 규범을 익히며, 나라가 어려운 시기에 처할 때 싸움터에서 목숨을 바치려는 기풍은 고구려나 백제에도 있었지만, 특히 신라에서 가장 활발하였다.

– 변태섭, 「화랑도」 중에서 –

① 용어 정의를 통해 독자의 이해를 돕고 있다.
② 자신의 체험담을 제시하여 독자의 이해를 돕고 있다.
③ 반론을 위한 전제를 제시하여 독자의 이해를 돕고 있다.
④ 통계적 사실이나 사례 제시를 통해 독자의 이해를 돕고 있다.

08 다음 글의 논지 전개 방식으로 적절한 것은?

2018 지방직 7급

군산이 일본으로 쌀을 이출하는 전형적인 식민 도시였다면, 금강과 만경강 하구 사이에서 군산을 에워싸고 있는 옥구는 그 쌀을 생산하는 대표적인 식민 농촌이었다. 1903년 미야자키 농장을 시작으로 1910년 강점 이전에 이미 10개의 일본인 농장이 세워졌으며, 1930년 무렵에는 15～16개로 늘어났다. 1908년 한국인 지주들도 조선 최초의 수리 조합인 옥구 서부 수리 조합을 세우긴 했지만 일본인의 기세를 꺾지 못했다. 1930년 무렵 일본인은 전라북도 경지의 대략 1/4을 차지하였으며, 평야 지역인 옥구는 절반 이상이 일본인 땅이었다. 쌀을 군산으로 보내기 편한 철도 부근의 지역에서는 일본인 지주의 비중이 더 높았을 것이다. '이리부터 군산에 이르는 철도 연선의 만경강 쪽 평야는 90%가 일본인이 경영한다.'는 말이 허풍만은 아닐 거다. 일본인이 좋은 땅 다 차지하고 조선인은 '산비탈 흙구덩이'에 몰려 사는 처지라는 푸념 또한 과언이 아닐 거다.

① 인과적 연결을 통해 대상을 논증하고 있다.
② 반어적 수사를 동원하여 대상을 비판하고 있다.
③ 풍자와 해학을 동원하여 대상을 희화화하고 있다.
④ 구체적인 사실과 정보를 중심으로 대상을 설명하고 있다.

09 다음 글의 전개 방식에 대한 설명으로 적절한 것은?

2017 지방직(하) 9급

> 유럽의 18~19세기는 혁신적 지성의 열기로 가득 찬 시대였다. 혁신적 지성은 정치적, 경제적, 사회적 여건의 성숙과 더불어 서양 근대 사회의 확립에 주도적 역할을 하였다. 수많은 개혁 사상과 혁명 사상의 제공자는 물론이요, 실천 면에서도 개혁가와 혁명가는 지성인 출신이었다. 그들은 새로운 미래를 제시하고, 그것을 뒷받침할 이데올로기를 마련하고, 그것을 실현할 구체적인 방안을 제시하는 동시에, 현실의 모순을 과감하게 비판하고 몸소 실천에 뛰어들기도 하였다.
>
> 하지만 20세기에 이르러 사태는 달라지기 시작하였다. 근대 사회 성립에 주도적 역할을 담당했던 혁신적 지성은 그 혁신적 성격과 개혁적 정열을 점차로 상실하고, 직업적이고 기술적인 지성으로 변모하였다. 이는 근대 사회가 완성되고 성숙함에 따른 당연한 귀결일지도 모르며, 오늘날 고도로 발달한 서구 사회에 직업적이고 기술적인 지성이 필요불가결하기도 하다. 그러나 지성이 고도로 발달한 사회에서 직업적이고 전문적인 지식과 기술을 제공하는 것으로 만족할 것인가의 문제는 다시 한 번 생각해 봄직하다.
>
> 만일 서구 사회가 현재에 안주하고 현상 유지를 계속할 수가 있다면 문제는 다르다. 그러나 그것은 사회의 전면적인 침체를 가지고 올 것이며, 그것은 또한 불길한 몰락의 징조일지도 모른다.
>
> 현재의 모순과 문제를 파헤치고 이를 개혁하여 새로운 미래로 나아가는 구체적 방안을 모색하는 임무는 누가 져야 할 것인가? 그것은 역시 지성의 임무이다. 지성은 거의 영구불변의 기능이라고 할 수 있는 문화 창조의 기능을 가져야 한다. 현대의 지성은 전문 지식과 기술을 제공하는 데 그치지 말고, 현실을 비판하며 실현 가능한 구체적 방안을 모색하여 새로운 미래를 제시하는 혁신적 성격을 상실해서는 안 될 것이다.

① 자신의 주장을 밝히고 이와 상반된 견해를 반박하고 있다.

② 상호 대립된 견해를 제시하고 자신의 입장을 밝히고 있다.

③ 용어에 대한 개념 차이를 밝히며 자신의 주장을 펼치고 있다.

④ 시대적 변천 양상을 살피면서 바람직한 방향을 제시하고 있다.

10 다음 글과 같은 방식으로 논리를 전개한 것은?

2015 국가직 9급

> 진리가 사상의 체계에 있어 제일의 덕이듯이 정의는 사회적 제도에 있어 제일의 덕이다. 하나의 이론은 그것이 아무리 멋지고 간명한 것이라 하더라도 만약 참되지 않다면 거부되거나 수정되어야 한다. 이와 마찬가지로 법과 제도는 그것이 아무리 효율적으로 잘 정비되어 있다고 하더라도 만약 정의롭지 않다면 개혁되거나 폐기되어야 한다.

① 의지의 자유가 없는 사람에게는 책임을 물을 수 없다. 그런데 인간에게는 책임을 물을 수 있다. 그러므로 인간의 의지는 자유롭다고 보아야 한다.

② 여자는 생각하는 것이 남자와 다른 데가 있다. 남자는 미래를 생각하지만 여자는 현재의 상태를 더 소중하게 여긴다. 남자가 모험, 사업, 성 문제를 중심으로 생각한다면 여자는 가정, 사랑, 안정성에 비중을 두어 생각한다.

③ 우리 강아지는 배를 문질러 주면 등을 바닥에 대고 누워 버려. 그리고 정말 기분 좋은 듯한 표정을 짓지. 그런데 내 친구 강아지도 그렇더라고. 아마 모든 강아지가 그런 속성을 가지고 있는 것 같아.

④ 인생은 여행과 같다. 간혹 험난한 길을 만나기도 하고, 예상치 않은 일을 당하기도 한다. 우연히 누군가를 만나고 그들과 관계를 맺기도 한다. 여행을 끝내고 집으로 돌아왔을 때 편안함을 느끼는 것처럼 생을 끝내고 죽음을 맞이할 때 우리는 더없이 편안해질 것이다.

11 다음 중 〈보기〉와 같은 서술 방식이 쓰인 문장은?

2015 서울시 9급

| 보기 |

포장한 지 너무 오래되어 길에는 흙먼지가 일고 돌이 여기저기 굴러 있었다. 길 양쪽에 다 쓰러져 가는 집들, 날품팔이 일꾼들이 찾아가는 장국밥집, 녹슨 함석지붕이 찌그러져 있었고, 흙먼지가 쌓인 책방, 조선 기와를 올린 비틀어진 이층집, 복덕방 포장이 찢기어 너풀거린다.

① 탈피 후 조금 쉬었다가 두 번째 먹이를 먹고 자리를 떠났다.
② 잎은 어긋나게 붙고 위로 올라갈수록 작아지면서 윗줄기를 감싼다.
③ 사람을 접대하는 것은 글을 잘 짓는 것과 같다.
④ 성장이 둔화되어 일자리가 늘지 않았기 때문이다.

12 '청소년 인터넷 중독의 현황과 문제 해결'에 대한 글을 작성하고자 한다. 글의 내용으로 포함하기에 적절하지 않은 것은?

2020 지방직(= 서울시) 9급

① 국내 최대 게임 업체의 고객 개인 정보가 유출되어 청소년들에게 성인 광고 문자가 대량 발송된 사건을 예로 제시한다.
② 인터넷에 중독되는 청소년의 비율이 해마다 증가한다는 통계를 활용하여 해당 사안이 시급히 해결되어야 할 문제임을 강조한다.
③ 사회성 결여, 의사소통 장애, 집중력 저하 등 인터넷 중독이 야기할 수 있는 부정적 현상들을 열거하여 문제의 심각성을 환기한다.
④ 청소년 대상 인터넷 중독 상담 프로그램의 개발 및 운영을 위해 할당된 예산이 부족하다는 전문가의 의견을 인용하여 해당 문제에 대한 대처가 미온적임을 지적한다.

13 다음 ㉠, ㉡의 설명 방법으로 적절한 것끼리 묶인 것은?

㉠ 문학의 장르에는 시, 소설, 수필, 희곡, 평론 등이 있다. 시에는 다시 서정시, 서사시, 극시가 있으며, 자유시, 정형시로 나누기도 한다. 소설은 장편, 중편, 단편이 있고, 고대 소설, 현대 소설로 나누어지기도 한다.
㉡ 신라의 향가, 고려의 속요, 조선의 시조, 이들은 내용으로 보아 모두 서정시에 속한다. 서정시는 서사시, 극시와 함께 시의 한 장르를 이루고 있다.

	㉠	㉡
①	비교	대조
②	구분	분류
③	비교	분류
④	분류	구분

14 다음 글에서 설명하는 진술 방식으로 가장 적절한 것은?

대상을 감각적으로 표현하고 기술적, 의도적으로 그려 나타내는 양식을 말한다. 주관성 개입 여부에 따라 종류를 구분할 수 있다.

① 정의
② 분류
③ 인과
④ 묘사

15 다음 중 설명 방식이 다른 것은?

① 지구 상공에는 수많은 인공위성이 돌고 있다. 인공위성은 크게 군사용 위성과 평화용 위성으로 나뉜다. 첩보 위성, 위성 파괴 위성 등은 전자에 속하고, 통신 위성, 기상 관측 위성, 지구 자원 탐사 위성 등은 후자에 속한다.

② 자음은 조음 위치 및 조음 방법에 따라 나뉜다. 양순음, 치조음, 경구개음, 연구개음, 후음 등은 조음 위치에 따라 자음을 하위 갈래로 나눈 것이고, 파열음, 파찰음, 마찰음, 비음, 유음 등은 조음 방법에 따라 자음을 하위 갈래로 나눈 것이다.

③ 문학은 운문 문학과 산문 문학으로 크게 나누어진다. 운문 문학은 시가 대표적인 형태이다. 산문 문학에는 소설, 수필, 희곡 등이 있다.

④ 우리가 쓰는 글에는 여러 가지 종류가 있다. 설명문, 논설문, 보고서, 비평 등은 논리적인 글에 속하며 시, 소설, 희곡, 수필 등은 예술적인 글에 속한다. 그리고 주문서, 독촉장, 소개장, 광고문 등은 모두 실용적인 글이라고 할 수 있다.

16 다음 글의 전개 방식으로 가장 적절한 것은?

> 반려동물을 키우는 가구가 늘어나는 만큼 불법 유기되는 동물의 수가 급증하고 있고, 이에 따른 사회적 문제 역시 늘어나고 있다. 농림축산식품부에 따르면 2016년 유기 동물 보호 센터의 운영 비용이 약 114억 원으로 전년 대비 17%가량 증가했다.
>
> 한 설문 조사 결과, 반려동물을 포기하는 이유에는 장기간 부재(25.9%), 경제적 문제(11.6%) 등이 있다고 나타났다. 반려동물을 키울 수 없는 이와 같은 사정을 고려했을 때, 반려동물 주인에게 반려동물을 버리지 말고 무조건 키워야 한다고 강요할 수 없다는 의견이 있다. 그래서 양육이 어려워진 반려동물을 보호소에 위탁하면 정부에서 입양처를 연결해 주는 반려동물 인수제의 도입이 필요하다는 주장이 제기되고 있다. 반려동물의 양육을 합법적으로 포기할 수 있는 절차를 마련하여, 불법 유기로 인해 발생할 수 있는 사회적 문제를 예방하자는 취지이다.
>
> 그러나 한편에서는 반려동물에 대한 인식이 개선되지 않은 채로 반려동물 인수제가 시행되면 오히려 반려동물 주인들에게 법적, 양심적 면죄부를 주어 반려동물의 양육을 쉽게 포기하는 풍토가 생길 수 있다고 주장한다. 지금도 동물 보호소의 많은 동물들이 예산과 공간의 부족으로 안락사를 당하고 있는데, 반려동물 인수제가 시행되면 보호소의 동물들이 더욱 증가하여 이를 관리하는 문제가 심화될 수 있다는 것이다. 그러므로 반려동물 인수제의 시행보다는 반려동물을 가족처럼 여기는 사회적 분위기 조성이 선행되어야 한다는 주장이 있다.
>
> 반려동물 인수제의 시행을 주장하는 입장과 이로 인해 발생할 수 있는 문제점을 제기하는 입장이 팽팽하게 맞서고 있는 가운데, 반려동물 인수제에 대한 사회적 논의가 활발하게 진행되고 있다.

① 관용적인 표현을 활용하여 주장을 효과적으로 전달하고 있다.

② 실생활에서 볼 수 있는 상황을 가정하여 글의 이해를 돕고 있다.

③ 정부 기관 출처의 자료를 사용하여 상황의 심각성을 드러내고 있다.

④ 특정 개념을 바라보는 두 관점을 비교하여 절충안을 도출하고 있다.

17 다음 글의 서술상 특징으로 가장 적절한 것은?

경제 성장은 장기적인 관점에서 국내 총생산[GDP]이 지속적으로 증가하는 것이다. 그러나 경제가 꾸준히 성장하는 국가라 하더라도, 경기는 좋을 때도 있고 나쁠 때도 있다. 경기 변동은 실질 GDP*의 추세를 장기적으로 보여 주는 선에서 단기적으로 그 선을 이탈하여 상승과 하락을 보여 주는 현상을 말한다. 경기 변동을 촉발하는 주원인에 대해서는 여러 견해가 있다.

1970년대까지는 경기 변동이 일어나는 주원인이 민간 기업의 투자 지출 변화에 의한 총수요* 측면의 충격에 있다는 견해가 우세했다. 민간 기업이 미래에 대해 갖는 기대에 따라 투자 지출이 변함으로써 경기 변동이 촉발된다는 것이다. 따라서 정부가 총수요 충격에 대응하여 적절한 총수요 관리 정책을 실시하면 경기 변동을 억제할 수 있다고 보았다. 그러나 1970년대 이후 총수요가 변해도 총생산은 변하지 않을 수 있다는 비판이 제기되자, 이에 따라 금융 당국의 자의적인 통화량 조절이 경기 변동의 원인으로 작용한다는 주장이 제기되었다.

이후 루카스는 경제 주체들이 항상 '합리적 기대'를 한다고 보고, 이들이 불완전한 정보로 인해 잘못된 판단을 하여 경기 변동이 발생한다는 '화폐적 경기 변동 이론'을 주장하였다. 합리적 기대란 어떤 정보가 새로 들어왔을 때 경제 주체들이 이를 적절히 이용하여 미래에 대한 기대를 형성한다는 것이다. 그러나 경제 주체들에게 주어지는 정보가 불완전하기 때문에 그들은 잘못 판단할 수 있으며, 이로 인해 경기 변동이 발생하게 된다.

* **실질 GDP**: 물가 변동에 의한 생산액의 증감분을 제거한 GDP.
* **총수요**: 국민 경제의 모든 경제 주체들이 소비, 투자 등의 목적으로 사려고 하는 재화와 용역의 합.

① 과거의 사례를 분석하고 이를 토대로 미래를 예측하고 있다.
② 상황이 발생했을 때의 대응 방법을 순차적으로 서술하고 있다.
③ 용어의 개념을 정의하고 구체적인 예시를 들어 설명하고 있다.
④ 특정 현상에 대한 견해들을 시간의 흐름에 따라 제시하고 있다.

18 다음 글의 논지 전개 방식으로 가장 적절한 것은?

분주한 생활에 쫓기는 중년층 이후의 도시인에게 레저 활동은 대단히 중요하다. 레저(leisure) 또는 로와지르(loisir)란 '자기 일에서의 해방'을 의미한다. 우리말의 여가, 한가로움, 안일 같은 소극적인 의미는 없고, 더구나 한가한 시간 보내기와는 의미가 다르다. 소크라테스는 '최상의 재산은 레저'라고 하여 이 레저가 학문을 위한 레저라고 했고, 아리스토텔레스는 인생의 목적을 '지식, 행복, 레저'의 세 가지로 구분하고 레저는 지식과 행복을 얻기 위한 조건이며 인생의 궁극 목표라고까지 했다.

① 대립되는 견해를 소개한 뒤 각 견해의 장단점을 제시하였다.
② 대상의 개념을 언급한 후 대상에 대한 인물들의 견해를 제시하고 있다.
③ 구체적 사례로부터 보편적 결론을 이끌어 내고 있다.
④ 두 가지 개념의 유사점을 바탕으로 새로운 관점을 제시하였다.

19 다음 중 '내용 생성하기' 단계에서 고려할 내용으로 적절하지 않은 것은?

① 생성한 내용이 계획하기 단계에 부합하는 것인지를 확인한다.
② 생성한 내용에 적합한 어휘와 수사법을 정한다.
③ 중심 내용을 뒷받침하는 세부 내용을 생성한다.
④ 중심 내용을 생성하여 조정하고 구체화한다.

20 다음 글의 서술 방식에 대해 옳지 않은 것은?

> 논리 실증주의에서는 어떠한 언명이 기존 이론의 영향을 받지 않고 오로지 객관적 관찰을 통해 참과 거짓으로 확실히 결정될 수 있으면 과학적으로 유의미하다고 보았다. 그리고 보편 언명이 단칭 언명의 누적을 통해 성립된다고 주장했다. 단칭 언명은 특정 시공간에서 발생한 특정 사건을 언급한 것이고, 보편 언명은 단칭 언명들을 일반화한 것으로 과학 이론으로 성립될 수 있는 것을 말한다. 예컨대 '이 리트머스 시험지가 산에 담기면 붉어진다.'라는 단칭 언명이 예외 없이 관찰된다면 '모든 리트머스 시험지는 산에 담기면 붉어진다.'라는 보편 언명이 과학 이론으로 성립될 수 있다고 보았다.
>
> 그런데 이러한 생각은 어떤 과학 이론이 지금까지 누적된 단칭 언명들을 통해 참으로 보장될지라도, 앞으로 보편 언명으로서 확실히 참이 될 수는 없다는 비판에 직면했다. 예컨대 지금까지 리트머스 시험지가 산에 담겼을 때 항상 붉어졌다는 관찰이, 앞으로 어떤 리트머스 시험지가 산에 담기면 붉어질 것임을 보장하지 않기 때문이다. 이 난점을 극복하기 위해 일부의 논리 실증주의자들은 단칭 언명이 누적될수록 과학 이론이 참으로 결정될 가능성이 점차 증가할 것이라는 완화된 입장으로 바뀌었다. 하지만 지금까지의 단칭 언명들로 일반화된 언명이 계속 참으로 남을 것인지는 알 수 없다는 문제를 해결할 수 없었다.

① 생소한 용어의 개념을 설명하고 이해를 돕기 위한 예시를 추가하였다.
② 특정 이론을 소개하면서 그 이론의 논지를 설명하였다.
③ 핵심 개념의 문제점을 언급하면서 이를 해결하려는 과정을 서술하였다.
④ 특정 이론을 비판하면서 새로운 이론을 제시하였다.

화법

해설편 | 102p

21 두 사람의 대화에 적용된 공감적 듣기의 방법이 아닌 것은?

2019 국가직 9급

> "수빈 씨, 나 처음 한 프레젠테이션인데 엉망이었어."
> "정말? 무슨 일이 있었는지 자세히 말해 봐."
> "너무 긴장해서 팀장님 질문에 대답을 못했어."
> "팀장님 질문에 대답을 못했구나. 처음 하는 프레젠테이션이라 정아 씨가 긴장을 많이 했나 보다."

① 수빈은 정아의 말에 자신이 주의 집중하고 있음을 보여 주고 있다.
② 수빈은 정아가 계속 말을 할 수 있도록 격려하고 있다.
③ 수빈은 정아의 혼란스러운 감정을 정아 스스로 정리하게끔 도와주고 있다.
④ 수빈은 정아의 말을 자신의 처지로 바꾸어 의미를 재구성하고 있다.

22 다음 글을 참고할 때, 〈보기〉에서 아이의 말에 대한 엄마의 말이 '반영하기'에 해당하는 것은?

2017 지방직(하) 9급

> 적극적인 듣기의 방법에는 '요약하기'와 '반영하기'가 있다. 화자가 자신의 상태에 대해 직접적으로 말하는 경우에는 요약하기와 같은 재진술이 가능하지만 그렇지 않으면 불가능하다. 한편 반영하기는 상대의 생각을 수용하고 상대의 현재 상태에 감정 이입을 하여 의미를 재구성하는 방법으로, 상대를 이해하고 있다는 청자의 적극적인 표현이기 때문에 원활한 의사소통에 도움이 된다.

보기

> 아이: 엄마, 모레가 시험인데 내일 꼭 치과에 가야 하나요?
> 엄마: ______________________

① 너, 치과에 가기가 싫어서 그러지?
② 네가 치료보다 시험에 집중하고 싶구나.
③ 내일 꼭 치과에 가야 하는지가 궁금했구나.
④ 약속은 지켜야 하는 거니까 치과에 가야겠지.

23 다음 대화에 대한 설명으로 적절한 것은?

2021 지방직(= 서울시) 9급

> A: 지난번 제안서 프레젠테이션을 마친 후 "검토하고 연락드리겠습니다."라고 답변을 받았는데 아직 별다른 연락이 없어서 고민이에요.
> B: 어떤 연락을 기다리신다는 거예요?
> A: 해당 사업에 관하여 제 제안서를 승낙했다는 답변이잖아요. 그런데 후속 사업 진행을 위해 지금쯤 연락이 와야 할 텐데 싶어서요.
> B: 글쎄요. 보통 그런 상황에서는 완곡하게 거절하는 의사 표현이라 볼 수 있어요. 그리고 해당 고객이 제안서 내용은 정리가 잘되었지만, 요즘 같은 코로나 시기에는 이전과 동일한 사업적 효과가 있을지 궁금하다고 말한 것을 보면 알 수 있죠.
> A: 네, 기억납니다. 하지만 궁금하다고 말한 것이지 사업을 수용하지 않는다는 것은 아니지 않나요? 답변을 할 때도 굉장히 표정도 좋고 박수도 쳤는데 말이죠. 목소리도 부드러웠고요.

① A와 B는 고객의 답변에 대해 제안서 승낙이라는 의미로 동일하게 이해한다.
② A는 동일한 사업적 효과가 있을지 궁금하다는 표현을 제안한 사업에 대한 부정적 평가라고 판단한다.
③ B는 고객이 제안서에 의문을 제기한 내용을 근거로 고객의 답변에 대해 판단한다.
④ A는 비언어적 표현을 바탕으로 하여 고객의 답변을 제안서에 대한 완곡한 거절로 해석한다.

24 '손님'의 말에 나타난 공손성 원리로 가장 적절한 것은?

2017 교육행정직 9급

> 손님: 바쁘실 텐데 초대해 주셔서 감사합니다. 음식이 참 맛있네요. 요리 솜씨가 이렇게 좋으시니 정말 부럽습니다.
> 주인: 뭘요, 과찬이세요. 맛있게 드셨다니 감사합니다.

① 상대방에 대한 비난을 최소화하고 칭찬의 표현을 최대화한다.
② 상대방에 대한 부담은 최소화하고 혜택의 표현을 최대화한다.
③ 자신에 대한 혜택은 최소화하고 부담의 표현을 최대화한다.
④ 자신에 대한 칭찬은 최소화하고 비난의 표현을 최대화한다.

25 다음 공무원의 말에 대한 〈보기〉의 설명 중 옳은 것만을 모두 고른 것은?

2016 교육행정직 9급

(민원실에서 큰 소리로 떠들고 있는 민원인에게) 죄송하지만 다른 민원인들도 생각해 주시겠습니까?

보기

ㄱ. 청자의 심리적 부담을 낮추려는 표현이다.
ㄴ. 발화 형식과 발화 기능이 일치하는 표현이다.
ㄷ. 화자가 자신의 의도를 직접적으로 드러낸 표현이다.
ㄹ. 화자가 청자에게 조용히 해 달라고 요청하는 표현이다.

① ㄱ, ㄷ
② ㄱ, ㄹ
③ ㄴ, ㄷ, ㄹ
④ ㄱ, ㄴ, ㄹ

26 다음 글을 근거로 할 때, 〈보기〉의 대화에서 ㉡의 대답이 갖는 특징으로 적절하지 않은 것은? 2016 국가직 9급

그라이스(Grice)는 원활한 대화 진행을 위한 요건으로 네 가지의 '협력의 원리'를 제시한 바 있다. 첫째, 주고받는 대화의 목적에 필요한 만큼만 정보를 제공하고 필요 이상의 정보를 제공하지 말라는 양의 격률이다. 둘째, 진실한 정보만을 제공하도록 노력하고 증거가 불충한 것은 말하지 말라는 질의 격률이다. 셋째, 해당 대화 맥락과 관련되는 말을 하라는 관련성의 격률이다. 넷째, 모호하거나 중의적인 표현을 피하고 간결하고 조리 있게 말하라는 태도의 격률이다. 그러나 모종의 효과를 위해 이 네 가지의 격률을 위배하는 일은 일상 대화에서 빈번하게 이루어지는데, 일반적으로 언중들은 그것을 자연스럽게 받아들일 뿐 아니라 때에 따라서는 협력의 원리를 지키는 것이 예의에 어긋난 경우도 많다.

보기

대화(1) ㉠: 체중이 얼마나 되니?
㉡: 55kg인데 키에 비해 가벼운 편입니다.
대화(2) ㉠: 얼마 전 시민 운동회가 있었다며?
㉡: 응. 백 미터 달리기에서 비행기보다 빠른 사람을 봤어.
대화(3) ㉠: 너 몇 살이니?
㉡: 형이 열일곱 살이고, 저는 열다섯 살이지요.
대화(4) ㉠: 점심은 뭐 먹을래?
㉡: 생각해 보고 마음 내키는 대로요.

① 대화(1): 관련성의 격률을 위배하였다.
② 대화(2): 질의 격률을 위배하였다.
③ 대화(3): 양의 격률을 위배하였다.
④ 대화(4): 태도의 격률을 위배하였다.

27 다음 토의에 대한 설명으로 적절하지 않은 것은? 2021 국가직 9급

사회자: 오늘의 토의 주제는 '통일 시대의 남북한 언어가 나아갈 길'입니다. 먼저 최○○ 교수님께서 '남북한 언어 차이와 의사소통'이라는 제목으로 발표해 주시겠습니다.
최 교수: 남한과 북한의 말은 비슷하지만 다른 점이 있습니다. 남한과 북한의 어휘 차이가 대표적입니다. 남한과 북한의 어휘 차이를 분석한 결과, …(중략)… 앞으로도 남북한 언어 차이에 대한 연구가 지속되어야 합니다.
사회자: 이로써 최 교수님의 발표를 마치겠습니다. 다음은 정○○ 박사님의 '남북한 언어의 동질성 회복 방안'에 대한 발표가 있겠습니다.
정 박사: 앞으로 통일을 대비해 남북한 언어의 다른 점을 줄여 나가는 노력이 필요합니다. 실제로도 남한과 북한의 학자들로 구성된 '겨레말큰사전 편찬위원회'에서는 남북한 공통의 사전인 『겨레말큰사전』을 만들며 서로의 차이를 이해하고 받아들이기 위한 노력을 하고 있습니다. …(중략)…
사회자: 그러면 질의응답이 있겠습니다. 시간상 간략하게 질문해 주시기 바랍니다.
청중 A: 두 분의 말씀 잘 들었습니다. 남북한 언어의 차이와 이를 극복하는 방안을 말씀하셨는데요. 그렇다면 통일 시대에 대비한 언어 정책에는 무엇이 있을까요?

① 학술적인 주제에 대해 발표 형식으로 진행되고 있다.
② 사회자는 발표자 간의 이견을 조정하여 의사결정을 유도하고 있다.
③ 발표자는 주제에 대한 자신의 견해를 밝혀 청중에게 정보를 제공하고 있다.
④ 청중 A는 발표자의 발표 내용을 확인하고 주제와 관련된 질문을 하고 있다.

28 '샛강을 어떻게 살릴 수 있을까?'라는 주제에 대해 토의하고자 한다. 이에 대한 설명으로 적절하지 않은 것은?

2016 지방직 9급

> 토의는 어떤 공통된 문제에 대해 최선의 해결안을 얻기 위하여 여러 사람이 의논하는 말하기 양식이다. 패널 토의, 심포지엄 등이 그 대표적 예이다. ㉠패널 토의는 3~6인의 전문가들이 사회자의 진행에 따라, 일반 청중 앞에서 토의 문제에 대한 정보나 지식, 의견이나 견해 등을 자유롭게 주고받는 유형이다. 토의가 끝난 뒤에는 청중의 질문을 받고 그에 대해 토의자들이 답변하는 시간을 갖는다. 이 질의·응답 시간을 통해 청중들은 관련 문제를 보다 잘 이해하게 되고 점진적으로 해결 방안을 모색하게 된다. ㉡심포지엄은 전문가가 참여한다는 점, 청중과 질의·응답 시간을 갖는다는 점에서는 패널 토의와 그 형식이 비슷하다. 다만 전문가가 토의 문제의 하위 주제에 대해 서로 다른 관점에서 연설이나 강연의 형식으로 10분 정도 발표한다는 점에서는 차이가 있다.

① ㉠과 ㉡은 모두 '샛강 살리기'와 관련하여 전문가의 의견을 들은 이후, 질의·응답 시간을 갖는다.
② ㉠과 ㉡은 모두 '샛강을 어떻게 살릴 수 있을까?'라는 문제에 대해 최선의 해결책을 얻기 위함이 목적이다.
③ ㉡은 토의자가 샛강의 생태적 특성, 샛강 살리기의 경제적 효과 등의 하위 주제를 발표한다.
④ ㉠은 '샛강 살리기'에 대해 찬반 입장을 나누어 이야기한 후 절차에 따라 청중이 참여한다.

29 다음의 여러 조건에 가장 잘 맞는 토론 논제는?

2019 국가직 9급

> • 긍정 평서문으로 제시되어야 한다.
> • 찬성과 반대의 대립이 분명하게 나타나야 한다.
> • 쟁점이 하나여야 한다.
> • 찬성이나 반대 어느 한 편에 유리하게 작용하는 정서적 표현을 사용해서는 안 된다.

① 징병 제도는 유지해야 한다.
② 정보 통신망법을 개선할 수는 없다.
③ 야만적인 두발 제한을 폐지해야 한다.
④ 내신 제도와 논술 시험을 개혁해야 한다.

30 토론자들의 말하기 방식에 대한 설명으로 적절한 것은?

2019 국가직 9급

> 사회자: 학교 폭력 문제가 나날이 심각해지고 있습니다. 이와 관련해 오늘은 '학교 폭력을 방관한 학생에게도 책임을 물어야 한다.'를 주제로 토론을 해 보도록 하겠습니다. 먼저 찬성 측 말씀해 주시죠.
>
> 찬성 측: 친구가 학교 폭력에 의해 희생되고 있는데도 자신에게 피해가 올까 두려워 아무런 조치를 취하지 않는 학생들이 많다고 합니다. 이러한 행동으로 인해 학교 폭력은 점점 확산되고 있습니다. 학교 폭력을 행하는 것을 목격했음에도 어떤 조치도 취하지 않은 것은 폭력에 대해 묵시적으로 동의한 것과 같습니다. 폭력을 직접 행사하는 행위뿐 아니라, 불의에 저항하지 않는 정의롭지 못한 행위에 대해서도 합당한 책임을 물어야 할 것입니다.
>
> 사회자: 다음으로 반대 측 의견 말씀해 주시죠.
>
> 반대 측: 특정 학생에게 폭력을 직접 행사해서 피해를 준 사실이 명백할 때에만 책임을 물을 수 있을 것입니다. 또한 사건에 대한 개입과 방관은 개인의 자율적 의지에 달린 문제이므로 외부에서 규제할 성질의 문제가 아닙니다.
>
> 사회자: 그럼 이번에는 반대 측부터 찬성 측에 대해 반론해 주시지요.
>
> 반대 측: 과연 누구까지를 학교 폭력의 방관자라고 규정지을 수 있을까요? 집에 가는 길에 우연히 폭력을 목격했을 경우, 자신의 친구로부터 폭력에 관련된 소문을 접했을 경우 등 방관자라고 규정하기에는 애매한 경우가 많습니다. 어떠한 행위를 처벌하려면 확고한 기준이 필요한데, 방관자의 범위부터 규정하기가 불명확하다고 볼 수 있습니다.
>
> 찬성 측: 불의를 방관한 행위에 대해 사회가 책임을 묻지 않는다면 이후로도 사람들은 아무런 죄책감 없이 불의를 모른 체하고 방관할 것입니다. 결국 이는 사회 전체의 건전성과 도덕성을 떨어뜨릴 것이고, 정의에 근거한 시민의 고발 정신까지 약화시킬 것입니다.

① 찬성 측은 친숙한 상황을 빗대어 자신의 견해를 펼치고 있다.
② 찬성 측은 자신의 경험을 제시하여 논지를 보충하고 있다.
③ 반대 측은 윤리적 방법으로 해결책을 제시하고 있다.
④ 반대 측은 논제에 의문을 제기하여 주장을 강화하고 있다.

31 토론에서 사회자가 하는 역할에 대한 설명으로 가장 적절한 것은? 2019 지방직 9급

① 토론을 시작하면서 논제가 타당한지 토론자들의 의견을 묻는다.
② 토론자들에게 토론의 전반적인 방향과 유의점에 대해 안내한다.
③ 청중의 의견을 수렴하여 대안을 제시함으로써 쟁점을 약화시킨다.
④ 토론자의 주장과 논거를 비판하는 견해를 개진하여 논쟁의 확산을 꾀한다.

32 화법의 구성 요소에 대한 설명으로 옳지 않은 것은?

① 화자는 담화 수행 이전에 청자를 분석해야 한다.
② 메시지에는 언어적 메시지와 준(반)언어적 메시지, 비언어적 메시지가 있다.
③ 화자의 사회적 위치, 주제에 대한 전문성, 인격은 말하는 내용의 신뢰성에 영향을 미친다.
④ 장면은 담화가 이루어지는 사회·문화적 맥락을 의미하며, 실제 시공간의 맥락을 의미하지는 않는다.

33 다음 대화 상황에서 '철수'의 발언과 관련 있는 것은?

> 민수: 철수야, 혹시 이 수학 문제 푸는 방법을 알려 줄 수 있니? 생각보다 어렵네.
> 철수: <u>(알고 있으면서) 미안, 나도 그 문제는 어려워서 못 풀고 있어</u>.

① 양의 격률
② 질의 격률
③ 태도의 격률
④ 관련성의 격률

34 다음 토론의 논제 중 성격이 다른 것은?

① 현행 징병제를 모병제로 전환해야 한다.
② 대의 민주주의는 가장 좋은 정치 제도이다.
③ 운전면허 제도를 실질적으로 개선해야 한다.
④ 선거 연령을 만 18세로 하향 조정해야 한다.

35 다음에서 설명하고 있는 토론으로 적절한 것은?

> 어떤 논제에 대하여 입론 단계에서 찬성자와 반대자가 바로 앞 상대방에게 질문을 하여 상대방의 논지를 반박함으로써 승부를 가리는 토론 방식이다.

① 고전적 토론
② 전통적 토론
③ 직파식 토론
④ 반대 신문식 토론

36 토의와 토론에 대한 설명으로 적절하지 않은 것은?

① 토의는 각 주체가 선 해답을 가지고 임하지만 토론은 선 해답을 가지고 임하지 않는다.
② 토의는 문제 해결적 사고가 요구되고 토론에서는 비판적 사고가 주로 요구된다.
③ 토의에 비해 토론은 비교적 엄격한 규칙에 의해 진행된다.
④ 토의나 토론 모두 자신의 주장을 논리적으로 표현하는 것이 중요하다.

37 회의에 대한 설명으로 적절하지 않은 것은?

① 의사 결정을 하기 위한 엄격한 절차가 정해져 있다.
② 회의 참가자는 안건에서 벗어난 발언을 삼가야 한다.
③ 일반적으로 회의에서는 여러 의제가 동시에 처리된다.
④ 일단 의결된 안건은 그 회기 안에 다시 다루지 않는다.

38 다음 중 협상에 대한 설명으로 적절하지 않은 것은?

① 협상에서는 반드시 둘 이상의 이해 당사자가 있어야 한다.
② 협상은 일반적으로 '시작 – 조정 – 해결'의 단계로 진행된다.
③ 일반적으로 단일 주제 협상은 복합 주제 협상보다 쉽다.
④ 협상에서는 상대에게 제공하는 정보의 양과 질을 적절히 조절해야 한다.

39 다음 중 '설득하는 말하기'에 대한 설명으로 적절하지 않은 것은?

① 청자가 화자의 생각과 같은 경우 더욱 확신하도록 만든다.
② 청자에게 구체적인 행동을 하도록 요구하는 경우가 많다.
③ 준(반)언어적, 비언어적 표현은 언어적 표현에 비해 설득 효과가 떨어진다.
④ 주제와 관련하여 청자가 지닌 개인적 관련성을 분석해야 한다.

약점 체크와 약점 보완을 한 번에 정답과 해설 P.100

끝이 좋아야 시작이 빛난다.

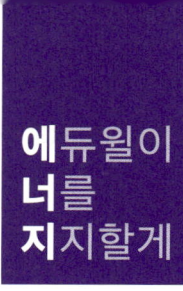

– 마리아노 리베라(Mariano Rivera)

2026 에듀윌 9급공무원 **유형별 문제집 국어**

발 행 일	2025년 8월 12일 초판
편 저 자	배영표
펴 낸 이	양형남
펴 낸 곳	(주)에듀윌
I S B N	979-11-360-3847-0
등록번호	제25100-2002-000052호
주 소	08378 서울특별시 구로구 디지털로34길 55 코오롱싸이언스밸리 2차 3층

www.eduwill.net

대표전화 1600-6700

여러분의 작은 소리
에듀윌은 크게 듣겠습니다.

본 교재에 대한 여러분의 목소리를 들려주세요.
공부하시면서 어려웠던 점, 궁금한 점,
칭찬하고 싶은 점, 개선할 점, 어떤 것이라도 좋습니다.

에듀윌은 여러분께서 나누어 주신 의견을
통해 끊임없이 발전하고 있습니다.

에듀윌 도서몰 book.eduwill.net

- 부가학습자료 및 정오표: 에듀윌 도서몰 → 도서자료실
- 교재 문의: 에듀윌 도서몰 → 문의하기 → 교재(내용, 출간) / 주문 및 배송

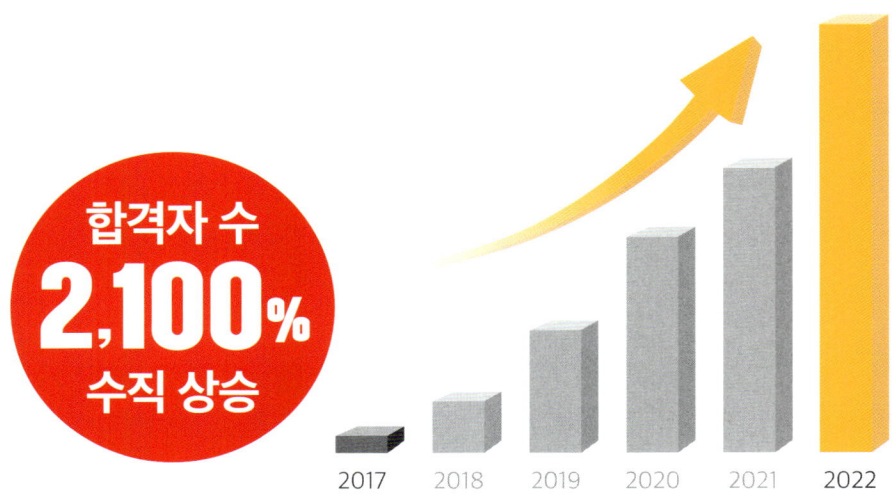

2026 신경향

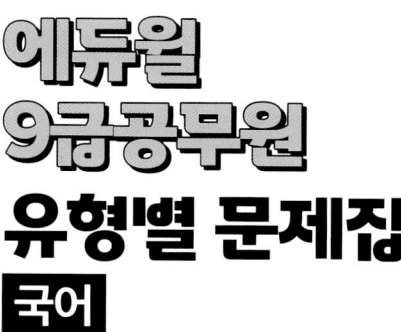

에듀윌 9급공무원 유형별 문제집

국어

정답과 해설

eduwill

2026 신경향

에듀윌 9급공무원 유형별 문제집

국어

2026 신경향

에듀윌 9급공무원 유형별 문제집

국어 | 해설편

eduwill

CHAPTER 01 현대 문법

언어와 국어

문제편 P.16

01	④	02	③	03	②	04	③	05	①
06	③	07	③						

01 ④

개념 카테고리 현대 문법 > 언어와 국어 > 언어의 특성

| 정답 해설 | ④ (라)는 언어의 자의성과 관련한 사례다. 언어의 자의성이란 언어의 형식과 의미의 관계가 필연적이지 않다는 것이다. 즉, '오늘'이라는 의미를 지닌 언어 형식이 한국어에서는 '오늘', 영어에서는 'today'와 같이 다르게 나타나는 것을 언어의 '자의성'이라고 한다.

| 오답 해설 | ① (가) – 언어의 역사성(ㄴ), ② (나) – 언어의 사회성(ㄹ), ③ (다) – 언어의 창조성(ㄷ)으로 모두 바르게 짝지어졌다.

| 플러스 이론 | 언어의 특성

- 자의성: 언어는 그 형식인 음성과 내용인 의미 사이에 어떠한 필연적인 관계도 맺고 있지 않은 자의적·임의적 기호이다.
- 사회성: 언어 기호는 같은 언어 사회 내에서 특정한 의미를 특정한 말소리로 나타내자는 약속의 결과물로, 한번 언중에게 수용되면 개인이 마음대로 바꿀 수 없다.
- 역사성: 언어 기호가 비록 그 사회 구성원의 약속으로 성립된 관습이라 하더라도 오랜 세월이 흐르면서 변화(신생, 성장, 사멸)가 일어난다.
- 분절성(불연속성): 세상의 사물은 특별한 경계선을 가지고 있지 않음에도 불구하고 언어에서는 구분하여 표현한다.
- 개방성(창조성): 제한된 음운이나 어휘를 가지고 무한한 문장을 만들어 사용할 수 있고, 처음 들어 보는 문장을 이해할 수 있다.
- 추상성: 서로 다른 개별적이고 구체적인 대상으로부터 공통적인 요소를 뽑아 일반적인 것으로 파악한다.

02 ③

개념 카테고리 현대 문법 > 언어와 국어 > 언어의 특성

| 정답 해설 | 밑줄 친 부분을 통해 글쓴이가 '생각(사고)'이 '말(언어)'보다 더 우위에 있는 '사고 우위론적 관점'을 말하고 있음을 알 수 있다.

③ 사고 우위론의 적절한 예이다.

| 오답 해설 | ① 사고 우위론과 관련이 없다.

② 언어의 자의성에 관한 설명이다.

④ 언어의 분절성과 사회성에 관한 설명이다.

03 ②

개념 카테고리 현대 문법 > 언어와 국어 > 국어의 특징

| 정답 해설 | ② 국어는 음절 말에서 한 개의 자음만 발음된다. '값'은 자음군 단순화에 따라 [갑]으로 발음된다.

| 오답 해설 | ① 국어는 알타이어군에 속한다고 보기도 하는데, 이에 따라 알타이어군의 대표적 특성인 '교착어(첨가어)'적 특성을 보여 준다.

③ 국어는 이야기를 주고받는 담화 중심의 언어로, 주어나 목적어가 흔히 생략되는 특징이 있다.

④ 언어는 문화를 반영하는 특징이 있다. 국어의 경우 가족 관계를 나타내는 친족어가 발달해 있다.

04 ③

개념 카테고리 현대 문법 > 언어와 국어 > 언어의 기능

| 정답 해설 | ③ '친교적 기능'은 상대방과 친교를 긴밀하게 하는 데 사용되는 기능이다. 소설에서 '계집애'는 '나'에게 관심을 표현하기 위해서 혼자만 일하냐고 묻고 있다.

05 ①

개념 카테고리 현대 문법 > 언어와 국어 > 언어의 갈래

| 정답 해설 | ① '심지어(甚至於), 어차피(於此彼), 주전자(酒煎子)'는 한자어이다.

| 오답 해설 | ② '학교(學校), 공장(工場), 도로(道路), 자전거(自轉車), 자동차(自動車)'는 한자어이다.

③ '고무(프랑스)', '담배, 빵(포르투갈)', '가방(네덜란드)', '냄비(일본)'는 외국에서 들어온 귀화어이다.

④ '눈깔, 아가리, 주둥아리, 모가지, 대가리'는 순서대로 '눈, 입, 입, 목, 머리'를 낮추어 부르는 비어이다. 참고로 '주둥이'가 사람에게 쓰이면 비어이지만, 동물에게 쓰이는 경우는 비어가 아니다.

06 ③

개념 카테고리 현대 문법 > 언어와 국어 > 언어의 특성

| 정답 해설 | ③ '언어의 자의성'이란 언어를 구성하는 요소인 음성과 의미가 본질적으로 필연적인 관계가 아니라는 것을 의미

한다. 의성어는 자의성이 가장 약하다는 평가를 받기는 하지만 자의성이 없는 것은 아니다. 개 짖는 소리인 의성어는 나라마다 다르게 표현되는데, 이는 언어의 자의성과 관련이 있다.

07 ③

개념 카테고리 현대 문법 > 언어와 국어 > 국어의 특질

| 정답 해설 | ③ '조+쌀=좁쌀'은 과거의 'ㅂ'계 병서 자음 때문에 일어나는 현상으로, 현대 문법에서는 'ㅂ' 소리가 덧나는 것으로 취급한다. 따라서 체언이 활용한다는 표현은 틀린 설명이다.

| 오답 해설 | ④ 국어는 어두에 'ㄹ'이 오는 것을 꺼려 'ㄹ'을 'ㄴ'으로 바꿔서 발음한다(예 락뢰(×) → 낙뢰(○)). 또한 어두의 'ㄴ'이 모음 'ㅣ'나 반모음 'ㅣ(j)'를 만날 때는 이 'ㄴ'마저 탈락시키는 '두음 법칙'이 일어난다(예 녀자(×) → 여자(○)).

음운론/표준 발음법 문제편 P.18

08	①	09	②	10	④	11	①	12	④
13	③	14	③	15	①	16	①	17	③
18	④	19	①	20	②	21	①	22	①
23	①	24	②	25	④	26	④	27	①
28	③	29	①	30	③	31	③	32	③
33	③	34	④	35	③	36	④	37	④

08 ①

개념 카테고리 현대 문법 > 음운론 > 음운

| 정답 해설 | ① '음운'은 '음소'와 '운소'로 나눌 수 있다. '음소'는 자음이나 모음과 같은 분절 음운을, '운소'는 소리의 장단, 고저, 세기 등의 비분절 음운을 가리킨다.

| 오답 해설 | ② '음운'은 사람들이 머릿속에서 같은 소리로 인식하는 추상적인 말소리로, 단어의 의미를 분화시키는 변별적 기능을 하는 소리의 최소 단위이다. '음운의 최소 대립쌍'은 하나의 소리로 인해 뜻이 구별되는 단어의 짝을 말한다.

예 밥:법 → ㅏ와 ㅓ, 국:북 → ㄱ과 ㅂ

③, ④ '음운'은 사람들이 머릿속에서 같은 소리로 인식하는 관념적이고 추상적인 말소리이다. 따라서 실제로 들리는 소리가 다른 경우에도 이들을 하나의 음운으로 인정할 수 있다.

09 ②

개념 카테고리 현대 문법 > 음운론 > 음운의 변동

| 정답 해설 | ㉠~㉣의 음운 변동을 분석하면 다음과 같다.

㉠ 꽃잎 → [꼳입](음절의 끝소리 규칙: 교체) → [꼳닙]('ㄴ' 첨가) → [꼰닙](비음화: 교체)

㉡ 맏며느리 → [만며느리](비음화: 교체)

㉢ 닫혔다 → [다텼다](자음 축약) → [다쳤다](구개음화: 교체) → [다첬다](단모음화) → [다첟다](음절의 끝소리 규칙: 교체) → [다첟따](된소리되기: 교체)

㉣ 넓죽하다 → [넓쭉하다](된소리되기: 교체) → [넙쭉하다](자음군 단순화: 탈락) → [넙쭈카다](자음 축약)

② ㉠에서는 음운의 첨가('ㄴ' 첨가)가 일어나지만 ㉡에서는 첨가 현상이 일어나지 않는다.

| 오답 해설 | ① ㉠~㉣은 모두 음운의 교체 현상이 일어난다.

③ ㉢에서는 음운의 축약 현상이 일어난다.

④ ㉣에서는 음운의 탈락과 축약이 모두 일어난다.

10 ④

개념 카테고리 현대 문법 > 음운론 > 표준 발음법

| 정답 해설 | ④ ⓓ의 '안겨라'는 용언 '안다'의 어간인 '안-'에 피동 접미사 '-기-'가 결합한 '안기다'의 명령형이다. 주어로 하여금 안는 동작을 당하게 하는 의미를 갖기 때문이다. 'ㄴ'과 'ㄱ'은 어미끼리 결합한 것은 아니지만, 용언 어간에 피동 접사가 결합한 경우에 해당하므로 된소리되기가 일어나지 않은 것이다.

| 오답 해설 | ① ⓐ의 '푼다'에서 어간은 '풀-'이고, 어미는 '-ㄴ다'이다. 어간 말의 자음 'ㄹ'은 어미의 첫 자음 'ㄴ' 앞에서 탈락한다. 따라서 'ㄴ'과 'ㄷ'은 모두 어미 '-ㄴ다'에 속해 있는 소리이므로 된소리되기가 일어나지 않는다.

② ⓑ의 '여름도'는 체언 '여름'에 조사 '도'가 결합한 것이다. 체언과 조사가 결합하는 경우에는 된소리되기가 일어나지 않는데, 'ㅁ'과 'ㄷ'이 체언과 조사가 결합하면서 이어진 소리이기 때문에 된소리되기가 일어나지 않은 것이다.

③ ⓒ의 '잠가'에서 어간은 '잠그-'이고, 어미는 '-아'이다. 'ㅡ'를 끝소리로 가지는 어간이 모음으로 시작하는 어미를 만나게 되면 어간의 'ㅡ'가 탈락한다. 따라서 'ㅁ'과 'ㄱ'은 모두 하나의 형태소인 '잠그-' 안에 속한 소리이므로 된소리되기가 일어나지 않는다.

⑤ ⓔ의 '큰지'에서 어간은 '크-'이고, 어미는 '-ㄴ지'이다. 'ㄴ'과 'ㅈ'은 모두 어미에 속해 있는 소리로, 어간과 어미가 결합하며 이어진 소리가 아니므로 된소리되기가 일어나지 않는다.

11 ①

개념 카테고리 현대 문법 > 음운론 > 음운의 변동

| 정답 해설 | '부엌일'의 음운 변동 과정을 살펴보면 '부엌일 → [부억일](음절의 끝소리 규칙: 교체) → [부억닐](사잇소리 현상에 의한 'ㄴ' 첨가: 첨가) → [부엉닐](비음화: 교체)'의 순서로 음운 변동이 일어나는 것을 알 수 있다. 따라서 정답은 ① ㉠(교체)과 ㉡(첨가)이다.

12 ④

개념 카테고리 현대 문법 > 음운론 > 음운의 변동

| 정답 해설 | ④ • '먹고[먹꼬]'는 '먹'의 ㄱ(안울림소리)과 '고'의 ㄱ(안울림소리)이 만나서 경음화가 일어난 경우이다.

• '껴안더라[껴안떠라]'는 용언 어간의 받침 ㄴ('안'의 ㄴ) 뒤에 연결되는 어미의 첫소리('더'의 ㄷ)가 경음으로 발음되는 경음화가 일어난 경우이다.

• '어찌할 바[어찌할빠]'는 관형사형 어미 ㄹ('할'의 ㄹ) 뒤에 연결되는 평음('바'의 ㅂ)이 경음으로 발음되는 경음화가 일어난 경우이다.

• '결석[결썩]'은 한자어 ㄹ('결'의 ㄹ) 뒤에 연결되는 ㅅ('석'의 ㅅ)이 경음으로 발음되는 경음화가 일어난 경우이다.

| 오답 해설 | ① '하늘소'는 한자어가 아니다.

② '발전'에는 관형사형 어미 '-(으)ㄹ'이 사용되지 않았다. '물동이'는 한자어가 아니다.

③ '열 군데'의 '열'은 '수 관형사'이다. 관형사형 어미 '-(으)ㄹ'이 사용된 예가 아니다.

13 ③

개념 카테고리 현대 문법 > 음운론 > 음운의 변동

| 정답 해설 | ③ '입학생'의 음운 변동 과정을 살펴보면 '입학생 → [이팍생](자음 축약) → [이팍쌩](된소리되기)'이다. 축약이 일어나 음운의 개수가 줄어들었기 때문에 옳은 설명이다.

| 오답 해설 | ① '가을일'의 음운 변동 과정을 살펴보면 '가을일 → [가을닐]('ㄴ' 첨가) → [가을릴](유음화)'이다. 즉, 두 가지 유형의 음운 변동이 나타난다.

② '텃마당'의 음운 변동 과정을 살펴보면 '텃마당 → [턷마당](음절의 끝소리 규칙) → [턴마당](비음화)'이다. 인접한 음의 영향을 받아 '조음 방법'이 같아지는 동화 현상이 나타난다.

④ '흙먼지'의 음운 변동 과정을 살펴보면 '흙먼지 → [흑먼지](자음군 단순화) → [흥먼지](비음화)'이다. '자음군 단순화'는 탈락 현상으로, 대체 현상인 '음절의 끝소리 규칙'과 다르다.

14 ③

개념 카테고리 현대 문법 > 음운론 > 음운의 변동

| 정답 해설 | 〈보기〉에 대한 음운의 변동은 다음과 같다.

㉠ 부엌일: [부억일](음절의 끝소리 규칙: 교체) → [부억닐](사잇소리 현상에 의한 'ㄴ' 첨가: 첨가) → [부엉닐](비음화: 교체)

㉡ 콧날: [콛날](음절의 끝소리 규칙: 교체) → [콘날](비음화: 교체)

㉢ 앉고: [안ㄷ고](음절의 끝소리 규칙: 교체) → [안ㄷ꼬](된소리되기: 교체) → [안꼬](자음군 단순화: 탈락)

㉣ 훑는: [훌는](자음군 단순화: 탈락) → [훌른](유음화: 교체)

③ ㉢ '앉고'의 음운 변동 과정에 자음 축약의 과정은 없다.

| 오답 해설 | ① ㉠과 ㉡ 모두 음절 끝에 올 수 있는 자음이 제한되어 있기 때문에 일어난 음운 변동(음절의 끝소리 규칙)이 있다.

② ㉠, ㉡, ㉣은 모두 인접하는 자음의 조음 방법이 같아진 음운 변동(유음화 또는 비음화)이 있다.

④ ㉢과 ㉣ 모두 음절 끝에 둘 이상의 자음이 오지 못하기 때문에 일어난 음운 변동(자음군 단순화)이 있다.

15 ①

개념 카테고리 현대 문법 > 음운론 > 음운의 변동

| 정답 해설 | ① '집일 → [집닐]('ㄴ' 첨가) → [짐닐](비음화)'은 '첨가('ㄴ' 첨가)' 및 '교체(비음화)'가 일어나 음운의 개수가 5개에서 6개로 1개 늘었다.

| 오답 해설 | ② '닭만 → [닥만](자음군 단순화) → [당만](비음화)'은 '탈락(자음군 단순화)'과 '교체(비음화)'가 일어나 음운의 개수가 7개에서 6개로 1개 줄었다.

③ '뜻하다 → [뜯하다](음절의 끝소리 규칙) → [뜨타다](자음 축약)'는 '교체(음절의 끝소리 규칙)'와 '축약(자음 축약)'이 일어나 음운의 개수가 7개에서 6개로 1개 줄었다.

④ '맡는 → [맏는](음절의 끝소리 규칙) → [만는](비음화)'은 '교체(음절의 끝소리 규칙)'와 '교체(비음화)'가 일어났으나 음운의 개수는 6개에서 6개로 변동이 없다.

16 ①

개념 카테고리 현대 문법 > 음운론 > 음운의 변동

| 정답 해설 | ① '깎는'은 '[깍는](음절의 끝소리 규칙) → [깡는](비음화)'의 음운 변동을 거친다. 음절의 끝소리 규칙과 비음화는 모두 교체 현상이므로, 교체 현상에 의해 '깎는'이 [깡는]으로 발음되었다고 볼 수 있다.

| 오답 해설 | ② '깎아'가 [까까]로 발음되는 현상은 탈락이 아닌 연음 현상이다.

③ '깎고'는 '[깍고](음절의 끝소리 규칙) → [깍꼬](된소리되기)'의 음운 변동을 거친다. 음절의 끝소리 규칙과 된소리되기 모두 교체 현상이므로, 교체 현상에 의해 '깎고'가 [깍꼬]로 발음되었다고 볼 수 있다.

④ '깎지'는 '[깍지](음절의 끝소리 규칙) → [깍찌](된소리되기)'의 음운 변동을 거친다. 따라서 음절의 끝소리 규칙과 된소리되기 모두 교체 현상이므로, 교체 현상에 의해 '깎지'가 [깍찌]로 발음되었다고 볼 수 있다.

17 ③

개념 카테고리 현대 문법 > 음운론 > 음운의 변동

| 정답 해설 | 제시된 음운 현상은 '동음 탈락'이다.

③ '가도'는 어간 '가-'와 어미 '-아도'가 결합한 것으로, 연접된 동음 중 뒤 모음이 탈락하여 '가도'가 되었다. 즉, '동음 탈락'에 해당한다.

| 오답 해설 | ① '가고'는 어간 '가-'와 연결 어미 '-고'가 결합한 것으로 '동음 탈락'이 일어나지 않았다.

② '가니'는 어간 '가-'와 연결 어미 '-니'가 결합한 것으로 '동음 탈락'이 일어나지 않았다.

④ '가면'은 어간 '가-'와 연결 어미 '-면'이 결합한 것으로 '동음 탈락'이 일어나지 않았다.

| 플러스 이론 | **모음 탈락**

- 동음 탈락: 'ㅏ, ㅓ'로 끝나는 용언의 어간 뒤에 같은 모음이 연달아 나오면, 하나의 모음이 탈락하는 현상
  - 예 • 타-+-아 → 타, 타-+-았다 → 탔다
  - • 서-+-어 → 서, 서-+-었다 → 섰다
  - • 켜-+-어 → 켜, 켜-+-었다 → 켰다
  - • 펴-+-어 → 펴, 펴-+-었다 → 폈다
- 'ㅡ' 탈락: 'ㅡ'로 끝나는 용언의 어간 뒤에 '-아/-어', '-아서/-어서'로 시작하는 어미가 결합하면, 'ㅡ'가 예외 없이 탈락하는 현상
  - 예 • 뜨(다)+-어/-었다 → 떠/떴다
  - • 끄(다)+-어/-었다 → 꺼/껐다
  - • 크(다)+-어/-었다 → 커/컸다
  - • 담그(다)+-아/-았다 → 담가/담갔다
  - • 고프(다)+- 아/-았다 → 고파/고팠다

18 ④

개념 카테고리 현대 문법 > 음운론 > 음운의 변동

| 정답 해설 | ④ 'ㄴ' 첨가이므로 '음운의 첨가'에 해당한다.

| 오답 해설 | ① '비음화'이므로 '음운의 대치'에 해당한다.

② '유음화'이므로 '음운의 대치'에 해당한다.

③ '된소리되기'이므로 '음운의 대치'에 해당한다.

19 ①

개념 카테고리 현대 문법 > 음운론 > 음운의 변동

| 정답 해설 | ⓐ: '뜨-+-어서'가 '떠서'가 된 것으로 보아 'ㅡ' 탈락이 일어났다. 이는 모음이 탈락한 것이며, 탈락한 결과가 표기에도 반영되었다. 따라서 ㉮에 해당한다.

ⓑ: '둥글-+-ㄴ'이 '둥근'이 된 것으로 보아 'ㄹ' 탈락이 일어났다. 이는 자음이 탈락한 것이며, 탈락한 결과가 표기에도 반영되었다. 따라서 ㉰에 해당한다.

ⓒ: '좋-+-아'가 '좋아'가 되며 [조아]로 발음되는 것으로 보아 'ㅎ' 탈락이 일어났다. 이는 자음이 탈락한 것이며, 음운 변동은 일어났으나 표기에는 'ㅎ' 탈락을 반영하지 않고 '좋아'와 같이 'ㅎ'을 표기하였으므로 ㉯에 해당한다.

20 ②

개념 카테고리 현대 문법 > 음운론 > 음운의 변동

| 정답 해설 | (가)에서는 '음절의 끝소리 규칙'에 의한 현상이 일어나므로 ㉠(대치)에 해당한다. (나)에서는 '자음 축약'에 의한 현상이 일어나므로 ㉣(축약)에 해당한다.

21 ①

개념 카테고리 어문 규정 > 표준 발음법 > 음의 첨가

| 정답 해설 | ① '혼합약'은 '혼합+약'의 구성으로, [혼합냑]('ㄴ' 첨가) → [혼함냑](비음화)의 음운 변동을 거쳐 [혼:함냑]으로 발음된다. 이를 표기대로 발음하는 [혼:하뱍]은 옳지 않다. 참고로 「표준 발음법」 제29항 '다만'에 의하면 'ㄴ' 음을 첨가하여 발음하되, 표기대로 발음할 수 있는 말을 '이죽-이죽[이중니죽/이주기죽], 야금-야금[야금냐금/야그먀금], 검열[검:녈/거:멸], 욜랑-욜랑[욜랑뇰랑/욜랑욜랑], 금융[금늉/그뮹]' 등으로 설명하고 있다.

| 오답 해설 | ② '휘발유'는 '휘발+유'의 구성으로, [휘발뉴]('ㄴ' 첨가) → [휘발류](유음화)의 음운 변동을 거친다.

③ '열여덟'은 '열+여덟'의 구성으로, [열녀덜]('ㄴ' 첨가, 자음군 단순화) → [열려덜](유음화)의 음운 변동을 거친다.

④ '등용문'은 음운 변동이 일어나지 않고 [등용문]으로 발음된다.

22 ①

개념 카테고리 어문 규정 > 표준 발음법 > 종합 문제

| 정답 해설 | ㉠ 깃발: 합성어가 만들어지는 과정에서 뒷말의 첫소리가 된소리로 나는 사잇소리 현상이 나타나서 [기빨/긷빨]로 발음된다. 또한 앞말이 모음으로 끝났으므로 사이시옷을 적는다.

㉡ 불법적: 된소리되기 현상에 의해서 [불법쩍]으로 발음된다. 참고로 현실 발음을 고려하여 [불뻡쩍]으로 발음하는 것도 허용한다.

㉢ 면류: 유음화에 의해 [멸류]로 발음된다.

| 오답 해설 | ㉣ 도매금: 사잇소리 현상에 의해서 [도매끔]으로 발음된다. 다만, 한자어 합성어이기 때문에 사이시옷을 표기하지 않는다.

㉤ 공권력: [공꿘녁]으로 발음된다. 장음으로 발음되지 않는다.

23 ①

개념 카테고리 어문 규정 > 표준 발음법 > 받침의 발음

| 정답 해설 | ① ㉠ '밭을'은 '밭' 뒤에 모음으로 시작되는 조사 '을'이 결합되었으므로 받침인 'ㅌ'을 뒤 음절 첫소리로 옮겨 발음한다. 즉, 연음이 일어나기 때문에 [바틀]로 발음해야 한다.

| 오답 해설 | ② ㉡ 밭만: [받만](음절의 끝소리 규칙) → [반만](비음화)

③ ㉢ 밭: [받](음절의 끝소리 규칙)

④ ㉣ 밭이: [바치](구개음화)

24 ②

개념 카테고리 현대 문법 > 음운론 > 음운

| 정답 해설 | ② 제시된 예들은 자음 또는 모음의 차이에 따라 의미가 구별되는 단어들이므로 말의 뜻을 구별해 주는 소리의 최소 단위인 '음운'을 설명하기에 적절한 예들이다.

25 ④

개념 카테고리 현대 문법 > 음운론 > 음운

| 정답 해설 | ④ '음성'은 환경에 따라 달리 실현되는 구체적 단위이지만, '음운'은 환경에 따라 상이한 음성을 하나의 음운으로 인식하므로 추상적 단위로 볼 수 있다.

| 오답 해설 | ① 일반적으로 자음은 장애음으로 본다.

② 모음은 음절을 만드는 기본이 되므로 성절음이라 한다. 이는 모음이 성절성을 가지고 있다는 말이다.

③ 반모음 'ㅣ(j)'와 결합하는 단모음은 'ㅏ, ㅓ, ㅗ, ㅜ, ㅐ, ㅔ' 등이 있으나 'ㅣ' 모음과는 결합하지 않는다.

26 ④

개념 카테고리 어문 규정 > 표준 발음법 > 음운의 변동

| 정답 해설 | ④ ㉣의 구분에 따르면 '강'은 [강]으로 발음하므로 '자음+모음+자음', '복'은 [복]으로 발음하므로 '자음+모음+자음'의 음절 유형에 해당하여 그 유형이 같다. '목'과 '몫'은 표기는 다르지만 모두 [목]으로 발음하므로 '자음+모음+자음'으로 그 음절 유형이 같다.

| 오답 해설 | ① '싫증'의 소리를 그대로 적으면 '실쯩'이 되지만, '싫증'이 '싫은 생각이나 느낌 또는 그런 반응'이라는 의미를 가지고 있으므로 '싫다'는 의미를 효과적으로 전달하기 위해 소리대로 표기하지 않고 첫 글자인 '싫'의 형태를 고정하여 표기한 것이므로 ㉠의 예에 해당한다.

② '북소리'는 된소리되기 현상에 의해 [북쏘리]로 발음하고, '국물'은 비음화 현상에 의해 [궁물]로 발음하지만 소리대로 적지 않았으므로 ㉡에 해당한다.

③ '나뭇잎'의 실제 발음은 [나문닙]이다. 그러나 끝말잇기를 할 때 '닙'으로 시작하는 단어를 연결하지 않고 '잎새'를 연결하는 것은 표기인 '나뭇잎'의 글자 하나하나인 '나', '뭇', '잎'을 각각의 '음절'로 인식하여 '나뭇잎'의 끝 음절을 '잎'으로 인식하기 때문이다.

⑤ '북어'의 표기 형태는 '자음+모음+자음'과 '모음'이고, 발음을 기준으로 했을 때 [부거]의 음절 유형은 '자음+모음'과 '자음+모음'이므로 표기 형태가 음절 유형을 그대로 나타내지 않는 경우, 즉 ㉤에 해당한다. '강변'의 표기 형태는 '자음+모음+자음'과 '자음+모음+자음'이고, 발음을 기준으로 해도 [강변]이다. 즉, 음절 유형에 변화가 없으므로 ㉤에 해당하지 않는다.

27 ①

개념 카테고리 현대 문법 > 음운론 > 자음

| 정답 해설 | ① 자음 중 예사소리, 된소리, 거센소리의 대립을 보이는 경우는 '파열음, 파찰음'뿐이다. '마찰음, 비음, 유음'은 해당되지 않는다. 이처럼 파열음, 파찰음이 예사소리, 된소리, 거센소리의 3가지 대립을 보이는 경우를 '삼지적 상관속'이라고 한다.

| 오답 해설 | ② 우리나라 자음은 음절 말에서 오직 7개로만 발음된다. 이러한 현상을 '음절의 끝소리 규칙'이라고 한다.

③ 일반적으로 모음은 모두 발음 과정에서 장애를 받지 않고 발음되는 현상으로 본다. 따라서 모음은 모두 비장애음이다.

④ 국어에서 유음은 'ㄹ' 하나뿐이다.

28 ③

개념 카테고리 현대 문법 > 음운론 > 자음

| 정답 해설 | ㉡: 'ㄲ'은 연구개음이면서 파열음 중 된소리에 해당한다. 된소리는 강하고 단단한 느낌을 주는 자음이다.

㉢: 연구개음에는 'ㄱ, ㄲ, ㅋ, ㅇ'이 해당한다. 이 중 'ㄱ'은 예사소리, 'ㄲ'은 된소리, 'ㅋ'은 거센소리에 해당하므로, 연구개음에는 예사소리, 된소리, 거센소리가 모두 존재한다.

| 오답 해설 | ㉠: 'ㅇ'은 연구개음에 해당하지만 유음이 아닌 비음이다.

㉣: 공기의 흐름을 막았다가 막은 자리를 터뜨리며 내는 소리는 파열음이다. 파열음은 조음 방법에 따른 분류인데, 연구개음은 조음 위치에 따른 분류이다. 연구개음은 혀의 뒷부분과 연구개 사이에서 나는 소리를 말한다.

29 ①

개념 카테고리 현대 문법 > 음운론 > 자음

| 정답 해설 | ① 첫 번째 특징은 파열음을 가리키고, 두 번째 특징은 혀끝소리(치조음)에 해당한다. 파열음이면서 혀끝소리(치조음)인 것은 'ㄷ ,ㄸ, ㅌ'이다.

| 오답 해설 | ② 'ㅂ, ㅃ, ㅍ'은 파열음에 해당하지만, 입술소리(양순음)이다.

③ 'ㄱ, ㄲ, ㅋ'은 파열음에 해당하지만, 여린입천장소리(연구개음)이다.

④ 'ㅈ, ㅉ, ㅊ'은 파열음이 아닌 파찰음에 해당하며, 센입천장소리(경구개음)이다.

30 ③

개념 카테고리 현대 문법 > 음운론 > 음운의 변동

| 정답 해설 | ③ 자음 축약인 (가)와 구개음화인 (나) 현상을 차례로 거치고 있으므로, (가) 축약과 (나) 교체(대치)가 일어난 예이다.

31 ③

개념 카테고리 현대 문법 > 음운론 > 음운의 변동

| 정답 해설 | ③ ㉠은 유음화가 순행 동화로 일어난 것이며, ㉡은 유음화가 역행 동화로 일어난 것이다. 두 경우 모두 유음화 현상으로 필수적 현상이다.

| 오답 해설 | ① 동화주란 동화를 일으키는 음운으로, '달님'을 예로 들면 '달'의 'ㄹ'이 동화주이다. 반면 피동화주는 동화주에 의해 동화가 일어나는 음운으로, '님'의 'ㄴ'을 말한다. 유음화의 경우 동화주 'ㄹ'에 의해 피동화주 'ㄴ'이 'ㄹ'로 변하여 동화주와 피동화주가 같아진다. 매력적 오답 '동화주, 피동화주' 등의 낯선 용어가 사용되어 정답에 대한 확신을 갖기 어려울 수 있다.

④ ㉠은 앞 음운에 의해 뒤에 오는 음운이 동화되는 순행 동화이며, ㉡은 뒤 음운에 의해 앞에 오는 음운이 동화되는 역행 동화이다.

32 ③

개념 카테고리 현대 문법 > 음운론 > 음운의 변동

| 정답 해설 | 조음 경제 법칙이란 발음을 좀 더 쉽게 하여 발음을 하는 데에 들이는 노력을 줄이려는 현상을 말한다.

③ '집배원[집빼원]'에서 일어나는 된소리되기(경음화)는 발음을 좀 더 쉽게 하기 위한 현상이 아니다. 된소리가 아니었던 발음을 된소리로 발음하는 것은 오히려 더 많은 노력이 필요하다. 된소리되기 현상의 경우 비록 발음을 하는 데에 더 많은 노력이 필요하더라도 표현 효과를 높이기 위한 현상으로 이해해야 한다. 이러한 현상의 원리를 '표현 효과의 원리'라고 한다.

| 오답 해설 | ① 입는다[임는다]: 비음화는 동화 현상으로, 발음을 하는 노력을 줄여 준다.

② 굳이[구지]: 구개음화는 동화 현상으로, 발음을 하는 노력을 줄여 준다.

④ 맏형[마텽]: 자음 축약은 축약 현상으로, 발음을 하는 노력을 줄여 준다.

33 ③

개념 카테고리 현대 문법 > 음운론 > 음운의 변동

| 정답 해설 | ③ 피동화주가 동화주와 완전히 같아지지 않는 것을 '부분 동화(불완전 동화)'라 하고, 동화주와 피동화주가 맞닿아 있지 않는 동화를 '간접 동화(원격 동화)'라고 한다.

| 오답 해설 | ①, ④ 상호 동화란 인접한 두 음운이 동화를 서로 주고받는 유형이다. 예 독립[동닙]

34 ④

개념 카테고리 현대 문법 > 음운론 > 음운의 변동

| 정답 해설 | ④ A는 동화되기 전 음운을, B는 동화되어 변한 음운을, C는 동화를 일으킨 음운을 나타낸다. (가)는 비음화가 일어나는 과정을 나타내고 있고, (나)는 'ㅣ' 모음 순행 동화가 일어나는 과정을 나타내고 있다. (나)에서 'ㅣ' 모음 순행 동화가 일어난 최종 발음인 D는 '피여'가 된다.

35 ③

개념 카테고리 현대 문법 > 음운론 > 음운의 변동

| 정답 해설 | ③ 한자로 이루어진 합성어의 경우에도 사잇소리 현상이 나타나는 일이 많지만 사이시옷은 적지 않는 것을 원칙으로 한다. 단, 그 소리가 확실하게 인식되는 여섯 단어 '곳간(庫間), 셋방(貰房), 숫자(數字), 찻간(車間), 툇간(退間), 횟수(回數)'는 예외적으로 사이시옷을 표기한다.

| 오답 해설 | ① 사잇소리 현상은 수의적 현상이므로 예외가 많다.

④ '한 일[한닐]', '잘 입다[잘립따]'처럼 두 단어를 한 마디로 이어서 발음할 때에도 사잇소리 현상이 일어날 수 있다.

36 ④

개념 카테고리 현대 문법 > 음운론 > 음운의 변동

| 정답 해설 | ④ '겉늙다'에서 '겉'에는 음절의 끝소리 규칙이 적용되어 'ㅌ'이 'ㄷ'으로 교체되고, '늙'에서는 자음군 단순화에 의해 'ㄹ'이 탈락하게 된다. '걷늑다'에서 'ㄷ'이 'ㄴ' 앞에서 'ㄴ'이 되는 비음화 현상이 적용되게 된다. 이 중 비음화와 관련 있는 부분은 '겉'이므로, 음절의 끝소리 규칙에 의해 'ㅌ'이 'ㄷ'으로 교체된 후 이 'ㄷ'이 뒤의 비음 'ㄴ'의 영향을 받아 같은 조음 위치의 비음 'ㄴ'이 되는 것이다. 따라서 '겉늙다[건늑따]'는 음절의 끝소리 규칙이 적용된 후 비음화 현상이 적용된 것이다.

| 오답 해설 | ① '밖만'에서 '밖'의 'ㄲ'은 음절의 끝소리 규칙에 의해 'ㄱ'으로 교체된다. 'ㄲ'은 하나의 음운이므로 'ㄲ'에서 'ㄱ'이 되는 것을 자음군 단순화에 의한 탈락으로 볼 수 없다. 그 후 'ㄱ'이 뒤의 비음 'ㅁ'의 영향을 받아 같은 조음 위치의 비음 'ㅇ'이 되는 것이다. 따라서 '밖만[방만]'은 음절의 끝소리 규칙이 적용된 후 비음화 현상이 적용된 것이다.

② ‘폭넓다’에서 자음군 단순화가 적용되는 것은 맞지만, 이는 비음화 현상이 적용되는 부분과는 관련이 없다. ‘폭넓다’에서 ‘폭’의 종성 ‘ㄱ’이 뒤의 비음 ‘ㄴ’의 영향으로 같은 조음 위치의 비음 ‘ㅇ’으로 교체되는데, 이 과정에서는 자음군 단순화가 일어나지 않기 때문이다. ‘폭넓다’에서 일어나는 자음군 단순화는 ‘넓’의 ‘ㄼ’에서 ‘ㅂ’이 탈락하는 것이며, 이는 비음화에는 영향을 주지 않는다.

③ ‘값만’에서 ‘값’의 종성 자음군 중 ‘ㅅ’은 자음군 단순화에 의해 탈락한다. 이후 남은 ‘ㅂ’이 뒤의 비음 ‘ㅁ’의 영향으로 같은 조음 위치의 비음 ‘ㅁ’으로 교체된다. 따라서 ‘값만[감만]’은 자음군 단순화가 적용된 후 비음화 현상이 적용된다.

⑤ ‘호박잎’에서 음절의 끝소리 규칙에 의해 끝소리 ‘ㅍ’이 ‘ㅂ’으로 교체되는 것은 맞지만, 이는 비음화 현상이 적용되는 부분과는 관련이 없다. ‘ㄴ’ 첨가 현상에 의해 ‘잎’에 ‘ㄴ’이 첨가되고, 이 ‘ㄴ’의 영향을 받아 앞의 종성 ‘ㄱ’이 같은 조음 위치의 비음 ‘ㅇ’으로 교체되는 비음화 현상이 일어나기 때문이다. 따라서 ‘호박잎[호방닙]’은 ‘ㄴ’ 첨가 현상이 적용된 후 비음화 현상이 적용된 것이다.

37 ④

개념 카테고리 현대 문법 > 음운론 > 음운의 변동

| 정답 해설 | ④ ‘깻잎’은 앞말의 끝소리가 울림소리이고 뒷말의 첫소리가 모음 ‘ㅣ’여서 [ㄴㄴ]으로 발음한다.

| 오답 해설 | ① 촛불[초뿔/촏뿔], ② 뱃사공[배싸공/밷싸공], ③ 귓병[귀뼝/귇뼝] 모두 앞말의 끝소리가 모음으로 울림소리이고 뒷말의 첫소리가 안울림 예사소리일 때, 뒤의 예사소리가 된소리로 변한 것이다.

| 플러스 이론 | **사잇소리의 유형**

- 된소리되기: 두 개의 형태소 또는 단어가 합쳐져서 합성 명사를 이룰 때, 앞말의 끝소리가 울림소리이고 뒷말의 첫소리가 안울림 예사소리이면, 뒤의 예사소리가 된소리로 변한다. 이를 표시하기 위하여 합성어의 앞말이 모음으로 끝났을 때는 받침으로 사이시옷을 적는다.
  ㉠ 촛불(초+불) → [초뿔/촏뿔], 뱃사공(배+사공) → [배싸공/밷싸공]
- ‘ㄴ’ 첨가
  - 합성어가 형성되는 환경에서 앞말이 모음으로 끝나고 뒷말이 ‘ㅁ, ㄴ’으로 시작되면 ‘ㄴ’ 소리가 첨가된다.
    ㉠ 잇몸(이+몸) → [인몸], 콧날(코+날) → [콘날]
  - 합성어가 형성되는 환경에서 앞말이 자음으로 끝나고 뒷말이 모음 ‘ㅣ’나 반모음 ‘ㅣ[j]’로 시작되면 ‘ㄴ’ 소리가 첨가된다.
    ㉠ 논일(논+일) → [논닐], 집일(집+일) → [짐닐]
- ‘ㄴㄴ’ 첨가: 합성어가 형성되는 환경에서 앞말이 모음으로 끝나고 뒷말이 모음 ‘ㅣ’나 반모음 ‘ㅣ[j]’로 시작되면 ‘ㄴㄴ’ 소리가 첨가된다.
  ㉠ 깻잎(깨+잎) → [깬닙], 베갯잇(베개+잇) → [베갠닏]

형태론 문제편 P.25

38	②	39	②	40	①	41	④	42	②
43	①	44	②	45	①	46	①	47	②
48	①	49	①	50	②	51	①	52	②
53	⑤	54	④	55	②	56	③	57	④
58	②	59	③	60	②	61	①	62	③
63	②	64	③	65	③	66	④	67	④
68	③	69	②	70	②	71	⑤	72	②
73	③	74	⑤	75	④	76	⑤	77	①
78	④	79	④	80	①	81	①	82	④
83	①	84	②	85	④				

38 ②

개념 카테고리 현대 문법 > 형태론 > 형태소

| 정답 해설 | ② ‘동사의 어간’은 구체적인 대상이나 상태를 나타내는 실질적인 의미를 가지므로 ‘실질 형태소’이다. 하지만 혼자 쓰일 수 없고 어미에 의존해야 하므로 ‘의존 형태소’이다.

| 오답 해설 | ① ‘조사’는 혼자 쓰일 수 없고 명사 또는 명사 상당 어구에 붙어야 쓰임이 가능하다는 점에서 ‘의존 형태소’이다.

③ ‘명사’와 ‘동사의 어간’ 모두 실질적 의미를 가지고 있는 ‘실질 형태소’이다.

④ ‘어미’는 ‘조사’와 마찬가지로 문법적 기능을 하는 ‘문법 형태소’이다. ‘문법 형태소’는 ‘형식 형태소’를 의미한다.

39 ②

개념 카테고리 현대 문법 > 형태론 > 복합어

| 정답 해설 | ㉠ 접사가 어근의 뒤에 결합하는 경우는 ‘접미사’이고, ㉡ 어근의 품사가 바뀌는 경우는 ‘지배적 접사’이다.

② ‘높이다’에서 ‘-이-’는 접미사이고 형용사인 ‘높다’에 붙어 동사로 품사를 바꾸고 있으므로 지배적 접사로 볼 수 있다.

| 오답 해설 | ① ‘새빨갛다’에서 ‘새-’는 접두사이다. ‘빨갛다’도 형용사이고 ‘새빨갛다’도 형용사이므로 품사가 바뀌지 않았다.

③ ‘읽히다’에서 ‘-히-’가 접미사이다. ‘읽다’도 동사이고 ‘읽히다’도 동사이므로 품사가 바뀌지 않았다.

④ ‘달리기’에서 ‘-기’는 접사가 아니라 명사형 전성 어미이다. ‘달리기’는 동사 ‘달리다’의 명사형이다.

| 플러스 이론 | **접사**

어근에 붙어 그 뜻을 제한하거나 품사를 바꾸는 형식 형태소를 ‘접사’라고 한다.

- 품사의 전성 여부에 따른 구분

한정적 접사	어근과 결합하여 그 뜻을 한정함으로써 뜻만 첨가해 주는 접사
지배적 접사	어근과 결합하여 품사를 바꾸어 주는 접사

• 위치에 따른 구분

접두사	어근 앞에 놓이는 접사. 접두사는 대부분 특정한 뜻을 더하거나 강조(한정적 접사)하면서 새로운 말을 만들어 내며, 품사를 바꾸는 것(지배적 접사)도 극소수 존재한다.
접미사	어근 뒤에 놓이는 접사. 접미사는 어근에 뜻을 더하는 한정적 기능뿐만 아니라 어근의 품사를 바꾸는 지배적 기능도 하면서 새로운 말을 만들어 내며, 접두사에 비해 그 수와 분포가 매우 다양하다.

40 ①

개념 카테고리 현대 문법 > 형태론 > 단어의 형성

| 정답 해설 | ① '-하다'는 동사나 형용사를 만드는 접미사로, 형용사 '기쁘다'의 어간 '기쁘-'에 접미사 '-하다'가 붙은 '기뻐하다'는 '마음에 기쁨을 느끼다. 또는 어떤 일, 사실 따위를 기쁘게 여기다.'라는 뜻의 동사이다.

| 오답 해설 | ② '시누이'는 '남편의'라는 뜻을 더하는 접두사 '시-'가 붙은 파생어이다. 참고로 '선생님'은 접미사 '-님'이 붙은 접미 파생 명사이다.

③ '빗나가다'는 접두사 '빗-'이 붙은 파생어이고, '공부하다'도 접미사 '-하다'가 붙은 파생어이다.

④ '한여름'의 '한-'은 '정확한 또는 한창인'의 뜻을 더하는 접두사이다. 따라서 '한여름'은 파생어이다.

41 ④

개념 카테고리 현대 문법 > 형태론 > 단어의 형성

| 정답 해설 | ④ ㉣ '알부자'의 '알-'은 '진짜, 알짜'의 뜻을 더하는 접두사이다. 따라서 '알부자'는 접두사와 어근이 결합한 파생어이다.

| 오답 해설 | ① ㉠ '슬픔'은 형용사 '슬프다'의 어간 '슬프-'에 명사 파생 접미사 '-ㅁ'이 결합한 파생 명사이다.

② ㉡ '휘감았다'의 '휘-'는 '마구' 또는 '매우 심하게'의 뜻을 더하는 접두사이다. 그러므로 '휘감았다'는 파생어이다.

③ ㉢ '새해'는 관형사 '새'와 명사 '해'가 결합한 합성어이며, 어근의 결합 방식이 국어의 일반적인 단어 배열법과 일치하므로 통사적 합성어에 해당한다.

42 ②

개념 카테고리 현대 문법 > 형태론 > 단어의 형성

| 정답 해설 | ② '회덮밥'이 '회'와 '덮밥'이 결합한 합성어인 것은 맞다. 하지만 '덮밥'은 '덮다'와 '밥'이 결합한 '비통사적 합성어'이지 '파생어'가 아니다.

| 오답 해설 | ① '바다', '맑다' 모두 어근이 하나인 단일어이다.

③ '곁눈질'은 '곁'과 '눈'이 결합한 합성어인 '곁눈'에 '그 신체 부위를 이용한 어떤 행위'의 뜻을 더하는 접미사인 '-질'이 결합한 파생어이다.

④ '웃음'은 '웃다'의 어간 '웃-'에 접미사 '-음'이 붙은 파생 명사이다.

43 ①

개념 카테고리 현대 문법 > 형태론 > 단어의 형성

| 정답 해설 | ㉠은 품사를 바꾸는 지배적 접사와 결합한 파생어를 의미하고, ㉡은 우리말의 일반적인 단어 배열법에서 벗어난 비통사적 합성어를 이야기한다.

① • '슬기롭다'는 명사 '슬기'와 '그러함' 또는 '그럴 만함'의 뜻을 더하고 형용사를 만드는 접미사인 '-롭다'가 만나 '형용사'가 된 경우이므로 ㉠의 예로 적절하다.

• '접칼'은 용언과 체언이 연결될 때 관형사형 전성 어미가 생략된 것이므로 ㉡의 예로 적절하다.

| 오답 해설 | ② • '선무당'의 '선-'은 특정한 뜻을 더하거나 강조하는 '한정적 접사'이다. 따라서 ㉠의 예로 적절하지 않다.

• '늦잠'은 용언과 체언이 연결될 때 관형사형 전성 어미가 생략된 것이므로 ㉡의 예로 적절하다. 참고로 '늦잠'을 접사 '늦-'과 '잠'의 결합인 파생어로 보기도 한다.

③ • '공부하다'는 명사 '공부'에 동사를 만드는 접미사 '-하다'가 붙어 '동사'가 된 경우이므로 ㉠의 예로 적절하다.

• '힘들다'는 '힘'과 '들다'가 만난 '체언(주어)+용언(서술어)'의 구조로, 우리말의 일반적인 단어 배열법과 일치하는 '통사적 합성어'이다. 따라서 ㉡의 예로 적절하지 않다.

④ • '먹이'는 동사 '먹다'에 명사를 만드는 접미사 '-이'가 붙어 '명사'가 된 경우이므로 ㉠의 예로 적절하다.

• '잘나가다'는 '잘'과 '나가다'가 만난 '부사+용언'의 구조로, '통사적 합성어'이다. 따라서 ㉡의 예로 적절하지 않다.

44 ②

개념 카테고리 현대 문법 > 형태론 > 단어의 형성

| 정답 해설 | ㉠: '새해'(a)는 '관형사+명사' 구성, '힘들다'(b)는 '주어+서술어' 구성, '돌아가다'(e)는 '용언 어간+연결 어미+용언 어간' 구성이므로 구성 성분의 결합이 국어의 정상적인 단어 배열법과 일치하는 통사적 합성어이다. 다만, '힘들다'(b)에서는 주격 조사가 생략된 것으로 볼 수 있는데[힘(이) 들다], 주격 조사의 생략은 국어에서 일반적으로 일어나는 현상임을 고려할 필요가 있다.

㉡: '접칼'(c)은 용언 어간 뒤에 관형사형 어미가 생략된 후 체언을 수식하고, '부슬비'(d)는 부사성 불규칙 어근인 '부슬'이 체언을 수식하며, '오르내리다'(f)는 두 용언이 이어지는 과정에서 연결 어미가 생략되었으므로 모두 비통사적 합성어이다.

45 ①

개념 카테고리 현대 문법 > 형태론 > 복합어

| 정답 해설 | 복합어 중 둘 이상의 어근으로만 구성된 단어는 합성어에 해당한다. '어느새'는 '어느'와 '새', '꺾쇠'는 '꺾-'과 '쇠'로 구성되어 있는데, 이들은 모두 어근에 해당하므로 ㉠에 들어가는 합성어이다.

어근과 접사로 구성된 단어는 파생어에 해당하는데, 접사는 접두사와 접미사로 나눌 수 있다. 접사가 어근의 앞에 붙어서 특정한 뜻을 더하거나 제한해 주는 단어는 접두사와 어근이 결합한 경우에 해당한다. '헛수고'는 어근 '수고' 앞에 접두사 '헛-'이 결합하여 '이유 없는', '보람 없는'의 뜻을 더한다.

접미사는 다시 어근의 뒤에 붙어서 어근의 품사를 바꾸어 주는 접사와 그렇지 않은 접사로 나눌 수 있다. '마음껏'은 어근 '마음'과 접미사 '-껏'으로 이루어져 있는데, '마음'은 원래 명사이지만 접미사 '-껏'이 결합하여 부사가 되므로 이때 접미사는 어근의 품사를 바꾸어 준다. 마찬가지로 '지우개'는 어근 '지우-'에 접미사 '-개'가 결합한 것인데, '지우-'는 원래 동사이지만 접미사 '-개'가 결합하여 명사가 되므로 이때 접미사는 어근의 품사를 바꾸어 준다. 이와 달리 '톱질'은 어근 '톱'에 접미사 '-질'이 결합한 것인데, '톱'도 명사이고 '톱질'도 명사이므로 그 품사는 변화하지 않았다. 따라서 ㉡에 해당하는 단어는 '마음껏'과 '지우개'이다.

46 ①

개념 카테고리 현대 문법 > 형태론 > 단어의 형성

| 정답 해설 | 〈보기〉의 '손놀림'은 파생어 '놀림'에 어근 '손'이 다시 결합하여 합성어가 된 경우이다.

① '책꽂이'는 동사 '꽂다'의 어간 '꽂-'에 명사 파생 접미사 '-이'가 붙어 파생어 '꽂이'가 되고, 다시 어근 '책'과 결합하여 합성어가 되었다. 따라서 단어의 짜임이 〈보기〉의 '손놀림'과 같다.

| 오답 해설 | ② '헛소리'는 접두사 '헛-'에 어근 '소리'가 붙은 파생의 과정만 거쳤다.

③ '가리개'는 '가리다'의 어근 '가리-'에 명사 파생 접미사 '-개'가 붙은 파생의 과정만 거쳤다.

④ '흔들림'은 '흔들다'의 어간 '흔들-'에 피동 접미사 '-리-'가 붙고 명사 파생 접미사 '-ㅁ'이 붙은 파생어이다.

47 ②

개념 카테고리 현대 문법 > 형태론 > 복합어

| 정답 해설 | 제시된 글에서 설명한 단어 형성 방법은 다음과 같다.

1) 명사와 명사가 결합하여 합성 명사를 형성하는 방법
2) 용언의 활용형이 명사와 결합하여 합성 명사를 형성하는 방법
3) 관형사와 명사가 결합하여 합성 명사를 형성하는 방법
4) 명사가 아닌 품사들로만 이루어진 합성 명사
5) 앞말과 뒷말의 첫 음절만 따서 만들어지는 단어
6) 앞말의 첫 음절과 뒷말의 둘째, 셋째 음절을 따서 만들어지는 단어

ㄷ: '사범'과 '대학'을 결합하여 '사대'라는 말을 만든 것은 앞말과 뒷말의 첫 음절만 따서 단어를 만든 것이므로 해설에서 정리한 5)의 예시에 해당한다.

ㅁ: '비빔'과 '냉면'을 결합하여 '비빔냉면'이라는 말을 만든 것은 명사 어근과 명사 어근을 합쳐 합성 명사를 만든 것이므로 해설에서 정리한 1)의 예시에 해당한다. (일부 해설에서 '비빔'을 용언의 활용형으로 제시하고 있으나, '비빔'은 표준국어대사전에 하나의 명사로 등재된 단어이다.)

| 오답 해설 | ㄱ: '선생님'을 줄여 '샘'이라는 말을 만든 것은 합성 명사[1)~4)]의 예시에 해당하지 않으며, 앞말과 뒷말의 음절을 따서 만들어진 예도 아니다.

ㄴ: '개-'에 '살구'를 결합한 것은 접두사에 어근을 결합한 것으로 합성 명사가 아닌 파생 명사이다. 접두사 '개-'는 '야생 상태의' 또는 '질이 떨어지는' 등의 뜻을 더해 준다.

ㄹ: '점잖다'라는 형용사로부터 만들어진 '점잔'이라는 말은 합성 명사가 아니며, 앞말과 뒷말의 음절을 따서 만들어진 예도 아니다.

48 ①

개념 카테고리 현대 문법 > 형태론 > 복합어

| 정답 해설 | ① '잘못'은 명사로 사용되었다. 단어의 구성을 살펴보면, '잘'과 '못'이 결합하였는데 '잘'과 '못'은 모두 부사에 해당한다. 따라서 부사와 부사가 결합하여 합성 명사를 이루었으므로 ㉠에 해당한다.

| 오답 해설 | ② '새것'은 '새'와 '것'이 결합하여 만들어진 합성 명사인데, '새'는 관형사이고 '것'은 명사(의존 명사)이므로 '새색시'처럼 명사를 꾸며 주는 관형사가 앞에 와서 합성 명사를 형성한 경우에 해당한다.

③ '요사이'는 '요'와 '사이'가 결합하여 만들어진 합성 명사인데, '요'는 관형사이고 '사이'는 명사이므로 ②와 마찬가지의 예시이다.

④ '오늘날'은 '오늘'과 '날'이 결합하여 만들어진 합성 명사인데, '오늘'은 명사이고 '날' 또한 명사이므로 '인공위성'처럼 명사와 명사가 결합하여 합성 명사를 형성한 경우에 해당한다.

⑤ '갈림길'은 '갈림'과 '길'이 결합하여 만들어진 합성 명사인데, '갈림'은 용언 어간 '갈리-'에 명사형 어미 '-ㅁ'이 결합한 용언의 활용형이고 '길'은 명사이므로 '건널목'처럼 용언의 활용형이 명사와 결합하여 합성 명사를 형성한 경우에 해당한다.

49 ①

개념 카테고리 현대 문법 > 형태론 > 단어의 형성

| 정답 해설 | ① '고추+장, 놀이+터, 손+짓, 장군+감'은 모두 실질적 의미의 단어들이 결합한 합성어이다.

- 터: '자리'나 '장소'의 뜻을 나타내는 어근이다.
- 짓: '몸을 놀려 움직이는 동작.'을 의미하는 어근이다.
- 감: '자격을 갖춘 사람.'의 뜻을 나타내는 어근이다.

| 오답 해설 | ② '면도+칼, 서리+발'은 합성어이지만, '쉰-둥이, 장난-기'는 파생어이다.

- -둥이: '그러한 성질이 있거나 그와 긴밀한 관련이 있는 사람.'의 뜻을 더하는 접미사.

③ '선생-님, 핫-바지'는 파생어, '작은형'은 합성어이다. '깍두기'는 '깍둑+-이'로 분석하여 파생어로 본다.

④ '김치+찌개, 돌+다리'는 합성어, '시나브로'는 단일어, '암-탉'은 파생어이다.

- 시나브로: 모르는 사이에 조금씩 조금씩.

| 플러스 이론 | **'깍두기'에 대한 견해**

'깍두기'는 어원상 '깍둑+이'로 분석되는 파생어이나, 현재 표기 기준으로는 단일어로 본다. 참고로 학교 문법에서는 파생어로, 표준국어대사전에서는 단일어로 본다.

50 ②

개념 카테고리 현대 문법 > 형태론 > 한글 맞춤법 제56항

| 정답 해설 | ② 문맥상 밥을 먹거나 먹지 않거나 어느 것이든 마음대로 선택할 수 있다는 의미이므로 '나열된 동작이나 상태, 대상들 중에서 어느 것이든 선택될 수 있음을 나타내는 연결 어미'인 '-든지'가 사용되어야 한다. 따라서 '먹든지 말든지'로 써야 한다.

| 오답 해설 | ① 문맥상 싫거나 좋거나 어느 것이든 '이 길'로 가는 데 아무런 상관이 없다는 의미이므로 '실제로 일어날 수 있는 여러 가지 중에서 어느 것이 일어나도 뒤 절의 내용이 성립하는 데 아무런 상관이 없음을 나타내는 연결 어미'인 '-든지'의 준말 '-든'이 사용되어 '싫든 좋든'으로 쓴다.

③ '어제 같이 봤던'은 과거의 상태를 나타내며 '영화'를 꾸며 주는 관형어 구실을 하게 하는 어미'인 '-던'이 사용되어 '봤던'으로 쓴다.

④ 문맥상 집에 가거나 학교에 가거나 어느 것이든 마음대로 선택할 수 있다는 의미이므로 '나열된 동작이나 상태, 대상들 중에서 어느 것이든 선택될 수 있음을 나타내는 연결 어미'인 '-든지'가 사용되어 '집에 가든지 학교에 가든지'로 쓴다.

| 플러스 이론 | **「한글 맞춤법」 제56항**

'-더라, -던'과 '-든지'는 다음과 같이 적는다.

1. 지난 일을 나타내는 어미는 '-더라, -던'으로 적는다. (ㄱ을 취하고, ㄴ을 버림.)

ㄱ	ㄴ
지난겨울은 몹시 춥더라.	지난겨울은 몹시 춥드라.
깊던 물이 얕아졌다.	깊든 물이 얕아졌다.
그렇게 좋던가?	그렇게 좋든가?
그 사람 말 잘하던데!	그 사람 말 잘하든데!
얼마나 놀랐던지 몰라.	얼마나 놀랐든지 몰라.

2. 물건이나 일의 내용을 가리지 아니하는 뜻을 나타내는 조사와 어미는 '(-)든지'로 적는다. (ㄱ을 취하고, ㄴ을 버림.)

ㄱ	ㄴ
배든지 사과든지 마음대로 먹어라.	배던지 사과던지 마음대로 먹어라.
가든지 오든지 마음대로 해라.	가던지 오던지 마음대로 해라.

51 ①

개념 카테고리 현대 문법 > 형태론 > 단어의 형성

| 정답 해설 | ① '강마르다'의 '강-'은 '몹시', '마른' 또는 '물기가 없는'의 뜻을 더하는 접두사이다. 따라서 '강마르다'는 '후자의 예'인 파생어이다.

| 오답 해설 | ② '첫눈'의 '첫'은 '처음'을 의미하는 어근(관형사)이다.

③ '새해'의 '새'는 '이미 있던 것이 아니라 처음 마련하거나 다시 생겨난.'을 의미하는 어근(관형사)이다.

④ '얕보다'의 '얕-'은 형용사 '얕다'의 어간이면서 실질 형태소인 어근이다.

52 ②

개념 카테고리 현대 문법 > 형태론 > 단어의 형성

| 정답 해설 | 접사는 어근의 의미만 한정하는 '한정적 접사'와 어근의 품사를 바꾸는 '지배적 접사'가 있다. ㉠의 경우 지배적 접사를 의미한다.

② '정답게' 중 '정'은 명사이고 '-답-'이 형용사 파생 접미사이다. 따라서 '정답게'는 형용사로 파생한 단어이다. 이때 '-답-'은 명사를 형용사로 바꿔 주는 역할을 했으므로 지배적 접사이다.

| 오답 해설 | ① '보기'는 '보(다)+-기'로 동사 어간인 '보다'에 명사형 전성 어미 '-기'가 결합한 것으로 '보기'의 품사는 동사이다.

③ '크기'는 동사 어간인 '크(다)'에 명사형 전성 어미 '-기'가 결합한 것으로 품사는 동사이다. 참고로 '크다'는 '동식물 몸의 길이가 자라다. 또는 사람이 자라 어른이 되다. 수준이나 지위 따위가 높은 상태가 되다.'의 뜻일 때는 동사, '외적인 길이, 넓이, 높이, 부피 따위가 보통 정도를 넘다.'의 뜻일 때는 형용사이다.

④ '낚시질'에 쓰인 '-질'은 접미사이다. 하지만 '낚시'도 명사이고 '낚시질'도 명사이다. '-질'은 어근의 의미만 한정할 뿐 품사를 바꾸지는 못한다. 따라서 '-질'은 한정적 접사이다.

53 ⑤

개념 카테고리 현대 문법 > 형태론 > 용언의 활용

| 정답 해설 | ⑤ ㉤을 보면 ⓐ에서는 어간 '쌓-'에 어미 '-아'가 결합하였으며, 이 과정에서 어간과 어미의 형태가 유지되어 규칙적으로 활용하였다. 반면, ⓑ는 어간 '파랗-'에 어미 '-아'가 결합한 것으로, 어간에서는 'ㅎ'이 탈락하였고 어미 '-아'는 '-애'가 되었다. 이는 'ㅎ' 불규칙 활용에 해당한다. 따라서 어간의 경우 'ㅎ'이 없어진 것이 맞지만, 어미가 사라진 것은 아니다.

| 오답 해설 | ① ㉠을 보면 ⓐ에서는 어간 '입-'에 어미 '-어'가 결합하였으며, 이 과정에서 어간 '입-'의 형태가 그대로 유지되었다. 그러나 ⓑ에서는 어간 '아름답-'에 어미 '-어'가 결합하는 과정에서 어간의 'ㅂ'이 반모음 'ㅜ'로 교체되었다. 이는 'ㅂ' 불규칙 활용에 해당한다.

② ㉡을 보면 ⓐ에서는 어간 '쑤-'에 어미 '-어'가 결합하였으며, 이 과정에서 어간 '쑤-'의 형태가 그대로 유지되었다. 그러나 ⓑ에서는 어간 '푸-'에 어미 '-어'가 결합하는 과정에서 어간의 'ㅜ'가 탈락하였다. 이는 'ㅜ' 불규칙 활용에 해당한다.

③ ㉢을 보면 ⓐ에서는 어간 '걸-'에 어미 '-어'가 결합하였으며, 이 과정에서 어간 '걸-'의 형태가 그대로 유지되었다. 그러나 ⓑ는 어간 '걷-'에 어미 '-어'가 결합한 것으로, 이 과정에서 어간의 'ㄷ'이 'ㄹ'로 교체되었다. 이는 'ㄷ' 불규칙 활용에 해당한다.

④ ㉣을 보면 ⓐ에서는 어간 '씻-'에 어미 '-어'가 결합하였으며, 이 과정에서 어간 '씻-'의 형태가 그대로 유지되었다. 그러나 ⓑ는 어간 '잇-'에 어미 '-어'가 결합한 것으로, 이 과정에서 어간의 'ㅅ'이 탈락하였다. 이는 'ㅅ' 불규칙 활용에 해당한다.

54 ④

개념 카테고리 현대 문법 > 형태론 > 피동, 사동

| 정답 해설 | 피동은 주어가 다른 주체에 의해 어떤 동작을 당하거나 영향을 받는 것이고, 사동은 주어가 다른 대상에게 어떤 동작을 하게 하는 것이다.

④ ㉠에서 '숨겼다'는 바위 뒤에 동생을 숨게끔 했다는 의미를 가지므로 사동에 해당하고, 이때 동사 어근 '숨-'에 결합한 '-기-'는 사동의 의미를 더하는 접미사이다. ㉡에서 '감겼다'는 주어인 '눈'이 주체에 의해 감는 동작을 당하거나 영향을 받았다고 볼 수 있으므로 피동에 해당하고, 이때 동사 어근 '감-'에 결합한 '-기-'는 피동의 의미를 더하는 접미사이다.

| 오답 해설 | ① ㉠에서 '울리다'는 주어인 '형'이 다른 대상인 '동생'을 울게 한 것이므로 사동에 해당하고, 이때 동사 어근 '울-'에 결합한 '-리-'는 사동의 의미를 더하는 접미사이다. ㉡에서 '돌렸다'는 주어인 '그'가 다른 대상인 '지구본'을 돌게 한 것이므로 사동에 해당하고, 이때 동사 어근 '돌-'에 결합한 '-리-'는 사동의 의미를 더하는 접미사이다.

② ㉠에서 '놓인다'는 주어인 '마음'이 주체에 의해 놓는 동작을 당하거나 영향을 받아 그렇게 된 것이므로 피동에 해당하고, 이때 동사 어근 '놓-'에 결합한 '-이-'는 피동의 의미를 더하는 접미사이다. ㉡에서 '남겼다'는 주어인 '우리'가 다른 대상인 '용돈'을 남게 한 것이므로 사동에 해당하고, 이때 동사 어근 '남-'에 결합한 '-기-'는 사동의 의미를 더하는 접미사이다.

③ ㉠에서 '눌렸다'는 주어인 '공책'이 '가방'에 의해 누르는 동작을 당하거나 영향을 받은 것이므로 피동에 해당하고, 이때 동사 어근 '눌-'에 결합한 '-리-'는 피동의 의미를 더하는 접미사이다. ㉡에서 '찢겼다'는 주어인 '옷'이 '못'에 의해 찢는 동작을 당하거나 영향을 받은 것이므로 피동에 해당하고, 이때 동사 어근 '찢-'에 결합한 '-기-'는 피동의 의미를 더하는 접미사이다.

⑤ ㉠에서 '날렸다'는 주어인 '나'가 다른 대상인 '종이비행기'를 날게 한 것이므로 사동에 해당하고, 이때 동사 어근 '날-'에 결합한 '-리-'는 사동의 의미를 더하는 접미사이다. ㉡에서 '맡겼다'는 주어인 '그'가 다른 대상인 '소년'에게 임무를 맡는 일을 하게 한 것이므로 사동에 해당하고, 이때 동사 어근 '맡-'에 결합한 '-기-'는 사동의 의미를 더하는 접미사이다.

55 ②

개념 카테고리 현대 문법 > 형태론 > 단어의 형성

| 정답 해설 | ② ㉡의 '얼음'은 '얼다'의 어간 '얼-'에 명사 파생 접미사 '-음'이 결합한 명사이다. 주어를 서술하는 기능이 없으며 단순히 주격 조사와 결합하여 주어로만 사용되고 있다.

| 오답 해설 | ① '삶'의 '-ㅁ'은 명사 파생 접미사이다. '삶'은 주어를 서술하는 기능이 없으며 관형어 '불우한'의 수식을 받고 있는 명사이다.

③ '잠[1]'은 주어를 서술하는 기능이 없고 관형어 '깊은'의 수식을 받으므로 여기에 쓰인 '-ㅁ'은 명사 파생 접미사이고, '잠[2]'는 '잠을 자다.'와 같이 주어를 서술하는 기능을 하므로 여기에 쓰인 '-ㅁ'은 명사형 어미이다.

④ '웃음'은 '진행자가 웃다.'와 같이 주어를 서술하는 기능을 하고 부사어 '크게'의 수식을 받으므로, 여기에 쓰인 '-음'은 명사형 어미이다.

56 ③

개념 카테고리 현대 문법 > 형태론 > 단어의 형성

| 정답 해설 | 제시된 글에서 밑줄 친 부분은 용언의 어간에 붙어 명사 구실을 하게 하는 '명사형 전성 어미'에 대한 것이다. '명사형 전성 어미'는 '서술성의 유무(절을 이루는가)'를 기준으로 '명사 파생 접미사'와 구분해야 한다.

③ '높음'은 서술성이 유지되고 있으므로, 이때의 '-음'은 '높다'의 어간 '높-'에 붙은 '명사형 전성 어미'이다.

| 오답 해설 | ① '수줍음'은 서술성이 없다. 따라서 '-음'은 '수줍다'의 어간 '수줍-'에 붙은 '명사 파생 접미사'이다.

② ‘죽음’은 서술성이 없다. 따라서 ‘-음’은 ‘죽다’의 어간 ‘죽-’ 에 붙은 ‘명사 파생 접미사’이다.
④ ‘젊음’은 서술성이 없다. 따라서 ‘-음’은 ‘젊다’의 어간 ‘젊-’ 에 붙은 ‘명사 파생 접미사’이다.

57 ④

개념 카테고리 현대 문법 > 형태론 > 품사

| 정답 해설 | ④ 먼저 ⓐ, ⓑ, ⓒ를 단어별로 나누면 다음과 같다.
ⓐ: 아직/까지/는/ 그/ 사실/을/ 아무/도/ 모르고/ 있다.
ⓑ: 할머니/께서/ 온갖/ 재료/로/ 만두/를/ 곱게/ 빚으셨다.
ⓒ: “들어가도/ 됩니까?/” / “네,/ 어서/ 오십시오.”
조사는 형태로는 불변어, 기능으로는 문장에 쓰인 단어들의 관계를 나타내는 기능을 하는 관계언에 속하며, 의미상으로는 앞말에 붙어 그 말과 다른 말과의 문법적 관계를 나타내거나 특별한 뜻을 더해 준다. ⓐ에서 앞말에 붙어 그 말과 다른 말과의 문법적 관계를 나타내는 조사로는 ‘까지, 을’이 있고, 앞말에 붙어 특별한 뜻을 더해 주는 조사로는 ‘는, 도’가 있다. 따라서 ⓐ의 조사는 4개이다.
ⓑ에서 앞말에 붙어 그 말과 다른 말과의 문법적 관계를 나타내는 조사로는 ‘께서, 로, 를’이 있다. (특별한 뜻을 더해 주는 조사는 없다.) 따라서 ⓑ의 조사는 3개이다.
| 오답 해설 | ① 체언은 문장에서 주로 주어의 기능을 한다. ⓐ에서 주어는 ‘아무’이므로 ‘아무’는 체언에 해당한다. (품사를 분석하면 어떤 사람을 특별히 정하지 않고 가리키는 말이므로 대명사에 해당한다.)
② 수식언은 다른 말을 수식하는 기능을 한다. ⓑ에서 ‘온갖’은 뒤의 체언 ‘재료’를 수식하고 있으므로 수식언이다. (품사를 분석하면 체언을 수식하고 있으므로 관형사이다.)
③ 감탄사는 말하는 이의 놀람, 느낌, 부름, 응답 따위를 나타내는데, ‘네’는 들어가도 되냐는 질문에 대한 응답이므로 감탄사에 해당한다.
⑤ 가변어는 활용하여 형태가 변하는 말을 이른다. ⓐ에서 가변어로는 ‘모르고, 있다’가 있다. ‘모르다, 모르고, 모르며’, ‘있다, 있고, 있으며’와 같이 활용이 가능하기 때문이다. ⓑ에서 가변어로는 ‘곱게, 빚으셨다’가 있다. ‘곱다, 곱고, 고우며’, ‘빚다, 빚고, 빚으며’와 같이 활용이 가능하기 때문이다.

58 ②

개념 카테고리 현대 문법 > 형태론 > 품사

| 정답 해설 | ② • ‘있다가’는 ‘있다’의 어간 ‘있-’에 어미 ‘-다가’가 붙은 용언의 활용형이다. ㉠, ㉣, ㉥은 ‘있다가’에 해당한다.
• ‘이따가’는 ‘조금 지난 뒤에.’를 뜻하는 ‘부사’이다. ㉡, ㉢, ㉤은 ‘이따가’에 해당한다.

59 ③

개념 카테고리 현대 문법 > 형태론 > 품사

| 정답 해설 | ③ ㉦의 ‘당신’은 ‘자기’를 아주 높여 이르는 말로, ‘할머니’를 문장에서 다시 가리키기 위해 사용한 높임의 재귀 대명사이다. 따라서 ㉣과 ㉦은 모두 ‘할머니’를 가리키는 말이다.
| 오답 해설 | ① ㉠은 상대방을 가리키므로 2인칭 대명사이다.
② ㉡은 화자 자신을 말하며, ㉢과 ㉣을 모두 아우르는 말이 아니라 ㉢만 가리키는 말이다.
④ ‘본인’은 어떤 일에 직접 관계가 있거나 해당되는 사람을 뜻하는 표현으로, ㉤의 ‘본인’은 할머니를 가리킨다. 하지만 ㉥은 2인칭 대명사로, 청자를 가리키는 표현이다.

60 ②

개념 카테고리 현대 문법 > 형태론 > 품사

| 정답 해설 | 주격 조사에는 ‘이/가, 에서, 께서’가 있다.
② 보조사 ‘은(는)’은 ‘대조, 강조, 화제 제시’의 의미로 사용되는데, ‘화제 제시’의 기능 때문에 주격 조사로 착각할 수 있다. ‘그는 학교에 갔다.’에서 보조사 ‘는’은 주격 조사를 대체하는 것이다.
| 오답 해설 | ① ‘에서’는 주로 부사격 조사로 쓰이지만, 두 번째 문장처럼 선행 체언이 단체일 때는 주격 조사의 기능을 한다.
③ ‘이/가’는 주격 조사와 보격 조사로 쓰일 수 있다. 보격 조사는 체언이나 용언의 명사형 아래 붙어 그 말을 ‘되다, 아니다’의 보어가 되게 한다. 따라서 첫 번째 문장에서는 주격 조사로, 두 번째 문장에서는 보격 조사로 쓰였다.
④ ‘와/과’가 체언과 체언 사이에 쓰이지 않고, 체언과 용언 혹은 부사 사이에 쓰여 ‘함께’나 ‘비교’의 뜻을 가지는 것은 접속 조사가 아니라 부사격 조사이다. 첫 번째 문장에서는 ‘부사격 조사’로 쓰였고, 두 번째 문장에서는 문장 접속의 ‘접속 조사’로 쓰였다.

61 ①

개념 카테고리 현대 문법 > 형태론 > 품사

| 정답 해설 | ㉠ ‘무슨’, ㉡ ‘모든’은 대표적인 관형사이다.
| 오답 해설 | ㉢ ‘빠른’, ㉣ ‘아름다운’은 각각 형용사 ‘빠르다’와 ‘아름답다’가 활용된 형태이다.

62 ③

개념 카테고리 현대 문법 > 형태론 > 품사

| 정답 해설 | ③ 부사는 용언 한정이 주 기능이지만, 부사, 관형사, 체언을 한정하기도 한다. ‘바로, 오직, 다만, 단지, 특히, 겨우, 아주’ 등은 주로 용언을 꾸며 주지만 명사를 꾸며 주기도 한다.
| 오답 해설 | ① 관형사는 체언 앞에 놓여서 체언을 꾸며 주는 단어이다.

② 체언이 체언 앞에서 관형어가 될 때에는 관형격 조사 '의'를 생략할 수 있다. 따라서 명사가 다른 명사를 꾸며 주는 경우도 있다.

④ 부사가 격 조사를 취하는 일은 없으나, 보조사를 취하는 일은 있다. 예를 들어 '올여름은 너무도 덥다'에서 부사 '너무' 뒤에 보조사 '도'가 붙어 의미를 더하고 있다.

63 ②

개념 카테고리 현대 문법 > 형태론 > 품사

| 정답 해설 | ㉠ '흐드러지다', ㉣ '충만하다'는 기본형에 현재 시제 선어말 어미 '-는/-ㄴ'의 결합이 불가능하므로 형용사이다.

㉤ '없다'의 경우 관형사형 전성 어미 '-는'이 결합하여 마치 동사처럼 활용하고 있으나 이는 예외적 상황에 해당하며, '없다'는 활용 모습에 상관없이 항상 형용사로 쓰인다.

| 오답 해설 | ㉡ '찍다'와 ㉢ '설레다'의 경우 기본형에 현재 시제 선어말 어미 '-는/-ㄴ'의 결합이 가능하므로 동사이다.

64 ③

개념 카테고리 현대 문법 > 형태론 > 품사

| 정답 해설 | ③ '밝다'는 동사와 형용사로 두루 쓰이는 단어이다. '밝다'가 동사로 쓰이는 경우는 '새날이 오다.'의 의미일 때이고, 나머지의 경우에는 모두 형용사로 쓰인다. '밝은 빛'이나 '벽지가 밝아'의 '밝다'는 모두 '새날이 오다.'와는 관련이 없으므로 '형용사'로 쓰였다. 따라서 품사의 통용의 예로 보기 어렵다.

| 오답 해설 | ① '만큼'은 의존 명사와 조사로 쓰인다. 관형어 뒤에 쓰이는 '만큼'은 의존 명사이고 체언 뒤에 쓰이는 '만큼'은 조사이다. 따라서 '철수만큼'에서 '만큼'은 조사이고 '먹을 만큼'에서 '만큼'은 의존 명사이다.

② '내일'은 명사와 부사로 쓰인다. 뒤에 조사가 붙을 경우 명사로 보고, 용언이나 부사 등을 수식할 때는 부사로 본다. 따라서 '내일의'의 '내일'은 명사이고 '내일 다시 시작합시다'의 '내일'은 부사이다.

④ '크다'는 동사와 형용사로 쓰인다. '크다'가 '자라다'의 의미일 때는 '동사'이고, 나머지 경우는 '형용사'로 본다. 따라서 '키가 큰 나무'에서 '큰'은 '자라다'의 의미가 아니므로 '형용사'이고, '키가 몰라보게 컸구나'에서 '크다'는 '자라다'의 의미이므로 '동사'이다.

65 ③

개념 카테고리 현대 문법 > 형태론 > 품사(용언의 어미)

| 정답 해설 | ③ '드리셨을'은 '드리-+-시-+-었-+-을'로 분석할 수 있다. '드리-'는 용언 '드리다'의 어간이고 '-시-'는 높임 선어말 어미, '-었-'은 과거 시제 선어말 어미이다. '-을'은 '드리셨다'를 관형사처럼 만들어 체언 '터(텐데 → 터+이-+-ㄴ데)'를 수식하는 성분으로 쓰이게 하는 관형사형 전성 어미이다. 따라서 '어간+㉠+㉠+㉣'로 분석할 수 있다.

| 오답 해설 | ① '모시겠지만'은 '모시-+-겠-+지만'으로 분석할 수 있다. '모시-'는 용언 '모시다'의 어간이고, '-겠-'은 미래 시제(추측) 선어말 어미이며, '-지만'은 어떤 사실이나 내용을 시인하면서 그에 반대되는 내용을 말하거나 조건을 붙여 말할 때에 쓰는 연결 어미인 '-지마는'의 준말로 연결 어미이다. 따라서 '어간+㉠+㉡'으로 분석한 것은 옳다.

② '오갔기'는 '오가-+-았-+-기'로 분석할 수 있다. '오가-'는 용언 '오가다'의 어간이고, '-았-'은 과거 시제 선어말 어미이다. '-기'는 '오갔다'를 명사처럼 만들어 체언과 같은 성분으로 쓰이게 하는 명사형 전성 어미이다. 따라서 '어간+㉠+㉣'로 분석한 것은 옳다. 참고로 '오가다'는 '오다'와 '가다'가 연결 어미 '-고' 없이 결합한 비통사적 합성어이다.

④ '보내셨을걸'은 '보내-+-시-+-었-+-을걸'로 분석할 수 있다. '보내-'는 용언 '보내다'의 어간이고, '-시-'는 높임 선어말 어미, '-었-'은 과거 시제 선어말 어미이며, '-을걸'은 종결 어미이다. 따라서 '어간+㉠+㉠+㉢'으로 분석한 것은 옳다.

66 ④

개념 카테고리 현대 문법 > 형태론 > 용언의 활용

| 정답 해설 | ④ '가셨겠구나'는 '가시-+-었-+-겠-+-구나'로 분석할 수 있다. 이때 '-었-'은 과거 시제를 나타내는 선어말 어미, '-겠-'은 추측의 의미를 나타내는 선어말 어미이므로 선어말 어미 두 개가 사용되었다. '-구나'는 해라체의 감탄형 종결 어미이다. '가시-'에 높임의 선어말 어미 '-시-'가 있는 것으로 착각할 수 있으나, 그 의미를 살펴보면 '가시-' 자체가 '어떤 상태가 없어지거나 달라지다'의 뜻을 가진 동사 어간임을 알 수 있다.

| 오답 해설 |

① '즐거우셨길'은 '즐겁-+-(으)시-+-었-+-기+를'로 분석할 수 있다. '즐겁-'이 어간이고, 주체 높임의 선어말 어미 '-(으)시-'와 과거 시제를 나타내는 선어말 어미 '-었-'이 결합하였다. '-기'는 명사형 전성 어미이며, '를'은 명사절에 결합한 목적격 조사에 해당한다. 따라서 선어말 어미 두 개와 전성 어미가 사용되었다.

② '샜을'은 '새-+-었-+-을'로 분석할 수 있다. '새-'가 어간이고, 과거 시제를 나타내는 선어말 어미 '-었-'이 결합하였으며, 관형사형 전성 어미 '-을'이 어말 어미로 쓰였다. 따라서 선어말 어미 한 개와 전성 어미가 사용되었다.

③ '번거로우시겠지만'은 '번거롭-+-(으)시-+-겠-+-지만'으로 분석할 수 있다. '번거롭-'이 어간이고, 주체 높임의 선어말 어미 '-(으)시-'와 추측의 의미를 나타내는 선어말 어미 '-겠-'이 쓰였으며, 어말 어미로 연결 어미인 '-지만'이 사용되었다. 따라서 선어말 어미 두 개와 연결 어미가 사용되었다.

⑤ '다다른'은 '다다르-+-ㄴ'으로 분석할 수 있다. '다다르-'가

어간이고, 관형사형 전성 어미인 '-ㄴ'이 사용되었다. 따라서 선어말 어미 없이 전성 어미가 사용되었다.

67 ④

개념 카테고리 현대 문법 > 형태론 > 품사(용언의 활용)

| 정답 해설 | ④ '푸다'는 어간만 불규칙하게 바뀌는 '우' 불규칙 활용을 한다. '도달하다'의 의미인 '이르다'는 어미만 불규칙하게 바뀌는 '러' 불규칙 활용을 한다.

| 오답 해설 | ① '빠르다'는 어간만 불규칙하게 바뀌는 '르' 불규칙 활용을 한다. '노랗다'는 어간과 어미가 둘 다 불규칙하게 바뀌는 'ㅎ' 불규칙 활용을 한다.

② '치르다'는 'ㅡ' 탈락이 일어나는 단어로, 규칙 활용으로 인정된다. '하다'는 어미만 불규칙하게 바뀌는 '여' 불규칙 활용을 한다.

③ '붇다'는 어간만 불규칙하게 바뀌는 'ㄷ' 불규칙 활용을 한다. '바라다'는 '동음 탈락'이 일어나는 단어로, 이는 규칙 활용이다.

| 플러스 이론 | 규칙 활용

어간과 어미가 결합하는 과정에서 어간이나 어미 모두 형태 변화가 없는 활용으로, 형태 변화가 있어도 보편적 음운 규칙으로 설명되는 활용은 규칙 활용으로 인정한다.

- 모음 조화: 어미 '-아/-어'의 교체
  - 예 잡-+-아 → 잡아, 먹-+-어 → 먹어
- 어간의 'ㄹ' 탈락: 어간의 끝소리 'ㄹ'이 'ㄴ, ㄹ, ㅂ, ㅅ, 오' 앞에서 규칙적으로 탈락
  - 예 살다: 사니, 살, 삽니다, 사시오, 사오
- 어간 모음 'ㅡ' 탈락: 어말 어미 '-아/-어'로 시작되는 어미 및 선어말 어미 '-었-' 앞에서 규칙적으로 탈락
  - 예 쓰다: 써, 모으다: 모아, 담그다: 담가, 우러르다: 우러러, 따르다: 따라
- 구체적 매개 모음 '으' 첨가: 'ㄹ' 이외의 자음으로 끝난 어간+'으'+'-ㄴ, -ㄹ, -오, -ㅁ, -시-' 등의 어미
  - 예 잡-+-ㄴ → 잡은, 먹-+-ㄴ → 먹은

| 플러스 이론 | 불규칙 활용

어간과 어미의 기본 형태가 유지되지 않고, 보편적 음운 규칙으로 설명할 수도 없는 활용으로, 어간이 바뀌는 경우, 어미가 바뀌는 경우, 어간과 어미가 모두 바뀌는 경우로 나눌 수 있다.

- 어간이 바뀌는 경우
  - 'ㅅ' 불규칙: 'ㅅ'이 모음 어미 앞에서 탈락
    - 예 긋-+-어 → 그어, 붓-+-어 → 부어[注], 낫-+ 아 → 나아[癒]
    - * 규칙 활용의 예: 벗-+-어 → 벗어, 솟-+-으니 → 솟으니
  - 'ㄷ' 불규칙: 'ㄷ'이 모음 어미 앞에서 'ㄹ'로 바뀜.
    - 예 걷-+-어 → 걸어[步], 붇-+-어 → 불어
    - * 규칙 활용의 예: 묻-+-어 → 묻어[埋], 얻-+-어 → 얻어[得]
  - 'ㅂ' 불규칙: 'ㅂ'이 모음 어미 앞에서 '오/우'로 바뀜. 단, '돕-/곱-'만 'ㅂ'이 '오'로 바뀌고 나머지는 모두 '우'로 바뀜.
    - 예 돕-+-아 → 도와, 눕-+-어 → 누워, 굽-+ 어 → 구워[燔], 곱-+-아 → 고와
    - * 규칙 활용의 예: 굽-+-어 → 굽어[曲], 잡-+-아 → 잡아, 뽑-+-으니 → 뽑으니
  - '르' 불규칙: '르'가 모음 어미 앞에서 'ㄹㄹ' 형태로 바뀜.
    - 예 흐르-+-어 → 흘러, 이르-+-어 → 일러[謂/早], 빠르-+-아 → 빨라, 배부르-+-어 → 배불러
    - * 규칙 활용의 예: 따르- + -아, → 따라, 치르- + -어 → 치러
  - '우' 불규칙: '우'가 모음 어미 앞에서 탈락
    - 예 푸-+-어 → 퍼
    - * 규칙 활용의 예: 주-+-어 → 주어(줘), 꾸-+-어 → 꾸어(꿔)
- 어미가 바뀌는 경우
  - '여' 불규칙: '하-' 뒤에서 어미 '-아'가 '-여'로 바뀜.
    - 예 공부하-+-아 → 공부하여, 일하-+-아 → 일하여
    - * 규칙 활용의 예: 잡-+-아 → 잡아, 먹-+-어 → 먹어
  - '러' 불규칙: 어간이 '르'로 끝나는 일부 용언에서 '으'가 탈락하지 않고 어미 '-어'가 '-러'로 바뀜.
    - 예 이르[至]-+-어 → 이르러, 누르[黃]-+-어 → 누르러
    - * 규칙 활용의 예: 치르-+-어 → 치러
  - '오' 불규칙: '달다'의 명령형 어미가 '-오'로 바뀜.
    - 예 달-+-아(라) → 다오
    - * 규칙 활용의 예: 주-+-어(라) → 주어(라)
- 어간과 어미가 모두 바뀌는 경우
  - 'ㅎ' 불규칙: 'ㅎ'으로 끝나는 어간에 '-아/-어'가 오면 어간의 일부인 'ㅎ'이 없어지고 어미도 바뀜.
    - 예 하얗-+-아서 → 하얘서, 파랗-+-아 → 파래
    - * 규칙 활용의 예: 좋-+-아서 → 좋아서, 낳-+-아서 → 낳아서

68 ③

개념 카테고리 현대 문법 > 형태론 > 품사(용언의 활용)

| 정답 해설 | ③ '푸르다'와 '노르다'는 어간이 '르'로 끝나는 일부 용언 뒤에서 어미 '-어'가 '-러'로 변하는 '러' 불규칙 활용을 하는 용언이다. '하다'는 '하-' 뒤에 오는 어미 '-아'가 '-여'로 변하는 '여' 불규칙 활용을 하는 용언이다. 즉, '푸르다, 하다, 노르다'는 (다)에 해당한다.

| 오답 해설 | ① • '짓다'는 어간 말 'ㅅ'이 모음 어미 앞에서 탈락하는 'ㅅ' 불규칙 활용을 하는 용언이다. '푸다'는 '우'가 모음 어미 '-어' 앞에서 탈락하는 '우' 불규칙 활용을 하는 용언이다. 따라서 '짓다'와 '푸다'는 (가)의 예로 적절하다.

- '눕다'는 어간 말 'ㅂ'이 모음 어미 앞에서 '오/우'로 변하는 'ㅂ' 불규칙 활용을 하는 용언으로 (나)에 해당한다.

② • '깨닫다'는 어간 말 'ㄷ'이 모음 어미 앞에서 'ㄹ'로 변하는 'ㄷ' 불규칙 활용을 하는 용언이다. '춥다'는 어간 말 'ㅂ'이 모음 어미 앞에서 '오/우'로 변하는 'ㅂ' 불규칙 활용을 하는 용언이다. 따라서 '깨닫다'와 '춥다'는 (나)의 예로 적절하다.

- '씻다'는 어간과 어미가 결합하는 과정에서, 어간이나 어미 모두 형태 변화가 없는 '규칙 활용'을 하는 용언으로 (나)에 해당하지 않는다.

④ • '파랗다'와 '부옇다'는 'ㅎ'으로 끝나는 어간에 '-아/-어'가 오면 어간의 일부인 'ㅎ'이 탈락하고 어미도 '-애/-예'로 변하는 'ㅎ' 불규칙 활용을 하는 용언이다. 따라서 '파랗다'와 '부옇다'는 (라)의 예로 적절하다.

- '좋다'는 어간과 어미가 결합하는 과정에서, 어간이나 어미 모두 형태 변화가 없는 '규칙 활용'을 하는 용언으로 (라)에 해당하지 않는다.

69 ②

개념 카테고리 현대 문법 > 형태론 > 복합어

| 정답 해설 | ② ⓑ '눈웃음'의 직접 구성 요소는 '눈'과 '웃음'이다. '눈웃-'과 '-음'으로 분석하게 되면 '눈웃다'가 존재하지 않으므로 잘못된 분석이 된다. '눈'과 '웃음'은 모두 어근이므로 '눈웃음'은 합성어이다. '웃음'은 다시 '웃-'과 '-음'으로 분석할 수 있다. 이는 어근 '웃-'에 명사 파생 접미사 '-음'이 결합한 파생어이다. 따라서 '눈웃음'은 그 직접 구성 요소 중 하나인 '웃음'이 파생어인 합성어이다.

| 오답 해설 | ① ⓐ '나들이옷'의 직접 구성 요소는 '나들이'와 '옷'이다. '나들이'와 '옷'은 모두 어근이므로 '나들이옷'은 합성어이다. '나들이'는 다시 '나들-'과 '-이'로 분석할 수 있다. 이는 어근 '나들-'에 명사 파생 접미사 '-이'가 결합한 파생어이다. 따라서 '나들이'는 그 직접 구성 요소 중 하나인 '나들이'가 파생어인 합성어이다. 참고로 '나들-'은 다시 '나-'와 '들-'로 분석 가능한데, 어근과 어근이 합쳐진 것이므로 합성어가 된다.

③ ⓒ '드높이다'의 직접 구성 요소는 '드높-'과 '-이-(다)'이다. 이는 어근 '드높-'에 사동 접미사 '-이-'가 결합한 것이므로 '드높이다'는 파생어이다. '드높-'은 다시 '드-'와 '높-'으로 분석할 수 있다. '드-'는 '심하게' 또는 '높이'의 뜻을 더하는 접두사이고, '높-'은 어근이므로 '드높-' 또한 파생어이다. 따라서 '드높이다'는 그 직접 구성 요소 중 하나인 '드높-'이 파생어인 파생어이다.

④ ⓓ '집집이'의 직접 구성 요소는 '집집'과 '-이'이다. '집집'은 어근이고 '-이'는 부사 파생 접미사이므로 '집집이'는 파생어이다. '집집'은 어근 '집'과 '집'이 결합한 것이므로 합성어이다. 따라서 '집집이'는 그 직접 구성 요소 중 하나인 '집집'이 합성어인 파생어이다.

⑤ ⓔ '놀이터'의 직접 구성 요소는 '놀이'와 '터'이다. '놀이'와 '터'는 모두 어근이므로 '놀이터'는 합성어이다. '놀이'는 다시 '놀-'과 '-이'로 분석되는데, 어근 '놀-'에 명사 파생 접미사 '-이'가 결합한 것이다. 따라서 '놀이터'는 그 직접 구성 요소 중 하나인 '놀이'가 파생어인 합성어이다.

70 ②

개념 카테고리 현대 문법 > 형태론 > 문장성분

| 정답 해설 | ② 제시된 글에서 일반적으로 문장에는 주어와 서술어가 나타나므로, 문장의 직접 구성 요소는 주어와 서술어가 된다고 하였다. '소포가 도착했다고 들었다'를 '소포가'와 '도착했다고 들었다'로 나눈다면, '소포가'를 전체 문장의 주어로 보고 '들었다'를 이에 호응하는 서술어로 보아야 하는데, '소포가'는 '들었다'의 주어가 될 수 없으므로 잘못된 분석이다. '(A가) 소포가 도착했다고 들었다.'와 같이, 이 문장에서는 '들었다'에 호응하는 주어가 생략되어 있다. 따라서 '소포가 도착했다고 들었다'는 '소포가 도착했다고'와 '들었다'로 나누어야 한다. 인용절인 '소포가 도착했다고' 내에서 '소포가'는 '도착했다'에 호응하는 인용절의 주어가 된다.

| 오답 해설 | ① '지희는'이 전체 문장의 주어, '목소리가 곱다'가 전체 문장의 서술어가 되므로 바르게 분석하였다. '목소리가 곱다'는 서술절로, '목소리가'는 서술절 내의 주어가 된다.

③ '동수가'가 전체 문장의 주어, '주었다'가 전체 문장의 서술어로, 이때 서술어는 필수 성분인 필수적 부사어 '미애에게'와 목적어 '서술어'와 결합하여 나온다. 따라서 '동수가'와 '미애에게 선물을 주었다'로 분석할 수 있다.

④ '그가 익명의 기부자임이'가 전체 문장의 주어, '밝혀졌다'가 이에 호응하는 전체 문장의 서술어이므로 바르게 분석하였다. '그가 익명의 기부자임'은 명사절로, '그가'는 명사절 내의 주어가 된다.

⑤ '인생은 짧고 예술은 길다는 말은'이 전체 문장의 주어, '명언이다'가 이에 호응하는 전체 문장의 서술어이므로 바르게 분석하였다. '인생은 짧고 예술은 길다는'은 '말'을 수식하는 관형절에 해당하며, 관형절 내에서 '인생은'과 '예술은'이 각각 '짧고'와 '길다'에 호응하는 관형절 내의 주어가 된다.

71 ⑤

개념 카테고리 현대 문법 > 형태론 > 형태소

| 정답 해설 | ⑤ '찾아냈다'는 '찾-+-아+내-+-었-+-다'로 그 형태소를 분석할 수 있다. 이때 '찾-'과 '내-'는 용언 어간으로 실질적인 의미를 갖고, 어미와 결합해야만 쓰일 수 있으므로 실질 형태소이자 의존 형태소이다. 따라서 ㉡에 해당한다. '-아'는 연결 어미, '-었-'은 선어말 어미, '-다'는 종결 어미에 해당하는데, 이들은 모두 실질적 의미가 없는 형식 형태소이자 혼자서는 쓰일 수 없는 의존 형태소이다. 따라서 ㉢에 해당한다.

| 오답 해설 | ① '우리는'의 '우리'는 실질적 의미를 가진 대명사이고, 자립해서 쓸 수 있으므로 ㉠에 해당한다. '드디어' 또한 실질적 의미를 가진 부사이고, 자립해서 쓸 수 있으므로 ㉠에 해당한다.

② '비를'은 '비+를', '길을'은 '길+을'로 형태소를 분석할 수 있다. '비'와 '길'은 실질적 의미를 가진 명사이므로 실질 형태소이고, 자립해서 쓸 수도 있으므로 ㉠에 해당한다. '을'과 '를'은 조사로 실질적 의미가 없는 형식 형태소이고, 체언에 결합해서 써야 하므로 의존 형태소이다. 따라서 ㉢에 해당한다.

③ '맞고'의 '맞-'은 동사 어간으로, 실질적 의미를 가지고 있지만 어미와 결합해서 쓰이기 때문에 ㉡에 해당한다. '맞서다가'의 '맞-'은 접두사로, 형식 형태소이자 의존 형태소에 해당하므로 ㉢에 속한다.

④ '바람에'는 '바람+에'로 형태소를 분석할 수 있다. '바람'은 실질적 의미를 가진 명사이므로 실질 형태소이자 자립 형태소로 ㉠에 해당한다. '에'는 조사로 실질적 의미가 없는 형식 형태소이고, 체언에 결합해서 써야 하므로 의존 형태소이다. 따라서 ㉢에 해당한다.

72 ②

개념 카테고리 현대 문법 > 형태론 > 형태소

| 정답 해설 | ② 형태소가 달라지는 것은 '교체'이고 그 교체형을 '이형태'라고 한다. 각각의 이형태들은 나타나는 환경이 겹칠 수 없는데 이를 '상보적 분포(배타적 분포)'라고 한다. 따라서 ㉠에는 '교체', ㉡에는 '이형태', ㉢에는 '상보적 분포'가 들어가야 한다.

| 오답 해설 | • '변이음'이란 한 음소가 환경에 따라 다른 소리로 실현되는 것을 말한다. **매력적 오답** '변이음'이라는 낯선 용어가 사용되어 정답에 대한 확신을 갖기 어려울 수 있다.

• '삼지적 상관속'이란 예사소리, 된소리, 거센소리가 대립을 이루는 것을 말한다.

73 ③

개념 카테고리 현대 문법 > 형태론 > 단어의 형성(합성어)

| 정답 해설 | ③ '높푸르다'에는 연결 어미가, '먹거리'에는 관형사형 어미가 생략되어 있으므로 비통사적 합성어로 볼 수 있다.

| 오답 해설 | ① '쌀밥'처럼 '명사+명사'가 결합하여 합성어를 이루는 경우 통사적 합성어로 인정한다. '보슬비'의 경우 부사성 어근 '보슬'에 명사 '비'가 결합한 구성이므로, 비통사적 합성어로 인정한다.

② '들어가다'는 용언 '들다'와 '가다'가 연결 어미 '-어'로 연결되므로 통사적 합성어이다. '덮밥'은 관형사형 연결 어미(-은)가 생략되어 있으므로 비통사적 합성어이다.

④ '젊은이'는 용언의 관형사형 '젊은'과 의존 명사 '이'의 결합이므로 통사적 합성어이다. '뛰놀다'는 연결 어미가 생략되어 있으므로 비통사적 합성어이다.

74 ⑤

개념 카테고리 현대 문법 > 형태론 > 품사

| 정답 해설 | ⑤ ㉤의 '자극된다고'를 보면 접미사 '-되다'가 쓰여 피동의 뜻을 더하고 있음을 알 수 있다. 그러나 이때 피동 표현은 '뇌의 인지와 감정 영역'이 행위의 주체라는 점을 드러내는 것이 아니다. 피동 표현은 어떤 행위를 당하는 것을 강조하기 위해서 쓰인다. 따라서 이때 피동 표현은 '뇌의 인지와 감정 영역'이 '자극하'는 행위를 당하는 대상임을 강조하는 것이다.

| 오답 해설 | ① 연결 어미 '-면'은 뒤의 사실이 실현되기 위한 조건을 말할 때 쓰인다. ㉠에서는 '-면'이 링크를 누르는 행동, 즉 앞 절의 내용이 뒤 절의 내용인 답하는 행동의 조건이 된다는 것을 나타낸다.

② ㉡에서 '20%'에 결합한 보조사 '나'는 수량이나 정도를 나타내는 말 뒤에 붙어 그 수량이 크거나 많음을 나타내는 보조사로 놀람의 뜻이 수반된다. 즉, ㉡에서 '나'는 성인의 종이책 독서율이 10년 사이에 큰 폭으로 감소했음을 부각한다.

③ ㉢에 쓰인 '두말할 나위가 없다'는 관용 표현은 '너무나 자명하여 군말을 더 보탤 여지가 없다'라는 뜻으로, 이를 통해 독서가 정보 습득의 중요한 수단이라는 것은 분명한 사실임을 확실히 드러내고 있다.

④ ㉣에 쓰인 접속 부사 '그래서'는 앞의 내용이 뒤의 내용의 원인이나 근거, 조건이 될 때 쓰인다. 글, 강연 등에서 응집성은 문장들이 자연스럽고 긴밀하게 연결되도록 하는 것으로, 접속 부사, 지시어 등을 통해 높일 수 있다.

75 ④

개념 카테고리 현대 문법 > 형태론 > 품사(보조사)

| 정답 해설 | 〈보기〉는 주제 또는 대조의 의미를 더하는 보조사 '은/는'을 설명한 것이다. 이 조건에 부합하는 것은 ④이다.

| 오답 해설 | ① '께서'는 주격 조사이다.

② '만'은 단독 또는 배제의 의미를 지니는 보조사이며 교체형을 지니지 않는다.

③ '요'는 높임의 의미를 나타내는 통용 보조사로 교체형을 지니지 않는다.

| 플러스 이론 | **보조사 '은/는'**

'은/는'이 주어 표지나 목적어 표지의 구실을 한다고는 할 수 없고, 다만 주어 표지나 목적어 표지를 대치한다고 보는 것이 적당하다. 따라서 '은/는'은 격 조사가 아니라 보조사이다. '은/는'의 의미와 용례는 다음과 같다.

• 문두(文頭)의 주어 자리에 쓰여 문장의 화제를 표시
  예 귤은 노랗다.
• 대조의 의미
  예 귤은 까서 먹고 배는 깎아서 먹는다.
• 강조의 의미
  예 그렇게는 하지 마라.

76 ⑤

개념 카테고리 현대 문법 > 형태론 > 품사

| 정답 해설 | ⑤ 의존 명사 '만큼'은 앞의 내용이 뒤에 나오는 내용의 원인이나 근거가 됨을 나타낸다. 따라서 ⓔ에서 '만큼'은 '많은 국민이 동참해야 효과가 있는 제도'이기 때문에 이를 근거로 '참여도를 높이는 게 중요'하다는 것을 나타내기 위해 쓰였다.

| 오답 해설 | ① 보조 용언 '있다'를 사용한 것은 맞지만, ⓐ에서 '있다'는 제도가 지속적으로 진행됨을 표현하는 것이 아니라 화제가 지속적으로 되고 있음을 표현한 것이다.

② ⓑ에 쓰인 보조사 '도'는 '이미 어떤 것이 포함되고 그 위에 더함'의 뜻을 나타내며, 일상 속 작은 노력을 통해 탄소 중립뿐만 아니라 이에 더해 포인트까지 받을 수 있다는 것을 표현하기 위해 쓰였다.

③ 감탄사 '자'는 남에게 어떤 행동을 권하거나 재촉할 때 하는 말로도 쓰이지만, 말이나 행동을 할 때 남의 주의를 불러일으키기 위하여 하는 말로 쓰이기도 한다. ⓒ에서는 문맥상 남의 주의를 불러일으키기 위해 하는 말이다.

④ 선어말 어미 '-겠-'은 미래의 일이나 추측, 주체의 의지, 가능

성이나 능력, 완곡한 태도 등 다양한 의미를 표현할 수 있다. ⓓ에서는 한국 ○○공단 관계자의 말을 듣겠다는 주체의 의지를 나타내기 위해 사용되었다.

77 ①

개념 카테고리 현대 문법 > 형태론 > 품사(목적격 조사)

| 정답 해설 | ① '정희만을'에서 '을'은 보조사 뒤에 결합했지만 목적어 자리에 결합했으므로 목적격 조사로 사용된 경우이다.

| 오답 해설 | ②～④의 '학교에, 밉지, 서두르지'는 모두 목적어 자리에 쓰인 경우가 아니다. 이때 조사 '에', 연결 어미 '-지'와 결합한 '를'은 강조의 역할을 하는 보조사로 쓰였다.

매력적 오답 ② '학교에를'을 서술어 '가다'의 목적어 자리로 생각하여 고민할 수 있는 선지이다.

78 ④

개념 카테고리 현대 문법 > 형태론 > 용언의 활용

| 정답 해설 | ⓐ: 문장 전체를 보면 그들이 손을 쥔 상태가 지속되면서 팔씨름을 하는 일이 벌어지는 것이므로, 연결 어미 '-고'는 앞 절의 동작이 이루어진 그대로 지속되는 가운데 뒤 절의 동작이 일어남을 나타낸다. (㉢)

ⓑ: 문장 전체를 보면 어머니가 나를 업은 상태가 지속되면서 업은 채로 병원으로 달려간 것이므로, 연결 어미 '-고'는 앞 절의 동작이 이루어진 그대로 지속되는 가운데 뒤 절의 동작이 일어남을 나타낸다. (㉢)

| 오답 해설 | ⓒ: 앞 절과 뒤 절의 사실을 대등하게 연결할 때는 앞 절과 뒤 절의 순서를 바꾸어도 의미에 큰 차이가 생기지 않는다. 이 문장은 '나는 그가 성실하고 정직하다는 것을 알고 있었다.'와 같이 바꾸어도 의미에 큰 차이가 없으며, '-고'는 '정직하다'와 '성실하다'는 '그'에 대한 나의 인식을 대등하게 이어 주고 있다. (㉠)

ⓓ: 다리가 벌에 쏘이는 일이 선행되고, 이를 계기로 다리가 퉁퉁 부은 것이므로 이때 '-고'는 앞뒤 절의 두 사실 간에 계기적인 관계가 있음을 나타낸다. (㉡)

ⓔ: ⓒ에서와 마찬가지로 이 문장은 '이 책은 내가 읽은 책이고 그 책은 내가 읽을 책이다.'와 같이 앞뒤 절의 순서를 바꾸어도 의미에 큰 차이가 생기지 않는다. 따라서 '-고'는 앞뒤 절의 사실을 대등하게 벌여 놓고 있다. (㉠)

79 ④

개념 카테고리 현대 문법 > 형태론 > 품사(조사의 제약)

| 정답 해설 | ④ '규정'은 조사와의 결합에 제약이 거의 없다.

| 오답 해설 | ①② 관형격 조사 '의'와만 결합한다.

③ '-적'은 서술격 조사 '이다', 보격 조사 '이', 부사격 조사 '으로'와만 결합한다.

80 ①

개념 카테고리 현대 문법 > 형태론 > 품사

| 정답 해설 | ① '에서'는 부사격 조사로 주로 쓰이나, 기관이나 단체 등 인간 집단을 뜻하는 명사 뒤에서는 그것이 주어임을 나타내는 주격 조사로 기능할 수 있다. ㉠은 격 조사 '에서'를 사용하여 포스터를 공모하는 주체인 '우리 군'이 단체임을 드러낸다.

| 오답 해설 | ② ㉠의 종결 어미 '-ㅂ니다'는 하십시오체의 상대 높임 종결 어미이다. 따라서 ○○군 기부에 동참한 기부자만을 높이는 것이 아니라, (가)를 읽는 독자 전체를 공손하게 높이기 위한 표현이다.

③ ㉡의 명사형 어미 '-ㅁ'은 결합한 서술어가 명사 구실을 하게 하여 간결하게 드러내는 역할을 한다. 그러나 포스터에서 제외해야 할 내용 항목을 간결하게 드러내는 것이 아니라, 기부제 참여 대상을 간결하게 드러내는 것이다.

⑤ ㉢에는 '제공됩니다'에 피동 접사 '-되다'가 사용되었다. '제공하다'로 쓰일 경우 주어, 필수적 부사어, 목적어가 있어야 하므로 누가 누구에게 무엇을 제공하는지가 드러나게 된다. 그러나 '제공되다'로 쓰이며 기존 문장(능동문)의 주어가 생략되었기 때문에 혜택을 제공하는 주체가 오히려 명확하게 드러나지 않게 된다.

81 ①

개념 카테고리 현대 문법 > 형태론 > 품사

| 정답 해설 | ① '에서'는 부사격 조사로 주로 쓰이나, 기관이나 단체 등 인간 집단을 뜻하는 명사 뒤에서는 그것이 주어임을 나타내는 주격 조사로 기능할 수 있다. ㉠에서는 '에서'가 배 재배 농가를 지원하는 사업의 주체가 '○○군청'이라는 기관(단체)임을 나타낸다.

| 오답 해설 | ② '-거나'는 나열된 상태 중 어느 것이든 선택될 수 있음을 나타내는 연결 어미이다. 따라서 못난이 배의 판정 기준과 흠집에 관한 내용 중 어느 하나에만 해당되어도 '못난이 배'임을 나타낸다.

③ 지시 대명사 '이것'이 앞에서 언급한 대상을 가리키는 것은 맞으나, '이것'은 '일반 상품'을 가리키는 것이 아니라 '못난이 배'를 가리킨다.

④ 보조사 '도'는 한정됨을 의미하는 것이 아니라, 이미 어떤 것이 포함되고 그 위에 더함의 뜻을 나타낸다. 따라서 일반 배에 더해 못난이 배를 판매 상품에 포함하기 위해 사용되었다.

⑤ 관형사형 어미 '-ㄹ'은 추측, 예정, 의지, 가능성 등의 의미를 가질 수 있다. 따라서 ○○군수가 오래전부터 온라인 알뜰 장터의 운영을 지원해 왔음을 나타내는 것이 아니라, 앞으로 운영 지원을 할 예정이라는 의미를 나타낸다.

82 ④

개념 카테고리 현대 문법 > 형태론 > 품사(용언 – 있다, 없다)

| 정답 해설 | ④ 『표준국어대사전』에서 '있다'의 품사는 동사와 형용사로, '없다'의 품사는 형용사로 제시되어 있다. 반면, 일부 학자에 따라 '있다, 없다' 모두 존재사로 보는 경우도 있다.

| 오답 해설 | ③ '있다, 없다'는 모두 형용사였으나 '동사화'가 진행되어 '있다'는 동사로 쓰이는 경우를 인정하게 되었고, '없다'는 '없는'과 같은 동사적 활용을 인정하게 되었다. 매력적 오답 '동사화'라는 낯선 용어가 사용되어 정답에 대한 확신을 갖기 어려울 수 있다.

83 ①

개념 카테고리 현대 문법 > 형태론 > 품사(용언의 활용)

| 정답 해설 | ① '돕다'는 '도와, 도우니'처럼 어간이 불규칙 활용을 하는 'ㅂ' 불규칙 활용의 예이고, '푸르다'는 '푸르러'와 같이 어미가 불규칙 활용을 하는 '러' 불규칙 활용의 예이다.

| 오답 해설 | ② '흐르다'는 '흘러'처럼 어간이 불규칙 활용을 하는 '르' 불규칙 활용의 예이다.

③ '깨닫다'는 '깨달아'처럼 어간이 불규칙 활용을 하는 'ㄷ' 불규칙 활용의 예이고, '하얗다'는 '하얘서'처럼 어간과 어미가 불규칙 활용을 하는 'ㅎ' 불규칙 활용의 예이다.

④ '짓다'는 '지어서'처럼 어간이 불규칙 활용을 하는 'ㅅ' 불규칙 활용의 예이다.

84 ②

개념 카테고리 현대 문법 > 형태론 > 용언의 활용

| 정답 해설 | ② • '계시는'의 형태소를 분석해 보면 '계시-+-는'이 된다. 이때 '계시-'의 '시'를 높임의 선어말 어미 '-시-'와 혼동하기 쉬우나 선어말 어미가 아닌, 어간의 일부이다. '계시다'가 『표준국어대사전』에 하나의 표제어로 올라 있는 것에서 '시'가 어간의 일부임을 알 수 있다. '계시-'는 용언의 어간이며, '-는'은 어말 어미이므로 '계시는'에는 선어말 어미가 쓰이지 않았다. 즉, ㉠에 해당한다.

• '드렸다'의 형태소를 분석해 보면 '드리-+-었-+-다'가 된다. 이때 '드리-'는 용언의 어간, '-었-'은 과거 시제를 나타내는 선어말 어미, '-다'는 어말 어미이다. 따라서 선어말 어미 하나가 쓰였으므로 ㉡에 해당한다.

| 오답 해설 | ① • '끝난'의 형태소를 분석해 보면 '끝+나-+-ㄴ'가 된다. 이때 '나-'는 선어말 어미가 아니라 접사이다. '끝나다'가 사전에 표제어로 올라 있는 것이 그 근거가 된다. '끝나-'가 어근 '끝'과 '접사 '나-'로 이루어진 용언 어간이고, '-ㄴ'는 어말 어미이다. 따라서 '끝난'은 선어말 어미가 쓰이지 않은 경우로 ㉠에 해당한다.

• '아니다'의 형태소를 분석해 보면 '아니-+-다'가 된다. '아니-'는 용언 어간, '-다'는 어말 어미이므로 선어말 어미가 쓰이지 않은 경우인 ㉠에 해당한다.

③ • '가는'의 형태소를 분석해 보면 '가-+-는'이 된다. 이때 '가-'는 용언 어간, '-는'은 어말 어미이므로 선어말 어미가 쓰이지 않은 경우인 ㉠에 해당한다.

• '알았다'의 형태소를 분석해 보면 '알-+-았-+-다'가 된다. 이때 '알-'은 용언 어간, '-았-'은 과거 시제를 나타내는 선어말 어미, '-다'는 어말 어미이다. 따라서 선어말 어미 하나가 쓰였으므로 ㉡에 해당한다.

④ • '지나고'의 형태소를 분석해 보면 '지나-+-고'가 된다. 이때 '지나-'는 용언 어간, '-고'는 어말 어미이므로 선어말 어미가 쓰이지 않은 경우인 ㉠에 해당한다.

• '왔겠군'의 형태소를 분석해 보면 '오-+-았-+-겠-+-군'이 된다. 이때 '오-'는 용언 어간, '-았-'은 과거 시제를 나타내는 선어말 어미, '-겠-'은 추측의 의미를 드러내는 선어말 어미, '-군'은 어말 어미이다. 따라서 선어말 어미 두 개가 쓰였으므로 ㉢에 해당한다.

⑤ • '있겠다'의 형태소를 분석해 보면 '있-+-겠-+-다'가 된다. 이때 '있-'은 용언 어간, '-겠-'은 추측의 의미를 드러내는 선어말 어미, '-다'는 어말 어미이다. 따라서 선어말 어미 하나가 쓰였으므로 ㉡에 해당한다.

• '쓰셨을'의 형태소를 분석해 보면 '쓰-+-시-+-었-+-을'이 된다. 이때 '쓰-'는 용언 어간, '-시-'는 주체 높임의 선어말 어미, '-었-'은 과거 시제를 나타내는 선어말 어미, '-을'은 어말 어미이다. 따라서 선어말 어미 두 개가 쓰였으므로 ㉢에 해당한다.

85 ④

개념 카테고리 현대 문법 > 형태론 > 용언의 활용

| 정답 해설 | ④ ⓑ '놓여'는 '놓-+-이-+-어'로, 이때 '-이-'는 어말 어미 앞에 있어 선어말 어미로 혼동하기 쉽지만 어미가 아닌 피동 접사이다. '놓이다'는 '놓다'의 피동사로서 〈보기〉의 문장에서 '물체가 일정한 곳에 두어지다.'라는 새로운 의미를 지닌다. '놓다'는 주어, 목적어를 요구하는 두 자리 서술어이지만 '놓이다'는 주어, 부사어를 요구하는 두 자리 서술어라는 점에서도 새로운 단어가 형성되었음을 알 수 있다. 따라서 필요로 하는 문장 성분이 접사의 결합으로 인해 달라졌다는 설명은 적절하다.

| 오답 해설 | ① ⓐ '구겼지만'은 '구기-+-었-+-지만'으로 형태소를 분석할 수 있다. 이때 '구기-'는 용언의 어간, '-었-'은 과거 시제를 나타내는 선어말 어미, '-지만'은 어말 어미이다. 따라서 접사가 결합하였다는 설명은 옳지 않다.

② ⓐ '구겼지만'에 선어말 어미 '-었-'이 결합한 것은 맞지만, 이는 추측의 의미를 드러내는 것이 아니라 과거 시제를 나타내는 것이다.

③ ⓑ '놓여'에는 선어말 어미가 결합하지 않았다. 과거 시제 선어말 어미는 '-었/았-'이다.

⑤ ⓒ '담갔다'는 '담그-+-았-+-다'로 형태소를 분석할 수 있다. 이때 '담그-'는 용언의 어간, '-았-'은 과거 시제를 나타내는 선어말 어미, '-다'는 어말 어미이다. 따라서 접사가 결합하였다는 설명은 옳지 않다.

통사론 문제편 P.41

86	③	87	③	88	②	89	③	90	⑤
91	⑤	92	②	93	③	94	①	95	⑤
96	③	97	③	98	④	99	①	100	①
101	③	102	②	103	③	104	①	105	①
106	④	107	④	108	④	109	②	110	③
111	③	112	④						

86 ③

개념 카테고리 현대 문법 > 통사론 > 문장 성분

| 정답 해설 | 밑줄 친 서술어에 호응하는 주어를 찾는 문제이다.
③ ㉢의 주어는 앞 문장의 주어인 '우리'이다.

| 오답 해설 | ㉠, ㉡, ㉣의 주어는 '환자'이다.

87 ③

개념 카테고리 현대 문법 > 통사론 > 문장 성분

| 정답 해설 | 자동사와 타동사는 '목적어의 유무'를 통해 구분이 가능하다.
③ '움직이다'는 '몸이(주어) 움직이다. / 몸을(목적어) 움직이다.' 처럼 자동사와 타동사의 기능을 모두 갖춘 동사이다.

| 오답 해설 | ① '뱉다'는 '침을 뱉다.'와 같이 목적어가 요구되는 '타동사'이다.
② '쌓이다'는 '쌓다'의 피동사로, '책상에 먼지가 쌓이다.'와 같이 목적어가 요구되지 않는 '자동사'이다.
④ '읽다'는 '책을 읽다.'와 같이 목적어가 요구되는 '타동사'이다.

88 ②

개념 카테고리 현대 문법 > 통사론 > 문장 성분

| 정답 해설 | ② ㉠~㉢의 주성분의 개수는 일치하지 않는다.
- ㉠의 주성분(2개): 주어(아이가), 서술어(잔다)
- ㉡의 주성분(3개): 주어(그는), 목적어[(친구의) 딸을], 서술어(삼았다)
- ㉢의 주성분(3개): 주어(영희가), 목적어(물을), 서술어(엎질렀구나)

| 오답 해설 | ① ㉠에는 명사 '침대'를 꾸며 주는 관형어 '작은'이, ㉡에는 명사 '딸'을 꾸며 주는 관형어 '친구의'가, ㉢에는 명사 '물'을 꾸며 주는 관형어 '뜨거운'이 존재한다.
③ ㉠의 부속 성분은 '관형어(작은), 부사어(침대에서, 예쁘게)'로 모두 세 개이다. ㉡의 부속 성분은 '관형어(친구의), 부사어(며느리로)'로 모두 두 개이고, ㉢의 부속 성분은 '관형어(뜨거운)' 한 개이다. 따라서 ㉠의 부속 성분의 개수는 ㉡, ㉢보다 많다.
④ ㉡에는 필수적 부사어 '며느리로'가 존재하지만 ㉠에는 필수적 부사어가 존재하지 않는다.

89 ③

개념 카테고리 현대 문법 > 통사론 > 문장 성분과 문장의 짜임

| 정답 해설 | ③ ㉢ '오늘 내가 본'은 주어와 서술어를 모두 갖춘 '절'로, 관형어 기능을 하며 '영화'를 수식한다. 따라서 ㉢은 목적어가 생략된 '관계 관형절'이다.

| 오답 해설 | ① 의미상 '철수(가) 밥(을) 먹는다.'로 해석할 수 있다. 따라서 '밥'은 부사어가 아니라 목적어이다.
② '그 사람이'는 '주어'의 기능을 하고 있지만 서술어가 없는 형태로 '절'이 아니라 '구'이다. '그런 심한 말을'은 '목적어'이며, '말이 심한'이 '관형절'로 내포되어 있으므로 '절'이 맞다.
④ '민한경 씨가 익명의 독지가였음이'는 '명사절'로 실현된 것으로, 목적어가 아니라 주어 성분이다.

90 ⑤

개념 카테고리 현대 문법 > 통사론 > 피동, 사동

| 정답 해설 | ⑤ 제시된 글에서 확인할 수 있듯이, 사동을 일으키는 주체가 사동 행위를 받는 대상의 행위에 함께 참여하는 의미를 표현하는 경우를 직접 사동이라 하고 그렇지 않은 경우를 간접 사동이라 하는데, 단형 사동은 맥락에 따라 직접 사동과 간접 사동을 모두 표현할 수 있으나 장형 사동은 간접 사동의 해석만을 허용한다.
㉣은 '먹게 하였다'와 같이 '-게 하다'에 의해 만들어진 장형 사동이므로 간접 사동의 의미로만 해석할 수 있다. 반면 ㉢은 '먹였다'와 같이 사동 접미사 '-이-'가 어근에 결합하여 만들어진 사동사에 의한 사동이므로 단형 사동에 해당하고, 직접 사동과 간접 사동의 의미로 모두 해석 가능하다.

| 오답 해설 | ① ㉠을 '아이들이'를 주어로 삼는 단형 사동문으로 바꾸면 '아이들이 얼음 위에서 팽이를 돌린다.'가 된다. ㉠에서 주어는 '팽이가'였으나, 바뀐 문장에서 '팽이'는 주어가 아니라 '팽이를'과 같이 목적어가 된다.
② ㉠을 '아이들이'를 주어로 삼는 단형 사동문으로 바꾸면 '아이들이 얼음 위에서 팽이를 돌린다.'가 된다. ㉠에서 서술어 '돌다'의 자릿수는 주어만을 필수적으로 요구하므로 한 자리였으나, 바뀐 문장에서 서술어 '돌리다'는 주어와 목적어를 필수적으로 요구하므로 두 자리 서술어가 된다.
③ ㉡을 '선생님께서'를 주어로 삼는 단형 사동문으로 바꾸면 '선

생님께서 지원이에게 그 일을 맡겼다.'가 된다. ㉡에서 주어는 '지원이가'였으나, 바뀐 문장에서 '지원이'는 주어가 아니라 '지원이에게'와 같이 부사어가 된다.

④ ㉡을 '선생님께서'를 주어로 삼는 단형 사동문으로 바꾸면 '선생님께서 지원이에게 그 일을 맡겼다.'가 된다. ㉡에서 서술어 '맡다'의 자릿수는 주어와 목적어를 필수적으로 요구하므로 두 자리 서술어였으나, 바뀐 문장에서 서술어 '맡기다'는 주어, 목적어, 부사어를 필수적으로 요구하므로 세 자리 서술어가 된다.

91 ⑤

개념 카테고리 현대 문법 > 통사론 > 피동, 사동

| 정답 해설 | ⑤ ㉤은 어근 '밧-'에 사동 접미사 '-기-'가 결합한 것으로, 현대 국어에서는 어근 '벗-'에 사동 접미사 '-기-'가 결합한 것을 알 수 있다. 따라서 15세기 국어와 현대 국어에서 어근 형태는 '밧-'에서 '벗-'으로 달라졌지만, 어근에 결합하는 사동 접미사는 '-기-'로 동일한 것을 알 수 있다.

| 오답 해설 | ① ㉠은 동일한 어근인 '얼-'에 15세기 국어에서는 사동 접미사 '-우-'가, 현대 국어에서는 '-리-'가 결합하는 것을 확인할 수 있다.

② ㉡은 동일한 어근인 '잃-'에 15세기 국어에서는 '-게 ᄒᆞ다', 현대 국어에서는 '-게 하다'가 결합하는 것을 확인할 수 있다. 15세기 국어에서는 'ㅎ'이 'ㄱ'과 축약되는 발음이 그대로 표기에 반영되어 '일케 ᄒᆞ-'와 같이 표기되었다.

③ ㉢은 어근 '앉-'에 사동 접미사 '-히-'가 결합된 것으로, 어근의 말음 'ㅈ'과 사동 접미사의 'ㅎ'이 축약되어 발음되는데, 그 발음이 그대로 반영되어 소리 나는 대로 '안치시고'와 같이 표기되었다. 반면 현대 국어에서는 ㉢과 마찬가지로 어근 '앉-'에 사동 접미사 '-히-'가 결합하였으나 소리 나는 대로 적지 않고 '앉히시고'와 같이 그 형태를 밝혀 적은 것을 확인할 수 있다.

④ ㉣은 어근 '살-'에 사동 접미사 '-ᄋᆞ-'가 결합한 것으로, 현대 국어에서는 어근 '살-'에 사동 접미사 '-리-'가 결합한 것을 알 수 있다. 사동 접미사 '-ᄋᆞ-'는 현대 국어에서는 쓰이지 않는 사동 접미사이다.

92 ②

개념 카테고리 현대 문법 > 통사론 > 겹문장

| 정답 해설 | ② 이어진문장 중 앞뒤 문장의 순서가 바뀌어도 동일한 의미를 나타내는 것은 대등하게 이어진문장이다. 하지만 〈보기〉의 ㄴ과 같이 종속적으로 이어진문장은 앞뒤 문장의 순서를 바꾸면 문장의 의미가 달라진다.

| 오답 해설 | ① 〈보기〉의 ㄱ은 '대조'의 의미 관계로, ㄴ은 '조건'의 의미 관계로 연결된다.

③ 〈보기〉의 ㄷ에서 '그 아이가 학생임'은 명사절로 목적격 조사 '을'과 결합하여 문장에서 '목적어'로 쓰이고 있고, 마치 명사가 목적격 조사와 결합하여 목적어로 쓰이는 것과 비슷한 역할을 하고 있다. 〈보기〉의 ㄹ에서 '책을 읽던'은 관형절로, 명사인 '영수'를 꾸미고 있다.

④ 〈보기〉의 ㄷ에서 안은문장의 주어는 '언니'이고 안긴문장의 주어는 '아이'이므로 주어가 서로 다르다. 반면 〈보기〉의 ㄹ에서 안은문장의 주어는 '영수'이고 안긴문장의 주어 역시 '영수'이므로 주어가 서로 같다.

93 ③

개념 카테고리 현대 문법 > 통사론 > 문장의 짜임

| 정답 해설 | 제시된 문장에서 '내가 바라던'은 뒤의 '합격'을 수식하는 관형절이다. ③의 '그 사람이 잡은'도 뒤의 '손'을 수식하는 관형절이다. 둘 모두 안은문장에서 '관형어'의 기능을 한다.

| 오답 해설 | ① '내 마음이 바뀌기'는 안은문장에서 '주어'의 기능을 하는 '명사절'이다.

② '눈이 부시게'는 안은문장에서 '부사어'의 기능을 하는 '부사절'이다.

④ '내가 항복함'은 안은문장에서 '부사어'의 기능을 하는 '명사절'이다.

94 ①

개념 카테고리 현대 문법 > 통사론 > 문장 성분

| 정답 해설 | ① ㉠은 [나는 [[내 친구가 보낸] 책을 제시간에 받기]를 바란다.] 와 같이 안긴문장을 분석할 수 있다. 즉, '내 친구가 보낸'이라는 관형사절과 '내 친구가 보낸 책을 제시간에 받기'라는 명사절이 안긴문장이다. 이때 '내 친구가 보낸'이라는 관형사절에는 '~에/에게/으로', 즉 어디로 보냈는지에 해당하는 필수적 부사어가 생략되어 있다.

㉡은 [나는 [[테니스 배우기]가 재미있다]고 친구에게 말했다.]와 같이 분석할 수 있다. 즉, '테니스 배우기'라는 명사절과 '테니스 배우기가 재미있다'라는 인용절이 안긴문장이다. 이때 '테니스 배우기'라는 명사절에는 '누가'에 해당하는 주어가 생략되어 있다.

| 오답 해설 | ② ㉡의 명사절인 '테니스 배우기'는 뒤에 주격 조사 '가'가 붙어 인용절 안에서 주어 기능을 하지만, ㉠의 명사절인 '내 친구가 보낸 책을 제시간에 받기'는 뒤에 목적격 조사 '를'이 결합하여 전체 문장에서 목적어 기능을 한다.

③ ㉠에서 명사절 '내 친구가 보낸 책을 제시간에 받기'에는 서술어 '받기'에 대한 주어가 생략되어 있다. ㉢은 [이 식당은 [우리 가족이 점심을 먹은] 식당이 아니다.]와 같이 관형사절을 안은문장으로 분석할 수 있다. 이때 안긴문장인 관형사절 '우리 가족이 점심을 먹은'에는 서술어 '먹은'에 대한 주어가 '(우리) 가족이'로 생략되지 않았다.

④ ㉢에서 안긴문장인 '우리 가족이 점심을 먹은'은 관형사절로, 전체 문장에서 보어가 아니라 관형어 기능을 한다. ㉣은 [그

녀는 [아름다운] 관광지를 [신이 닳도록] 돌아다녔다.]와 같이 분석할 수 있다. 즉 '아름다운'이라는 관형사절과 '신이 닳도록'이라는 부사절이 안긴문장이다. 따라서 부사절인 '신이 닳도록'은 전체 문장에서 부사어로 기능한다.

⑤ ㉢의 관형사절인 '우리 가족이 점심을 먹은'에는 '먹은'이라는 서술어에 대해 '점심을'이라는 목적어가 존재한다. ㉣의 관형사절인 '아름다운'에는 '아름다운'이라는 서술어에 대해 '관광지가'라는 주어가 생략되어 있다. '아름다운'은 목적어를 필요로 하지 않는 서술어이다.

95 ⑤

개념 카테고리 현대 문법 > 통사론 > 겹문장

| 정답 해설 | ⑤ ㉠은 [어머니는 [아들이 비로소 대학생이 되었음]을 실감했다.]와 같이 분석할 수 있으므로 명사절을 안은 문장이다. 이때 안긴문장인 명사절의 주어는 '아들이'이고, 안은문장의 주어는 '어머니는'이므로 서로 다르다.

㉡은 [[파수꾼이 경계 초소에서 본] 동물은 늑대는 아니었다.]와 같이 분석할 수 있으므로 관형사절을 안은문장이다. 이때 안긴문장인 관형사절의 주어는 '파수꾼이'이고, 안은문장의 주어는 '동물은'이므로 서로 다르다.

㉢은 [감독이 [그 선수를 야구부 주장으로 삼기]로 결심했다.]와 같이 분석할 수 있으므로 명사절을 안은문장이다. 이때 안긴문장인 명사절의 주어는 생략되어 있지만 '감독이'이고, 안은문장의 주어 또한 '감독이'이므로 안긴문장의 주어와 안은문장의 주어가 같다.

| 오답 해설 | ① ㉠의 안긴문장인 명사절에는 서술어 '되었음'에 대한 보어 '대학생이'가 있다. ㉡의 안은문장에는 서술어 '아니었다'에 대한 보어 '늑대는'이 있다.

② ㉠에서 안긴문장인 명사절은 목적격 조사 '을'이 결합하여 안은문장의 목적어로 사용되었다. ㉢의 안긴문장인 명사절은 부사격 조사 '로'가 결합하여 안은문장의 부사어로 사용되었다.

③ ㉡의 안긴문장인 관형사절의 서술어는 '본(보다)'인데, 주어와 목적어를 필수 성분으로 요구할 뿐 부사어는 필수 성분으로 요구하지 않는다. 이와 달리 ㉢의 안긴문장인 명사절의 서술어 '삼기(삼다)'는 주어, 목적어, 부사어를 필수 성분으로 요구한다.

④ ㉢의 안긴문장인 명사절에는 서술어 '삼기'에 대해 주어인 '감독이'가 생략되어 있으며, 목적어 '선수를'은 생략되어 있지 않다. 반면 ㉡의 안긴문장인 관형사절에는 서술어 '본'에 대해 목적어인 '동물을'이 생략되어 있다.

96 ③

개념 카테고리 현대 문법 > 통사론 > 겹문장

| 정답 해설 | ③ 홑문장은 주어와 서술어의 관계가 한 번 나타나는 문장, 겹문장은 주어와 서술어의 관계가 두 번 이상 나타나는 문장을 뜻한다. 겹문장의 종류로는 크게 이어진문장(접속문)과 안은문장(포유문)이 있다. 안은문장 안에서 하나의 문장 성분처럼 쓰이는 문장을 안긴문장이라고 한다.

㉢을 보면 주어는 '이곳은', 서술어는 '아름답다'로 주어와 서술어 관계가 한 번만 나타나는 홑문장에 해당한다. 따라서 안긴문장이 존재할 수 없다.

| 오답 해설 | ① ㉠은 관형절을 안은문장에 해당한다. '예쁜'은 안긴문장의 서술어에 해당하는데, 이때 안긴문장의 주어인 '아이가'는 '예쁜'의 수식을 받는 명사와 동일하기 때문에 관형절 속에서 생략된 것이다. 이처럼 수식하는 명사와 같은 성분이 생략되는 관형사절을 '관계 관형사절'이라고 한다. 즉, [[아이가 예쁜] 아이가 활짝 웃는다.]와 같다. 따라서 주어가 생략된 안긴문장이 있다는 것은 적절한 설명이다.

② ㉡을 보면 주어는 '나는', 서술어는 '샀다'로 주어와 서술어의 관계가 한 번 나타나는 홑문장임을 알 수 있다.

④ ㉣은 주어 '날씨가'와 서술어 '추웠다(추웠으나)'로 이루어진 문장인 '작년에는 날씨가 추웠다'와 주어 '날씨가'와 서술어 '따뜻하다'로 이루어진 문장인 '올해에는 날씨가 따뜻하다.'라는 두 문장을 대등적 연결 어미 '-으나'를 활용해 연결한 이어진문장에 해당한다. 이때 연결되며 선행절과 후행절의 주어가 같아 후행절의 주어가 탈락된 것이다. 대등하게 이어진문장은 이어진문장들의 의미 관계가 대등하다. 따라서 '올해에는 날씨가 따뜻하나 작년에는 추웠다.'와 같이 앞뒤 문장의 순서를 바꾸어도 의미 관계에 큰 변화가 없다.

⑤ ㉤은 주어 '눈이'와 서술어 '오다(올지라도)'로 이루어진 문장과 주어 '우리는'과 서술어 '나간다'로 이루어진 두 문장을 종속적 연결 어미 '-ㄹ지라도'를 활용해 연결한 종속적으로 이어진문장에 해당한다. 대등하게 이어진문장과는 달리 앞뒤 문장의 순서를 바꾸면 의미 관계가 달라진다는 점에서 이를 알 수 있다. 이어진문장은 주어와 서술어의 관계가 두 번 이상 나타나는 겹문장에 해당한다.

97 ③

개념 카테고리 현대 문법 > 통사론 > 높임 표현

| 정답 해설 | ③ "어머니께서 아주머니께 이 김치를 드리라고 하셨습니다."를 분석해 보면, '어머니께서(주어: 주체 높임) 아주머니께(부사어: 객체 높임) 이 김치를 드리(어휘적 높임: 객체 높임) 라고 하셨(주체 높임 선어말 어미 '-시-': 주체 높임)습니다[하십시오체(아주 높임) 종결 어미: 상대 높임)].'이다. 따라서 상대, 주체, 객체 높임이 모두 쓰였다.

| 오답 해설 | ① 아버지께서(주체 높임) 할머니를 모시고(객체 높임) 댁에(주체 높임)에 들어가셨다(주체 높임). → 상대 높임이

쓰이지 않았다.

② 제가(상대 높임) 어머니께(객체 높임) 그렇게 말씀(객체 높임)을 드리면(객체 높임) 될까요(상대 높임)? → 주체 높임이 쓰이지 않았다.

④ 주민 여러분께서는(주체 높임) 잠시만 제(상대 높임) 이야기에 귀를 기울여 주시기(주체 높임) 바랍니다(상대 높임). → 객체 높임이 쓰이지 않았다.

98 ④

개념 카테고리 현대 문법 > 통사론 > 높임법

| 정답 해설 | ④ '할머니께서 편찮으시다.'의 맥락이므로 '편찮으시다'는 주어를 높이는 '주체 높임'과 관련된 표현으로 봐야 한다.

| 오답 해설 | ① '할머니를 모시다.'의 맥락이므로 객체인 할머니를 높이기 위해 높임의 어휘인 '모시다'를 사용하고 있다.

② '할머니께 드리다.'의 맥락이므로 객체인 할머니를 높이기 위해 부사격 조사인 '께'를 사용하고 있다.

③ '안마의자를 할머니께 드리다.'의 맥락이므로 객체인 할머니를 높이기 위해 높임의 어휘인 '드리다'를 사용하고 있다.

99 ①

개념 카테고리 현대 문법 > 통사론 > 높임 표현

| 정답 해설 | 상대높임의 높임과 낮춤이 아니라 상대높임의 유무를 묻는 문제이므로 모든 종결 어미가 포함된 ①~④의 상대높임법은 (+)이다.

① '+주체, −객체, +상대'이다.

- 주체: '어머니'를 '께서'와 주체 높임 선어말 어미 '−시−'로 높이고 있다. 따라서 '+주체'이다.
- 객체: '영희'를 높이는 표현이 없다. 따라서 '−객체'이다.
- 상대: 해라체 종결 어미 '−다'가 쓰였다. 따라서 '+상대'이다.

| 오답 해설 | ② • 주체: 주체인 '영희'를 높이는 표현이 없다. 따라서 '−주체'이다.

- 객체: '께'와 '드리다'를 통해 '할머니'를 높이고 있다. 따라서 '+객체'이다.
- 상대: 해라체 종결 어미 '−다'가 쓰였다. 따라서 '+상대'이다.

③ • 주체: '어머니'를 '께서'와 주체 높임 선어말 어미 '−시−'로 높이고 있다. 따라서 '+주체'이다.
- 객체: '영희'를 높이는 표현이 없다. 따라서 '−객체'이다.
- 상대: 종결 표현의 '−습니다(하십시오체의 평서형)'를 통해 상대를 높이고 있음을 알 수 있다. 따라서 '+상대'이다.

④ • 주체: '어머니'를 '께서'와 주체 높임 선어말 어미 '−시−'로 높이고 있다. 따라서 '+주체'이다.
- 객체: '께'와 '드리다'를 통해 '할머니'를 높이고 있다. 따라서 '+객체'이다.
- 상대: 종결 표현의 '−습니다(하십시오체의 평서형)'를 통해 상대를 높이고 있다. 따라서 '+상대'이다.

100 ①

개념 카테고리 현대 문법 > 통사론 > 높임 표현

| 정답 해설 | ① 주체는 '내가'로 '나'는 높임의 대상이 아니기 때문에 주체 높임은 나타나지 않는다(주체−). 객체는 '선생님'으로, '께'와 '드리다'를 통해 높이고 있다(객체+). 상대는 '숙희'로, '숙희야'와 반말체의 종결 표현을 통해 높임의 대상이 아님을 알 수 있다(상대−).

101 ③

개념 카테고리 현대 문법 > 통사론 > 피동문

| 정답 해설 | (가)에는 피동문이지만 예외적으로 '목적어'가 요구되는 문장이 들어가야 한다.

③ '밟히다'는 '발에 닿아 눌리다.'의 의미로 피동 접미사 '−히−'가 결합된 '피동사'이다. 하지만 목적어 '발을'을 요구하고 있으므로 예외적인 경우에 해당한다.

| 오답 해설 | ① '안기다', ② '옮기다', ④ '입히다'는 모두 사동 접미사 '−기−, −히−'가 붙은 '사동사'이다. 따라서 목적어가 정상적으로 요구된다.

102 ②

개념 카테고리 현대 문법 > 통사론 > 사동문, 피동문

| 정답 해설 | ② (나)는 사동문이다. 행위의 주체는 '나'이며, 서술어 '읽히셨다'의 필수적 부사어인 '나에게'가 제시되었다. (라)는 피동문이다. 행위의 주체는 '우리'이며, '우리에게'는 '수의적 부사어'이다. 따라서 (라)에서는 행위의 주체에 해당되는 문장 성분이 필수적으로 제시된다고 할 수 없다.

| 오답 해설 | ① 사동문 (나)의 서술어 '읽히다'는 '읽다'에 사동 접사 '−히−'가 결합된 파생어이고, 피동문 (라)의 서술어 '보이다'는 '보다'에 피동 접사 '−이−'가 결합된 파생어이다.

③ 주동문 (가)의 주어는 '내가'이고 사동문 (나)의 부사어는 '나에게'이다. 능동문 (다)의 주어는 '우리가'이고 피동문 (라)의 부사어는 '우리에게'이다. 따라서 옳은 설명이다.

④ 주동문 (가)의 서술어 '읽었다'는 두 자리 서술어이고 사동문 (나)의 서술어 '읽히셨다'는 세 자리 서술어이다. 능동문 (다)의 서술어 '봅니다'는 두 자리 서술어이고, 피동문 (라)의 서술어 '보입니다'는 한 자리 서술어이다. 따라서 주동문에서 사동문으로, 능동문에서 피동문으로 전환 시 서술어의 자릿수에 변화가 나타남을 알 수 있다.

103 ③

개념 카테고리 현대 문법 > 통사론 > 사동문

| 정답 해설 | ③ 〈보기〉에서 ㉢ '마당이 넓다.'의 '넓다'는 형용사로, ㉣을 통해 형용사도 사동화될 수 있음을 알 수 있다. 따라서 동사만 사동화될 수 있다는 이해는 적절하지 않다.

| 오답 해설 | ① 사동문의 유형에는 ㉡과 같이 '–게 하다'를 붙인 '통사적 사동문'과 ㉣과 같이 접미사 '–히–'를 붙인 '파생적 사동문'이 있다.

② 주동문의 주어는 사동문에서 '부사어'나 '목적어'로 변한다. 따라서 다른 문장 성분으로 나타날 수 있다.

④ ㉠은 두 자리 서술어이고, ㉡은 세 자리 서술어이다. ㉢은 한 자리 서술어이고, ㉣은 두 자리 서술어이다. 따라서 주동문을 사동문으로 바꿀 때 서술어 자릿수가 변화할 수 있다.

104 ①

개념 카테고리 현대 문법 > 통사론 > 사동문, 부정문

| 정답 해설 | (가) 파생적 사동문(짧은 사동문)으로, 직접 사동과 간접 사동 모두로 해석이 가능한 문장이다. → ㉠

(나) 통사적 사동문(긴 사동문)으로, 간접 사동으로만 해석이 가능하다. → ㉡

(다) '안 부정문'으로, 의지 부정에 해당한다. → ㉢

(라) '못 부정문'으로, 능력 부정에 해당한다. → ㉣

105 ①

개념 카테고리 현대 문법 > 통사론 > 피동문

| 정답 해설 | ① '꼽혀지다'는 '꼽히어지다'로 분석되며, 이때 '–히–'와 '–어지다'는 모두 피동 표현이다. 따라서 이중 피동이다. '꼽고'는 능동이므로 '꼽히고' 정도로 수정하는 것이 적절하다.

| 오답 해설 | ② 언제부터 '리셋 증후군'이라는 용어가 사용되었는지 설명하는 부분이므로 리셋 증후군이 처음 언급되는 문장 뒤로 옮기는 것이 문맥상 더 자연스럽다.

③ "관계를 쉽게 끊기도 한다."라는 설명 앞에 나오는 표현이므로 '칼로 무를 자르듯'이 더 적절하다.

④ 리셋 증후군이 쉽게 판별하기 어렵고 진단도 쉽지 않다고 하는 앞부분과 예방을 위해 지속적으로 노력해야 한다는 뒷부분은 '인과 관계'에 해당한다. 따라서 '그러므로'가 적절하다.

106 ④

개념 카테고리 현대 문법 > 통사론

| 정답 해설 | ④ ⓒ에서 직접 인용절을 가진 안은문장의 '이곳이'가 간접 인용절을 안은문장에서 '그곳이'로 바뀐 것을 확인할 수 있다. 직접 인용절을 안은문장에서 사용된 지시 표현인 '이곳'은 인용절의 발화자인 '친구'의 관점에서 표현한 것이다. 그러나 간접 인용절을 안은문장으로 바뀌면서 지시 표현이 전체 문장의 화자인 '나'의 관점에서 '그곳'으로 표현되었다.

| 오답 해설 | ① ⓐ에서 직접 인용절을 안은문장의 '내일'이 간접 인용절을 안은문장에서 '오늘'로 바뀐 것을 확인할 수 있다. 직접 인용절은 안은문장에서는 인용절의 발화 시점에서 '내일'이라는 시간 부사를 사용하였다. 그러나 간접 인용절을 안은문장으로 바뀌면서 전체 문장의 발화 시점에 맞춰 '오늘'이라는 시간 부사를 사용한 것이다.

② ⓐ에서 직접 인용절을 보면 인용절의 화자인 '그'가 청자인 '나'를 고려해 '갑니다'와 같이 하십시오체의 청자 높임법을 사용한 것을 알 수 있다. 그러나 간접 인용절에서는 '간다고'와 같이 청자 높임법이 유지되지 않았다.

③ ⓑ에서 직접 인용절을 보면 '맡겨라'와 같이 명령문이 사용된 것을 알 수 있다. 이 명령문이 간접 인용절로 쓰이며 '맡기라고'와 같이 인용 조사 '고'가 인용절에 결합하였다.

⑤ ⓒ에서 직접 인용절에는 '아름답구나'와 같이 감탄형 종결 어미 '–구나'가 사용되었다. 이것이 간접 인용절로 바뀌면서 '아름답다고'에서의 '–다'와 같이 평서형 종결 어미로 바뀐 것을 확인할 수 있다.

107 ④

개념 카테고리 현대 문법 > 통사론 > 종결 표현(의문문)

| 정답 해설 | ④의 의문문은 대답을 요구하지 않고 화자의 바람이나 소망을 서술하는 기능을 하고 있으므로 수사 의문문에 속한다.

108 ④

개념 카테고리 현대 문법 > 통사론 > 높임 표현

| 정답 해설 | ④ '요'를 통해 듣는 상대방(문장에서는 생략됨)을 높이고 있고, 주어인 '아버지'는 주체 높임의 선어말 어미 '–시–'를 통해, 객체인 부사어 '할아버지'는 '드리다'라는 어휘적 높임을 통해 높이고 있다. 따라서 밑줄 친 높임법이 모두 쓰였다.

| 오답 해설 | ① 부사어인 '할아버지'를 높이기 위해 '드리다'라는 어휘적 높임을 사용하였으므로 '객체 높임법'이 쓰였다.

② 주어인 '아버지'를 높이기 위해 '–시–'를 사용하였으므로 '주체 높임법'이 쓰였다.

③ 청자인 '어머니'를 높이기 위해 아주 높임인 '–ㅂ니다'를 사용하였다. 그리고 생략된 주어인 '어머니'를 높이기 위해 '–시–(오셔야)'를 사용하였다. '객체 높임법'이 사용되지 않았다.

109 ②

개념 카테고리 현대 문법 > 통사론 > 부정문

| 정답 해설 | ② 이중 부정은 의미적으로는 긍정의 의미이지만 '안'이나 '못'이 쓰였으므로 부정문으로 본다.

| 오답 해설 | ① '안' 부정문은 '의지 부정', '못' 부정문은 '능력

부정'으로 본다.

③ '집에 가지 말아라.', '집에 가지 말자.'처럼 명령문이나 청유문에는 '-지 말다'를 붙여 부정문을 만든다.

④ '나는 철수를 안 때렸다.'처럼 '안'이 '나, 철수, 때렸다.' 중 어떤 것을 부정하는지에 따라 문장의 의미가 달라질 수 있다. 이런 현상을 '초점에 의한 중의성'이라고 한다.

110 ③

개념 카테고리 현대 문법 > 통사론 > 능동문, 피동문

| 정답 해설 | ③ 일반적으로 능동문과 피동문의 의미가 같다. 그러나 부정이나 수량 표현에서는 의미 차이가 드러난다. ㉠은 사냥꾼이 잡을 수 있으나 잡지 않았다는 의미지만, ㉡은 사냥꾼은 잡으려 했으나 잡지 못했다는 의미가 된다.

| 오답 해설 | ② 문장의 초점은 항상 주어가 받는다. 따라서 ㉠에서는 '사냥꾼'이, ㉡에서는 '토끼'가 문장의 초점을 받는다.

111 ③

개념 카테고리 현대 문법 > 통사론 > 피동, 사동

| 정답 해설 | ③ '밝혀졌다'는 '드러나지 않거나 알려지지 않은 사실, 내용, 생각 따위를 드러내 알리다'라는 의미의 동사 '밝히다'에 피동의 문법 요소 '-어지-'가 결합한 것이다. '언론이 사건의 전모를 자세히 밝혔다.'와 같이 대응하는 능동문을 상정할 수 있다.

| 오답 해설 | ① '입혔다'는 동사 어근 '입-'에 접미사 '-히-'가 결합한 것은 맞지만, 이때 '-히-'는 피동 접사가 아니라 사동 접사이다. 피동은 주어가 다른 주체에 의해 어떤 동작을 당하거나 영향을 받는 것이고, 사동은 주어가 다른 대상에게 어떤 동작을 하게 하는 것이다. 이 문장에서는 주어인 아버지가 아이에게 두터운 점퍼를 입는 동작을 하게 만들었다는 의미가 되므로 '입혔다'는 사동사이다.

② '건네받다'는 '남으로부터 물건을 옮기어 받다'는 의미의 합성동사로, 이때 '받-'은 접사가 아닌 어근이다. 이는 '사랑받다'에 대응하는 능동문의 서술어인 '사랑하다'와 달리, '건네받다'에 대해 '*건네하다'라는 동사가 존재하지 않는다는 것에서 확인할 수 있다.

④ '그 사람은 많은 사람들에게 존경받는다'는 자연적으로 발생하는 사태를 표현했다고 보기 어려우며, '많은 사람들이 그 사람을 존경한다.'와 같이 피동문에 대응하는 능동문을 상정할 수 있다. 이때 '존경하다'에서 접사 '하-'를 접사 '-받-'으로 교체한 것이므로 ㉡에 해당한다.

⑤ '이루어지다'에 대응하는 능동문의 서술어인 '이루다'는 '~가 ~를 이루다'와 같이 주어와 목적어를 요구하므로 형용사나 자동사가 아닌 타동사이다. 따라서 이때 '이루어졌다'는 동사 어간 '이루-'에 '-어지-'를 결합한 방법, 즉 ㉢에 해당하는 예이다.

112 ④

개념 카테고리 현대 문법 > 통사론 > 겹문장

| 정답 해설 | ㉠: ㉠에서 관형절의 수식을 받는 체언은 '함성'인데, '함성이 힘찬'과 같이 관형절 속에서 주어로 쓰일 수 있으므로 관계 관형절에 해당한다. 따라서 [A]에 속한다.

㉡: ㉡에서 관형절의 수식을 받는 체언은 '기억'인데, '기억'의 내용이 곧 '자동차가 전복된' 것이며 '기억'이 관형절 속에서 한 성분으로 쓰일 수 없다. 따라서 동격 관형절에 속한다. 관형절이 만들어지는 과정에서 '자동차가 전복되다.'에서의 '-다'가 유지되지 않으므로 원래 문장의 종결 어미가 그대로 유지되지 않는다. 따라서 [B]에 속한다.

㉢: ㉢에서 관형절의 수식을 받는 체언은 '자료'인데, '형이 자료를 조사한'과 같이 관형절 속에서 목적어로 쓰일 수 있으므로 관계 관형절에 해당한다. 따라서 [A]에 속한다.

㉣: ㉣에서 관형절의 수식을 받는 체언은 '사실'인데, '사실'의 내용이 곧 '내가 그 일을 한다는' 것이며 '사실'이 관형절 속에서 한 성분으로 쓰일 수 없다. 따라서 동격 관형절에 속한다. 관형절이 만들어지는 과정에서 '내가 그 일을 한다.'에서의 '-다'가 유지되므로 원래 문장의 종결 어미가 그대로 유지되어 [C]에 속한다.

의미론/화용론

문제편 P.50

113	④	114	④	115	①	116	③	117	③
118	③	119	①	120	④	121	③	122	②
123	②	124	④	125	②	126	①	127	④
128	④	129	④	130	①	131	④	132	②
133	④								

113 ④

개념 카테고리 현대 문법 > 의미론/화용론 > 의미 중복

| 정답 해설 | 제시된 글은 의미 중복이 나타난 사례이다.

④ '뿐더러'는 어떤 일이 그것만으로 그치지 않고 나아가 다른 일이 더 있음을 나타내는 연결 어미인 '-ㄹ뿐더러'로 쓰였고, '무척'은 '다른 것과 견줄 수 없이.'라는 의미의 부사이다. 이 둘 사이에는 의미 중복이 나타나지 않는다.

| 오답 해설 | ① '부터'는 '어떤 일이나 상태 따위의 관련된 시작.'임을 나타내는 보조사이고, '먼저'는 '시간적으로나 순서상으로 앞서서.'를 의미하는 부사이다. 둘 다 '처음'과 관련된 표현으로, 의미가 중복된다.

② '오로지'는 '오직 한 곬으로.', '만'은 '다른 것으로부터 제한하여 어느 것을 한정함.'을 나타내는 보조사로 둘 다 '한정, 제한'의 의미이다.

③ '마다'는 '낱낱이 모두.', '각각'은 '사람이나 물건의 하나하나 마다.'의 뜻이다. 즉, 둘 다 '낱낱'의 의미이다.

114 ④

개념 카테고리 현대 문법 > 의미론/화용론 > 어휘의 의미 관계

| 정답 해설 | ⓐ '관계 반의어'는 두 단어가 상대적 관계에 있으면서 의미상 대칭을 이루는, '관계'나 '방향'과 관련된 반의어이다. ④ '있다 – 없다'는 관계 반의어가 아닌 상보 반의어이다.

| 오답 해설 | ①, ② '사다 – 팔다', '부모 – 자식'은 관계를 의미하는 '관계 반의어'이다.

③ '동쪽 – 서쪽'은 방향을 의미하는 '관계 반의어'이다.

| 플러스 이론 | **'반의어'의 종류**

반의 관계를 좀 더 구체적으로 분류하면 '반의 대립어, 상보 대립어, 방향 대립어'로 나눌 수 있다.

- 반의 대립어: 정도나 등급을 나타내는 대립어로, 중간이 존재할 수 있다.
- 상보 대립어: 개념적 영역을 상호 배타적인 두 구역으로 양분하는 대립어로, 중간이 존재할 수 없다.
- 방향 대립어: 맞선 방향으로 이동을 나타내는 대립 쌍을 말하며, 방향성에 주안점이 있는 대립어이다.

115 ①

개념 카테고리 현대 문법 > 의미론/화용론 > 어휘의 의미 관계

| 정답 해설 | ① '성공 : 실패'는 '상보 대립어'에 속한다.

- 성공(成功): 목적하는 바를 이룸.
- 실패(失敗): 일을 잘못하여 뜻한 대로 되지 아니하거나 그르침.

| 오답 해설 | ②~④는 '방향 대립어'에 속한다.

② • 시상(施賞): 상장이나 상품, 상금 따위를 줌.
 • 수상(受賞): 상을 받음.

③ • 판매(販賣): 상품 따위를 팖.
 • 구매(購買): 물건 따위를 사들임.

④ • 공격(攻擊): 나아가 적을 침. 또는 남을 비난하거나 반대하여 나섬.
 • 방어(防禦): 상대편의 공격을 막음. 또는 상대편의 공격으로부터 스스로를 지킴.

116 ③

개념 카테고리 현대 문법 > 의미론/화용론 > 어휘의 뜻

| 정답 해설 | ㉠의 '싸다'는 '물건을 안에 넣고 보이지 않게 씌워 가리거나 둘러 말다.'의 의미이다. 따라서 ③의 '싸다'와 의미가 같다.

| 오답 해설 | ① '어떤 물체의 주위를 가리거나 막다.'의 의미이다.

②, ④ '어떤 물건을 다른 곳으로 옮기기 좋게 상자나 가방 따위에 넣거나 종이나 천, 끈 따위를 이용해서 꾸리다.'의 의미이다.

117 ③

개념 카테고리 현대 문법 > 의미론/화용론 > 어휘의 뜻

| 정답 해설 | 맥락을 보면 ㉠의 '문제'는 '해결하기 어렵거나 난처한 대상, 또는 그런 일.'을 의미한다. 따라서 ③의 '문제'와 의미가 같다.

| 오답 해설 | ① '논쟁, 논의, 연구 따위의 대상이 되는 것'의 의미로 사용되었다.

② '귀찮은 일이나 말썽'의 의미로 사용되었다.

④ '해답을 요구하는 물음'의 의미로 사용되었다.

118 ③

개념 카테고리 현대 문법 > 의미론/화용론 > 의미의 종류

| 정답 해설 | ③ '악기'가 '음악을 연주하는 데 쓰는 기구를 통틀어 이르는 말.'이라는 것에서 알 수 있듯이, '기구'는 '악기'의 상의어이다. 제시된 글에서 상하 관계에서는 하의어가 상의어를 의미적으로 함의한다고 하였으므로 '악기'는 '기구'를 의미적으로 함의하지만, 모든 '기구'가 '악기'인 것은 아니므로 '기구'는 '악기'를 의미적으로 함의하지 않는다.
마찬가지로 '북'은 '악기'의 하의어이다. 따라서 '북'은 '악기'를 의미적으로 함의하지만, 모든 '악기'가 '북'인 것은 아니므로 '악기'가 '북'을 의미적으로 함의하지는 않는다.

| 오답 해설 | ① '타악기'는 '팀파니, 실로폰, 북, 심벌즈'의 상의어이다. 제시된 글에서 알 수 있듯이 상의어일수록 일반적이고 포괄적인 의미를 지닌다.

② '북'은 '타악기'의 하의어이므로 '타악기'를 의미적으로 함의한다. 따라서 '북'은 '타악기'의 의미 자질을 갖게 된다. [두드림]은 '타악기'의 의미 자질이므로 '북'도 [두드림]을 의미 자질 중 하나로 갖게 된다.

④ 자료에서 단어 간의 상하 관계를 살펴보면 '기구'의 하의어는 '악기', '악기'의 하의어는 '현악기, 관악기, 타악기', '타악기'의 하의어는 '팀파니, 실로폰, 북, 심벌즈'이다. 따라서 '타악기'와 '심벌즈'는 모두 '기구'의 하의어이다. 그러나 '타악기'와 '심벌즈'가 같은 계층에 있지는 않으므로 공하의어는 아니다.

⑤ ④의 해설에서 살펴보았듯이 '현악기'와 '관악기'는 '악기'에 대해 같은 계층에 있는 하의어이므로 '악기'의 공하의어이다. 하의어는 상의어를 의미적으로 함의하며, 상의어보다 의미 자질의 개수가 많다. 따라서 '악기'는 그 상의어인 '기구'보다 의미 자질의 개수가 많으며, '악기'의 공하의어인 '현악기'와 '관악기'는 '악기'보다 의미 자질의 개수가 더 많다. 따라서 '현악기'와 '관악기'는 '악기'보다 의미 자질의 개수가 많을 것임을 알 수 있다.

119 ①

개념 카테고리 현대 문법 > 의미론/화용론 > 의미의 종류

| 정답 해설 | ① 제시된 글에서 알 수 있듯이 한 상의어가 같은 계층의 두 단어만을 공하의어로 포함하면, 그 공하의어들은 ㉡ '상보적 반의 관계'에 있게 된다. 공하의어 사이에는 ㉠ '비양립 관계'가 성립하게 되므로, ㉡을 만족하면 자연스럽게 ㉠도 만족하게 된다. 따라서 ㉡을 만족하는 단어 쌍을 찾으면 된다.
〈보기〉의 ⓐ~ⓗ를 상하 관계에 따라 분류해 보면, ⓓ '계절'의 하의어로 ⓐ '여름'과 ⓔ '겨울'이 있다. '여름'과 '겨울'은 같은 계층에 있어 이들을 상의어 '계절'의 공하의어라고 할 수 있으므로, ⓐ와 ⓔ 사이에는 ㉠ '비양립 관계'가 성립한다. 그러나 '여름'과 '겨울' 외에도 '봄'과 '가을'이라는 '계절'의 또다른 공하의어가 존재하므로, '여름'이 아니라고 해서 꼭 '겨울'이라고 볼 수는 없다. 따라서 ㉡ '상보적 반의 관계'는 만족하지 않는다.
ⓕ '개', ⓖ '펭귄', ⓗ '갈매기'는 모두 '동물'의 공하의어로 볼 수 있으므로 ㉠ '비양립 관계'를 성립한다. 어떤 동물이 '개'이면서 '펭귄'이거나 '펭귄'이면서 '갈매기'일 수는 없다. 그러나 세 가지 종류의 동물 외에도 무수한 종류의 동물이 존재하므로 ㉡ '상보적 반의 관계'는 만족하지 않는다.
ⓑ '북극'과 ⓒ '남극'은 '극'의 공하의어이다. 어떤 극이 '북극'이자 '남극'일 수는 없으므로 ㉠ '비양립 관계'가 성립한다. 또한 '극'은 '남극'과 '북극'과 같은 계층의 또 다른 공하의어를 갖지 않는다. 따라서 '남극'이 아닌 것은 곧 '북극'이고 '북극'이 아닌 것은 곧 '남극'이라는 점에서 ㉡ '상보적 반의 관계'에 있다.

120 ④

개념 카테고리 현대 문법 > 의미론/화용론 > 어휘의 뜻

| 정답 해설 | ④ ㉣의 '풀다'는 '사람을 동원하다.'라는 의미이다. 참고로 ㉣은 '구금을 풀다, 통금을 풀다' 등과 같이 쓰인다.

121 ③

개념 카테고리 현대 문법 > 의미론/화용론 > 어휘의 뜻

| 정답 해설 | ③ "옷에 풀기가 아직 살아 있다."에서 '살다'는 '본래 가지고 있던 색깔이나 특징 따위가 그대로 있거나 뚜렷이 나타나다.'라는 의미이다. ㉢에 들어갈 적절한 예로는 '어렸을 때 배운 노래 한 구절이 머릿속에 아직도 살아 있다.'가 있다.

122 ②

개념 카테고리 현대 문법 > 의미론/화용론 > 어휘의 뜻

| 정답 해설 | ② '물체의 그림자나 영상이 나타나 보이다.'의 뜻으로 적절하게 사용되었다.
| 오답 해설 | ① 1❺ '투명하거나 얇은 것을 통하여 드러나 보이다.'의 예문으로 적절하다.
③ 3❷ '의향을 떠보려고 슬쩍 말을 꺼내거나 의사를 넌지시 깨우쳐 주다.'의 예문으로 적절하다.
④ 2 '무엇으로 보이거나 인식되다.'의 예문으로 적절하다.

123 ②

개념 카테고리 현대 문법 > 의미론/화용론 > 어휘의 뜻

| 정답 해설 | 제시된 문장에서 밑줄 친 '걸었다'는 '앞으로의 일에 대한 희망 따위를 품거나 기대하다.'의 의미로 쓰였다. ②의 '걸었다' 역시 이와 같은 의미로 사용되었다.
| 오답 해설 | ①, ③, ④ '목숨, 명예 따위를 담보로 삼거나 희생할 각오를 하다.'의 의미로 사용되었다.

124 ④

개념 카테고리 현대 문법 > 의미론/화용론 > 어휘의 뜻

| 정답 해설 | '타다'의 다의어와 동음이의어를 구분하는 문제이다. 〈보기〉에서 '타다'는 '탈것이나 짐승의 등 따위에 몸을 얹다.'의 의미로 쓰였다. 이와 유사한 의미로 쓰인 것은 '어떤 조건이나 시간, 기회 등을 이용하다.'를 뜻하는 ④의 '타다'이다.
| 오답 해설 | ①~③의 '타다'는 ㉠과 동음이의어 관계의 단어로 의미는 다음과 같다.
① 타다: 복이나 재주, 운명 따위를 선천적으로 지니다.
② 타다: 악기의 줄을 퉁기거나 건반을 눌러 소리를 내다.
③ 타다: 부끄럼이나 노여움 따위의 감정이나 간지럼 따위의 육체적 느낌을 쉽게 느끼다.

125 ②

개념 카테고리 현대 문법 > 의미론/화용론 > 의미의 변화

| 정답 해설 | ② '말미'와 '휴가'는 모두 『표준국어대사전』에 등재된 단어들로서 공존하며 유의어(뜻이 비슷한 말)로 쓰이고 있다. 따라서 '말미'가 쓰이지 않는다는 설명은 적절하지 않다.
- 말미: 일정한 직업이나 일 따위에 매인 사람이 다른 일로 말미암아 얻는 겨를. '말미를 얻다. 말미가 나다.'와 같이 사용한다.
- 휴가: 직장·학교·군대 따위의 단체에서, 일정한 기간 동안 쉬는 날. 또는 그런 겨를.

126 ①

개념 카테고리 현대 문법 > 의미론 > 의미의 종류

| 정답 해설 | ① '외연적 의미, 개념적 의미'는 '사전적 의미'를 다르게 이르는 말이다. 참고로 '사전적 의미'는 '중심적 의미'와 '주변적 의미'가 모두 포함되는 개념으로, '중심적 의미'와 '사전적 의미'는 서로 다른 개념이다.

127 ④

개념 카테고리 현대 문법 > 의미론 > 어휘의 의미

| 정답 해설 | ④ '동음이의어'는 우연히 발음만 같은 어휘이므로 사전에는 각각의 표제어로 실린다.

| 오답 해설 | ① 예를 들어 동물 중 '개'라는 하위어는 '동물'이라는 상위어를 함의한다.

② 일반적으로 표현 가치, 의도 등이 전혀 바뀌지 않는 동의어는 존재하지 않는다는 점에서 진정한 의미에서의 동의어는 없다는 주장을 하는 학자들이 있다.

③ '서다'를 예로 들어 보면, '(차가) 서다.'의 경우 '가다'를 반의어로 생각해 볼 수 있고, '(칼날이) 서다.'의 경우 '무디다'를 반의어로 생각해 볼 수 있다.

128 ④

개념 카테고리 현대 문법 > 의미론/화용론 > 의미의 종류

| 정답 해설 | • 새해맞이: '새해맞이'에서 '새해'는 관형사인 '새'가 후행하는 명사인 '해'를 수식하는 것으로 분석할 수 있다.(㉠) 또한 '새해맞이'는 '새해를 맞이하는 일'을 의미하므로 단어의 구성 요소가 의미상 목적어와 서술어의 관계로 이루어져 있다.(㉡)

• 한몫하다: '한몫하다'에서 '한몫'은 관형사인 '한'이 뒤의 명사 '몫'을 수식하는 것으로 분석할 수 있다.(㉠) 또한 '한몫을 하다'를 의미하므로 단어의 구성 요소가 의미상 목적어와 서술어의 관계로 이루어져 있다.(㉡)

| 오답 해설 | • 두말없이: '두말없이'에서 '두말'은 관형사인 '두'가 후행하는 '말'을 수식하는 것으로 분석할 수 있으므로 ㉠을 만족한다. 그러나 '두말없이'는 '두말이 없이'를 의미하므로 단어의 구성 요소는 의미상 목적어와 서술어가 아니라 주어와 서술어의 관계로 이루어져 있다.

• 숨은그림찾기: '숨은그림찾기'는 '숨은 그림을 찾는 일'을 의미하므로 단어의 구성 요소들이 의미상 목적어와 서술어의 관계를 이루어 ㉡을 만족한다. 그러나 '숨은 그림'에서 '숨은'은 관형사가 아니라 용언 어간 '숨-'에 관형사형 어미 '-은'이 결합한 동사이다. '숨은'이 명사 '그림'을 수식하기는 하지만 관형사가 아닌 관형어인 것이다.

129 ④

개념 카테고리 현대 문법 > 의미론 > 중의성

| 정답 해설 | ④ '재촉'의 의미를 갖는 중의성이 없는 문장이다.

| 오답 해설 | ① '민수와 진영이가 함께'의 의미인지 '진영이와 민희를 함께'의 의미인지가 중의적이다.

② '슬픈'이 수식하는 것이 '곡예사'인지 '운명'인지 중의적이다.

③ '선생님이(주어) 보고 싶은 학생'인지 '선생님을(목적어) 보고 싶은 학생'인지에 따라 중의성이 생긴다.

130 ①

개념 카테고리 현대 문법 > 의미론 > 의미 변동

| 정답 해설 | ① '배[船]'는 나무로 만든 것만을 가리키던 말이었는데 현재에는 나무, 철 등 다양한 재료로 만들고 있으므로 '확대'에 해당한다.

| 오답 해설 | ② '다리[脚]'는 사람이나 동물 등에만 사용되었으나 현재는 무생물까지 확대되어 사용되는 단어이다.

③ '어리다'는 '어리석다'의 의미였으나 현재는 '나이가 적다'의 의미로 이동하여 사용되는 단어이다.

④ '인정'은 '뇌물'의 의미였으나 현재는 '사람 사이의 정'의 의미로 이동하여 사용되는 단어이다.

131 ④

개념 카테고리 현대 문법 > 화용론 > 대화 함축

| 정답 해설 | ④ 밑줄 친 B의 발화는 관련성의 격률을 의도적으로 위배함으로써 시험 얘기를 더 이상 하기 싫다는 의도를 함축적으로 전달하고 있다(대화 함축).

132 ②

개념 카테고리 현대 문법 > 의미론/화용론 > 의미의 종류

| 정답 해설 | ② ㉡에는 보조적 연결 어미 '-을까'에 보조 용언 '싶다'가 결합하여 앞말대로 될까 봐 걱정하고 두려워하는 마음이 있음을 나타낸다. 즉 잊고자 하는 의도를 드러내는 것이 아니라 공연 중에 동작을 잊을까 봐 걱정하는 마음을 드러낸다.

| 오답 해설 | ① ㉠에서는 보조적 연결 어미 '-나'에 보조 용언 '보다'가 결합하여 앞말이 뜻하는 행동을 추측하거나 어렴풋이 인식하고 있음을 나타낸다. 따라서 안무를 다 짰을 것이라고 추측하는 의미가 드러난다.

③ ㉢에서는 보조적 연결 어미 '-어'에 보조 용언 '버리다'가 결합하여 앞말이 나타내는 행동이 이미 끝났음을 나타내며, 그 행동이 이루어진 결과로 말하는 이가 아쉬운 감정을 갖게 되었음을 나타낸다. 따라서 친구들이 안무의 동작 구성이 어려워 포기한 것에 대한 아쉬움을 나타내는 의미가 드러난다.

④ ㉣에서는 보조적 연결 어미 '-어'에 보조 용언 '주다'가 결합하여 앞말이 뜻하는 행동이 다른 사람을 위한 행동임을 나타낸다. 따라서 아쉬워하는 '세희'를 위해 안무를 고치는 행동을 베풀려는 지혜의 심리적 태도가 드러난다.

⑤ ㉤에서는 보조적 연결 어미 '-어야'에 보조 용언 '하다'가 결합하여 앞말이 뜻하는 행동을 하는 것이 필요함을 나타낸다. 따라서 공연을 위한 안무 연습을 오늘까지 마치는 것이 필요하다는 의미가 드러난다.

133 ④

개념 카테고리 현대 문법 > 의미론/화용론 > 발화

| 정답 해설 | ④ ㉥의 화자는 '민수'이고, '민수'의 발화에서 '왔다'는 말은 '정수'가 어제 화자인 '민수'가 있던 장소(○○서점)로 이동했음을 나타낸다. 반면 ㉦의 화자는 '희철'이고, '희철'의 발화에서 '왔었구나'라는 말은 여전히 '정수'가 어제 '민수'가 있던 장소(○○서점)로 이동했음을 나타낼 뿐 화자인 '희철'이 있던 장소로의 이동을 나타내지 않는다.

| 오답 해설 | ① ㉠은 발화 시점을 기준으로 하루 뒤, ㉤은 발화 시점을 기준으로 하루 전을 의미한다. 따라서 모두 발화 시점과 관련하여 언제인지가 정해진다.

② ㉡은 이전 발화, 즉 '민수'의 말을 직접 가리킨다. 반면 ㉢은 '○○서점'을 가리키는 지시 표현으로, 이전 발화와는 관련이 없다.

③ ㉣은 담화 참여자와 상관없이 여전히 '정수'라는 인물을 가리키는 고유 명사이므로 담화 참여자에 따라 지시 대상이 달라지지 않는다. 반면 ㉨의 '네'는 담화 참여자 중 발화자가 언급하는 인물(이 담화에서는 '기영')을 가리키는 대명사이므로 담화 참여자에 따라 지시 대상이 달라진다.

⑤ '기영'이에게 '민수, 희철'이 회의에 가야 한다는 것을 알리는 상황에서 ㉧은 담화 참여자 중 '기영'을 제외한 '민수, 희철'을 가리킨다. 반면 ㉩은 '우리 셋'이라는 부분에서 알 수 있듯이 담화 참여자인 '민수, 희철, 기영'을 모두 가리킨다.

CHAPTER

02 어문 규정

한글 맞춤법

문제편 P.58

01	④	02	②	03	④	04	①	05	②
06	②	07	①	08	②	09	①	10	③
11	④	12	③	13	④	14	②	15	④
16	④	17	③						

01 ④

개념 카테고리 어문 규정 > 한글 맞춤법

| 정답 해설 | ④「한글 맞춤법」 제6항은 구개음화에 대한 내용이다. 구개음화는 하나의 형태소 안에서는 일어나지 않는다. '잔디, 버티다'는 하나의 형태소에서 'ㄷ, ㅌ'과 'ㅣ'가 만난 것이지, 'ㄷ, ㅌ' 받침 뒤에 종속적 관계를 가진 '-이(-)'나 '-히-'와 결합한 것이 아니므로, 이 조항의 예가 될 수 없다.

| 오답 해설 | ① '해돋이'는 '해돋-' 뒤에 종속적 관계를 가진 '-이'가 와서 결합한 단어로, [해도지]로 발음하나 '해돋이'로 표기한다. '같이' 또한 '같-' 뒤에 종속적 관계를 가진 '-이'가 와서 결합한 단어로, [가치]로 발음하나 표기는 '같이'로 한다.

② 표음주의가 아닌 표의주의를 따르고 있기 때문에 '어법에 맞게 적는다.'라는 원리를 따른다는 것은 옳은 설명이다.

③ 종속적 관계란 체언, 어근, 용언 어간 등의 실질 형태소에 조사, 접사, 어미 등의 형식 형태소가 결합하는 관계를 말한다.

02 ②

개념 카테고리 어문 규정 > 한글 맞춤법

| 정답 해설 | ② '마개'와 '마감'은 (나)의 예로 옳다. 하지만 '지붕'은 '어간'이 아닌 '명사'인 '집' 뒤에 '-이' 이외의 모음으로 시작된 접미사 '-웅'이 붙어서 된 말이므로 (라)의 예에 해당한다.

| 오답 해설 | ① '미닫이'는 어간에 '-이'가 붙어 명사가 된 예이고, '졸음'은 어간에 '-음'이 붙어서 명사가 된 예이며, '익히'는 어간에 '-히'가 붙어서 부사가 된 예이다.

③ '육손이'와 '곰배팔이'는 명사 뒤에 '-이'가 붙어 명사가 된 예이고, '집집이'는 명사 뒤에 '-이'가 붙어 부사가 된 예이다.

④ '끄트머리, 바가지, 이파리'는 '-이' 이외의 모음으로 시작된 접미사 '-으머리, -아지, -아리'가 붙어서 된 말의 예이다.

03 ④

개념 카테고리 어문 규정 > 한글 맞춤법

| 정답 해설 | ④ '부스러기'는 '잘게 부스러진 물건.'을 의미한다. 반면 '부스럭거리다'는 '마른 잎이나 검불, 종이 따위를 밟거나 건드리는 소리가 자꾸 나다. 또는 그런 소리를 자꾸 내다.'의 의미이다. 따라서 '부스러기'와 '부스럭거리다'는 서로 관련이 없는 말이다.

| 오답 해설 | ① '동그라미'의 '어근 '동글'은 '-하다'나 '-거리다'가 붙을 수 없는 말이므로 '동그라미'는 원형을 밝혀 적지 않는 예에 해당한다. 참고로 『표준국어대사전』에 '동글하다'가 등재되어 있는데 이는 「한글 맞춤법」 제정 이후에 등재된 것으로, '동그라미'는 규정과 맞지 않아 보일 수 있다. 그러나 이는 언어의 역사적 변화 과정으로 이해할 수 있다.

② 어근에 '-거리다'가 붙는 말이 있으므로 어근의 원형을 밝혀 적는다.

③ '맴하다, 매거리다', '뻐꾹하다, 뻐꾹거리다' 등과 같이 '-하다'나 '-거리다'를 붙일 수 없는 어근이므로 원형을 밝혀 적지 않는다.

04 ①

개념 카테고리 어문 규정 > 한글 맞춤법

| 정답 해설 | ①「한글 맞춤법」 제40항 [붙임 2]에 근거해서 볼 때 '생각하건대'의 경우 '하' 앞에 안울림소리 'ㄱ'이 오면 '하' 전체가 줄어서 '생각컨대'가 아닌 '생각건대'로 표기하는 것이 옳다.

| 오답 해설 | ② 두 음절 한자어의 경우 「한글 맞춤법」 제30항 3에 해당하는 6개의 한자어 외에는 사이시옷을 표기하지 않는다.

③ '뒷세상[뒤:쎄상/뒫:쎄상]'은 「한글 맞춤법」 제30항 2-(1)에 근거해서 순우리말과 한자어가 결합하여 뒷말의 첫소리가 된소리로 나고 앞말이 모음으로 끝나는 예이므로 사이시옷을 표기해야 한다.

④ '어떻게'는 「한글 맞춤법」 제40항 [붙임 1]에 근거해서 '어떠하게'에서 '하'의 'ㅏ'가 줄고 'ㅎ'이 어간의 끝소리로 굳어진 경우로 볼 수 있다.

05 ②

개념 카테고리 어문 규정 > 한글 맞춤법

| 정답 해설 | 제시된 내용은 「한글 맞춤법」 제30항 사이시옷을 받치어 적는 규정에 관한 내용이다.

② '윗옷'은 〈표준어 사정 원칙〉 제12항의 '웃-' 및 '윗-'은 명사 '위'에 맞추어 '윗-'으로 통일한다는 내용에 부합되는 단어로, 된소리 발음이나 'ㄴ' 첨가가 일어나는 사이시옷 표기의 조건에 해당하는 단어가 아니다.

| 오답 해설 | ① '냇가'는 순우리말로 된 합성어로서 앞말이 모음으로 끝나고 뒷말의 첫소리가 된소리로 나는 것에 해당하는 단어이다. [내:까/낻:까]로 발음한다.

③ '훗날'은 순우리말과 한자어로 된 합성어로서 뒷말의 첫소리

'ㄴ, ㅁ' 앞에서 'ㄴ' 소리가 덧나는 것에 해당하는 단어이다. [훈:날]로 발음한다.

④ '예삿일'은 순우리말과 한자어로 된 합성어로서 뒷말의 첫소리 모음 앞에서 'ㄴㄴ' 소리가 덧나는 것에 해당하는 단어이다. [예:산닐]로 발음한다.

06 ②

개념 카테고리 어문 규정 > 한글 맞춤법

| 정답 해설 | ㉠ '대(순우리말)+잎(순우리말) → 댓잎[댄닙]'이므로 1-(3)에 해당한다.

㉡ '아래(순우리말)+마을(순우리말) → 아랫마을[아랜마을]'이므로 1-(2)에 해당한다.

㉣ '코(순우리말)+병(한자어) → 콧병[코뼝/콛뼝]'이므로 2-(1)에 해당한다.

| 오답 해설 | ㉢ '머리+말 → 머리말[머리말]'이므로 사잇소리 현상이 일어나지 않는다.

㉤ '위+층 → 위층'으로, 결합하는 말 중에 뒤에 오는 말의 초성이 된소리나 거센소리일 경우 사이시옷을 받치어 적지 않는다.

㉥ '개(個)+수(數) → 개수'로, 한자어끼리 결합하는 말은 사이시옷을 받치어 적지 않는 것이 원칙이다.

07 ①

개념 카테고리 어문 규정 > 한글 맞춤법

| 정답 해설 | ① '머물다'는 '머무르다'의 준말로, '머물다'와 '머무르다' 둘 다 표준어이다. 다만, 준말은 '모음 어미 활용'을 하지 않으므로 모음 어미 활용을 할 때 원형을 통해 해야 한다. 따라서 '머무르었다 → 머물렀다(르 불규칙 활용)'가 맞는 표현이다.

| 오답 해설 | ③ '서툴다'는 '서투르다'의 준말로, '서툴다'와 '서투르다' 둘 다 표준어이다. '서툴다'의 관형사형은 어간 '서툴-'에 관형사형 전성 어미 '-ㄴ'이 결합하면서 '서툴-'의 어간 받침 'ㄹ'을 탈락시킨 '서툰'이다.

08 ②

개념 카테고리 어문 규정 > 한글 맞춤법 > 띄어쓰기

| 정답 해설 | ② '제-'는 접두사이므로 뒷말에 붙여 쓴다. 또한 글의 내용을 구분하는 것을 세는 단위인 명사 '장(章)'은 앞말과 띄어 쓰는 것이 원칙이나 붙여 씀도 허용한다. 따라서 '제3 장의' 또는 '제3장의'로 고쳐 써야 한다.

| 오답 해설 | ① '걸'은 '것을'을 구어적으로 표현한 말로, '것'은 의존 명사이므로 앞말과 띄어 써야 한다.

③ '지'가 시간의 경과를 나타낼 때는 의존 명사이므로 앞말과 띄어 써야 한다.

④ '차'가 주기나 경과의 해당 시기를 나타내는 경우에는 의존 명사이므로 앞말과 띄어 써야 한다.

09 ①

개념 카테고리 어문 규정 > 한글 맞춤법 > 띄어쓰기

| 정답 해설 | ① '한밤중'은 '깊은 밤'을 뜻하는 한 단어이므로 붙여 쓴다.

| 오답 해설 | ② '-ㄹ뿐더러'는 어떤 일이 그것만으로 그치지 않고 나아가 다른 일이 더 있음을 나타내는 연결 어미이다. 전체가 하나의 어미이므로 붙여 쓴다.

③ 문장 내에서 '지', '만'이 시간을 나타내는 말 뒤에 쓰이면 의존 명사이므로 앞말과 띄어 쓴다.

④ '안되다'가 '일, 현상, 물건 따위가 좋게 이루어지지 않다.'의 의미로 쓰일 때는 한 단어이므로 붙여 쓴다.

10 ③

개념 카테고리 어문 규정 > 한글 맞춤법 > 띄어쓰기

| 정답 해설 | ③ 문맥상 '되다'를 부정한 것이 아니라 '일정한 수준이나 정도에 이르지 못하다.'의 의미로 쓰였기 때문에 '안되어도'로 붙여 써야 한다. 또한 '듯하다'는 '앞말이 뜻하는 사건이나 상태 따위를 짐작하거나 추측함을 나타내는 말.'을 뜻하는 보조 형용사로, 앞말과 띄어 써야 한다.

| 오답 해설 | ① '물어보다'는 '무엇을 밝히거나 알아내기 위하여 상대편에게 묻다.'의 의미로 사전에 등재된 단어이므로 붙여 쓰는 것이 옳다. 하지만 '물어도 보았다'는 본용언과 보조 용언의 구조이며, 본용언과 보조 용언 사이에 보조사 '도'가 붙은 경우이므로 띄어 쓰는 것이 원칙이다.

② '같이'는 앞말이 나타내는 그때를 강조하는 격 조사로, 체언 뒤에 붙여 써야 하므로 '매일같이'로 붙여 쓰는 것은 옳다.

④ '지난주'는 '이 주의 바로 앞의 주.'를 뜻하는 한 단어로, 붙여 쓰는 것이 옳다. '할지'에서 '-ㄹ지'는 추측에 대한 막연한 의문이 있는 채로 그것을 뒤 절의 사실이나 판단과 관련시키는 데 쓰는 연결 어미이다. 따라서 '하다'의 어간에 연결 어미 '-ㄹ지'를 붙여 쓰는 것은 옳다.

11 ④

개념 카테고리 어문 규정 > 한글 맞춤법 > 띄어쓰기

| 정답 해설 | ④ '하고'는 다른 것과 비교하거나 기준으로 삼는 대상임을 나타내며, 의미상 '와/과'의 역할을 하는 부사격 조사이다. 따라서 선행하는 체언에 붙여 쓰는 것이 옳다.

| 오답 해설 | ① '스승이라기'는 '스승이라고 하기'의 줄어든 형태이다. 뒤에 '보다'는 '~에 비해서'라는 뜻의 비교부사격 조사로 쓰였다. 따라서 '스승이라기보다는'과 같이 앞말에 붙여 써야 한다.

② '같이'는 체언 뒤에 쓰이면 조사이다. 따라서 앞말에 붙여 '황소같이'로 써야 한다. 참고로 '같은'은 형용사 '같다'의 활용형이므로 앞말과 띄어 써야 한다.

③ '는(은)커녕'은 앞말을 지정하여 어떤 사실을 부정하는 뜻을 강조하는 보조사이다. 따라서 앞말에 붙여 '밥은커녕'으로 써야 한다.

12 ③

개념 카테고리 어문 규정 > 한글 맞춤법 > 띄어쓰기

| 정답 해설 | ③ '대로'가 체언 뒤에 쓰이는 경우는 조사, 용언의 관형사형 뒤에 쓰이는 경우는 의존 명사이다. '내키는'은 용언의 관형사형이므로 '내키는 대로'가 바른 표현이다. 부정 부사 '안'은 용언 앞에서 '옳지 않다'의 의미를 가지고 있으므로 뒤의 용언과 띄어 써야 한다. 따라서 '안 돼'로 쓰는 것이 옳다.

| 오답 해설 | ① '도외시하다'는 '상관하지 아니하거나 무시함'을 뜻하는 명사 '도외시(度外視)'에 동사를 만드는 접사 '-하다'가 붙은 파생어로 붙여 써야 하는 하나의 단어이다. 또한 『표준국어대사전』에 등재된 한 단어이므로 붙여 써야 한다.

② '밖에'가 부정 표현과 함께 오면 조사이므로 '대리전으로밖에는'과 같이 앞말과 붙여 써야 한다.

④ '지'가 시간의 경과를 나타내는 의존 명사일 경우에는 띄어 써야 하지만, 이 문장에서는 어미 '-ㄹ지'로 쓰였기 때문에 '회복될지'로 붙여 써야 한다.

13 ④

개념 카테고리 어문 규정 > 한글 맞춤법 > 띄어쓰기

| 정답 해설 | ④ • '대로'는 체언 뒤에서 쓰일 경우 '조사'이므로 앞말에 붙여 써야 한다. 따라서 '나대로'는 옳은 표기이다.

• '데'는 뒤에 조사를 붙일 수 있으면 '의존 명사'이므로 앞말과 띄어 쓴다. 따라서 '갈 데가'와 '싶은 데로'는 옳은 표기이다.

| 오답 해설 | ① '은커녕'은 앞말을 지정하여 어떤 사실을 부정하는 뜻을 강조하는 보조사이다. 따라서 '타협점은커녕'으로 붙여 써야 한다.

② • '소리 밖에'의 '밖에'는 '그것 말고는', '그것 이외에는', '기꺼이 받아들이는', '피할 수 없는'의 뜻을 나타내는 보조사이다. 따라서 '소리밖에'로 붙여 써야 한다.

• '창문 밖에'의 '밖에'는 명사 '밖'과 조사 '에'의 조합이므로 띄어쓰기가 옳다.

③ • '그만큼'은 '그만한 정도로'의 뜻을 나타내는 부사로 한 단어이다. 따라서 붙여 써야 한다.

• '만큼'이 관형어 뒤에서 쓰일 경우 의존 명사이므로 '있을∨만큼만'으로 띄어 써야 한다.

14 ②

개념 카테고리 어문 규정 > 한글 맞춤법 > 띄어쓰기

| 정답 해설 | ② '빨아 말렸다'에서 '말렸다'는 '그녀는 가족의 빨래를 말렸다.'와 같이 단독으로 서술어의 역할을 할 수 있으므로 본용언이다. 본용언끼리는 띄어 써야 하므로 '빨아 말렸다'는 붙여 쓸 수 없다.

| 오답 해설 | ① '하고'가 본용언이고 '있다'가 보조 용언이지만, 보조적 연결 어미 '-고'로 연결된 경우이므로 붙여 쓸 수 없다. 그러나 〈보기〉의 내용은 본용언과 본용언의 관계에서 붙여 쓸 수 없는 경우를 설명하고 있으므로 답이 될 수 없다.

③ '이겨 냈다'는 '* 그는 부모님을 여읜 슬픔을 냈다.'와 같이 '냈다'가 단독으로 서술어의 역할을 하지 못하므로 보조 용언이며, 보조 용언은 본용언과 붙여 쓸 수 있다.

④ '도와 드렸다'는 '* 그녀는 하루 종일 어머니 일을 드렸다.'와 같이 '드렸다'가 단독으로 서술어의 역할을 하지 못하므로 보조 용언이며, 보조 용언은 본용언과 붙여 쓸 수 있다. 참고로, '도와-드리다'는 『표준국어대사전』에 한 단어로 등재되어 있다.

15 ④

개념 카테고리 어문 규정 > 한글 맞춤법 > 사이시옷

| 정답 해설 | ④ '찻잔', '텃세'는 순우리말과 한자어로 된 합성어로서, 앞말이 모음으로 끝난 경우이다. 따라서 사이시옷을 받치어 적는다.

| 오답 해설 | ①, ②, ③은 모두 순우리말로 된 합성어이다.

16 ④

개념 카테고리 어문 규정 > 한글 맞춤법

| 정답 해설 | ④ '반짇고리'는 'ㄹ' 소리와 연관되어 'ㄷ'으로 소리 나는 경우로 'ㄷ'으로 적을 뚜렷한 근거가 있다. 즉 '반짇고리'는 '바늘+-질+-ㅅ+고리'로 끝소리 'ㄹ'이 'ㄷ' 소리로 변하는 것을 반영하여 '반짓고리'가 아니라 '반짇고리'로 적는다.

| 오답 해설 | ①~③ '자칫하다', '숫접다', '놋그릇'은 'ㄷ'으로 적을 근거가 있는 경우가 아니어서 「한글 맞춤법」 제7항에 따라 관습대로 'ㅅ'으로 적는 예에 해당한다.

17 ③

개념 카테고리 어문 규정 > 한글 맞춤법

| 정답 해설 | ③ '목거리'는 '목이 아픈 병'이라는 뜻으로 '걸다'의 원래 뜻에서 멀어졌기 때문에 소리대로 적는다. 반면 '목걸이'는 '목에 거는 물건'이라는 뜻으로 '걸다'의 본뜻이 유지되고 있으므로 원형을 밝혀 적는다. 따라서 '목걸이'는 '어법에 맞게 적는다'는 원리를 따른 것이지만 '목거리'는 소리대로 적는 원리에 따른 것이다.

| 오답 해설 | ① '달맞이'와 '얼음'은 각각 '달맞-'과 '얼-'에 명사 파생 접미사 '-이', '-음'이 결합하여 명사가 된 것으로 어간 원형을 밝혀 적는다. '달맞이'에서 '맞이'를 표준국어대사전에서는 접사로 본다. 이 경우 '달+맞이'의 구성으로 볼 수도 있다.

② '굽도리'는 '방 안 벽의 밑부분'을 의미하는 단어로 '도리'는 '돌다'에 '-이'가 결합한 말이지만 '굽돌이'로 적지 않고 '굽도

리'로 적는다. 이는 어간에 '-이'나 '-음'이 붙어서 명사로 바뀐 것이라도 그 어간의 뜻과 멀어진 것은 원형을 밝혀 적지 않기 때문이다.

④ '우스개'는 '웃-'에 '-으개'가 결합한 말이지만 '웃으개'로 적지 않고 '우스개'로 적는다. 이는 어간에 '-이'나 '-음' 이외의 모음으로 시작된 접미사가 붙어서 다른 품사로 바뀐 것은 그 어간의 원형을 밝혀 적지 않는다는 [붙임]의 규정에 따른 것이다.

문장 부호

문제편 P.62

18	②	19	③	20	④				

18 ②

개념 카테고리 어문 규정 > 문장 부호

| 정답 해설 | ② 고유어에 대응하는 한자어가 음이 다를 때에는 대괄호([ ])를 쓰고 음이 같으면 소괄호(( ))를 쓴다. 따라서 '나이[年歲]'로 쓰는 것이 맞다.

| 오답 해설 | ① 주석이나 보충적인 내용을 덧붙일 때에는 소괄호를 쓴다.

③ 대괄호는 괄호 안에 또 괄호를 쓸 필요가 있을 때 바깥쪽에 사용한다.

④ 중괄호({ })는 같은 범주에 속하는 여러 요소를 세로로 묶어서 보일 때 사용한다.

19 ③

개념 카테고리 어문 규정 > 문장 부호

| 정답 해설 | ③ 고유어에 대응하는 한자어를 함께 보일 때는 대괄호를 쓴다. 따라서 '한밭[大田]'으로 표기해야 한다.

| 오답 해설 | ① 한 문장 안에 몇 개의 선택적인 물음이 이어질 때 '물음표'는 맨 끝의 물음에 하나만 적는다.

④ 예술 작품의 제목을 나타낼 때는 '홑낫표(「 」)' 또는 '홑화살괄호(〈 〉)'를 쓴다.

20 ④

개념 카테고리 어문 규정 > 문장 부호

| 정답 해설 | ④ 〈 〉의 명칭은 '홑화살괄호'이다. '중괄호'는 { }이다.

| 오답 해설 | ① 마침표(.): 서술, 명령, 청유 등을 나타내는 문장의 끝, 아라비아 숫자만으로 연월일을 표시할 때, 특정한 의미가 있는 날을 표시할 때 월과 일을 나타내는 아라비아 숫자 사이, 장, 항, 절 등을 표시하는 문자나 숫자 다음에 쓴다.

② 빗금(/): 대비되는 두 개 이상의 어구를 묶어 나타낼 때 그 사이, 기준 단위당 수량을 표시할 때 해당 수량과 기준 단위 사이, 시의 행이 바뀌는 부분에 쓴다.

③ 쌍점(:): 표제 다음에 해당 제목을 들거나 설명을 붙일 때, 희곡 등에서 대화 내용을 제시할 때 말하는 이와 말한 내용 사이, 시와 분, 장과 절 등을 구별할 때, 의존 명사 '대'가 쓰일 자리에 쓴다.

로마자/외래어 표기법

문제편 P.63

21	②	22	②	23	①	24	②	25	②
26	③	27	②	28	①	29	③	30	④

21 ②

개념 카테고리 어문 규정 > 로마자/외래어 표기법 > 로마자 표기

| 정답 해설 | 「로마자 표기법」은 「표준 발음법」을 기준으로 표기한다. 따라서 동화가 일어난 경우 「표준 발음법」에 따라 표기에 반영해야 한다. 이는 고유 명사인 경우에도 마찬가지이다.

② '속리산'은 [송니산]으로 발음되고, 고유 명사는 첫 글자를 대문자로 적으므로 'Songnisan'으로 표기한다.

| 오답 해설 | ① 구개음화는 표기에 반영한다. 따라서 '해돋이'는 'haedoji'로 적는다.

③ 된소리되기는 표기에 반영하지 않는다. 따라서 '울산'은 [울싼]으로 발음되지만 'Ulsan'으로 적는다.

④ 자음이 축약되어 거센소리가 나는 경우에 용언일 때에는 표기에 반영하여 적는다. ㉎ 좋고[조코]-joko
하지만 체언의 받침이 'ㄱ, ㄷ, ㅂ'인 경우 그 뒤에 오는 'ㅎ'은 'h'로 따로 밝혀 적어야 한다. 따라서 '집현전'은 'Jiphyeonjeon'으로 적는다.

22 ②

개념 카테고리 어문 규정 > 로마자/외래어 표기법 > 로마자 표기

| 정답 해설 | '발음상 혼동의 우려가 있을 수 있다.'라는 말은 붙임표를 붙이지 않을 경우 다른 발음으로 착각할 수 있다는 의미이다.

② 'Ban-gudae'를 'Bangudae'로 표기할 경우 '반구대' 혹은 '방우대'로 혼용하여 발음이 가능하므로 읽는 입장에서는 헷갈리기 쉽다. 따라서 '반구대'라는 것을 명확하게 표기하는 방법으로 붙임표를 붙인다.

| 오답 해설 | ① '독도'는 자연 지물명이므로 붙임표 없이 붙여 써야 한다. 또한 '독도'는 [독또]로 발음되지만 로마자 표기 시 된소리되기는 표기에 반영하지 않으므로 'Dokdo'로 쓴다.

③ '독립문'은 문화재명에 해당하므로 붙임표 없이 붙여 써야 한다. 또한 '독립문'은 [동님문]으로 발음되는데 자음 사이에 일어난 동화 작용은 표기에 반영하므로 'Dongnimmun'으로 쓴다.

④ 'Inwang-ri'의 표기는 맞다. 하지만 발음상 혼동의 우려가 있어서 붙임표를 붙인 것이 아니라 '도, 시, 군, 구, 읍, 면, 리, 동'의 행적 구역 단위와 '가'는 붙임표를 붙인다는 「로마자 표기법」 제5항에 따라 'ri' 앞에 붙임표를 붙인 것이다.

23 ①

개념 카테고리 어문 규정 > 로마자/외래어 표기법 > 외래어 표기

| 정답 해설 | ① '심포지엄(symposium)'이 맞는 표기이다.

| 오답 해설 | ② '바리케이드(barricade)', ③ '콘셉트(concept)', ④ '콘텐츠(contents)'가 맞는 표기이다.

24 ②

개념 카테고리 어문 규정 > 로마자/외래어 표기법 > 외래어 표기

| 정답 해설 | ② '시뮬레이션, 카레'는 「외래어 표기법」에 따라 바르게 표기되었다.

| 오답 해설 | ㄱ. 카톨릭(×) → 가톨릭(○)

ㄷ. 숏커트(×) → 쇼트커트(○)

ㅁ. 챔피온(×) → 챔피언(○)

ㅂ. 캐리커춰(×) → 캐리커처(○)

25 ②

개념 카테고리 어문 규정 > 로마자/외래어 표기법 > 로마자 표기

| 정답 해설 | ② Dokddo(×) → Dokdo(○): 된소리되기는 로마자 표기 시 반영하지 않는다. 따라서 'Dokdo'로 표기해야 한다.

| 오답 해설 | ① Daegwallyeong(○): 유음화는 로마자 표기 시 반영한다. '대관령'은 [대:괄령]으로 발음되므로 유음화를 반영하여 'Daegwallyeong'으로 옳게 표기하였다.

③ Ojukheon(○): 체언에서 받침 'ㄱ, ㄷ, ㅂ' 뒤에 오는 'ㅎ'은 'h'로 따로 받쳐 적으며, 자연 지물명, 문화재명, 인공 축조물명은 붙임표(-) 없이 붙여 쓴다.

④ Songnisan(○): 비음화도 로마자 표기 시 반영한다. '속리산'은 [송니산]으로 발음되므로 비음화를 반영하여 'Songnisan'으로 옳게 표기하였다.

26 ③

개념 카테고리 어문 규정 > 로마자/외래어 표기법 > 로마자 표기

| 정답 해설 | ③ 같이 – gachi(○): 로마자 표기는 「표준 발음법」을 기준으로 해야 한다. 따라서 구개음화도 표기에 반영한다. '같이'는 [가치]로 발음되므로 'gachi'로 옳게 표기되었다.

| 오답 해설 | ① 종로 – Jongro(×) → Jongno(○): '종로'는 [종노]로 발음되므로, 비음화를 반영하여 'Jongno'로 표기해야 한다.

② 법문 – beopmun(×) → beommun(○): '법문'은 [범문]으로 발음되므로, 비음화를 반영하여 'beommun'으로 표기해야 한다.

④ 백마 – baekma(×) → baengma(○): '백마'는 [뱅마]로 발음되므로, 비음화를 반영하여 'baengma'로 표기해야 한다.

27 ②

개념 카테고리 어문 규정 > 로마자/외래어 표기법 > 로마자 표기

| 정답 해설 | ② 된소리되기는 로마자 표기에 반영하지 않는다. 따라서 '샛별'은 'saetbyeol'로 적어야 한다.

| 오답 해설 | ① 자음 사이에서 동화 작용이 일어나는 경우에는 이를 반영하여 적도록 되어 있으므로 옳은 표기이다.

③ 'ㄱ, ㄷ, ㅂ, ㅈ'이 'ㅎ'과 합하여 거센소리로 소리 나는 경우 이를 반영하여 적도록 되어 있다.

④ 'ㄱ, ㄷ, ㅂ'은 모음 앞에서는 'g, d, b'로, 자음 앞이나 어말에서는 'k, t, p'로 적는다.

28 ①

개념 카테고리 어문 규정 > 로마자/외래어 표기법 > 외래어 표기

| 정답 해설 | ① 네비게이션(×) → 내비게이션(○): 'navigation'은 [nævɪ'geɪʃn]으로 발음된다. 'æ'는 'ㅐ'로 발음되므로 '내비게이션'으로 표기해야 한다.

| 오답 해설 | ② 액셀러레이터(○): 자동차의 가속 장치인 'accelerator'는 '액셀러레이터'로 표기한다.

③ 내레이션(○): 'narration'은 '내레이션'으로 표기한다.

④ 플래카드(○): 'placard'는 [plæka:d]로 발음된다. 발음상 받침 'ㅇ'이 없으므로 '플랭카드'로 잘못 표기하지 않도록 주의해야 한다.

29 ③

개념 카테고리 어문 규정 > 로마자/외래어 표기법 > 외래어 표기

| 정답 해설 | ③ '가디건'은 잘못된 표기로 '카디건'으로 표기하는 것이 옳다.

| 오답 해설 | ① '팬더'가 아니라 '판다'가 올바른 표기이다.

② '알콜, 알코홀, 앨코올' 등은 잘못된 표기이며, '알코올'이 올바른 표기이다.

④ '바베큐'는 잘못된 표기로 '바비큐'로 표기해야 한다.

30 ④

개념 카테고리 어문 규정 > 로마자/외래어 표기법 > 외래어 표기

| 정답 해설 | ④ '센티미터'와 '타이태닉호'는 올바른 표기이다.

| 오답 해설 | ① 샤시(×) → 새시(○), 바디로션(×) → 보디로션(○)

② 스탠다드(×) → 스탠더드(○), 엑세서리(×) → 액세서리(○)

③ 넌센스(×) → 난센스(○), 알콜(×) → 알코올(○)

CHAPTER 03 고전 문법

고전 문법

문제편 P.68

01	④	02	②	03	①	04	③	05	④
06	④	07	①	08	④	09	③	10	③
11	④	12	③	13	④	14	③	15	②
16	④	17	①	18	①	19	②	20	②
21	①	22	②	23	④	24	①	25	①
26	①	27	②						

01 ④

개념 카테고리 고전 문법 > 중세 국어의 특징

| 정답 해설 | ④ '연서'는 글자를 위에서 아래로 이어 쓰는 것으로 순경음을 만드는 방법이다. 따라서 'ㅸ'이 적절한 예이다.

| 오답 해설 | ① '혀가 윗잇몸에 닿는 모양'을 본뜬 것은 'ㄴ'이다. 'ㄱ'은 '혀뿌리가 목구멍을 막는 모양'을 본뜬 것이다.

② 'ㄹ'은 '이체자'로, 가획의 원리를 따르지 않는 글자이며, 가획자에는 'ㅍ'도 있다.

③ 초성 17자, 중성 11자를 합쳐 28자이다. 종성의 글자는 따로 만들지 않았다.

02 ②

개념 카테고리 고전 문법 > 중세 국어의 특징

| 정답 해설 | ② '여름 하ᄂᆞ니'는 '열매(가) 많으니'라는 뜻이다. 따라서 체언 '여름(열매)'에 주격 조사가 붙지 않고 체언 단독으로 주어가 실현된 경우이다.

| 오답 해설 | ① '太子(태자)'의 '자'가 모음으로 끝나고 'ㅏ'가 양성 모음이므로 목적격 조사로 'ᄅᆞᆯ'이 붙어서 목적어가 실현되었다.

③ '고ᄌᆞ란'의 현대어는 '꽃일랑'이다. 이는 체언 '곶(꽃)'에 보조사 'ᄋᆞ란(일랑)'이 붙어서 목적어로 실현된 것이다.

④ '부텻 像'의 현대어는 '부처의 형상'이다. 이때 '像(상)'이 자음으로 끝나고 'ㅏ'가 양성 모음이므로 목적격 조사로 'ᄋᆞᆯ'이 붙어서 목적어가 실현되었다.

03 ①

개념 카테고리 고전 문법 > 훈민정음

| 정답 해설 | ① ⓐ에서 '종성 글자는 따로 만들지 않고 다시 초성 글자를 사용한다'고 하였으므로, 종성이 들어 있는 단어를 모두 확인해야 한다. '붇, ᄉᆞᄀᆞᄫᆞᆯ, 딱, ᄒᆞᆰ'에서 'ㄷ, ㄹ, ㄱ' 등의 초성 글자가 종성 글자로 동일하게 쓰인 것을 알 수 있다.

| 오답 해설 | ② ⓑ는 순경음 글자에 대한 설명이므로, 순경음 글자가 쓰인 단어를 확인해야 한다. '사ᄫᅵ, ᄉᆞᄀᆞᄫᆞᆯ'에 순경음인 'ㅸ'이 쓰인 것을 확인할 수 있다.

③ ⓒ는 두 개 이상의 자음이 모여 있는 자음군에 대한 설명이다. 'ᄢᅳ니, ᄣᅡᆨ, ᄒᆞᆰ'에서 각각 'ㅴ, ㅵ, ㄺ'과 같은 자음군을 확인할 수 있다.

④ ⓓ에서 언급한 모음인 'ㆍ, ㅡ, ㅗ, ㅜ, ㅛ, ㅠ'가 쓰인 단어를 확인해야 한다. '붇, ᄉᆞᄀᆞᄫᆞᆯ, ᄒᆞᆰ'에서 'ㅜ, ㅡ, ㆍ'를 확인할 수 있다.

⑤ ⓔ에서 언급한 모음인 'ㅣ, ㅏ, ㅓ, ㅑ, ㅕ'가 쓰인 단어를 확인해야 한다. 'ᄢᅳ니, 사ᄫᅵ, ᄣᅡᆨ'에서 'ㅣ, ㅏ'를 확인할 수 있다.

04 ③

개념 카테고리 고전 문법 > 훈민정음

| 정답 해설 | • A: '나라'는 무정 명사(무정물)이므로 관형격 조사 'ㅅ'이 결합하여 '나랏'으로 표기한다.

• B: '사ᄅᆞᆷ'은 유정 명사(유정물)이고 'ㆍ'는 양성 모음이므로 관형격 조사 'ᄋᆡ'와 결합하여 '사ᄅᆞᄆᆡ'로 표기한다.

• C: '세존(世尊)'은 유정 명사(유정물)이나 종교적으로 높은 대상, 즉 존칭의 대상이므로 관형격 조사 'ㅅ'이 결합한다.

| 플러스 이론 | 중세 국어의 관형격 조사

형태	환경	특징	예
ㅅ	울림소리 뒤	무정 명사, 높임 명사 뒤에 쓰임	• 岐王ㅅ 집(기왕의 집) • 나랏 말ᄊᆞᆷ(나라의 말)
ᄋᆡ	양성 모음 뒤	유정 명사 뒤에 쓰임	ᄆᆞᄅᆡ 香(말의 향기)
의	음성 모음 뒤		崔九의 집(최구의 집)

05 ④

개념 카테고리 고전 문법 > 중세 국어의 특징

| 정답 해설 | ④ 중세 국어 시기에는 'ㅄ'처럼 어두에 두 개의 자음이 오는 어두 자음군이 존재했으나 이를 하나의 자음처럼 발음한 것은 아니다. 어두의 'ㅄ'은 각각의 음가를 가지고 있었다.

| 오답 해설 | ① 'ㅣ'가 주격 조사로 사용되었다.

② '술ㅎ+은'의 구성으로 '술흔'이 되었다. 여기서 '술ㅎ'은 종성에 'ㅎ'을 갖는 'ㅎ 종성 체언'이다.

③ 중세 국어 시기에는 객체 높임 선어말 어미로 '-ᄌᆞᆸ-/-ᄉᆞᆸ-/-ᅀᆞᆸ-'이 있었다. ⓒ에서는 '-ᄌᆞᆸ-'의 이형태인 '-ᄌᆞᄫ-'의 'ㅸ'이 소실됨에 따라 'ㅗ/ㅜ'로 변한 모습을 보여 주고 있다.

06 ④

개념 카테고리 고전 문법 > 의문문

| 정답 해설 | ④ ㉣을 현대어 풀이와 비교해 보았을 때, ㉣이 현대 국어의 '모시고'에 해당하며, 중세 국어의 '뫼셔(뫼시다)'와 중세 국어의 '모시고(모시다)'가 모두 특수 어휘임을 알 수 있다. 그러나 이 특수 어휘는 서술의 주체를 높이기 위한 것이 아니라 서술의 객체이자 목적어인 '聖宗(성종)'을 높이기 위한 것이다.

| 오답 해설 | ① 제시된 글에서 알 수 있듯이 중세 국어에서는 객체 높임 선어말 어미로 '-ᄉᆞᆸ-'이 사용되었으며, 음운적 환경에 따라 '-ᄉᆞᆸ-, -ᄌᆞᆸ-, -ᄉᆞᄫ-, -ᅀᆞᄫ-, -ᄌᆞᄫ-'으로 실현되기도 하였다. ㉠은 용언 어간 '깃-'에 객체 높임 선어말 어미 '-ᄉᆞᄫ-'이 결합한 것으로, 객체이자 목적어인 '仁義之兵(인의지병)'을 높이기 위해 사용된 것이다.

② 제시된 글을 통해 현대 국어와 중세 국어에서 모두 '-시-'가 주체 높임의 선어말 어미로 사용되었음을 알 수 있다. 주체 높임법은 화자가 문장의 주어인 서술의 주체에 대하여 높임의 태도를 나타내는 방법이다. ㉡은 '一怒(일노)ᄒᆞ-'에 주체 높임 선어말 어미 '-시-'가 결합하였으며, 이를 통해 문장의 주어이자 서술의 주체인 '聖孫(성손)'을 높이고 있다.

③ 제시된 글에서 언급하고 있듯이 현대 국어에서 상대 높임법은 종결 표현에 의해 실현되고, 중세 국어에서는 종결표현뿐만 아니라 상대 높임 선어말 어미 '-이-, -잇-' 등을 통해 실현되었다. 상대 높임법은 화자가 청자인 상대방에 대해 높이거나 낮추어 말하는 것이다. ㉢에는 상대 높임 선어말 어미 '-이-'가 결합되어 있다. 따라서 화자가 청자인 상대방을 높이고 있음을 알 수 있다.

⑤ ㉤은 '그리-+-시-+-니-+-이-+-다'로 그 형태소를 분석할 수 있다. 이때 '-시-'는 주체 높임 선어말 어미이고, '-이-'는 상대 높임 선어말 어미이다. 따라서 '-시-'는 문장의 주체이자 주어인 '하ᄂᆞᆯ'을 높이기 위해 사용된 것이고, '-이-'는 대화 상대인 청자를 높이기 위해 사용된 것이다.

07 ①

개념 카테고리 고전 문법 > 높임법

| 정답 해설 | 〈보기 2〉에서 먼저 '아버지는 허리가 아프셔서'의 '아프셔서'에서 어간 '아프-'에 주체 높임 선어말 어미 '-시-'가 결합하였다. 이때 '아프셔서'라는 서술어의 주어는 '허리가'인데, 〈보기 1〉을 참고하면 서술의 주체를 직접 높이는 것이 아니라 높여야 할 대상의 신체 부분인 '허리'를 높임으로써 해당 인물인 '아버지'를 간접적으로 높이고 있는 것임을 알 수 있다. 따라서 간접 높임이 사용되었다.

또한 '한영이가 아버지 대신 할아버지를 뵙고 왔습니다.'에서 '보고' 대신 '뵙고'라는 특수 어휘가 사용되었는데, 이는 목적어이자 객체인 '할아버지'를 높이기 위해 사용된 객체 높임법이다.

마지막으로 '-습니다'라는 종결 어미가 사용되고 있는데, 이는 아주 높임의 하십시오체에 해당하며, 청자 즉 대화 상대를 높이기 위한 상대 높임법에 해당한다.

08 ④

개념 카테고리 고전 문법 > 의문문

| 정답 해설 | ④ ㉣은 "구라제가 이제 어디 있느냐?"라고 묻는 '설명 의문문'이다. 따라서 'ᄒᆞ라체'의 상대 높임 등급에서 설명 의문문일 때 사용되는 어미 '-뇨'가 사용되었다.

| 오답 해설 | ① ㉠은 "이 딸이 너희의 종인가?"라고 묻는 판정 의문문으로, 의문보조사 '가'가 사용되었다.

② ㉡은 "얻는 약이 무엇인가?"라고 묻는 설명의문문으로, 의문보조사 '고'가 사용되었다.

③ ㉢은 "네가 믿느냐 아니 믿느냐?"라고 묻는 의문문으로, 주어가 '네가'이므로 청자가 주어가 되는 '2인칭 주어 의문문'이다. 따라서 설명의문문과 판정의문문의 구분이 없이 어미 '-ㄴ다'가 사용되었다.

| 플러스 이론 | **중세 국어에서 의문문과 종결 어미**

- 판정의문문: '가', '니여' 등 주로 '아/어' 형을 사용하여 묻는다.
  - ㉨ 이 ᄯᆞ리 너희 죵가(이 딸이 너희의 종인가?) -『월인석보 8.94』
  - 앗가ᄫᆞᆫ ᄠᅳ디 잇ᄂᆞ니여(아까운 뜻이 있느냐?) -『석보상절 6.25』
- 설명의문문: '고', '뇨' 등 주로 '오' 형을 사용하여 묻는다.
  - ㉨ 얻논 藥이 므스것고(얻는 약이 무엇인가?) -『월인석보 6.25』
  - 究羅帝가 이제 어듸 잇ᄂᆞ뇨(구라제가 이제 어디 있느냐?) -『월인석보 9.36』
- 주어가 2인칭인 의문문: 주로 '-ㄴ다'형을 사용하여 물으며, 'ㅭ다'형도 있었다.
  - '-는다' 형의 판정의문문
    - ㉨ 네 모ᄅᆞ던다(네가 몰랐더냐?) -『월인석보 21.195』
  - '-는다' 형의 설명의문문
    - ㉨ 네 엇뎨 안다(네가 어찌 아는가?) -『월인석보 23.74』
  - 'ㅭ다' 형의 설명의문문
    - ㉨ 네 엇던 혜ᄆᆞ로 나ᄅᆞᆯ 免케 ᄒᆞᇙ다(네가 어떤 생각으로 나를 면하게 하겠느냐?) -『월인석보 21.55』

09 ③

개념 카테고리 고전 문법 > ㅎ 종성 체언

| 정답 해설 | ③ 〈자료〉에서 15세기 국어의 'ㅎ' 종성 체언이 단독형으로 쓰일 때는 'ㅎ'이 실현되지 않았으나 '숤ㅎ+이 → 술히'처럼 모음으로 시작하는 말 앞에서는 연음이 되어 나타났음을 파악할 수 있다. 따라서 'ㅎ' 종성 체언은 모음으로 시작하는 말 앞에서 실현되었다.

| 오답 해설 | ① 〈자료〉에서 15세기 국어에는 어두 자음군이 올 수 있었으며, 자음군 중 맨 앞의 'ㅂ'은 당시에는 실제로 발음되었을 것으로 추정된다고 하였다. 따라서 'ᄡᅵ'의 어두 자음군 중 앞에 있는 'ㅂ'은 발음되었을 것으로 추정 가능하다.

② 〈자료〉의 'ᄡᅵ > 씨'에서 보듯이 훗날 단일어에서는 15세기의 어두 자음군 중 맨 앞의 'ㅂ'이 탈락하였음을 알 수 있다.

④ 〈자료〉에서 '현대 국어와 달리 15세기 국어에서는 어두에 두 개 이상의 서로 다른 자음, 즉 어두 자음군이 올 수 있다'고 하였으므로 현대에는 어두에 두 개 이상의 서로 다른 자음이 오는 말이 존재하지 않는다는 것을 알 수 있다.

⑤ 〈자료〉를 통해 15세기 국어의 '술ㅎ'이 'ㅎ' 종성 체언이었으며, '술ㅎ'이 '고기'와 결합할 때 'ㅎ' 종성이 뒤에 오는 'ㄱ'과 결합하여 'ㅋ'으로 축약되었음을 알 수 있다. 따라서 '살코기'의 'ㅋ'은 15세기 'ㅎ' 종성 체언이었던 '술ㅎ'의 흔적이 단어에 남아 있는 것이다.

10 ③

개념 카테고리 고전 문법 > 훈민정음

| 정답 해설 | a. 휩쓸다: '휘-'와 '쓸다'가 결합한 복합어인데 '휘쓸다'가 되지 않고 '휩쓸다'가 된 것은, '쓸다'의 옛말인 'ᄡᅳᆯ다'의 어두에 있던 'ㅂ'이 앞 형태소의 받침 자리로 가서 붙었기 때문이다. 따라서 복합어 속에 어두 자음군의 흔적인 'ㅂ'이 탈락되지 않고 그대로 남아 있는 경우(㉠)에 해당한다.

b. 햅쌀: '해-'와 '쌀'이 결합한 복합어인데 '해쌀'이 되지 않고 '햅쌀'이 된 것은, '쌀'의 옛말인 'ᄡᆞᆯ'의 어두에 있던 'ㅂ'이 앞 형태소의 받침 자리로 가서 붙었기 때문이다. 따라서 복합어 속에 어두 자음군의 흔적인 'ㅂ'이 탈락되지 않고 그대로 남아 있는 경우(㉠)에 해당한다.

d. 안팎: '안'과 '밖'이 결합한 복합어인데 '안밖'이 되지 않고 '안팎'이 된 것은, '안'의 옛말 '안ㅎ'이 'ㅎ' 종성 체언이었고 이때 'ㅎ' 종성이 뒤의 'ㅂ'과 결합하여 'ㅍ'으로 축약되어 나타났기 때문이다. 따라서 복합어 속에 'ㅎ' 종성 체언의 흔적인 'ㅎ'이 탈락되지 않고 그대로 남아 있는 경우(㉡)에 해당한다.

| 오답 해설 | c. 수퀑: '수-'와 '꿩'이 결합하여 '수퀑'이 된 것으로, '수'가 'ㅎ' 종성 체언이었던 흔적을 현대 국어의 '수퀑'에서 찾을 수는 없다.

e. 들뜨다: '들다'와 '뜨다'가 결합하여 '들뜨다'가 된 것으로, '뜨다'가 'ᄠᅳ다'로 어두 자음군을 가진 단어에 해당했던 흔적을 현대 국어의 '들뜨다'에서 찾을 수는 없다.

11 ④

개념 카테고리 고전 문법 > 중세 국어의 특징

| 정답 해설 | ④ ㉤은 '주어의 인칭에 따라 의문형 어미가 달리 나타나는 경우'인데 ⓑ는 주어가 '이 사람이'로 3인칭이고 ⓒ의 경우도 주어가 '누가'에 해당하여 3인칭(미지칭)이다. 따라서 '인칭에 따라' 구분될 수 있는 예에 해당하지 않는다.
즉, ⓑ의 '아ᄂᆞ녀'와 ⓒ의 'ᄒᆞᄂᆞ뇨'에 사용된 의문형 종결 어미 '-녀'와 '-뇨'의 차이는 주어의 인칭에 따라 달리 나타난 것이 아니라 의문문의 종류에 따라 달리 나타난 경우이다. ⓑ는 의문사가 사용되지 않은 판정 의문문이므로 의문형 종결 어미 '-녀', ⓒ는 의문사인 '뉘'(정확히는 '누')가 사용된 설명 의문문이므로 의문형 종결 어미 '-뇨'가 사용된 것이다.

| 오답 해설 | ① '나니이다'는 '났습니다'로 풀이하므로 과거 시제임을 알 수 있다. 하지만 과거 시제 선어말 어미가 쓰이지 않았으므로 시제 선어말 어미 없이 과거 시제를 표현한 경우로 볼 수 있다.

② '샤'는 주체 높임 선어말 어미이다. 따라서 서술어의 주체를 높이는 방법 중 하나로 선어말 어미를 사용하였음을 알 수 있다.

③ '닐온'은 '이른'을 뜻한다. 따라서 '닐온'은 두음 법칙이 적용되지 않은 표현으로 볼 수 있다. 그리고 'ᄠᅳ들'은 명사 'ᄠᅳᆮ'의 모음이 음성 모음인 'ㅡ'이기 때문에 목적격 조사 '을'이 결합된 형태이므로 모음 조화를 지킨 표현에 해당한다. 참고로, 명사의 마지막 음절 모음이 양성 모음이라면 목적격 조사 'ᄋᆞᆯ'이 결합된다.

12 ③

개념 카테고리 고전 문법 > 국어사

| 정답 해설 | ③ '보라, 송골, 수라, 철릭, 타락' 등의 어휘는 몽고어가 우리말에 수용된 경우이다.

| 오답 해설 | ② 중세 국어 시기에 'ᄌᆞᄆᆞ-'는 모음으로 시작하는 어미 앞에서 'ᄌᆞᆷ-'으로 교체되었는데 이러한 교체형이 굳어져 현대 국어로 이어진 것이다.

④ 중세 국어 시기에는 주격 조사가 '이'였고 근대 국어 시기에 와서 '가'가 함께 사용되기 시작하였다.

13 ④

개념 카테고리 고전 문법 > 국어사

| 정답 해설 | ④ 차자 표기는 고구려 시대에도 사용되었다.

| 오답 해설 | ② 백제어는 지배 계층이 사용하던 부여계 언어와 피지배 계층이 사용하던 마한어로 구분되었다.

14 ③

개념 카테고리 고전 문법 > 국어사

| 정답 해설 | ③ 중세 국어의 방점은 '평성, 거성, 상성, 입성'이라는 소리의 높낮이를 표기하기 위한 수단이었다. 이 중 '상성'이 대체로 현대 국어의 장음으로 이어졌다.

| 오답 해설 | ① 15세기 국어에서 'ㅐ, ㅔ, ㅚ, ㅟ'는 y계 하향 이중 모음이었다.

② 미래 시제 선어말 어미 '-겠-'은 근대 국어 이후에 발달했다. 참고로 중세 국어에서는 '-리-'가 미래를 표현하는 선어말 어미였다.

④ 'ㆍ(아래아)'는 둘째 음절 이하에서 주로 'ㅡ'로(1단계), 첫째 음절에서 'ㅏ'로 음가가 변했고(2단계), 1933년 「한글 맞춤법 통일안」에서 폐기되었다.

15 ②

개념 카테고리 고전 문법 > 격조사

| 정답 해설 | ② ㉡의 '내'는 주격 조사가 생략된 것이 아니라, 대명사 '나'에 주격 조사 'ㅣ'가 결합한 것이다.

현대어 풀이를 보면 해당 부분이 '내가'로 풀이되고 있는데, 현대 국어에서 '내가'는 대명사 '나'의 이형태인 '내'와 주격 조사 '가'가 결합한 것이다. 중세 국어에서 주격 조사는 앞에 결합하는 체언의 끝소리에 따라 달라졌는데, 체언의 끝소리가 자음일 때는 '이', 체언의 끝소리가 모음 'ㅣ'나 반모음 'ㅣ'일 때는 주격 조사의 형태가 나타나지 않았으며 체언의 끝소리가 이외의 모음일 때에는 'ㅣ'가 나타났다. '나'의 경우 체언의 끝소리가 모음 'ㅏ'로 끝나기 때문에 주격 조사 'ㅣ'가 결합하였다.

| 오답 해설 | ① ㉠의 '향히'에서 'ㆍ'는 현대 국어에는 쓰이지 않는 모음인 '아래 아'이다.

③ ㉢의 'ᄀᆞᄐᆞᆫ가'는 현대 국어에서 '같은가'에 해당한다. 현대 국어에서는 「한글 맞춤법」에 따라 표준어를 소리대로 적되, 어법에 맞도록 함을 원칙으로 하고 있다. '같은가'는 어법에 맞게 용언의 어간과 어미를 구별하여 적은 것이다. 반면 중세 국어에서는 'ᄀᆞᄐᆞᆫ가'와 같이 이어 적기가 사용되고 있음을 알 수 있다.

④ ㉣의 '니ᄅᆞ더니'는 현대 국어에서 '이르더니'에 해당한다. 이를 통해 중세 국어에는 두음 법칙이 적용되지 않음을 알 수 있다. 두음 법칙은 'ㄴ'이나 'ㄹ'이 단어 첫머리에 올 수 없는 현상을 말한다. 현대 국어에서 'ㄴ'은 단어 첫머리에서 모음 'ㅣ'나 반모음 'ㅣ'가 들어간 이중 모음 앞에 오는 경우 탈락한다.

⑤ ㉤의 'ᄉᆡᇰ각디'는 현대 국어에서 '생각지'에 해당한다. 구개음화는 'ㄷ, ㅌ'이 모음 'ㅣ'나 반모음 'ㅣ' 앞에서 'ㅈ, ㅊ'으로 교체되는 현상이다. 따라서 중세 국어에 구개음화가 일어나지 않았음을 알 수 있다.

16 ④

개념 카테고리 고전 문법 > 음가의 변화

| 정답 해설 | ④ 현대 국어로 오면서 모음 조화가 파괴되지만 ㉠에서는 음성 모음을 가진 어간에 음성 모음을 가진 어미가 결합했으므로 모음 조화가 파괴된 양상을 보여 주지 않는다.

| 오답 해설 | ③ 'ㆍ'는 15~16세기에 비어두 음절에서 'ㅡ'로 변했고, 18세기에 어두 음절에서 'ㆍ'가 'ㅏ'로 변했다.

17 ①

개념 카테고리 고전 문법 > 훈민정음

| 정답 해설 | ① 훈민정음 창제일은 세종 25년(1443) 음력 12월이고, 반포일은 세종 28년(1446) 음력 9월 상한(양력 10월 9일, 한글날)이다. 따라서 반포일이 오늘날 한글날과 관련이 있다.

18 ①

개념 카테고리 고전 문법 > 훈민정음

| 정답 해설 | ① 훈민정음의 제자 원리에 따르면 혀뿌리가 목구멍을 막는 모양을 본뜬 'ㄱ', 혀끝이 윗잇몸에 붙는 모양을 본뜬 'ㄴ', 입의 모양을 본뜬 'ㅁ', 이의 모양을 본뜬 'ㅅ', 목구멍의 모양을 본뜬 'ㅇ'의 다섯 자를 기본자로 삼는다.

19 ②

개념 카테고리 고전 문법 > 중세 국어의 특징

| 정답 해설 | ② 〈보기〉의 문장을 해석하면 '부처의 은혜를 입어'이다. '은혜'와 '를'의 결합은 모음 조화가 지켜진 예이다.

| 오답 해설 | ① 존칭 체언에 결합한 관형격 조사는 '부텻'의 'ㅅ'이다.

③ '-ᅀᆞᆸ-'이 객체 높임 선어말 어미이다.

④ '부텨'가 아직 '부쳐'로 변하기 전이므로, 중세 국어에서는 구개음화가 일어나지 않았음을 알 수 있다.

20 ②

개념 카테고리 고전 문법 > 용언의 활용

| 정답 해설 | ② 〈자료〉에서 알 수 있듯이 15세기 중엽의 국어에서 '돕다'는 모음으로 시작하는 어미 앞에서 '도ᄫᅡ'처럼 어간이 '돟-'으로 나타났다. 그러나 15세기 중엽을 넘어서며 'ㅸ'은 'ㅏ' 앞에서 반모음 'ㅗ̆'로 바뀌어 '도ᄫᅡ>도와'가 된 것이다. 따라서 'ㅸ'이 어간 끝에서 'ㅂ'으로 바뀐 결과가 아니라 'ㅏ' 앞에서 반모음 'ㅗ̆'로 바뀐 결과이다.

| 오답 해설 | ① '(길이) 좁다'가 '좁고, 좁아'처럼 활용하고, '(신을) 벗다'가 '벗고, 벗어'처럼 활용하듯이 그 형태가 규칙적으로 변화하며 활용하는 것은 규칙 활용에 해당한다. 그러나 '(이웃을) 돕다'는 모음 어미 앞에서 '*돕아'가 아니라 '도와'와 같이 활용하고, '(노를) 젓다'는 모음 어미 앞에서 '*젓어'가 아니라 '저어'와 같이 활용한다. 따라서 이러한 활용형은 어간의 형태가 달라지는 불규칙 활용에 해당하며, 각각 'ㅂ' 불규칙 활용형과 'ㅅ' 불규칙 활용형이다.

③ 〈자료〉에서 알 수 있듯이 15세기 중엽의 국어에서 '젓다'는 모음으로 시작하는 어미 앞에서 '저ᅀᅥ'처럼 어간이 '젓-'으로 나타났다. 그러나 16세기 중엽 'ㅿ'이 사라지면서 어간 '젓-'의 끝음 'ㅿ'이 소실되었고, '저ᅀᅥ>저어'가 되어 현대 국어에서도 '저어'의 형태로 사용되고 있다.

④ 〈자료〉를 보면 15세기 중엽의 국어에서 '돕다'는 자음으로 시작하는 어미 앞에서 '돕고'처럼 어간이 '돕-'으로 변화 없이 나타났는데, 이는 현대 국어에서도 동일하다.

⑤ 〈자료〉를 보면 15세기 중엽의 국어에서 '젓다'는 자음으로 시작하는 어미 앞에서 '젓고'처럼 어간이 '젓-'으로 변화 없이 나타났는데, 이는 현대 국어에서도 동일하다.

21 ①

개념 카테고리 고전 문법 > 용언의 활용

| 정답 해설 | ① 현대 국어에서 '곱다'는 '곱게, 고와, 고운'과 같이 활용하여 'ㅂ' 불규칙 활용의 양상을 보인다. 따라서 〈자료〉의 '돕다'와 마찬가지로, 15세기 중엽의 국어까지 자음 어미 앞에서는 '곱게'와 같이 어간이 '곱-'으로, 모음 어미 앞에서는 '고ᄫᅡ, 고ᄫᆞᆫ'과 같이 어간이 '고ᇦ-'으로 나타났을 것임을 추정할 수 있다. 'ㅸ'은 15세기 중엽을 넘어서면서 'ㅏ'나 'ㅓ' 앞에서는 반모음 'ㅗ/ㅜ[w]'로, 'ㆍ'나 'ㅡ' 앞에서는 모음과 결합하여 'ㅗ'나 'ㅜ'로 바뀐다고 하였다. 따라서 17세기 초엽의 국어에서 '고ᄫᅡ'는 '고와'로, '고ᄫᆞᆫ'은 '고온'으로 바뀌었을 것이다. '곱게'의 경우 이전과 다름없이 그 형태가 '곱게'로 동일했을 것이다.

| 오답 해설 | ② 현대 국어에서 '긋다'는 '긋게, 그어, 그은'과 같이 활용하여 'ㅅ' 불규칙 활용의 양상을 보인다. 따라서 〈자료〉의 '젓다'와 마찬가지로, 15세기 중엽의 국어까지 자음 어미 앞에서는 '긋게'와 같이 어간이 '긋-'으로, 모음 어미 앞에서는 '그ᅀᅥ, 그ᅀᅳᆫ'과 같이 어간이 '긇-'으로 나타났을 것임을 추정할 수 있다. 'ㅿ'은 16세기 중엽에 소실되었으므로, 17세기 초엽의 국어에서 '그ᅀᅥ'는 '그어'로, '그ᅀᅳᆫ'은 '그은'으로 바뀌었을 것이다. '긋게'의 경우 이전과 다름없이 '긋게'로 그 형태가 동일했을 것이다.

③ 현대 국어에서 '눕다'는 '눕게, 누워, 누운'과 같이 활용하여 'ㅂ' 불규칙 활용의 양상을 보인다. 따라서 15세기 중엽의 국어까지 자음 어미 앞에서는 '눕게'와 같이 어간이 '눕-'으로, 모음 어미 앞에서는 '누ᄫᅥ, 누ᄫᅳᆫ'과 같이 어간이 '누ᇦ-'으로 나타났을 것임을 추정할 수 있다. 〈자료〉 및 앞선 해설을 참고하면, 17세기 초엽의 국어에서 '누ᄫᅥ'는 '누워'로, '누ᄫᅳᆫ'은 '누운'으로 바뀌었을 것이다. '눕게'의 경우 이전과 다름없이 '눕게'로 나타났을 것이다.

④ 현대 국어에서 '빗다'는 '빗게, 빗어, 빗은'과 같이 활용하여 규칙 활용의 양상을 보인다. 따라서 15세기 중엽 이전의 국어에서도 어간의 형태가 '빗-'으로 어미에 관계없이 동일했을 것임을 추정할 수 있다. 이는 17세기 초엽에도 마찬가지였을 것이므로, 두 시기 모두 '빗게, 비서, 비슨'으로 나타났을 것이다.

⑤ 현대 국어에서 '잡다'는 '잡게, 잡아, 잡은'과 같이 활용하여 규칙 활용의 양상을 보인다. 따라서 15세기 중엽 이전의 국어에서도 어간의 형태가 '잡-'으로 어미에 관계없이 동일했을 것임을 추정할 수 있다. 이는 17세기 초엽에도 마찬가지였을 것이므로, 두 시기 모두 '잡게, 자바, 자븐'으로 나타났을 것이다.

22 ②

개념 카테고리 고전 문법 > 중세 국어의 특징

| 정답 해설 | ② '수컷, 수키와'는 '수ㅎ+것', '수ㅎ+기와'로 분석할 수 있는데, 이는 중세 국어의 'ㅎ' 종성 체언의 흔적을 보여 주는 것이다.

| 오답 해설 | ① '좁쌀'의 옛말은 '조ᄡᆞᆯ'로 '조'와 'ᄡᆞᆯ'이 결합한 것이고, '휩쓸다'는 '휘-'와 'ᄡᅳᆯ다'가 결합한 것이다. 따라서 '좁쌀'과 '휩쓸다'에는 중세 국어 'ㅄ'의 흔적이 남아 있다고 할 수 있다.

③ 결합 과정에서 일어나는 'ㄹ' 탈락은 과거에 'ㄹ'이 탈락하며 만들어진 단어가 굳어져 현대까지 이어지고 있는 것이므로 공시적 현상이 아니라 통시적 현상이다. 반면 활용 과정에서 일어나는 'ㄹ' 탈락은 공시적 현상이다. **매력적 오답** 'ㄹ' 탈락은 모두 공시적으로 일어나는 현상이라고 잘못 생각할 경우 고민할 수 있는 선지이다.

④ • '섣달'은 '설+ㅅ+달'로 분석할 수 있다. 중세에 'ㅅ'은 관형격 조사였다. 이때 '설'의 'ㄹ'이 탈락하여 '섯달'이 되고, 다시 '섣달'로 변하였다.
• '숟가락'은 '술+ㅅ+가락'으로 분석할 수 있다. 마찬가지로 '술'의 'ㄹ'이 탈락하여 '숫가락'이 되고 다시 '숟가락'으로 변하였다.

23 ④

개념 카테고리 고전 문법 > 중세 국어의 특징

| 정답 해설 | ④ ㉠과 ㉡을 현대어로 해석하면 ㉠은 '얻는 약이 무엇인가?' ㉡은 '부처의 은혜를 입어'와 같다. 이를 통해 중세 국어 관형격 조사 'ㅅ'은 무정 체언(약) 또는 유정의 높임 체언(부처)에 결합했음을 알 수 있다.

| 오답 해설 | ① 의문사 '므스것'과 조사 '고'가 사용된 설명 의문문이다.

② 선어말 어미 '-ᅀᆞᆸ-'을 통해 객체 높임을 나타내고 있다.

③ 표면상 '-오-'가 보이지 않는 것 같지만 '엇논'에 '-오-'가 쓰였으며, 그 기능은 '藥'이 관형절 내부의 목적어에 해당함을 나타내는 것이다.

24 ①

개념 카테고리 고전 문법 > 높임법

| 정답 해설 | ① ㉠에서 '너희 스승님'은 목적어(객체)로, 높임의 대상에 해당한다. 따라서 '보ᅀᆞᆸ고져'를 통해 '너희 스승님'을 높이고 있는데, 이때 '-ᅀᆞᆸ-'은 객체 높임의 선어말 어미이다. 선어말 어미는 어휘적 수단이 아니라 문법적 수단에 해당한다.

| 오답 해설 | ② ㉡에서 '舍利弗(사리불)'은 부사어(객체)로, 높임의 대상에 해당한다. 따라서 객체 높임의 조사 'ᄭᅴ'를 통해 '舍利弗(사리불)'을 높이고 있으며, 이는 문법적 수단에 해당한다.

③ ㉢에서 객체 높임의 조사 'ᄭᅴ'는 부사어인 '世尊(세존)'을 높이기 위해 사용된 문법적 수단이다. 'ᄉᆞᆲ노니' 또한 부사어인 '世尊(세존)'을 높이기 위한 것이며, 'ᄉᆞᆲ-'은 객체 높임의 동사로 어휘적 수단에 해당한다.

④ ㉣에서 객체 높임의 조사 '께'는 부사어인 이모님을 높이기 위해 사용된 문법적 수단이다. 반면 '모시고'는 객체 높임의 동사 '모시다'의 활용형으로, 목적어인 '어머님'을 높이기 위해 사용된 어휘적 수단이다.

⑤ ⓜ에서 주체는 '선생님'이고, 객체는 '그 아이'로 주체와 객체의 관계를 보면 객체가 아닌 주체가 높임의 대상이 된다. '여쭈다'는 객체 높임의 동사이므로, ⓜ에서의 사용은 부적절하다.

25 ①

개념 카테고리 고전 문법 > 높임법

| 정답 해설 | ① '보샤'는 '보-+-샤-+-아'로 높임의 선어말 어미 '-샤-'가 사용된 것은 맞지만 이는 객체인 '仙션人신(선인)'을 높이기 위한 것이 아니라 주체인 '왕'을 높이기 위한 것이다. 중세 국어에서 객체를 높이기 위한 선어말 어미로는 '-숩-, -줍-, -숩-' 등이 쓰였다.

| 오답 해설 | ② '슬ᄫᆞᄃᆡ'에서 'ㆍ(아래아)', 'ㅸ(순경음 ㅂ)'을 확인할 수 있으며 이러한 표기는 현대 국어에는 사용되지 않는 표기이므로 적절한 설명이다.

③ '져머 어리오'가 [현대어 풀이]에서 '어려서 어리석고'로 해석되고 있는 것을 확인할 수 있다. '져머'를 통해 중세 국어에서 '졈다'가 현대 국어의 '어리다'와 유사한 의미로 사용되었음을 알 수 있으며, '어리오'를 통해 중세 국어에서 '어리다'는 '어리석다'라는 의미로 쓰였음을 알 수 있다.

④ 중세 국어에서 관형격 조사 '의'는 모음 조화에 따라 음성 모음 뒤에서는 현대 국어와 마찬가지로 '의'로 쓰였으나, 양성 모음 뒤에서는 'ᄋᆡ'로 사용되었다. '사ᄅᆞᄆᆡ'는 명사 '사ᄅᆞᆷ'에 관형격 조사가 결합한 것으로, 결합하는 명사의 모음이 양성 모음이므로 모음 조화에 따라 'ᄋᆡ'가 쓰였음을 확인할 수 있다.

⑤ 'ㄴ' 두음 법칙은 'ㄴ'이 어두에서 'ㅣ'나 반모음 'ㅣ' 앞에 올 수 없는 현상으로 이때 'ㄴ'은 ø으로 음가를 잃게 된다. 그러나 '닙고'(현대 국어에서의 '입고')가 그대로 쓰인 것으로 보아 단어 첫머리에서 두음 법칙이 아직 적용되지 않았음을 확인할 수 있다.

26 ①

개념 카테고리 고전 문법 > 중세 국어의 특징

| 정답 해설 | ① 중세 국어의 8종성법은 음절 말 종성을 'ㄱ, ㆁ, ㄷ, ㄴ, ㅂ, ㅁ, ㅅ, ㄹ'로 적는 음소적 표기법을 의미한다. 그러나 일부 문헌에서는 지켜지지 않기도 했다(『용비어천가』, 『월인천강지곡』). 제시된 문장에서도 '곶'이 쓰이고 있는 것으로 보아 8종성법의 예외가 나타난다고 할 수 있다.

| 오답 해설 | ② '깊은 → 기픈' 등 이어 적기가 사용되고 있다.

③ '열음'에서 '-음'은 명사 파생 접미사이다. 이는 현대 국어의 명사 파생 접미사와 형태가 같다. **매력적 오답** '여름'이 '열음'이라는 생각을 하지 못한 경우 고민할 수 있는 선택지이다.

④ '나모+ᄋᆞᆫ=남ᄀᆞᆫ'의 변화를 보이는 'ㄱ' 덧생김 체언이 있다.

27 ②

개념 카테고리 고전 문법 > 중세 국어의 특징

| 정답 해설 | ② ㉠을 현대어로 해석하면 '부인이 낳은 꽃을 어디에 버렸느냐?'이다. ㉡은 '내가 농담하였다.'로 해석되며, '롱담하+더+오+라'와 같이 분석할 수 있다. 즉 '-더-'와 '-오-'가 합해져서 '다'로 나타난 것이므로 선어말 어미 '-오-'가 사용된 것이다.

| 오답 해설 | ① ㉠의 'ᄋᆡ'는 관형격 조사이다.

③ ㉡의 '내'는 '나+ㅣ'로 분석할 수 있고, 이때 'ㅣ'는 주격 조사이다. **매력적 오답** ㉡에 쓰인 '내'를 현대 국어 '내'와 같게 생각한 경우 고민할 수 있는 선지이다.

④ ㉡은 '롱담하+더+오+라'로 분석되는데, 이때 '-더-'는 과거 시제 선어말 어미이다.

CHAPTER 04 언어 예절과 바른 표현

언어 예절

문제편 P.80

01	③	02	②	03	③				

01 ③

개념 카테고리 언어 예절과 바른 표현 > 언어 예절

| 정답 해설 | ③ 상대방에게 자신을 처음 소개할 때 '처음 뵙겠습니다. ○○○입니다.'라고 말하는 것은 언어 예절에 맞는 표현이다. 이외에도 '인사드리겠습니다. ○○○입니다.'라고 하거나 '안녕하십니까? ○○○입니다.' 등과 같이 말할 수 있다.

| 오답 해설 | ① 회장님과 관련된 '말씀'을 높이는 경우로 '간접 높임'의 상황이다. 따라서 '계시겠습니다'가 아닌 '있으시겠습니다'라고 해야 한다.

② 시누이가 남편의 누나인 경우는 '형님'이라 하고 남편의 여동생인 경우는 '아가씨'로 호칭한다. 또한 자녀의 이름을 빌려 '○○(자녀 이름) 고모'로 부를 수도 있다.

④ '부인'은 남의 아내를 높여 이르는 말이다. 자신의 아내를 지칭할 때는 '아내, 안사람, 집사람, 처' 등으로 불러야 한다.

| 플러스 이론 | 직접 높임 표현과 간접 높임 표현

주체 높임법은 선어말 어미 '-(으)시-'를 통해 실현되는 것이 일반적이나 몇 개의 특수한 어휘(계시다, 잡수시다 등)로 실현되기도 한다. 특히 '있다'의 주체 높임 표현은 '-(으)시-'가 붙은 '있으시다'와 특수 어휘 '계시다'를 사용하는 방법이 있는데, 이 둘의 쓰임이 같지 않다. 즉 '계시다'는 화자가 주체를 직접 높일 때 사용하고, '있으시다'는 주체와 관련된 대상을 통하여 주체를 간접적으로 높일 때 사용한다. 그래서 전자를 '직접 높임', 후자를 '간접 높임'이라고 한다.

㉮ 어머니께서는 화장실에 있으시다. (×)
어머니께서는 화장실에 계신다. (○)
→ 주체인 '어머니'를 직접 높이므로 직접 높임인 '계시다'를 사용한다.

㉮ 선생님께서는 고민이 계시다. (×)
선생님께서는 고민이 있으시다. (○)
→ 주체인 '선생님'과 연관된 대상인 '고민'을 높이므로 간접 높임인 '있으시다'를 사용한다.

상품을 판매하는 상황에서 고객을 과하게 의식하여 쓰는 간접 높임은 잘못된 표현이다.

㉮ 주문하신 물건 나왔습니다(나오셨습니다 ×).
주문하신 물건, 포장해 드릴까요(포장이세요 ×)?

02 ②

개념 카테고리 언어 예절과 바른 표현 > 언어 예절

| 정답 해설 | ② 사회생활을 할 때에는 압존법을 사용하지 않는다. 따라서 전화 건 사람과 과장님을 두루 높여 표현해야 한다.

| 오답 해설 | ① '많이 참석해'의 주어는 '귀하'이다. 특정인을 한정한 '귀하'와 부사어 '많이'의 호응이 바르지 않다.

③ 품절이십니다(×) → 품절입니다(○)
청자의 소유물이나 청자와 밀접한 관계를 나타내는 말도 아닌 '상품'의 서술어에 '-시-'를 넣은 잘못된 존경 표현이다.

④ 저희 나라(×) → 우리나라(○)
'저희'는 '우리'의 낮춤말로 자신보다 높은 사람에게 자기를 포함한 여러 사람을 낮추어 말할 때 쓰인다. '저희 나라'는 우리나라를 낮추어 말하는 것이다. 이는 겸손하게 말하고자 하는 마음이 지나쳐 생긴 잘못된 표현으로, '우리나라'라고 써야 한다. '우리'와 '나라'를 합친 말인 '우리나라'는 사전에 '우리 한민족이 세운 나라를 스스로 이르는 말.'이라고 풀이되어 있다. 따라서 '우리'와 '나라' 사이를 띄어 쓰지 않는다.

03 ③

개념 카테고리 언어 예절과 바른 표현 > 언어 예절 > 호칭어, 지칭어

| 정답 해설 | ③ 처부모에게 아내를 '○○ 엄마'라고 부를 수 있다. 단, 남편 입장에서 본인의 부모 앞에서는 '○○ 어멈, ○○ 어미'라는 표현을 써야 한다.

| 오답 해설 | ① 비록 아내의 오빠라도 나보다 나이가 적으면 '처남'이라고 부른다. **매력적 오답** '처남'을 아내의 남동생에게만 쓰는 표현으로 잘못 알고 있는 경우 고민할 수 있는 선지이다.

② 남편의 형은 '아주버니, 아주버님'으로 부를 수 있다.

④ '○ 서방'은 본인보다 나이가 적은 경우에 쓰는 표현이다.

바른 표현

문제편 P.80

04	④	05	②	06	②	07	①	08	①
09	③	10	①	11	①	12	④	13	④
14	①	15	③	16	④	17	②	18	③
19	①	20	②	21	①	22	③	23	④
24	④	25	②	26	②				

04 ④

개념 카테고리 언어 예절과 바른 표현 > 바른 표현 > 바른 단어 사용

| 정답 해설 | ④ 첫 번째 문장은 '비가 올 때에는 순회 공연을 안 하기로 하였다.'를 뜻하므로, '무슨 일을 더디게 끌어 시간을 늦추다.'라는 뜻의 '지연하기'를 '취소하기'로 바꾸는 것이 적절하다. 두 번째 문장은 날짜가 늘어난 것이 아니라 변경된 상황이므로 '시간이나 거리 따위가 본래보다 길게 늘어나다.'라는 뜻의 '연장되었다'를 '연기되었다'로 바꾸는 것이 옳다.

| 오답 해설 | ① '금방'과 '방금'은 모두 '말하고 있는 시점보다

바로 조금 전에, 말하고 있는 시점과 같은 때에, 말하고 있는 시점부터 바로 조금 후에.'를 뜻하는 단어로, 두 문장에서 적절하게 사용되었다.

② '근본'은 '자라 온 환경이나 혈통.'을, '근간'은 '사물의 바탕이나 중심이 되는 중요한 것.'을 뜻하므로, 두 문장에서 적절하게 사용되었다.

③ '타락하다'는 '올바른 길에서 벗어나 잘못된 길로 빠지다.'를, '몰락하다'는 '재물이나 세력 따위가 쇠하여 보잘것없어지다. 멸망하여 모조리 없어지다.'를 뜻하므로, 두 문장에서 적절하게 사용되었다.

05 ②

개념 카테고리 언어 예절과 바른 표현 > 바른 표현 > 바른 단어 사용

| 정답 해설 | ② '비판'은 '사고'의 한 종류로, '사고'와 '비판'은 '상의(상위)/하의(하위)' 관계이다.

| 오답 해설 | ① '분분'과 '합치'는 '반의' 관계이다.

③ '겸손'과 '오만'은 '반의' 관계이다.

④ '결미'와 '모두'는 '반의' 관계이다.

- 결미: 글이나 문서 따위의 끝부분.
- 모두: 말이나 글의 첫머리.

06 ②

개념 카테고리 언어 예절과 바른 표현 > 바른 표현 > 바른 단어 사용

| 정답 해설 | ② 문맥상 '계제'가 쓰이는 것이 옳다.

- 개재(介在: 介 낄 개/在 있을 재): 어떤 것들 사이에 끼여 있음.
- 계제(階梯: 階 섬돌 계/梯 사다리 제): 사다리라는 뜻으로, 일이 되어 가는 순서나 절차를 비유적으로 이르는 말. 또는 어떤 일을 할 수 있게 된 형편이나 기회.

| 오답 해설 | ① '자생(自生)'은 '저절로 나서 자라다'는 뜻으로 식물에 사용하며, 동물에는 어울리지 않는다. 참고로 '서식(棲息)'은 '생물 따위가 일정한 곳에 자리를 잡고 삶'을 뜻하므로 동물과 식물에 모두 사용할 수 있다.

③ '성패(成敗: 成 이룰 성/敗 패할 패)'는 '성공과 실패를 아울러 이르는 말.'로 문맥상 맞는 표현이다. 참고로 '승패'는 '승리와 패배를 아울러 이르는 말.'이다.

④ '유례(類例: 類 무리 유/例 법식 례)'는 '이전부터 있었던 사례.'의 의미이다. 참고로 '유래(由來: 由 말미암을 유/來 올 래)'는 '사물이나 일이 생겨남. 또는 그 사물이나 일이 생겨난 바.'를 의미한다.

07 ①

개념 카테고리 언어 예절과 바른 표현 > 바른 표현 > 바른 단어 사용

| 정답 해설 | ① '소기(所期)'는 '기대한 바.'를 나타내는 단어이다. 따라서 고유어 '바라는'으로 바꿀 수 있다.

| 오답 해설 | ② '이자(利子)'는 '남에게 돈을 빌려 쓴 대가로 치르는 일정한 비율의 돈.'으로, 이에 대응하는 고유어로 '길미'가 있다. '길미'는 '물질적으로나 정신적으로 보탬이 되는 것. 또는 채무자가 화폐 이용의 대상으로서 채권자에게 지급하는 금전.'을 의미한다. '에누리'는 '물건값을 받을 값보다 더 많이 부르는 일. 또는 그 물건값. 값을 깎는 일. 실제보다 더 보태거나 깎아서 말하는 일.'을 의미하는 단어로 '이자' 대신에 쓰기에는 적절하지 않다.

③ '상신(上申)하다'는 '윗사람이나 관청 등에 일에 대한 의견이나 사정 따위를 말이나 글로 보고하다.'를 뜻하는 말이다. '헤아리다'는 '짐작하여 가늠하거나 미루어 생각하다.'라는 뜻으로 '상신하다'와 바꾸어 쓰기에 적절하지 못하다. '상신하여'는 '알려' 정도로 바꾸어 순화하여야 한다.

④ '양지(諒知)하다'는 '살피어 알다.'를 뜻하는 말로 '알려 주다'와 바꾸어 쓰기에 적절하지 않다. 따라서 '살피어 아시기' 정도로 바꾸어 순화하여야 한다.

08 ①

개념 카테고리 언어 예절과 바른 표현 > 바른 표현 > 바른 문장

| 정답 해설 | ① 문맥상 자연스러운 문장이다.

| 오답 해설 | ② '속독(速讀)으로 읽는'에서 '독(讀, 읽다)' 자와 '읽는'이 중복된 표현이다. 이는 '속독하는 것' 혹은 '빠르게 읽는 것'으로 고쳐 쓰는 것이 적절하다.

③ 누구를(무엇을) 찾는 것인지 '찾기'의 목적어가 제시되어 있지 않으므로, '책임자로 적합한 사람을 직접 찾기로' 정도로 고쳐 쓰는 것이 적절하다.

④ 접속 조사 '과'로 연결된 '시화전을 홍보하는 일'과 '시화전의 진행'의 통사 구조가 일치하지 않으므로, '시화전을 홍보하는 일과 진행하는 일에' 또는 '시화전의 홍보와 진행에'로 고쳐 쓰는 것이 적절하다.

09 ③

개념 카테고리 언어 예절과 바른 표현 > 바른 표현 > 바른 문장

| 정답 해설 | ③ '가능한'은 형용사 '가능하다'가 관형사형으로 활용한 것으로 단독으로는 쓰일 수 없고, 뒤에 명사나 의존 명사가 온다. 따라서 명사 '한'이 이어져 '가능한 한'이라고 표기한 것은 적절하다. 또한 주어(우리 팀에서는)와 목적어(모든 홍보 방안을), 서술어(고려해 왔다) 모두 자연스럽게 연결되었다.

| 오답 해설 | ① 주어와 서술어의 호응이 어색하다. 따라서 서술어 '의도였다'를 '의도에서 비롯된 것이었다'로 고치는 것이 옳다. 또한 '모든 한자 사용'의 '모든'이 무엇을 수식하는지가 불분명한 구조적 중의성을 띠고 있다. 따라서 '한자 사용을 모두 없애려는' 정도로 고치는 것이 적절하다.

② '과'를 중심으로 앞은 명사형의 구성이 나오고 뒤는 서술형의 구성이 나와 어색하다. 따라서 '균형 있는 식단을 마련하고 쾌적한 실내 분위기를 조성하는'으로 고치는 것이 적절하다.

④ 생략된 주어와 서술어의 호응이 어색하다. 생략된 주어를 '우리가'로 가정해 살펴보면 주어와 뒤 절의 서술어 '일어나고 있다'가 어울리지 않음을 알 수 있다. 따라서 '일어나고 있음을 알 수 있다' 정도로 고치는 것이 적절하다.

10 ①

개념 카테고리 언어 예절과 바른 표현 > 바른 표현 > 바른 문장

| 정답 해설 | ① 무정 명사는 조사 '에'를 사용하고, 유정 명사는 조사 '에게'를 사용한다. 따라서 '일본에'는 옳은 표기이다.

| 오답 해설 | ② '요구되어지다'는 이중 피동형이다. 따라서 '요구되다'로 바꾸는 것이 좋다. 또한 '요구되다'는 '~에/~에게 요구되다'의 형태로 쓰이므로 '~에/~에게'에 해당하는 적절한 부사어를 넣어 고쳐 써야 한다.

③ 주어와 서술어가 호응하지 않는다. '이것은 아직도 한국 사회가 무사안일주의를 벗어나지 못했다는 것을 보여 준다/의미한다/나타낸다' 정도로 고치는 것이 좋다.

④ 목적어에 대응할 서술어가 없다. '16강 티켓을 따게 될 가능성은'과 같이 고치는 것이 좋다.

11 ①

개념 카테고리 언어 예절과 바른 표현 > 바른 표현 > 바른 문장

| 정답 해설 | ① 주어와 서술어의 호응이 매끄럽고 연결 어미 또한 자연스럽게 쓰인, 어법에 맞는 문장이다.

| 오답 해설 | ② '작성 내용의 정정'에 대한 서술어가 없어 부자연스러운 문장이다. 따라서 '작성 내용의 정정이 있거나 신청인의 서명이 없는 서류'로 고치는 것이 적절하다.

③ '보여지다'는 불필요한 이중 피동이 쓰인 단어로, '보입니다'로 고치는 것이 적절하다.

④ 뒤 절의 주어가 생략되어 있어 어색한 문장이다. 따라서 '그의 목표는 세계 최고의 축구 선수가 되는 것이었고, 그래서 그는 단 하루도 연습을 쉬지 않았다.'로 고치는 것이 적절하다.

12 ④

개념 카테고리 언어 예절과 바른 표현 > 바른 표현 > 바른 문장

| 정답 해설 | ④ '후텁지근하다'는 '조금 불쾌할 정도로 끈끈하고 무더운 기운이 있다.'의 의미로 표준어이다. 이와 비슷한 표현으로 '열기가 차서 조금 답답할 정도로 더운 느낌이 있다.'의 의미인 '후덥지근하다'도 있다.

| 오답 해설 | ① '헤매이다'는 비표준어이고 '헤매다'가 표준어이다. '헤매던'으로 고쳐야 한다.

② '내노라하다'는 비표준어이고 '내로라하다'가 표준어이다. '내로라하는'으로 고쳐야 한다.

③ '칠흙'은 비표준어이고 '칠흑'이 표준어이다. '칠흑같이'로 고쳐야 한다.

13 ④

개념 카테고리 언어 예절과 바른 표현 > 바른 표현 > 바른 문장

| 정답 해설 | ④ '그'가 한 말을 간접 인용하여 '그는 내 생각이 옳지 않다고'로 표현한 것은 자연스럽다.

| 오답 해설 | ① 주술 호응이 자연스럽지 않은 문장이다. '~은 ~이다/것이다' 등의 구성이 자연스럽다. 따라서 '내가 강조하고 싶은 점은 우리가 고유 언어를 가졌다는 것이다.' 정도로 표현해야 한다.

② 서술어 '함께한'의 주어가 없으므로 주어를 설정하면 더 자연스러운 문장이 될 수 있다. 또한 '~은 시간이었다'는 주어와 서술어의 호응이 자연스럽지 않다. 따라서 '~은 즐거웠다' 정도로 수정하는 것이 좋다.

③ 주술 호응이 자연스럽지 않은 문장이다. '~은 ~이다/것이다' 등의 구성이 자연스럽다. 따라서 '내 생각은 ~ 좋겠다는 것이다.' 정도로 표현해야 한다.

14 ①

개념 카테고리 언어 예절과 바른 표현 > 바른 표현 > 바른 문장

| 정답 해설 | ① 이용의 제한이 되는 대상이 생략되었지만 문맥상 누구인지 유추할 수 있고, 문장 성분의 호응 또한 자연스럽다.

| 오답 해설 | ② '아마'는 뒤에 오는 추측의 표현과 호응하여 단정할 수는 없지만 미루어 짐작하거나 생각하여 볼 때 가능성이 크다는 뜻을 나타내는 부사로, 추측을 나타내는 서술어와 호응한다. 따라서 '결과에 있어서도 참으로.'라는 뜻을 가진 '과연'을 '아마' 대신 쓰는 것이 자연스럽게 된다.

③ '국가 경쟁력'은 제고의 대상이 되지만, '국민 대통합'은 서술어 '제고해야 한다'와 호응하지 않는다. 따라서 '국민 대통합을 이루고 국가 경쟁력을 제고해야 한다'로 고치는 것이 적절하다.

④ 주어와 서술어의 호응이 자연스럽지 못하므로 서술어 '필요하다는 것이다'를 '필요하다'로 고치는 것이 옳다.

15 ③

개념 카테고리 언어 예절과 바른 표현 > 바른 표현 > 바른 문장

| 정답 해설 | ③ 주어인 '내가 그분을 처음 뵌 것은'과 서술어인 '~ 있을 때였다'가 적절히 호응하였다.

| 오답 해설 | ① '왜냐하면'과 어울리는 서술어의 형태는 '~기 때문이다'이다.

② '까닭은'과 어울리는 서술어의 형태는 '~기 때문이다'이다.

④ '관심과 조명을 해 나가고'에서 '관심'에 호응하는 서술어가 생략되었다. 뒤의 절에서 '관심을 보이기 시작했다'라고 서술되므로 '관심을 보이고' 정도로 수정해야 한다.

16 ④

개념 카테고리 언어 예절과 바른 표현 > 바른 표현 > 바른 문장

| 정답 해설 | ④ '수납'은 '돈이나 물품 따위를 받아 거두어들임.'이라는 의미이다. 따라서 공과금을 내는 입장에서는 '수납'이 아니라 '세금이나 공과금 따위를 관계 기관에 냄.'이라는 의미인 '납부'가 더 적절한 표현이다.

| 오답 해설 | ① '현재'라는 표현과 '있었다'라는 과거 시제 표현이 어울리지 않는다. 따라서 '있다'로 고쳐 써야 한다.

② '지양'은 '더 높은 단계로 오르기 위하여 어떠한 것을 하지 아니함.'의 의미이므로 맥락상 '어떤 목표로 뜻이 쏠리어 향함. 또는 그 방향이나 그쪽으로 쏠리는 의지.'라는 의미인 '지향'으로 고쳐 써야 한다.

③ '수해로 인한'이 '준비 기간'을 꾸며 주는 형태가 되므로 의미상 어색하다. 따라서 '준비 기간이 짧았다'와 호응하도록 '수해로 인하여'로 고쳐 써야 한다.

17 ②

개념 카테고리 언어 예절과 바른 표현 > 바른 표현 > 바른 문장

| 정답 해설 | ② 제시된 글은 지역 이기주의에 관한 글로, ㉡은 이어지는 문장의 '이러한 태도'와 연결된다. 지역 이기주의 양상을 말하고 있는 ㉡은 주제와 직결되므로 삭제해서는 안 된다.

| 오답 해설 | ① ㉠의 앞과 뒤의 문장은 서로 역접 관계이다. 따라서 순접의 접속 부사 '그리고'를 역접의 접속 부사인 '그러나'로 바꾸는 것이 적절하다.

③ '~에 다름 아니다'는 일본어 번역 투 표현이다. 따라서 순화하는 것이 적절하다.

④ 문장의 주어인 '잊지 말아야 할 사실은'과 호응하기 위해 서술어를 '~는 것이다'의 형태로 고치는 것이 적절하다.

18 ③

개념 카테고리 언어 예절과 바른 표현 > 바른 표현 > 바른 문장

| 정답 해설 | ③ '경원되어서'는 불필요하게 피동 접미사 '-되다'를 붙였다. 따라서 목적어와 서술어가 호응할 수 있도록 '경원해서는' 또는 '경원시해서는'으로 고치는 것이 적절하다.

- 경원하다: 1) 공경하되 가까이하지는 아니하다. 2) 겉으로는 공경하는 체하면서 실제로는 꺼리어 멀리하다.
- 경원시하다: 겉으로는 가까운 체하면서 실제로는 멀리하고 꺼림칙하게 여기다.

| 오답 해설 | ① ㉠의 앞 문장과 뒤 문장의 내용이 상반되므로, 접속 부사를 '따라서'가 아닌 '그러나'로 수정하는 것은 적절하다.

② 양극화 현상에 대한 임시방편이 나왔으나 효과가 없었다는 문맥을 고려했을 때, '일이 몹시 급하여 임시변통으로 이리저리 둘러맞추어 일함.'을 의미하는 '아랫돌 빼서 윗돌 괴듯'으로 고치는 것은 적절하다. 참고로 '떡 먹은 입 쓸어 치듯'은 떡을 먹고도 안 먹은 듯 입을 쓸어 내며 시치미를 뚝 뗀다는 말이다.

④ 둘째 문단은 빈부격차를 줄이기 위한 구체적인 방안을 이야기하고 있는데, ㉣은 이와 관련이 없다. 따라서 문단의 통일성을 고려하여 삭제하는 것은 적절하다.

19 ①

개념 카테고리 언어 예절과 바른 표현 > 바른 표현 > 바른 문장

| 정답 해설 | ① '접수되다'는 '신청이나 신고 따위가 구두(口頭)나 문서로 받아들여지다.'의 의미로, 이미 그러한 상태로 되었음을 나타내고 있기 때문에 문장에 어색함이 없다. 따라서 어법에 어긋난다고 보기 어렵다.

| 오답 해설 | ② '과업 지시서 교부'와 서술어 '교부하다'가 의미상 중복되기 때문에 '안내서 및 과업 지시서는 참가 신청자에게만 교부한다.'로 수정하는 것은 옳다.

③ 목적어와 서술어의 호응 관계가 어색하므로 능동의 형태인 '제외한'으로 수정하여 '수역을 제외한 상태에서'와 같이 쓰는 것은 옳다.

④ 서술어와 부사어의 호응 관계가 어색하므로 사동문의 형태인 '열람하게 한다'로 수정하는 것은 옳다.

20 ②

개념 카테고리 언어 예절과 바른 표현 > 바른 표현 > 바른 문장

| 정답 해설 | ② '그러나'를 중심으로 앞뒤 문장이 역접 관계를 나타내고 있다. 따라서 '그러나'의 사용은 적절하다. '또한'은 덧붙일 때 쓰는 말로 문맥상 어울리지 않는다.

| 오답 해설 | ① '일정한 상태나 처지에서 완전히 벗어나다.'라는 뜻의 '탈피하는'으로 고치는 것이 적절하다.

③ 주어 '더욱 중요한 것은'과 호응하는 서술어인 '길러진다는 점이다'로 고치는 것이 적절하다.

④ ㉣에는 글의 결론이자 글쓴이의 궁극적인 주장이 제시되어야 한다. 따라서 '비판적 사고'가 아닌 '환경과 교육의 중요성'에 대한 내용이 와야 한다.

21 ①

개념 카테고리 언어 예절과 바른 표현 > 바른 표현 > 단어 구별

| 정답 해설 | ① '발자국 소리'가 들리기는 어렵다. '발소리'로 바꿔야 한다.

| 오답 해설 | ② • 마중: 오는 사람을 나가서 맞이함.

- 배웅: 떠나가는 사람을 일정한 곳까지 따라 나가서 작별하여 보내는 일.

③ '영향, 해, 은혜 따위를 당하거나 입게 하다.'라는 뜻을 나타내는 '끼치다'를 사용하여 '불편을 끼쳐'로 쓰는 것은 적절하다. 또는 보조 용언 '주다'의 높임말 '드리다'를 써 '끼쳐 드려'로 쓸 수 있다.

④ 경승지(景勝地): 경치가 좋은 곳. [유] 명승지(名勝地)

22 ③

개념 카테고리 언어 예절과 바른 표현 > 바른 표현 > 단어 구별

| 정답 해설 | ③ 살아 있는 사람에게 훈장을 줄 때는 '수여'가 적절하다.

| 오답 해설 | ① '지정'이 이미 있는 것들 중에서 일부에 특별한 의미를 주어 정하는 것이라면, '설정'은 예전에 없던 것을 새로 만들어 정할 때 쓰인다. 따라서 문맥상 '설정'이 더 적절하다.

② 마음의 상처나 슬픔과 같이 추상적인 상처를 낫게 한다는 의미로 사용될 때는 '치유'가 더 적절하다.

④ '미령'은 어른의 몸이 병으로 편치 못한 것을 의미하므로 이 상황에서는 '건강하고 평안하다.'의 의미인 '안녕하다'를 쓰는 것이 더 적절하다.

23 ④

개념 카테고리 언어 예절과 바른 표현 > 바른 표현 > 바른 문장

| 정답 해설 | ④ '우연찮게'는 '우연하게'가 맞는 표현이나 잘못된 사용이 거듭되면서 의미가 바뀐 경우이다.

| 오답 해설 | ① 설득시켰지만(×) → 설득했지만(◯): 불필요한 사동 표현이 사용되었다.

② 열려졌다(×) → 열리다(◯): 불필요한 피동 표현이 사용되었다.

③ 근거 없는 낭설이다(×) → 근거가 없다(◯), 낭설이다(◯): '낭설'은 '터무니없는 헛소문'이란 뜻이므로 이미 '근거가 없다'는 의미가 포함되어 의미가 중복되었다.

24 ④

개념 카테고리 언어 예절과 바른 표현 > 바른 표현 > 바른 문장

| 정답 해설 | ④ 주어가 '가장 큰 문제는'과 같이 특정 사실을 지정하고 있으므로 서술어에서도 그 문제가 무엇인지 지정하여 밝히는 것이 좋다.

| 오답 해설 | ① '모름지기'는 '사리를 따져 보건대 마땅히 또는 반드시'라는 뜻의 부사로 '청년은 모름지기 진취적이어야 한다.'와 같이 당위를 나타내는 서술어와 어울려야 한다.

② '전망'은 사람이 하는 것이므로, '주식 시장'은 전망하는 행위의 주체가 될 수 없다. 따라서 '올해 주식 시장이 크게 요동칠 것으로 전망됩니다.'와 같이 사용해야 한다.

③ '하여금'은 사동의 의미를 지니므로 사동 표현이 들어간 문장에서 쓰여야 한다. '눈물을 흘렸다.'는 주체인 '나'가 스스로 한 행동이므로 사동 표현이 아니다.

25 ②

개념 카테고리 언어 예절과 바른 표현 > 바른 표현 > 바른 문장

| 정답 해설 | ② 원칙을 보면 대등한 것끼리 접속할 때는 구조가 같은 표현을 사용하라고 언급하고 있다. 따라서 '표준적인 언어 생활을 확립하고'에 맞는 구조는 '일상적인 국어 생활을 향상하기'가 되어야 한다. '표준적인 언어생활을 확립하고 일상적인 국어 생활을 향상하기 위해'로 수정해야 한다.

| 오답 해설 | ① 원칙을 보면 중복되는 표현을 삼가라고 언급하고 있다. '안내 알림'의 경우 모두 '알린다'는 의미가 있으므로 '안내' 정도로 표현하는 것이 적절하다.

③ 원칙을 보면 주어와 서술어를 호응시키라고 언급하고 있다. '본원'이 하고 있는 행위는 표준 정보를 제공하고 있는 것이지 제공되고 있는 것이 아니다. 따라서 '표준 정보를 제공하고 있습니다'가 적절한 표현이 된다.

④ 원칙을 보면 필요한 문장 성분이 생략되지 않도록 하라고 언급하고 있다. '개선하다'는 '~가 ~을 개선하다'의 구성이 되어야 한다. 따라서 목적어를 정확하게 제시해 주어야 한다. '의약품 용어를 일반 국민도 알기 쉬운 표현으로 개선하여'와 같이 목적어를 넣어 표현하는 것이 적절하다.

26 ②

개념 카테고리 언어 예절과 바른 표현 > 바른 표현 > 바른 문장

| 정답 해설 | ② "시장은 건설업계 관계자들과 시민의 안전에 관하여 논의하였다."로 수정하게 되면 시장과 건설업계 관계자들이 함께 시민의 안전에 관해 논의했다는 의미도 있고 건설업계 관계자들 그리고 시민의 안전에 대해 시장이 다른 주체들과 논의했다는 의미도 있게 된다. 따라서 중의적으로 수정한 결과가 되므로 바르지 않은 수정이다.

| 오답 해설 | ① '선출되다'는 피동의 표현이므로 목적어 '~을/를 선출되다'가 아닌 '~이 선출되다'가 적절하다.

③ "5킬로그램 정도의 금 보관함"이라는 표현은 금이 5킬로그램이라는 의미도 있고 보관함이 5킬로그램이라는 의미도 있다. 따라서 '5킬로그램 정도의'라는 수식의 표현을 수정하여 "금 5킬로그램 정도를 담은 보관함"으로 바꾸는 것이 적절하다.

④ "음식물의 신선도 유지와 부패를 방지해야 한다."에서 '신선도 유지, 부패'가 '와'의 앞뒤에 대등하게 연결되며 목적으로 쓰이고 있고 이 목적어에 대한 서술어가 '방지해야 한다'이다. '부패'는 방지해야 하지만 '신선도 유지'는 방지한다는 서술어와 관련이 없다. 따라서 이를 수정하여 "음식물의 신선도를 유지하고, 부패를 방지해야 한다."로 수정하는 것이 적절하다.

PART

Ⅱ 비문학

정답과 해설

CHAPTER 01 독해 비문학

주제 찾기

문제편 P.92

01	①	02	③	03	④	04	②	05	①
06	④	07	③	08	①	09	③	10	③
11	④	12	②	13	③	14	④	15	①
16	②	17	③	18	④	19	③	20	③
21	④	22	④						

01 ①

개념 카테고리 독해 비문학 > 주제 찾기

| 정답 해설 | ① 셋째 문단의 "문화 전파의 기제를 설명하는 이론으로는 밈 이론보다 의사소통 이론이 더 적절해 보인다."를 통해 확인할 수 있다.

| 오답 해설 | ② 넷째 문단의 "수신자가 발신자가 전해 준 정보에다 자신의 생각을 덧붙였기 때문인데"를 통해 문화 수용 과정에서 수용 주체의 주관이 개입한다는 것을 알 수 있다.

③ 둘째 문단의 "밈 역시 유전자와 마찬가지로 공동체 내에서 복제를 통해 확산된다."를 통해 특정 공동체의 문화가 다른 공동체로 복제를 통해 전파되는 것은 '밈 이론'이라는 것을 알 수 있다.

④ 넷째 문단은 '의사소통 이론'의 예이다. 따라서 '요크셔 푸딩 요리법'의 경우는 의사소통 이론에 의해 설명될 수 있다.

02 ③

개념 카테고리 독해 비문학 > 주제 찾기

| 정답 해설 | '단호한 반응'은 '다른 사람의 권리를 침해하지 않으면서 자신의 권리를 존중하고 지키'는 것이며, '상대방을 존중'하면서도 '자신의 의견을 내세울 수 있는 것'이다. 따라서 상대방을 존중하면서 자신의 의견을 분명하게 내세우고 있는 ③이 가장 적절하다.

| 오답 해설 | ① 자신의 의견이 반영되어 있지 않다.

② 상대방을 존중하고 있지 않다.

④ 자신의 의견을 정확하게 제시하고 있지 않다.

03 ④

개념 카테고리 독해 비문학 > 주제 찾기

| 정답 해설 | ④ 셋째 문단의 "현대 사회에서 민주적 토론은 ~ 퇴보했다."와 넷째 문단의 전반적인 내용을 통해 민주적 토론이 감소한 이유를 생각해 볼 수 있다.

| 오답 해설 | ① 첫째 문단 "공공 영역은 일반적 쟁점에 대한 ~ 역할을 한다."와 둘째 문단 "17세기와 18세기 유럽 도시의 ~ 공공 영역을 찾았다."를 통해 살롱 문화에서 비판적 토론이 허용되었음을 알 수 있다.

②, ③ 넷째 문단 "미디어가 점차 상업화되면서 ~ 선호하게 되었다."를 통해 공익 광고의 영역, 공공 영역은 오히려 침식당하고 있음을 알 수 있다.

04 ②

개념 카테고리 독해 비문학 > 주제 찾기

| 정답 해설 | ② 넷째 문단의 "이와 같이 기계에 의존해서 인간이 살아가는 사례는 오늘날 우리의 두뇌가 게을러진 것을 보여 주는 여러 사례 가운데 하나일 뿐이다."에서 인공지능으로 인해 인간의 두뇌가 게을러지는 부작용을 언급하고 있다. 따라서 '인공지능(AI)으로 인해 인간의 두뇌가 게을러지는 부작용이 발생하게 될 것이다.'가 글의 결론으로 가장 적절하다.

| 오답 해설 | ① 내비게이션의 사례를 통해 인간은 인공지능에 매우 의존적임을 알 수 있다.

③ 첫째 문단의 "인공지능(AI)이 사람보다 똑똑해질 수 있을지도 모른다."를 통해 추측할 수 있지만 글의 결론으로는 적절하지 않다.

④ 제시된 글의 내용만으로는 알 수 없는 내용이다.

05 ①

개념 카테고리 독해 비문학 > 주제 찾기

| 정답 해설 | ① 첫째 문단에서 키네틱 아트의 유래에 대해, 둘째 문단에서 표현 방법에 대해 이야기하고 있다.

| 오답 해설 | ② 키네틱 아트가 왜 예술인지, 그 합당성에 대한 언급은 찾아볼 수 없다.

③ 키네틱 아트가 출현한 배경에 대한 언급은 있지만 구체적으로 어떻게 정립되었는지는 언급되지 않고 있다.

④ 키네틱 아트의 특징에 대해서는 언급이 되고 있지만 이것이 우월성으로 이어진다고 볼 수는 없다.

06 ④

개념 카테고리 독해 비문학 > 주제 찾기

| 정답 해설 | ④ 둘째 문단 "런던에 전시한 ~ 다양함을 의미한다."를 통해 '복제본도 원본과는 다른 별개의 예술적 특성을 담보할 수 있다.'라는 주제를 확인할 수 있다.

| 오답 해설 | ① 둘째 문단에서 사진의 경우, 복제본도 원본과 마찬가지로 예술적 가치를 지닐 수 있다고 하였다.

② 모든 예술적 매체의 특성이라기보다는 '사진'과 관련된 특성으로 보는 것이 적절하다.

③ 둘째 문단 "사진의 경우, 작가가 재현적 특질을 선택하고 변형할 수 있는 방법이 다양함을 의미한다."를 통해 복제본의 재현적 특질을 변형하는 방법이 다양하다는 것을 확인할 수 있다.

07 ③

개념 카테고리 독해 비문학 > 주제 찾기

| 정답 해설 | ③ 첫째 문단의 "우리에게 친숙한 동물들의 사소한 행동을 살펴보면 그들이 자신의 환경을 개조한다는 것을 알 수 있다."와 둘째 문단 "인간도 생명체이다. 더 잘 살기 위해서는 환경에 순응할 수만은 없다."를 통해 '생명체는 환경을 능동적으로 변형한다.'라는 주장을 확인할 수 있다.

08 ①

개념 카테고리 독해 비문학 > 주제 찾기

| 정답 해설 | 글쓴이는 셋째 문단에서 '글'을 읽고 그 글을 집필한 '필자'를 읽은 뒤 최종적으로 그것을 읽고 있는 '독자 자신'을 읽어야 한다고 하였다. 이를 바탕으로 독서는 자신을 열고, 자신을 확장하고, 자신을 뛰어넘는 비약이어야 한다고 이야기하고 있다.

① 독서가 타인의 경험이나 생각 등을 자기화하는 과정이라는 이해는 적절하다.

| 오답 해설 | ②, ④ 독서를 통해 즐거움을 느낄 수 있다는 점에서 책을 벗으로 비유하였다. 하지만 이 글이 반가운 벗과의 독서나 친밀한 교우 관계의 중요성을 이야기하는 것은 아니다.

③ 제시된 글에서 확인할 수 없는 내용이다.

09 ③

개념 카테고리 독해 비문학 > 주제 찾기

| 정답 해설 | ③ 셋째 문단의 "유교의 기본 입장은 설사 부모의 명령이라 하더라도 옳고 그름을 가리지 않는 맹목적인 복종은 그 자체가 불효라고 보았기 때문이다."를 통하여 윗사람에 대한 복종을 절대시하지 않는 것이 유교적 윤리의 한 바탕임을 확인할 수 있다.

| 오답 해설 | ① 첫째 문단의 "그런데 언제부터인가 우리는 효를 ~ 봉건 가부장제 사회의 유습이라고 오해하는가 하면"을 통해 글쓴이의 입장에 부합하지 않음을 알 수 있다.

② 셋째 문단의 "옳고 그름을 가리지 않는 맹목적인 복종은 그 자체가 불효라고 보았기 때문이다."를 통해 효가 조건 없는 신뢰에 기초하지 않는다는 것을 추론할 수 있다.

④ 제시된 글에서 확인할 수 없는 내용이다.

10 ③

개념 카테고리 독해 비문학 > 주제 찾기

| 정답 해설 | ③ 글쓴이는 '마음'과 '이치'를 제외하면 우리 몸뚱이는 귀할 것이 없다고 주장하며, 우리 몸은 다만 본능에 따르는 짐승일 뿐이며 이를 비판하고 있다. 따라서 마음과 이치를 통해 본능을 다스리는 삶을 살아가기를 요구하고 있다고 볼 수 있다.

11 ④

개념 카테고리 독해 비문학 > 주제 찾기

| 정답 해설 | ④ 글쓴이는 계몽주의 사상가인 헤겔과 다윈 등을 소개하며 진보와 진화에 대해 다양한 견해를 설명하고 있다. 따라서 이 글의 제목으로 '진보와 진화에 관한 견해들'이 가장 적절하다.

12 ②

개념 카테고리 독해 비문학 > 주제 찾기

| 정답 해설 | ② 둘째 문단에서 글의 중심 내용을 "언간은 특정 계층에 관계없이 남녀 모두의 공유물이었다고 할 수 있다."라고 정리하여 제시하였다.

| 오답 해설 | ①, ④ 제시된 글에서 언급하고는 있지만 첫째 문단과 관련이 있을 뿐 전체 글의 내용을 포괄하는 중심 내용으로 보기는 어렵다.

③ 중심 내용을 언급하기 위한 과정의 내용으로, 중심 내용으로 보기는 어렵다.

13 ③

개념 카테고리 독해 비문학 > 주제 찾기

| 정답 해설 | ③ 제시된 글에서는 현대인들의 불안감에 대해 언급하면서 그 불안감이라는 존재가 마냥 부정적인 것만은 아니라는 이야기를 하고 있다.

| 오답 해설 | ① 직장인뿐만 아니라 청소년기 학생들의 불안감에

대해서도 이야기하고 있다.

② 첫째 문단에서 일어나지도 않을 일에 대한 불안감이 언급되고 있기는 하지만 그 이유에 대해서는 언급되지 않고 있다.

④ 청소년기의 불안감에 대한 대처 방법이 구체적으로 언급되고 있지 않다.

14 ④

개념 카테고리 독해 비문학 > 주제 찾기

| 정답 해설 | ④ 제시된 글은 도시 내부 구조의 형성 과정을 '동심원 모델'과 '선형 모델'을 통해 설명하고 있다. 따라서 글의 내용을 포괄하는 제목으로는 '도시 내부 구조의 형성 과정에 대한 이론적 접근'이 가장 적절하다.

| 오답 해설 | ① 제시된 글은 도시 내부 구조의 형성 과정에 대해 설명하는 글로, 도시가 어떤 위치에 세워지는지에 대해서는 알 수 없다. 따라서 '도시의 입지 조건에 대한 고찰'은 제목으로 적절하지 않다.

② 제시된 글에는 동심원 모델뿐만이 아니라 선형 모델에 대한 내용도 포함되어 있다. 따라서 '동심원 모델의 등장과 그 한계'는 글의 전반적인 내용을 포괄하지 못하므로 제목으로 적절하지 않다.

③ 도시의 일반적인 구성 요소 중 하나인 '지대'는 선형 모델을 설명하는 데 언급될 뿐 동심원 모델은 '지대'를 반영하지 않는다. 따라서 '지대가 주거 지구 형성에 미치는 영향'은 글의 전반적인 내용을 포괄하지 못하므로 제목으로 적절하지 않다.

15 ①

개념 카테고리 독해 비문학 > 주제 찾기

| 정답 해설 | ① 글쓴이는 어린이 통학 버스 안전사고를 줄이기 위해서는 사람들의 안전 의식 수준이 높아져야 하며, 이를 위해서는 현재 법에서 정하고 있는 어린이 통학 버스 운전자와 운영자 외에도 일반 운전자들도 안전 교육을 받아야 한다고 주장하고 있다. 즉, 다른 제도적 차원보다도 어린이 통학 버스 안전사고에 대한 사람들의 의식 수준이 높아져야 한다고 주장하고 있다.

| 오답 해설 | ② 둘째 문단의 "2015년 1월부터 어린이 통학 버스의 안전 관리가 강화된 법이 시행되고 있다."에서 이미 관련 법령이 제정되었음을 알 수 있다. 따라서 '강력한 법의 제정'은 글쓴이의 주장으로 적절하지 않다.

③ '오토바이'는 첫째 문단의 사고 사례에만 언급되었을 뿐, 이후에는 언급되지 않는다. 또한 어린이 통학 버스 관련 종사자뿐 아니라 일반 운전자들도 안전 교육을 받아야 한다고 주장하고 있으므로 '오토바이 사용자의 안전 의식 수준 향상'은 글쓴이의 주장으로 적절하지 않다.

④ 글쓴이는 어린이 통학 버스 안전사고가 줄지 않는 이유로 사람들이 법 규정을 지키지 않고 있음을 들고 있으나, 뒤이어 사람들의 의식 수준을 높이기 위한 교육의 강화와 사람들의 관심이 필요하다고 주장하고 있다. 따라서 '법을 위반한 사람에 대한 처벌'은 글쓴이의 주장으로 적절하지 않다.

16 ②

개념 카테고리 독해 비문학 > 주제 찾기

| 정답 해설 | ② 제시된 글은 유교적 통치를 실현하기 위해 진행되었던 조선 시대의 '경연'에 대해서 이야기하고 있다.

| 오답 해설 | ① 유교적 통치가 지니는 허구성은 언급하고 있지 않다.

③ 둘째 문단에 유교적 이상 국가를 실현하기 위해 노력했다는 표현은 있지만, 구체적으로 그 조건이 무엇인지는 언급되고 있지 않다.

④ 경전의 내용과 관련된 국정 현안에 대해 논의를 했다는 내용을 통해 적절하지 않음을 확인할 수 있다.

17 ③

개념 카테고리 독해 비문학 > 주제 찾기

| 정답 해설 | ③ 제시된 글은 좋은 컴퓨터를 구입하는 방법을 설명하고 있다. 좋은 컴퓨터를 구입하는 방법은 자신의 사용 목적을 정확히 알고, 전문가나 컴퓨터를 잘 아는 주위 사람들에게 그 목적을 정확하게 알려 주어 자신의 목적에 맞게 구입하는 것이라고 말한다.

18 ④

개념 카테고리 독해 비문학 > 주제 찾기

| 정답 해설 | ④ 첫째 문단에서 "초미세먼지에 대응하는 방안을 알고 생활 속에서 그 방안을 실천할 수 있어야 한다."라고 글쓴이가 핵심 주장을 드러내었다.

| 오답 해설 | ① 셋째 문단에서 "정부에서는 매연을 통한 오염 물질의 배출 총량을 규제하고 ~ 초미세먼지를 줄이기 위한 노력을 하고 있다."라고 정부의 규제를 언급하고 있으나, 글의 내용을 포괄하는 주제로 적절하지 않다.

② 제시된 글에서 기업체와 관련한 내용은 찾을 수 없다.

③ 둘째 문단에서 초미세먼지의 정의와 함께 인체에 영향을 미치는 초미세먼지는 유해성이 매우 크다는 것을 언급하고 있으나, 글의 내용을 포괄하는 주제로 적절하지 않다.

19 ③

개념 카테고리 독해 비문학 > 주제 찾기

| 정답 해설 | ③ 제시된 글은 종이가 개발되기 전부터 오늘날까지 제책 기술이 어떠한 배경과 과정으로 발전해 왔는지를 설명하고 있다. 따라서 글의 내용을 포괄하는 제목으로 가장 적절한 것

은 '제책 기술의 발달 과정과 배경'이다.

| 오답 해설 | ① 첫째 문단에서 제책 기술의 발달이 요구되는 배경에 대해 설명하고 있다. 그러나 제책 기술의 의의는 알 수 없으므로, '제책 기술의 필요성과 의의'는 글 전체의 내용을 포괄하지 못한다.

② 둘째 문단 "서양은 종이 책을 만들기 시작했을 때 제지 기술이 동양에 비해 미숙했고"에서 동양과 서양의 제지 기술을 언급하고 있으나 차이점은 알 수 없으므로, '동양과 서양의 제책 기술 차이'는 글 전체의 내용을 포괄하지 못한다.

④ 넷째 문단에서 화학 접착제의 개발로 무선철(無線綴)이라는 제책 기술이 등장했음을 알 수 있으나 접착제의 발달이 제책 기술의 경향에 영향을 미쳤는지는 알 수 없으므로, '접착제의 발달과 제책 기술의 경향'은 글 전체의 내용을 포괄하지 못한다.

20 ③

개념 카테고리 독해 비문학 > 주제 찾기(추론형)

| 정답 해설 | ③ 제시된 글에서는 외국어 사용의 확대와 관련된 예를 들면서 우리말을 사랑하는 정신이 결여되었다는 결론을 내리고 있다. 따라서 두 사안이 인과 관계를 가지고 직접 관련이 있는 것인지에 대한 의문을 제기할 수 있다.

21 ④

개념 카테고리 독해 비문학 > 주제 찾기

| 정답 해설 | ④ 첫째 문단에서 위계화의 의미(개념)에 대해 설명하고 나서, 둘째 문단에서부터 그러한 불평등이 어떠한 방식으로 경험되고 조직화되는지에 대해 언급하고 있다. 따라서 글의 내용을 포괄하는 제목으로는 '위계화의 개념과 구조'가 가장 적절하다.

22 ④

개념 카테고리 독해 비문학 > 주제 찾기

| 정답 해설 | ④ 제시된 글은 우리 교육이 우리말과 우리 얼로부터 멀어졌으며 육신마저 집과 고향을 떠나게 만들었다는 점을 비판하고 있다. 이러한 맥락을 고려할 때 올바른 교육은 우리말, 우리 삶 등 우리의 것을 바탕으로 해야 한다는 의도를 담고 있다고 볼 수 있다.

내용 일치/불일치

문제편 P.102

23	①	24	②	25	④	26	③	27	②
28	④	29	②	30	①	31	③	32	④
33	②	34	③	35	③	36	③	37	②
38	④	39	①	40	③	41	①	42	①
43	②	44	④	45	①	46	④	47	④
48	①	49	①	50	①	51	③	52	④
53	②	54	④	55	④	56	④	57	③
58	①	59	①	60	③	61	②	62	②
63	③	64	①	65	②	66	②	67	②
68	③	69	①	70	②	71	③	72	①
73	③	74	③	75	②	76	④	77	③
78	①	79	②	80	②	81	④	82	②
83	②	84	①	85	④	86	②	87	②
88	③	89	②	90	③	91	④	92	④
93	③								

23 ①

개념 카테고리 독해 비문학 > 내용 일치/불일치

| 정답 해설 | ① '각 소리가 지닌 특성'이 아닌 '대응되는 소리가 규칙적이냐 규칙적이지 않냐'에 따라 철자 읽기의 명료성 수준이 달라지게 된다.

| 오답 해설 | ② 둘째 문단을 통해 확인할 수 있다.

③ 첫째 문단을 통해 확인할 수 있다.

④ 영어는 스페인어에 비해 한 글자에 대응되는 소리가 규칙적이지 못하여 음운 처리 규칙에 적용되지 않는 예외들이 많다고 볼 수 있다.

24 ②

개념 카테고리 독해 비문학 > 내용 일치/불일치

| 정답 해설 | ② 둘째 문단에 따르면 신이 지상에 내려와 왕이 되고자 하는 내용은 '한국 무속신화'가 아니라 '한국 건국신화'의 내용에 해당하고, 신이 지상에 내려오는 목적이 '인간을 위해'라는 내용은 확인할 수 없다.

| 오답 해설 | ① 셋째 문단에서 다른 나라의 신화들은 신과 인간의 관계가 한국 신화와 달리 위계적이고 종속적이라고 설명하고 있다.

③ 첫째 문단에서 한국 신화에서 신은 인간과의 결합을 통해 결핍을 해소함으로써 완전한 존재가 된다고 설명하고 있다.

④ 셋째 문단에서 다른 나라의 신화들은 신과 인간의 관계가 한국 신화와 달리 위계적이고 종속적이라고 설명하고 있다.

25 ④

개념 카테고리 독해 비문학 > 내용 일치/불일치

| 정답 해설 | ④ 첫째 문단의 "독립적인 행동을 하도록 교육받는다."를 통해 미국의 어머니는 자녀가 독립적인 행동을 하도록 교육함을 알 수 있다. 또한 둘째 문단의 "다른 사람들의 감정을 미리 예측하도록 교육받는다."를 통해 일본의 어머니는 자녀가 타인의 감정을 예측하도록 교육함을 알 수 있다.

| 오답 해설 | ① 첫째 문단의 "말하는 사람의 입장에서 대화에 임해야 하며"를 통해 미국의 어머니는 말하는 사람의 입장을, 둘째 문단의 "일본에서는 아이들에게 듣는 사람의 입장에서 말할 것을 강조한다."를 통해 일본의 어머니는 듣는 사람의 입장을 강조한다는 것을 알 수 있다.

② 둘째 문단의 "다른 사람과의 관계에 초점을 맞춘 훈련을 받은 아이들은"을 통해 일본의 어머니는 관계에 초점을 맞추고 있다는 것을 알 수 있다.

③ 둘째 문단의 "일본의 어머니들은 대상의 '감정'에 특별히 신경을 써서 가르친다."를 통해 '이면에 있는 감정'에 초점을 두는 쪽은 일본의 어머니들이라는 것을 알 수 있다.

26 ③

개념 카테고리 독해 비문학 > 내용 일치/불일치

| 정답 해설 | ③ 첫째 문단을 통해 자신의 삶과 환경을 통제하지도 못하면서 무력감에 시달리는 사람일수록 공격적인 발설로 자기 효능감을 느끼려 하는데, 악플러들은 자신이 올린 글 한 줄에 다른 사람들이 동요하는 모습을 보면서 자기 효능감을 느낀다는 것을 알 수 있다. 즉, 악플러들이 자신의 삶을 잘 통제하는 사람들이 아님을 알 수 있다.

| 오답 해설 | ① 첫째 문단의 "자신이 올린 글 ~ 효능감을 맛볼 수 있다."에서 근거를 찾을 수 있다.

② 둘째 문단의 전반적인 내용을 통해 악플에 무반응하게 되면 악플러들은 자신이 무시당했다는 생각에 오히려 자괴감에 빠질 수도 있음을 알 수 있다.

④ 셋째 문단의 "한국에서는 그런 의미에서의 개인주의가 뿌리내리지 못했다. ~ 신경을 너무 곤두세운다."에서 근거를 찾을 수 있다.

27 ②

개념 카테고리 독해 비문학 > 내용 일치/불일치

| 정답 해설 | ② 첫째 문단의 "유럽연합에서의 공용어 개념도 ~ 다 배워야 하는 것은 아니다."를 통해 유럽연합이 복수의 공용어를 지정한 이유가 공무상 편리함을 주기 위함이라는 것을 알 수 있다.

| 오답 해설 | ① 첫째 문단의 "모든 외교관들이 이 공용어들을 전부 다 잘해야 하는 것은 아니다."를 통해 유엔에서 근무하는 외교관들은 유엔의 공용어를 다 구사하지 않아도 된다는 것을 알 수 있다.

③ 둘째 문단의 "우리가 영어를 한국어와 함께 ~ 망상에 불가하다."를 통해 영어를 공용어로 지정하는 것이 곧 한국인들이 영어를 다 잘하게 되는 것은 아님을 알 수 있다.

④ 제시된 글에서 언급한 내용이 아니다.

28 ④

개념 카테고리 독해 비문학 > 내용 일치/불일치

| 정답 해설 | ④ 제시된 글에서 15세기 후반부에는 라틴어가 가장 중요했기에 라틴어로 된 종교 서적이 인쇄의 주류를 이루었다고 설명하고 있다. 따라서 라틴어가 인쇄술에 힘입어 가장 중요한 언어가 된 것이 아니다.

| 오답 해설 | ① 마지막 문장에서 "16세기 들어 인쇄술은 ~ 1517년 이후 종교개혁을 위한 수단으로도 이용되었다."라고 설명하고 있다.

② 세 번째 문장에서 "15세기 말 인쇄업은 자금을 빌려주는 업자들에게 종속되었는데"라고 설명하고 있다.

③ 책은 고가의 제품이었기 때문에 상인들의 의해 시장에서 거래되었고 그 과정에서 사상의 교환이 촉진되었다고 설명하고 있다. 따라서 유렵의 상인들이 사상의 교환을 위해 책을 유통한 것은 아니다.

29 ②

개념 카테고리 독해 비문학 > 내용 일치/불일치

| 정답 해설 | ② 동양의 인식에 의하면 용은 네 발이 있고, 그중 육지 사람들은 용이 주로 하늘 위 구름 속에서 지낸다고 믿었음을 알 수 있다.

| 오답 해설 | ① 바닷가 어부들에게 '용궁'은 '용'이 지내는 곳이고, '구름'은 육지 사람들이 생각하는 '용'이 지내는 곳이다. 바닷가 어부들에게 '구름'과 '용궁'이 대립적 관념이었는지는 제시된 글에서는 알 수 없다.

③ 환경 중심적 사고에 의하면 어부들은 용을 고깃배를 '위협'하는 풍랑의 원인으로, 농부들은 곡식을 자라게 하는 풍우의 원인으로 여겼다. 따라서 '풍랑'은 상서로운 현상으로 볼 수 없는 반면 '풍우'는 상서로운 현상으로 볼 수 있다.

④ 서양의 드래건은 동양의 용과 달리 날개가 달린 존재로, 하늘을 날 수 있다.

30 ①

개념 카테고리 독해 비문학 > 내용 일치/불일치

| 정답 해설 | ① 갑의 입장에서 을이 말한 '이름'이나 '축약된 기술어'는 모두 '이름'일 뿐이다. 따라서 을이 말한 '축약된 기술어' 역시 갑의 입장에서 보면 대상을 지칭하는 '이름'이 된다.

| 오답 해설 | ② '을'은 실존하지 않는 대상을 지칭하는 단어로

'축약된 기술어'라는 용어를 사용하고 있다.

③ '페가수스'는 '갑'의 입장에서는 실존하는 대상의 '이름'이고, '을'의 입장에서는 '축약된 기술어'에 해당한다.

④ '갑'은 모든 단어가 실존하는 대상을 지칭하는 '이름'이라고 본다. 반면 '을'은 실존하는 대상만 '이름'이라고 하고 실존하지 않는 대상은 '축약된 기술어'라고 설명한다. 따라서 '갑'과 '을' 모두 '이름'이라는 표현에는 '실존하는 대상'을 지칭하는 개념이 들어 있다고 생각한다.

31 ③

개념 카테고리 독해 비문학 > 내용 일치/불일치

| 정답 해설 | ③ 둘째 문단을 보면 글쓴이는 '사물 인터넷이 실현되려면 사람만큼 사물이 판단할 수 있어야 한다.'라는 주장이 그릇된 것이라 하였다. 즉, 글쓴이에게 '사물의 지능성'은 중요하지 않은 것이다. 따라서 '사물 인터넷은 사람 수준의 지능을 가진 사물들이 네트워크상에서 인간의 개입 없이 서로 소통하는 것으로 정의된다.'는 글쓴이의 견해에 부합하지 않는다.

| 오답 해설 | ① 둘째 문단 "사물 인터넷을 제대로 이해하려면 ~ 공통점을 인식하는 것이 더 중요하다."를 통해 확인할 수 있다.

② 첫째 문단 "이제는 전원이 있었던 ~ 네크워크로 연결되는 것이다."를 통해 확인할 수 있다.

④ 첫째 문단 "이제는 전원이 있었던 ~ 네크워크로 연결되는 것이다."와 둘째 문단 "이제는 사물 각각이 컴퓨터가 되고, ~ 소통하는 것이다."를 통해 확인할 수 있다.

32 ④

개념 카테고리 독해 비문학 > 내용 일치/불일치

| 정답 해설 | ④ 셋째 문단 마지막 부분 "중국집을 향하던 ~ 찾아보기가 힘들어졌다."를 통해 요즘 아이들은 자장면보다 피자를 더 좋아한다는 것을 알 수 있다.

| 오답 해설 | ① 첫째 문단을 통해 피자는 쉽게 배달시켜 먹을 수 있는 편리한 음식이라는 것을 알 수 있다.

② 셋째 문단 앞부분 "싸게 먹을 수 있는 이국 음식이라는 점에서 자장면과 피자는 특별한 의미를 갖는다."를 통해 자장면과 피자는 이국적인 음식이라는 것을 알 수 있다.

③ 셋째 문단 앞부분 "외식을 하기엔 ~ 서민에게 안성맞춤이다."를 통해 자장면과 피자는 값이 싸면서도 기분 전환이 되는 음식임을 알 수 있다.

33 ②

개념 카테고리 독해 비문학 > 내용 일치/불일치

| 정답 해설 | ② 글쓴이는 영화의 장면을 통해 '은유'에 대해 설명하였을 뿐, 영화 속 인물들이 문학적 은유의 본질과 의미를 잘 알고 있는지는 알 수 없다.

| 오답 해설 | ① 첫째 문단 "시란 무엇인가에 대한 해답을 이처럼 쉽고도 절실하게 설명해 놓은 문학 교과서를 나는 아직까지 보지 못했다."를 통해 확인할 수 있다.

③ 첫째 문단 "수백 마디의 말보다 〈일 포스티노〉를 함께 보고 토론하는 것이 ~ 있다는 것을 경험하기도 했다."를 통해 확인할 수 있다.

④ 첫째 문단 "이 아름다운 영화 속에 아스라이 문학이 똬리를 틀고 앉아 있기 때문이다."를 통해 확인할 수 있다.

34 ③

개념 카테고리 독해 비문학 > 내용 일치/불일치

| 정답 해설 | ③ 엄마가 아이에게 하는 "지금 뭐 하니?"라는 질문은 어떤 '상황'이냐에 따라 여러 의미를 가질 수 있다. 따라서 같은 발화라도 상황에 따라 단순한 질문, 질책, 제안, 명령 등 의미가 다르게 해석될 수 있는 것이다.

35 ③

개념 카테고리 독해 비문학 > 내용 일치/불일치

| 정답 해설 | ③ 둘째 문단을 통해 김홍도의 〈씨름〉은 명암법이 사용되지 않았음을 알 수 있고, 넷째 문단을 통해 김두량의 〈견도〉는 북경으로부터 들여온 명암법을 사용하였음을 알 수 있다. 즉 〈씨름〉과 〈견도〉는 '다른' 명암법이 사용된 것이 아니라 〈씨름〉은 명암법이 사용되지 않았고, 〈견도〉는 명암법이 사용된 것이다.

| 오답 해설 | ①, ②, ④ 둘째 문단의 "동양 회화는 명암을 의도적으로 ~ 동양 회화의 전통과 배치되기 때문이다."를 통해 근거를 찾을 수 있다.

36 ③

개념 카테고리 독해 비문학 > 내용 일치/불일치

| 정답 해설 | ③ 조선 시대에는 상하수도 시설이 부재하였기 때문에 한강의 지류 하천을 따라서 주거들이 형성될 수밖에 없었다. 그러나 이후 인구 밀도가 높아지면서 위생 문제가 심각해지고, 동시에 자동차가 급증하여 도시 형성의 필수 조건 중 하나가 자동차 도로를 확보하는 것이 되었고 이러한 상황이 부각되면서 기존의 하천 주변이 자동차 도로로 바뀌게 된 것이다. 따라서 '도시 주거의 기본 요건 중 하나가 상하수도 시설이기 때문에 하천 주변이 자동차 도로가 된 것은 필연적'이라는 설명은 옳지 않다.

| 오답 해설 | ① 첫째 문단을 통해 근거를 찾을 수 있다.

② 셋째 문단을 통해 근거를 찾을 수 있다.

④ 둘째 문단과 셋째 문단을 통해 근거를 찾을 수 있다.

37 ②

개념 카테고리 독해 비문학 > 내용 일치/불일치

| 정답 해설 | ② 미래학자가 의사 결정 과정에 참여하는 주된 의의는 미래 예측 시스템의 경쟁력을 제고하기 위해서가 아니라 빠르고 정확한 의사 결정 수립을 위해서이다. 이는 셋째 문단 "이러한 장기적 관점의 논의 과정이야말로 빠르고 정확한 의사 결정 수립에 필수적이기 때문이다."를 통해 알 수 있다.

| 오답 해설 | ① 둘째 문단 처음 부분을 통해 알 수 있다.

③ 첫째 문단을 통해 알 수 있다.

④ 둘째 문단 마지막 부분을 통해 알 수 있다.

38 ④

개념 카테고리 독해 비문학 > 내용 일치/불일치

| 정답 해설 | ④ 둘째 문단 마지막 문장에서 "수증기도 지구 온난화에 영향을 미치기는 하지만 그 양은 자연 생태계가 조절하고 있어서 별 문제가 되지는 않는다."라고 하였다. 따라서 수증기가 지구 온난화에 미치는 영향은 작다고 할 수 있다.

| 오답 해설 | ① 둘째 문단에서 이산화 탄소 외에도 온실 효과를 일으키는 기체로는 프레온, 아산화 질소, 메탄, 수증기 등이 있다고 하였으므로 틀린 내용이다.

② 첫째 문단에서 만약 자연적인 온실 효과가 없다면 지구 표면에서 복사된 열이 모두 외계로 방출된다고 하였으므로 자연적인 온실 효과는 지구 표면에서 복사된 열이 모두 외계로 방출되지 않도록 해 주고 있음을 알 수 있다.

③ 첫째 문단 마지막 문장에서 화석 연료의 사용이 늘어나면서 대기 중에 이산화 탄소가 너무나 많아져서 지구 온난화 현상이 생긴다고 하였으므로 틀린 내용이다.

39 ①

개념 카테고리 독해 비문학 > 내용 일치/불일치

| 정답 해설 | ① 넷째 문단과 다섯째 문단의 내용을 통해 딩기는 순풍, 역풍 상황 모두 '전진력'으로 나아간다는 것을 알 수 있다.

| 오답 해설 | ② 넷째 문단 마지막 부분의 "센터보드나 킬과 같은 횡류 방지 장치에 의하여 횡류를 방지하면서 전진력을 이용하여 앞으로 나아갈 수 있게 된다."를 통해 알 수 있는 내용이다.

③ 셋째 문단의 "따라서 요트의 추진 원리를 이해하기 위해서는 풍압이 추진력의 주가 되는 풍하범주와 양력이 주가 되는 풍상범주를 구분하여야 한다."를 통해 알 수 있는 내용이다.

④ 요트가 바람을 뒤쪽에서 받아 주행하는 '풍하범주'의 경우 '풍압'이 추진력의 주가 되고, 요트가 바람을 거슬러 올라가는 '풍상범주'의 경우 '양력'이 추진력의 주가 된다.

40 ③

개념 카테고리 독해 비문학 > 내용 일치/불일치

| 정답 해설 | ③ 성별에 따라 사용하는 어휘가 달라지는 상황은 〈보기〉에서 찾을 수 없다.

| 오답 해설 | ① '나'가 말하는 '문상'의 의미를 어머니가 알지 못하는 상황에서 어휘는 세대에 따라서 달라지기도 함을 알 수 있다.

② 대구에 사시는 할아버지의 말씀에 사투리가 섞여 있어 서울에서 고등학교를 다니는 '나'가 잘 알아들을 수 없었던 상황에서 어휘는 지역에 따라 달라지기도 함을 알 수 있다.

④ 학교에서 친구들과 이야기할 때 '컴싸', '훈남'과 같은 단어들을 사용하는 모습에서 은어나 유행어는 청소년층이 쓰는 경우가 많음을 알 수 있다.

41 ①

개념 카테고리 독해 비문학 > 내용 일치/불일치

| 정답 해설 | ① 첫째 문단 "가우디의 건축물들은 '자연은 나의 스승이다.'라는 그의 말처럼 자연에서 작품의 모티프를 따와"를 통해 가우디가 자연에서 설계의 단서들을 얻어 냈음을 알 수 있다.

| 오답 해설 | ② 첫째 문단의 "가우디의 건축물들은 ~ 대부분 직선이 없고 포물선과 나선 등 수학적인 곡선이 주를 이룬다."에서 가우디의 건축물에는 직선보다 곡선이 주를 이루었음을 알 수 있다.

③ 가우디가 기술적인 측면을 도외시한 것은 아니지만 공학적 안정감에 가장 중점을 두었다는 이해는 적절하지 않다.

④ 둘째 문단의 "기술력과 창의성의 결합체인 사그라다 파밀리아 성당은 거대한 조각품과 같은 예술성을 보여 준다."에서 기술력과 창의성의 결합체로 언급하는 구조물은 '카사바트요'가 아닌 '사그라다 파밀리아 성당'임을 알 수 있다.

42 ①

개념 카테고리 독해 비문학 > 내용 일치/불일치

| 정답 해설 | ① 첫째 문단에서 노자가 "법령이 더욱 엄하게 되면 도적도 더 많이 나타난다."라고 주장했음을 알 수 있다. 도적을 제거하기 위해 법령을 강화하는 것은 이상에 대한 추구이다. 그러나 이로 인해 도적이 더 많이 나타난다며 이를 부정적으로 인식한다. 또한 "노자의 입장에서 볼 때, 지향해야만 하는 이상적 기준으로 ~ 그것이 현실에서 실현되어야 사회 질서가 안정된다는 주장은 설득력이 없다."에서 노자가 이상을 추구하는 것을 부정적으로 인식했음을 알 수 있다.

| 오답 해설 | ② 둘째 문단 "노자는 문명사회를 탐욕과 이기심 및 이를 정당화시켜 주는 이념의 산물로 보고"를 통해 노자는 문명사회를 부정적으로 여겼음을 이해할 수 있다.

③ 둘째 문단 "'명'에 관한 노자의 견해는 이기심과 탐욕으로 인한 갈등과 투쟁이 극심했던 사회에 대한 비판적 분석이면서 동시에 그 사회의 혼란을 해소하기 위한 것"을 통해 노자가

당대 사회의 혼란을 해소하려고 노력했음을 이해할 수 있다.

④ 둘째 문단 "노자는 ~ 인위적인 규정이 없는 열린 세계에서 인간을 살게 하는 것이 훨씬 더 평화로운 안정된 삶을 보장해 준다고 생각했다."를 통해 노자가 인위적인 규정, 즉 국가가 발달하지 않은 곳에서 안정된 삶을 살 수 있다고 생각했음을 이해할 수 있다.

43 ②

개념 카테고리 **독해 비문학 > 내용 일치/불일치**

| 정답 해설 | ② 제시된 글은 사진이 등장한 이후의 회화, 즉 인상주의와 후기 인상주의에 대해 설명하는 글로서 전통적 회화의 특징은 언급되고 있지 않다.

| 오답 해설 | ① 첫째 문단 "사진이 등장하면서 ~ 화가들은 회화의 의미에 대해 고민하게 되었다."에서 사진의 등장이 화가들이 회화의 의미에 대해 고민하게 된 계기임을 알 수 있다.

③ 여섯째 문단을 통해 회화의 정체성에 대한 고민에서 비롯된 세잔의 화풍이 입체파 화가들에게 직접적인 영향을 미치게 되었음을 알 수 있다.

④ 제시된 글은 인상주의 화가인 모네와 후기 인상주의 화가인 세잔의 화풍을 비교하고 있다.

44 ④

개념 카테고리 **독해 비문학 > 내용 일치/불일치**

| 정답 해설 | ④ 둘째 문단을 보면 아담 스미스는 '동감'을 관찰자가 상상에 의한 역지사지를 통해 행위자와 감정 일치를 이루는 것이라 하였다. 즉 공평한 관찰자가 행위자가 직면한 상황에서 행위자의 행위와 감정을 상상하고 이것이 실제 행위자의 행위와 감정과 일치할 때, 관찰자는 행위자의 감정과 행위를 적정성이 있는 것으로 승인하는 것이다.

| 오답 해설 | ① 셋째 문단 "한 개인에게도 이기적 충동에 지배되는 행위자로서의 자기와 상상에 의해 관찰자의 입장을 취하며 반성하는 자기가 있다."에서 한 개인에게는 '행위자로서의 자기'와 '관찰자의 입장을 취하며 반성하는 자기', 즉 두 개의 자기가 존재함을 알 수 있다.

② 셋째 문단 "동감의 원리는 한 개인이 자신의 감정과 행위를 판단할 때에도 적용된다."에서 동감의 원리가 타인뿐만 아니라 자기 자신에 대해서도 적용할 수 있음을 알 수 있다.

③ 첫째 문단을 보면 인간에 내재하는 숨은 성질에 접근하는 흐름으로 개인의 이성에서 사회 질서의 원리를 찾는 것과 개인에 내재하는 선천적인 도덕 감정에 주목하는 것이 있는데, 아담 스미스는 이 중 선천적인 도덕 감정에 주목하여 도덕 감정의 핵심을 '동감 능력'이라 보았음을 알 수 있다.

45 ①

개념 카테고리 **독해 비문학 > 내용 일치/불일치**

| 정답 해설 | ① 첫째 문단 "르네상스 시대부터 인상주의에 이르기까지 지속된 이른바 '바자리의 내러티브'는 ~ 생생한 시각적 경험을 가져다주는 정확한 재현이 예술의 목적이자 추동 원리라고 보았는데, 이러한 바자리의 내러티브는 사진과 영화의 등장, 비서구 사회의 문화적 도전 등의 충격으로 뿌리째 흔들리기 시작하였다."를 통해 사진의 등장으로 기존의 내러티브를 따르던 예술가들이 혼란스러워했음을 알 수 있다.

| 오답 해설 | ② 둘째 문단 "단토는 예술 종말론을 통해 예술이 추구해야 할 특정한 방향이 없는 시기, 예술이 성취해야 하는 과업에 대해 고민할 필요가 없는 시기, 즉 예술 해방기의 도래를 천명한 것이기 때문이다."를 통해 철학적 내러티브를 지녀야 한다고 주장한 것이 아니라, 이전의 내러티브의 종말을 주장했음을 알 수 있다.

③ 첫째 문단을 보면 바자리의 내러티브는 사진과 영화의 등장, 비서구 사회의 문화적 도전 등의 충격 등으로 인해 사라지게 되었고, 이후의 자리를 철학적 내러티브가 채우게 되었다. 즉 바자리의 내러티브가 사라지게 된 원인이 철학적 내러티브의 등장이라고 볼 수는 없다.

④ 첫째 문단을 보면 바자리의 내러티브는 모방론, 즉 정확한 재현을 예술의 목적이자 추동 원리로 보았다. 따라서 바자리의 내러티브의 영향으로 예술이 단순히 똑같이 그리는 것에서 벗어났다는 이해는 적절하지 않다.

46 ④

개념 카테고리 **독해 비문학 > 내용 일치/불일치**

| 정답 해설 | ④ 첫째 문단 "'공유 경제'란 ~ 경제 침체가 오래 지속되면서, 과잉 생산과 과소비를 자제하고 물건을 여럿이 공유해서 사용하려는 움직임이 생겨났다."를 보면 '공유 경제'는 기존의 경제가 활발하게 성장하는 상황에서 생겨난 것이 아닌, 경제 침체가 오래 지속되는 상황에서 생겨난 개념임을 알 수 있다.

| 오답 해설 | ① 셋째 문단 "공유할 수 있는 물건의 범위가 점차 늘어나는 추세이다."에서 공유의 대상이 점점 다양해지고 있음을 알 수 있다.

② 첫째 문단 "스마트폰의 발달 및 사회 관계망 서비스[SNS]의 확산과 같은, 언제 어디서나 정보와 지식을 교환할 수 있게 해 주는 기술의 발달과 맞물려 널리 확산되었다."에서 통신 기술의 발달이 공유 경제의 확산에 기여했음을 알 수 있다.

③ 둘째 문단 "공유 경제의 출현 이전에는 어떤 물건을 사용하려면 그에 대한 독점적 소유권이 필요했고, ~ 공유 경제의 출현으로 사람들은 더 적은 비용을 들이고도 필요한 만큼만 그 물건을 사용할 수 있게 되었다."에서 공유 경제의 등장으로 독점적 소유권의 필요성이 낮아졌음을 알 수 있다.

47 ④

개념 카테고리 독해 비문학 > 내용 일치/불일치

| 정답 해설 | ④ 셋째 문단 "그는 기술이 더 이상 인간을 위한 도구가 아니라, 인간으로 하여금 세계를 특정한 방식으로 보도록 압박하는 존재일 수 있음을 경고하고 있다."에서 하이데거는 기술이 발전할수록 인간을 압박할 수 있다고 보았음을 알 수 있다.

| 오답 해설 | ① 둘째 문단 "기술은 세계의 존재론적 의미를 새롭게 구성하는 능력을 가지고 있다고 하이데거는 주장한다."에서 하이데거는 기술이 세계의 의미를 새롭게 구성할 수 있다고 보았음을 알 수 있다.

② 첫째 문단 "하이데거는 기술을 도구로 파악하였지만, ~ 비중립적 존재임을 강조한다."와 셋째 문단 "하이데거는, 기술은 더 이상 인간과 세계에 중립적으로 작용하는 단순한 도구가 아니며"에서 하이데거는 기술을 중립적이지 않은 존재로 여겼음을 알 수 있다.

③ 첫째 문단 "하이데거는 기술을 도구로 파악하였지만, ~ 도구가 세계와 어떻게 관계를 맺는가에 따라 우리가 갖는 세계에 대한 존재론적 의미가 달라진다는 것이다."와 이어지는 둘째 문단의 사례에서 하이데거는 세계를 관찰하는 도구, 즉 기술에 따라 세계의 의미가 달라진다고 하였음을 알 수 있다.

48 ①

개념 카테고리 독해 비문학 > 내용 일치/불일치

| 정답 해설 | ① 셋째 문단 "한옥은 서로의 개성을 존중하면서도 안팎의 분별을 없애 어울림을 추구하려는 한국인의 가치관을 구현하고 있는 것이다."에서 한옥의 구조에는 한국인의 사상과 성격이 반영되어 있음을 알 수 있다.

| 오답 해설 | ② 둘째 문단 "한옥 공간에서는 여러 공간을 거쳐 가는 돌아가기와 최단 거리로 가는 질러가기가 모두 가능하다."에서 질러가는 동선들도 존재함을 알 수 있다.

③ 첫째 문단을 보면 윤곽을 먼저 정하는 것은 서양의 '내파 분할' 구성이다. 한옥은 방 하나로부터 바깥으로 증식하며 분할하는 '외파 증식' 방식으로 구성된다.

④ 첫째 문단 "윤곽을 먼저 정하고 안으로 잘라 들어가며 구성하는 서양의 '내파 분할' 구성과 반대되는 한옥만의 독특한 특징이라고 할 수 있다."에서 한옥과 서양 구조물의 형성 과정이 다름을 알 수 있다.

49 ①

개념 카테고리 독해 비문학 > 내용 일치/불일치

| 정답 해설 | ① 셋째 문단 "왕을 정점으로 하는 통치 구조에서는 왕권을 공고히 하고 풍속을 교화(敎化)하는 수단이 필요했는데, 예법(禮法)과 음악도 중요한 역할을 하였다."에서 음악과 예법이 왕권을 강화하는 데 큰 역할을 했음을 알 수 있다.

| 오답 해설 | ② 셋째 문단에서 "민중의 생활상을 진솔하게 반영한 노래 가운데 인륜의 차원으로 확장될 가능성이 있는 노래들은 ~ 궁중악으로 편입되었다. 특히 남녀 간의 사랑 노래는 그 화자와 대상이 '신하'와 '임금'의 구도로 치환되기 용이했기 때문에 궁중악으로 편입될 수 있었다."라고 하였다.

③ 첫째 문단에서 "고려 속요는 고려 시대 궁중에서 형성되어 조선 시대까지 궁중 연향(宴饗)에서 전승되어 불린 노래를 가리킨다."라고 하였다.

④ 셋째 문단에서 "민간의 노래가 궁중악으로 수용될 수 있었던 까닭은 무엇일까?"와 "민간 가요의 궁중 악곡으로의 전환은 하층에서 상층으로의 편입·흡수 과정을 통해 상·하층이 노래를 함께 향유한 화합의 차원으로 볼 수 있다."라고 하였다.

50 ①

개념 카테고리 독해 비문학 > 내용 일치/불일치

| 정답 해설 | ① 둘째 문단의 "기업은 계약 준수의 법적 의무를 지게 되며, 이로 인해 소비자와 경쟁사는 해당 기업이 계약 내용을 준수할 것임을 신뢰하게 되는 것이다."에서 법적인 장치를 통해 전략적 공약의 신뢰성을 확보할 수 있음을 알 수 있다.

| 오답 해설 | ② 원판을 부수는 행위는 '배수진 전략'의 일례로, '배수진 전략'은 신뢰성을 확보하는 방법 중 하나이다.

③ 첫째 문단의 "전략적 공약이 성공하기 위해서는 ~ 신뢰성을 획득하는 것이 가장 중요한데"에서 전략적 공약의 성공에 가장 중요한 것은 인식 가능성 확보가 아니라 신뢰성 확보임을 알 수 있다.

④ 정부가 화폐 유통에 대한 결정권을 중앙은행에 두는 것은 공약의 번복 가능성을 낮춰 신뢰성을 확보하는 방법으로, 선택 가능한 경우의 수를 늘리는 것과는 관계가 없다.

51 ③

개념 카테고리 독해 비문학 > 내용 일치/불일치

| 정답 해설 | ③ 셋째 문단의 "간의 혈액 순환은 예외적으로 혈액이 간동맥과 간문맥이라는 2개의 혈관을 통해서 들어와 미세 혈관을 지나 중심 정맥으로 흘러 나간다."에서 두 개의 혈관으로 혈액을 공급받고 하나의 혈관으로 내보냄을 알 수 있다.

| 오답 해설 | ① 둘째 문단의 "간을 거친 혈액을 간정맥으로 보내 심장으로 흐르게 한다."와 "담관은 담즙이 간에서 배출되는 관이다."에서 확인할 수 있다.

② 둘째 문단의 "간은 육각형 기둥 모양의 간소엽이라는 작은 공장들로 이루어져 있고 그 내부는 간의 주요 기능을 수행하는 간세포로 채워져 있다."에서 확인할 수 있다.

④ 첫째 문단의 "우리가 음식을 섭취하게 되면 위나 장에서 영양소를 흡수하게 되는데, ~ 간은 그 영양소들을 몸에서 요구하는 다른 영양소로 만들거나, 우리 몸을 위해 저장하기도 한다."에서 확인할 수 있다.

52 ④

개념 카테고리 독해 비문학 > 내용 일치/불일치

| 정답 해설 | ④ 셋째 문단을 보면 매달 정기적으로 저축하는 정기 적금의 경우 첫째 달에 불입한 10만 원은 만기까지 12개월분 6%의 이자가 붙지만, 둘째 달에 불입한 10만 원은 11개월의 이자 5.5%만 받는다. 즉 늦게 저축한 금액은 이자를 적게 받기 때문에 원금의 총액이 같다면 매달 정기적으로 저축하는 것보다 한 번에 전부 맡기는 것이 더 유리하다.

| 오답 해설 | ① 원금을 나누어 갚을 때에 이자 금액은 원금만을 따지므로 갚을수록 금액 자체는 줄어들게 된다. 하지만 이것이 '이자율'의 변화를 의미하지는 않는다.

② 금리는 이자 금액을 원금으로 나눈 비율이다. 따라서 금리가 오른다는 것은 원금이 그대로일 경우 이자 금액이 증가했다는 의미이다.

③ 둘째 문단 "1년 만기 정기 예금의 명목 금리가 6%인데 1년 사이 물가가 7% 올랐다면, 실질 금리는 −1%로 예금 가입자는 돈의 가치인 구매력에서 손해를 본 셈이다."에서 명목 금리보다 물가 상승률이 높아졌다면 그동안 저축된 돈의 가치는 떨어졌을 것임을 확인할 수 있다.

53 ②

개념 카테고리 독해 비문학 > 내용 일치/불일치

| 정답 해설 | ② 제시된 글은 항생제를 생산하는 방법과 항균 작용을 하는 다양한 모습에 대해 설명하는 글이다. 그러나 항생제의 사용에 따른 내성의 발생 정도를 언급하고 있지는 않다.

| 오답 해설 | ① 첫째 문단의 "항생제는 세균에 대한 항균 효과가 있는 물질을 말한다."를 통해 알 수 있다.

③ '페니실린, 세파로스포린, 테트라사이클린, 클로로마이신' 등과 같이 항생제의 구체적인 종류를 제시하고 있다.

④ 둘째 문단의 "우리 몸의 세포에는 없는 세균의 세포벽에 작용하여 세균을 죽이는 것이다.", "세균 세포의 단백 합성에 장애를 만들어 항균 효과를 나타내거나" 등을 통해 알 수 있다.

54 ④

개념 카테고리 독해 비문학 > 내용 일치/불일치

| 정답 해설 | ④ 감정 이론은 정서를 이해하는 데 있어서 인지적 요소, 즉 판단과 믿음을 배제하는 것이지, 판단과 믿음을 인지적 요소로 인정하지 않는 것은 아니다.

| 오답 해설 | ① 첫째 문단의 "일반적으로 사람들은 정서와 감정을 동일한 것으로 여긴다."에서 확인할 수 있다.

② 넷째 문단의 "감정 이론은 감정 외적인 인지적 요소를 배제하고 감정적 요소만을 강조하기 때문에 개별 정서의 차이를 구분하여 설명하지 못하고 단지 각각의 정서가 다르게 느껴진다고 이야기한다."에서 확인할 수 있다.

③ 둘째 문단의 "정서의 본질에 대한 전통적인 논의는 크게 두 방향의 이론으로 설명할 수 있는데, 하나는 '감정 이론'이고 다른 하나는 '인지주의적 이론'이다."에서 확인할 수 있다.

55 ④

개념 카테고리 독해 비문학 > 내용 일치/불일치

| 정답 해설 | ④ 제시된 글은 권덕규에서 시작된 새로운 어원 연구를 구체적 사례를 들어 설명하며 어원 연구를 위한 조건도 제시하고 있다. 그러나 어원 연구가 현재 우리에게 어떤 의미를 지니고 있는지에 대한 설명은 제시되어 있지 않다.

| 오답 해설 | ① 첫째 문단에서 '시내'의 어원을 연구한 사례를 구체적으로 들고 있다.

② 둘째 문단의 "어원 연구는 음운, 문법, 어휘, 의미 등 여러 분야의 역사적 성과가 충분히 축적되었을 때에 비로소 믿음직한 결과를 얻을 수 있기 때문이다."를 통해 알 수 있다.

③ 첫째 문단에서 "한자와의 밀착을 특징으로 하는 전통적 방법을 떨쳐 버리고 새로운 어원 연구를 개척한 학자는 권덕규였다."라고 언급하고 있다.

56 ④

개념 카테고리 독해 비문학 > 내용 일치/불일치

| 정답 해설 | ④ 셋째 문단 "인간이 '이'를 깨우치고 실행하면 하늘이 부여한 본성을 회복하고, 인간 사회는 천도에 맞는 이상적이고 도덕적인 질서를 확립한다고 보았다. 현실 사회가 비도덕적이고 타락한 모습을 보이는 이유는 인간이 본성을 잃어버리고 사악한 마음을 따르기 때문인데, 이러한 사악한 마음은 인간의 생체적 욕구, 욕망 등인 '기'에서 나오는 것이다."에서 이황은 인간의 본성이 선하다 생각했으며, 현실 사회의 문제는 인간이 그 선한 본성을 잃어버렸기 때문이라고 생각했음을 알 수 있다.

| 오답 해설 | ① 둘째 문단 "'이'와 '기'는 하나이며, 세계에 드러나는 것은 '기'뿐이라는 것이다. 이와 같은 입장을 '기일원론(氣一元論)'이라 한다."에서 서경덕은 '이'와 '기'를 하나로 보았음을 알 수 있다.

② 서경덕은 '기'를 중시했던 성리학자로, 둘째 문단 "'기'를 우주 만물의 근원이라고 보았다."에서 서경덕이 이 세상의 모든 변화가 '기'의 움직임에 있다고 보았음을 알 수 있다.

③ 첫째 문단 "'이'와 '기'를 어떻게 보는가에 따라 성리학자들이 현실을 해석하고 인식하는 자세가 달라진다."에서 성리학자마다 '이'와 '기'에 대한 관점에 차이가 있었음을 알 수 있다.

57 ③

개념 카테고리 독해 비문학 > 내용 일치/불일치

| 정답 해설 | ③ 둘째 문단을 보면 '자질 문자'란 명칭은 자질 자체를 글자로 만든 것에 붙여야 하며, 한글은 이런 점에서 완전한

자질 문자로 보기는 어렵다고 설명하고 있다. 따라서 한글과 한자 모두 자질 문자에 해당하지 않는다는 것을 알 수 있다.

| 오답 해설 | ① 한글은 표음 문자 중 '음운 문자'에 속하고 한자는 '표의 문자'에 속한다. '표음 문자'는 '표의 문자'보다 글자 수가 훨씬 적으며, 글자를 의미와 직접 관련되지 않는 발음 표시 기호로 사용한다. 해당 내용은 첫째 문단에서 확인할 수 있다.

② 한글은 음운 문자이면서 자질 문자의 특성을 가지고 있을 뿐만 아니라, 자음과 모음을 한 글자로 모아씀으로써 문자 운용의 관점에서 보면 음절 문자의 특성까지 가지고 있다. 해당 내용은 넷째 문단에서 확인할 수 있다.

④ 한자는 외국어 고유 명사를 표기할 때 주로 글자의 음을 이용한다고 넷째 문단에 제시되어 있다.

58 ①

개념 카테고리 독해 비문학 > 내용 일치/불일치

| 정답 해설 | ① 셋째 문단의 "언간은 특정 청자와의 대화 상황을 전제하기 때문에 어느 자료보다 구어적 성격이 강하다."를 통해 알 수 있다.

| 오답 해설 | ② 첫째 문단 "지금까지 많은 언간이 전해지지만 사대부 간에 주고받은 것은 찾아보기 어렵다."에서 확인할 수 있다.

③ 둘째 문단에서 언해는 번역 속성상 원문인 한문의 간섭이나 제약을 많이 받는 반면, 언간은 원문의 간섭이나 제약이 애초부터 없기 때문에 자연스러운 우리말의 모습을 보여 준다고 했다. 따라서 언간이 우리말 어법에 더 부합한다고 할 수 있다.

④ 첫째, 셋째 문단에 언간은 특정 청자와의 대화 상황을 전제로 한 편지글이며 그 내용은 개인적인 사연이나 감정을 드러낸 것이 대부분이었다고 제시되어 있다.

59 ①

개념 카테고리 독해 비문학 > 내용 일치/불일치

| 정답 해설 | ㄱ: 'A가 B의 원인이다.'는 '만약 A가 일어나지 않았더라면 B도 일어나지 않았을 것이다.'와 같은 의미이다. 따라서 갑의 흡연이 폐암의 원인이라면 '갑의 흡연이 폐암의 원인이다.'와 '갑이 흡연하지 않았더라면 갑은 폐암에 걸리지 않았을 것이다.'라는 표현이 같은 의미가 된다. 따라서 적절한 판단이다.

ㄴ: 둘째 문단에서 "A가 일어나지 않고 B가 일어난 상황보다 ~ 더 유사하다는 것이다."라고 설명하고 있다. 따라서 갑의 홈런이 팀의 승리의 원인이 되려면 갑이 홈런을 치지 않고 갑의 팀이 승리한 상황보다, 갑이 홈런을 치지 않고 갑의 팀이 승리하지 않은 상황이 갑이 홈런을 치고 갑의 팀이 승리한 사실과 더 유사해야 한다. 따라서 적절한 판단이다.

| 오답 해설 | ㄷ: 까마귀가 날자 배가 떨어졌음에도 까마귀가 난 것이 배가 떨어진 원인이 아니라는 것은 인과 관계를 증명하는 과정이 아닌 인과 관계를 부정하는 과정에 속한다. 따라서 인과 관계를 증명하는 이론 X를 통해 판단할 수 없다.

60 ③

개념 카테고리 독해 비문학 > 내용 일치/불일치

| 정답 해설 | 제시된 글은 언어는 인간의 사고, 사회, 문화를 반영하며, 언어와 사고 둘 중 어느 것이 먼저 발달하고 어떻게 영향을 주는지는 알 수 없으나 서로 밀접하게 상호 작용을 하고 있다는 내용이다.

③ 머릿속 사고에 대응되는 언어를 발견하지 못하는 경우가 있다는 내용이므로 언어와 사고 간의 밀접한 상호 작용과는 관련이 없다.

| 오답 해설 | ① 영어는 '쌀'에 해당하는 표현이 'rice' 하나이지만 우리말은 '모', '벼', '쌀', '밥' 등으로 다양하게 구분되는데, 이는 언어가 사회, 문화를 반영함을 보여 준다.

② 여러 다른 색이 같은 언어로 표현되어 구별되지 않고 있음을 설명하고 있다. 이는 언어가 사고, 사회, 문화를 반영함을 보여 준다.

④ 언어에 따라 '수박'이 '박'과 '멜론'으로 나뉘는 것을 설명하고 있다. 이는 언어가 그 나라의 문화를 반영함을 보여 준다.

61 ②

개념 카테고리 독해 비문학 > 내용 일치/불일치

| 정답 해설 | ② 제시된 글은 우리 전통 건축 문화를 보면 조상들이 집터를 고르고 집을 지을 때 '지리, 생리, 인심, 경치'를 두루 고려한 모습을 설명하고 있다.

| 오답 해설 | ① 우리 조상들이 거주 공간을 지을 때 자연을 모방했다는 내용은 없다.

③ 자연을 적극적으로 변용하여 거주의 편리성을 추구했다는 내용은 없다.

④ 지리, 생리, 인심, 산수를 두루 고려한 것이지 각 요소들을 서로 경쟁하는 요소들로 생각했다는 내용은 없다.

62 ②

개념 카테고리 독해 비문학 > 내용 일치/불일치

| 정답 해설 | ② 첫째 문단 마지막 부분을 보면 "연령이 문제가 아니라 독서가 문제인 것이다."라고 말하고 있다. 따라서 독서를 잘하고 못하고는 나이에 따라 정해지는 것이 아니다.

| 오답 해설 | ① 둘째 문단 마지막 부분에서 잡박한 지식의 무질서한 기억은 우리의 총명을 혼미하게 할 수도 있다고 언급하고 있다. 따라서 널리 알고 많이 기억하는 것이 오히려 글쓰기에 방해가 될 수도 있음을 알 수 있다.

③ 첫째 문단 "인간이 장수를 한들 몇백 년을 살 것인가."를 통해 인간의 체험에는 한계가 있다는 것을 알 수 있다. 그리고 그러한 한계를 해결할 수 있는 방법으로 '독서'를 들고 있다.

④ 둘째 문단을 보면 "내 눈을 꼭 한번 거쳐야 될 필요가 있는 서적이란 열 손가락을 넘지 아니할 것이다."라고 말하고 있다.

즉, 자신에게 필요한 독서가 있고 그런 독서를 해야 함을 언급하고 있는 것이다.

63 ③

개념 카테고리 독해 비문학 > 내용 일치/불일치

| 정답 해설 | ③ 자신의 처지에 비추어 시와 노래에 능한 영채의 장점을 호평하는 형식의 모습은 '전통 사회의 남녀 관계'에서의 '서로의 처지와 상황에 대한 비교'에 해당하는 모습이다. 따라서 근대적 사랑의 특징인 '열정'과는 거리가 멀다.

| 오답 해설 | ① '상대방에 대한 의존 가능성'은 전통적 남녀 관계에서 중시되던 특징으로 근대적 사랑이라고 보기 어렵다.

② '가족 사이의 약속'은 전통적 남녀 관계에서 중시되던 특징으로 근대적 사랑이라 보기 어렵다.

④ (가)에서 "상대방의 모습이 불러일으키는 열정은 결정적으로 중요하다."라고 하였으므로 영채의 외모와 행동을 떠올리며 미소 짓는 장면에서 영채에 대한 형식의 열정을 찾을 수 있다.

64 ①

개념 카테고리 독해 비문학 > 내용 일치/불일치

| 정답 해설 | ① 둘째 문단에서 순자는 "일식과 월식이 일어나고 비바람이 아무 때나 일고 괴이한 별이 언뜻 출현하는 경우는 있을 수 있다. 하지만 이런 일이 항상 벌어지는 것은 아니며 하늘이 이상 현상을 드러내 무슨 길흉을 예시하는 것은 더더욱 아니다."라고 하였다. 즉, 기이한 천체 현상에 대해 어떠한 의미를 부여할 필요가 없다고 여겼으며, 그저 하나의 현상에 불과하기 때문에 두려워할 필요가 없다고 하였다.

| 오답 해설 | ② 첫째 문단에서 순자는 "하늘은 사람을 가난하게 만들 수도 없고, 병들게 할 수도 없고, 재앙을 내릴 수도 없고, 부자로 만들 수도 없으며, 길흉화복을 줄 수도 없다."라고 하였다. 따라서 별자리를 통해 길흉화복을 점치는 점술가들을 인정하지 않았을 것이다.

③ 순자는 재앙 등의 상황을 이겨 낼 때에 하늘이 아닌 인간의 적극적 행위로 이겨 내야 한다고 생각했다. 따라서 하늘에 의탁하려는 심리를 부정적으로 생각했을 것이다.

④ 기우제는 비를 내려 달라며 하늘에 지내는 제사이다. 그러나 순자는 하늘을 단지 자연 현상으로만 여겼다. 하늘에서 비가 내리긴 하지만, 하늘이 의도를 가지고 비를 내리거나 또는 내리지 않거나 하는 것은 아니기 때문에 기우제를 무의미하다고 여겼을 것이다.

65 ②

개념 카테고리 독해 비문학 > 내용 일치/불일치

| 정답 해설 | ② 혈액의 역할이라는 널리 알려진 기초적인 지식부터 혈액의 응고와 순환에 비타민 K의 역할이라는 심화적인 지식으로 설명을 이어가고 있다.

| 오답 해설 | ① 제시된 글에서는 전문 평론가의 의견이 따로 언급되지 않았다.

③ 전반적으로 일반적인 설명문으로 구성하였고, 설명의 이해를 돕기 위한 예시를 따로 쓰지 않았다.

④ 제시된 글에서는 잘못 알려진 지식을 먼저 제시하지 않았다.

66 ②

개념 카테고리 독해 비문학 > 내용 일치/불일치

| 정답 해설 | ② 둘째 문단에서는 비개인적 효과 가설에 의하면 대중 매체의 위험 정보에 대한 노출 빈도가 많은 경우에는 '낙관적 편견'이 생긴다고 하였다. 여기서 '낙관적 편견'은 해당 선지에서 이야기하는 '개인의 편향적 인식'에 해당한다고 볼 수 있다. 따라서 비개인적 효과 가설이 대중 매체로 인한 개인의 편향적 인식을 다룬다는 진술은 적절한 진술이다.

| 오답 해설 | ① 비개인적 효과 가설은 대중 매체가 사람들에게 미치는 영향을 분석하는 것이지, 대중 매체의 변화에 영향을 미치는 요인을 분석하는 것은 아니다.

③ 비개인적 효과 가설의 내용에서 대중 매체가 개인을 계도한다는 내용은 확인할 수 없다.

④ 비개인적 효과 가설에서는 대중 매체에 의해서는 낙관적 편견이, 대인 커뮤니케이션에 의해서는 비관적 편견이 나타난다고 하며 이 두 상황의 차이점을 분석하고 있다.

67 ②

개념 카테고리 독해 비문학 > 내용 일치/불일치

| 정답 해설 | ② 첫째 문단과 둘째 문단에 에게브레히트의 견해가 소개되어 있는데, 여기에서는 감성적 판단과 인식적 판단은 무엇인가, 둘은 어떠한 관계에 있는가 등에 대한 내용이 제시되어 있다. 좋은 음악이 갖추어야 하는 요건은 제시되어 있지 않다.

| 오답 해설 | ① 셋째 문단의 "음악을 판단하거나 평가하는 것과 관련하여 에게브레히트가 감성적 판단과 인식적 판단의 문제에 관심을 기울인 반면, 달하우스는 주관과 객관의 문제에 관심을 기울였다."를 통해 둘의 차이를 확인할 수 있다.

③ 첫째 문단의 "그는 감성적 판단이 '좋다', '나쁘다' 등과 같은 감성적 차원의 언어를 통해 표현될 수 있다고 보았다. 인식적 판단은 감성적 판단에 대한 근거를 설명하는 것으로, 감성적 판단을 이론적으로 해명하는 것이라고 보았다."를 통해 확인할 수 있다.

④ 셋째 문단에 "그(달하우스)는 미적 판단은 주관적일 수밖에 없어서 객관적 검증이 필요 없다는 통설적 미학의 견해에 이의를 제기하였다. 그러한 견해를 지닌 사람들은 다수가 취한 쪽을, 즉 집단에 의한 판단을 몰개성적으로 따르는 것에 불과하다는 것이다."라고 언급되어 있다.

68 ③

개념 카테고리 독해 비문학 > 내용 일치/불일치

| 정답 해설 | ③ 둘째 문단의 "집단의 구성원 수가 많거나 그 결속력이 강할 때 동조 현상이 강하게 나타난다."라는 표현과 "어떤 문제에 대한 집단 구성원들의 만장일치 여부도 동조에 큰 영향을 미치게 되는데."라는 표현을 통해 확인할 수 있다. 개인의 신념이 더 큰 영향을 미친다고 추론할 근거는 없다.

| 오답 해설 | ① 첫째 문단의 "남이 하는 대로 따라 하면 손해를 보지 않는다."에서 추론할 수 있다. 남들이 줄을 서 있을 때에 그 줄서기를 따라하면 손해를 보지 않는다는 생각이 작용하게 된다. 그리고 줄을 서 있는 사람들이 많을수록 이러한 생각은 강하게 작용하게 될 것이다.

② 첫째 문단의 "질서나 규범 같은 힘을 가지고 있을 때, 그러한 집단의 압력 때문에 동조 현상이 일어난다."에서 알 수 있다. 응집력이 강한 집단일수록 그 집단의 규범을 지키지 않았을 때에 배척당할 확률이 높을 것이다.

④ 둘째 문단의 "특정 정보를 제공하는 사람의 권위와 지위, 그에 대한 신뢰도가 높을 때도 동조 현상이 강하게 나타난다."에서 추론할 수 있다. '스튜어디스 복장'이 곧 그 사람의 권위와 지위를 나타낸 것이라 볼 수 있다.

69 ①

개념 카테고리 독해 비문학 > 내용 일치/불일치

| 정답 해설 | ① 첫째 문단에 따르면 아도르노는 '서로 다른 가치 체계를 하나의 가치 체계로 통일시키려는 속성을 동일성으로, 하나의 가치 체계로의 환원을 거부하는 속성을 비동일성'이라고 규정하였으며, 예술은 '비동일성'을 지녀야 한다고 하였다. 이러한 맥락으로 볼 때, 아도르노는 예술이 다른 가치 체계로의 환원을 거부하는 비동일성을 추구해야 한다는 주장을 하는 것이지, 예술이 서로 다른 가치 체계로의 환원을 거부할 수 없었다는 주장을 하는 것은 아니다.

| 오답 해설 | ② 첫째 문단 마지막에서 예술은 비정형화된 모습을 통해 현대 사회의 부조리함을 체험하게 하는 매개여야 한다고 주장하였다.

③ 셋째 문단에서 아도르노는 비동일성 자체를 속성으로 하는 전위 예술을 예술이 추구해야 할 바람직한 모습으로 제시하였다.

④ 둘째 문단에서 쇤베르크의 음악이 불쾌함을 주는 것처럼 비동일성을 체험하게 하여야 한다고 주장하였다.

70 ②

개념 카테고리 독해 비문학 > 내용 일치/불일치

| 정답 해설 | ② 둘째 문단에서 유류분은 피상속인의 무상 처분 행위가 없었다고 가정할 때, 상속인이 상속받을 수 있었을 이익 중 법으로 보장된 부분이라고 하였다. 예시로 제시된 '상속인이 피상속인의 자녀 한 명뿐이면, 상속받을 수 있었을 이익의 1/2만 보장'된다고 하였는데, 이는 자녀가 한 명이면 보장되는 범위인 유류분 전체가 상속받을 수 있었을 이익의 1/2이며, 이것이 유류분 전체라는 것을 의미한다. 따라서 '상속인이 자녀 한 명이면 유류분은 1/2만 법으로 보장된다.'라는 진술은 부적절하다.

| 오답 해설 | ① 첫째 문단에서 기부와 같이 처분 당사자의 의사와 상관없이 결과가 번복되는 경우를 확인할 수 있다.

③ 셋째 문단에서 주식과 같은 돈 이외의 재산일 경우 그 재산 자체가 반환되는 것이 원칙임을 설명하고 있다.

④ 셋째 문단 마지막에서 재산 자체의 반환이 가능한 경우에도 합의를 통해 돈으로 반환되는 경우를 언급하고 있다.

71 ③

개념 카테고리 독해 비문학 > 내용 일치/불일치

| 정답 해설 | ③ 둘째 문단에서 절도의 예시를 들며, 동일한 물건이더라도 훔친 사람과 원래 주인의 후생이 서로 다를 수 있음을, 결과적으로는 사회 전체의 후생이 변화함을 보여주고 있다. 주어진 글의 내용만으로는 사회 전체 후생에 영향을 주지 않는 재화의 이동을 확인할 수 없다.

| 오답 해설 | ① 첫째 문단 첫 번째 문장에서 사회적 바람직함의 기준의 필요성을 언급하고, 그다음 문장에서 법경제학에서 효율을 그 기준으로 사용한다고 설명하고 있다.

② 둘째 문단 두 번째 문장에서 사후적 효율의 정의를 최소 비용으로 최대 산출을 얻는 것이라고 설명하였다.

④ 둘째 문단 마지막 문장에서 절도의 허용은 사회적 후생을 감소시킨다고 하였다. 또한 중간에서 사후적 효율 측면에서 법이 절도를 금지한다고 설명하고 있다.

72 ①

개념 카테고리 독해 비문학 > 내용 일치/불일치

| 정답 해설 | ① 첫 번째 문장에서 독자 중심의 독서 교육 이론이 등장하기 이전에 수동적인 독서 교육이 주를 이루었고 다음 문장부터 독자 중심의 독서 교육 이론의 정의가 쓰여 있으나, 독서 교육 이론의 변화상에 대해서는 언급하지 않고 있다.

| 오답 해설 | ② 두 번째 문장에서 독자 중심의 독서 교육 이론을 '자신의 경험과 지식을 글과 상호작용하며 의미를 구성하는 행위'라고 정의하고 있다.

③ 두 번째 문장에서 언급한 '경험과 지식'을 세 번째 문장에서 '배경지식'이라고 정의하고 있다. 이를 통해 배경지식은 의미 구성에 필요한 요소임을 설명하고 있다.

④ 네 번째 문장에서 배경지식을 '내용 배경지식'과 '형식 배경지식'으로 분류하고 각각의 정의를 설명하고 있다.

73 ③

개념 카테고리 독해 비문학 > 내용 일치/불일치

| 정답 해설 | ③ 글 후반부에서 타임 아웃이 발생하는 경우로 '수신 측이 송신 측에 응답을 하지 않거나, 송신 측과 수신 측이 주고받는 데이터가 상대측에 도달하지 못하고 전송이 중단된 경우'를 서술하였다.

| 오답 해설 | ① 이 글은 전체적으로 송신 측과 수신 측의 데이터 전달, 오류의 과정 그리고 오류 발생 시 데이터 재전송에 관련된 내용을 서술하고 있다. 송신 측과 수신 측의 구별에 관한 내용은 없다.

② 글 중반부에서 데이터 전송 오류의 발생 파악 시 재전송 요청에 관련된 내용을 서술하고 있지만, 그 오류의 원인에 관한 내용은 없다.

④ 마지막 문장에서 "송신 측은 타임아웃이 되는 동시에 데이터를 재전송한다."라고 글을 마무리하였을 뿐, 재전송하는 과정에 대한 내용은 서술하지 않았다.

74 ③

개념 카테고리 독해 비문학 > 내용 일치/불일치

| 정답 해설 | 첫째 문단 아래쪽에서 제한적 합리성의 관점에서는 "행위자의 목적과 관련하여 그가 가진 정보와, 그 정보를 바탕으로 추론할 수 있는 능력 등 행위자의 특성에 대해서도 알아야 한다."라고 서술하고 있다.

| 오답 해설 | ① 첫째 문단에서 "허버트 사이먼은 합리적 행위와 관련하여 포괄적 합리성과 제한적 합리성이라는 두 가지 관점을 제시했다."라고 서술하였다.

② 첫째 문단에서 모든 방안을 찾는 관점은 포괄적 합리성이라고 서술하였다. 포괄적 합리성에서 각 행위자는 '모든 결과를 정확히 평가하여 효용을 극대화하는 방안을 의도적으로 선택'한다고 하였다.

④ 둘째 문단은 합리적 행위자 모델에 대해 설명하고 있다. '행위자는 단일한 의사 결정자로서의 국가'라고 하였으며, 그다음 문장에서는 '행위자인 국가'라고 서술하였다.

75 ②

개념 카테고리 독해 비문학 > 내용 일치/불일치

| 정답 해설 | ② 둘째 문단 마지막의 "백성의 윤택한 삶은 도덕적 교화와 같은 목적을 위한 것이 아닌, 부강한 나라의 실현을 위한 것"이라는 문장을 통해 ②는 관중의 주장으로 옳지 않음을 확인할 수 있다.

| 오답 해설 | ① 둘째 문단에서 관중이 "군주는 법을 만들 수 있는 자격을 천부적으로 지닌 사람"이라고 설명하였음을 알 수 있다.

③ 셋째 문단에서 관중이 군주도 법의 적용에서 예외가 되지 않아야 한다고 주장하였음을 알 수 있다. 또한 마지막 문장의 "군주가 법을 존중하는 것은 백성이 군주를 존중"이라는 표현을 통해 관중의 주장을 알 수 있다.

④ 넷째 문단 첫 문장에서 관중이 부강한 나라를 이루는 통치, 즉 패업(霸業)을 위한 통치를 펼쳐야 한다고 주장하고, 법을 통한 통치의 중요성을 강조하였음을 알 수 있다.

76 ④

개념 카테고리 독해 비문학 > 내용 일치/불일치

| 정답 해설 | ④ 본문에서는 직접 네트워크와 간접 네트워크의 차이점만을 서술하고 있을 뿐, 두 분류의 장·단점을 서술하지 않았다. 상대적 이점을 답변하기에는 내용이 부족하다.

| 오답 해설 | ① 첫째 문단 첫 문장에서 양면시장의 정의를 "플랫폼 사업자가 서로 구분되는 두 개의 이용자 집단에 플랫폼을 제공하고 이용자들은 플랫폼을 통해 상대 집단과 거래하면서 경제적 가치나 편익을 창출하는 시장"이라고 서술하고 있다.

② 첫째 문단에서 플랫폼의 정의를 "양쪽 이용자 집단의 연결 고리 역할을 하는 물리적·가상적·제도적 환경"이라고 서술하고 있는데, 여기서 플랫폼의 역할이 연결 고리라는 서술을 확인할 수 있다.

③ 둘째 문단에 서술된 직접 네트워크 외부성에 대한 설명을 통해 답변할 수 있다. 직접 네트워크 외부성을 "동일 집단에 속한 이용자의 규모가 커지면 집단 내 개별 이용자의 효용이 증가하는 특성"이라고 서술하였다. 이를 통해 규모와 효용의 상관관계가 양(+)의 상관관계임을 알 수 있다.

77 ③

개념 카테고리 독해 비문학 > 내용 일치/불일치

| 정답 해설 | ③ 셋째 문단에서 표현주의의 특징을 '다소 과장되고 거친 붓놀림'이라고 서술했지만, 마지막 문장에서는 "전쟁 이후 사회의 불안감이나 인간의 근원적 고통을 화폭에 담아내었다."라고 서술하였다. 표현주의의 특징에 대한 서술은 적절하나, 표현주의가 전쟁의 참혹함을 담아내었는지는 이 글에서 알 수 없다.

| 오답 해설 | ① 첫째 문단 마지막 문장의 "이성의 그늘에 가려 소외되어 왔던 인간의 내면을 회화를 통해 분출"이라는 표현을 통해 표현주의에 대해 설명하고 있다.

② 둘째 문단에서 사실주의 회화가 '대상을 있는 그대로 표현'한다고 서술하였고, 이를 통해 마지막 문장에서 '이는 회화의 기본 목적이 대상을 사실적으로 재현'하는 것이 곧 사실주의임을 알 수 있다. 따라서 이러한 사실주의의 규범을 거부한다는 진술은 적절하다.

④ 넷째 문단 첫 번째 문장에서 표현주의가 회화의 영역을 '인간의 내면까지 확장'한다고 하였고, 그다음 문장에서 이것이 '현대 추상 미술이 등장하는 기반'이 되었다고 서술하고 있다.

78 ①

개념 카테고리 독해 비문학 > 내용 일치/불일치

| 정답 해설 | ① 첫째 문단에서 통치 방법을 '왕도(王道)'와 '패도(霸道)'로 분류하였고, 둘째 문단에서 '무도(無道)'까지 언급하였다. 따라서 통치 방법을 총 셋으로 나누었음을 알 수 있다.

| 오답 해설 | ② 첫째 문단에서 왕도를 '백성의 도덕적 교화까지 이루어 내는 것'이라고 하였고, 패도를 '도덕적 교화까지는 이루어지지 않았지만 백성의 경제적 안정은 이루어 내는 것'이라고 하였다. 이를 통해 왕도는 패도의 경제적 안정에 더하여 도덕적 교화까지 이룬 것임을 알 수 있다.

③ 둘째 문단에서 율곡이 난세를 만드는 군주를 어떻게 분류하였는지 알 수 있다. '백성을 괴롭히고 충언을 받아들이지 않아 스스로 멸망에 이르는 폭군'이라는 설명은 선지의 내용과 일치하지만, '간사한 자를 분별하지 못하고 총명함이 없으며 무능력한 혼군, 나약하여 자신의 뜻을 세우지 못하고 우유부단한 용군'이라는 설명은 선지의 내용과 다르다. 선지의 내용은 혼군, 용군의 설명이 바뀌어 있다.

④ 둘째 문단 마지막 문장에서 "율곡의 관점에서 무도를 행하는 군주는 교체되어야 할 존재이다."라고 서술하였다.

79 ②

개념 카테고리 독해 비문학 > 내용 일치/불일치

| 정답 해설 | ② 둘째 문단의 마지막 문장을 보면 '달팽이관의 감긴 횟수가 2.5~3.5회로 1.75회인 인간보다 더 많기 때문에 박쥐는 인간이 들을 수 없는 매우 넓은 범위의 초음파까지 들을 수 있다.'라고 언급되어 있다. 이는 달팽이관의 감긴 횟수가 초음파의 지각 능력과 관련이 있음을 알 수 있다.

| 오답 해설 | ① 둘째 문단에 따르면 박쥐가 초음파를 만드는 곳은 성대이다.

③ 셋째 문단에서 도플러 효과의 예로 사이렌 소리를 들었을 뿐, 박쥐의 초음파와 구급차 사이렌 소리의 주파수가 동일하다고 말하지는 않았다.

④ 다섯째 문단을 통해 나방의 움직임은 반사되는 초음파의 파장에 영향을 미침을 알 수 있다.

80 ②

개념 카테고리 독해 비문학 > 내용 일치/불일치

| 정답 해설 | ② 제시된 글에서 '오르가눔의 전수 방법'에 대해서는 언급되지 않았다.

| 오답 해설 | ① 첫째 문단에서 오르가눔의 탄생 배경을 확인할 수 있다.

③ 둘째 문단에서 다섯째 문단에 걸쳐 오르가눔의 발달 과정을 제시하고 있다.

④ 글 전체에 걸쳐 각 오르가눔 단계에서 화음 구성 방식 및 선율 배치가 어떻게 이루어지는지를 설명하고 있다.

81 ④

개념 카테고리 독해 비문학 > 내용 일치/불일치

| 정답 해설 | ④ 제시문은 적외선 우주 망원경이 열에 민감하기 때문에 엄청난 양과 무게의 냉각 장치가 필요하다는 단점을 제시한 후, 이를 해결하기 위한 구체적인 방법들로 지구 공전형 궤도, 태양광 차단판, 망원경의 관측 각도의 제한 등을 제시하고 있다.

| 오답 해설 | ① 글에서 자연 현상에 대한 원인을 분석하고 있는 부분은 제시되어 있지 않다.

② 구체적 대상에 견주어 개념을 풀이하는 부분은 제시되어 있지 않다.

③ 사회 변화와 관련하여 중요성을 밝히는 부분은 제시되어 있지 않다.

82 ②

개념 카테고리 독해 비문학 > 내용 일치/불일치

| 정답 해설 | ② 첫째 문단의 "음악을 구성하는 원리로 수학의 원칙과 질서 등이 활용되는 것이다."와 둘째 문단의 "음정과 음계는 수학적 질서를 통해 음악의 예술적 특성과 음악의 미적 가치를 효과적으로 전달했다."를 통해 음악 작품의 예술적 가치가 수학적 원칙과 질서에 의해 나타날 수 있음을 보여준다.

| 오답 해설 | ① 둘째 문단의 "고대에도 음악과 수, 음악과 수학의 관계는 음악을 설명하는 중요한 사고의 틀로 작동했다."를 통해 현대에서 생겨난 경향이 아님을 확인할 수 있다.

③ 르 코르뷔지에와 제나키스의 공동 작업은 건축적 비례를 음악에 연결시킨 사례 중 하나일 뿐이다. 이를 바탕으로 현대 음악의 특성을 건축 설계에 반영한다고 보기 어렵다.

④ 이 글은 수의 의미가 음악을 통해 구체화된다고 설명한다기보다는, 음악적 가치를 수의 규칙을 통해 확인할 수 있음을 설명하는 글이다.

83 ②

개념 카테고리 독해 비문학 > 내용 일치/불일치

| 정답 해설 | ② 둘째 문단 마지막 부분의 "더미 헤드는 ~ 개개인의 고유한 특성을 반영할 수 없으므로 ~ 음원 위치 지각에 오차가 있을 수 있다."를 통해 개개인의 고유한 특성을 반영한 바이노럴 음원을 제작하는 것이 어렵다는 것을 알 수 있다.

| 오답 해설 | ① 첫째 문단의 '이를 바이노럴 효과라 하며'를 통해 확인할 수 있다.

③ 넷째 문단의 "이제까지의 연구 결과로는 ~ 제거하는 것은 불가능하다."를 통해 확인할 수 있다.

④ 넷째 문단의 "스피커를 이용해 청취할 경우 입체감은 현저하게 감소된다."를 통해 확인할 수 있다.

84 ①

개념 카테고리 독해 비문학 > 내용 일치/불일치

| 정답 해설 | ① 첫째 문단의 "귀족은 직령포를 평상복으로만 입었고, 서민과 달리 의례와 같은 공식적인 행사에는 입지 않았다."를 미루어 보아 서민들은 직령포를 공식적인 행사에도 입었음을 알 수 있다.

| 오답 해설 | ② 고려 시대에 귀족층은 중국옷을 그대로 입었으나, 서민층은 우리 고유의 복식을 유지했다. 첫째 문단의 "귀족층은 중국옷을 그대로 받아들여 입었지만, 서민층은 우리 고유의 복식을 유지"라는 표현을 통해 확인할 수 있다.

③ 조선 후기에 서양 문물에 영향을 받아 입기 시작한 것은 조끼이다. 첫째 문단의 "조끼는 서양 문물의 영향을 받은 것"이라는 표현을 통해 확인할 수 있다.

④ 둘째 문단의 "문관 상복의 흉배에는 학을 수놓았다."를 통해 확인할 수 있다.

85 ④

개념 카테고리 독해 비문학 > 내용 일치/불일치

| 정답 해설 | ④ 둘째 문단에서 "이 같은 현상은 공식적이건 비공식적이건 모든 만남에서 나타난다."라고 하고 있으므로 적절하지 않은 설명이다.

| 오답 해설 | ① 첫째 문단의 "예부터 농경 사회로 정착 생활을 해 온 우리 민족은"에서 확인할 수 있다.

② 셋째 문단의 "성원 개개인의 독자적인 행위보다는 우리라는 느낌을 강화하는 집단적인 행위를 당연시한다."에서 확인할 수 있다.

③ 셋째 문단의 "아는 사이와 모르는 사이에 대하여 각기 다른 행동 규범을 지니고 있다."에서 확인할 수 있다.

86 ②

개념 카테고리 독해 비문학 > 내용 일치/불일치

| 정답 해설 | ② 둘째 문단의 "국가 권력의 침해와 간섭을 배제하는 기본권의 방어적, 저항적 성격은 오늘날에도 여전히 부정될 수 없다고 주장한다."를 통해 기본권의 방어적, 저항적 성격이 점차 약화되고 있음을 인정하고 있다는 진술은 잘못되었음을 확인할 수 있다.

| 오답 해설 | ① 첫째 문단의 "이는 기본권이 ~ 국가 권력을 직접적으로 구속하고, 따라서 개인은 국가에 대하여 작위나 부작위를 요청할 수 있으며"를 통해 확인할 수 있다.

③ 셋째 문단의 "결국 자유권도 헌법 또는 법률에 의하지 않고는 제한되지 않는 인간의 자유를 말하는 것이다."를 통해 확인할 수 있다.

④ 넷째 문단의 "본질적으로 사회 공동체의 구성원 모두가 공감할 수 있는 가치의 세계를 나타내는 것으로 본다."를 통해 확인할 수 있다.

87 ②

개념 카테고리 독해 비문학 > 내용 일치/불일치

| 정답 해설 | ② 제시된 글에서 광섬유가 인체에 미치는 악영향과 관련된 내용은 찾아볼 수 없다.

| 오답 해설 | ① 둘째 문단과 셋째 문단에서 광섬유의 구조와 특징에 대해 설명하고 있다.

③ 첫째 문단에서 광섬유가 개발되기까지의 과정에 대해 설명하고 있다.

④ 둘째 문단에서 광섬유가 빛을 전달하는 원리에 대해 설명하고 있다.

88 ③

개념 카테고리 독해 비문학 > 내용 일치/불일치

| 정답 해설 | ③ 둘째 문단 마지막 부분의 "새케인즈학파는 케인즈학파가 임의로 가정하였던 가격 경직성의 근거를 입증하는 데 주력하면서, 총수요 관리 정책은 여전히 효과를 갖는다고 주장하였다."를 통해 확인할 수 있다.

| 오답 해설 | ① 둘째 문단 첫 부분의 "케인즈학파는 경제 주체의 합리적 선택을 미시적으로 분석하는 새고전학파의 방법론을 받아들여 새케인즈학파로 발전하였다."를 통해 확인할 수 있다. 새고전학파의 방법론을 배제했다는 진술은 적절하지 않다.

② 둘째 문단의 "메뉴 비용이란 기업이 가격을 변화시킬 때 발생하는 유·무형의 비용을 지칭한다."라는 표현을 통해 확인할 수 있다. 유형의 비용뿐만 아니라 무형의 비용도 메뉴 비용에 해당한다.

④ 첫째 문단 후반부의 "이에 따라 이들은 시장 불균형이 발생한 경우 가격이 조정되는 속도는 매우 빠르다는 고전학파의 전제를 유지하면서,"를 통해 확인할 수 있다. 여기서 '이들'은 새고전학파를 지칭한다. 즉, 새고전학파는 시장 불균형 상황에서 가격이 조정되는 속도가 매우 빠르다고 주장하였다.

89 ②

개념 카테고리 독해 비문학 > 내용 일치/불일치

| 정답 해설 | ② 넷째 문단의 "그는 권리 관계나 가치 공동체 관계에서 발생하는 인정투쟁은 사회적으로 인정되는 개인의 권리나 가치의 범위를 확장하여 새로운 인정질서를 형성할 수 있다고 본다."를 통해 호네트가 새로운 인정질서의 형성을 부정하지 않았음을 확인할 수 있다.

| 오답 해설 | ① 둘째 문단의 "원초적 관계에서 정서적 배려를 경험한 개인은 자신의 욕구와 정서가 충족될 수 있고, 언제든지 보살핌을 받을 수 있다는 자기 자신에 대한 믿음인 자신감을 형성한다. 하지만 개인이 타인으로부터 학대나 폭행과 같은 무시를 경험하면 자신감은 파괴된다."를 통해 확인할 수 있다.

③ 둘째 문단의 "개인은 자신이 공동체의 구성원들로부터 가치

있는 존재로 인정받을 때 사회적 연대를 경험하며, 이를 통해 해당 개인은 자신이 공동체에 기여하고 있다는 긍지인 자부심을 형성한다."를 통해 확인할 수 있다.

④ 셋째 문단의 "개인의 긍정적인 자기의식이 파괴되면 개인은 자아실현의 기회를 상실하게 된다. 개인은 이를 회복하기 위해 사회에 형성되어 있는 인정질서에 저항하게 되는데,"를 통해 확인할 수 있다.

90 ③

개념 카테고리 독해 비문학 > 내용 일치/불일치

| 정답 해설 | ③ 첫째 문단의 "타인의 시선으로 규정되는 인간의 모습을 일컬어 '대타존재(Being for others)'라고 명명하였다."를 통해 확인할 수 있다. 대타존재는 스스로가 아닌 타인에 의해 규정되는 모습을 의미한다.

| 오답 해설 | ① 셋째 문단의 "나와 타자가 맺어가는 인간관계를 지나치게 비관적으로 설정하였다는 점 등에서 비판을 받기도 하였다."를 통해 확인할 수 있다.

② 둘째 문단의 "그런데 이런 시선은 타자만 나에게 보내는 것이 아니라 나도 타자에게 보낼 수 있다."를 통해 확인할 수 있다. 여기서 '이런 시선'은 타인을 멋대로 객체화하는 것을 의미한다.

④ 둘째 문단의 내용을 통해 확인할 수 있다. 사르트르는 '타자는 지옥이다.'라고 말했지만, 동시에 "그러니까 인간은 참된 자아를 찾기 위해 타자의 시선을 두려워하거나 피할 것이 아니라 이를 극복하고 계속 자신의 행위를 선택하며 살아가야 한다."라고 주장하고 있다.

91 ④

개념 카테고리 독해 비문학 > 내용 일치/불일치

| 정답 해설 | ④ 재판장이 배심원의 평결과 다른 판결을 선고할 때에는 '피고인'에게 그 이유를 설명하여야 한다. 주어진 글의 마지막 문단에서 확인할 수 있다.

| 오답 해설 | ① 둘째 문단에 따르면 배심원들의 의견이 만장일치로 모아지지 않을 경우 평의를 다시 진행한 후 다수결로 평결서를 작성하게 된다. 즉, 만장일치로 정해지지 않더라도 평결서를 작성할 수 있다고 하였다.

② 둘째 문단의 "배심원 중 누가 예비배심원인지 알려준 후 배심원들에게 평의실로 이동하여 평의를 시작하게 한다."를 통해 확인할 수 있다.

③ 셋째 문단의 "배심원의 평결과 양형 의견은 재판장이 판결을 할 때 권고적 효력만을 가진다."를 통해 확인할 수 있다.

92 ④

개념 카테고리 독해 비문학 > 내용 일치/불일치

| 정답 해설 | ④ 셋째 문단의 "착오가 없을 때보다 착오가 발생했을 때 의사표시자에게 유익한 경우에 취소권이 배제된다."를 통해 확인할 수 있다.

| 오답 해설 | ① 둘째 문단의 "의사와 표시는 일치할 수도, 일치하지 않을 수도 있다."를 통해 확인할 수 있다.

② 둘째 문단의 "내용의 착오는 의사표시자가 표시하고자 의도한 대로 표시행위를 하였지만, 표시행위 이해 단계에서 그 의미를 잘못 파악하여 생긴 경우이다."를 통해 확인할 수 있다. 내용의 착오는 표시행위 이해 단계에서 착오가 발생한 것이다.

③ 셋째 문단의 "동기의 착오는 일반적으로 객관적 요건을 충족하지 못하므로 법률 행위 내용의 중요 부분에 해당하지 않는다."를 통해 확인할 수 있다.

93 ③

개념 카테고리 독해 비문학 > 내용 일치/불일치

| 정답 해설 | ③ 셋째 문단의 "그가 말하는 자유주의자란 대화와 타협을 통해 제도와 관습의 부정적인 측면을 고쳐 나감으로써 사회적 약자의 고통을 줄여 나가는 연대성을 실천하는 사람을 의미한다."를 통해 확인할 수 있다. 로티는 아이러니스트가 사적인 영역에만 갇혀버리는 것을 우려하여 이에 대한 경계로 자유주의자가 될 것을 촉구하였다. 그러므로 로티의 주장이 타인의 고통에 관심을 가지거나 공감할 수 없다는 한계를 지닌다는 이해는 적절하지 않다.

| 오답 해설 | ① 첫째 문단과 둘째 문단의 "언어의 의미는 대상에 의해서 정해지는 것이 아니라 언어를 사용하는 사람들에 의해 우연하게 정해지는 것으로 시대와 환경에 따라서 얼마든지 달라질 수 있다고 본 것이다. 로티는 이러한 언어관을 바탕으로 우리가 서술해 나가는 진리가 시대와 환경에 따라 끊임없이 재서술되면서 변화하는 것"이라는 표현을 통해 확인할 수 있다. 로티는 언어의 의미와 진리 모두 변하는 것이라고 생각했다.

② 셋째 문단의 내용을 통해 확인할 수 있다. 과거의 철학자들이 내놓은 결론 역시 사적인 영역의 개인적 진리이므로 모두에게 동의를 구하거나 강요할 수 없는 내용이다.

④ 셋째 문단의 "로티는 아이러니스트의 작업이 자기완성의 길일 뿐 이상적인 인간이 되는 것을 담보하는 것은 아니며,"를 통해 확인할 수 있다.

내용 추론

문제편 P.143

94	④	95	①	96	①	97	②	98	③
99	④	100	③	101	④	102	③	103	④
104	④	105	③	106	④	107	④	108	③
109	②	110	②	111	①	112	②	113	①
114	④								

94 ④

개념 카테고리 독해 비문학 > 내용 추론

| 정답 해설 | ④ 넷째 문단의 "시간이 흐를수록 품질이 개선되는 것은 일부 고급 적포도주에만 한정된 이야기이며,"를 통해 '백포도주'와는 관련이 없음을 알 수 있다.

| 오답 해설 | ① 셋째 문단의 "그 대신 이를 잘 활용하면 ~ 만들 수 있다.", "달콤한 백포도주의 ~ 명품이 만들어진다."를 통해 모든 고급 포도주가 너무 덥지도 춥지도 않은 곳에서 재배된 포도로만 만들어지는 것은 아님을 알 수 있다.

② 둘째 문단의 "이탈리아 정도에서 ~ 북방한계선이다."를 통해 이탈리아보다 '남쪽'이 아닌 '북쪽'에 있음을 알 수 있다.

③ 첫째 문단의 "이런 용도로 일상적으로 ~ 마시기도 한다."를 통해 '고급 포도주와는 다른 저렴한 포도주'가 일상적으로 마시는 용도임을 알 수 있다.

95 ①

개념 카테고리 독해 비문학 > 내용 추론

| 정답 해설 | ① 첫째 문단에서 "만약 어떤 것이 과학일 경우 거기에서 사용되는 문장은 유의미하다."라고 언급하였다. 'a면 b이다'라는 명제가 참이면 'b가 아니면 a가 아니다'라는 명제도 참이다. 이는 가언적 삼단 논법 중 '후건 부정으로 전건 부정'에 해당한다. 따라서 '어떤 것이 과학일 경우'를 'a'로 보고 '거기에 사용되는 문장은 유의미하다'를 'b'로 본 후, 'b가 아니면 a가 아니다'의 형식으로 만들어 보면 '유의미하지 않은 문장', 즉 '무의미한 문장을 사용하는 것은 과학이 아니다.'라는 명제가 성립하게 됨을 알 수 있다.

| 오답 해설 | ② 과학일 경우 거기에서 사용되는 문장이 유의미한 것은 맞다. 하지만 과학의 문장들만 유의미한 것은 아니다. 첫째 문단을 보면 유의미한 문장을 "경험을 통해 참이나 거짓을 검증할 수 있는 문장"으로 정의하고 있음을 알 수 있다.

③ 아직 경험되지 않았지만 앞으로 경험이 가능하다면 유의미한 문장이 될 수 있다. (가) 문장은 아직 경험되지는 않았지만 분명히 경험을 통해 진위를 확인할 수 있는 경우에 해당한다.

④ "경험을 통해 참이나 거짓을 검증할 수 있는 문장"은 유의미하다. 따라서 경험을 통해 거짓을 검증할 수 있는 문장 역시 유의미하다고 볼 수 있다.

96 ①

개념 카테고리 독해 비문학 > 내용 추론

| 정답 해설 | ① 첫째 문단의 "하위 개념으로 분류할수록 그 대상에 대한 정보가 더 많이 전달된다."를 통해 하위 개념인 '호랑나비'가 상위 개념인 '나비'보다 정보량이 더 많다는 것을 알 수 있다.

| 오답 해설 | ② 첫째 문단의 "현실 세계에 적용 대상이 하나도 없는 분류 개념도 있을 수 있다."를 통해 알 수 있다.

③ 둘째 문단에서 '비교 개념'은 논리적 관계를 반드시 따라야 한다고 설명하고 있다. 하지만 '꽃', '고양이'는 논리적 관계를 따라야 하는 것이 아니므로 비교 개념에 포함되지 않는다.

④ 셋째 문단의 내용을 통해 확인할 수 있다.

97 ②

개념 카테고리 독해 비문학 > 내용 추론

| 정답 해설 | ② 리카도의 '차액지대론'에서 지대는 각 지역의 토지들이 비옥도의 차이를 지니기 때문에 발생한다. 따라서 비옥도의 차이가 없다면 지대가 발생하지 않을 것이다.

| 오답 해설 | ① 지주의 간섭이 없더라도 지대는 토지 간 생산비의 차액만큼까지만 오를 것이다. 둘째 문단 "결국 쌀의 가격은 한계지에서의 쌀 생산비가 되고, 한계지보다 비옥도가 높은 토지들의 지대는 그 토지에서의 쌀 생산비와 한계지에서의 쌀 생산비의 차액이 되는 것이므로, 더 열악한 땅이 한계지가 될수록 쌀 가격은 오르고 그에 따라 지대도 오르게 된다."를 보면 토지 이용자는 차액을 통해 이득을 보려는 것이기 때문에, 차액 이상의 지대를 낼 이유가 없다.

③ 수요량이 충분히 많지 않을 때에는 가장 비옥한 땅으로도 감당이 가능하기에 한계지가 생기지 않고, 지대 역시 발생하지 않을 것이다.

④ 차액지대론에 따르면 가격은 생산비와 일치한다. 따라서 생산비가 높을수록 투입한 노동과 자본이 높은 것이므로 경작에 열악한 땅, 즉 비옥도가 낮은 땅이라고 볼 수 있다.

98 ③

개념 카테고리 독해 비문학 > 내용 추론

| 정답 해설 | ③ 둘째 문단을 보면 '파스퇴리제이션'은 '음식물의 맛과 질감을 변화시키지 않으면서 살균하는 방법'이라고 설명하고 있다. 따라서 파스퇴리제이션 살균법이 음식물의 맛과 질감을 높인다는 추론은 적절하지 않다.

| 오답 해설 | ① 첫째 문단에서 성인의 평균수명은 높았지만 아동의 사망률이 높았고 이는 미생물로 인한 질병 때문이었다고 언급하고 있다.

② 둘째 문단 "이는 음식물에서 저절로 ~ 명확히 한 것이었다."에서 확인할 수 있다.

④ 첫째 문단 "이를 밝혀 치료의 길을 연 사람은 파스퇴르였다."를 통해 확인할 수 있다.

99 ④

개념 카테고리 독해 비문학 > 내용 추론

| 정답 해설 | ④ '새로운 정보를 접했을 때' 심리적 불안을 느끼는 것이 아니라 '자신의 신념과 일치하지 않는 정보를 접했을 때' 그 정보를 받아들이지 않는 것이다.

| 오답 해설 | ① 첫째 문단 "자신의 신념과 ~ 확증 편향이라 한다."를 통해 알 수 있다.

② 첫째 문단 "자신의 믿음이나 ~ 부정하는 심리 경향이다."와 둘째 문단 "그 결과 ~ 확인할 수 있었다."를 통해 확인할 수 있다.

③ 둘째 문단 "사람들은 반대당 후보의 주장에서는 ~ 절반 정도만 찾아냈다."를 통해 확인할 수 있다.

100 ③

개념 카테고리 독해 비문학 > 내용 추론

| 정답 해설 | ③ (나)를 보면 하층의 인물로 추정되는 늙은이가 소설을 읽고 하층의 사람들이 그 이야기를 재미있게 즐기고 있다는 것은 알 수 있지만, 하층의 사람들이 소설을 창작했다는 내용은 언급되지 않았다.

| 오답 해설 | ① (가)의 "어찌 상중(喪中)에 있으면서 ~ 하고 꾸짖었다."를 통해 상층 남성들이 상중의 예법에 대해 매우 엄격하였다는 것을 알 수 있다.

② (가)의 "소설을 읽다가 그 소리가 밖으로 들렸다."를 통해 혼자 소설을 보면서 소리 내어 읽기도 하였다는 것을 알 수 있다.

④ (가)의 "스스로 평민과 같아지려 할 수 있는가?"와 (나)의 소설을 읽어 주는 사람과 그 이야기를 듣는 사람이 평민임을 감안할 때 상층이 아닌 하층에서도 소설을 즐겼다는 것을 추정할 수 있다.

101 ④

개념 카테고리 독해 비문학 > 내용 추론

| 정답 해설 | ④ 글쓴이는 과학 기술의 눈부신 발전 성과를 수용하여 새로운 상품과 시장을 창출할 수 있는 녹색 성장 산업으로서 농업의 잠재적 가치가 중시되고 있다고 하였다. '과학 기술의 부작용에 대한 성찰'은 제시된 글에서 언급되지 않았다.

| 오답 해설 | ① 첫째 문단의 "우리 경제의 뒷방살이 신세로 전락한 한국 농업의 새로운 가치에 주목해야 한다."에서 추론할 수 있다.

② 둘째 문단의 "효용 가치가 떨어지면 다른 곳으로 ~ 오늘날의 역사에 동승하기 어렵다."에서 추론할 수 있다.

③ 둘째 문단의 "정주민의 문화적 지속성을 존중하는 농업의 가치가 새롭게 조명 받는 이유에 주목할 만하다."에서 추론할 수 있다.

102 ③

개념 카테고리 독해 비문학 > 내용 추론

| 정답 해설 | ③ 둘째 문단의 마지막 부분에 언급된 "나바호인은 눈앞에 보이는 선물만을 실감할 뿐, 장래의 이익에 대한 약속은 고려할 가치조차 느끼지 못한다는 것이지."를 통해 나바호인들은 현재의 이익과 가치를 중시할 뿐 미래의 이익과 가치에는 큰 의미를 두고 있지 않다는 것을 알 수 있다.

103 ④

개념 카테고리 독해 비문학 > 내용 추론

| 정답 해설 | ④ 같은 무표정한 얼굴이라 해도 앞에 어떤 장면을 배치하는가에 따라 그 얼굴이 드러내는 감정은 얼마든지 다르게 받아들여질 수 있다고 하였다. 게다가 몽타주 효과는 각각의 이미지들이 결합되어 새로운 인상을 창조하는 것이다.

| 오답 해설 | ① 몽타주에서는 각각의 이미지들이 결합되어 새로운 인상을 창조한다고 하였으므로 옳은 내용이다.

② 같은 무표정한 얼굴이라 해도 앞에 어떤 장면을 배치하는가에 따라 그 얼굴이 드러내는 감정은 얼마든지 다르게 받아들여질 수 있다고 하였으므로 옳은 내용이다.

③ "이를테면 우리가 영화를 볼 때 ~ 창조된 새로운 시간 감각 때문이다."를 통해 옳은 내용임을 알 수 있다.

104 ④

개념 카테고리 독해 비문학 > 내용 추론

| 정답 해설 | ④ "최고의 지위까지 오르려는 공직자는 ~ 지혜가 모자란 데서 찾았다."라고 이야기한 부분에서 지혜로운 관리는 청렴함을 통해 자신에게 이익이 되는 결과를 얻을 수 있음을 알 수 있다.

| 오답 해설 | ① 공직자는 대가성이 없고 법적 처벌을 면할 수 있다 해서 적은 돈이라도 받아서는 안 된다고 하였다.

② 공자는 목표가 '인'인 반면 다산의 목표는 '청렴'이었다고만 제시되었을 뿐 관리들이 청렴하고 자애로우면 백성들이 인을 이룰 수 있게 된다는 내용은 언급되지 않았다.

③ 정약용은 유배지에서 아들에게 유산으로 남겨 줄 재산은 없고, '근'과 '검'을 실천하라는 내용의 편지를 남겼다. 하지만 이는 자손에게 물질적 재산을 남겨 주는 공직자가 청렴하다고 할 수 없다는 내용의 근거가 될 수 없다.

105 ③

개념 카테고리 독해 비문학 > 내용 추론

| 정답 해설 | ③ 셋째 문단 "그동안의 법과 정책, 그리고 셉테드가 동시에 강화된다면 좀 더 안전한 사회를 만들 수 있을 것이다."에서 셉테드는 기존의 법을 대체할 수 있는 것이 아니라 기

존의 법과 상호 보완적인 관계임을 추론할 수 있다.

| 오답 해설 | ① 셉테드는 기존 범죄학의 범죄 감소 효과에 대한 비판과 함께 등장했다. 만일 기존의 범죄학이 충분한 범죄 감소 효과를 냈다면 셉테드가 등장할 필요가 없었을 것이다.

② 가시성의 확보는 셉테드의 원리 중 하나인 자연적 감시의 원리에 해당한다.

④ 폐공장은 활동의 활성화 원리, 유지 및 관리의 원리를 지키지 못한 경우로, 범죄가 발생할 확률이 높아질 것이다.

106 ④

개념 카테고리 독해 비문학 > 내용 추론

| 정답 해설 | ㉠ '베카리아'는 고전주의 범죄학의 대표자이고, ㉡ '롬브로소'는 실증주의 범죄학의 창시자이다.

④ 셋째 문단 "범죄의 원인을 개인의 자유 의지로는 통제할 수 없는 생물학적·심리학적·사회학적 요소에서 찾으려 했다."에서 롬브로소는 우발적으로 범죄를 저지른 범죄자의 범죄 원인도 개인의 의지로 통제할 수 없는 생물학적·심리학적·사회학적 요소 때문이라 주장했음을 추론할 수 있다.

| 오답 해설 | ① 둘째 문단 "범죄를 저지를 경우 누구나 법에 의해 확실히 처벌받을 것이라는 두려움이 범죄를 억제할 것이라고 확신했다."에서 확인할 수 있다.

② 고전주의 범죄학에서는 범죄를 행하는 것과 이를 억제하는 것을 개인의 합리적 판단의 영역으로 보았다. 그러므로 개인의 합리적 선택에 차이가 존재한다면 처벌로 인한 범죄의 억제 효과 역시 차이가 발생할 것이다.

③ 셋째 문단 "롬브로소는 ~ 범죄자만의 특성과 행위 원인을 연구하여 범죄자들의 유형을 구분하고 그 유형에 따라 형벌을 달리할 것을 주장했다."에서 확인할 수 있다.

107 ④

개념 카테고리 독해 비문학 > 내용 추론

| 정답 해설 | ④ 소쉬르는 하나의 기의가 서로 다른 기표에 대응되는 것을 두고 기호적 관계가 '자의적'이라 주장하였고, 이러한 '자의성'은 사회적 약속과 문화적 약호에 따라 조율된다고 하였다. 따라서 사회 문화적으로 보편적으로 존재하는 개념을 담고 있는 언어 형식(기표)들은 서로 유사할 것이라고 서술한 ④는 언어의 '보편성'에 대한 설명으로, 언어의 자의성을 말하고 있는 제시문과 관련이 없다.

| 오답 해설 | ① 하나의 기의가 서로 다른 기표에 대응되는 현상을 통해 자의성을 엿볼 수 있다.

② 자의성은 사회적 약속과 문화적 약호에 따라 조율된다고 하였으므로 어떤 개념을 새롭게 표현한 단어가 널리 쓰이려면 그 개념을 쓰는 사회 성원들의 공통된 합의, 즉 사회적 약속이 필요하다고 볼 수 있다.

③ 같은 종교를 믿으면서 문화적 약호가 유사한 지역끼리는 사회적 약속과 문화적 약호를 공유할 가능성이 있으므로 같은 기표에 대응하는 개념이 비슷할 가능성이 높다는 것은 적절한 추론이다.

108 ③

개념 카테고리 독해 비문학 > 내용 추론

| 정답 해설 | ③ '가시성'은 예산 수립 과정에서 정책을 수행하기 위한 재원이 명시적으로 드러나는 정도이다. 국가 차원의 사업을 시행하는 것은 정책을 수행하는 것이며, 재원은 세금이 된다. 즉, 세금을 더 걷을 경우 정책의 재원이 뚜렷해지므로 가시성이 높다고 볼 수 있다.

| 오답 해설 | ① '강제성'은 정부가 개인이나 집단의 행위를 제한하는 정도이다. 규제는 정부가 개인과 집단의 행동을 제한하는 것이므로, 정부가 유해한 방향제 성분을 규제하는 것은 강제성이 높다고 볼 수 있다.

② '자동성'은 정책을 수행하기 위해 별도의 행정 기구를 설립하지 않고 기존의 조직을 활용하는 정도를 말한다. 새로운 부처를 만드는 것은 자동성이 낮다고 볼 수 있다.

④ '직접성'은 정부가 공공 활동의 수행과 재원 조달에 직접 관여하는 정도를 의미한다. 정부 기관이 민간 업체에 위탁하지 않고 직접 정책을 수행하는 것은 직접성이 높다고 볼 수 있다.

109 ②

개념 카테고리 독해 비문학 > 내용 추론

| 정답 해설 | ② 경계 상자의 개수가 많아지면 오히려 탐지 속도가 느려지기 때문에 경계 상자의 수는 5개 이하로 설정한다고 설명하였다.

| 오답 해설 | ① 이미지가 입력되면 이미지를 S×S개의 영역으로 나누고 모든 영역마다 동일하게 N개의 경계 상자를 표시하면서 각각의 경계 상자에 특정 객체가 존재할 확률을 예측한다고 설명하였다.

③ 각 경계의 데이터를 B_x, B_y, B_w, B_h, P_c와 C로 표시하는데, B_x, B_y는 중심점 좌표, B_w, B_h는 폭과 높이, P_c는 어떤 객체가 존재할 확률값, C는 그 객체가 특정 객체일 확률값으로 정의하였다.

④ C는 미리 학습된 m가지 객체 데이터와 비교하여 각 객체일 확률을 표시한 값인데, 미리 학습된 객체의 가짓수에 따라 판별할 수 있는 객체의 가짓수가 결정되며, 그에 따라 C의 값을 결정한다.

110 ②

개념 카테고리 독해 비문학 > 내용 추론

| 정답 해설 | ② 첫째 문단에서 정조가 소설은 실용에 무익하고 마음을 방탕하게 한다고 여겼음을 알 수 있다. 소설과 책 읽는 습관은 연관성이 없다.

| 오답 해설 | ① 첫째 문단의 역사서를 '옛날을 바탕 삼아 오늘을 비춰보는 거울'로 봤다는 표현을 통해 정조가 역사서를 경전에 버금가는 것으로 보았음을 알 수 있다.

③ 둘째 문단을 통해 정조는 틀에 매이는 독서를 멀리하였고 자신의 필요에 따라 새롭게 해석할 것을 강조하였음을 알 수 있다.

④ 셋째 문단 첫 문장에서 정조가 다양한 방식의 독서를 강조하였음을, 이후 내용에서는 이러한 방식을 삶에서도 실천해 나간다고 설명하고 있다.

111 ①

개념 카테고리 독해 비문학 > 내용 추론

| 정답 해설 | ① 글 중간에 "끊임없는 전쟁과 같은 상태에서 벗어나기 위하여 자유의 일부를 떼어 주고 나머지 자유의 몫을 평온하게 누리기로 합의한 것이다."라고 서술하였다. 이는 사람은 자유를 누리기 위해 자유의 일부를 할애한다는 내용과 일치한다.

| 오답 해설 | ② 당시 계몽주의 사조에 베카리아는 충실히 호응하였다고 서술했다. 베카리아가 계몽주의의 영향을 받았을 수는 있어도, 그의 책이 계몽주의에 영향을 주었다고 볼 수는 없다.

③ 글 중간에 "사람은 대가 없이 공익만을 위하여 자유를 내어놓지는 않는다."라고 하였다. 선지의 내용은 글의 내용과 상반된다.

④ 마지막 문장에서 베카리아는 "형벌권의 행사는 양도의 범위를 벗어날 수 없다."라고 서술하였다. 예외적인 경우는 찾아볼 수 없다.

112 ②

개념 카테고리 독해 비문학 > 내용 추론

| 정답 해설 | ② 셋째 문단 첫 번째 문장에서 위상차 검출 방식을 "이미지 센서가 직접 초점을 검출하지 않는다."고 설명하였다. 초점을 맞추는 속도가 상대적으로 느린 것은 대비 검출 방식의 특징이다.

| 오답 해설 | ① 첫째 문단에서 디지털 카메라의 자동 초점 방식을 소개하면서 자동 초점 방식에 대비 검출 방식과 위상차 검출 방식 두 가지가 있음을 설명하고 있다.

③ 둘째 문단 마지막 문장에서 대비 검출 방식은 상이 맺히는 이미지 센서에서 직접 초점을 검출하기 때문에 초점의 정확도가 높다고 설명하고 있다.

④ 셋째 문단 중간에 "피사체로부터 반사된 빛은 촬영 렌즈를 통해 들어와, 주 반사 거울에서 반사되거나 주 반사 거울을 통과하게 된다."라고 설명하고 있다.

113 ①

개념 카테고리 독해 비문학 > 내용 추론

| 정답 해설 | ㉠ 둘째 문단 앞부분에서 '바닥상태'의 정의를 '에너지가 가장 낮아 전자가 안정된 상태'라고 서술하였다.

| 오답 해설 | ㉡ 둘째 문단 가운데에서 "들뜬상태의 전자는 안정화되려는 속성이 있어 다시 바닥상태로 돌아가게 된다."고 서술하여 들뜬상태에서 바닥상태로 돌아감을 설명하였고, 이때 "바닥상태에서 들뜬상태가 되도록 가해졌던 에너지만큼의 에너지를 방출"한다고 서술하였다. 이 두 정보를 통해 들뜬상태에서 바닥상태로 돌아갈 때 에너지를 방출함을 알 수 있다.

㉢ 둘째 문단에서 전자가 바닥상태가 될 때 '들뜬상태와 바닥상태의 에너지 차이만큼 대부분 빛에너지로 전환'됨을 서술하였다. 본문에서는 선지와 같이 모두 전환된다고 설명하지 않았다.

114 ④

개념 카테고리 독해 비문학 > 내용 추론

| 정답 해설 | ④ 둘째 문단의 내용을 통해 확인할 수 있다. 소비자 수요의 급증은 수요 왜곡을 증가시키고, 이는 결국 채찍 효과를 발생시키는 원인이 된다.

| 오답 해설 | ① 셋째 문단의 내용을 통해 확인할 수 있다. 최종 소비자로부터 멀어질수록 주문 단위가 커지게 되고, 주문 단위가 커질수록 재고량이 증가하게 된다.

② 둘째 문단의 내용을 통해 확인할 수 있다. 시장 내에 공급자의 수가 적을수록 공급 우선권을 얻기 위해 더 많은 양의 수요 왜곡이 발생하게 된다. 그리고 이는 결국 채찍 효과를 발생시키는 원인이 된다.

③ 넷째 문단의 내용을 통해 확인할 수 있다. 발주부터 도착까지의 시차로 인해 채찍 효과가 발생하므로, 이 시차를 줄인다면 채찍 효과의 발생을 줄일 수 있을 것이다.

밑줄/괄호 문제편 P.155

115	③	116	①	117	④	118	④	119	②
120	③	121	①	122	②	123	②	124	③
125	③	126	②	127	①	128	①	129	①
130	④	131	②	132	②	133	②	134	④
135	②	136	①	137	②	138	①	139	①
140	④	141	④	142	②	143	①	144	①
145	①	146	②	147	③	148	②	149	①
150	①								

115 ③

개념 카테고리 독해 비문학 > 밑줄/괄호

| 정답 해설 | ③ 빈칸에는 예상 독자 분석이 중요한 이유가 들어가야 한다. 빈칸 다음 문장에서 독자의 수준에 비해 너무 어렵게 글을 쓰면 독자가 글을 이해하기 어렵게 된다고 하였으므로 독자가 잘 이해할 수 있는 글을 쓰기 위해 독자 분석이 중요함을 알 수 있다. 따라서 필자의 메시지를 독자에게 효과적으로 전달하는 데 도움이 되기 때문에 독자 분석이 중요하다고 정리할 수 있다.

| 오답 해설 | ④ 독자의 배경지식 수준을 고려해야 한다는 설명은 예상 독자 분석이 중요한 이유와 닿아 있다. 하지만 독자의 배경지식 수준을 고려해야 글의 목적과 주제가 결정된다는 근거는 찾기 어렵다.

116 ①

개념 카테고리 독해 비문학 > 밑줄/괄호

| 정답 해설 | ① 제시된 글을 보면 자기지향적 동기만 말한 사람, 타인지향적 동기만 말한 사람, 둘 다 말한 사람들 중 2개월간 방범 순찰에 참여한 횟수는 둘 다 말한 사람이 가장 많았고, 그다음 자기지향적 동기만 말한 사람이 많았으며, 타인지향적 동기만 말한 사람은 순찰 횟수가 가장 적었다. 이를 토대로 자기지향적 동기를 말한 사람이 자기지향적 동기를 말하지 않은 사람, 즉 타인지향적 동기를 말한 사람보다 행위의 적극성이 높다는 것을 알 수 있다.

| 오답 해설 | ② 2개월간 방범 순찰에 참여한 횟수를 통해 타인지향적 동기를 가진 사람은 자기지향적 동기를 가진 사람보다 행위의 적극성이 낮다는 것을 알 수 있다.

③ 자기지향적 동기가 행위의 적극성에 부정적 영향을 준다는 근거는 찾기 어렵다.

④ 자기지향적 동기만 말한 사람보다 자기지향적 동기와 타인지향적 동기를 둘 다 말한 사람이 순찰에 참여한 횟수가 많으므로 자기지향적 동기가 행위의 적극성에 긍정적 영향을 주는 경우 타인지향적 동기 역시 긍정적 영향을 줄 수 있다는 것을 알 수 있다.

117 ④

개념 카테고리 독해 비문학 > 밑줄/괄호

| 정답 해설 | ④ (가) 첫째 문단을 보면 사람들은 실험에서 흰색 옷을 입은 사람들의 패스 횟수를 세는 데 집중하느라 고릴라 복장의 사람이 지나가는 것을 보고도 인식하지 못하는데, 이는 사람들이 중요하다고 생각하는 것 위주로 주의를 기울이기 때문이다.

(나) 둘째 문단을 보면 사람들은 시각적으로 더 잘 보이고 더 쉽게 알아볼 수 있는 밝은색 옷을 입은 오토바이 운전자를 보았더라도 인식하지 못할 수 있다. 이는 운전하는 데 집중하느라 밝은색 옷을 입은 오토바이 운전자를 인식하지 못할 수 있기 때문이다. 즉 바라본다고 무조건 인식할 수 있는 것이 아니다. 따라서 바라보는 행위는 인지의 필요조건일 수는 있어도 충분조건일 수는 없다.

118 ④

개념 카테고리 독해 비문학 > 밑줄/괄호

| 정답 해설 | ④ 제시된 글은 과거 문화와 문화재의 민족적 가치를 말하고 있다. 따라서 문화를 상징하는 '셰익스피어'를 언급한 내용이 ㉠에 들어갈 말로 가장 적절하다.

119 ②

개념 카테고리 독해 비문학 > 밑줄/괄호

| 정답 해설 | ② 첫째 문단의 마지막 문장에서 '에너지를 얻게 되기까지의 일련의 과정'을 언급한 이후, 둘째 문단에서 내호흡을 통해 에너지가 발생하는 것까지 이어졌으므로 이후에는 구체적으로 '어떻게' 에너지가 발생하는지에 대한 내용이 이어질 것이라 예상할 수 있다.

| 오답 해설 | ① 이미 가장 많은 양을 체온 유지에 사용한다고 언급되었다.

③ 사람의 건강에 대한 이야기는 아예 언급되고 있지 않다.

④ 자동차에 대한 이야기는 글을 시작할 때 쓰였을 뿐, 이후의 이야기에 계속해서 언급될 것이라고 보기 어렵다.

120 ③

개념 카테고리 독해 비문학 > 밑줄/괄호

| 정답 해설 | ③ 경상도 지역에서 'ㅓ'와 'ㅡ', 'ㅅ'과 'ㅆ'을 구별하지 못하는 경우와 평안도와 전라도 그리고 경상도 일부에서 'ㅚ'와 'ㅔ'를 제대로 분별해서 발음하지 않는 경우, 평안도 사람들의 'ㅈ' 발음이 다른 지역의 'ㄷ' 발음과 매우 비슷한 경우를 제시하며 지역에 따라 특정 자음과 모음의 소리가 구별되지 않는 경우가 있음을 설명하고 있다.

121 ①

개념 카테고리 독해 비문학 > 밑줄/괄호

| 정답 해설 | 〈보기〉는 박완서의 소설『그 여자네 집』중 일부이다.
① "각계 원로들도 자기가 평소에 애송하던 시를 낭송하는 순서가 있다고, 나한테도 한 편 낭송해 달라고 했다."를 통해 ㉠에는 '원로'가 들어가는 것이 적절하다. 그리고 ㉡ 뒤에 나오는 「그 여자네 집」이라는 시에 사로잡혀 있었다는 내용을 통해 ㉡에는 '낭송하고 싶은 시가 있었다는 게'가 오는 것이 가장 적절함을 알 수 있다.

122 ②

개념 카테고리 독해 비문학 > 밑줄/괄호

| 정답 해설 | ㉠: '플롯'은 문학 작품에서 형상화를 위한 여러 요소들을 유기적으로 배열하거나 서술하는 일을 의미하고, '테마'는 문학에서 창작이나 논의의 중심 과제 또는 주된 내용을 말한다. ㉠을 인과관계에 역점을 둔 사건의 서술이라 하였으므로 '플롯'이 적절하다.
㉡: '스토리'는 시간적 순서대로 배열된 사건의 서술이라 하였으므로 '그다음엔?'이 들어가는 것이 적절하다.
㉢: '플롯'은 인과관계와 관련이 있으므로 '왜?'가 들어가는 것이 적절하다.

123 ②

개념 카테고리 독해 비문학 > 밑줄/괄호

| 정답 해설 | ② ㉠ 앞에서 인간사와 자연사 모두 '대립과 통일'이 존재한다고 하였고, ㉠ 뒤에서는 마르크스의 진의 또한 인간사와 자연사의 변증법적 지양과 일여한 합일을 지향했다는 것에 있을 것이라 하였다. ㉠ 앞뒤의 내용을 고려하였을 때 인간사와 자연사를 이분법적 대립 구도로 파악하는 것이 위험하다는 내용이 들어가야 문맥상 가장 적절하다.

| 오답 해설 | ① 인간사와 자연사가 비슷하다는 내용이 들어가야 한다.
③ 자연이 인간에 종속된다는 내용은 관련이 없다.
④ ㉠ 뒤에 오는 내용과 문맥상 어울리지 않는다.

124 ③

개념 카테고리 독해 비문학 > 밑줄/괄호

| 정답 해설 | ③ '정치인들이 높은 투표율을 핑계로 안하무인의 태도를 취하는 부작용'이 예상된다는 것은 ㉠의 주장이므로 이에 대한 대책은 ㉠이 제시해야 한다.

| 오답 해설 | ① ㉠은 '의무 투표제'로 투표율이 증가하면 정치인들이 정책 경쟁력을 높이려 할 것이라고 주장하고 있으므로 이에 대한 근거를 구체적으로 제시해야 한다.
② ㉠은 '의무 투표제'를 도입하면 높은 투표율이 달성될 것으로 보고 있으므로 이를 뒷받침할 근거 자료를 제시해야 한다.
④ ㉡은 우리나라의 투표율이 정치 지도자들의 대표성을 훼손할 만큼 심각하지 않다고 주장하고 있으므로 이에 대한 근거를 제시해야 한다.

125 ③

개념 카테고리 독해 비문학 > 밑줄/괄호

| 정답 해설 | ③ 첫째 문단에서 자원자가 아우슈비츠 소재의 드라마를 낭독할 때는 관객들의 공감을 이끌어 냈지만, 둘째 문단에서 전문 배우가 셰익스피어스의 위대한 희곡을 낭독할 때는 관객들의 공감을 이끌어 내지 못했다. 이를 바탕으로 관객의 공감과 감동은 훌륭한 고전인지 아닌지 또는 화법에 전문성이 있는지 없는지와는 크게 관련이 없음을 알 수 있다.

126 ②

개념 카테고리 독해 비문학 > 밑줄/괄호

| 정답 해설 | ② 글쓴이는 관리들이 간악하게 되는 이유에 대해 나열하고 있다. 그중 '자신이 범한 과오를 감추고 남의 잘못을 드러내는 것'은 제시된 글에 나타나 있지 않으므로 글쓴이의 견해로 볼 수 없다.

| 오답 해설 | ① "노력을 조금 들였는데도 효과가 신속하면 간악하게 되며,"를 통해 확인할 수 있다.
③ "자신은 그 자리에 오랫동안 있는데 자신을 감독하는 사람이 자주 교체되면 간악하게 되며,"를 통해 확인할 수 있다.
④ "아래에 자신의 무리는 많은데 윗사람이 외롭고 어리석으면 간악하게 되며,"를 통해 확인할 수 있다.

127 ①

개념 카테고리 독해 비문학 > 밑줄/괄호

| 정답 해설 | ㉮: ㉮의 앞부분에는 도의 근원이 하늘임을 밝히고 있고 뒷부분에는 하늘의 길이 무엇인지 구체적으로 밝히고 있으므로, 순접 관계일 때 쓰는 접속 부사인 '그래서'가 적절하다.
㉯: ㉯의 앞부분에는 천문 현상은 사람에게 도리를 알려주기 위한 상징적인 현상이라는 내용이 제시되어 있고 뒷부분에는 이를 잘 살피면 사람의 도는 하늘의 도와 일치하게 된다고 했으므로 두 내용은 인과 관계임을 알 수 있다. 따라서 '그러므로'가 적절하다.
㉰: ㉰의 앞부분은 제왕만이 천인감응이 가능하다는 내용이고 뒷부분은 송나라 유학자들이 제왕만이 하늘의 이치에 합한다는 이론에 의문을 제기했다는 내용이므로, 내용의 전환을 나타낼 때 쓰는 접속 부사인 '그런데'가 적절하다.

128 ①

개념 카테고리 독해 비문학 > 밑줄/괄호

| 정답 해설 | ㉠: 앞 문장의 내용을 다시 풀어 설명하고 있으므로 '즉' 또는 '다시 말해'가 들어가야 한다.

㉡: 앞 내용에 대한 예시를 들어 설명을 보충하고 있으므로 '가령' 또는 '만약'이 들어가야 한다.

㉢: 앞에서 언급했던 내용을 정리하고 있으므로 '요컨대' 또는 '결국'이 들어가야 한다.

129 ①

개념 카테고리 독해 비문학 > 밑줄/괄호

| 정답 해설 | (가): (가) 앞에서 정철, 윤선도, 이황은 양반이었음에도 우리말로 작품을 썼던 것을 알 수 있다. 따라서 (가)에는 '그런데'가 적절한 표현이 된다.

(나): (나) 뒷문장 "소설까지 쓰지 않았던가."를 통해 '게다가'가 (나)에 들어갈 적절한 표현임을 알 수 있다.

(다): (다) "이들이 ~ 이야기는 달라진다."를 통해 '그렇지만'이 적절한 표현임을 알 수 있다.

(라): (라) 앞부분 "한문으로 쓰여 있다"와 뒷부분 "양반 대부분이 한글을 이해하지 ~ 않았을 것이란 사실이다."를 통해 (라)에는 '그러나'가 적절한 표현임을 알 수 있다.

130 ④

개념 카테고리 독해 비문학 > 밑줄/괄호

| 정답 해설 | ㉠: 뒷부분은 '타이타닉 호 속의 일상사'에 대한 예시가 부연 설명되고 있다. 따라서 '예를 들면'이 들어가는 것이 적절하다.

㉡: 앞부분과 뒷부분의 내용이 역접 관계이다. 따라서 대립될 때 쓰는 '그렇지만'이 들어가는 것이 적절하다.

㉢: 뒷부분은 앞부분의 내용을 비유적으로 표현한 것이다. 따라서 '말하자면'이 들어가는 것이 적절하다.

131 ②

개념 카테고리 독해 비문학 > 밑줄/괄호

| 정답 해설 | ② 둘째 문단 "소비자들은 이러한 심리적 불편함을 없애려 하는데,"를 통해 소비자가 인지 부조화 상태를 극복하려 함을 알 수 있다. 이 다음에 불편함의 극복에 대한 내용이 아닌 인지 부조화 이론에 대한 설명이 나왔으므로, 이제 불편함의 극복 방법에 대한 내용이 이어질 것으로 추론하는 것이 적절하다.

132 ②

개념 카테고리 독해 비문학 > 밑줄/괄호

| 정답 해설 | ㉠의 '얻어서'는 '구하거나 찾아서 가지다.'라는 의미이다. 이와 동일한 의미로 쓰인 것은 ②의 '얻다'이다.

| 오답 해설 | ① 긍정적인 태도, 반응, 상태 따위를 가지거나 누리게 된다는 의미의 '얻다'가 쓰였다.

③ 돈을 빌린다는 의미의 '얻다'가 쓰였다.

④ 권리나 결과, 재산 따위를 차지하거나 획득한다는 의미의 '얻다'가 쓰였다.

133 ②

개념 카테고리 독해 비문학 > 밑줄/괄호

| 정답 해설 | ㉠: ㉠ 앞의 문장은 금융 시장 불안의 여파로 A국의 금융 자산 가격이 하락하면서 B국의 채권에 대한 수요가 증가하고 있다는 내용이고, ㉠ 뒤의 문장은 그 결과 A국에 투자되고 있던 자금이 B국으로 유출되어 A국의 환율이 급등하고 있다는 내용이다. 즉, ㉠ 앞의 문장이 ㉠ 뒤의 문장의 원인이 되므로 ㉠에 들어갈 말로 가장 적절한 것은 '이로 인해'이다.

㉡: ㉡ 앞의 문장은 A국의 환율 상승으로 인해 부작용이 예상되지만, 긍정적인 효과도 있다는 내용이고, ㉡ 뒤의 문장은 정부의 개입을 자제해야 한다는 내용이다. 즉, ㉡ 앞의 문장이 ㉡ 뒤의 문장의 근거가 되므로 ㉡에 들어갈 말로 가장 적절한 것은 '따라서' 또는 '그러므로'이다.

134 ④

개념 카테고리 독해 비문학 > 밑줄/괄호

| 정답 해설 | ㉣: '일인 주식회사'와의 거래에서 재산상 피해를 입는 문제가 발생하는 거래 관계를 의미한다. 이 거래 상대방이 법인으로 등록되지 않은 사단인지는 알 수 없다.

135 ②

개념 카테고리 독해 비문학 > 밑줄/괄호

| 정답 해설 | ㉠: 물을 마시는 것은 미봉책에 불과하며, 근본적인 해결책은 이후 내용에서 주장하고 있으므로 '그런데'가 적절하다.

㉡: 환기를 하지 않으면 건강이 나빠질 수 있다는 내용을 강화하는 내용이 이어지고 있으므로 '그리고'가 적절하다.

㉢: 주기적인 실내 환기를 하는 방법을 소개하고 있으므로 '예를 들어'가 적절하다.

136 ①

개념 카테고리 독해 비문학 > 밑줄/괄호

| 정답 해설 | ① 서울의 아리랑은 여러 지방 아리랑의 공통점이 응집되어 있다고 하였으므로 시기적으로 지방 아리랑보다 늦게 형성되었음을 추측할 수 있다.

| 오답 해설 | ③ 민요는 특정 작가가 있는 것이 아니기 때문에 여러 지방 민요의 특징을 수용하는 데는 시간적 격차가 있었을 것이라는 추측을 할 수 있다.

137 ②

개념 카테고리 독해 비문학 > 밑줄/괄호

| 정답 해설 | ② 첫째 문단에서 ㉠은 진나라에서 법과 제도에 논란을 일으키는 학문을 약화시키고, 법률에만 의거한 통치를 하고자 하였음을 밝히고 있다.

| 오답 해설 | ① 첫째 문단에서 ㉡은 진나라의 힘의 지배를 숭상하던 분위기를 극복하고자 하였음을 밝히고 있다.

③ 둘째 문단에서 ㉡이 자신의 저서『신어』에서 가혹한 형벌의 남용, 법률에만 의거한 통치, 군주의 교만과 사치, 그리고 현명하지 못한 인재 등용 등을 지적하고 지식과 학문의 중요함을 이야기하였음을 밝히고 있다.

④ 첫째 문단에서 ㉠이 역사 지식은 전통만 따지는 허언이라고 주장하며 현실 정치에 도움이 되지 않는다고 주장하였음을 밝히고 있다.

138 ①

개념 카테고리 독해 비문학 > 밑줄/괄호

| 정답 해설 | ① ㉠ 뒤의 예시에서 '어떤 사건이 임금에 미친 효과를 평가할 때, 그 사건이 없었다면 시행집단과 비교집단의 평균 임금이 같을 수밖에 없도록 두 집단을 구성'하여야 한다고 언급하고 있다. 따라서 집단 구성에 있어 어떤 사건 외에는 결과에 차이가 날 이유가 없는 두 집단을 구성하는 일이 중요하다는 내용이 ㉠에 들어가는 것이 적절하다는 것을 알 수 있다.

| 오답 해설 | ② 집단 구성을 적절하게 하는 것은 이야기하였지만, 사전통제에 대한 이야기는 언급되지 않았다.

③ 해당 글에서는 관측 결과를 삭제하는 등의 결과 수정에 관한 내용은 제시하지 않았다.

④ 사전통보에 관한 이야기는 제시문에서 찾을 수 없다.

139 ①

개념 카테고리 독해 비문학 > 밑줄/괄호

| 정답 해설 | ① 둘째 문단에서 리드가 자유 의지를 가진 행위자를 '결과를 산출할 능력을 소유하여 그 능력을 발휘할 수 있고, 그 변화에 대해 책임을 질 수 있는 주체'라고 설명하였음을 확인할 수 있다.

| 오답 해설 | ② 첫째 문단에서 흄은 인과 관계가 성립하기 위한 세 가지 요건 중에 세 번째인 항상적 결합을 설명하였다. 해당 선지는 항상적 결합의 정의를 쓴 것이다.

③ 첫째 문단 앞부분에서 흄의 인과 관계 성립을 위한 세 가지 요건 중에 첫 번째 요건으로 '원인이 결과보다 시간적으로 앞서 있는' 경우를 설명한 것이다.

④ 본문에서 해당 선지에 관련된 내용은 유추할 수가 없다.

140 ④

개념 카테고리 독해 비문학 > 밑줄/괄호

| 정답 해설 | ㉠: 둘째 문단 중간부터 보면 생산비와 관련해서 '제품 1단위 생산에 필요한 노동시간, 즉 노동소요량을 시간당 임금과 곱한 값', '노동소요량을 줄이거나 값싼 노동력으로 임금을 줄임'이라고 서술했다. 즉, 노동소요량=생산비이므로 생산비를 '줄여'야 한다.

㉡: 셋째 문단의 내용을 정리하면 다음과 같이 수식화가 가능하다.

$$상대적\ 임금=\frac{자국의\ 임금}{상대국의\ 임금}$$

$$상대적\ 생산성\ 우위=\frac{상대국의\ 노동소요량}{자국의\ 노동소요량}$$

여기서 생산비 우위를 점하기 위해서는 자국의 임금과 자국의 노동소요량은 낮아야 하기 때문에 결국 상대적 임금은 낮아지고, 상대적 생산성 우위는 높아져서 상대적 생산성 우위가 상대적 임금보다 높다는 결론이 나온다. 따라서 '높은'이 적절하다.

141 ④

개념 카테고리 독해 비문학 > 밑줄/괄호

| 정답 해설 | ④ 첫째 문단에서 "예술은 재현의 기술이기 때문에 무가치한 것이다."라고 서술하였다. 플라톤에게 있어서 예술은 곧 무가치한 것이었기 때문에, 본질인 에이도스에 예술이 위치하는 것은 옳지 않다.

| 오답 해설 | ① 첫째 문단에서 가지적 세계는 우리의 지성으로만 알 수 있는 세계이며, 결코 변하지 않는 본질, 즉 실재인 '에이도스'라고 서술하였고, 둘째 문단 첫 문장에서 가시적 세계의 사물들을 '에이돌론'이라고 서술하였다.

② 첫째 문단에서 에이도스가 곧 본질이라고 하였으며, '가시적 세계는 우리 눈으로 지각이 가능한 현실'이라고 서술하였다.

③ 첫째 문단에서 가지적 세계는 실재인 에이도스가 있는 세계라고 하였다. 이를 통해 실재와 에이도스가 대응함을 알 수 있다. 또한 가시적 세계는 가지적 세계를 모방하여 재현한 환영이라고 설명하고, 둘째 문단에서 가시적 세계를 에이돌론이라 하였다. 따라서 에이돌론은 환영에 대응한다는 것을 알 수 있다.

142 ②

개념 카테고리 독해 비문학 > 밑줄/괄호

| 정답 해설 | ② 첫째 문단에서 '지향성'에 대해서 설명하였고, 둘째 문단에서 '지평'에 대한 설명을 하고 있다. 첫째 문단에서 후설은 '동일한 대상에 대해서도 사람이나 상황에 따라 인식'하는 것을 지향성이라고 하였다.

| 오답 해설 | ① 둘째 문단 첫 문장에 '의식이 대상을 만나 의미를 형성할 때는 시간과 공간의 영향을 받는 것'이라고 하였는데, 이는 '지향성'이 아닌 '지평'에 관한 설명이다.

③ 첫째 문단 가운데에서 '의식은 대상과 독립적으로 존재하는 것이 아니라, 어떤 대상을 구체적으로 지향하며, 이를 통해 대상과의 관계에서 어떤 의미를 형성'하는 것을 설명하고 있는데, 이는 '지평'이 아닌 '지향성'에 관한 설명이다.

④ 둘째 문단에 '지평'에 대해 '서로 다른 지평을 갖게 되고, 지평이 넓어질수록 개인의 인식 범위는 확장'한다고 서술하였다. 동일시에 관한 설명은 없다.

143 ①

개념 카테고리 독해 비문학 > 밑줄/괄호

| 정답 해설 | ① 첫째 문단 첫 번째 문장에서 두 가지 욕구 모두 '이는 선을 추구한다는 점에서는 동일'하다는 점을 들고, 마지막 문장에서 '선이 아니라고 판단한다면 추구하지 않을 수도 있다.'고 하며 선의 추구를 중점으로 설명을 이어 나가고 있다. 또한 셋째 문단에서 '다른 것보다 더 선이라고 이해된 것을 우선 추구'함을 서술하며 글의 가장 큰 흐름을 '선을 추구하는 욕구'로 잡아 설명하고 있다. 따라서 (가)에는 '선을 추구하려는 욕구를 지닌'이 들어가는 것이 가장 적절하다.

| 오답 해설 | ② 글 전체적으로 감각적 욕구와 지적 욕구의 직접적인 충돌에 관한 내용은 나와 있지 않다. 또한 두 욕구가 동시에 발생할 경우에 대해 셋째 문단에서 "인간은 가장 먼저 추구할 감각적 욕구를 지성에 의해 판단하고 선택한다."라고 서술하고 있다. 갈등이라는 표현도 적합하지 않다.

③ 첫째 문단 마지막 문장에서 "자신의 본성에 적합하거나 자신에게 기쁨을 주는 것"이라고 쓰여 있으나 이는 단순히 선의 정의를 풀어 쓴 것에 불과하다. 따라서 (가)에 들어가기에는 적합하지 않다.

④ 둘째 문단을 보면 선악에 대한 판단을 설명하고 있기는 하나, 이는 지적 욕구와 감정적 욕구의 차이점을 설명하기 위해 부가적으로 서술한 것뿐이다. 따라서 (가)에 들어가기에는 적합하지 않다.

144 ①

개념 카테고리 독해 비문학 > 밑줄/괄호

| 정답 해설 | ① 첫째 문단 첫 문장에서 화학제의 작용기제를 '크게 병원체의 표면을 손상시키는 방식과 병원체 내부에서 대사 기능을 저해하는 방식' 두 가지로 나누었는데, 본문에서 알코올 화합물, 산화제, 알킬화제가 둘 중 어떤 작용기제를 따르는지 분류하여야 한다. 우선 알코올 화합물의 경우 '세포막의 기본 성분인 지질을 용해', '세포벽을 약화'시킨다고 설명하였다. 이는 병원체의 표면을 손상시키는 것에 해당한다. 두 번째로 산화제의 경우 '바이러스의 공통적인 표면 구조를 이루는 캡시드를 손상'이라는 점을 언급하며 마찬가지로 전자에 해당함을 서술하였다. 또한 둘째 문단 마지막 문장에서 '병원체 내에서 불특정한 단백질들을 산화'한다고 하여 대사 기능을 모두 저해하기도 하는, 후자의 방식도 수행함을 설명하였다. 마지막으로 알킬화제의 경우 '병원체의 내부로 침투하면 필수적인 물질 대사를 정지'한다고 설명하여 후자에 해당함을 서술하였다. 이를 도식화하면 다음과 같다.

구분	㉠	㉡	㉢
표면	○	○	
내부		○	○

145 ①

개념 카테고리 독해 비문학 > 밑줄/괄호

| 정답 해설 | ① 제시된 글은 전체적으로 미적 판단에 대해 서로 다른 입장을 취하고 있는 실재론자, 반실재론자, 그리고 이들의 입장을 포괄하고 있는 레빈슨의 주장을 살펴보면서 다양한 미적 판단에 대한 논의를 설명하고 있다. 그렇기 때문에 ㉠에 들어갈 질문으로 적절한 것은 '미적 판단 간의 불일치가 나타나게 되는 이유는 무엇인가?'라고 볼 수 있다.

| 오답 해설 | ② 제시된 글은 미적 판단의 주체에 그 논의의 초점이 맞춰져 있다고 보기 어렵다.

③ 제시된 글은 미적 판단의 다양성에 대한 논쟁 자체를 다루고 있으며, 이들이 합의를 도출하지 못하는 이유에 대해 언급하고 있지 않다.

④ 제시된 글은 동일한 대상에 대한 미적 판단이 모두 동일해야 한다는 주장에 대해 다루고 있는 글이 아니다.

146 ②

개념 카테고리 독해 비문학 > 밑줄/괄호

| 정답 해설 | ② 밑줄 친 부분의 앞 문장 '나무가 자라감에 따라 마치 상대적으로 작아지는 듯이 보이는 화강암 기둥들의 대비'라는 구절에서 나무(자연을 의미)가 자라면서 상대적으로 화강암(문명을 의미)이 작아지는 듯이 보이도록 했다는 것이므로, 결국 자연의 위대함을 강조하고자 한 것이라 볼 수 있다.

147 ③

개념 카테고리 독해 비문학 > 밑줄/괄호

| 정답 해설 | ③ 〈보기〉에서 '보편적인 것이 아니라 자신의 문화 전통에 짙게 물든 지역적인 것'이라는 내용이 언급되고 있다. 이는 서구문화의 내용이 '보편적'이 아닌 '지역적'이라는 내용의 둘째 문단 끝부분과 연관된다. 따라서 〈보기〉의 내용은 (다)에 들어가는 것이 적절하다.

148 ②

개념 카테고리 독해 비문학 > 밑줄/괄호

| 정답 해설 | ㉠: 명목임금이 하락하더라도 실질임금에는 변화가 없음을 인식하지 못한다는 내용 이후 노동자들이 명목임금의 하락을 받아들이지 않는다는 내용이 이어지고 있다. 인식하지 못하기 때문에 받아들이지 못하는 것, 즉 앞의 내용이 뒤의 내용의 이유가 되므로 '그래서'가 적절하다.

㉡: 기업에서 실업을 해결하지 못한다는 내용 이후 정부 정책의 필요성을 이야기하고 있다. 앞의 내용이 뒤의 내용의 이유가 되고 있으므로 '따라서'가 적절하다.

149 ①

개념 카테고리 독해 비문학 > 밑줄/괄호

| 정답 해설 | ㉠: 대다수 국가가 누진 세율 구조를 채택하고 있다는 내용 이후 그 이유에 대해서 이야기하고 있다. 또한 서술어 '때문이다.'와의 호응을 고려했을 때, '왜냐하면'이 가장 적절하다.

㉡: 밀이 균등 희생 원리를 주장했다는 내용과 균등의 의미가 구체적으로 논해지지는 않았다는 내용이 이어지고 있다. 글의 흐름이 바뀌었으므로 '그러나' 혹은 '하지만'이 적절하다.

㉢: 후대 학자들이 펼친 논의에서 전제된 가정들을 이야기하고 있다. 글의 흐름이 유지된 채 이어지고 있으므로 '그리고' 혹은 '또한'이 적절하다.

150 ①

개념 카테고리 독해 비문학 > 밑줄/괄호

| 정답 해설 | ㉠: 현금 없는 사회에 대해 반대하는 사람들의 존재를 이야기하며 현금 없는 사회로의 이행에서 겪는 어려움을 언급한 후, 이를 해결할 수 있는 방안을 이야기하고 있다. 글의 방향이 바뀌었으므로 '그러나' 혹은 '하지만'이 적절하다.

㉡: 현금 없는 사회의 장점에 대해 이야기하며 현금 없는 사회로의 이행을 지지한 이후, 섣부르게 이행되는 것에 대한 우려를 이야기하고 있다. 글의 방향이 바뀌었으므로 '그러나' 혹은 '하지만'이 적절하다.

전개 순서(배열) 문제편 P.173

151	②	152	①	153	③	154	②	155	④
156	③	157	③	158	③	159	③	160	③
161	②	162	②	163	③	164	③	165	③
166	④	167	③	168	④	169	③		

151 ②

개념 카테고리 독해 비문학 > 전개 순서(배열)

| 정답 해설 | ② "기업들이 빅데이터의 가치를 받아들이기 시작했다는 뜻이다. 여기에는 기업들이 데이터를 바라보는 시각이 변한 측면도 있다."에서 기업들이 기존의 방식과 현재 빅데이터를 바라보는 시각에 차이가 있음을 알 수 있다. 따라서 기존의 방식과 관련된 (가)가 먼저 나오고, '그런 기존의 노력'[(가)의 내용]에 아쉬운 점이 많았다는 (다)가 이어져야 한다. 그리고 '그런 상황'[(다)에서 예로 든 상황]에서 SNS나 스마트폰 등 새로운 데이터 소스로부터 궁금증과 답답함을 해결할 수 있다는 것을 알게 되었다는 (나)가 순차적으로 연결되어야 자연스럽다.

152 ①

개념 카테고리 독해 비문학 > 전개 순서(배열)

| 정답 해설 | ① ㄱ은 1700년대에 대한 설명이고, ㄹ은 19세기 이후에 대한 설명이므로, 시기적으로 보면 ㄱ이 앞서는 것이 자연스럽다. ㄱ의 "미국 이주민들의 평균 소득은 영국인들의 평균 소득을 넘어섰다."와 ㄷ의 "미국 이주민들의 평균 소득이 높아지게 된 배경에는"이 내용적으로 연결되므로 ㄱ 다음에 ㄷ이 이어지는 것을 알 수 있다. ㄷ에서 평균 소득 증가 배경을 언급했으므로, 이에 대한 원인을 제시하는 ㅁ이 나오고, 남북 전쟁 이후 미국 경제 성장에 대한 내용인 ㄹ－ㄴ의 순서로 이어지는 것이 자연스럽다. 따라서 'ㄱ－ㄷ－ㅁ－ㄹ－ㄴ'의 순서로 전개되는 것이 자연스럽다.

153 ③

개념 카테고리 독해 비문학 > 전개 순서(배열)

| 정답 해설 | ③ 선지를 통해 ㉠이나 ㉡이 가장 먼저 오는 것을 알 수 있다. ㉠은 문장을 구성하는 여러 구성 성분 중 '어절'에 대한 내용이고, ㉡은 문장의 기본 개념에 대한 내용이다. 문제에서 두괄식으로 구성하고자 하였으므로 문장의 정의와 글의 포괄적인 내용을 담고 있는 ㉡이 주제문으로, 맨 앞에 나와야 한다. ㉡이 맨 앞에 있는 선지인 ③, ④ 중에서 ㉠은 어절에 대해 설명하고 있고, ㉢은 "띄어 쓴 어절이 몇 개 모여서 하나의 문장 성분이 되는 경우가 있다."라고 글을 시작하고 있으므로 ㉢은 ㉠ 뒤에 와야 한다. 따라서 ㉡－㉠－㉢으로 연결된 ③이 정답이다. 참고로 ㉣은 '구'가 핵심어이고, 앞서 ㉢에서 설명한 '절'을 다시 언급하고 있으므로 ㉢ 뒤에 와야 한다.

154 ②

개념 카테고리 독해 비문학 > 전개 순서(배열)

| 정답 해설 | ② 선지를 통해 (가)가 가장 먼저 오는 것을 알 수 있다. (나)와 (라)는 '혜시'로 연결되는데, (라)에서 '혜시도'의 조사 '도'를 통해 (나)가 (라)보다 우선함을 유추할 수 있다. (다)와 (라)는 '상대적인 방법'을 통해 연결되며 문맥상 (라)가 (다)보다 우선함을 알 수 있다. 따라서 '(가)-(나)-(라)-(다)'의 순서로 배열해야 한다.

155 ④

개념 카테고리 독해 비문학 > 전개 순서(배열)

| 정답 해설 | ④ 선지를 통해 (가)가 가장 먼저 나오고 그다음으로 (다) 혹은 (라)가 오는 것을 알 수 있다. (다)에서는 기술에 대한 분석을 하고 있으나 (가)에서는 기술에 대한 서술이 없고, (라)에서는 (가)에서 나눈 두 분류 중 후자로 인간을 분류하고 있다. 따라서 (가) 뒤에 (라)가 오는 것이 적절하다. (다)의 내용은 (라)에서 말한 내용 중 '기술'과 연결이 되며, (나)는 앞서 이야기했던 내용들을 정리하고 있다. 따라서 '(가)-(라)-(다)-(나)'로 이어지는 것이 문맥상 가장 자연스럽다.

156 ③

개념 카테고리 독해 비문학 > 전개 순서(배열)

| 정답 해설 | ③ 선지를 통해 (가) 또는 (나)가 서두에 오는 것을 알 수 있다. (가)는 미술 작품에 등장하는 동물을 성격에 따라 분류하고 있고, (나)는 미술 작품에 다양한 동물들이 등장한다고 소개하고 있다. 따라서 (나)가 첫째 문단으로 적절함을 알 수 있다. (가)에서 미술 작품에 등장하는 동물들을 성격에 따라 나누면 종교적·주술적인 동물, 신을 위한 동물, 인간을 위한 동물로 구분할 수 있다고 하였다. (다)에서는 (가)의 분류 중 첫 번째인 '종교적·주술적인 동물'의 내용을 세부적으로 서술하고 있고, (라)에서는 (가)의 분류 중 두 번째인 '신을 위한 동물'의 내용을 세부적으로 서술하고 있다. 따라서 '(나)-(가)-(다)-(라)'로 이어지는 것이 문맥상 자연스럽다.

157 ③

개념 카테고리 독해 비문학 > 전개 순서(배열)

| 정답 해설 | ③ 선지를 통해 가장 먼저 나와야 할 내용이 (나) 또는 (다)임을 알 수 있다. (나)는 '소유에서 오는 행복'과 '성장과 창조적 활동에서 얻는 행복'을 비교하고, (다)는 '행복의 기준'에 대한 내용을 이야기하고 있다. (나)와 (다)를 비교해 봤을 때 (다)가 서론에 더 적합한 주지 문장임을 알 수 있다. (다) 뒤에 올 선지로 (라)와 (마)를 비교해 보면, (마)는 (다)의 뒷받침 문장이다. (라)는 '하지만'과 함께 (마)에 대한 반론을 제시하고 있다. 따라서 (다)-(마)-(라)로 이어지는 것이 문맥상 어색함이 없다. (나)는 (라)의 내용을 부연 설명하고 있고, (가)에서는 (나)의 내용을 바탕으로 논지를 전개하고 있다. 따라서 순서는 '(다)-(마)-(라)-(나)-(가)'가 가장 적절하다.

158 ③

개념 카테고리 독해 비문학 > 전개 순서(배열)

| 정답 해설 | ③ 선지를 통해 (가)가 제일 먼저 나오는 것을 알 수 있다. (가)의 말미에서 말한 기술 공학적 질서가 (다)의 첫 부분에 이어져 이야기되고 있기 때문에 (가) 뒤에 (다)가 오는 것이 자연스럽다. (다)의 내용은 접속사 '그러나'와 함께 (나)로 이어지며 (라)에서는 앞서 말한 내용들을 통틀어 정리하고 있다. 따라서 문맥상 '(가)-(다)-(나)-(라)'의 순서로 보는 것이 적절하다.

159 ③

개념 카테고리 독해 비문학 > 전개 순서(배열)

| 정답 해설 | ③ 미괄식 문단이란 글쓴이가 말하고자 하는 궁극적인 내용(주제문)이 맨 뒤에 제시되는 글을 의미한다. 따라서 'ㄹ'이 마지막에 와야 한다. 'ㄴ'과 'ㅁ'은 '낙관적인 미래 전망'으로 이어져 있다. 'ㄱ'과 'ㄷ'은 'ㅁ'에서 이야기하는 심각한 현상들의 예이다. 따라서 'ㄴ-ㅁ-ㄱ-ㄷ-ㄹ'로 이어지는 것이 문맥상으로나 미괄식 문단의 형태로나 적절하다.

160 ③

개념 카테고리 독해 비문학 > 전개 순서(배열)

| 정답 해설 | ③ 제시된 글은 문제 상황을 제시하고 이에 대한 해결책을 제시하고 있는 글이다. 이에 따라 문제를 제시하고 있는 (나)가 가장 먼저 오는 것이 바람직하다.

이후에는 자신이 주장하는 해결 방안을 더욱 효과적으로 전달하기 위해 먼저 기존에 실행되고 있는 방안이 적절하지 않음을 이야기하고, LOUD 캠페인 활용을 건의하는 (가)가 이어지는 것이 적절하다.

해결 방안으로 제시되고 있는 LOUD 캠페인에 대해 설명할 때에는 먼저 해당 캠페인의 의미를 언급하고, 이후에 해당 캠페인의 구체적인 실천 방안을 언급하는 것이 좋다. 이런 순서에 맞는 것은 (라) 이후에 (다)가 제시되는 것이다. 따라서 글의 전개 순서로 가장 자연스러운 것은 '(나) – (가) – (라) – (다)'이다.

161 ②

개념 카테고리 독해 비문학 > 전개 순서(배열)

| 정답 해설 | ② (가)에서 대학 총장의 발언을 인용하며 문제를 제기하고 있으므로 (가)가 글의 서두에 해당함을 알 수 있다. 다음에 올 수 있는 내용 중 (나)는 문제에 대한 새로운 관점을 제시하고 있고,

(라)는 문제에 대한 대립적인 견해를 소개하고 있으며, (마)에서는 (나)의 내용을 사례를 통해 이해시키고 있다. 문맥의 흐름상 (마)는 (나) 뒤에 오는 것이 적절하고, (나)와 (라) 중에서 남녀 간의 성차를 유전적 요인으로 설명한 (라)가 먼저 오는 것이 어색함이 없다. (다)에서는 말하고자 하는 내용을 요약하며 논지를 강화하고 있으므로 마지막에 제시되어야 한다. 따라서 '(가) – (라) – (나) – (마) – (다)'의 순서로 이어지는 것이 가장 적절하다.

162 ②

개념 카테고리 독해 비문학 > 전개 순서(배열)

| 정답 해설 | ② 〈보기〉의 내용과 '이와 같은'이라는 표지어를 참고할 때 〈보기〉의 내용이 들어가기에 적절한 위치는 서유럽 나라들의 육류 섭취 문화 다음인 ㉡임을 추론할 수 있다.

163 ③

개념 카테고리 독해 비문학 > 전개 순서(배열)

| 정답 해설 | ③ 선지를 통해 가장 먼저 (가)가 오는 것을 알 수 있다. (가)에서는 경제 발달에 대한 제도 결정론을 이야기하고 있다. 또한 선지를 통해 (가) 다음에 (나) 혹은 (다)가 오는 것을 알 수 있다. (다)에서는 (가)에서 말하는 경제 발달에 영향을 미치는 원인에 대해 이야기하며 지리적 조건이라는 새로운 화제를 제시하고 있다. 따라서 (가) 뒤에 (다)가 오는 것이 적절하다. 만약 (가) 바로 뒤에 (나)가 오려면 (나) 앞에 지리적 조건에 대한 설명이 있어야 하는데 (가)에서는 그런 내용을 찾아볼 수 없으므로 (가) – (다)로 이어지는 것이 적절하다. (나)에서는 (다)에 대한 반증을 이야기하며 수정된 제도 결정론에 대해 이야기하고 있고, (라)에서는 (나)에서 언급하였던 간접적인 경로의 존재를 다시 언급하며 수정된 지리 결정론에 대해 이야기하고 있다. 따라서 '(가) – (다) – (나) – (라)'로 이어지는 것이 글의 전개상 적절하다.

164 ③

개념 카테고리 독해 비문학 > 전개 순서(배열)

| 정답 해설 | ③ 〈보기〉에 제시된 실험 과정과 결과를 고려할 때 먼저 ㉢의 실험 내용과 ㉠의 실험 결과가 제시되어야 하며, 그 뒤에 한국인과 미국인의 중간적 성격을 지니는 동양계 미국인들의 실험 결과인 ㉡을 제시하는 것이 적절하다.

165 ③

개념 카테고리 독해 비문학 > 전개 순서(배열)

| 정답 해설 | ④ (가)는 '이렇게 읽기 요소가 잘 갖춰진 독자'라는 말로 시작한다. '이렇게'라는 말에 주목할 때, (가)의 앞에는 읽기 요소가 갖춰진 상태의 독자가 어떠한 독자인지 설명을 하는 내용이 있어야 한다. (나)와 (라)는 '매튜 효과'와 관련이 있다. 따라서 (나)와 (라) 이전에는 매튜 효과가 무엇인지에 대한 설명이 있어야 한다. 주어진 첫 문단에는 위와 같은 내용들이 없으므로, '읽기에 필요한 요소를 잘 갖추어야 한다.'는 문맥 뒤에 전개될 내용으로는 (다)가 가장 적절하다. (다)는 읽기 요소 중 어휘력에 관련한 설명이다. 이는 (가)의 읽기 요소가 갖춰진 독자(어휘력이 갖춰진 독자)와 대응할 수 있기에 (다) 이후에는 (가)가 오는 것이 자연스럽다. (라)는 글 읽는 능력을 매튜 효과로만 설명하는 것에 대한 문제점을, (나)는 매튜 효과의 의의를 언급하는데, (나)는 '그럼에도 불구하고'라는 표현으로 시작하고 있다. 따라서 문제점을 밝히는 (라) 뒤에 (나)를 배치하여 그럼에도 불구하고 매튜 효과는 의의가 있다는 식으로 지문을 전개하는 것이 가장 자연스럽다. 따라서 '(다)–(가)–(라)–(나)'의 순서로 전개되는 것이 자연스럽다.

166 ④

개념 카테고리 독해 비문학 > 전개 순서(배열)

| 정답 해설 | ④ (나)는 (라)의 합리 모형에 대한 설명을 하고 (마)는 (가)의 만족 모형에 대한 설명을 하고 있으므로 (라)의 바로 뒤에는 (나)가, (가)의 바로 뒤에는 (마)가 위치하는 것이 옳다. 또한 (가)에서 합리 모형의 맹점을 언급하고 있기 때문에 (라)의 합리 모형에 대한 설명이 (가)보다 앞에 위치하는 것이 맞다. 그리고 (다)는 앞의 두 가지의 모형을 설명한 후에 두 모형에 대한 시장의 역할을 설명하기 때문에 맨 마지막에 위치하는 것이 옳다.

167 ③

개념 카테고리 독해 비문학 > 전개 순서(배열)

| 정답 해설 | ③ (다)에서 우선 개체의 존재와 소멸에 관한 실존적인 불안에 대한 화두로 글을 시작하고, 마지막에 인간의 대처에 대한 질문으로 다음 내용을 잇기 시작했다. 이어서 (가)에서 고대 그리스로부터 시작한 서양 철학에서는 이에 대해 문단 가운데에서 '절대적 존재의 본질에 해당하는 보편적 원리'를 통해 문제를 해결하고자 하였다. 반면에 (라)에서는 '중국 상고 시대의 경우에도'라면서 서양 철학과의 차이점을 부각하였고, 가운데에서 '절대적 존재와의 관계를 규명하는 것을 불필요하다고 판단해 외면'한다는 내용으로 동·서양의 차이를 드러내었다. 마지막으로 (나)에서 두 방식의 차이점을 비교하고 두 관점의 한계점을 지적하며 두 관점에 대한 평으로 마무리하였다.

168 ④

개념 카테고리 독해 비문학 > 전개 순서(배열)

| 정답 해설 | ④ 〈보기〉의 마지막 문장을 보면 '판매 증대', '부가가치' 등의 경제적 이득에 관한 용어들로 끝난다. 따라서 '경제적 비용', '적절한 보상' 등의 경제적 용어로 이어지는 (다)가 오

는 것이 적절하다. 이어서 (다)의 내용을 보면 '육성자의 지식 재산권 보호'에 대한 이야기를 하면서 마지막 문장에 '품종보호'에 관한 이야기로 마무리하였다. 따라서 다음에는 육성자의 품종보호에 관련된 내용을 이어 나가야 하는데, (나)의 첫 문장에서 '육성자'와 '품종보호권'에 관한 이야기를 이었다. 따라서 두 번째는 (나)가 와야 한다. 마지막으로 (나)에서는 품종보호 요건으로 '신규성', '구별성', '안정성'을 언급하였는데, (가)의 첫 문장에서 '품종보호 요건을 모두 충족'한다고 하여 (나)의 내용을 이어 나가고 있기 때문에, 마지막 문단은 (가)가 와야 한다.

169 ③

개념 카테고리 독해 비문학 > 전개 순서(배열)

| 정답 해설 | ③ (나)의 첫 문장에서 '세습적 권리와 무관하게 능력주의적인 시험을 통해 관료를 선발하는 제도'라는 점을 들어 과거제가 합리적임을 설명하며 글을 시작하였다. 이어서 (라)의 첫 문장에서 '명확하고 합리적인 기준'을 들어 (나)의 합리성을 연결하고 있고, 개방성과 공정성을 장점으로 들었다. 다음으로 (나)의 개방성, 공정성, 유동성 등이 불러오는 사회적 효과를 (가)에서 서술하였다. 마지막으로 (나)의 합리성과 (가)의 사회적 효과의 기여로 (다)의 '동아시아에서 과거제가 천 년이 넘게 시행된 것'을 결과로 언급하며 글을 마무리하고 있다.

개요 수정/완성

문제편 P.183

170	③	171	④	172	①				

170 ③

개념 카테고리 독해 비문학 > 개요 수정/완성

| 정답 해설 | ③ ㉢의 하위 항목은 '고객 불만 해결 방안'과 관련된 내용들이다. 따라서 '고객 지원 센터의 지원 인력 부족'과는 관련이 없다.

| 오답 해설 | ① ㉠의 소음 과다 및 흡입력 미흡은 '고객 불만 현황'에 해당한다.

② ㉡의 하위 항목은 '고객 불만 발생의 원인'과 관련된 설명들이라는 것을 알 수 있다.

④ ㉣의 하위 항목은 고객 불만을 해결하였을 때 나타날 수 있는 '기대 효과와 향후 과제'라는 것을 알 수 있다.

171 ④

개념 카테고리 독해 비문학 > 개요 수정/완성

| 정답 해설 | ④ 본론에서 '수출 경쟁력이 낮아진 원인'을 '가격 경쟁력 요인'과 '비가격 경쟁력 요인'으로 나누어 제시하였고, 이를 통해 결론에서 '수출 경쟁력 향상 방안'을 제시하고 있다. 주제문은 본론과 결론의 내용을 모두 포괄해야 하므로, '수출 경쟁력을 좌우하는 요인을 분석한 후 그에 맞는 방안을 마련해야 한다.'가 주제문으로 적절하다.

| 오답 해설 | ① 정부의 지원에 대한 언급은 개요에 나타나 있지 않다.

② '내수 시장의 기반 강화'는 수출 경쟁력 실태 분석이나 수출 경쟁력 향상과 관련이 없다.

③ 비가격 경쟁력 요인에만 해당하는 내용이다. 즉 일부 내용만을 반영하고 있어 주제문으로 적절하지 않다.

172 ①

개념 카테고리 독해 비문학 > 개요 수정/완성

| 정답 해설 | ① '노사 상호 간 이해 부족'과 '공정하지 못한 분배'를 포괄할 수 있는 소제목은 '노사 분쟁의 원인'이다. 또한 ㉠ 뒤에 이어지는 내용이 노사 관계 정립을 위한 방안이므로 이 개요는 '문제 – 해결' 구조로 작성되었음을 알 수 있다.

문학 이론/비평 지문

문제편 P.184

173	③	174	③	175	③				

173 ③

개념 카테고리 독해 비문학 > 문학 이론/비평 지문

| 정답 해설 | ③ 화전가가 어떤 구성으로 이루어졌는지 구체적으로 나열하고 있다. 첫째 문단 "화전가는 일반적으로 다음과 같은 구성을 보인다. 봄의 찬미, 화전놀이 공론과 택일, 통문, 허락, 경비 추렴, 화전놀이 출발, 도착 후 화전놀이, 재회의 기약, 이별, 귀가와 발문이 이어진다."라는 문장을 통해 확인할 수 있다.

| 오답 해설 | ① 화전가 작품이 언급되고는 있지만, 그 내용이 직접적으로 인용되고 있지는 않다.

② 시대에 따른 발전 양상은 제시되고 있지 않다.

④ 액자식 구성이 언급되고는 있지만, 그 효과에 대해서는 언급되고 있지 않다.

174 ③

개념 카테고리 독해 비문학 > 문학 이론/비평 지문

| 정답 해설 | ③ 제시된 글을 통해 향가가 시조에 내용적으로 미친 영향을 알기는 어렵다. 셋째 문단을 통해 형식적 측면에서의 유사성은 확인할 수 있지만, 내용적 측면에서의 영향 관계는 설명하기 어려움을 확인할 수 있다.

| 오답 해설 | ① 첫째 문단 "향가와 시조는 일반적으로 형식적 측면에서 전승 과정에 초점을 두고 두 갈래의 영향 관계를 설명한다."를 통해 알 수 있다.

② 셋째 문단의 "현재 전하는 작품들의 내용은 주로 불교적 신앙심을 바탕으로 한 것이 많지만, 추모(追慕), 축사(逐邪), 안민(安民), 연군(戀君) 등 다양하다."를 통해 알 수 있다.

④ 넷째 문단의 내용을 통해 조선 전기와 후기의 시조가 어떤 차이를 지니는지 확인할 수 있다.

175 ③

개념 카테고리 독해 비문학 > 문학 이론/비평 지문

| 정답 해설 | ③ "다른 나라를 배경으로 삼음으로써 나타나게 되는 이국정취 등도 기이성 형성의 한 요소가 된다.", "기이성(奇異性)'은 새롭고 낯선 것에서 느껴지는 성질로서, 당대 독자들의 호기심을 자극해 왔다."라는 문장들을 통해 확인할 수 있다.

| 오답 해설 | ① 기이성을 위해 '아름다움, 추함, 선함, 악함, 효심, 충성심 등과 같은 인물의 성격'을 극단적으로 나타내게 되는데, 이런 성격들이 모두 부정적인 모습이라고 말하기는 어렵다.

② "비현실성은 현실에서는 도저히 일어날 수 없는 일이라고 여겨지는 초경험적이고 환상적인 것이기 때문에 기이성을 형성하는 데 아주 효과적이다."라는 문장을 통해 ②의 진술이 적절하지 않음을 알 수 있다.

④ 요소들이 '작품에서 복합적으로 작용하면서 기이성을 형성'하기 때문에 하나의 요소만 사용하는 것이 더 효과적이라고 말하기는 어렵다.

글/문단/문장 수정

문제편 P.186

176	①	177	④	178	②	179	③	180	⑤
181	②	182	③	183	②	184	①		

176 ①

개념 카테고리 독해 비문학 > 글/문단/문장 수정

| 정답 해설 | ① (가)의 '봉사의 날 운영 방식'에 대한 논의의 필요성을 드러내기 위해 (나)의 첫째 문단에서 '봉사의 날 운영 방식이 논의되고 있는 우리 학교 상황'을 제시하였다.

177 ④

개념 카테고리 독해 비문학 > 글/문단/문장 수정

| 정답 해설 | ④ ㉮는 현행 봉사의 날 운영 방식에 만족하지 못하는 학생이 만족하는 학생보다 많다는 내용이며, ㉰는 동아리별 봉사 활동의 장점과 문제점을 보완하는 방법에 대한 내용이다. 따라서 ㉮와 ㉰를 통해 '현행 운영 방식의 문제점으로 봉사 활동 준비에 많은 시간이 소요된다'라는 결론을 이끌어 내기는 어렵다.

178 ②

개념 카테고리 독해 비문학 > 글/문단/문장 수정

| 정답 해설 | ② (나)의 마지막 문단의 수정 전후를 비교해 보면, 청소년기의 의의가 삭제되고 동아리별 봉사 활동 도입 시 기대효과가 추가된 것을 알 수 있다.

179 ③

개념 카테고리 독해 비문학 > 글/문단/문장 수정

| 정답 해설 | 〈보기〉에 따르면 통일성은 글의 내용이 하나의 주제로 긴밀하게 관련되는 특성을 말한다. 따라서 하나의 주제로 연결되지 않는 내용은 수정하거나 삭제해야 한다.

③ ㉢은 '나는 수학 시간이 재미있다.'라는 중심 내용과 관련이 없는 내용이므로 삭제하는 것이 자연스럽다.

| 오답 해설 | ① ㉠은 '나'가 수학 시간이 재미있는 이유를 설명하고 있다.

② ㉡은 수학 선생님이 수업을 재미있게 진행하는 사례를 설명하고 있다.

④ ㉣은 수학 선생님이 수업을 재미있게 진행해 주신 덕분에 나에게 일어난 긍정적 변화를 설명하고 있다.

180 ⑤

개념 카테고리 독해 비문학 > 글/문단/문장 수정

| 정답 해설 | ⑤ 글의 초고에 '역사적 사실의 반영 정도에 따른 사극의 유형'은 언급되지 않았다.

181 ②

개념 카테고리 독해 비문학 > 글/문단/문장 수정

| 정답 해설 | ② 초고의 마지막 문단은 '사극'과 '실제 역사'의 가치가 동등하다고 여기는 입장이다. 사극을 어떻게 바라볼 것인가에 대한 '나'의 생각을 밝히려고 하는 것이 글의 목적인데 이러한 입장은 실제 역사와 사극으로 초점이 분산되어 논지를 흐린다. 따라서 '고쳐 쓴 마지막 문단'은 '사극의 가치'에 주목하며, '사극은 실제 역사 그 자체의 재현이 아닌 허구적 창작물로 인식해야 한다'라는 점을 분명하게 드러내고 있다.

| 오답 해설 | ① '고쳐 쓴 마지막 문단'의 내용이 허구적 창작물이 사극의 본질이라는 입장을 보이는 점은 맞지만, 초고의 마지막 문단에서 사극의 역기능과 순기능을 함께 제시하지는 않았다.

182 ③

개념 카테고리 독해 비문학 > 글/문단/문장 수정

| 정답 해설 | [A]는 사극이 역사적 사실과 얼마나 부합하느냐는 중요하지 않다는 입장이고, 〈보기〉는 사극에서는 역사적 사실을 유지하는 범위에서 이야기를 만들어 가는 데 상상력이 가미되어야 한다는 입장이다. 따라서 〈보기〉의 관점에서 [A]를 비판하는 주장은 ③이다.

| 오답 해설 | ① 사극을 '허구를 제외하고 사실로서의 역사를 중심으로 만들어야 한다'라는 주장은 사실과 허구의 균형을 중요시하는 〈보기〉의 관점에 부합하지 않는다.

183 ②

개념 카테고리 독해 비문학 > 글/문단/문장 수정

| 정답 해설 | ② 제시된 글은 지역 이기주의에 관한 글로, ㉡은 이어지는 문장의 '이러한 태도'와 연결된다. 지역 이기주의의 양상을 말하고 있는 ㉡은 주제와 직결되므로 삭제해서는 안 된다.

| 오답 해설 | ① 앞과 뒤의 문장은 서로 역접 관계이다. 따라서 순접의 접속 부사 '그리고'를 역접의 접속 부사인 '그러나'로 바꾸는 것이 적절하다.

③ '~에 다름 아니다'는 일본어 번역 투 표현이다. 따라서 순화하는 것이 적절하다.

④ 문장의 주어인 '잊지 말아야 할 사실은'과 호응하기 위해 서술어를 '~는 것이다'의 형태로 고치는 것이 적절하다.

184 ①

개념 카테고리 독해 비문학 > 글/문단/문장 수정

| 정답 해설 | 제시된 글은 천재는 예술을 창조하고 그러한 예술의 창조는 과학처럼 원리나 법칙에 의거하지 않는다는 내용의 글이다.

① 과학이 인간의 이성과 감성 사이에 분열을 가져왔다는 것은 천재가 행하는 예술의 창조와 관련 없는 내용이다.

화법 지문 문제편 P.190

185	③	186	②	187	③	188	③	189	①
190	②	191	④	192	②	193	③		

185 ③

개념 카테고리 독해 비문학 > 화법 지문

| 정답 해설 | ③ 첫째 문단에서 팬 상품의 매출 증가로 인한 시장 규모의 증가라는 긍정적인 부분을 언급하였고 그 이후에 청소년의 과소비라는 부정적인 면을 언급하였다.

| 오답 해설 | ① 다섯째 문단 마지막에서 기업이 디자인과 실용성을 갖춘 상품을 판매해야 한다고 하였지만, 충동구매 방지에 관한 이야기는 하지 않았다.

② 다섯째 문단 첫 문장에서 청소년의 바람직한 태도를 언급하였지만 본문에는 가정과 학교에서의 교육의 필요성은 따로 언급하지 않았다.

④ 본문에서는 청소년의 팬 상품 과소비의 문제점과 개선 촉구를 이야기하고 있다. 셋째 문단에서 과시적인 부분에 대한 언급이 있으나 내면에 대한 이야기는 연관성이 없다.

186 ②

개념 카테고리 독해 비문학 > 화법 지문 > 대화

| 정답 해설 | ② 'A'와 'B'의 대화에서 'A'가 상대방의 대답에서 모순점을 찾아 논리적으로 대응하는 부분은 찾기 어렵다.

| 오답 해설 | ① "그렇군요.", "네, 간편해서 좋군요." 등에서 확인할 수 있다.

③ "이 사업에 참여하려면 어떻게 해야 하나요?" 등의 질문을 통해 대화의 화제가 된 일을 홍보할 수 있는 대답을 유도하고 있다.

④ "그러니까 앞으로 이런 ~ 좀 더 필요하다는 말씀인 것 같군요."를 통해 확인할 수 있다.

187 ③

개념 카테고리 독해 비문학 > 화법 지문 > 대화

| 정답 해설 | ③ 상우는 기훈에게 공감적 듣기를 원하고 있으나 기훈이 상우의 말에 공감하지 않고 비판적 말하기를 하고 있어서 두 사람 사이에 갈등이 일어나고 있다.

188 ③

개념 카테고리 독해 비문학 > 화법 지문

| 정답 해설 | ③ 1학기와 달리 새로운 프로그램을 준비했다는 언급은 있지만, 구체적으로 지난 학기의 어떤 부분이 문제였는지는 언급되고 있지 않다.

| 오답 해설 | ① 동아리에서 시행하게 될 또래상담 주간 행사 프로그램을 안내하고 홍보하고 있는 글이다.

② 마지막 문단에서 심리학자 칼 로저스의 말을 인용하고 있다.

④ 세 가지 단계의 프로그램을 모두 상세하게 설명하고 있다.

189 ①

개념 카테고리 독해 비문학 > 화법 지문

| 정답 해설 | ① 제시된 글은 동아리 '수호천사'에서 주최하는 또래상담 주간 프로그램을 안내하며 홍보하고 있는 글이다.

| 오답 해설 | ② 동아리 '수호천사'에 입부하는 방법은 언급되고 있지 않다.

③ 해당 프로그램의 목적은 우정을 쌓는 것이 아닌 또래상담을 진행하는 것이다.
④ 동아리원들이 또래상담 교육을 수료했다는 언급이 있을 뿐, 그 이후에 또래상담 교육에 대한 것은 언급되고 있지 않다.

190 ②

개념 카테고리 독해 비문학 > 화법 지문

| 정답 해설 | ② 모집 분야에 대한 이야기는 있지만, 해당 분야별로 몇 명의 인원을 뽑는지에 대해서는 언급되고 있지 않다.

| 오답 해설 | ① 첫째 문단에서 동아리의 현재 총원이 15명이라는 것을 확인할 수 있다.
③ 둘째~넷째 문단에서 동아리의 모임 시간 및 활동 내용에 대해 언급하고 있다.
④ 다섯째 문단에서 동아리실에 방문하여 신청서를 제출하는 것으로 가입할 수 있다고 언급하고 있다.

191 ④

개념 카테고리 독해 비문학 > 화법 지문

| 정답 해설 | ④ 지난 활동에 대한 관객들의 평가가 언급되고는 있지만, 직접적으로 인용하고 있지는 않다.

| 오답 해설 | ① 여섯째 문단의 "'하늘별'은 기다립니다. 여러분의 선택을!"이라는 문장에서 문장의 순서를 바꾸어서 쓰는 도치법이 사용된 것을 확인할 수 있다.
② 넷째 문단의 "시간이 많이 걸리고 작업이 힘들어지는 것도 다반사이지만, 실제로 한 편의 영화를 완성해 본 부원들은 공동 작업이야말로 '하늘별'만의 특징이자 장점이라고 자부합니다."라는 표현을 통해 확인할 수 있다.
③ 여섯째 문단의 "대본부터 편집까지 한 편의 영화를 만듭니다. 웃음부터 눈물까지 한 줄기의 감동을 드립니다."라는 표현에서 대구법이 사용된 것을 확인할 수 있다.

192 ②

개념 카테고리 독해 비문학 > 화법 지문

| 정답 해설 | ② 주어진 글에서 결정 이양의 원리란 최종적인 판단과 결정을 청자 스스로 내리게 하는 것임을 확인할 수 있다. '좀 조용히 해 주시겠어요?'라는 표현의 경우, 화자가 전달하고자 하는 내용을 직접 표현하고 있으므로 '남겨 두기'가 실현되지 않고 있다. 즉, 결정 이양의 원리가 적용된 예로 볼 수 없는 사례이다.

| 오답 해설 | ① 이번 중간고사에서 성적이 떨어졌다는 정보를 통해 청자인 A에게 본인이 공부를 해야 함을, 그러므로 같이 밥을 먹을 수 없다고 판단하게 하고 있다.
③ '요즘' 열심히 일하냐는 질문에 대해 '요즘'이 아닌 '앞으로'의 일을 이야기하고 있다. 이를 통해 '그 사람'이 지금까지는 열심히 일하지 않았다고 판단하게 하고 있다.
④ 담배가 건강에 좋지 않음을 이야기하며 담배를 피워서는 안 된다고 판단하게 하고 있다.

193 ③

개념 카테고리 독해 비문학 > 화법 지문

| 정답 해설 | ③ 필자는 자율 동아리 허가제에 반대하고 있지만, 그 허가를 받는 과정이 비효율적이라는 점이 반대의 이유는 아니며 그에 관해 개인적인 경험을 언급한 부분도 없다.

| 오답 해설 | ① 넷째 문단에 학생 30명을 대상으로 한 설문 조사 결과에 대한 언급이 있다.
② 첫째 문단을 보면 지난 호 신문의 기사 이후로 학생들의 다양한 의견이 제기되고 있다는 사실이 소개되어 있고, 학교 측이 허가제를 실시하려는 이유에 문제가 있다는 것을 밝히는 게 집필 목적임을 분명히 제시하고 있다.
④ 둘째 문단에 현재의 동아리 운영비 심사 제도를 유지한다면 굳이 예산 문제 때문에 허가제를 실시할 필요가 없다는 의견이 담겨 있다. 이는 예산 부족 문제를 자율 동아리 허가제의 실시 이유로 제기한 주장에 근거가 부족함을 보인 것으로 볼 수 있다.

어휘 의미 파악

문제편 P.195

194	③	195	③	196	③				

194 ③

개념 카테고리 독해 비문학 > 어휘 의미 파악

| 정답 해설 | ③ ㉢ '창출'의 사전적 의미는 '전에 없던 것을 처음으로 생각하여 지어내거나 만들어 냄.'이다. 참고로 '사업 따위를 처음으로 이루어 시작함.'을 의미하는 단어는 '창업'이다.

195 ③

개념 카테고리 독해 비문학 > 어휘 의미 파악

| 정답 해설 | 맥락을 따져 보면 ㉠ '문제'는 '해결하기 어렵거나 난처한 대상, 또는 그런 일.'을 의미한다. 따라서 ③의 '문제'와 의미가 같다.

| 오답 해설 | ① '논쟁, 논의, 연구 따위의 대상이 되는 것'의 의미로 사용되었다.
② '귀찮은 일이나 말썽'의 의미로 사용되었다.
④ '해답을 요구하는 물음'의 의미로 사용되었다.

196 ③

개념 카테고리 독해 비문학 > 어휘 의미 파악

| 정답 해설 | ㉢에서 쓰인 '존재'는 '현실에 실제로 있음.'의 의미이다. 반면, ③의 '존재'는 '다른 사람의 주목을 끌 만한 두드러진 품위나 처지.'를 의미한다.

| 오답 해설 | ① '처방'은 '일정한 문제를 처리하는 방법.'을 의미한다.

② '현혹'은 '정신을 빼앗겨 해야 할 바를 잊어버림.'을 의미한다.

④ '섭렵'은 '많은 책을 널리 읽거나 여기저기 찾아다니며 경험함.'을 의미한다.

논리형 문제

문제편 P.197

197	②	198	③	199	②	200	①	201	④
202	⑤	203	①	204	③	205	③	206	③
207	③	208	②	209	④	210	④	211	④
212	①	213	②	214	④	215	③	216	②
217	③	218	②	219	③	220	③	221	①
222	④	223	①	224	③	225	①	226	④
227	④	228	③	229	④	230	④	231	④
232	③	233	⑤	234	②	235	④	236	①
237	②	238	①	239	②	240	①	241	③
242	④	243	①						

197 ②

개념 카테고리 독해 비문학 > 논리형 문제

| 정답 해설 | ⓐ: 달과 지구, 공전에 대해 이야기하는 것은 〈보기〉 중에서 ㄱ과 ㄴ이다. ㄴ의 경우 '달이 지구를 따라다니지 못한다'는 것을 조건으로 언급하고 있다. 그런데 (나)에서는 '달이 지구를 항상 따라다닌다'고 언급하고 있다. ㄴ의 조건을 만족하지 않으므로, ㄴ은 아무런 정보를 제공하지 못하는 셈이다. ㄱ이 적절하다.

ⓑ: 빛 번짐 현상이 존재하는 상황에서, 관찰을 신뢰할 수 있는 가장 확실한 상황은 낮에 육안으로 관찰하는 것이다. 이는 정확한 일종의 답지이므로, 밤의 망원경 관찰 결과가 이와 같다면 밤의 망원경 관찰 자료 역시도 정확함을 보일 수 있다. ㅁ이 적절하다.

추가로, 제시된 글의 넷째 문단에서 "갈릴레오는 밤에 금성을 관찰할 때"라고 말하고 있으므로, ㄷ의 '낮에 망원경을 통해' 보는 상황은 본 논증에서는 적절하지 못하다.

198 ③

개념 카테고리 독해 비문학 > 논리형 문제

| 정답 해설 | 선정 방침 두 가지를 정리하면 다음과 같다.

1. 지원을 받고 있는 단체는 최종 후보가 될 수 없다.
2. 올림픽 관련 단체가 드라마, 영화, K-pop 관련 단체보다 우선된다.

제시된 글에서 주어진 정보들을 순서대로 정리하면 다음과 같다.

A 단체는 자유무역협정을 체결한 국가와 연관이 있으며, 드라마 컨텐츠 관련 단체이다. B는 올림픽 개막식, C는 폐막식 행사 주관 단체이다. E는 한국 음식문화 관련 단체이다.

A와 C가 최종 후보가 되지 못하면 대신 B 혹은 E가 최종 후보가 된다.

D는 게임 개발 관련 업체이며, D가 최종 후보가 되면 자유무역협정을 체결한 국가와 교역을 하는 단체는 최종 후보가 될 수 없다. 이에 해당하는 단체는 A이다.

후보자들 중 가장 적은 부가가치를 창출한 단체는 최종 후보가 될 수 없는데, 제시된 글의 마지막 부분에서 한국 음식문화 관련 단체가 이에 해당함을 알 수 있다. E 단체는 최종 후보가 될 수 없다. 또한 올림픽 개막 행사를 주관하는 B 단체 역시, 이미 지원을 받고 있으므로 최종 후보가 될 수 없다.

B와 E가 모두 최종 후보가 될 수 없으므로 A와 C가 최종 후보가 된다. A가 후보가 되었으므로 D는 최종 후보가 될 수 없다. 결국 A와 C만이 최종 후보인데, 이 둘 중에서는 올림픽 관련 단체인 C가 우선이 되므로 최종 선정되는 단체는 C이다.

199 ②

개념 카테고리 독해 비문학 > 논리형 문제

| 정답 해설 | ㄴ: (나)는 기술의 발전이 격차를 만들어 내기는 하지만, 그보다는 기술의 발전으로 인한 '모든 사람의 풍요'에 초점을 두자고 주장한다. ㄴ의 '모든 사람들의 소득과 기타 행복의 수준을 개선'이라는 표현은 이와 부합한다. (나)의 논지를 강화하고 있으므로 적절한 평가이다.

| 오답 해설 | ㄱ: (가)의 마지막 문장에서 '기술의 발전은 경제적 풍요와 격차를 모두 가져온다'는 논지를 확인할 수 있다. ㄱ의 상황은 이와 관련이 없다. 노동자의 숙련도나, '노동자보다 자본가' 등의 요소는 (가)의 논지를 약화하지도, 강화하지도 않는다. 적절하지 않은 평가이다.

ㄷ: (다)는 기술의 발전에 따른 풍요보다 격차에 초점을 맞추자고 주장한다. 그 근거로 가계 소득의 증가율보다 비용의 증가율이 더 크다는 것을 이야기하고 있다. ㄷ의 '풍요가 격차를 보상할 만큼은 아니라는 것'이라는 표현은 이와 부합한다. (다)의 논지를 강화하고 있으므로 적절하지 않은 평가이다.

200 ①

개념 카테고리 독해 비문학 > 논리형 문제

| 정답 해설 | 제시된 글은 사람이 물체를 볼 때, 그 거리를 어떻게 인식하는지에 대한 글이다. 멀리 있는 물체의 경우 그동안 보아왔던 물체와 그 주변에 대한 경험과 추론으로, 손에 닿을 정도로 가까울 때에는 두 눈과 물체가 이루는 각도로 인식한다고 이야기한다.

ㄱ: 100미터는 손에 닿을 정도의 거리가 아니다. 경험과 추론으로 거리를 인식해야 하는데, 한 번도 본 적이 없는 대상만 보이면 경험과 추론을 사용할 수 없다. 그러므로 민수가 거리를 판단하지 못하는 상황은 제시된 글의 주장을 강화하는 것이다.

| 오답 해설 | ㄴ: 멀리서 반짝이는 불빛이라 했으므로 경험과 추론으로 거리를 인식해야 한다. 그러나 주변이 아무것도 보이지 않고 불빛만 보일 경우 비교할 대상이 없으므로 거리를 추론하여 인식할 수도 없다. ㄴ은 제시된 글의 주장을 약화하고 있다.

ㄷ: 30센티미터는 손에 닿을 정도에 해당한다. 이 경우에는 두 눈과 물체의 각도로 거리를 인식해야 하는데, 영호는 한쪽 눈이 실명이다. 이런 상황에서 거리를 옳게 판단한다면 이는 제시된 글의 주장을 약화하는 것이다.

201 ④

개념 카테고리 독해 비문학 > 논리형 문제

| 정답 해설 | 제시된 글의 정보들을 정리하면 다음과 같다.

1. 사무관들은 둘 혹은 셋으로 구성된 팀으로 구성된다.
2. 네 팀으로 구성되며, 각각 한 지역씩 네 지역으로 출장을 간다. 출장 날짜는 겹치지 않는다.
3. 모든 사무관은 최소한 한 번은 출장에 가야 한다.
4. 총괄 사무관 한 명은 네 지역에 모두 가야 한다.
5. 한 지역의 출장에만 참가하는 것은 신임 사무관뿐이다. 신임 사무관은 한 명이다.
6. 을은 갑과 단둘이 가는 출장만 간다.
7. 병과 정이 함께 가는 경우는 단 한 번 밖에 없다.
8. 네 지역 중 두 지역만이 광역시다.
9. 두 명의 사무관만이 두 광역시 모두에 출장을 간다.

확실하게 정보를 제공하는 6부터 검증을 시작하면, 5에 의해 을은 신임 사무관임을 알 수 있다. 을은 갑과 함께 구성된 팀에만 존재한다. 을을 제외한 나머지 인원들은 최소 두 곳에 가야 한다. 7에 의해 병과 정은 최소한 한 번 같이 출장을 간다. 이를 표로 나타내면 다음과 같다.

1	2	3	4
갑, 을 (확정)	병, 정 + ?	병 + ?	정 + ?

제시된 글의 정보로는 이 이상으로 경우를 확정할 수가 없다. 이 상황에서 각 선택지들을 검증해야 한다.

④ 정이 총 세 곳에 출장을 가기 위해서는 3번 팀에 속해야 한다. 1번 팀은 이미 갑, 을로 확정이기 때문이다. 그러나 이 경우, 위에서 정리한 '7. 병과 정이 함께 가는 경우는 단 한 번밖에 없다.'와 모순된다. 반드시 거짓이다.

| 오답 해설 | ① 갑이 나머지 팀에 모두 속할 수도 있지만, 그렇지 않아도 모순되지 않는다. 따라서 '정이 총 세 곳에 출장을 간다.'는 반드시 거짓이라고 볼 수 없다.

② 신임 사무관이 광역시에 갈 수 없다는 조건도 없으며, 갑이 나머지 팀에 모두 속할 수도 있으므로 제시된 글의 조건과 모순되지 않는다. 반드시 거짓이라고 볼 수 없다.

③, ⑤ 2번 팀이 병, 정, 갑으로, 3번 팀이 병, 갑, 무로, 4번 팀이 갑, 정, 무로 이루어지면 선택지를 만족시키면서 동시에 제시된 글의 조건들과도 모순되지 않는다. 반드시 거짓이라고 볼 수 없다.

202 ⑤

개념 카테고리 독해 비문학 > 논리형 문제

| 정답 해설 | 주어진 정보들을 정리하면 다음과 같다.

1. 지름, 모양, 재질이 같은 원형 판이 진동할 때 발생하는 진동수는 두께에 비례한다.
2. 모양, 두께, 재질이 같은 원형 판이 진동할 때 발생하는 진동수는 판 지름의 제곱에 반비례한다.
3. 진동수가 두 배가 될 때 한 옥타브 높은 음이 난다.

입증 과정을 정리하면 다음과 같다.

(A 두께)=(B 두께)

(C 두께)=2×(A 두께)

(A 지름)=(C 지름)

(B 지름)=1/2×(A 지름)

㉠: B는 A와 두께가 같고, 지름은 절반이다. 2에 의해 B의 진동수가 A의 네 배임을 알 수 있다. 3에 의해 두 옥타브 높은 음이 날 것이다.

㉡: C는 A보다 두 배 두껍고, 지름은 같다. 1에 의해 C의 진동수가 A의 두 배임을 알 수 있다. 3에 의해 한 옥타브 높은 음이 날 것이다.

203 ①

개념 카테고리 독해 비문학 > 논리형 문제

| 정답 해설 | ① 제시된 글의 논지는 '참인 믿음이 기초 선호의 대상이다'이며, 마지막 문단에서 확인할 수 있다. 그러므로 사람들은 행복 기계에 들어가지 않을 것이다. 사람들이 행복 기계에 들어가는 편을 택하는 것이 논지 강화로 이어진다는 진술은 적절하지 않다.

| 오답 해설 | ② 행복 기계는 논지를 전개하기 위한 가정에 불과하다. 행복 기계의 실존 여부는 논지 강화, 약화와 관련이 없다.

③ 치료를 위해 신체의 고통을 견디는 것은 이 글의 논지와 관련이 없으며, 논지 강화, 약화와도 관련이 없다.

④ 사람들이 참인 믿음을 기초 선호의 대상으로 한다는 글쓴이의

논지는 참인 믿음과 거짓인 믿음의 실용적 손익이 동등하다는 전제하에서 이루어지는 것이다. 행복 기계에 들어가지 않는 이유가 참인 믿음에 대한 선호가 아니라, 실용적 이익 때문이었다면 글쓴이의 논지는 약화된다.

⑤ 실용적 이익이 없음에도 거짓이 아닌 참을 믿는 것은 참인 믿음에 대한 사람들의 기초적 선호의 근거라고 볼 수 있다. 논지가 강화된다.

204 ③

개념 카테고리 독해 비문학 > 논리형 문제

| 정답 해설 | ③ ㉤은 행동주의에서 말하는 마음의 정의라고 볼 수 있다. 즉, ㉡과 ㉥이 모두 참이면 행동주의가 옳다는 것을 보여야 한다. 행동주의가 옳다는 이야기를 하고 있는 ㉥을 보면, '행동주의가 옳다'를 전건, '인간이 철학적 좀비와 동일하다'를 후건으로 하는 조건문임을 알 수 있다. ㉥이 참이라는 것은 이 조건문이 참이라는 의미인데, 조건문이 참일 경우 전건은 참일 수도, 부정일 수도 있다. 즉, 행동주의가 반드시 옳다고 말할 수 없으므로 ③이 적절하지 않은 진술임을 알 수 있다.

| 오답 해설 | ① ㉠은 '고통을 의식하는 것'에 대해서, ㉡은 '행동'에 대해서 이야기하고 있다. 의식과 행동에 대한 별도의 언급이 없으므로 둘 다 참일 수 있다.

② ㉣, ㉠, ㉢ 순으로 생각해 보면 적절함을 보일 수 있다.

㉣: 인간이 철학적 좀비와 동일한 존재라면 인간도 고통을 느끼지 못하는 존재여야 한다.

㉠: 하지만 인간은 고통을 느낀다.

㉢: 그러므로 인간과 철학적 좀비는 동일한 존재가 아니다.

④ ㉢, ㉥, ㉦ 순으로 생각해 보면 적절함을 보일 수 있다.

㉢: 인간과 철학적 좀비는 동일한 존재가 아니다.

㉥: 그런데 행동주의가 옳다면, 인간과 철학적 좀비가 동일한 존재여야 한다.

㉦: 그러므로 행동주의는 옳지 않다.

⑤ ㉤은 행동주의에서 말하는 마음의 정의라고 볼 수 있다. ㉤이 거짓이라는 것은 행동주의는 옳지 않다는 것이고, 이는 ㉦이 참이라는 의미이다. 반대의 경우로 ㉦이 거짓이라고 한다면 행동주의가 옳은 것이므로 ㉤은 참이 된다. 이 둘은 동시에 거짓일 수 없다.

205 ③

개념 카테고리 독해 비문학 > 논리형 문제

| 정답 해설 | 제시된 글의 내용을 통해 머신러닝의 종류들을 정리할 수 있다. 머신러닝은 지도학습과 비지도학습으로 나눌 수 있다. 이는 배타적이며 모든 유형이 이 둘 중 하나에 속하므로 모든 머신러닝은 지도학습이거나 비지도학습 중에 하나임을 알 수 있다.

샤펠식 과정은 모두 지도학습에 속한다. 강화학습 방식은 모두 비지도학습에 속한다. 샤펠식 과정은 모두 의사결정트리 방식을 따른다. 강화학습 방식 중에서는 의사결정트리 방식을 적용한 사례도 있고, 그렇지 않은 사례도 있다.

이를 도식화하면 다음과 같다.

<table>
<tr><th colspan="5">머신러닝</th></tr>
<tr><th colspan="2">지도학습</th><th colspan="3">비지도학습</th></tr>
<tr><td>샤펠식</td><td>강화학습×
샤펠식×</td><td colspan="2">강화학습</td><td>강화학습×
샤펠식×</td></tr>
<tr><td>의사결정</td><td>?</td><td>의사
결정</td><td>의사
결정×</td><td>?</td></tr>
</table>

회색 음영으로 칠한 부분은 존재하지 않을 수도 있는 부분이다.

ㄱ: 비지도학습 방식이면서 의사결정트리 방식을 적용한 사례가 있다. 거짓임을 알 수 있다.

ㄴ: 비지도학습은 항상 샤펠식 과정을 적용하지 않는다. 그러나 비지도학습 유형 중에서도 의사결정트리방식을 적용한 경우가 있다. 참임을 알 수 있다.

| 오답 해설 | ㄷ: 강화학습 방식 중 의사결정트리 방식이 적용되지 않은 경우는 있을 수도 있고, 없을 수도 있다. 제시된 글의 정보만으로는 참, 거짓을 확정할 수 없다.

206 ③

개념 카테고리 독해 비문학 > 논리형 문제

| 정답 해설 | 제시된 정보들 중 비교적 이어지는 정보를 주는 조건 2와 조건 4부터 검증을 시작한다. 조건 4에서 C가 선정되지 않으면 B도 선정되지 않으며, B가 선정되면 C도 선정된다는 것을 알 수 있다. 조건 2와 모순이 발생한다. 즉 B는 선정될 수 없다.

조건 1을 통해, B가 선정되지 않으면 A도 선정될 수 없음을 알 수 있다.

조건 4를 통해, B가 선정되지 않았으므로 D는 선정되어야 함을 알 수 있다.

이를 표로 정리하면 다음과 같다.

A	B	C	D
×	×	(알 수 없음)	○

ㄱ: A, B 둘 다 선정되지 않는다. 참이다.

ㄷ: B가 선정되지 않았으므로 D는 선정되어야 한다. 참이다.

| 오답 해설 | ㄴ: C의 선정 여부에 대해서는 알 수 없으므로 참이라고 말할 수 없다.

207 ③

개념 카테고리 독해 비문학 > 논리형 문제

| 정답 해설 | 첫째 문단에서는 귀납주의와 과학적 이론에 대한 설명이, 둘째 문단에서는 귀납주의에 대한 논증이 이뤄지고 있다. 논증에서 보이고자 하는 바는 다음과 같다.

1. 과학의 역사가 바람직한 방향으로 발전하지 않았다.
2. 귀납주의는 실제로 행해진 과학적 탐구 방법의 특징을 드러내는 데 실패했다.

만약 1이라면 귀납주의에서는 수많은 과학적 지식을 정당화되지 않은 것으로 간주해야 한다.
만약 2라면 귀납주의는 과학적 탐구 방법에 대한 잘못된 이론이다.
둘째 문단 후반부의 "우리는 과학의 역사가 바람직한 방향으로 ~ 실패했다고 보아야 한다."라는 표현은 사실상 위의 1, 2와 동일한 의미이다. 그러므로 그 이유 역시 둘째 문단 첫 문장에서 언급한 귀납이 과학에 과학의 역사에서 사용된 경우가 드물기 때문임을 알 수 있다. ⓐ에 적합한 것은 ㄱ이다.
1이 아니면 2이므로, 둘 중 하나가 거짓이라는 것을 보이면 남은 하나는 자동적으로 참이 된다. 〈보기〉에서 이러한 내용을 담은 것은 '2가 아니라면 1이다'의 의미를 진술하고 있는 ㅁ이다. ⓑ에 적합한 것은 ㅁ이다.

208 ②

개념 카테고리 독해 비문학 > 논리형 문제

| 정답 해설 | 제시된 글의 논지는 글 마지막의 "우리는 인간 본성을 구성하는 어떠한 특성에 대해서도 그것을 인위적으로 개선하려는 시도에 반대해야 한다."라는 표현에서 확인할 수 있다. 그 이유로는 본성에 대한 선별적 개선이 결국 복잡한 전체를 무너뜨릴 위험성이 있음을 언급하고 있다.

ㄷ: 주어진 논지의 이유와 반대되는 내용이다. 제시된 글에서는 하부 체계에 해당하는 영역들을 개선하려는 시도가 오히려 결과적으로는 더 나쁜 전체를 만들어낼 수 있다고 주장한다. ㄷ의 내용은 주어진 논증을 약화한다.

| 오답 해설 | ㄱ: 제시된 글에서 인간 본성, 도덕적 지위, 존엄성 사이의 관계에 대한 언급이 특별히 없으며, 이는 논지와도 상관이 없다. 논증을 강화하지도, 약화하지도 않는다.

ㄴ: 제시된 글의 논지와 크게 상관이 없다. 논증을 강화하지도, 약화하지도 않는다. (ㄱ, ㄴ, ㄷ 순으로 검증한다면, 선지의 구성에 의해 이 시점에서 ㄷ만이 적절한 보기임을 알 수 있다.)

209 ④

개념 카테고리 독해 비문학 > 논리형 문제

| 정답 해설 | 제시된 글의 정보들을 정리하면 다음과 같다.

1. 폭탄 적재량이 많거나 공대공 전투능력이 높으면 정비시간이 길.
2. 비행시간이 길면 공대공 전투능력이 낮음.
3. 네 가지 고려사항 중에서 최소한 두 가지 이상 통과
4. 정비시간이 짧아야 한다는 것은 필수적인 조건
5. A사는 비행시간이 길고 폭탄 적재량이 많은 기종을 제안함

이 중 1번을 제외한 나머지 조건들이 비교적 간단하므로 우선적으로 검증하는 것이 효율적이다.

ㄴ: 공군의 필수 조건인 짧은 정비시간을 만족한다는 것은 폭탄 적재량과 공대공 전투능력을 포기하는 것과 동일하다. 동시에 3을 만족하기 위해선 나머지 사항인 비행시간이 길어야만 한다. 반드시 참이다.

ㄷ: 2의 대우에 해당하는 내용이다. 반드시 참이다.

| 오답 해설 | ㄱ: 2와 5는 서로 모순된다. 그러므로 A사의 제안은 공군이 수락하지 않을 것이며, 언론의 예측은 틀렸을 것이다. 참이 될 수 없다.

210 ④

개념 카테고리 독해 비문학 > 논리형 문제

| 정답 해설 | 제시된 정보들을 벤다이어그램의 형태로 나타내면 비교적 쉽게 정리할 수 있다.

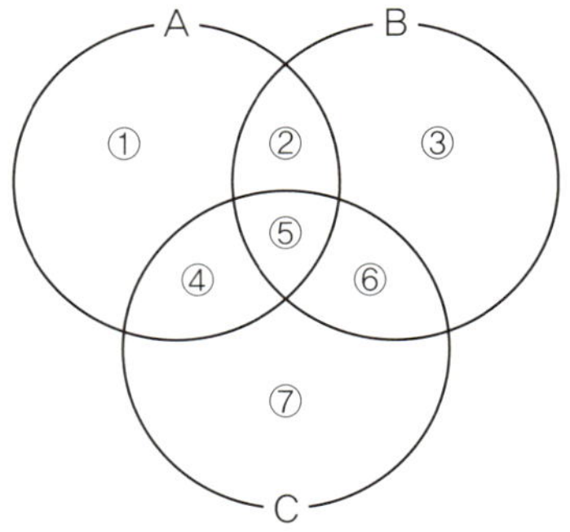

A와 B를 둘 다 선호한 사람은 없었다는 서희의 말을 통해 ②와 ⑤는 존재하지 않음을 알 수 있다.
이어지는 영민이의 말을 통해 ⑦은 존재하지 않으며, ④나 ⑥이 존재함을 알 수 있다. 다만, 꼭 둘 다 존재해야 하는 것은 아니다.
이어지는 서희의 말을 통해 ③이나 ⑥이 존재함을 알 수 있다. 다만, 꼭 둘 다 존재해야 하는 것은 아니다.
이상의 정보를 적용하면 다음과 같다.

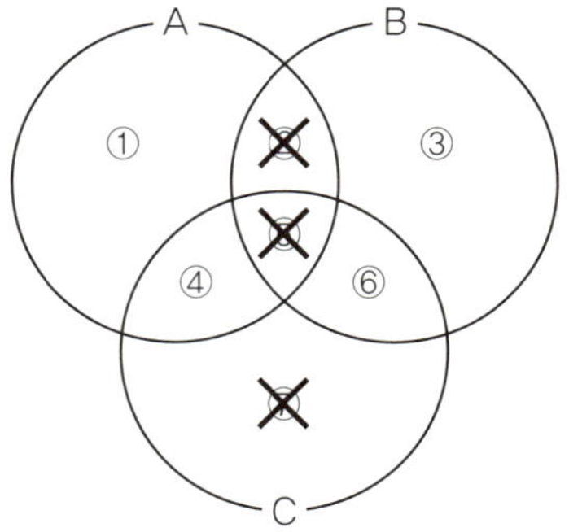

영민이가 마지막으로 말한 결론에 따르면 ③이 존재해야만 한다. ③이 반드시 존재하기 위해서는 종범이가 ③의 존재를 직접적으로 언급하거나, ⑥이 존재하지 않음을 언급해야 한다. 해당 선택지(④)에서 ⑥이 존재하지 않는다는 것을 알려 주고 있다.

211 ④

개념 카테고리 독해 비문학 > 논리형 문제

| 정답 해설 | ㉠: 제시된 글의 (3)을 부정하면 (4)가 된다. 도덕과 무관한 주장을 부정하며 증명을 전개하고 있으므로 일반 원칙 B와 관련되었음을 알 수 있다. ㉠에 들어갈 원칙은 B이다.

㉡: 도덕과 무관한 주장인 (4)로부터 도출된 (5) 역시 도덕과 무관한 주장임을 보이며 증명을 전개하고 있으므로 일반 원칙 C와 관련되었음을 알 수 있다. ㉡에 들어갈 원칙은 C이다(선지의 구성으로 인해, ㉢에 대한 추론을 하지 않더라도 이 지점에서 답이 ④임을 알 수 있다).

㉢: (1)이 도덕적 주장이고, 이에 대한 부정인 (5) 역시 도덕적 주장이어야 함을 이야기하고 있다. 일반 원칙 A와 관련되어 있다. ㉢에 들어갈 원칙은 A이다.

212 ①

개념 카테고리 독해 비문학 > 논리형 문제

| 정답 해설 | 갑의 잘못된 정보를 들은 을의 첫 번째 판단 과정을 정리하면 다음과 같다.

1. 신입직원 중 일부가 봉사활동에 지원했다.
2. 그리고 하계연수 참여자 중 (　　)
3. 그러므로 하계연수 불참자 중 일부는 신입직원이다.

신입직원 중 일부는 봉사활동에 지원했고, 일부는 지원하지 않았다. 3과 같은 결론이 나오기 위해서는 봉사활동에 지원했던 사람들(신입직원 포함)이 모두 하계연수에 불참하거나, 봉사활동에 지원했던 사람들만(신입직원 포함)이 하계연수에 참여해야 한다. 선지의 내용을 고려하면, ㉠이 봉사활동에 지원했던 사람들이 모두 하계연수에 불참했다는 내용임을 알 수 있다. 선지 ①, ②에서 해당 내용을 확인할 수 있다.

이후 갑이 봉사활동에 지원한 사람은 모두 하계연수에도 참여했다고 오류를 수정한다. 이를 통해 신입직원 중 봉사활동에 지원한 일부는 하계연수에도 참여했다는 결론을 내릴 수 있다. 선지 ①에서 해당 내용을 확인할 수 있다.

213 ②

개념 카테고리 독해 비문학 > 논리형 문제

| 정답 해설 | 가장 간단한 형태로 주어진 조건 3부터 검증한다. E가 참석하지 않으므로, 조건 4에서 C와 E 두 사람이 참석한다는 상황 역시 나올 수가 없음을 알 수 있다. F와 G는 모두 불참한다.

F와 G가 모두 불참하므로 조건 5에서 H의 참석이 불가능해지는 경우가 없어짐을 알 수 있다. H는 참석한다.

또한 F가 참석하지 않으므로, 조건 2의 C와 D가 모두 참석하는 상황은 없어야 한다. 둘 중에 최대 한 명만 참석할 수 있다.

마지막으로 조건 1에서 E가 참석하지 않으므로 A, B, C 세 명이 모두 참석하면 D가 함께 나와야 하는데, 이는 조건 2에 모순된다. 즉 A, B, C가 모두 참석할 수는 없다. C, D 중에서는 D만 나올 수 있다. C가 나오지 않으므로 A, B가 참석하는 것에는 문제가 없다.

이를 표로 정리하면 다음과 같다. (조건 3 → 조건 4 → 조건 5 → 조건 2 → 조건 1의 순서로 검증한 표이다.)

A	B	C	D	E	F	G	H
○ (조건 1)	○ (조건 1)	× (조건 1, 2)	○ (조건 1, 2)	× (조건 3)	× (조건 4)	× (조건 4)	○ (조건 5)

따라서 최대로 참석 가능한 인원은 4명이다.

214 ④

개념 카테고리 독해 비문학 > 논리형 문제

| 정답 해설 | 조건 1과 2는 서로 모순되지 않는다.

조건 3에 의해 C가 스키를 관람하면 남은 산악 종목은 봅슬레이뿐이다. 즉, A와 B 둘 중 하나는 무조건 봅슬레이를 관람해야 조건 2를 충족할 수 있다.

조건 4에서 D가 봅슬레이를 관람하게 되면, A와 B가 둘 다 해안 종목을 보게 된다. 조건 2에 모순된다. 즉, D는 봅슬레이를 관람하지 않고, B 역시도 쇼트트랙을 관람하지 않는다.

조건 5에서 A가 봅슬레이를 관람하게 되면 B는 자연스럽게 해안 종목을 관람해야 한다. 조건 2에 모순되지 않는다.

조건 5의 대우를 생각해보면, A가 봅슬레이를 관람하지 않게 되는데, 이럴 경우에는 B가 봅슬레이를 관람하게 된다. E는 쇼트트랙도 아이스하키도 관람하지 않으므로 컬링을 관람하게 된다. A와 D는 쇼트트랙과 아이스하키를 나눠서 관람하게 된다.

이를 표로 정리하면 다음과 같다.

A	B	C	D	E
봅슬레이	아이스하키/ 컬링	스키	아이스하키/ 컬링/ 쇼트트랙	쇼트트랙/ 아이스하키
쇼트트랙/ 아이스하키	봅슬레이	스키	쇼트트랙/ 아이스하키	컬링

ㄴ: 조건 4의 내용에서 알 수 있다. B는 쇼트트랙을 관람하지 않는다. 참이다.

ㄷ: 만약 E가 아이스하키를 관람하면 B는 컬링으로 결정된다. 그렇지 않고 E가 쇼트트랙을 관람하면 B는 아이스하키나 컬링을 관람하게 된다. 참이다.

| 오답 해설 | ㄱ: A가 봅슬레이를 관람하고, D가 아이스하키가 아닌 컬링이나 쇼트트랙을 관람해도 모순되지 않는다. 반드시 참이라고 볼 수 없다.

215 ③

개념 카테고리 **독해 비문학 > 논리형 문제**

| 정답 해설 | ③ 조건 5에 의해 서구에 거주하는 주민은 모두 아파트에 산다. 병이 아파트에 살지 않는다는 것은 서구가 아닌 동구에 산다는 의미이다. 동시에 그가 경제특화구역에 거주한다면 그는 동구의 경제특화구역에 거주하는 것이다. 조건 4에 의해 병이 반드시 부유함을 알 수 있다.

| 오답 해설 | ① 유물이 발견된 지역이라는 조건만으로는 부유함을 판단할 수 없다. 유물과 관련된 조건은 조건 3, 부유함과 관련된 조건은 조건 4이다.

② 동구의 경제특화지역의 모두가 부유한 것은 맞지만, 이것이 부유한 사람이 모두 경제특화지역에 거주한다는 조건이 되지는 못한다.

④ 조건 5에 의해 서구에 거주하는 주민은 모두 아파트에 산다. 정이 아파트에 살지 않는다는 것은 서구가 아닌 동구에 산다는 의미이다. 정이 반드시 유물이 발견되지 않은 지역에 거주하기 위해서는 동구에 문화특화지역이 존재해서는 안 된다. 그러나 이를 확인할 수 있는 조건이 없다.

⑤ 조건 5에 의해 서구에 거주하는 주민은 모두 아파트에 산다. 무가 아파트에 살지 않으려면 서구가 아닌 동구에 살아야 한다. 그러나 무가 서구의 문화특화지역에 거주한다면, 아파트에 살 수도 있다. 반드시 참이라고 볼 수 없다.

216 ②

개념 카테고리 **독해 비문학 > 논리형 문제**

| 정답 해설 | ㄴ: 을은 법이 공정한 것인지를 대전제로 하며 중요하게 여기고 있다. 그러나 이 공정성을 판단할 수 없다면 을의 주장은 약화될 것이다.

| 오답 해설 | ㄱ: 갑의 주장에서 "시민은 그것(법)을 준해야 한다."라고 이야기하고 있다. 예외적인 경우 없이 지켜야 한다는 갑의 주장과 ㄱ의 상황은 어울리지 않는다. 갑의 주장을 강화하지 않는다.

ㄷ: 병의 주장 마지막 부분에서 "법의 선별적 준수는 전체 법체계의 유지에 큰 혼란"이라고 표현하고 있다. 법의 선별적 준수는 시민이 여러 법 중 일부만 선별하여 준수하는 것이지, 법이 일부를 선별하여 차별하는 것과는 별개의 이야기다. 병의 주장의 강화, 약화와는 상관이 없다.

217 ③

개념 카테고리 **독해 비문학 > 논리형 문제**

| 정답 해설 | ㄱ: 가설 1은 '다음 번 행동에 영향을 준다'는 점, 취해진 조치가 영향을 준다는 가설이 대립가설이라는 점에서 대립가설이라고 볼 수 있다. 가설 2는 '다음 번 행동에 영향을 주지 않는다'는 점, 취해진 조치가 아무런 영향을 주지 않는다는 가설이 영가설이라는 점에서 영가설이라고 볼 수 있다. 적절하다.

ㄴ: 쥐에게 취했던 조치로 인해 대부분의 쥐들이 이전에 가지 않았던 방향으로 가는, 즉 영향을 받은 모습을 확인할 수 있다. 이는 대립가설을 강화하는 실험 결과라고 볼 수 있다. 적절하다.

| 오답 해설 | ㄷ: 실험에 있어서 중요한 점은 '한 쪽 방향으로 강제했다'는 것과 '다음 번에는 이전에 가지 않았던 방향으로 갔다'는 결과이다. 어느 방향으로 갔다는 내용은 언급되지 않는다. 그러므로 ㄷ의 내용과 같은 사실이 밝혀지더라도 영가설은 강화되거나 약화되지 않는다. 대립가설 역시도 강화되거나 약화되지 않는다. 적절하지 않다.

218 ②

개념 카테고리 **독해 비문학 > 논리형 문제**

| 정답 해설 | 제시된 글은 사람의 식역 이하의 짧은 시각적 자극이더라도 사람에게 영향을 준다는 내용과, 이를 검증하는 실험, 그리고 그 영향의 내용에 대해 이야기하고 있는 글이다. 마지막 문단에서는 식역 이하의 반복 점화가 단순히 시각적인 외양 수준에서 영향을 주는 게 아니라, 언어적, 문화적 관습 수준에서 영향을 주는 것으로 보인다는 가설을 제시하고 있다.

ㄷ: 다섯과 five의 관계는 주어진 글 속 소문자 radio와 대문자 RADIO의 관계와 유사하다. 그리고 점화 효과가 나타났으므로 ㄷ은 ㉠을 강화한다고 볼 수 있다.

ㄱ, ㄴ, ㄷ 순으로 검증할 때에는 선지의 구성으로 인해 ㄷ의 강화, 약화 여부를 검증하지 않아도 답이 ②인 것을 알 수 있다.

| 오답 해설 | ㄱ: 식역 이하로 반복된 단어는 인지되지 못한다. 이는 제시된 글 속 실험에서도 긍정하고 있는 부분이다. 그러나 이는 식역 이하의 반복 점화와는 관련이 없으며, ㉠의 강화, 약화와도 관련이 없다.

ㄴ: 샛별과 금성의 관계는 제시된 글 속 소문자 radio와 대문자 RADIO의 관계와 유사하다. 이 둘이 사실상 동일하다는 것을 아는 사람이라면 점화 효과가 나타났어야 ㉠의 강화라고 볼 수 있다. 그러지 않았으므로 ㄴ은 ㉠을 약화하는 상황이다.

219 ③

개념 카테고리 **독해 비문학 > 논리형 문제**

| 정답 해설 | ③ 정순은 매일 커피를 마시는 흡연자이다. 만약 정순이 치석을 매년 없애지 않을 경우, 정순의 이가 노랄 확률은 90% 이상이다.

| 오답 해설 | ① 이가 노랄 확률이 80% 이상인 경우는 치석을 매년 없애지 않는 흡연자이다. 갑돌은 흡연자이나 치석을 없애는지는 제시된 글을 통해 알 수 없기 때문에, 갑돌의 이가 노랄 확률이 80% 이상이라고 단정할 수 없다.

② 을순은 매년 치석을 없앤다. 치석을 매년 없애는 사람의 경우, 이가 노랄 확률은 20% 미만이다.

④ 병돌은 매년 치석을 없앤다. 치석을 매년 없애는 사람의 경우 이가 노랄 확률은 20% 미만이다.

220 ③

개념 카테고리 독해 비문학 > 논리형 문제

| 정답 해설 | 'A가 찬성한다면 B와 C도 찬성한다.'의 대우는 'B나 C가 찬성하지 않는다면 A도 찬성하지 않는다.'이다.

A → (B and C), (∼B or ∼C) → ∼A

따라서 조건 2에서 C는 찬성하지 않는다고 하였으므로 A도 찬성하지 않을 것이다.

조건 3에서 D가 찬성한다면 A와 E는 찬성한다고 하였는데 위의 해석에 따르면 A는 찬성하지 않을 것이다. 따라서 D가 찬성할 경우 E만 찬성할 것을 알 수 있다. D → E

ㄱ: A와 C는 찬성하지 않을 것이므로, 남은 B, D, E가 모두 찬성해야 안건이 승인된다. 따라서 B가 찬성하지 않을 경우 안건은 승인되지 않는다.

ㄷ: 'D가 찬성한다면 A와 E는 찬성한다'의 대우는 'E가 찬성하지 않는다면 D도 찬성하지 않는다'이다. ∼E → ∼D

| 오답 해설 | ㄴ: B, D, E 전원이 찬성해야 안건이 승인된다. D가 찬성하면 E가 찬성할 것이다. 그러나 E가 찬성한다고 D가 찬성하는 것은 아니다. 따라서 B와 E가 찬성한다 하더라도 D가 찬성하지 않으면 안건은 승인되지 않는다.

221 ①

개념 카테고리 독해 비문학 > 논리형 문제

| 정답 해설 | 가인은 '병천은 보건복지부에 배치'되었다 하였고, 라연은 '병천은 행정안전부에 배치'되었다고 하였다. 둘의 주장이 모순되기 때문에 가인과 라연은 둘 중 하나가 참이고, 하나가 거짓이다.

이를 바탕으로 다음과 같은 두 가지 경우를 생각할 수 있다.

1. 가인의 말이 참일 경우
   을현은 행정안전부에 배치된다.
   나운의 말에 의거하여 갑진은 고용노동부에 배치된다.
2. 라연의 말이 참일 경우
   갑진은 고용노동부에 배치되고, 병천은 행정안전부에 배치된다.
   다은의 말에 의거하여 을현은 행정안전부에 배치되지 않는다.

ㄱ: 두 가지 경우 모두 갑진은 고용노동부에 배치된다.

| 오답 해설 | ㄴ: 위 정보만으로 을현이 행정안전부에 배치되었는지 알 수 없다.

ㄷ: 위 정보만으로 가인과 라연 중 어떤 사람의 예측이 틀렸는지는 알 수 없다.

222 ④

개념 카테고리 독해 비문학 > 논리형 문제

| 정답 해설 | 갑은 "A인 대상이 존재하지 않는다면, A이면서 B가 아닌 대상은 당연히 존재하지 않는다."라고 하였다. 즉, A인 대상이 존재한다면 당연히 그 A는 B이며 U는 참이고, A가 존재하지 않는다 하더라도 A는 B에 포함관계이기 때문에 U는 참이라고 하였다.

ㄱ: 갑∼병의 분석의 대상인 지문에 따르면 'A라는 성질을 가진 대상이 존재할 때, 그 대상들이 모두 B라는 성질을 가진다면 U는 참'이다. 만일 A가 존재하는데 B가 없다면 U는 거짓이라는 것은 갑, 을, 병 모두 동의할 것이다.

ㄴ: 을은 'A인 대상이 존재하지 않는다면' U가 거짓이라고 하였다. 이 역은 A가 존재한다면 U는 참임을 인정하는 것이다. 병은 'A인 대상이 존재해야 한다는 것은 U를 참이나 거짓으로 판단하기 위해 먼저 성립해야 할 조건'이라 하였다. 즉, A인 대상이 존재할 경우 U는 참이라는 것이다. 따라서 을과 병 모두 U가 참이라면 A가 존재한다는 것에 대해서는 동의할 것이다.

ㄷ: 갑은 U에 대해 'A이면서 B가 아닌 대상은 하나도 없다.'고 분석하였다. 이것이 거짓이라면 'A이면서 B가 아닌 대상은 있다.'이다. 이 문장 자체는 A가 존재한다는 것을 함의하고 있다. 병은 'A인 대상이 존재해야 한다는 것은 U를 참이나 거짓으로 판단하기 위해 먼저 성립해야 할 조건'으로 보았다. 즉, U가 거짓이라고 판단한 것은 A가 존재한다는 것을 의미한다.

223 ①

개념 카테고리 독해 비문학 > 논리형 문제

| 정답 해설 | ㉠의 내용은 통상 수준을 넘는 사카린을 섭취하는 경우가 거의 없기에 첫째 문단에서 제시한 1977년의 연구 활동은 타당성에 대한 비판이 합당하지 않다는 내용이다.

ㄱ: 둘째 문단 끝에서 '동물 실험은 최소한 수만 마리의 쥐를 이용한 실험을 해야 유의미한 결과를 얻을 수 있지만 그렇게 많은 쥐를 이용해서 실험하는 것은 불가능'함을 밝히고 있다. 이어 셋째 문단에서는 '이럴 때 택하는 전형적인 전략은 실험 대상의 수를 줄이고 발암물질의 투여량을 늘리는 것'이며, 이에 따라 실험 대상의 수를 200마리의 쥐로 늘리고, 발암물질의 투여량을 통상적인 수준을 넘어 '전체 음식의 5%'로 늘려 유의미한 실험 결과를 확보할 수 있다고 하였다. 결국 필자의 주장은 '사카린과 암 사이의 인과관계를 밝히려 한 1977년 실험과 그 활용의 타당성에 근본적인 잘못이 있다고 할 수 없다'는 것이다. 따라서 인간이든 쥐든 암이 발생하는 사례의 수는 발암물질의 섭취량에 비례한다는 말은 첫째 문단에서 설명한 1977년 실험의 결과에 과다한 사카린의 섭취에 대한 비판이 합당하지 않음을 강화하는 말이 된다.

| 오답 해설 | ㄴ: 1977년의 실험은 '사카린이 인간에게 암을 일으킬 수 있는가'에 관한 실험이다. 이는 사카린이 발암물질일 가능성이 있다고 가정하는 실험이기에 인간에게 직접 실험을 할 수가 없는 관계로 인간 대신 '200마리의 쥐를 사용해 실험'한 것이다. 즉, 사카린을 쥐에게 다량 투입하고, 이것이 암을 일으켰을 때, 사카린을 인간에게 투여하여 암을 일으키지 않는 것인지를 판단하는 실험과는 관련이 없다.

ㄷ: 둘째 문단에서 '일상적인 환경에서 대개의 발암물질은 유효성이 아주 낮아서 수천 명 중 한 명 정도의 비율로만 그 효과를 확인할 수 있으며, 이런 상황에서 발암물질의 효과를 확인하려는 동물 실험은 최소한 수만 마리의 쥐를 이용한 실험을 해야 유의미한 결과를 얻을 수 있다'고 하였다. 즉, 발암물질의 유효성이 낮을수록 더 많은 수의 실험 대상을 확보해야 유의미한 실험 결과를 얻을 수 있다는 것이다.

224 ③

개념 카테고리 독해 비문학 > 논리형 문제

| 정답 해설 | 둘째 문단에서 'A 그룹의 쥐는 자극 X에 노출된 반면, B 그룹의 쥐는 자극 X에 노출되지 않았음'을 밝히고 있다.

ㄱ: 마지막 문단에서 'B 그룹의 쥐의 뇌보다 A 그룹의 쥐의 뇌'에서 '신경교세포도 더 많이 발견'되었고, 'A 그룹의 쥐의 뇌에서는 신경전달물질 α가 더 많이 분비되었음'을 설명한다.

ㄴ: 셋째 문단에서 'A 그룹 쥐의 대뇌피질은 B 그룹 쥐의 대뇌피질보다 더 무겁고 더 치밀'하다고 설명하였다. 대뇌피질이 치밀하다는 말은 대뇌피질이 촘촘하다는 말과 동일하다.

| 오답 해설 | ㄷ: 마지막 문단에서 'B 그룹의 쥐의 뇌보다 A 그룹의 쥐의 뇌에서는 크기가 큰 신경세포뿐만 아니라 신경교세포도 더 많이 발견되었음'을 설명한다. A 그룹의 쥐는 자극 X에 노출된 쥐이다. 따라서 자극 X가 없다면 자극 X가 있을 때보다 뇌 신경세포의 크기가 작아지고 수가 감소함을 알 수 있다.

225 ①

개념 카테고리 독해 비문학 > 논리형 문제

| 정답 해설 | ① 제시된 글의 내용을 통해 공연예술단 수석대표의 조건들을 확인할 수 있다. 초반부의 "정부 관료가 맡아서는 안 된다.", 글 중반부의 "고전음악 지휘자나 대중음악 제작자가 맡아야 한다.", "전체 세대를 아우를 수 있는 사람"이 해당하는 조건들이다. 글 중반부의 "현재 정부 관료 가운데 고전음악 지휘자나 대중음악 제작자는 없다."라는 표현을 통해 사실상 정부 관료에 관련된 조건은 큰 의미가 없음을 알 수 있다. 이러한 조건을 모두 갖춘 사람은 '모두 수석대표'를 맡게 된다.

둘째 문단의 "A가 공연예술단에 참가하는 것은 분명하다.", "갑이나 을이 수석대표를 맡는다면 A가 공연예술단에 참가"라는 표현들을 통해 갑이나 을 중 한 명은 수석대표 자격을 모두 갖췄다는 사실을 알 수 있다. ①의 내용을 통해 갑이 '고전음악 지휘자'라는 조건과 '전체 세대를 아우를 수 있다.'라는 조건이 모두 충족되고 있음을 알 수 있다.

| 오답 해설 | ② 전체 세대를 아우를 수 있다는 조건이 빠져 있다.

③ 정부 관료가 아니더라도 해당 인물이 고전음악 지휘자 혹은 대중음악 제작자라는 보장은 없다.

④, ⑤ 빈칸에는 갑과 을이 수석대표를 맡을 수밖에 없는 이유가 제시되어야 한다. 그러나 해당 선지들과 같은 '~라면' 형식의 조건문이 빈칸에 올 경우, 그 이유가 확정되지 않는다.

226 ④

개념 카테고리 독해 비문학 > 논리형 문제

| 정답 해설 | 제시된 글 마지막 문장의 "최팀장이 다음 주 정책 브리핑을 총괄하면 팀원 손공정씨가 프레젠테이션을 담당한다는 말이 돌았는데 그 말은 틀린 것으로 밝혀졌다."라는 표현을 통해 최팀장이 정책 브리핑을 총괄한다는 정보(〈보기〉 ㄴ과 연결)와, 손공정씨가 프레젠테이션을 담당하지 않는다는 정보를 알 수 있다.*

"개인건강정보 관리 방식 변경에 관한 가안이 정책제안에 포함되고 국민건강 2025팀 리더인 최팀장이 다음 주 정책 브리핑을 총괄한다면, 프레젠테이션은 국민건강 2025팀의 팀원인 손공정씨가 맡게 될 것이다."라는 표현에서, 손공정씨가 프레젠테이션을 맡지 않는다는 사실을 통해, 개인건강정보 관리 방식 변경에 관한 가안이 정책제안에 포함되지 않거나, 최팀장이 정책 브리핑을 총괄하지 않아야 함을 알 수 있다. 그러나 최팀장이 정책 브리핑을 총괄하는 것이 확정되었으므로, 개인건강정보 관리 방식 변경에 관한 가안이 정책제안에 포함되지 않음을 알 수 있다.

그러므로 "국민건강 2025팀이 재편된다면, 앞에서 언급한 두 개의 가안이 모두 정책제안에 포함될 것"이라는 표현에서, '두 개의 가안' 중 최소 하나는 포함되지 않으므로 '모두' 정책제안에 포함되지 않음을 알 수 있다. 이는 곧 국민건강 2025팀이 재편되지 않음을 의미한다(〈보기〉 ㄴ과 연결).

'보건정보의 공적 관리에 관한 가안이 정책제안에 포함될 경우, 국민건강 2025팀이 재편되거나 다음 주 정책 브리핑을 위해 준비한 보도자료가 대폭 수정될 것'이라는 표현에서 국민건강 2025팀이 재편되지 않는 것이 확정되었으므로, 보건정보의 공적 관리에 관한 가안이 정책제안에 포함된다면 보도자료가 대폭 수정되는 것 역시 참으로 확정된다(〈보기〉 ㄷ과 연결).

다만, 제시된 글의 내용을 통해서 보건정보의 공적 관리에 관한 가안이 정책제안에 포함되는지의 여부는 알 수 없다(〈보기〉 ㄱ과 연결).

(*만약 최팀장이 정책 브리핑을 총괄하지 않았다면 주어진 조건문 "최팀장이 다음 주 정책 브리핑을 총괄하면 팀원 손공정씨가 프레젠테이션을 담당한다."가 틀린 것인지조차 알 수 없기 때문이다. 때문에 '틀린 것'이라고 확정된 순간에 위와 같은 정보들 역시 확정된다.)

227 ④

개념 카테고리 독해 비문학 > 논리형 문제

| 정답 해설 | ㄴ: (3)에서 전통적 인식론의 폐기를 주장하는 근거가 '두 가지 목표 중 어느 하나라도 달성할 수가 없다면'이다. (2)의 표현이 '전통적 인식론은 첫째 목표를 달성할 수 없거나 둘째 목표를 달성할 수 없다.'로 바뀌더라도 (3)의 근거에 위배되지 않는다. 그러므로 (6)의 도출에 영향을 주지 못한다.
ㄷ: (4)는 (3)의 결론임과 동시에 (5)의 전제가 된다.

| 오답 해설 | ㄱ: 전통적 인식론의 목표에 무언가가 추가된다 한들, 기존에 존재하는 두 가지 목표를 달성할 수 없음은 변하지 않는다. 즉, (2)의 내용이 그대로 이어지므로 (6)의 내용이 도출되는 것 역시 동일하다.

228 ③

개념 카테고리 독해 비문학 > 논리형 문제

| 정답 해설 | 제시된 조건들을 표로 정리한다. 후보자가 '있다'로 해석할 수 있는 조건들인 조건 1과 조건 4를 먼저 정리한다.

구분	A	B	C	D
후보자 1	○(조건 1)			○(조건 1)
후보자 2	○(조건 4)	○(조건 4)		

조건 4의 경우 'A를 가진 후보자는 모두 B는 가지고 있지 않다'의 부정에 해당한다. 다시 말하면, 'A를 가진 어떤 후보자는 B를 가지고 있다'라고 해석할 수 있다.

나머지 조건 2와 조건 3을 정리한다. 조건 2에서 B와 D를 둘 다 가진 후보자는 없다고 하였다. 이를 통해 후보자 1과 후보자 2를 별도의 존재로 나누는 것이 맞음을 알 수 있다. 조건 3도 또 다른 후보자의 존재를 추가할 필요 없이 두 후보자에게 모두 적용할 수 있다. 최종적으로는 다음과 같이 정리된다.

구분	A	B	C	D
후보자 1	○(조건 1)	×(조건 2)	×(조건 3)	○(조건 1)
후보자 2	○(조건 4)	○(조건 4)	×(조건 3)	×(조건 2)

이제 〈보기〉의 내용들을 점검해 보면, 다음과 같다.
ㄱ: 두 후보자 모두 두 자격증만 가지고 있다. 세 종류의 자격증을 가지고 있는 후보자는 없으므로 참이다.
ㄴ: 정리된 표를 통해 확인할 수 있다. 참이다.

| 오답 해설 | ㄷ: 주어진 조건들을 통해 두 종류의 후보자만이 존재함을 확인했다. 주어진 조건들만 가지고는 네 종류 중 한 종류의 자격증만 가지고 있는 후보자가 있는지는 알 수 없다. 반드시 참이 될 수는 없다.

229 ④

개념 카테고리 독해 비문학 > 논리형 문제

| 정답 해설 | 3개로 주어진 조건들이지만, 정리하면 다음과 같이 5개로 나눌 수 있다.

1. A를 수강하면 B를 수강하지 않는다.
2. B를 수강하지 않으면 C를 수강하지 않는다.
3. D를 수강하지 않으면 C를 수강한다.
4. A를 수강하지 않으면 E를 수강하지 않는다.
5. E를 수강하지 않으면 C를 수강하지 않는다.

여기서 1과 2를 통해 A를 수강하면 C를 수강하지 않는다는 정보를, 4와 5를 통해 A를 수강하지 않으면 C를 수강하지 않는다는 정보를 얻을 수 있다. 즉, C는 어떤 경우에도 수강하지 않는 과목이 된다.
3의 대우는 'C를 수강하지 않으면 D를 수강한다.'이다. C는 어떤 경우에도 수강하지 않으므로, D는 반드시 수강해야 할 과목이 된다.

230 ④

개념 카테고리 독해 비문학 > 논리형 문제

| 정답 해설 | 제시된 조건들을 정리하면 다음과 같다.

1. 민원 업무를 선호하는 신입사원은 모두 홍보 업무를 선호하였다.
2. 홍보 업무를 선호하면서 민원 업무는 선호하지 않는 신입사원이 있다. (그 역은 성립하지 않았다는 정보에서 얻은 조건)
3. 인사 업무만을 선호하는 신입사원이 있다.
4. 민원 업무와 인사 업무를 모두 선호하는 신입사원은 없다.
5. 넷 중 세 개 이상의 업무를 선호하는 신입사원은 없다.
6. 신입사원 갑은 기획 업무를 선호한다.
7. 신입사원 을은 민원 업무를 선호한다.

조건 4와 5는 해당하는 신입사원의 존재를 확인할 수 없는 형식의 문장이므로, 이를 제외한 나머지 문장들을 우선 점검하여 표로 정리한다. 그중에서도 조건 6와 조건 7은 명백히 신입사원 갑과 을의 존재를 확인해주고 있다.

구분	민원	홍보	인사	기획
갑				○(조건 7)
을	○(조건 6)	○(조건 1)		
병	×(조건 3)	×(조건 3)	○(조건 3)	×(조건 3)
정	×(조건 2)	○(조건 2)		

존재를 확인할 수 있는 모든 조건을 점검하면, 4명 이후로 존재를 더 추가할 필요가 없음을 알 수 있다. 여기에 조건 4와 5를 추가로 적용해 보면 다음과 같다.

구분	민원	홍보	인사	기획
갑	×(조건 1, 5)			○(조건 7)
을	○(조건 6)	○(조건 1)	×(조건 5)	×(조건 5)
병	×(조건 3)	×(조건 3)	○(조건 3)	×(조건 3)
정	×(조건 2)	○(조건 2)		

빈칸은 알 수 없는 부분이다.
이렇게 정리된 내용을 〈보기〉에 적용하면 다음과 같다.
ㄴ: 갑을 생각하지 않더라도 을과 정이 홍보 업무를 선호하고 있다. 참이다.
ㄷ: 알 수 없는 부분들을 생각하지 않더라도, 모든 업무들이 한 명 이상에게 선호되고 있다. 참이다.

| 오답 해설 | ㄱ: 갑이 인사 업무를 선호하지 않아야 참이 된다. 그러나 갑의 인사 업무 선호 여부는 알 수가 없으므로 반드시 참이라고 말할 수 없다.

231 ④

개념 카테고리 독해 비문학 > 논리형 문제

| 정답 해설 | 실험의 내용을 정리하면 다음과 같다.

톤: 일정할수록 좋으며 그 순서는 C>A>B(C가 가장 일정함)

빈도: 높을수록 좋으며 그 순서는 A>B>C(A가 가장 높음)

ㄴ: B, C가 경쟁할 경우 톤에서는 C가, 빈도에서는 B가 우세하다. 여기서 B를 선택했다는 것은 암컷의 판단 기준이 빈도라는 의미이다. 빈도가 제일 높은 수컷이 A라는 점을 고려하면, 상황 2에서 암컷이 A로 이동했다는 것은 여전히 판단 기준이 빈도라는 의미이다. 이는 ㉠을 강화하는 상황으로 볼 수 있다.

ㄷ: A, C가 경쟁할 경우 톤에서는 C가, 빈도에서는 A가 우세하다. 여기서 C를 선택했다는 것은 암컷의 판단 기준이 톤이라는 의미이다. 그러나 상황 2에서 A로 이동했다는 것은 판단 기준이 더 이상 톤이 아니며, 빈도로 변화했음을 의미한다. 이는 ㉡을 강화화는 상황으로 볼 수 있다.

| 오답 해설 | ㄱ: A, B가 경쟁할 경우 톤과 빈도 모두 A가 우세하다. 판단 기준이 톤인지 빈도인지 알 수 없는 상황이므로 무엇이 강화되고 약화되는지도 판단할 수 없다.

232 ③

개념 카테고리 독해 비문학 > 논리형 문제

| 정답 해설 | ③ ㉢은 사람의 말과 동물의 소리에는 근본적인 차이가 존재한다고 하면서 앞에 나온 ㉠과 ㉡의 내용을 부정하고 새로운 논점을 제시하였다.

| 오답 해설 | ① ㉠은 화제를 제시한 부분으로, 글쓴이의 생각과 반대된다.

② ㉡은 ㉠의 내용을 조금 더 자세히 설명한 '상술'에 해당한다.

④ ㉤은 ㉢, ㉣에 대한 근거가 아니라 '결론'이다.

233 ⑤

개념 카테고리 독해 비문학 > 논리형 문제

| 정답 해설 | 제시된 내용을 정리하면 다음과 같다.

㉠ '입자이론'에 따르면, 빛의 속도는 공기 중보다 물속에서 더 빠르며 빛의 색깔이 속도에 영향을 주지 않는다.

㉡ '파동이론'에 따르면, 빛의 속도는 물속보다 공기 중에서 더 빠르다. 또한 물속에서는 파장에 따라 파동의 속도, 즉 빛의 속도가 달라지며 빛의 색깔도 달라진다.

(*그러나 색깔이 어떤 경우에 속도가 느려지고, 어떤 경우에 빨라진다는 말이 없다는 것에 유의한다.)

실험의 경로 1은 물속을 통과하고, 경로 2는 공기 중을 통과한다. 실험 결과 더 빨리 도착할수록 스크린의 오른쪽에, 더 늦게 도착할수록 스크린의 왼쪽에 맺히게 된다.

이 내용들을 통해 〈보기〉의 내용들을 검증하면 다음과 같다.

ㄱ: 경로 1을 통과한 빛이 경로 2의 경우보다 스크린의 오른쪽에 맺혔다는 것은 더 빨리 도착했다는 의미이다. 물속에서 더 빨리 움직였으므로 ㉠을 강화하고 ㉡을 약화한다.

ㄴ: 색깔이 다른 두 빛이지만, 실험이 속도만을 검증하는 실험이며, 색에 따른 속도의 증감에 대한 정보가 없다. 심지어 같은 경로를 지난 것도 아니므로 색이 미치는 영향은 검증할 수 없다. 그러므로 각 경로에 대해 어떤 경로가 더 빨리 도착했는지만을 가지고 판단하면 된다. 물속보다 공기중에서 더 빨리 움직였으므로 ㉡을 강화하고 ㉠을 약화한다.

ㄷ: 색깔이 다른 두 빛이 둘 다 물속을 통과했다. 그 결과 속도도 달라졌다. 색깔이 물속에서 속도에 영향을 주었으므로 ㉡을 강화하고 ㉠을 약화한다.

234 ②

개념 카테고리 독해 비문학 > 논리형 문제

| 정답 해설 | 〈보기〉는 '나'와의 약속을 지키지 않은 의도가 '나'를 사랑하지 않기 때문이라며 상대의 의도를 확대한 '의도 확대의 오류'에 해당한다. 참고로 〈보기〉는 모든 논리를 A 아니면 그와 정반대 관점인 B로 나누어 타협이란 있을 수 없다는 입장을 취하는 '흑백논리의 오류'로 볼 수도 있다.

② '나'의 부탁을 거절한 의도가 '나'를 싫어하기 때문이라며 상대의 의도를 확대한 '의도 확대의 오류'를 범하고 있다.

| 오답 해설 | ① '성급한 일반화의 오류'에 해당한다.

③ '순환 논증의 오류'에 해당한다.

④ 일반적 개념을 특수한 경우에도 적용한 '우연의 오류'에 해당한다.

235 ④

개념 카테고리 독해 비문학 > 논리형 문제

| 정답 해설 | ㄴ. C는 '인간 존엄성은 인간이 이성적 존재임을 들어 동물이나 세계에 대해 인간 중심적인 견해를 옹호해 온 근대 휴머니즘의 유산'임을 밝히며, 인간의 존엄성이 '인간 외의 다른 존재에 대해서는 그 대상이 인간이라면 결코 용납하지 않았을 폭력적 처사를 정당화하는 근거로 활용'되는 점을 지적한다. 화장품의 안전성 검사는 인간을 위한 것이며, 동물실험은 인간이라면 절대 용납하지 않았을 폭력적 처사에 대응된다. 따라서 C의 주장은 화장품의 안전성 검사를 위한 동물실험의 금지를 촉구하는 캠페인의 근거로 활용될 수 있다고 평가할 수 있다.

ㄷ. B는 '존엄성을 신이 인간에게 부여한 독특한 지위로 생각함으로써 인간이 스스로를 지나치게 높게 보도록 했다는 점은 비판을 받아 마땅'함을 지적하고 있고, C는 '존엄성은 인간

종이 그 자체로 다른 종이나 심지어 환경 자체보다 더 큰 가치가 있다고 생각하는 종족주의의 한 표현'이며, '다른 존재에 대해서는 그 대상이 인간이라면 결코 용납하지 않았을 폭력적 처사를 정당화하는 근거'라는 주장을 펼치는데, 이를 바탕으로 B와 C는 인간에게 특권적 지위를 부여하는 인간 중심적인 생각을 비판한다는 점에서 공통점을 가진다는 평가를 내리는 것은 적절하다.

| 오답 해설 | ㄱ. 존엄사를 인정한 연명의료결정법의 시행은 A의 주장을 약화시킨다는 설명이 성립하려면 A는 '존엄성의 의미가 생명의 신성함이다'라는 주장을 해야 한다. 그러나 A는 '인간 존엄성은 그 의미가 무엇인지에 대해 사람마다 생각이 달라서 불명료할 뿐 아니라 무용한 개념'임을 지적하며, 그 예시로 같은 단어인 존엄성을 '자율성의 존중'으로 해석하는 경우 존엄사를 옹호하는 개념으로 이해하며, 존엄성을 '생명의 신성함'으로 해석하는 경우 존엄사를 반대하는 개념으로 이해할 수 있음을 이야기한다.

236 ①

개념 카테고리 독해 비문학 > 논리형 문제

| 정답 해설 | 제시된 예문은 타당한 논거를 제시하지 않고, 많은 사람이 그렇게 생각하거나 행동하는 것을 논거로 제시하는 오류인 '대중에 호소하는 오류'를 범하고 있다.

① '대중에 호소하는 오류'가 나타나고 있다.

| 오답 해설 | ② '무지에 호소하는 오류'가 나타났다. 이는 반증을 제시하지 못했다고 하여 그 논제가 참이라고 단정하는 오류이다.

③ '부적합한 권위에 호소하는 오류'가 나타났다. 이는 논지와 관계없는 분야에 있는 전문가의 의견을 빌려와 논지가 참임을 주장하는 오류이다.

④ '동정에 호소하는 오류'가 나타났다. 이는 연민이나 동정 등의 감정을 이용하여 자신의 논지를 받아들이게 하는 오류이다.

237 ②

개념 카테고리 독해 비문학 > 논리형 문제

| 정답 해설 | ② ㉡ '애매어의 오류'는 동일한 단어가 한 논증에서 맥락마다 서로 다른 의미를 지니는 것으로 사용될 때 생기는 오류를 말한다. 즉, '다의어'의 성격 때문에 생기는 오류이다. 선지로 제시된 문장에서 '부패'는 다의어인데, 다의어적 의미를 고려하지 않고 사용하여 오류가 발생하였다.

| 오답 해설 | ① 선지로 제시된 문장은 연역법의 일종인 '정언 삼단 논법'에 따라 전개된 문장이다. '정언 삼단 논법'이란 두 개의 정언 명제(~은 …이다)를 전제로 하여 새로운 정언 명제(~은 …이다)를 결론으로 이끌어 내는 방식이다.

③ 선지로 제시된 문장은 집합이 어떤 성질을 지니고 있다는 내용의 전제로부터 그 집합 각각의 원소들 역시 개별적으로 그 성질을 지니고 있다는 결론을 도출하는 '분할의 오류(분해의 오류)'의 예이다.

④ 선지로 제시된 문장은 각각의 원소들이 개별적으로 어떤 성질을 지니고 있다는 내용의 전제로부터 그 원소들을 결합한 집합 전체도 역시 그 성질을 지니고 있다는 결론을 도출하는 '결합의 오류'의 예이다.

| 플러스 이론 | 정언 삼단 논법의 예

[대전제] 모든 사람은 죽는다.
[소전제] 소크라테스는 사람이다.
→ 대전제와 소전제, 즉 두 개의 정언 명제가 제시되고 있음.
[결론] 그러므로 소크라테스는 죽는다.
→ 새로운 정언 명제를 결론으로 이끌어 내고 있음.

238 ①

개념 카테고리 독해 비문학 > 논리형 문제

| 정답 해설 | ① 전체 집합의 모든 원소를 관찰하고 관찰에 따른 공통점을 결론으로 만드는 추론 방법은 '(완전) 귀납 추론'이다.

| 오답 해설 | ② '양도 논법'은 대전제가 두 개의 가언 명제로, 소전제는 하나의 선언 명제로 구성된 추론 방법이다. 주로 논리 속에 딜레마가 생기는 논법을 말한다.

③ '연역 추론'은 이미 논리적으로 증명된 명제를 전제로, 새로운 명제의 증명을 만들어 나가는 방법이다. 삼단 논법이 대표적이다.

④ '변증적 추론'은 대립되는 두 명제 사이에서 절충된 새로운 결론을 만들어 나가는 방법으로, '정/반'을 통해 '합'을 이끌어 내는 추론이다.

239 ②

개념 카테고리 독해 비문학 > 논리형 문제

| 정답 해설 | ② 전체 집합의 모든 원소를 관찰하고 관찰에 따른 공통점을 결론으로 만들어 나가는 방법으로 '완전 귀납 추론'이 쓰였다.

| 오답 해설 | ①, ③, ④는 연역법이 사용되었다.

① 연역법을 구성하는 삼단 논법 중에서 가장 대표적인 '정언적 삼단 논법'이 쓰인 문장이다.

③ 연역법 중 '가언 삼단 논법'이 쓰인 문장이다.

④ 연역법 중 '양도(딜레마) 논법'이 쓰인 문장이다.

240 ①

개념 카테고리 독해 비문학 > 논리형 문제

| 정답 해설 | ① 대립되는 두 명제 사이에서 절충되는 새로운 결론을 만들어 나가는 방법으로 '변증적 추론'이 쓰인 문장이다.

| 오답 해설 | ②~④는 귀납 추론이 사용되었다.

② 전체 집합의 일부 원소를 관찰하고 다른 대상들에게 일부 원소의 공통점을 적용하는 '통계적 귀납 추론'이 쓰인 문장이다.

③ 인과 관계에 의해 원인이나 결과를 만들어 나가는 방법인 '인과적 귀납 추론'이 쓰인 문장이다.
④ 두 개의 특수한 대상에서 어떤 징표가 일치하고 있기 때문에 다른 징표도 일치하고 있음을 추정하며 진술하는 방법으로 '유비 추리'가 쓰인 문장이다. '유비 추리' 역시 크게 보면 귀납 추론에 속한다.

241 ③

개념 카테고리 독해 비문학 > 논리형 문제

| 정답 해설 | ③ '정책 명제'는 주장이나 의견, 해결 방안 등 어떤 문제에 대한 해결책이나 바람직한 행동에 대한 판단을 진술한 명제이다. 누구나 인정할 수 있는 구체적 사실, 자연법칙, 역사적 사실, 상식, 실험 결과 등을 통해 객관적으로 뒷받침하는 논거는 '사실 논거'이다.

| 오답 해설 | ①, ②, ④에 해당하는 예는 다음과 같다.
① 사실 명제: 우리나라의 국화는 무궁화이다.
② 가치 명제: 한국인이 세계에서 가장 부지런하다.
④ 소견 논거: 마하트마 간디는 '죄를 미워하되 죄인은 사랑하라.'라고 하였다.

242 ④

개념 카테고리 독해 비문학 > 논리형 문제

| 정답 해설 | 결합의 오류는 부분 또는 개별적인 원소들이 어떤 성질을 가지고 있다는 사실로부터 전체 또는 원소들의 집합도 그러한 성질을 가지고 있다고 추론하는 오류이다. 예를 들면 '좋은 언어들로만 짜인 시는 역시 좋은 시가 된다.'를 들 수 있다.
④ '분할의 오류'의 예이다. '분할의 오류'는 전체 또는 집합이 어떤 성질을 가지고 있기 때문에 그 부분 또는 원소도 그와 같은 성질을 가지고 있다고 추론하는 오류이다.

| 오답 해설 | ① '강조의 오류'는 문장에서 핵심이 아닌 부분을 잘못 강조하여 생기는 오류이다.
② '동정에 호소하는 오류'는 동정에 호소하여 자신의 주장을 받아들이게 하는 오류이다.
③ '우연의 오류'는 일반적일 때 통용되는 논리를 특수한 상황에 무리하게 적용함으로써 생기는 오류이다.

243 ①

개념 카테고리 독해 비문학 > 논리형 문제

| 정답 해설 | ① 〈보기〉의 상황은 전체 또는 집합이 어떤 성질을 가지고 있기 때문에 그 부분 또는 원소도 그와 같은 성질을 가지고 있다고 추론하는 '분할의 오류'에 해당한다.

| 오답 해설 | ② 결합의 오류: 부분 또는 개별적인 원소들이 어떤 성질을 가지고 있다는 사실로부터 전체 또는 원소들의 집합도 그러한 성질을 가지고 있다고 추론하는 오류이다. ㊎ 좋은 언어들로만 짜인 시는 역시 좋은 시가 된다.
③ 원인 오판의 오류(잘못된 인과 관계의 오류): 우연히 일치한 사건에 대해 무리하게 인과 관계를 대입함으로써 생기는 오류이다. ㊎ 돼지꿈을 꾸고 복권에 당첨되었다.
④ 대중에 호소하는 오류: 대중의 선호나 인기를 이용하여 자신의 주장을 받아들이게 하는 오류이다. ㊎ 이 제품은 10만 명 이상이 사용한 제품으로 그 효과는 따로 검증할 필요가 없다.

기타

문제편 P.220

244	③	245	③	246	③	247	④		

244 ③

개념 카테고리 독해 비문학 > 기타 > 조건에 맞는 글

| 정답 해설 | ③ "자기 집이라면 이렇게 함부로 쓰레기를 버렸을까요?"에 설의적 표현이 쓰였고, "바다가 몸살을 앓는다"에서 비유적 표현인 의인법을 확인할 수 있다. 그리고 "자기 쓰레기는 ~ 되가져가도록 합시다."에서 생활 속 실천 방법을 확인할 수 있다.

| 오답 해설 | ① "바다는 ~ 꿈꾸고 있습니다.", "미세 플라스틱은 ~ 독입니다."에 비유적 표현이 쓰이고 있다. 하지만 설의적 표현을 활용하지 않았고 생활 속 실천 방법을 포함하지 않았다.
② "분리수거를 철저히 하고 일회용품을 줄이는 것"에서 생활 속 실천 방법을 확인할 수 있다. 하지만 설의적 표현과 비유적 표현이 쓰이지 않았다.
④ "이대로 가다간 ~ 않을까요?"에 설의적 표현이 쓰였다. 하지만 비유적 표현과 생활 속 실천 방법은 확인할 수 없다.

245 ③

개념 카테고리 독해 비문학 > 기타 > 조건에 맞는 글

| 정답 해설 | ③ '양보'라는 '공중도덕 지키기'를 홍보하고 있으며, 'A에게 B하는 C'라는 구조의 반복된 쓰임을 통해 '대구'의 형식을 적용하였다. 또한 '행복의 문'이라고 하여 '양보'의 긍정적 효과를 비유적으로 표현하였다.

| 오답 해설 | ① '대구의 표현 방식 활용'과 '긍정적 효과를 비유적으로 표현하기'가 적용되지 않았다.
② '긍정적 효과'가 아닌 '부정적 효과'를 비유적으로 표현하였다.
④ '대구의 표현 방식 활용'이 적용되지 않았고, '긍정적 효과'는 드러나지만 비유적으로 표현하지 않았다.

246 ③

개념 카테고리 독해 비문학 > 기타 > 조건에 맞는 글

| 정답 해설 | ③ '혼자 가 버린 길잡이'는 리더십의 부재를, '방향

을 잘못 가리킨 것'은 잘못된 정책을 표현하고 있다.

| 오답 해설 | ① "사공이 많으면"은 리더십의 부재가 아니라 리더가 많다는 의미이다.

② "길잡이가 용기 있는 결단을 내리면"에서 볼 수 있듯이 용감한 리더가 성공을 이끄는 경우를 표현한 문장이다.

④ "길잡이는 항상 ~ 도와야 합니다."는 리더가 경쟁을 이끌어야 한다는 것을 표현한 것이다.

247 ④

개념 카테고리 독해 비문학 > 기타 > 자료 해석

| 정답 해설 | ④ 제시된 자료는 인터넷의 역기능뿐만 아니라 순기능도 함께 제시하고 있다. 따라서 인터넷 사용 금지를 주장하는 글에는 적절하지 않다.

| 오답 해설 | ① 인터넷의 순기능 중 '다양한 정보의 습득'과 관련된다.

② 인터넷의 역기능 중 '개인 정보 유출'과 관련된다.

③ 인터넷의 역기능 중 '욕설, 비방, 허위 사실 유포', '저작권 침해'와 관련된다.

통합 문제 문제편 P.221

248	③	249	①	250	③	251	③	252	③
253	②	254	②	255	④	256	③	257	①
258	②	259	③	260	①	261	④	262	④
263	③	264	③	265	②	266	②	267	③
268	④	269	④	270	①	271	②	272	④
273	①	274	②	275	③	276	①	277	①
278	④	279	④	280	③	281	②	282	①
283	③	284	④	285	③	286	②	287	③
288	②	289	②	290	②	291	④	292	③
293	③	294	②	295	①	296	②	297	③
298	②	299	②	300	②	301	④	302	①
303	③	304	①	305	③	306	②	307	②
308	②								

248 ③

개념 카테고리 독해 비문학 > 밑줄/괄호

| 정답 해설 | ③ 다섯째 문단의 마지막 문장에서 "가짜 뉴스는 혐오나 선동과 같은 ~ 극단주의를 초래한다."라고 언급하였다. 즉, 돈을 목적으로 한 가짜 뉴스에 혐오와 선동이 담기게 되고, 그로 인해 극단주의가 발생할 수 있는 것이다.

| 오답 해설 | ① 광고주와 중개 업체 사이의 위계 관련 내용은 확인할 수 없다.

② 소비자가 선택과 집중을 통해 뉴스를 소비하는 것은 바른 모습이다. 즉, 가짜 뉴스로 인해 생기는 사회적 문제가 아니다.

④ 다섯째 문단을 보면 "높은 조회수가 나오는 사이트일수록 높은 금액의 광고를 배치하는 식이다."라고 하였다. 따라서 소비자가 돈을 주고 가짜 뉴스를 읽는 것이 아니다.

249 ①

개념 카테고리 독해 비문학 > 내용 일치/불일치

| 정답 해설 | ① 제시된 글에서 가짜 뉴스의 기준과 범위를 정하기 어려운 이유를 제시한 내용은 확인할 수 없다.

| 오답 해설 | ② 둘째 문단의 "2017년 2월 ~ 정의하였다."에서 확인할 수 있다.

③ 넷째 문단의 "'21세기형 가짜 뉴스'의 특징은 ~ 기업이 있다는 점이다."에서 확인할 수 있다.

④ 넷째 문단의 "누구나 쉽게 이용하는 ~ 유통되고 확산된다."에서 확인할 수 있다.

250 ③

개념 카테고리 독해 비문학 > 내용 일치/불일치

| 정답 해설 | ③ 셋째 문단의 "1923년 관동 대지진이 났을 때 ~ 잔인한 학살로 이어진 사건이다."를 통해 일본이 퍼뜨린 가짜 뉴스로 인해 잔인한 학살이 일어났음을 알 수 있다.

| 오답 해설 | ① 넷째 문단에서 "가짜 뉴스는 더 이상 동요나 입소문을 통해 퍼지지 않는다."라고 하였다.

② 첫째 문단에서 "탈진실화가 국지적 현상이 아니라 세계적으로 나타나는 시대적 특성이라고 진단했다."라고 하였다.

④ 셋째 문단에서 "최근 일어나는 가짜 뉴스 현상을 돌아보면 이전의 사례와는 확연히 다른 점을 발견할 수 있다."라고 하였다.

251 ③

개념 카테고리 이론 비문학 > 작문 > 글의 전개 방식

| 정답 해설 | ③ 제시된 글에서 이차 프레임의 효과에 대한 전문가의 견해를 인용한 내용은 확인할 수 없다.

| 오답 해설 | ① 둘째 문단의 '먼저', 셋째 문단의 '다음으로', 넷째 문단의 '마지막으로'와 같이 이차 프레임의 기능을 병렬적으로 나열하고 있다.

② 광고와 여러 영화의 사례들을 제시하여 이차 프레임에 대한 이해를 돕고 있다.

④ 첫째 문단에서 "프레임(frame)은 ~ 틀을 말한다."라고 하여 '프레임'의 개념을 정의하고 있고, "이런 기법을 '이중 프레이밍' ~ '이차 프레임'이라 칭한다."에서 '이중 프레이밍', '이차 프레임'의 개념을 확인할 수 있다.

252 ③

개념 카테고리 독해 비문학 > 어휘 의미 파악 > 의미

| 정답 해설 | ③ 제시된 글의 맥락에서 ㉢ '환기'는 '주의나 여론, 생각 따위를 불러일으킴.'을 뜻한다.

253 ②

개념 카테고리 독해 비문학 > 내용 일치/불일치

| 정답 해설 | ② 셋째 문단에서 "이차 프레임 내부의 대상과 외부의 대상 사이에는 정서적 거리감이 조성되기도 한다."라고 하였으므로 적절한 내용이다.

| 오답 해설 | ① 첫째 문단의 "카메라로 대상을 포착하는 행위는 ~ 의도와 메시지를 내포한다."를 통해 '프레임 밖의 영역'이 아니라 프레임에 담긴 '안'의 영역에 찍은 사람의 의도와 메시지가 담기는 것을 알 수 있다.

③ 둘째 문단의 "대상이 작거나 구도의 중심에서 ~ 존재감을 부각하기가 용이하다."를 통해 이차 프레임 내 대상의 크기가 작더라도 대상의 존재감을 강조할 수 있음을 알 수 있다.

④ 다섯째 문단의 "가령 이차 프레임 내부 이미지의 형체를 식별하기 어렵게 함으로써 ~ 무력한 것으로 만들거나"를 통해 '대상을 강조하는 효과'가 아니라 '강조의 기능을 무력한 것으로 만드는 효과'가 있음을 알 수 있다.

254 ②

개념 카테고리 이론 비문학 > 작문 > 글의 전개 방식

| 정답 해설 | ② 제시된 글은 달에 가기 위한 시간과 화성에 가기 위한 시간의 차이와 로켓 연료와 전기 연료의 차이 등을 중심으로 서술하고 있다.

| 오답 해설 | ① 사례를 들고 있지만 주장하는 글이 아니라 설명문에 가깝다.

③ 상반되는 두 가지 이론이나 그에 따른 절충안 모두 제시된 글에서는 찾기 어렵다.

④ 특정 대상과 관련된 과학 이론이 제시되고 있지 않다. 화학 로켓에 대한 문제점은 제시되고 있지만 이는 과학 이론의 문제이기보다는 경제성, 효율성의 문제로 제시되고 있다.

255 ④

개념 카테고리 독해 비문학 > 내용 일치/불일치

| 정답 해설 | ④ 일곱째 문단에서 전기적인 추진 방식은 "에너지가 열로 달아나지 않으므로 그만큼 연비가 높아진다."라고 설명하고 있다.

| 오답 해설 | ① 첫째 문단에서 화성에 편도로 갈 때 8개월 정도 걸린다고 설명하고 있다.

② 다섯째 문단에서 화학 로켓은 추진력이 크지만 열로 달아나는 에너지 때문에 많은 양의 연료가 필요하다고 설명하고 있다.

③ 셋째 문단에서 미국에서는 과거에 인간을 달로 보내기 위해 총 250억 달러를 투자했다고 설명하고 있다.

256 ③

개념 카테고리 독해 비문학 > 내용 일치/불일치

| 정답 해설 | ③ 현대 화학 로켓은 추진력은 강하지만 열로 달아나는 에너지 때문에 많은 양의 연료가 필요하다. 따라서 연료 소비 효율을 높이는 것이 화성 유인 탐사를 하기 위해 가장 시급히 해결해야 할 문제라고 할 수 있다.

| 오답 해설 | ① 셋째 문단을 보면 다른 용도 없이 화물 운반을 위해 지나치게 거대한 로켓을 만드는 시대는 지났다고 설명하고 있다. 따라서 대형 로켓을 만드는 것은 현 시대와 맞지 않는다.

② 제시된 글에서 근거를 찾기 어려운 내용이다.

④ 다섯째 문단에 따르면 화물을 여러 번 나누어 운반하는 것은 이미 시행되고 있다. 따라서 시급히 해결해야 할 문제는 아니다.

257 ①

개념 카테고리 이론 비문학 > 작문 > 글의 전개 방식

| 정답 해설 | ① 제시된 글은 두 대상의 공통점이 아닌 차이점에 집중하고 있다. 즉, 미학과 미술사학, 음악사학의 차이점에 집중하고 있는 것이다.

| 오답 해설 | ② 미학과 미술사학, 음악사학의 차이점에 초점을 맞춘 내용을 서술하고 있다.

③ "미학이란 무엇인가?", "전부 미학을 한다고 할 수 있을까?" 등에서 독자에게 질문을 던지는 방식을 확인할 수 있다.

④ 둘째 문단의 "미술사학은 화가 개인이나 화파 사이의 역사적 관계를 연구하는 학문이다."와 셋째 문단의 "미학은 아름다운 대상을 철학적으로 연구하는 학문이다."에서 미술사학과 미학의 정의와 특징을 밝히고 있다.

258 ②

개념 카테고리 독해 비문학 > 내용 일치/불일치

| 정답 해설 | ② 아름다운 대상을 미학은 '철학'이라는 도구를 가지고 연구하는 학문이고, 미술사학은 '역사학'이라는 도구를 가지고 연구하는 학문이다. 즉 둘은 서로 다른 도구로 아름다운 대상을 연구한다.

| 오답 해설 | ① 둘째 문단의 "미술사학은 화가 개인이나 화파 사이의 역사적 ~ 이 같은 설명이 음악사학에도 적용될 것이다."를 통해 미술사학과 음악사학은 아름다운 대상에 접근하는 방식이 같음을 알 수 있다.

③ 미학은 "아름다운 대상을 철학적으로 연구하는 학문"이다. 따라서 그것이 음악이든 그림이든 아름다운 것을 철학적으로 연구한다면 모두 미학을 한다고 볼 수 있다. 하지만 '그림, 음

악'의 경우 '철학적'이 아닌 '역사학적'으로 연구하는 경우도 있다. 이는 미학이 아닌 미술사학, 음악사학에 해당한다. 따라서 '그림, 음악' 등의 아름다운 것을 연구하는 사람들을 모두 미학을 한다고 할 수는 없다.

④ 미학과 음학사학의 가장 큰 차이는 아름다움을 철학적으로 연구하는 것인지 역사학적으로 연구하는 것인지의 차이이다.

259 ③

개념 카테고리 독해 비문학 > 밑줄/괄호

| 정답 해설 | ③ 미학과 미술사학은 '미술'이라는 같은 대상을 보고 있지만 미학은 미술을 '철학적' 관점에서 보고, 미술사학은 미술을 '역사적' 관점에서 연구한다는 차이가 있다. 따라서 '같은 대상을 보고 있지만, 그것을 보는 관점이 다르다.'라고 할 수 있다.

260 ①

개념 카테고리 이론 비문학 > 작문 > 글의 전개 방식

| 정답 해설 | ① 플렌치즈, 파스퇴르, 코흐, 리스터 등과 관련된 미생물 탐구 실험 내용을 구체적으로 제시하고 있다.

| 오답 해설 | ② 둘째 문단에서 자연발생설과 배종설을 대조적 관점에서 제시하기는 했으나 각각의 장단점을 제시하지는 않았다.

③ 미생물과 관련된 가설의 문제점을 밝히고 있는 글이 아니라 미생물에 대한 가설이 학자들에게 어떤 과정을 거쳐 인정되었는지 밝히고, 그로 인해 형성된 미생물에 대한 부정적 인식을 설명하는 글이다.

④ 미생물의 종류를 나누어 분석한 부분은 찾기 어렵다.

261 ④

개념 카테고리 독해 비문학 > 내용 일치/불일치

| 정답 해설 | ④ 둘째 문단의 "1865년 파스퇴르는 이런 생각이 틀렸음을 증명했다. ~ 프랑스의 잠사업을 위기에서 구했다."에서 근거를 찾을 수 있다.

| 오답 해설 | ① 첫째 문단에서 플렌치즈의 주장은 증거가 없었으므로 다른 사람들을 납득시킬 수 없었다고 설명하고 있다.

② 둘째 문단을 보면 썩어가는 물질이 내뿜는 독기가 질병을 일으킨다는 생각이 틀렸음을 증명한 사람은 플렌치즈가 아니라 파스퇴르이다.

③ 셋째 문단을 보면 코흐는 다른 과학자들이 동물 시체에서 발견한 탄저균을 쥐에게 주입하는 실험을 하였다.

262 ④

개념 카테고리 독해 비문학 > 내용 일치/불일치

| 정답 해설 | ④ 넷째 문단을 보면 코흐를 비롯한 여러 과학자들이 세균들을 속속 발견한 이유로 '새로운 도구의 발명'을 들고 있다. 따라서 코흐 역시 새로운 도구의 도움으로 연구를 진행했음을 알 수 있다.

| 오답 해설 | ① 셋째 문단의 "과학자들이 동물의 시체에서 탄저균을 발견하자, 1876년 코흐는 이 미생물을 쥐에게 주입한 뒤"에서 '세균'이 '미생물'임을 알 수 있다.

② 다섯째 문단에서 리스터는 세균을 제거하기 위해 소독 기법을 실무에 도입하여 손, 의료 장비, 수술실을 화학적으로 소독했다. 따라서 세균은 화학적인 방법으로 제거할 수 있음을 알 수 있다.

③ 1762년 플렌치즈가 미생물이 질병을 일으킨다는 사실을 주장했으나 증거가 없어 받아들여지지 않았다. 하지만 19세기 중반 파스퇴르와 코흐에 의해 이런 사실들이 증명되면서 미생물과 질병에 대한 연관성의 인식이 변화하기 시작했다. 따라서 미생물과 질병의 연관성에 대한 인식은 통시적으로 변해 왔음을 알 수 있다.

263 ③

개념 카테고리 이론 비문학 > 작문 > 글의 전개 방식

| 정답 해설 | ③ '아나톨 칼레츠키', '레스터 서로'의 견해를 인용하여 설명함으로써 신뢰도를 높이고 있다.

| 오답 해설 | ① 문제점과 대안을 제시하고 있지 않다.

② 두 견해가 충돌한다는 설명은 없다. 비록 다른 성격의 제도이지만 양립할 수 있고 궁합이 잘 맞는다고 표현하고 있다.

④ 두 체제가 결합되는 과정을 단계적으로 서술하고 있는 부분은 없다.

264 ③

개념 카테고리 독해 비문학 > 내용 일치/불일치

| 정답 해설 | ③ 둘째 문단 "보통 근대 자본주의의 시작은 ~ 애덤 스미스의 "국부론"이 출간된 때이다."를 통해 확인할 수 있다.

| 오답 해설 | ① 첫째 문단 "미국에서조차도 20세기 초에야 ~ 제대로 된 대중 민주주의의 형태를 갖추게 되었다."를 통해 20세기 초에 시작되었음을 알 수 있다.

② 둘째 문단 "지금은 세계 수많은 나라가 ~ 갖추고 있다."를 통해 확인할 수 있다.

④ 셋째 문단 "이 두 체제의 결합은 사실 자연스러운 것이 아니다."와 이후 내용을 통해 확인할 수 있다.

265 ②

개념 카테고리 독해 비문학 > 주제 찾기

| 정답 해설 | ② 제시된 글은 비교 언어학을 활용하여 언어의 조어를 추정하는 방법을 외적 재구와 내적 재구로 나누어 설명하고 있다. 따라서 '언어의 옛 모습을 추론하는 방법'이 중심 내용으로 가장 적절하다.

| 오답 해설 | ①, ④ '친족 관계가 확인된 언어들의 유사성'과 '언어 변화의 규칙성과 체계성'은 비교 방법에 요구되는 특성들 중 하나로 서술되어 있을 뿐 글의 내용을 전체적으로 포괄하고 있지 않다.

③ 언어의 옛 모습을 추론하는 방법을 외적 재구와 내적 재구로 나누어 설명하고 있으나, 각 방법들의 장단점에 대해 서술하고 있지 않다.

266 ②

개념 카테고리 독해 비문학 > 내용 일치/불일치

| 정답 해설 | ② 내적 재구는 한 언어의 자료만을 가지고 그 언어의 옛 모습을 추정하는 방법으로, 언어 변화 과정에서 일어나는 시간적·공간적 흔적들을 복원하여 그 변화가 일어나기 전의 어형을 추정하는 것이다. 일반적으로 공간적 흔적은 방언을 통해 확인되며 이 경우에는 외적 재구보다 내적 재구의 방법을 적용하는 것이 더 적합하다. 해당 내용은 여섯째 문단에서 확인할 수 있다.

| 오답 해설 | ① 언어들 사이에 널리 혹은 우연히 존재할 수 있는 유사성이 아니라 그들이 친족이기 때문에 공유할 수밖에 없는 체계적인 유사성이 있음을 밝혀내야 친족 관계를 증명할 수 있다.

③ 한 언어 자료만을 가지고 옛 모습을 추정할 때는 내적 재구의 방법이 적절하다.

④ 외적 재구에 대한 옳은 설명이다. 다섯째 문단에서 확인할 수 있다.

267 ③

개념 카테고리 독해 비문학 > 밑줄/괄호

| 정답 해설 | ㉠: ㉠의 앞 문장에서는 유목 민족이 소멸했다는 내용이 제시되어 있고, 다음 문장에서는 새로운 유목 민족이 새 역사를 쓰고 있다고 나와 있다. 따라서 앞의 내용과 뒤의 내용이 상반될 때 쓰는 '그러나'가 적절하다.

㉡: ㉡의 앞 문장과 뒤 문장에서는 모두 신유목 시대의 예상되는 특징에 대해 서술하고 있다. 따라서 앞의 내용과 대등한 의미를 드러내 주는 '또한'이 적절하다.

㉢: ㉢의 앞 문장에서는 21세기의 새로운 유목민도 역사에서 사라질 수 있다는 내용이 제시되어 있고, 다음 문장에서는 역사의 위대한 종족으로 남게 될 수 있을 것이라고 나와 있다. 따라서 앞의 내용과 뒤의 내용이 상반될 때 쓰는 '그러나'가 적절하다.

268 ④

개념 카테고리 독해 비문학 > 내용 일치/불일치

| 정답 해설 | ④ 현대의 유목은 물리적인 현실 공간을 넘어 사이버 공간으로 이동된다고 하였다. 또한 프랑스의 철학자 피에르 레비는 '현대인에게 움직인다는 것의 의미는 더 이상 지구 표면 한 지점에서 다른 지점으로 이동하는 것만을 뜻하지 않는다.'라고 하였다.

| 오답 해설 | ① 유목 민족은 정주 민족에게 결국 패하였고, 훈족 또한 역사에서 흔적 없이 소멸했다고 제시되어 있다.

② 신유목 시대에는 국가주의가 퇴조하고 세계 시민주의가 확대될 것으로 예상된다고 하였다. 그러나 과거의 유목민이 국가주의적 경향을 띠었는지는 알 수 없다.

③ 신유목 시대에는 남북 격차에 디지털 격차까지 겹쳐 더 부정적인 상황이 찾아올 수 있을 것이라는 내용이 제시되었을 뿐 남북 격차가 디지털 격차의 원인이라는 내용은 제시되어 있지 않다.

매력적 오답 '남북 격차'와 관련한 내용이 글에 언급되어 있어 '인해'라는 표현에 집중하지 못했다면 고민할 수 있는 선택이 지이다.

269 ④

개념 카테고리 독해 비문학 > 밑줄/괄호

| 정답 해설 | ⓐ, ⓑ, ⓒ, ⓓ는 현대인이 대인 관계에 있어서 보이는 타자 지향적 삶의 태도, 내면보다 겉모습을 중시하는 태도를 나타낸 말이다. ⓔ는 이와 반대로 자신의 참모습을 뜻하고 있다.

270 ①

개념 카테고리 독해 비문학 > 밑줄/괄호(추론형)

| 정답 해설 | ① 단순한 공포심을 나타내고 있다.

| 오답 해설 | ②~④의 경우 대중 매체를 통해 정보를 얻고, 그 정보대로 실행하지 않으면 남들보다 뒤떨어질 것이라 여겨 대중 매체가 요구하는 대로 행동하는 사례들이다.

271 ②

개념 카테고리 독해 비문학 > 주제 찾기

| 정답 해설 | ② 제시된 글은 작품의 생성과 전개에 수용자를 참여시킴으로써 작품과 수용자 사이의 상호 작용을 강조하는 예술적 시도와 이러한 시도가 지닌 의의에 대해 언급하고 있다. 종래의 예술과는 다르게 최근의 예술관에서는 각각의 상호 작용의 고유성이 보호되면서 그것이 하나의 전체 속에서 통일되는 미적 체험에 대한 시도들이 나타나고 있다. 이런 통일성에 대한 체험을 미적 체험으로 간주하며 예술의 세속화를 긍정적으로 보면서, 삶 속에서도 미적 체험을 성취할 것임을 제시하고 있다.

272 ④

개념 카테고리 독해 비문학 > 밑줄/괄호

| 정답 해설 | ④ ⓓ '부단한'은 '꾸준하게 잇대어 끊임이 없는.'이라는 의미이다.

273 ①

개념 카테고리 독해 비문학 > 밑줄/괄호(추론형)

| 정답 해설 | ⓐ는 역사화 이외의 장르에 해당하는 그림 전반을 가리키고, ⓑ는 역사화 이외의 장르에 해당하는 그림 중 초상화, 풍경화, 정물화 등을 제외한 그림을 가리킨다. 따라서 ⓐ에서 ⓑ로 의미 영역이 축소되었음을 알 수 있다.

① 의미 영역이 축소된 사례에 해당한다.

| 오답 해설 | ②, ④ 의미 영역이 확대된 사례에 해당한다.

③ 의미 영역이 이동한 사례에 해당한다.

274 ②

개념 카테고리 독해 비문학 > 밑줄/괄호

| 정답 해설 | ㉠: ㉠의 앞 문장에서는 장르화가 무엇인지에 대해 이야기하고 있고, 뒤 문장에서는 장르화에 대한 화제를 다른 방향으로 이끌어 나가고 있다. 따라서 화제를 앞의 내용과 관련시키면서 다른 방향으로 이끌어 나갈 때 쓰는 접속 부사 '그런데'가 적절하다.

㉡: ㉡의 앞 문장과 뒤 문장에서는 장르화와 풍속화의 유사함에 대해 이야기하고 있다. 따라서 앞의 내용과 의미상 대등함을 드러내는 '또한'이 적절하다.

㉢: ㉢의 앞 문장에서 장르화의 해학은 도덕적 관념을 바탕으로 하였다는 내용이 나오고, 뒤 문장에는 도덕적인 교훈을 발견할 수 있다는 내용이 나온다. 따라서 앞의 내용이 뒤의 내용의 원인이나 근거, 조건 따위가 될 때 쓰는 접속 부사인 '그래서'가 적절하다.

㉣: ㉣의 앞 문장과 뒤 문장은 서로 상반되는 내용이 제시되어 있다. 따라서 앞의 내용과 뒤의 내용이 상반될 때 쓰는 접속 부사인 '그러나'가 적절하다.

275 ③

개념 카테고리 독해 비문학 > 주제 찾기

| 정답 해설 | ③ 제시된 글은 난간의 건축 재료인 목조의 자연 친화적 특징과 난간이라는 공간이 갖는 미학적 특징에 대해 서술하고 있으므로 '난간의 건축 미학과 의의'가 글의 제목으로 가장 적절하다.

| 오답 해설 | ① '난간의 구성 요소에 따른 장단점', ② '난간의 제작 과정', ④ '난간의 역사' 등은 제시되어 있지 않다.

276 ①

개념 카테고리 독해 비문학 > 내용 일치/불일치

| 정답 해설 | ① 셋째 문단에서 난간에 동자를 짜서 마루와 궁판에 끼워 난간을 튼튼하게 만들면서 동시에 장식미를 드러내고 있다고 설명하고 있다. 따라서 적절한 반응이다.

| 오답 해설 | ② 셋째 문단에서 계자 난간은 궁판에 궁창을 만들어 잇기도 하고, 때로는 궁판 대신에 다양한 모양의 살창을 끼워 멋을 살렸다고 하였다. 따라서 적절하지 않은 반응이다. **매력적 오답** 제시된 글에서 계자 난간과 관련하여 궁판과 살창 모두를 설명하고 있다. 궁판 대신 살창을 만들거나 살창 대신 궁판을 만든다는 점에 집중하지 못하면 고민할 수 있는 선지이다.

③ 둘째 문단에서 목조 난간은 일반 민가에서 쉽게 볼 수 있는 질박하고 수수한 난간에서부터 멋과 미감을 살린 계자 난간으로 발전되어 갔다고 제시되어 있다.

④ 목조 난간과 석조 난간의 실용성 비교에 관한 내용은 제시되어 있지 않다.

277 ①

개념 카테고리 독해 비문학 > 밑줄/괄호

| 정답 해설 | ㉠: '놀이'와 '터'는 함께 나열될 가능성이 높으므로 배열적 연결 관계에 있는 단어이다.

㉡: '돼지'와 '동물'은 하위어와 상위어 관계이므로 상위적 연결 관계에 있는 단어이다.

㉢: '크다'와 '작다'는 반의 관계에 있는 단어이므로 등위적 연결 관계에 있는 단어이다.

㉣: '여물다'와 '익다'는 유사 관계에 있는 단어이므로 동의적 연결 관계에 있는 단어이다.

㉤: '위'와 '아래'는 반의 관계에 있는 단어이므로 등위적 연결 관계에 있는 단어이다.

278 ④

개념 카테고리 독해 비문학 > 내용 일치/불일치

| 정답 해설 | ④ 첫째 문단에서 한글 자모 순서로 단어들이 배열되어 있는 종이 사전처럼 머릿속 사전이 조직되어 있는 경우는 드물다고 언급되어 있다.

| 오답 해설 | ① '북쪽'과 '남쪽'은 '등위적 연결' 관계에 있는 단어들로 이것들의 연결은 다른 것들보다 그 연결력이 강한 편이다. 그에 반해 '하늘'이란 자극어와 '고추장'이라는 반응어는 상관이 없는 관계로 앞서 제시한 단어들에 비해 그 연결력이 약함을 추론할 수 있다.

② 다섯째 문단에서 강력한 연결 관계를 맺는 단어들이 있어서 이 단어들은 서로 가까운 곳에 저장되어 있을 것이라 하였다.

③ 실어증 환자들에 대한 실험을 통해 단어들은 일정한 주제를 중심으로 무리 지어 있으며, 어느 정도 독립적으로 작동할 수 있는 장치를 갖고 있다는 결론을 도출했다.

279 ④

개념 카테고리 독해 비문학 > 주제 찾기

| 정답 해설 | ④ 제시된 글은 지리학의 방법을 활용하여 언어 현상을 설명한 언어 지도를 활용하여 방언을 연구하는 방법에 대해 설명하고 있다.

| 오답 해설 | ① 언어학에서 '언어 지도'라는 지리학의 방법을 활용하고 있는 것은 맞지만 그 교차 영역을 이 글의 중심 내용이라고 보기엔 무리가 있다.

② 진열 지도와 해석 지도의 장단점은 글에 제시되어 있지 않다.

③ 지도에 담긴 방언형을 통해 문학 작품에 나타난 방언 어휘를 이해하는 데 도움을 준다는 내용이 있지만, 이것이 글의 중심 내용은 아니다.

280 ③

개념 카테고리 독해 비문학 > 내용 일치/불일치

| 정답 해설 | ③ 언어 지도는 시간의 흐름에 따라 변화하는 언어를 공간적으로 투영한 것으로, 시기나 성별에 따라 나타나는 방언형에 대한 내용은 유추할 수 없다.

| 오답 해설 | ① 방언형이 많을 경우에는 주로 진열 지도 방식을, 방언형이 많지 않을 경우에는 주로 해석 지도 방식을 이용한다.

② 등어선을 그릴 때 지역적으로 드물게 나타나는 이질적인 방언형은 종종 무시되기도 한다.

④ 언어 지도는 지도에 담긴 방언형을 통해 이전 시기의 언어를 재구성하거나, 문학 작품에 나타난 방언 어휘를 이해하는 데 도움을 준다고 하였다.

281 ②

개념 카테고리 독해 비문학 > 밑줄/괄호

| 정답 해설 | ② 사회 고발 프로그램은 현실 문제에 대한 관심을 높이고 사회의식을 고취시키며 현실의 삶을 그대로 반영하는 성격을 지니고 있다. 따라서 현실의 삶을 있는 그대로가 아니라 왜곡해서 보여 준다는 ㉡의 내용과 어울리지 않는다.

282 ①

개념 카테고리 이론 비문학 > 작문 > 글의 전개 방식

| 정답 해설 | ① '이미지'의 긍정적 · 부정적 측면을 대비적으로 분석한 뒤, 글의 말미에서는 주체적으로 '이미지'를 수용할 것을 주장하고 있다.

| 오답 해설 | ② 자문자답 형식은 사용되지 않았다.

③ 가설과 구체적 자료는 제시되어 있지 않다.

④ 글쓴이 자신의 생각과 다른 견해가 제시되어 있지 않다.

283 ③

개념 카테고리 독해 비문학 > 밑줄/괄호(추론형)

| 정답 해설 | ③ 초출자는 'ㅏ, ㅓ, ㅜ, ㅗ'를 의미한다. 'ㅑ'는 재출자이고 'ㅘ'는 합용자에 속한다.

284 ④

개념 카테고리 독해 비문학 > 내용 일치/불일치

| 정답 해설 | ④ 한글의 우수성을 뒷받침하는 근거로는 모음의 소릿값이 일정한 점, 모음의 생성 방식이 체계적인 점, 자음의 형태와 소리의 값이 계열화를 이룬다는 점, 자음을 조음 기관의 모양을 본떠서 만들었다는 점을 들 수 있다.

285 ③

개념 카테고리 독해 비문학 > 내용 일치/불일치

| 정답 해설 | ③ 둘째 문단에서 자음은 기본 글자 다섯에다 한 획씩 더하는 방식으로 글자를 생성하였다고 언급하고 있다.

| 오답 해설 | ① 한글은 소리의 종류에 따라 글자 모양을 체계화하였다.

② 'ㄴ, ㄷ, ㅌ'은 자질은 다르지만 소리 나는 곳은 같다.

④ 영어의 모음 'A, E, I, O, U'는 다양한 소릿값을 가진다.

286 ②

개념 카테고리 독해 비문학 > 내용 일치/불일치

| 정답 해설 | ② 칸트의 '미적 무관심성'은 대상이 주는 모든 외적 관심을 배제한 상태에서, 오로지 대상의 내재적인 미적 형식에만 집중하는 마음의 작동 방식을 가리키는 미학의 개념이다. 이는 대상의 형식적 측면에만 관심을 갖는 '무관심적 관심'이고, 무언가를 얻고자 하는 관심에서 자유롭기 때문에 '목적 없는 합목적성'에 해당한다. 따라서 내적 요소인 시적 화자의 어조로만 작품을 감상하고 있는 ②가 칸트의 입장에 가깝다고 할 수 있다.

| 오답 해설 | ①, ③, ④ 작품 해석에 시대적 배경을 반영하고 있다. 따라서 내재적인 미적 형식에만 집중하고 있다고 볼 수 없다.

287 ③

개념 카테고리 독해 비문학 > 밑줄/괄호

| 정답 해설 | ㉠: ㉠의 앞 문장에서는 동일한 대상임에도 불구하고 받아들이는 방식이 다양함에 대해 이야기하고 있고, 뒤 문장에서는 앞 문장과 상반되는 내용이 제시되고 있다. 따라서 접속부사 '그런데'가 들어가는 것이 적절하다.

㉡: ㉡의 앞뒤 문장에서는 '미적 무관심성'에 대해 '무관심적 관심'과 '목적 없는 합목적성'의 개념으로 부연 설명하고 있다.

따라서 각 문장을 병렬적으로 연결해 주는 접속 부사 '그리고'가 들어가는 것이 적절하다.

㉢: ㉢의 앞 문장에 대한 이유를 뒤 문장에서 제시하고 있는 상황이다. 따라서 '왜냐하면'이 들어가는 것이 적절하다.

㉣: ㉣의 뒤 문장에서는 앞의 내용을 요약하여 말하고 있으므로 '요컨대'가 적절하다.

288 ②

개념 카테고리 이론 비문학 > 작문 > 글의 전개 방식

| 정답 해설 | ㉠: 인간과 인간이 아닌 것을 구분하는 관점에 대해 비판적 입장에서 검토하고 있으며 관점의 변화를 요구하고 있다.

㉣: 포스트휴먼이 등장하고 있는 현실에 대한 진단을 바탕으로 하여, 앞으로 인간과 비인간의 관계가 어떻게 변해 갈 것인지에 대해 예측하고 있다.

| 오답 해설 | ㉡: 난해한 용어를 정의하는 부분은 제시되어 있지 않다.

㉢: 다른 현상과의 비교를 통해 특정 현상에 담긴 의미를 파악하는 부분은 제시되어 있지 않다.

289 ②

개념 카테고리 독해 비문학 > 주제 찾기

| 정답 해설 | ② 제시된 글의 서두에서 글쓴이는 인간과 비인간을 구분 짓는 속성의 존재에 대해 질문을 던졌고, 글의 말미에서 포스트휴먼의 등장으로 인간과 비인간을 구분하려는 시도 자체에 대한 근본적인 재고가 요구된다고 언급하고 있다. 즉 글쓴이는 인간과 비인간을 구분하려는 시도 자체에 내재된 문제점이 무엇인지 인식해야 함을 말하고 있다.

| 오답 해설 | ① 포스트휴먼의 등장으로 고유의 인간성에 대한 의문이 제기되었고 인간과 비인간의 경계가 흐릿하게 되었다.

③ 점차 기계에 대한 인간의 배타적 우월성을 당연하게 받아들이기는 어려워질 것이다.

④ 제시된 내용만으로는 알 수 없다.

290 ②

개념 카테고리 독해 비문학 > 내용 일치/불일치

| 정답 해설 | ② 역사와 역사 소설은 모두 선택된 사실에서 출발한다는 공통점이 있다. 하지만 셋째 문단에서 역사는 사실을 조사한 후 탐구하고 검증하는 작업을 거치는 반면, 역사 소설은 선택된 사실을 바탕으로 상상력에 근거한 문학적 허구를 펼쳐 간다고 하였다.

| 오답 해설 | ① 둘째 문단에서 역사는 그냥 주어진 자연 현상이 아니라 인간에 의해 만들어지는 창조물이며, 역사가의 선택과 재구성의 과정을 거친 창조적인 작업이라 하였다.

③ 다섯째 문단에서 역사관은 역사에 대한 총체적 비전으로 이에 따라 똑같은 역사적 사건이라도 역사적 의미가 바뀔 수 있다고 하였다.

④ 첫째 문단에서 확인할 수 있는 내용이다.

291 ④

개념 카테고리 독해 비문학 > 내용 추론

| 정답 해설 | ④ 제시된 글은 역사의 기록 과정과 역사와 역사 소설의 차이점을 중심으로 역사의 창조성과 가변성에 대해 이야기하고 있으므로 유적이나 유물의 발굴 방법은 무관한 내용이다.

292 ③

개념 카테고리 독해 비문학 > 주제 찾기

| 정답 해설 | ③ 제시된 글은 도덕적 선택의 순간에 직면했을 때 개인적 선호를 드러내는 행동이 도덕적으로 정당한지에 대해 다루고 있다.

| 오답 해설 | ① 선택에 따른 공평주의자들의 입장에 대해서는 제시되어 있지만 그것이 공평주의자들을 비교 분석한 것은 아닐 뿐만 아니라 중심 화제로도 적절하지 않다. **매력적 오답** 일곱째 문단에서 강경한 공평주의자들의 견해가 제시되어 있어 '강경한 공평주의자와 온건한 공평주의자들 간의 의견 대립'이 이 글의 핵심이 된다고 생각할 수 있다.

②, ④ 공평주의자의 개념과 분류, 도덕적 정당성의 의미와 의의에 대해서는 제시되지 않았다.

293 ③

개념 카테고리 독해 비문학 > 밑줄/괄호

| 정답 해설 | ㉠: ㉠ 앞 문장의 내용은 괄호 뒤 문장의 내용의 원인, 근거에 해당한다. 따라서 접속 부사 '따라서'가 들어가는 것이 적절하다.

㉡: ㉡의 뒤 문장은 앞 문장의 내용과 다른 새로운 내용을 서술하여 화제를 바꾸며 글을 이어 나가고 있다. 따라서 전환에 해당하는 '그렇다면'이 들어가는 것이 적절하다.

㉢: ㉢의 뒤 문장은 앞 문장의 내용과 상반되는 내용이 제시되어 있다. 따라서 접속 부사인 '그러나'가 들어가는 것이 적절하다.

㉣: ㉣의 뒤 문장도 앞 문장의 내용과 상반되는 내용이 제시되어 있으므로 '반면'이 들어가는 것이 적절하다.

294 ②

개념 카테고리 독해 비문학 > 내용 일치/불일치

| 정답 해설 | ② 제시된 글에서 지도의 크기의 대형화와 다양한 주제도의 발달과의 연관성은 제시되어 있지 않다.

| 오답 해설 | ① 넷째 문단의 수치 지도는 기존의 지도에서 사용되던 기호 체계를 사용하되, 각종 지리 정보들을 표준 코드로 분류하여 저장한 지도라고 설명한 부분을 통해 지도는 공간 정보를 기호 체계로 표현한 것임을 알 수 있다.

③ 둘째 문단을 통해 우리나라에 현존하는 지도는 조선 시대 이후에 제작된 것임을 알 수 있다.

④ 과거 지도는 대부분 관 중심의 통치와 행정의 수단으로 활용되었다가 광복 이후가 되어서야 비로소 대중에게 보급되었다. 따라서 옳은 설명이다.

295 ①

개념 카테고리 독해 비문학 > 밑줄/괄호

| 정답 해설 | ㉠의 '같은'은 앞에 열거된 사물과 유사한 부류에 속한다는 의미이다. ①의 '같은'도 동일한 의미로 사용되었다.

| 오답 해설 | ② 서로 다르지 않고 하나임을 의미하는 '같은'이 사용되었다.

③, ④ 기준에 합당함을 의미하는 '같은'이 사용되었다.

296 ②

개념 카테고리 독해 비문학 > 밑줄/괄호

| 정답 해설 | ② ㉠의 앞부분에서는 텔레비전 토론 프로그램이 특정 입장을 홍보하는 '유사 공론장'으로 변질되고 있다고 비판하고 있다. 따라서 ㉠에는 텔레비전 토론 프로그램이 여론을 조작하거나 왜곡하고 있다는 내용이 들어가는 것이 적절하다.

297 ③

개념 카테고리 독해 비문학 > 밑줄/괄호

| 정답 해설 | ③ ㉡은 방송사가 미리 설정해 놓은 형식과 구성 요소들이 토론의 진행 방향이나 논쟁의 결과를 결정해 버린다는 것이다. 이는 토론 프로그램의 형식이 토론에서의 자유로운 논쟁을 저지하고, 토론의 과정이나 결과도 정해진 대로 진행될 수밖에 없다는 것을 의미한다고 할 수 있다.

298 ②

개념 카테고리 이론 비문학 > 작문 > 글의 전개 방식

| 정답 해설 | ② 글쓴이는 텔레비전 토론 프로그램의 문제에 대한 학자들의 비판적 견해를 소개하며, 진정한 공론장이 되기 위해서는 해결해야 할 문제가 있다고 강조하고 있다. 따라서 학자들의 견해를 언급하며 글쓴이의 입장을 간접적으로 드러내고 있다는 것은 옳은 설명이다.

| 오답 해설 | ① 텔레비전 토론 프로그램이 공론의 장 역할을 할 것이라는 기대에 대해 언급은 되어 있으나 이는 학자가 제시한 주장은 아니다. 또한 제시된 학자들은 서로 비슷한 시각을 견지하고 있다. 따라서 상반된 주장의 대비라는 말은 틀린 표현이다.

③, ④ 자문자답 형식이나 유추의 기법은 사용되지 않았다.

299 ②

개념 카테고리 독해 비문학 > 주제 찾기

| 정답 해설 | ② (가)를 보면 '단어 연상법'은 지능의 종류를 구분하기 위한 것이었고 그 실험은 크게 의미를 갖지 못하였음을 알 수 있다. 그 실험은 (다)를 보면 오히려 피실험자의 감춰진 정서를 찾아내는 데 더 유용하다는 점이 입증되었다. 따라서 융의 실험은 기존의 연구 목표에서는 큰 효과를 거두지 못하였지만 새로운 방향에서는 효과적이었음을 알 수 있다.

300 ②

개념 카테고리 독해 비문학 > 내용 일치/불일치

| 정답 해설 | ② 갤턴을 비롯하여 그 실험법을 수천 명의 사람들에게 실시했던 연구자들은 지연된 응답의 배후에 있는 피실험자의 정서에 주목하지 않았으며, 응답의 지연을 피실험자가 반응하지 못한 것으로만 기록했었다.

| 오답 해설 | ① 융은 실험에서 응답 시간이 늦어질 경우 피실험자에게 왜 응답을 망설이는지 물어보았으나, 피실험자는 자신의 응답 시간이 늦어지는 것도 알지 못했고, 그에 대해 아무런 설명도 하지 못했다.

③ 기존의 단어 연상법의 심리학에 대한 실험 연구는 의식을 바탕으로 해서 진행되었다. 하지만 융은 특수한 종류의 감정으로 이루어진 무의식 속의 관념 덩어리인 콤플렉스라는 개념을 끌어들였다. 따라서 옳은 설명이다.

④ 프랜시스 갤턴이 개발한 단어 연상법의 실험을 통해 얻은 정보는 지능의 수준을 평가하는 데 별로 중요하지 않은 경우가 많았다.

301 ④

개념 카테고리 독해 비문학 > 내용 일치/불일치

| 정답 해설 | ④ 자음의 개구도는 폐쇄음(ㄱ, ㄷ, ㅂ 등)은 0도, 마찰음(ㅅ, ㅆ, ㅎ)과 파찰음(ㅈ, ㅉ, ㅊ)은 1도, 비음(ㅁ, ㄴ, ㅇ)은 2도, 유음(ㄹ)은 3도이다. 따라서 개구도의 수치가 가장 큰 자음은 'ㄹ'이다.

| 오답 해설 | ① 음절 초 자음이 'ㅈ, ㅉ, ㅊ'이면 모음 'ㅑ, ㅕ, ㅛ, ㅠ'가 올 수 없으므로 '쥬스'는 옳지 않은 표기이다.

② 국어에서 음절의 핵은 언제나 모음이고, 그 앞과 뒤에 자음이 하나씩 올 수도 있다.

③ 영어는 자음이 음절의 핵이 되기도 한다.

302 ①

개념 카테고리 독해 비문학 > 내용 일치/불일치

| 정답 해설 | 두 부등호 사이의 음절 경계를 보아 2음절 단어임을 알 수 있고, 음절의 구조는 '자음+모음'인 음절과 '자음+모음+자음'인 음절로 이루어졌음을 알 수 있다.

① '자장'의 개구도는 '1 6 1 6 2'로 부등호로 배열하면 '< > < > >'의 구조이다.

303 ③

개념 카테고리 독해 비문학 > 밑줄/괄호

| 정답 해설 | ③ 앞서 제시된 '벤또, 돈부리'가 '도시락, 덮밥'으로 바뀐 사례를 통해, 바뀌게 된 '강력한 동기'는 '벤또, 돈부리'가 일본어에서 유래한 외래어이기 때문임을 알 수 있다. 즉, 일본에 대한 거부감을 갖고 있는 '민족 정서'가 강력한 동기가 되어 바뀐 것으로 보는 것이 적절하다.

304 ①

개념 카테고리 독해 비문학 > 내용 일치/불일치

| 정답 해설 | ① '마상'이나 '아아'는 기존에 있던 '마음의 상처'와 '아이스 아메리카노'를 줄인 말로, 새로 발생된 개념이나 사물을 표현하기 위해 만든 말에 속하지 않는다.

305 ③

개념 카테고리 독해 비문학 > 내용 일치/불일치

| 정답 해설 | ③ 일러스트레이션은 과거 책을 장식하는 요소로 사용되었지만, 오늘날엔 회화적인 요소가 강해질 뿐만 아니라 예술적 의의를 인정받지 못하는 한계를 넘어서고 있다. 휴대 전화도 실용적 가치의 한계를 뛰어넘어 독자적인 미적 가치를 지니게 되었으므로 적절한 예에 속한다.

306 ②

개념 카테고리 독해 비문학 > 내용 일치/불일치

| 정답 해설 | ② 넷째 문단에서 좋은 그림책은 완성되어 있는 글에 그림을 그려 넣은 책이 아니라 글과 그림이 함께 이야기를 완성해 나가는 책이라 하였으므로 옳은 설명이다.

| 오답 해설 | ①, ④ 제시된 글에서 확인할 수 없는 내용이다.

③ 좋은 그림책은 독자의 능동적 참여와 관련이 있다.

307 ②

개념 카테고리 독해 비문학 > 밑줄/괄호(추론형)

| 정답 해설 | ② '프레임을 통해서 비추어진 세계'는 어떤 틀을 통해 비추어진 세계를 의미한다. 하지만 바닷가에서 바라본 노을 진 하늘은 어떤 틀을 거치지 않은 채 자연 그대로의 모습이다.

| 오답 해설 | ①, ③, ④ '스마트폰', '유리창', '망원경'이라는 프레임을 통해 사물을 바라본 것으로, ⓐ의 '프레임을 통해 비추어진 세계'와 일맥상통한다.

308 ②

개념 카테고리 독해 비문학 > 밑줄/괄호

| 정답 해설 | ㉠: ㉠의 앞 문장과 뒤 문장은 영화와 프레임에 대한 이야기가 병렬적으로 이어지고 있다. 따라서 접속 부사 '그리고'를 쓰는 것이 적합하다.

㉡: ㉡의 앞 문단과 뒤 문단 모두 '영화는 회화나 사진과 다르다.'라는 내용을 담고 있다. 따라서 부사 '또한'을 쓰는 것이 적합하다.

㉢: ㉢의 앞 문장의 내용은 뒤 문장의 내용에 대한 원인에 해당한다. 따라서 접속 부사 '그래서'가 들어가는 것이 적합하다.

㉣: ㉣의 뒤 문장은 앞 문장에서 말한 '화면 자르기'의 내용을 다른 방향으로 이끌어 나가고 있다. 따라서 접속 부사 '그런데'를 쓰는 것이 적합하다.

CHAPTER 02 이론 비문학

작문 문제편 P.250

01	②	02	③	03	②	04	③	05	①
06	③	07	①	08	④	09	④	10	④
11	②	12	①	13	②	14	④	15	④
16	③	17	④	18	②	19	②	20	④

01 ②

개념 카테고리 이론 비문학 > 작문 > 글의 전개 방식

| 정답 해설 | ② 빛 공해의 주요 요인으로 인공조명의 누출을 들고 있으나, 제시된 글만으로는 누출 원인을 알 수 없다.

| 오답 해설 | ① "빛 공해란 ~ 상태를 말한다."라는 문장에서 빛 공해의 정의를 제시하고 있다.

③ 『사이언스 어드밴스』의 '전 세계 빛 공해 지도'를 인용하여 빛 공해가 심각한 나라로 우리나라를 제시하였다.

④ "멜라토닌 부족을 초래해 ~ 문제를 일으킨다."에서 사례를 들어 빛 공해의 악영향을 제시하고 있다.

02 ③

개념 카테고리 이론 비문학 > 작문 > 글의 전개 방식

| 정답 해설 | ③ 제시된 글은 사람이 글을 쓰는 것을 나무에 꽃이 피는 것에 '비유'하여 설명하고 있다.

03 ②

개념 카테고리 이론 비문학 > 작문 > 글의 전개 방식

| 정답 해설 | ② 제시된 글은 담배를 피우는 이유를 네 가지 세부 사항으로 나누어 '분석'하여 설명하고 있다.

04 ③

개념 카테고리 이론 비문학 > 작문 > 글의 전개 방식

| 정답 해설 | ③ 첫째 문단의 "종래의 신을 위한 음악에서 탈피해 형식과 내용의 일체화를 꾀하고 균형 잡힌 절대 음악을 추구하였다."를 통해 형식과 내용의 '분리'가 아닌 형식과 내용의 '일체화'를 꾀하는 것이 고전파 음악의 특징임을 알 수 있다.

| 오답 해설 | ① 첫째 문단 마지막 부분 "'신'보다는 '사람'을 위한 음악, ~ 보여 준 것이다.", 둘째 문단 처음 부분 "또한 고전파 음악은 ~ 완숙을 이룬 음악이기도 하다." 등을 통해 고전파 음악이 지닌 음악사적 의의를 밝히고 있다.

② 둘째 문단에서 "이 시기에는 하이든, 모차르트, 베토벤 등 위대한 작곡가들이 배출되기도 하였다."라고 하여 예를 들어 이해를 돕고 있다.

④ 첫째 문단 시작 부분 "고전파 음악은 어떤 음악인가?"를 보면 질문을 통해 화제를 제시함으로써 호기심을 유발한다는 것을 알 수 있다.

05 ①

개념 카테고리 이론 비문학 > 작문 > 글의 전개 방식

| 정답 해설 | ① '온실 효과'로 지구의 기온이 상승하고, '지구의 기온 상승'은 다시 '해수면 상승'을 유발하며, 또 이러한 '해수면 상승'은 바다와 육지의 비율을 변화시킨다는 다양한 인과 관계를 통해 글을 전개하고 있다.

| 오답 해설 | ② '제로섬'의 개념을 '정의'하고 운동 경기를 '예시'로 들고 있다.

③ 찬호가 학교에 몰래 들어가는 상황을 사건처럼 구성하여 '서사'의 방식으로 전개하고 있다.

④ 소읍의 모습을 마치 그림을 그리듯이 '묘사'하고 있다.

06 ③

개념 카테고리 이론 비문학 > 작문 > 글의 전개 방식

| 정답 해설 | '유추'란 두 개의 특수한 대상에서 어떤 징표가 일치하고 있기 때문에 다른 징표도 일치할 것이라고 추정하며 진술하는 방법이다. 제시된 글에서는 "문학이 구축하는 세계는 실제 생활과는 확연히 다르다."라는 점을 건물의 재료와 완성된 건물과의 관계를 통해 설명하고 있다. 따라서 '유추'의 설명 방법이 쓰였다.

③ 인생에서 목표의 중요성을 마라톤과 목표의 관계를 통해 설명하고 있다. 즉 '유추'의 방법을 사용하고 있다.

| 오답 해설 | ① 르네상스 시대의 화가들과 현대 회화의 출발점인 인상주의자들의 공통점을 중심으로 설명하고 있다. 이는 어떤 대상들의 공통점을 견주어 보는 '비교'의 방식이다.

② 소설을 구성하는 요소들을 '분석'의 방법을 통해 설명하고 있다. 분석이란 대상, 개념 등을 부분이나 요소로 나누어 설명하는 것을 말한다.

④ 신라의 육두품 출신 가운데 학문적으로 출중한 인물들을 '예시'를 통해 설명하고 있다.

07 ①

개념 카테고리 이론 비문학 > 작문 > 글의 전개 방식

| 정답 해설 | ① 〈보기〉는 '화랑도'라는 용어의 개념을 제시함으로써, 즉 '정의'를 통해 독자의 이해를 돕고 있다.

08 ④

개념 카테고리 이론 비문학 > 작문 > 글의 전개 방식

| 정답 해설 | ④ 옥구에 세워진 일본인 농장의 수, 일본인이 차지한 땅의 비중 등에 대해서 구체적 수치를 밝히며 식민지하의 군산과 옥구에 대해 설명하고 있다.

| 오답 해설 | ① 시간의 흐름에 따라 일본인이 조선을 침탈한 상황을 제시하고 있지만, 정보들이 인과적으로 연결되지 않았다. 또한 대상을 논증하고 있지도 않다.

② 대상에 대해 비판적인 시선이 보이지만 '반어법'을 활용하지 않고 있다.

③ 제시된 글에 풍자와 해학을 통해 대상을 희화화한 표현은 드러나지 않는다.

09 ④

개념 카테고리 이론 비문학 > 작문 > 글의 전개 방식

| 정답 해설 | ④ 첫째 문단과 둘째 문단에서 유럽의 18~19세기, 20세기의 시대적 변천 양상을 살피고, 넷째 문단에서 "현대의 지성은 전문 지식과 기술을 제공하는 데 그치지 말고, 현실을 비판하며 실현 가능한 구체적 방안을 모색하여 새로운 미래를 제시하는 혁신적 성격을 상실해서는 안 될 것이다."라고 주장하였다. 따라서 시대적 변천 양상을 살피면서 바람직한 방향을 제시하고 있다.

| 오답 해설 | ① 글쓴이와 상반된 견해의 내용은 제시되지 않았다.

② 시대에 따른 지성이 수행했던 역할의 내용은 과거 현상에 대한 분석이지, 상호 대립되는 견해를 제시한 것이 아니다.

③ 용어에 대한 개념 차이를 밝힌 부분은 제시되지 않았다.

10 ④

개념 카테고리 이론 비문학 > 작문 > 글의 전개 방식

| 정답 해설 | 제시된 글에서는 '진리'와 '정의'의 유사점을 근거로 '유추'의 방식을 사용하고 있다.

④ '인생'과 '여행'의 유사점을 근거로 '유추'의 방식으로 논리를 전개하고 있다.

| 오답 해설 | ① 3단 논법의 '연역 추리'의 방식이다.

② 두 대상의 차이점을 설명하는 '대조'의 방식이다.

③ '귀납 추론' 중 '통계적 귀납 추론'을 사용하였으며, '성급한 일반화의 오류'를 범하고 있다.

11 ②

개념 카테고리 이론 비문학 > 작문 > 글의 전개 방식

| 정답 해설 | 〈보기〉는 '묘사'의 방식으로 정경을 표현하고 있다.

② 잎의 생김새를 '묘사'하고 있다.

| 오답 해설 | ① 서사, ③ 유추, ④ 인과의 방식이 사용되었다.

12 ①

개념 카테고리 이론 비문학 > 작문 > 자료의 활용

| 정답 해설 | ① 글의 주제인 '청소년 인터넷 중독의 현황과 문제 해결'과 직접적인 관련이 없는 내용이다.

| 오답 해설 | ② 청소년 인터넷 중독의 현황을 드러내는 적절한 자료이다.

③ 청소년 인터넷 중독의 문제점을 나타내는 적절한 자료이다.

④ 청소년 인터넷 중독 문제에 대하여 구체적인 해결 방안을 제시하기 위한 문제 제기이므로 적절한 자료이다.

13 ②

개념 카테고리 이론 비문학 > 작문 > 글의 전개 방식

| 정답 해설 | ② '구분'은 상위 개념을 하위 개념으로 나누어 가면서 설명하는 방법이고, '분류'는 하위 개념을 상위 개념으로 묶어 가면서 설명하는 것이다. ㉠은 상위 개념인 '문학 장르'를 하위 개념인 '시, 소설, 수필, 희곡, 평론'으로 나누어 가면서 설명하고 있으므로 '구분'이고, ㉡은 하위 개념인 '향가, 속요, 시조'를 상위 개념인 '서정시'로 묶어 가면서 설명하고 있으므로 '분류'이다.

| 오답 해설 | ① '비교'는 다른 두 대상의 공통점을 중심으로 견주어 보는 방법이고, '대조'는 다른 두 대상의 차이점을 중심으로 견주어 보는 방법이다.

14 ④

개념 카테고리 이론 비문학 > 작문 > 글의 전개 방식

| 정답 해설 | ④ 제시된 글은 '묘사'와 관련된 설명을 하고 있다. 묘사는 대상을 감각적으로 표현하고 기술적, 의도적으로 그려 나타내는 표현 방식으로, 주관성 개입 여부에 따라 '객관적 묘사'와 '주관적 묘사'로 나눌 수 있다.

15 ④

개념 카테고리 이론 비문학 > 작문 > 글의 전개 방식

| 정답 해설 | ④ 하위 항목을 상위 항목으로 묶어서 진술하는 '분류'의 설명 방법이 사용되었다.

| 오답 해설 | ①~③은 상위 항목을 하위 항목으로 나누어 설명하는 '구분'의 설명 방법이 사용되고 있다.

16 ③

개념 카테고리 이론 비문학 > 작문 > 글의 전개 방식

| 정답 해설 | ③ 첫째 문단에서 농림축산식품부의 자료를 인용하여 불법 유기되는 반려동물의 수가 급증하는 상황의 심각성을 보여 주고 있다.

| 오답 해설 | ① 제시된 글에서 관용적인 표현은 사용되지 않았다.
② 제시된 글에서는 현재의 상황을 제시하고 해결 방법에 대한 두 관점을 제시하고 있을 뿐, 특정한 상황을 가정하지는 않았다.
④ 반려동물 인수제를 바라보는 두 주장을 제시하고 있지만, 이로부터 절충안을 도출하고 있지는 않다.

17 ④

개념 카테고리 이론 비문학 > 작문 > 글의 전개 방식

| 정답 해설 | ④ 경기 변동을 촉발하는 주원인에 대한 여러 견해를 등장한 순서대로, 즉 시간의 흐름에 따라 보여 주고 있다.

| 오답 해설 | ① 과거의 사례와 이를 통한 미래의 전망 모두 제시된 글에서는 찾을 수 없다.
② 경기 변동이라는 상황에 대한 예상과 분석은 확인할 수 있어도, 상황이 발생했을 때의 대응 방법은 제시된 글에서 찾을 수 없다.
③ 용어를 설명하기 위한 구체적인 예시는 제시된 글에서 찾을 수 없다.

18 ②

개념 카테고리 이론 비문학 > 작문 > 글의 전개 방식

| 정답 해설 | ② 설명 대상인 '레저'의 의미를 정의한 후, 소크라테스와 아리스토텔레스의 견해를 통해 '레저'에 대해 설명하고 있다.

| 오답 해설 | ① 대립되는 견해를 소개하지 않았고 견해의 장단점을 제시하지도 않았다.
③ 구체적 사례로부터 보편적 결론을 이끌어 내는 것은 귀납법이다. 제시된 글에서 귀납법은 쓰이지 않았다.
④ 두 개념의 유사점을 바탕으로 새로운 관점을 제시하지 않았다.

19 ②

개념 카테고리 이론 비문학 > 작문 > 작문의 과정(내용 생성)

| 정답 해설 | ② 생성한 내용에 적합한 어휘와 수사법을 정하는 것은 '표현하기' 단계에서 고려할 사항이다. 다만, 작문 과정은 회귀성을 가지므로 표현하기 단계에서 생성하기 단계로, 생성하기 단계에서 표현하기 단계로 진행하는 것은 가능하다.

20 ④

개념 카테고리 이론 비문학 > 작문 > 글의 전개 방식

| 정답 해설 | ④ 첫째 문단에서 논리 실증주의를 소개하면서 기존 이론에 대한 이야기를 하였지만, 기존 이론에 어떤 비판점을 설명하지 않았다. 또한 둘째 문단에서 논리 실증주의의 비판점을 이야기하였지만 논리 실증주의를 대체할 다른 이론을 주장하지 않는 대신, '단칭 언명이 누적될수록 과학 이론이 참으로 결정될 가능성이 점차 증가할 것이라는 완화된 입장으로 바뀌었다.'라고 기존 입장을 절충하는 주장을 하였다.

| 오답 해설 | ① 첫째 문단에서 '보편 언명'과 '단칭 언명'이라는 생소한 용어를 이야기하고, 그 다음 문장에 해당 용어의 정의와 리트머스 시험지를 이용한 예시를 들었다.
② 첫째 문단 첫 문장에서 논리 실증주의를 소개하면서 논리 실증주의가 주장하는 바를 설명하였다.
③ 둘째 문단에서 논리 실증주의가 직면한 비판점을 언급하고 일부 논리 실증주의자들에 의해 완화된 입장을 이야기하는 등 비판점을 극복하려는 움직임을 보여주는 과정을 서술하였다.

화법

문제편 P.258

21	④	22	②	23	③	24	①	25	②
26	①	27	②	28	④	29	①	30	④
31	②	32	④	33	②	34	②	35	④
36	①	37	③	38	③	39	③		

21 ④

개념 카테고리 이론 비문학 > 화법 > 공감적 듣기

| 정답 해설 | ④ 수빈은 정아의 말을 요약, 정리, 재진술하고 있을 뿐, 자신의 처지로 바꾸어 의미를 재구성하고 있지 않다.

| 오답 해설 | ① 수빈은 정아가 한 말을 요약, 정리하여 재진술해 주고 있다. 이는 상대방의 말에 집중해야만 할 수 있는 행동이다. 따라서 수빈은 정아의 말에 집중하고 있음을 보여 준다.
② "정말? 무슨 일이 있었는지 자세히 말해 봐."를 통해 수빈은 정아가 계속 말을 할 수 있도록 격려하고 있음을 알 수 있다.
③ 정아가 프레젠테이션이 엉망이었다고 말하자 수빈이 다시 자세히 말해 보라고 함으로써 정아의 혼란스러운 감정을 정아 스스로 정리하게끔 도와주고 있다.

22 ②

개념 카테고리 이론 비문학 > 화법 > 적극적 듣기

| 정답 해설 | ② 제시된 글에서 '반영하기'는 상대의 생각을 수용하고 상대의 현재 상태에 감정 이입하여 의미를 재구성하는 방법이라고 하였고, 〈보기〉의 아이는 시험을 앞두고 치과에 가기 싫은 상태이다. 따라서 아이의 상태에 감정을 이입하여 의미를 재구성한 것은 '네가 치료보다 시험에 집중하고 싶구나.'이다.

| 오답 해설 | ① 아이의 생각을 수용하고 있지 않다.
③ 아이의 질문을 잘못 이해하였다. 단순히 질문에 대한 답을 한 것이다.
④ 아이의 생각을 수용하고 있지 않다.

23 ③

개념 카테고리 이론 비문학 > 화법 > 대화

| 정답 해설 | ③ B는 고객이 '동일한 사업적 효과가 있을지 궁금하다고 말한 것'을 근거로 고객의 답변이 완곡하게 거절하는 의사 표현이라고 판단하고 있다. 이는 B가 "보통 그런 상황에서는 완곡하게 거절하는 의사 표현이라 볼 수 있어요."라고 말한 부분에서 알 수 있다.

| 오답 해설 | ① A는 고객의 답변을 부정적으로 보고 있지 않았으므로 연락을 기다리고 있다. 반면 B는 고객의 답변을 '완곡하게 거절하는 의사 표현'으로 보고 있다. 즉, 제안서 승낙이라는 의미로 이해하고 있지 않다.

② A는 동일한 사업적 효과가 있을지 궁금하다는 고객의 말을 부정적 평가라고 판단하지 않고 있다.

④ A는 "표정도 좋고 박수도 ~ 부드러웠고요."와 같은 비언어적 표현을 근거로 고객의 답변을 완곡한 거절이 아닌 승낙으로 해석한다.

24 ①

개념 카테고리 이론 비문학 > 화법 > 공손성의 원리

| 정답 해설 | ① '손님'이 주인의 음식 솜씨를 칭찬하고 있는 상황으로 공손성의 원리 중 '찬동(칭찬)의 격률'에 해당한다.

| 오답 해설 | ② 공손성의 원리 중 '요령의 격률'에 해당한다.

③ 공손성의 원리 중 '관용의 격률'에 해당한다.

④ 공손성의 원리 중 '겸양의 격률'에 해당한다.

| 플러스 이론 | 공손성의 원리

- 요령의 격률: 상대방에게 부담이 되는 표현을 최소화, 상대방에게 혜택을 주는 표현을 최대화
- 관용의 격률: 화자 자신에게 부담을 주는 표현을 최대화, 화자 자신에게 혜택을 주는 표현을 최소화
- 찬동의 격률: 다른 사람에 대한 비방을 최소화, 다른 사람에 대한 칭찬을 극대화
- 겸양의 격률: 화자 자신에 대한 비방을 극대화, 화자 자신에 대한 칭찬을 최소화
- 동의의 격률: 화자 자신의 의견과 다른 사람의 의견 사이의 일치점을 극대화, 화자 자신의 의견과 다른 사람의 의견 사이의 다른 점을 최소화

25 ②

개념 카테고리 이론 비문학 > 화법 > 공손성의 원리

| 정답 해설 | ② 제시된 공무원의 말은 간접 발화 형식이 사용되었으며, 큰 소리로 떠들고 있는 민원인에게 조용히 해 달라는 요청의 의미를 지니고 있다(ㄹ). 이런 간접 발화는 청자의 심리적 부담을 낮추려는 표현이다(ㄱ).

| 오답 해설 | ㄴ: 발화 형식은 의문문이고, 발화 기능은 명령이다. 따라서 형식과 기능이 일치하지 않는다.

ㄷ: 화자가 자신의 의도를 간접적으로 드러내고 있으므로 직접적으로 드러낸 표현이라는 것은 적절하지 않다.

26 ①

개념 카테고리 이론 비문학 > 화법 > 협력의 원리

| 정답 해설 | ① "키에 비해 가벼운 편입니다."는 필요 이상의 정보를 상대방에게 제공한 경우로, '양의 격률'을 위배하였다.

| 오답 해설 | ② '비행기보다 빠른 사람'에 대한 증거가 불충분하다. 이는 진실이 아닌 정보를 상대방에게 제공한 경우로, '질의 격률'을 위배하였다.

③ '자신의 나이'뿐 아니라 '형의 나이'까지 대답하였다. 이는 필요 이상의 정보를 상대방에게 제공한 경우로, '양의 격률'을 위배하였다.

④ 모호하게 대답을 하고 있는 경우로, '태도의 격률'을 위배하였다.

27 ②

개념 카테고리 이론 비문학 > 화법 > 토의

| 정답 해설 | ② 제시된 토의에서 사회자는 토의를 진행할 뿐 발표자 간의 이견을 조정하여 의사결정을 유도하고 있지는 않다.

| 오답 해설 | ① '통일 시대의 남북한 언어가 나아갈 길'이라는 학술적인 주제에 대해 '최 교수'와 '정 박사'가 발표 형식으로 토의를 진행하고 있다.

③ 두 발표자는 주제에 대한 자신의 견해를 밝혀 청중에게 정보를 제공하고 있다.

④ "두 분의 말씀 잘 들었습니다 ~ 말씀하셨는데요."를 통해 청중 A가 발표 내용을 확인하였음을 알 수 있다. 또한 "통일 시대에 ~ 있을까요?"를 통해 주제와 관련된 질문을 하고 있음을 알 수 있다.

28 ④

개념 카테고리 이론 비문학 > 화법 > 토의

| 정답 해설 | '토의'는 '어떤 문제에 대하여 검토하고 협의'하는 과정이고, '토론'은 '어떤 문제에 대하여 찬반 입장으로 구분하여 여러 사람이 각각 의견을 말하며 논의'하는 과정이다.

④ ㉠ '패널 토의'는 토의의 한 유형이므로, 찬반 입장을 나누어 이야기한다는 설명은 적절하지 않다.

| 오답 해설 | ① '패널 토의'와 '심포지엄'은 모두 전문가가 참여하고, 청중과의 질의·응답 시간을 갖는다.

② '토의'는 어떤 문제에 대하여 최선의 해결책을 얻기 위한 여러 사람의 협의 과정을 말한다.

③ "심포지엄은 ~ 전문가가 토의 문제의 하위 주제에 대해 서로 다른 관점에서 연설이나 강연의 형식으로 10분 정도 발표한다는 점에서는 차이가 있다."에서 알 수 있다.

29 ①

개념 카테고리 이론 비문학 > 화법 > 토론

| 정답 해설 | ① '~ 유지해야 한다'라는 긍정 평서문으로 제시되었고, 징병 제도를 유지할 것인가 폐지할 것인가 하는 의견 대립이 나타날 수 있는 논제이며, 쟁점이 징병 제도의 유지 여부를 따지는 것 하나인 논제이다. 또한 '징병 제도는 유지해야 한다.'에 찬성이나 반대 어느 한 편에 유리하게 작용하는 정서적 표현은 사용되지 않았다.

| 오답 해설 | ② '~ 개선할 수 없다'라는 부정 평서문으로 논제를 제시하였다.

③ '야만적인'은 어느 한 편에 유리하게 작용하는 정서적 표현이다.

④ 쟁점이 하나가 아니다. 내신 제도를 개혁할 것인지 유지할 것인지와 논술 시험을 개혁할 것인지 유지할 것인지에 대한 두 거의 쟁점이 제시되고 있다.

30 ④

개념 카테고리 이론 비문학 > 화법 > 토론

| 정답 해설 | ④ 반대 측은 학교 폭력의 방관자 범위를 규정하기가 애매하기 때문에 학교 폭력을 방관한 학생에게 책임을 물을 수 없다는 뜻에서 "과연 누구까지를 학교 폭력의 방관자라고 규정지을 수 있을까요?"라고 언급하고 있다. 즉 반대 측은 논제에 의문을 제기하여 주장을 강화하고 있다.

| 오답 해설 | ① 찬성 측이 친숙한 상황에 빗대어 견해를 펼친 부분은 없다.

② 찬성 측이 자신의 경험을 제시한 부분은 없다.

③ 반대 측이 윤리적 방법으로 해결책을 제시한 부분은 없다. 오히려 학교 폭력에 대한 개입과 방관은 개인의 자율적 의지에 따라야 하는 것으로 보고 있다.

31 ②

개념 카테고리 이론 비문학 > 화법 > 토론

| 정답 해설 | ② 토론에서 사회자는 토론의 공정한 진행을 위해 토론 주제를 알려 주고, 토론자들을 소개하며, 발언의 순서를 정하고 규칙을 설명하는 등의 역할을 수행한다.

| 오답 해설 | ① 논제가 타당한지 여부는 토론을 시작하기 전에 검토해야 하는 것이고, 이에 대한 의견을 묻는 것 또한 사회자의 역할이 아니다.

③ 청중의 의견을 수렴하여 대안을 제시하는 것은 '토의'에서의 사회자의 역할이다. 또한 쟁점을 약화시키는 것도 '토론'에서의 사회자의 역할이 아니다.

④ 토론자의 주장과 논거를 비판하는 견해를 개진하는 것은 사회자의 역할이 아니라 '토론자'의 역할이다.

32 ④

개념 카테고리 이론 비문학 > 화법 > 화법의 구성 요소

| 정답 해설 | ④ '장면'은 담화가 이루어지는 모든 시간적, 공간적 상황과 분위기를 의미한다. 따라서 사회·문화적 맥락뿐만 아니라 실제 시공간의 맥락 역시 담화의 장면에 포함된다.

| 오답 해설 | ① '담화'는 화자의 일방적인 전달 행위가 아니라 화자와 청자의 의사소통이다. 따라서 화자는 담화 수행 이전에 청자를 분석해야 하고, 담화 수행 중에는 청자의 반응을 지속적으로 관찰하여 담화를 역동적으로 수정해 나가야 한다.

② '메시지'는 일반적인 말이나 글로 자신의 생각이나 감정을 전달하는 언어적 메시지와 주로 소리로 나타나는 억양, 어조, 강약, 높낮이 등을 통해 언어적 내용을 전달하는 준(반)언어적 메시지, 언어나 문자가 아니라 행동, 표정 등을 사용하여 언어적 내용을 전달하는 비언어적 메시지로 나뉜다.

33 ②

개념 카테고리 이론 비문학 > 화법 > 공손성의 원리

| 정답 해설 | ② '질의 격률'은 공손성의 원리 중 타당한 근거를 들어 진실을 말하라는 격률이다. 철수가 알고 있는 문제를 모른다고 거짓말하고 있으므로 '질의 격률'을 어기고 있다.

| 오답 해설 | ① '양의 격률'은 공손성의 원리 중 대화의 목적에 필요한 만큼의 정보를 제공하라는 원리이다.

③ '태도의 격률'은 공손성의 원리 중 모호성이나 중의성이 있는 표현을 하지 말고 간결하고 조리 있게 말하라는 원리이다.

④ '관련성의 격률'은 공손성의 원리 중 대화의 목적이나 주제와 관련된 것을 말하라는 원리이다.

34 ②

개념 카테고리 이론 비문학 > 화법 > 토론

| 정답 해설 | ② 정치 제도에 대한 논제는 관점이나 시각을 달리하는 논제인 '가치 논제'이다.

| 오답 해설 | ①, ③, ④ 구체적인 사안의 문제점과 해결 방안에 대한 논제인 '정책 논제'에 해당한다.

35 ④

개념 카테고리 이론 비문학 > 화법 > 토론

| 정답 해설 | ④ 어떤 논제에 대하여 입론 단계에서 찬성자와 반대자가 바로 앞 상대방에게 반대 신문(확인 질문, 교차 조사)을 하여 논지를 반박함으로써 승부를 가리는 토론은 '반대 신문식 토론'이다.

| 오답 해설 | ①, ② 고전적 토론(전통적 토론)은 어떤 논제에 대하여 찬성자 2명, 반대자 2명이 각각 한 조가 되어 각 두 번씩 총 여덟 번 발언하는 토론을 말한다. 반론은 반대 측이 먼저 한다는 특징이 있다.

③ 직파식 토론은 어떤 논제에 대하여 찬성 측과 반대 측이 상대편을 논파하는 방식으로 이루어지는 토론으로 고전적 토론과 유사하다. 단, 반론을 찬성 측이 먼저 한다는 점이 고전적 토론과 다른 점이다.

36 ①

개념 카테고리 이론 비문학 > 화법 > 토의, 토론

| 정답 해설 | ① 토의는 선 해답을 확보하지 않고 토의 과정을 통해 해답을 만들어 가지만, 토론은 자신이 이미 가진 해답을 상대에게 설득하는 과정에 초점을 둔다.

| 오답 해설 | ② 토의는 어떤 문제를 해결하고자 하는 '협력적 말하기'이다. 반면 토론은 이미 결정된 해답을 놓고 자신의 견해가 맞다고 싸우는 '경쟁적 말하기'이다. 따라서 토의에서는 '문제해결적 사고'가, 토론에서는 '비판적 사고'가 주로 요구된다.

③ 토의와 토론 모두 규칙이 존재한다. 하지만 상대적으로 토의에 비해 토론이 더 엄격한 규칙이 요구되는 경우가 많다.

37 ③

개념 카테고리 이론 비문학 > 화법 > 회의

| 정답 해설 | ③ '회의'에서는 언제나 한 번에 한 의제씩 차례로 다룬다. 즉 한 의제가 표결로 결정되기 전까지 다른 의제를 상정하지 않는다.

| 오답 해설 | ④ 일단 부결되거나 의결된 의안은 그 회기 중에 다시 다루지 않는 것을 '일사부재의 원칙'이라고 한다. 이는 회의가 소모적 논쟁으로만 흐르지 않게 하기 위한 방법이다.

38 ③

개념 카테고리 이론 비문학 > 화법 > 협상

| 정답 해설 | ③ 일반적으로 단일 주제 협상은 복합 주제 협상보다 더 어렵다. 복합 주제 협상은 상호 간에 주고받음으로써 통합적 합의를 이끌어 내기 쉽지만, 단일 주제 협상은 상호 간에 주고받을 수 있는 폭이 좁기 때문이다.

| 오답 해설 | ④ 협상은 상대가 제공하는 정보에 의해서 진행되지만 그 정보를 상호 간에 신뢰하기가 어렵다. 그러므로 협상 당사자들은 상대가 신뢰할 수 있도록 정보의 양과 질을 적절히 조절해야 한다.

39 ③

개념 카테고리 이론 비문학 > 화법 > 설득

| 정답 해설 | ③ '설득하는 말하기'에서 언어적 메시지만큼이나 준(반)언어적, 비언어적 메시지도 큰 영향을 미친다. 학자에 따라서 언어적 메시지보다 준언어적, 비언어적 메시지가 청자에게 더 신뢰가 가도록 전달된다는 의견도 많다. 따라서 준언어적 표현, 비언어적 표현이 언어적 표현에 비해 설득 효과가 떨어진다는 설명은 옳지 않다.

| 오답 해설 | ④ 청자가 가진 배경지식의 양과 질, 흥미나 관심, 개인적 관련성 등을 본격적인 설득하는 말하기 이전에 먼저 분석할 필요가 있다.

에듀윌이
너를
지지할게

ENERGY

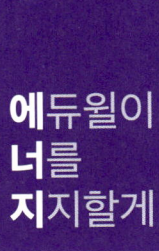

꿈을 끝까지 추구할 용기가 있다면
우리의 꿈은 모두 실현될 수 있다.

– 월트 디즈니(Walt Disney)

정답과 해설

2026 신경향

에듀윌 9급공무원 유형별 문제집

국어

고객의 꿈, 직원의 꿈, 지역사회의 꿈을 실현한다

에듀윌 도서몰
book.eduwill.net

• 부가학습자료 및 정오표: 에듀윌 도서몰 > 도서자료실
• 교재 문의: 에듀윌 도서몰 > 문의하기 > 교재(내용, 출간) / 주문 및 배송

에듀윌 직영학원에서 합격을 수강하세요

언제나 전문 학습 매니저와 상담이 가능한 안내데스크

고품질 영상 및 음향 장비를 갖춘 최고의 강의실

재충전을 위한 카페 분위기의 아늑한 휴게실

에듀윌의 상징 노란색의 환한 학원 입구

에듀윌 직영학원 대표전화

공인중개사 학원	02)815-0600	공무원 학원	02)6328-0600	편입 학원	02)6419-0600
주택관리사 학원	02)815-3388	소방 학원	02)6337-0600	부동산아카데미	02)6736-0600
전기기사 학원	02)6268-1400				

공무원학원
바로가기